KB080903

Istio IN ACTION

Istio IN ACTION

서비스 메시 표준, 이스티오 완벽 해부

크리스티안 포스타
라이너 말로쿠 지음

연주영 옮김

에이콘

에이콘출판의 기틀을 마련하신 故 정완재 선생님 (1935-2004)

내 아내와 딸들에게 이 책을 바친다.

— 크리스티안 포스타

웹상에서 지식을 공유하는 모든 이들에게 이 책을 바친다.

— 라이너 말로쿠

서비스 메시를 사용하면 조직 전체의 개발 속도를 극대화할 수 있다. 진화하는 다양한 정책을 자동으로 준수하는 독립적인 마이크로서비스 수천 개를 구현할 수 있기 때문이다. 이 책에서는 이스티오Istio의 여러 가지 이점을 소개하지만, 대부분은 이 전제에서 파생된다.

이는 '서비스 메시는 무엇이며 왜 필요한가?'라는 핵심적인 질문으로 이어진다. 나 역시 이 질문을 자주 받는데, 대답하기가 그리 쉽지만은 않다. 보안이나 텔레메트리, 또는 사람들이 주장하는 대부분의 이점과는 별개의 문제인데, 특히 애플리케이션이 모놀리스인 경우 서비스 메시가 꼭 필요하다고는 할 수 없다.

진정한 해답은 애플리케이션을 인프라에서 분리하는 것에 있다. 이스티오는 그 방향으로 나아가는 세 번째 주요 발걸음이다. 첫 번째로는 도커가 애플리케이션과 라이브러리를 실행하는 머신과 분리해 패키징하는 방법을 제시했다. 그다음에는 쿠버네티스가 오토스케일링과 관리를 자동화해 서비스를 쉽게 만들 수 있도록 했다. 도커와 쿠버네티스가 모여 세분화된 서비스, 즉 '마이크로서비스'를 구현할 수 있게 됐다. 이 책은 세 번째 단계인 애플리케이션 분리를 달성하기 위해 이스티오로 서비스 메시를 구현하는 과정을 안내한다.

마이크로서비스는 팀이 더 자율적으로 작업할 수 있게 함으로써 전반적인 작업 속도를 높일 수 있다. 이상적으로는 팀이 다른 팀과 깊이 상호작용하지 않고도 마이크로서비스를 업데이트할 수 있어야 한다. 이스티오의 최상위 목표는 이를 대규모로 실현해 수천 개의 마이크로서비스를 쉽게 관리할 수 있게 하는 것이다(구글의 마이크로서비스는 100만 개가 넘는다!).

그러나 서비스의 속도를 높이려면 단순히 서비스를 머신으로부터 분리하는 것만으로는 충분하지 않고, 공유 정책으로부터도 분리해야 한다. 어떤 기업이든 모든 서비스에 적용되는 정책이 있으며, 필요한 경우 이런 정책을 신속하게 변경할 수 있어야 한다. 전통적으로 이런 정책은 서비스 코드 내부나 서비스가 사용하는 라이브러리로 서비스에 내장된다. 어떤 방식이든 이런 정책은 변경하고 적용하기가 어렵다.

이스티오는 다양한 정책(주로 API와 관련된 것들)을 서비스에서 꺼내 서비스 메시로 옮기는데, 그 장소는 필연적으로 서비스 앞 단에 위치하며 정책을 구현하는 프록시가 된다. 이 작업이 올바르게 이뤄지면 모든 서비스는 별다른 작업 없이도 정책을 충족하며, 반대로 정책을 바꿔도 서비스를 업데이트할 필요가 없다. 이것이 바로 우리가 추구하는 '분리'다.

이 책은 애플리케이션을 인프라에서 분리하는 목표를 달성하는 명확한 비전을 제시한다. 여러분도 나처럼 이 책을 재미있게 읽길 바란다.

— **에릭 브루어**Eric Brewer**, 구글 인프라 부문 부사장**

지은이 소개

크리스티안 포스타 Christian Posta(@christianposta)

Solo.io의 글로벌 필드 CTO Global Field CTO이자 부사장이다. 클라우드 네이티브 커뮤니티에서는 저자, 블로거(https://blog.christianposta.com), 강연자이자 서비스 메시와 클라우드 네이티브 생태계에 속한 다양한 오픈소스 프로젝트의 기여자로 잘 알려져 있다. 엔터프라이즈와 초대형 IT 기업에서 경험을 쌓았으며, 현재는 조직들이 대규모large-scale의 탄력적인 클라우드 네이티브 분산 아키텍처를 구축하고 배포하는 데 도움을 주고 있다. 분산 시스템 개념, 마이크로서비스, 데브옵스, 클라우드 네이티브 애플리케이션 설계로 팀을 멘토링하고 훈련시키면서 성공으로 이끄는 것을 즐긴다.

라이너 말로쿠 Rinor Maloku(@rinormaloku)

Solo.io의 엔지니어로, 서비스 메시와 같은 네트워킹 솔루션을 채택하는 고객에게 컨설팅을 제공한다. 이전에는 레드햇Red Hat에 근무하면서 서비스의 고가용성을 보장하기 위한 미들웨어 소프트웨어를 구축했으며, 프리랜서로 활동하면서 클라우드 컴퓨팅 기술의 잠재력을 최대한 활용하려고 노력하는 여러 DAX 30 회원사에 컨설팅을 제공했다.

지은이의 말

소프트웨어 개발은 어렵다. 네트워크를 통해 서로 다른 서비스를 연결하는 것은 더욱 까다롭다. 네트워크로 패킷, 메시지, 요청을 보낼 때는 그 결과를 보장할 수 없다. 요청이 도착할까? 얼마나 걸릴까? 통신이 실패한다면 누군가 알아챌 수 있을까?

도커와 쿠버네티스는 마이크로서비스 같은 분산형 서비스 아키텍처를 지원하는 데 많은 역할을 했지만, 기존의 통신 문제를 악화시키기도 했다. 서비스 하나가 문제를 일으키면 모든 것이 멈출 수 있다.

마이크로서비스를 도입하려는 전 세계 조직과 함께 일하면서, 팀들이 이런 통신 문제를 지속적으로 고민하고 해결하는 것이 무척 어려운 일이라는 사실을 알게 됐다. 통신 문제에는 다음과 같은 많은 질문거리가 있다. 서비스 디스커버리는 어떻게 할까? 타임아웃은? 재시도는? 회로 차단은? 트레이싱은? 인증은? 넷플릭스, 트위터, 구글과 같은 대형 클라우드 기업은 초기의 마이크로서비스 아키텍처를 성공적으로 개척했다. 이 회사들은 통신과 관련된 문제를 해결하기 위해 많은 개발자 도구와 인프라를 직접 만들어야 했는데, 다행히도 상당 부분을 오픈소스로 공개했다. 다른 조직에서도 NetflixOSS 스택이나 트위터 피네이글Finagle을 사용할 수 있을까? 물론 사용할 수 있고, 누군가는 그렇게 했다. 하지만 그러고 나니 악몽 같은 운영 문제가 시작됐다.

예를 들어 NetflixOSS 스택은 주로 자바 개발자를 위해 작성됐다. 그럼 NodeJS, Go, 파이썬 개발 팀은 어떻게 해야 할까? 이 팀들은 라이브러리를 직접 만들거나 인터넷에서 여러 조각을 그러모아 기능을 구현해야 했으며, 또한 이들은 이 '네트워킹' 코드를 자신의 비즈니스 로직에 섞어 넣어야 했다. 이런 접근법은 전이적 종속성을 추가하고 코드를 어지럽히며, 수정하기 어렵게 만들었다. 이렇게 애플리케이션 네트워킹 라이브러리가 포함된 서비스 아키텍처를 운영하고 업그레이드하고 패치하는 것은, 특히 이를 다양한 프로그래밍 언어에 일관되게 수행하는 것은 극히 복잡하고 오류가 발생하기 쉬운 일이었다.

서비스 메시는 이런 애플리케이션-네트워킹 문제를 더 깔끔하게 해결하는 방법이다. 서비스 메시를 이용하면 애플리케이션-네트워킹 로직을 전용 인프라로 추상화해 언어에 상관없이 모든 서비스에 적용할 수 있다.

이스티오는 확장성 있고 성숙하며 강력한 서비스 메시 구현체로, IBM과 구글의 프로젝트에서 시작됐다. 나는 2017년 1월에 이스티오 팀을 소개받은 이후 아주 초기부터 프로젝트에 참여했다. 2018년 말에는 서비스 메시 기술에 전념하고 애플리케이션 네트워킹의 발전에 힘쓰고자 스타트업인 Solo.io에 글로벌 필드 CTO로 합류했다.

스타트업을 밑바닥부터 성장시키는 것, 기술의 경계를 넓히는 것과 이 주제에 대해 깊이 있는 책을 저술하는 작업을 병행하는 것은 쉬운 일이 아니었다. 그래서 집필 작업을 진전시키는 데 도움을 줄 헌신적이고 열정적인 사람이 필요했다. 원고를 절반가량 집필했을 무렵 매닝출판사 편집 팀과 나는 라이너 말로쿠를 이 책의 공동 저자로 초대했다. 우리는 커뮤니티에서 활동하고 Solo.io에서 고객(그중 일부는 전 세계에서 이스티오 운영 규모가 가장 크다)과 함께 일하면서 많은 시간을 보냈기 때문에, 현실의 경험을 바탕으로 이스티오에 대한 훌륭한 자료를 엮어낼 수 있었다. 이 책이 여러분에게 이스티오의 가치와 강력함을 보여줄 뿐 아니라 다른 사례들처럼 프로덕션에 이스티오를 채택하는 과정에서 편안함을 느끼게 해주길 기대한다.

감사의 글

많은 분이 도움을 주신 덕분에 이 책을 집필할 수 있었다.

특히 귀중한 피드백을 제공해준 내 친구 젠트리나 가시Gentrina Gashi, 디말 제키리Dimal Zeqiri, 타울란트 메흐메티Taulant Mehmeti에게 감사의 마음을 전한다.

온라인 포럼에 댓글을 달아준 다카히코 스즈키Takahiko Suzuki, 조지 체레스George Tseres, 아몰 나약Amol Nayak, 마크 오크랄리Mark O'Crally 등의 매닝 얼리 액세스 프로그램MEAP, Manning Early Access Program 독자 여러분과 포럼 중재자 아유시 싱Ayush Singh에게 감사한다.

우리의 질문과 걱정에 항상 인내하면서 답변해준 편집자 엘레샤 하이드Elesha Hyde에게도 진심으로 감사한다. 무엇보다 마감 기한을 넘겼을 때도 이해하고 격려해주면서 독자들을 위해 더 나은 책을 쓰는 데 집중하도록 도와준 사실은 결코 잊을 수 없다.

기술 편집자인 그레고르 주로프스키Gregor Zurowski와 브렌트 스테인스Brent Stains, 기술 교정자인 그레고리 레셰트니악Gregory Reshetniak에게도 감사의 마음을 전한다.

알세우 로드리게스 데 프레이타스 주니어Alceu Rodrigues de Freitas Junior, 알레산드로 캄페이스Alessandro Campeis, 알란 마쿠라Allan Makura, 아미타브 치코스Amitabh Cheekoth, 안드레아 코센티노Andrea Cosentino, 안드레아 타로키Andrea Tarocchi, 안드레스 사코Andres Sacco, 보르코 듀르코비치Borko Djurkovic, 크리스토프 슈베르트Christoph Schubert, 딘카르 굽타Dinkar Gupta, 에릭스 젤렌카Eriks Zelenka, 에르네스토 카르데나스Ernesto Cardenas, 포티스 스타마텔로풀로스Fotis Stamatelopoulos, 주세페 카탈라노Giuseppe Catalano, 제임스 리우James Liu, 하비에르 무뇨스Javier Muñoz, 제프 하예스키Jeff Hajewski, 카르티케얀 모한Karthikeyan Mohan, 켈룸 프라바스 세나나야케Kelum Prabath Senanayake, 켄트 R. 스필너Kent R. Spillner, 레오나르도 호세 고메스 다 실바Leonardo Jose Gomes da Silva, 마치에이 드로즈도스키Maciej Drożdżowski, 마이클 브라이트Michael Bright, 마이클 J 할러Michael J Haller, 모건 넬슨Morgan Nelson, 파올로 안티노리Paolo Antinori, 살바토레 캄파냐Salvatore Campagna, 사타드루 로이Satadru Roy, 스탠리 아노지Stanley Anozie, 테일러

돌레잘Taylor Dolezal, 비제이 타코랄Vijay Thakorlal, 요게시 셰티Yogesh Shetty 등 이 책의 내용을 검토해준 모든 분께 감사의 말을 전하고 싶다. 여러분의 훌륭한 제안 덕분에 더 나은 책을 선보일 수 있었다.

이스티오 커뮤니티의 주요 인사들에게도 감사 인사를 전하고 싶다. 그중에는 3명의 이스티오 프로젝트 창시자인 구글의 루이스 라이언Louis Ryan, 슈리람 라자고팔란Shriram Rajagopalan, 스벤 모슨Sven Mawson을 비롯해 댄 버그Dan Berg(Digital.ai), 린 순Lin Sun(Solo.io), 댄 시룰리Dan Ciruli(주오라Zuora), 이디트 레빈Idit Levine(Solo.io), 존 하워드John Howard(구글), 케빈 코너Kevin Connor(레드햇), 제이슨 맥기Jason McGee(IBM), 잭 버처Zack Butcher(테트레이트Tetrate), 램 베남Ram Vennam(Solo.io), 니라즈 포다르Neeraj Poddar(Solo.io) 등이 있다.

끝으로, 매일 즐겁게 일하는 수단이자 글을 쓰는 대상이 된 놀라운 기술을 구축하고자 노력하는 이스티오 커뮤니티 전체에 감사한다.

어렸을 때부터 열정을 쏟았던 기술 분야에서 일할 수 있어 정말 행운이라고 생각한다. 하지만 가족의 사랑과 지원이 없었다면 불가능했을 것이다. 1970년대 초에 미국으로 이주해오셨던 아버지 캐스크 포스타Cask Posta는 나와 여동생에게 든든한 기반을 마련해주셨고 노력의 가치를 알려주셨다. 또한 아름다운 아내 재키는 모든 미지와 불확실성 속에서 내 곁을 지켜주며 변함없는 지지와 사랑만을 보여줬다. 고마워요, 재키. 당신이 없었다면 아무것도 이루지 못했을 거야. 마지막으로, 내가 어떤 하루를 보냈더라도 끝내 미소 짓게 해주는 사랑스러운 두 딸 매디Maddie와 클레어Claire에게도 고맙다는 말을 전하고 싶다. 우리 딸들을 위해 나와 아내는 오늘도 열심히 일하고 있다.

— 크리스티안 포스타

걱정 없이 어린 시절을 보내며 다양한 취미를 탐구할 수 있게 해준 부모님 사하디Sahadi와 셰리드Sheride, 형제 오렐Aurel과 드릴론Drilon에게 감사한다. 그 취미 중 하나인 프로그래밍은 즐거운 직업이 됐고, 또 다른 취미인 글쓰기는 이 책에 기여했다. 끝없는 사랑을 베풀어준 여자친구 리노라Rinora에게도 감사의 말을 전한다. 또한 나를 믿어준 크리스티안 포스타에게도 영원히 감사하고 싶다. 그 믿음이야말로 내가 첫걸음마를 뗀 저자로서 최선을 다해 작업할 수 있게 해준 결정적인 힘이었다.

— 라이너 말로쿠

옮긴이 소개

연주영(yeonjuyeong@gmail.com)

고려대학교 컴퓨터학과를 졸업한 후 센드버드에서 데브옵스 엔지니어로 재직 중이다. 데브옵스 철학을 실무에 적극 활용하며, AWS의 전 세계 11개 리전에서 70개 이상의 쿠버네티스 클러스터를 구축하고 운영하면서 클라우드 경험을 쌓았다. 최근에는 인프라 지식을 바탕으로, 가상머신 기반 애플리케이션을 쿠버네티스로 마이그레이션하면서 운영 도구를 개발하는 업무를 담당하고 있다. 새로운 기술을 배우고 효율적인 시스템을 구축하는 것을 좋아하며, 계속 성장하기 위해 노력 중이다.

옮긴이의 말

최근 몇 년간 서비스 메시에 대한 필요성이 크게 증가하고 있습니다. 마이크로서비스와 클라우드 네이티브 애플리케이션 시대가 도래하면서 분산 시스템은 더욱 복잡해지고 있으며, 동시에 급변하는 고객의 요구에 빠르게 대응하기 위해 애자일 방법론의 중요성도 날로 커지고 있습니다. 이러한 두 흐름이 맞물리면서 개발자의 부담을 줄이고 효과적으로 시스템을 관리할 수 있는 방법에 대한 요구가 증가하고 있으며, 그 해결책으로서 서비스 메시의 중요성이 대두됐습니다.

서비스 메시란 무엇이며, 왜 필요할까요? 마이크로서비스 아키텍처에서는 수많은 서비스가 서로 통신해야 합니다. 이 과정에서 보안, 로드 밸런싱, 모니터링 등의 과제가 생기게 되는데, 서비스 메시는 이러한 과제를 해결하는 기술입니다. 특히 서비스 메시를 사용하면 각 서비스 간의 통신을 일관되게 관리하고 제어할 수 있어 시스템의 복잡성을 크게 줄일 수 있습니다.

그렇다면 왜 여러 서비스 메시 중에서 이스티오를 선택해야 할까요? 이스티오는 서비스 메시 기술의 사실상 표준으로 자리 잡고 있습니다. 오픈소스 기술을 채택할 때 커뮤니티의 생명력은 매우 중요한 요소인데, 커뮤니티의 활동이 멈추면 오픈소스로서의 강점을 상실하기 때문입니다. 이스티오는 커뮤니티가 대단히 활발하며, IT 최전선에 있는 기업들, 예를 들어 카카오, 토스, 크래프톤 등이 채택하고 있어 신뢰할 만한 기술임을 증명하고 있습니다.

이 책의 매력은 무엇일까요? 이스티오에 대한 정보의 원천으로 공식 문서가 있지만, 대부분의 문서가 개별적인 기능만을 다루기 때문에 체계적인 학습에는 한계가 있습니다. 게다가 이런 필요성에도 불구하고 국내에는 잘 안내된 서적이 아직 출판되지 않았습니다. 다행히도 이 책은 이스티오의 필요성과 아키텍처부터 일반적으로 다루지 않는 복잡한 사용 사례에 이르기까지 다양한 내용을 이해하기 쉽게 체계적으로 설명하고 있습니다. 비록 최근 개발 중인 앰비언트 메시ambient mesh 같은 비교적 최신인 내용은 포함되지 않았지만, 이 기능이 아직 알파 단계에 불과하다는 점을 고려하면 큰 단점이 되지는 않을 것입니다.

이 책을 번역하면서 가장 중점을 둔 부분은 최대한 자연스럽게 읽히도록 하는 것이었습니다. 저 역시 대학 시절부터 직장인인 현재에 이르기까지 숱한 번역서를 접했는데, 그 과정에서 가장 이해하기 어려웠던 것은 원문을 그대로 옮긴 표현이었습니다. 따라서 이 책에서는 원문을 그대로 옮기기보다는 한국어에 더 가까운 표현을 사용하고자 노력했습니다. 번역 과정에서 가장 큰 어려움은 기술 용어와 개념을 정확히 전달하면서도 자연스럽게 번역하는 것이었는데, 이 과정에서 쿠버네티스 문서 한글화 가이드의 용어집을 참고했습니다. 부디 이 번역서가 '원서로 보는 편이 더 나은 책'이 아니길 바랍니다. 제 노력으로 독자 여러분이 좀 더 쉽게 이스티오를 이해하고 실무에 적용할 수 있다면 더 바랄 게 없습니다.

이 번역서가 나오기까지 많은 분의 도움이 있었습니다. 번역이 자연스러운지를 자주 여쭤봤는데, 그때마다 기꺼이 도움을 주신 팀원 분들께 감사드립니다. 무엇보다, 이 번역서의 출간을 허용해주시고 많은 지원을 해주신 에이콘출판사에 깊은 감사의 마음을 전합니다. 여러 출판사에 이 책의 번역 출간을 제안하고자 연락을 드렸지만 예상 독자 수가 많지 않아 출판하기가 어렵다는 답변을 받고는 했습니다. 그럼에도 불구하고 에이콘출판사는 선뜻 출판하기로 결정해주셨는데, 이는 세상에 꼭 필요한 책을 출간한다는 에이콘출판사의 사명 덕분이었습니다. 좋은 서적을 출판하기 위해 불철주야 노력하시는 에이콘출판사의 모든 분께 역자로서만이 아니라 한 사람의 독자로서도 감사드립니다.

차례

이 책의 대상 독자

사용자 대상 웹 애플리케이션, API, 백엔드 서비스 같은 분산 서비스를 운영 중이거나 운영할 계획이 있는 개발자, 아키텍트, 서비스 운영자를 대상으로 한다. 최종 사용자에게 고가용성 서비스를 제공할 때 이 책이 도움이 될 것이다. 혹은 조직 내 많은 개발 팀에게 인프라와 로그 관리, 모니터링, 컨테이너 오케스트레이션 등의 지원 요소를 제공하는 플랫폼 엔지니어링 팀의 일원이라면, 이 책은 앱을 복원력 있고 안전하고 관찰 가능하게 만들 수 있으면서 새로운 기능을 출시하는 데 따르는 위험을 줄일 수 있는 도구를 사용자에게 제공하는 방법을 보여준다.

이스티오를 테스트 또는 스테이징 환경에서 사용하고 있지만 작동 원리에 대해 많이 알지 못한다면, 이 책은 이스티오의 구성 요소를 명확히 이해하는 데 도움이 될 것이다. 특히 후반부에서는 조직에서 서비스 메시를 어떻게 확장하는지, 동작이 예상과 다를 때 어떻게 트러블슈팅하는지, 어떻게 회사의 필요에 맞게 커스터마이징하는지를 보여준다.

지난 3년간 현장에서 쌓은 경험을 이 책에 녹여내고자 심혈을 기울였으므로 이스티오 전문가인 독자도 이 책을 유용하게 활용할 수 있을 것이다.

컨테이너 구축이 처음이거나 쿠버네티스 디플로이먼트[deployment], 파드, 서비스가 무엇인지 잘 모른다면, 이 책이 아직 적합하지 않을 수 있다. 다행히 처음 시작하는 데 도움이 되는 자료가 많이 있다. 여기서는 마르코 룩샤[Marko Lukša]의 『쿠버네티스 인 액션』(에이콘, 2020)을 강력히 추천한다. 이 책은 빈틈없는 쿠버네티스 입문서일 뿐 아니라 흥미로운 내용을 담고 있다. 쿠버네티스의 기초와 관련 리소스, 쿠버네티스 컨트롤러의 동작 방식까지 이해하고 나면 이 책으로 다시 돌아와 이스티오 서비스 메시를 깊이 파고들 수 있을 것이다.

뿐만 아니라 네트워킹에 대한 기본적인 이해도 필요하다. 여기서 '기본적인 이해'란 말 그대로 기초적인 수준의 지식을 말한다. OSI 모델의 네트워크 계층(3계층)과 전송 계층(4계층)에 친숙하고 이 계층들이 애플리케이션 계층(7계층)과 무엇이 다른지 잘 알고 있다면, 이 책을 읽을 준비가 된 것이다.

이 책의 구성: 로드맵

이 책은 총 4개 부, 14개 장으로 구성돼 있다. 1부는 서비스 메시의 개념을 소개하고, 이스티오가 서비스 메시를 어떻게 구현하는지 설명한다. 1부에 속하는 3개 장에서는 이스티오의 아키텍처를 알아보고, 엔보이가 그 안에서 어떤 역할을 하고 이스티오를 사용했을 때 조직이 어떤 이점을 얻을 수 있는지 알아본다.

- 1장에서는 이스티오의 장점과 서비스 메시 도입이 조직에 가져다줄 수 있는 가치를 소개한다.
- 2장은 쿠버네티스 클러스터에 이스티오를 설치하는 실습 튜토리얼을 보여준다. 첫 번째 애플리케이션을 배포하고 메시에 통합한 후, 이를 이스티오의 커스텀 리소스로 설정해본다. 또한 데모 애플리케이션을 사용해 이스티오의 기본 기능을 개괄적으로 설명하고 트래픽 관리, 관찰 가능성, 보안을 다룬다.
- 3장은 엔보이를 집중적으로 살펴본다. 엔보이가 어떻게 등장했는지, 어떤 문제를 해결하는지, 서비스 메시 아키텍처에서 어떤 역할을 하는지 등을 설명한다.

2부에서는 이스티오를 깊이 있게 다룬다. 실용적인 예제로 초점을 맞춰 '클러스터로 들어오는 트래픽을 보호하는 방법은 무엇인가?', '서비스를 더 복원력 있게 만드는 방법은 무엇인가?', '서비스 프록시가 생성하는 텔레메트리를 사용해 시스템을 관찰 가능하게 만드는 방법은 무엇인가?' 등의 주요 운영 관련 질문에 답해본다. 2부는 6개 장으로 구성돼 있다.

- 4장은 이스티오 인그레스 게이트웨이Istio ingress gateway를 사용해 퍼블릭 네트워크에서 서비스로 트래픽을 안전하게 라우팅하는 방법을 설명한다(일명 north-south 트래픽).
- 5장은 트래픽을 클러스터에 허용한 이후의 과정을 다루며, `VirtualService`와 `DestinationRule`을 사용해 트래픽을 세밀하게 라우팅하는 방법을 보여준다. 세밀한 트래

픽 라우팅 덕분에 새 소프트웨어를 릴리스할 때 위험을 줄여주는 복잡한 배포 패턴을 사용할 수 있다.

- 6장에서는 애플리케이션 팀에게 이스티오가 어떤 이점이 있는지 살펴본다. 재시도, 회로 차단, 리전region 간 로드 밸런싱, 지역성 인식 로드 밸런싱 기능을 서비스 메시에서 구현해 서비스를 견고하게 만드는 방법을 설명한다.
- 7장에서는 이스티오가 메트릭, 트레이싱, 로그를 생성해 서비스를 관찰 가능하게 만드는 방법을 설명한다. 여기서는 서비스 프록시가 생성하는 메트릭, 메트릭이 기록하는 정보, 기록하는 정보를 커스터마이징하는 방법을 자세히 살펴본다.
- 8장에서는 수집된 데이터를 이해하는 데 도움이 되는 텔레메트리 시각화 도구의 사용법을 다룬다. 이를 위해 메트릭을 프로메테우스Prometheus로 수집하고 그라파나Grafana로 시각화한다. 또한 서비스들을 거치는 요청의 트레이스를 예거Jaeger로 연결하고, 키알리Kiali가 이 정보들을 어떻게 결합해 메시 안의 서비스 문제 해결을 간편하게 만드는지 보여준다.
- 9장에서는 이스티오가 서비스 간 트래픽을 어떻게 보호하는지, 서비스가 어떻게 자신의 ID를 부여받는지, 그 ID를 어떻게 사용해 접근 제어를 구현하고 잠재적인 공격 범위를 줄이는지를 자세히 설명한다.

3부는 서비스를 운영하는 단계에 초점을 맞췄다. 따라서 데이터 플레인에서 발생하는 문제를 해결하고 컨트롤 플레인의 안정성과 성능을 유지하는 방법을 주로 다룬다. 이 부분을 마무리하면, 이스티오의 내부 구조를 충분히 이해하게 돼서 문제를 스스로 발견하고 해결하는 능력을 갖추게 될 것이다.

- 10장에서는 Istioctl, 키알리 등의 도구와 수집돼 시각화된 텔레메트리를 사용해 데이터 플레인의 문제를 해결하는 방법을 보여준다.
- 11장에서는 이스티오의 성능에 영향을 미치는 요소들을 다루며, 이스티오를 어떻게 설정해야 컨트롤 플레인의 성능을 높일 수 있는지 보여준다. 이는 견고한 서비스 메시의 토대가 된다.

마지막으로, 4부에서는 이스티오를 커스터마이징하는 방법을 소개한다. 기업들은 서로 다른 클러스터, 서로 다른 네트워크 또는 클라우드 네이티브 워크로드와 레거시 워크로드의 혼합과 같이 다양한 환경에서 서비스를 운영하고 있다. 4부를 마치고 나면, 워크로드를 단일 메시로 통합하고 웹어셈블리를 활용해 자신만의 요구 사항에 맞게 메시의 동작을 커스터마이징하는 방법을 알게 될 것이다.

- 12장은 서로 다른 쿠버네티스 클러스터에서 실행 중인 워크로드를 연결하는 방법을 보여준다. 이를테면 다른 클라우드 제공자, 온프레미스on-premise, 또는 하이브리드 클라우드에서 실행되는 클러스터를 연결하는 방법이다.
- 13장에서는 가상머신에서 실행되는 레거시 워크로드를 메시에 통합하고 메시의 복원력과 고가용성 기능을 해당 워크로드에 확장하는 방법을 보여준다.
- 14장에서는 기존 엔보이 기능이나 루아 스크립트 및 웹어셈블리 코드를 사용해 이스티오의 기능을 확장하고 커스터마이징하는 방법을 설명한다.

코드에 대해

이 책은 번호가 매겨진 리스트(코드 박스) 형태와 일반 텍스트 형태로 소스 코드 예제를 다수 제시한다. 두 경우 모두 소스 코드는 본문과 구분하기 위해 `fixed-width font like this`와 같은 고정폭 서체로 표현한다. 코드가 이전 단계와 달라진 부분을 강조하기 위해 코드를 굵게 표시하기도 한다. 예를 들면 새로운 기능이 기존 코드에 추가된 경우가 있다.

대부분의 경우 원본 소스 코드의 서식이 변경됐다. 이 책에서 사용할 수 있는 페이지 공간에 맞게 줄 바꿈과 들여쓰기를 추가하고 수정했으며, 드물지만 이마저도 충분하지 않은 경우에는 줄 바꿈 마커(➥)를 삽입했다. 또한 코드가 본문에 설명돼 있는 경우 소스 코드의 주석을 리스트에서 삭제하기도 했다. 코드 주석(애노테이션annotation)은 많은 리스트에 포함돼 중요한 개념을 강조한다.

이 책의 라이브북(온라인) 버전(https://livebook.manning.com/book/istio-in-action)에서 실행할 수 있는 코드 스니펫을 얻을 수 있다. 이 책에서 다룬 예제의 전체 코드는 매닝출판사 웹 사이트(www.manning.com)와 깃허브(https://github.com/istioinaction/book-source-code), 에이콘출판사 도서정보 페이지(http://www.acornpub.co.kr/book/istio-in-action)에서 다운로드할 수 있다.

표지 그림에 대해

이 책의 표지 그림은 1797년 출판된 자크 그라셋 드 생소보르Jacques Grasset de Saint-Sauveur의 컬렉션에서 가져온 '아이슬란드 여인Icelandic woman'('팜므 아일도아즈Femme Islandoise'라고도 한다)이다. 컬렉션의 모든 그림은 수작업으로 세밀하게 그려지고 채색됐다.

그림이 그려질 당시에는 사람들의 복장만 봐도 어디에 살고, 어떤 일을 하고, 어떤 지위에 있는지 쉽게 알 수 있었다. 매닝출판사는 이런 컬렉션에 속한 것과 같은 그림들로 수백 년 전의 지역 문화가 나타내는 풍부한 다양성을 책 표지에 반영하면서 컴퓨터 산업의 독창성과 적극성을 기리고 문화에 다시 생명을 불어넣어왔다.

Part 1

이스티오 이해하기

마이크로서비스나 애플리케이션을 구현하는 데 어떤 프로그래밍 언어를 사용하는가? 자바? NodeJS? Go? 어떤 언어나 프레임워크를 사용하든 결국 네트워크를 통해 서비스와 통신해야 한다. 애플리케이션에게 네트워크는 위험한 곳이다. 서비스 디스커버리를 어떻게 처리하는가? 타임아웃은? 재시도는? 서킷 브레이커는? 보안은?

이스티오는 어떤 언어나 프레임워크를 사용하든 클라우드 및 마이크로서비스 환경의 서비스 간 연결 문제를 해결하는 데 도움이 되는 오픈소스 서비스 메시다. 1~3장에서는 서비스 메시가 왜 마이크로서비스 및 클라우드 네이티브 애플리케이션 아키텍처에 중요한 인프라인지, 이스티오가 어떻게 도움이 되는지, 이 책에서 무엇을 기대할 수 있는지를 설명한다. 이스티오는 엔보이라는 오픈소스 프록시에 기반을 두고 있으므로, 후속 장들에서 다루는 이스티오 기능을 이해하는 데 필요한 기초 지식을 쌓을 수 있도록 엔보이에 대해서도 자세히 알아본다.

1 서비스 메시 소개하기

1장에서 다루는 내용

- 서비스 메시로 서비스 지향 아키텍처의 문제 해결하기
- 이스티오의 개요와 이스티오가 마이크로서비스 문제 해결을 돕는 방법 알아보기
- 서비스 메시와 이전 기술 비교하기

오늘날 기업들에서 소프트웨어는 생명선이다. 디지털 세상으로 이동함에 따라 소비자는 비즈니스와 상호작용할 때 편의성, 서비스, 품질을 기대하며, 이런 경험을 전달하는 데 소프트웨어가 사용된다. 고객은 구조, 절차, 미리 정의된 틀에 순응하지 않는다. 고객의 수요와 필요는 유연하고 역동적이며 예측 불가능하므로, 기업과 소프트웨어 시스템도 이런 특징을 가져야 한다. 스타트업 등 일부 기업에게는 예측 불가능성에 대응할 수 있는 민첩한agile 소프트웨어 시스템을 구축하는 것이 생사를 가르는 차별점이 되기도 한다. 그 외 기존 기업의 경우에는 소프트웨어를 차별화 요소로 활용하지 못하면 성장이 둔화되고 쇠퇴하며 결국에는 붕괴될 수 있다.

클라우드 플랫폼이나 컨테이너 같은 신기술을 더 빠르게 활용하기 위한 방법을 모색하

다 보면 과거의 문제가 증폭되는 상황을 마주하게 된다. 예를 들어 네트워크는 신뢰할 수 없으므로, 더 크고 더 분산된 시스템을 구축할 때는 네트워크가 애플리케이션 설계 고려 사항의 중심이 돼야 한다. 애플리케이션은 재시도, 타임아웃, 서킷 브레이커 같은 네트워크 복원력을 구현해야 하는가? 일관된 네트워크 관찰 가능성observability은 어떤가? 애플리케이션 계층 보안은?

복원력, 보안, 메트릭 수집은 특정 애플리케이션만의 문제가 아니라 일반적 관심사다. 게다가 비즈니스의 차별화 요소도 아니다. 거대 IT 시스템에서 개발자는 중요한 자원이므로, 이들의 시간은 비즈니스 가치를 차별화된 방식으로 전달할 수 있는 기능을 작성하는 데 사용해야 한다. 애플리케이션 네트워킹, 보안, 메트릭 수집은 필수이지만 차별화 요소는 아니다. 우리가 원하는 것은 이런 기능을 언어와 프레임워크에 구애받지 않는 방식으로 구현하고 정책으로 적용하는 것이다.

서비스 메시service mesh는 비교적 최근 용어로, 애플리케이션을 안전하고 복원력 있고 관찰 가능하고 제어할 수 있게 하는 분산 애플리케이션 네트워킹 인프라를 설명하는 데 사용한다. 서비스 메시란 데이터 플레인과 컨트롤 플레인으로 구성된 아키텍처를 말하는데, 여기서 데이터 플레인은 애플리케이션 계층 프록시를 사용해 애플리케이션 대신 네트워킹 트래픽을 관리하고 컨트롤 플레인은 프록시를 관리한다. 이 아키텍처를 사용하면 특정 프로그래밍 언어나 프레임워크에 의존하지 않고, 중요한 애플리케이션-네트워킹 기능을 애플리케이션 외부에서 구축할 수 있다.

이스티오는 서비스 메시의 오픈소스 구현체다. 처음에는 리프트Lyft, 구글, IBM의 재직자들이 만들었지만, 이제는 리프트, 레드햇, VM웨어VMWare, Solo.io, 아스펜 메시Aspen Mesh, 세일즈 포스의 재직자 등 많은 사람이 포함된 활기차고 개방적이며 역동적인 커뮤니티가 존재한다. 이스티오를 사용하면 대부분의 경우 애플리케이션 코드를 수정하지 않고도 보안, 정책 관리, 관찰 가능성과 같은 어려운 문제를 해결할 수 있고, 신뢰성 있고 안전한 클라우드 네이티브 시스템을 구축할 수 있다. 이스티오의 데이터 플레인은 엔보이 프록시를 기반으로 한 서비스 프록시로 구성되며, 서비스 프록시는 애플리케이션 옆에 자리 잡고 있다. 서비스 프록시는 애플리케이션 간의 중개자 역할을 하며, 컨트롤 플레인이 전달한 설정에 따라 네트워킹 동작에 영향을 준다.

이스티오는 마이크로서비스 또는 서비스 지향 아키텍처SOA, Service-Oriented Architecture를 염두에 뒀지만, 그 아키텍처들에만 국한되지는 않는다. 현실에서는 대부분의 조직이 기존 애플리케이션과 플랫폼에 많은 투자를 하고 있다. 이들은 기존 애플리케이션을 중심으로 서비스 아키텍처를 구축할 가능성이 높으며, 이 부분이야말로 이스티오가 진가를 발휘하는 지점이다. 이스티오를 사용하면 기존 시스템을 바꾸지 않고도 애플리케이션 네트워킹 관심사를 구현할 수 있다. 서비스 프록시는 애플리케이션 외부에 위치하므로, 어떤 아키텍처의 어떤 애플리케이션이든 서비스 메시에서 환영받는 일급 객체first-class citizen다. 하이브리드 브라운필드brownfield 애플리케이션 환경에서 이 점을 더 살펴볼 것이다.

이 책은 이스티오를 소개하고, 이 모든 것이 어떻게 가능한지 이해하도록 도우며, 이스티오를 사용해 클라우드 환경에서 모니터링하고 운영할 수 있는 좀 더 안정적인 애플리케이션을 구축하는 방법을 알려준다. 그 과정에서 이스티오의 설계 원칙을 탐구하고, 과거의 문제 해결 시도와 이스티오가 무엇이 다른지 설명하고, 이스티오가 적절한 해결책이 아닌 문제도 거론해볼 것이다.

하지만 결코 '새롭다'거나 '힙하다'거나 '멋있다'는 이유만으로 신기술을 사용하고 싶지는 않다. 기술자로서 우리는 기술에 쉽게 흥분하지만, 기술을 사용해야 할 때와 사용하지 말아야 할 때를 완벽히 이해하지 못하면 자신과 조직에 피해를 주게 된다. 잠시 시간을 내어 이스티오를 사용하는 이유, 해결되는 문제, 피해야 할 문제, 그리고 이스티오가 앞으로 흥미로운 이유를 이해해보자.

1.1 속도를 높이며 마주하는 문제들

ACME사ACME Inc.의 기술 팀은 마이크로서비스, 테스트 자동화, 컨테이너, CI/CD를 도입했다. 이들은 핵심 수익 창출 시스템인 ACMEmono의 모듈 A와 B를 자체 독립형 서비스로 분리하기로 결정했다. 또한 새 기능이 필요해 서비스 C를 구축하기로 했으며, 그 결과 서비스 구조는 그림 1.1처럼 됐다.

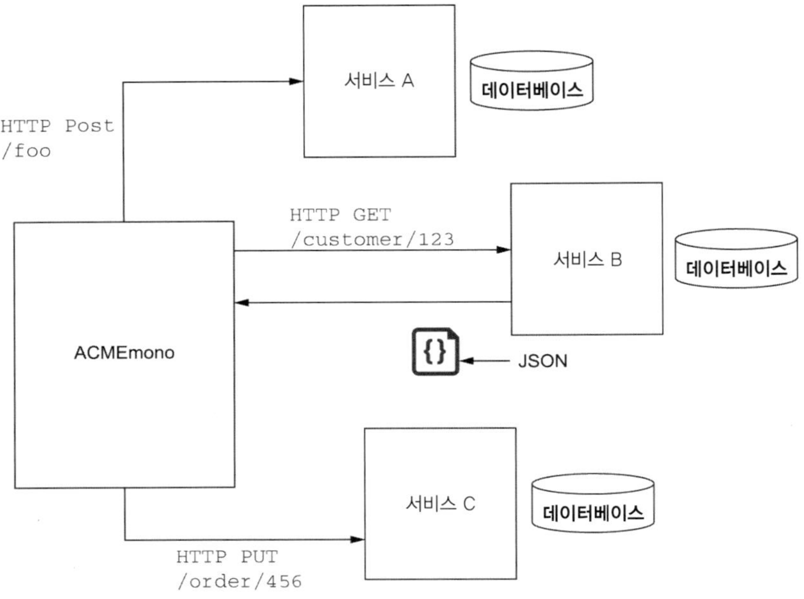

▲ **그림 1.1** 보완적 서비스를 통한 ACMEmono 현대화

기술 팀은 새 서비스들을 컨테이너로 패키징했고 쿠버네티스 기반 플랫폼에 배포했다. 이렇게 구현하면서 기술 팀은 금세 몇 가지 문제를 경험했다.

ACME가 처음으로 알아차린 것은 아키텍처 내 서비스들의 요청 처리 시간이 매우 불규칙하다는 점이었다. 고객 사용량이 가장 많은 시간에 일부 서비스에 간간이 문제가 생겨 트래픽을 처리할 수 없었다. 게다가 서비스 B가 요청을 처리하는 데 문제가 생기면, 특정 요청에 대해서는 서비스 A에도 문제가 생겼다.

ACME가 두 번째로 알아차린 것은 배포를 자동화할 때 자동화된 테스트에서 잡히지 않은 버그도 함께 들여왔다는 것이었다. ACME는 블루-그린blue-green 배포 접근법을 채택했는데, 블루-그린 배포란 자체 클러스터에 새 배포(그린)를 띄운 후 트래픽을 구 클러스터(블루)에서 새 클러스터로 전환하는 것을 말한다. 기술 팀은 블루-그린 접근법이 배포의 위험성을 낮춰주리라 기대했지만, 오히려 피하려고 했던 '빅뱅' 릴리스의 빈도가 늘어났다.

마지막으로, ACME는 서비스를 구현한 팀들이 보안을 완전히 다르게 다루고 있음을 알아차렸다. A 팀은 인증서와 개인 키를 사용한 보안 커넥션을 선호한 반면, B 팀은 토큰 전달 및 서명 검증에 기반을 둔 프레임워크를 자체적으로 만들었다. C 팀은 회사 방화벽 뒷단의 '내부' 서비스인 만큼 추가 보안이 필요 없다고 판단했다.

이런 문제는 ACME만 겪는 것이 아니며, 문제의 범위도 ACME가 직면한 정도로 국한되지 않는다. 서비스 지향 아키텍처로 전환할 때는 다음과 같은 사항을 반드시 해결해야 한다.

- 장애가 격리 경계를 넘어 확산하는 것을 방지하기
- 환경 변화에 대응할 수 있는 애플리케이션/서비스 구축하기
- 부분적 장애 상태에서도 동작할 수 있는 시스템 구축하기
- 끊임없이 변화하고 발전하는 전체 시스템의 상태 파악하기
- 시스템의 런타임 동작을 제어할 수 없는 문제
- 공격 표면이 커짐에 따라 강력한 보안 구현하기
- 시스템 변경의 위험성 낮추기
- 시스템의 구성 요소를 누가(무엇이)/언제 사용할 수 있는지 정책 강제하기

이스티오를 파고들면서 이 과제들을 더 자세히 살펴보고 대처법을 설명해볼 것이다. 해당 내용은 어느 클라우드 인프라에서든 서비스 지향 아키텍처를 구축하는 데 핵심적인 과제들이다. 과거 클라우드가 아닌 아키텍처에서는 그중 일부와만 씨름했지만, 오늘날의 클라우드 환경에서는 이 과제들이 크게 증폭돼 올바르게 고려하지 않으면 시스템 전체를 쓰러뜨릴 수 있다. 신뢰할 수 없는 인프라에서 발생하는 문제를 좀 더 자세히 살펴보자.

1.1.1 클라우드 인프라는 신뢰할 수 없다

소비자가 실제 하드웨어를 볼 수는 없지만, 클라우드는 수백만 개의 하드웨어와 소프트웨어로 구성돼 있다. 이 구성 요소들은 셀프 서비스self-service API로 프로비저닝할 수 있는 컴퓨팅, 스토리지, 네트워킹 가상화 인프라를 형성한다. 이 구성 요소들 모두 실패할 수 있으며, 실제로 실패한다. 과거에는 인프라의 가용성을 높이기 위해 최선을 다했고, 그 인프라 위에서 가용성/신뢰성을 전제하고 애플리케이션을 구축했다. 클라우드에서는 인프라가 일

시적이며 간혹 사용할 수 없다는 가정 아래 앱을 구축해야 한다. 이런 일시성은 아키텍처에서 미리 고려해야 한다.

아주 간단한 예를 들어보자. 고객 선호도를 관리하는 추천 서비스가 고객 서비스를 호출한다고 해보자. 그림 1.2에서 추천 서비스는 고객 서비스를 호출해 일부 고객 데이터를 업데이트하는데, 메시지를 보낼 때 극심한 성능 저하를 경험한다. 이런 성능 저하는 어떤 영향을 미치는가? 의존하는 다운스트림이 느리면 추천 서비스가 실패해 연쇄 장애를 야기하는 등 혼란을 일으킬 수 있다. 이 시나리오는 여러 이유로 일어날 수 있다. 이를테면 다음과 같다.

- 고객 서비스가 과부화돼 실행 속도가 느리다.
- 고객 서비스에 버그가 있다.
- 네트워크 방화벽이 트래픽을 느리게 한다.
- 네트워크가 혼잡해 트래픽이 느려지고 있다.
- 네트워크에 하드웨어 오류가 발생해 트래픽을 다시 라우팅하고 있다.
- 고객 서비스의 네트워크 카드 하드웨어에 오류가 발생했다.

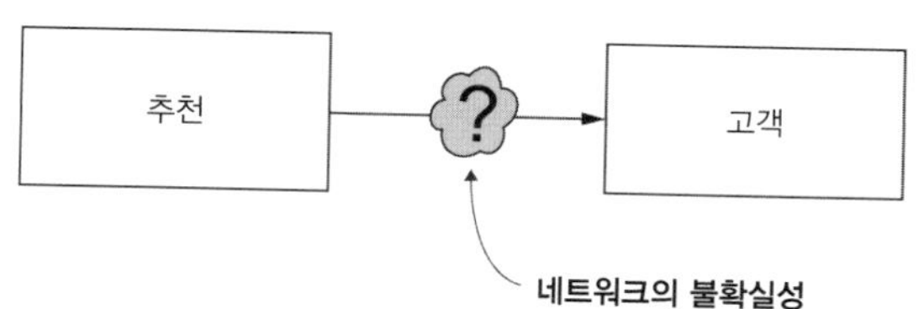

▲ **그림 1.2** 신뢰할 수 없는 네트워크상의 간단한 서비스 통신

문제는 이것이 고객 서비스의 장애인지 여부를 추천 서비스가 구분할 수 없다는 것이다. 다시 말하지만, 하드웨어 및 소프트웨어 구성 요소가 수백만 개에 달하는 클라우드 환경에서 이런 시나리오는 항상 일어난다.

1.1.2 서비스 상호작용을 복원력 있게 만들기

추천 서비스는 몇 가지를 시도할 수 있다. 이를테면 요청을 재시도할 수 있는데, 과부하 시나리오에서는 다운스트림에 문제를 더하기만 하는 꼴일 수 있다. 한편 요청을 재시도할 때는 이전 요청이 성공하지 못했다고 확신할 수 없다. 이럴 때는 일정 시간 후에 요청을 만료시키고 오류를 던질 수도 있다. 또한 다른 가용 영역availability zone에 위치할 수 있는 다른 고객 서비스 인스턴스에 재시도할 수도 있다. 만약 고객 서비스가 이런 문제(혹은 유사한 문제)를 장기간 겪을 경우, 추천 서비스는 냉각 기간 동안 고객 서비스 호출을 완전히 멈출 수도 있다(일종의 서킷 브레이커로, 뒷 장들에서 자세히 다룬다).

이런 시나리오를 완화하고 예기치 않은 장애에 대해 애플리케이션의 복원력을 높이는 데 도움이 되는 몇 가지 패턴이 발전해왔다.

- **클라이언트 측 로드 밸런싱**: 클라이언트에게 엔드포인트 목록을 제공하고 어떤 엔드포인트를 호출할지를 클라이언트가 결정하도록 한다.
- **서비스 디스커버리**: 특정 논리적 서비스의 주기적으로 갱신되는 정상 엔드포인트 목록을 찾는 메커니즘이다.
- **서킷 브레이커**circuit breaking: 오동작하는 것으로 보이는 서비스에 일정 시간 부하를 차단한다.
- **격벽**bulkheading: 서비스 호출 시 클라이언트 리소스 사용량을 명시적 임계값으로 제한한다(커넥션, 스레드, 세션 등).
- **타임아웃**: 서비스 호출 시 요청, 소켓, 활성liveness 등에 시간 제한을 적용한다.
- **재시도**: 실패한 요청을 재시도한다.
- **재시도 예산**: 재시도에 제한을 적용. 즉, 일정 기간의 재시도 횟수를 제한하는 것(예: 10초 동안 호출의 50%까지만 재시도 가능)
- **데드라인**: 요청에 응답 유효 기간을 지정한다. 데드라인을 벗어나면 요청 처리를 무시한다.

이런 유형의 패턴을 종합하면 애플리케이션 네트워킹으로 생각할 수 있다. 패킷 대신 메시지 수준에서 동작한다는 점을 제외하면, 네트워킹 스택의 저수준 계층과 구성이 유사하다.

1.1.3 일어나고 있는 일 실시간으로 이해하기

더 빠르게 나아가는 데 있어 대단히 중요한 측면은 올바른 방향으로 나아가고 있는지 확인하는 것이다. 고객의 반응을 시험하기 위해 배포를 빠르게 하려고 노력하는데, 정작 서비스가 느리거나 사용할 수 없으면 고객이 반응할 기회가 없을 것이다(혹은 서비스를 피할 수도 있다). 서비스에 변화를 줄 때, 변경이 어떤 영향(긍정적이든 부정적이든)을 줄지 이해하고 있는가? 변경하기 전에 현재 상황을 파악하고 있는가?

어떤 서비스가 서로 통신하고 있는지, 일반적인 서비스 부하가 어떤 형태인지, 예상하는 오동작failure 수는 어느 정도인지, 서비스 오동작 시 어떤 일이 일어나는지, 서비스 상태가 어떤지 등 서비스 아키텍처를 아는 것은 대단히 중요하다. 새로운 코드나 설정을 배포해서 변화를 준다는 건 주요 메트릭에 부정적 영향을 미칠 수 있는 가능성을 도입하는 것이기도 하다. 네트워크, 인프라의 불안정성이 뚜렷해지기 시작할 때나 버그가 있는 코드를 배포할 때, 시스템이 붕괴하기 직전이 아니라고 믿을 수 있을 정도로 실제 상황을 충분히 파악하고 있다고 확신할 수 있는가? 메트릭, 로그, 트레이스로 시스템을 관찰하는 것은 서비스 아키텍처 운영에서 매우 중요한 부분이다.

1.2 이 과제를 애플리케이션 라이브러리로 해결해보기

클라우드 환경에서 애플리케이션/서비스를 운영하는 방법을 최초로 알아낸 조직은 거대 인터넷 기업들이었고, 그중 많은 회사가 클라우드 인프라를 오늘날 우리가 아는 모습으로 개척해냈다. 이 회사들은 모두가 사용해야 하는 일부 언어에 대한 라이브러리와 프레임워크를 구축하는 데 막대한 시간과 자원을 투자했고, 이는 클라우드 네이티브 아키텍처로 서비스를 운영할 때 생기는 문제를 해결하는 데 도움이 됐다. 구글은 stubby 같은 프레임워크를 구축했고, 트위터는 Finagle을 만들었으며, 넷플릭스는 2012년에 자사의 마이크로서비스 라이브러리를 오픈소스로 공개했다. 예를 들어 자바 개발자를 대상으로 한 NetflixOSS 라이브러리는 다음과 같은 클라우드 네이티브 문제를 처리한다.

- Hystrix: 서킷 브레이커와 격벽
- Ribbon: 클라이언트 측 로드 밸런싱
- Eureka: 서비스 등록 및 디스커버리
- Zuul: 동적 에지edge 프록시

이 라이브러리들은 자바 런타임을 대상으로 했기 때문에 자바 프로젝트에서만 사용할 수 있었다. 이러한 라이브러리를 사용하려면 해당 라이브러리에 대한 애플리케이션 의존성을 만들고, 클래스 경로에 가져온 다음, 애플리케이션 코드에서 사용해야 했다. NetflixOSS Hystrix를 사용하는 다음 예제는 의존성 관리 시스템에 Hystrix에 대한 의존성을 가져온다.

```
<dependency>
    <groupId>com.netflix.hystrix</groupId>
    <artifactId>hystrix-core</artifactId>
    <version>x.y.z</version>
</dependency>
```

Hystrix를 사용하려면 명령어를 기본 Hystrix 클래스인 `HystrixCommand`로 래핑wrapping 해야 한다.

```
public class CommandHelloWorld extends HystrixCommand<String> {

    private final String name;

    public CommandHelloWorld(String name) {
        super(HystrixCommandGroupKey.Factory.asKey("ExampleGroup"));
        this.name = name;
    }

    @Override
    protected String run() {
        // 실제 예제는 여기서 네트워크 호출 같은 작업을 할 것이다
```

```
        return "Hello " + name + "!";
    }
}
```

만약 코드에 복원력을 구축할 책임이 각 애플리케이션에 있다면, 이런 문제에 대한 처리를 분산해 중앙 병목을 제거할 수 있다. 신뢰할 수 없는 클라우드 인프라에 대규모로 배포하는 경우, 이는 바람직한 시스템 특성이다.

1.2.1 애플리케이션별 라이브러리의 단점

애플리케이션 복원력 구현을 분산해 애플리케이션 자체에 배치함으로써 대규모 서비스 아키텍처의 문제점을 완화했지만, 새로운 도전 과제들이 등장했다. 첫 번째 과제는 모든 애플리케이션에서 예상되는 가정과 관련 있다. 만약 아키텍처에 새 서비스를 도입하려 한다면, 이 계획은 다른 사람이나 다른 팀이 내린 구현 결정에 제약을 받게 될 것이다. 예를 들어 NetflixOSS Hystrix를 사용하려면 자바나 JVM 기반 기술을 사용해야만 한다. 서킷 브레이커와 로드 밸런싱은 보통 함께 동작하므로, 두 복원력 라이브러리를 함께 사용해야 한다. 로드 밸런싱에 넷플릭스 Ribbon을 사용하고 싶다면 서비스 엔드포인트 디스커버리에 사용할 일종의 저장소가 필요한데, 이는 Eureka를 사용해야 한다는 의미일 수 있다. 이런 식으로 라이브러리를 사용하는 방법은, 시스템의 나머지 부분과 상호작용하는 프로토콜이 명확히 정의되지 않은 상태에서도 암묵적인 제약을 만들어낸다.

두 번째 문제는 서비스를 구현하려고 새로운 언어나 프레임워크를 도입하려고 할 때 발생한다. 사용자 대면 API를 구현하는 데 NodeJS가 적합하다고 판단했지만, 나머지 아키텍처는 자바와 NetflixOSS를 사용하고 있다고 해보자. 당신은 복원력 패턴 구현용으로 다른 라이브러리 집합을 찾기로 할 수도 있다. 또는 `resilient`(www.npmjs.com/package/resilient)나 `hystrixjs`(www.npmjs.com/package/hystrixjs)과 같은 유사 패키지를 찾아볼 수도 있다. 그러고는 도입하려는 언어를 알아보고, 입증하고, 개발 스택에 도입해야 한다(마이크로서비스에서는 다언어polyglot 프로그래밍이 가능하기는 하지만, 보통은 언어를 최소한으로 표준화하는 것이 가장 좋다). 이들 라이브러리 각각은 전제와 구현이 다를 것이다. 어떤 경우에는 각 프레임워크/언어 조합에 상응하는 유사 대체품을 찾지 못할 수도 있다. 결국 어떤 언어에서는 부분적으로 구현하게 돼 전반적으로 구현이 일관적이지 않을 수 있는데, 이는 장애 시나리오에서 원인을 추론하기 어렵게 만들어 장애를 숨기거나 확산시키는 원인이 될 수 있다. 그림 1.3은 서비스가 애플리케이션 네트워킹 관리 목적으로 동일한 라이브러리 집합을 구현하는 모습을 보여준다.

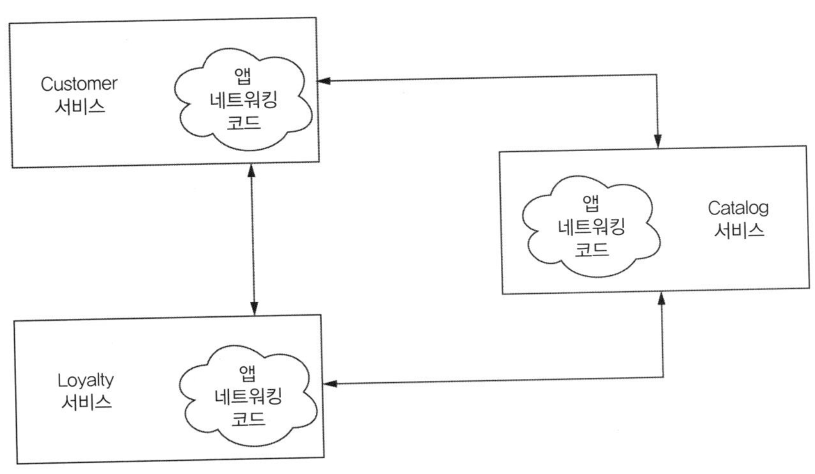

▲ **그림 1.3** 애플리케이션과 결합한 애플리케이션 네트워킹 라이브러리

마지막으로, 여러 프로그래밍 언어와 프레임워크에서 라이브러리를 소수로 유지하려면 많은 훈련이 필요하며 제대로 하기가 몹시 어렵다. 핵심은 모든 구현이 일관되고 올바르다는 점을 보장하는 것이다. 하나의 차이만으로도 시스템의 예측 불가능성이 늘어난다. 동시에 여러 서비스에 업데이트를 수행하는 것도 벅찬 일이 될 수 있다.

클라우드 아키텍처에서는 애플리케이션 네트워킹을 분산하는 것이 낫지만, 그로 인해 늘어나는 시스템의 제약과 운영 부담은 대부분의 조직에서 감당하기 어려울 것이다. 설령 도전에 나선다고 해도 올바르게 수행하기는 더욱 어렵다. 애플리케이션을 임베디드 라이브러리로 유지 관리하고 운영하는 데 막대한 오버헤드 비용을 치르지 않고도 분산화의 이점을 누릴 수 있는 방법이 있었다면 어떨까?

1.3 이런 관심사를 인프라에 전가하기

이런 기본적인 애플리케이션 네트워킹 문제는 특정 애플리케이션, 언어, 프레임워크만의 전유물이 아니다. 재시도, 타임아웃, 클라이언트 측 로드 밸런싱, 서킷 브레이커 등이 애플리케이션 기능을 차별화하는 것도 아니다. 이들이 서비스의 일부로 고려해야 하는 대단히 중요한 과제인 것은 맞지만, 사용하기로 한 모든 언어마다 구현하려고 막대한 시간과 자원을 투자하는 것은(앞 절에서 언급한 다른 결점들도 포함해) 시간 낭비다. 우리가 진정으로 원하는 것은 이런 과제를 구현해 애플리케이션이 자체적으로 처리해야 하는 부담을 덜어주면서도 기술에 구애받지 않는 방법이다.

1.3.1 애플리케이션 인식 서비스 프록시

프록시를 사용하는 것은 이런 수평적 관심사를 인프라로 옮기는 방법 중 하나다. 프록시란 커넥션을 다룰 수 있고 적절한 백엔드로 리다이렉트할 수 있는 중간 인프라 구성 요소다. 우리는 네트워크 트래픽을 처리하고 보안을 강제하고 부하를 백엔드 서버로 분산하기 위해 항상(알든 모르든) 프록시를 사용한다. 예를 들어 HAProxy는 커넥션을 여러 백엔드 서버로 분산하는, 간단하지만 강력한 리버스 프록시다. `mod_proxy`는 리버스 프록시 역할도 하는 아파치 HTTP 서버용 모듈이다. 회사 IT 시스템에서 나가는 모든 인터넷 트래픽은 보통 방화벽 내 포워딩 프록시를 거쳐 라우팅된다. 이런 프록시는 트래픽을 감시하고 특정 유형의 활동을 차단한다.

그러나 이 문제에서 필요한 것은 애플리케이션을 인식할 수 있고 서비스를 대신해 애플리케이션 네트워킹을 수행할 수 있는 프록시다(그림 1.4 참조). 그렇게 하려면 서비스 프록시는 커넥션과 패킷을 이해하는 전통적 인프라 프록시와 달리 메시지와 요청 같은 애플리케이션 구조를 이해해야 한다. 즉, 7계층 프록시가 필요하다.

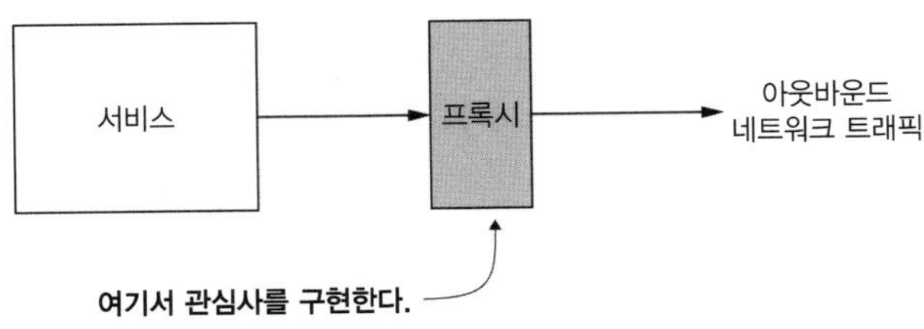

▲ **그림 1.4** 프록시를 사용해 복원력, 트래픽 제어, 보안과 같은 수평적 문제를 애플리케이션 구현에서 분리하기

1.3.2 엔보이 프록시 만나기

엔보이[Envoy](http://envoyproxy.io)는 오픈소스 생태계에서 다재다능하고 성능이 뛰어난 애플리케이션 수준 프록시로 부각된 서비스 프록시다. 엔보이는 리프트에서 SOA 인프라의 일부로 개발됐으며, 언어나 프레임워크에 명시적 의존성 없이도 재시도, 타임아웃, 서킷 브레이커, 클라이언트 측 로드 밸런싱, 서비스 디스커버리, 보안, 메트릭 수집 등의 네트워킹 관심사를 구현할 수 있다. 그림 1.5에서 보듯이 엔보이는 이 모든 것을 애플리케이션 프로세스 외부에서 구현한다.

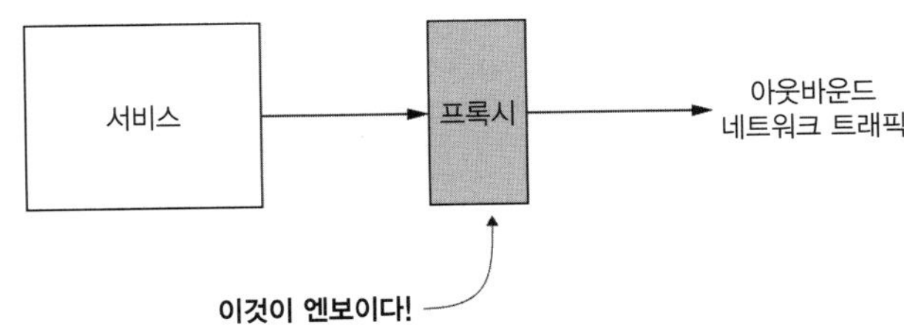

▲ **그림 1.5** 엔보이 프록시는 애플리케이션 네트워킹에서 프로세스 외부의 참여자다.

엔보이의 힘은 이런 애플리케이션 계층의 복원력 측면에만 국한되지 않는다. 엔보이는 또한 초당 요청 수, 실패 횟수, 서킷 브레이커 이벤트 등과 같은 여러 애플리케이션 네트워킹 메트릭을 수집한다. 엔보이를 사용하면 서비스 간에 어떤 일이 일어나고 있는지 자동으로 알 수 있게 되는데, 바로 여기가 예상치 못한 복잡성을 많이 발견하게 되는 곳이다. 엔보이 프록시는 서비스 아키텍처에서 공통적인 서비스 간 신뢰성과 관찰 가능성 문제를 해결할 수 있는 기반이며, 이 기반을 토대로 이런 문제를 애플리케이션에서 인프라로 이동시킬 수 있다. 이어지는 절들과 장들에서 엔보이를 더 자세히 다뤄볼 것이다.

애플리케이션과 함께 서비스 프록시를 배포해 애플리케이션 외부에서 이런 기능들(복원력 및 관찰 가능성)을 얻을 수 있지만, 세부적으로는 애플리케이션마다 다를 수 있다. 그림 1.6은 이 모델에서 애플리케이션이 시스템의 다른 부분과 통신하는 방법을 보여주는데, 요청을 엔보이로 먼저 보내고 나서 엔보이가 업스트림으로의 통신을 처리한다.

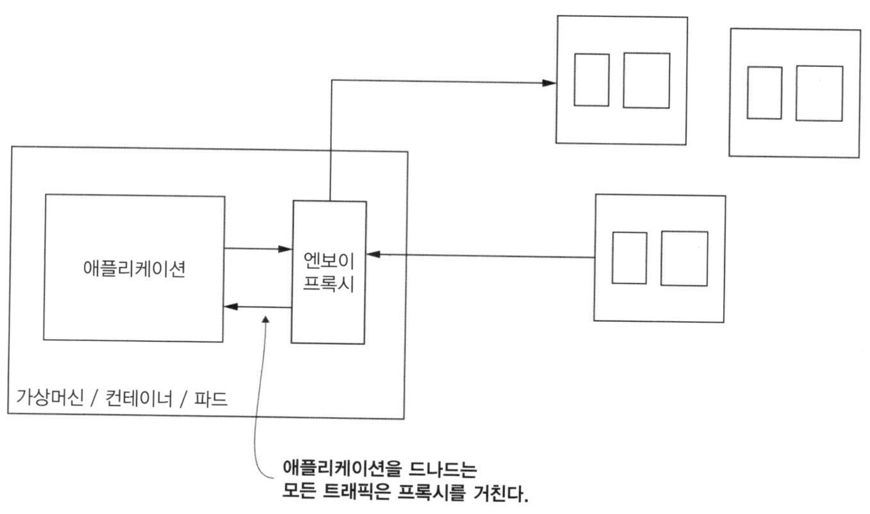

▲ **그림 1.6** 애플리케이션 프로세스 외부의 엔보이 프록시

또한 서비스 프록시는 분산 트레이싱 스팬span을 수집해 특정 요청이 수행한 모든 단계를 연결할 수 있으며, 각 단계의 소요 시간을 확인하고 시스템의 잠재적인 병목 현상이나 버그를 찾아낼 수 있다. 모든 애플리케이션이 자신의 프록시를 거쳐 외부 세계와 대화하고 애플리케이션으로 들어오는 모든 트래픽이 프록시를 거치면, 애플리케이션 코드를 한 줄도 바꾸지 않고 애플리케이션에 대한 중요한 기능을 얻을 수 있다. 이 프록시+애플리케이션 조합이 서비스 메시로 알려진 통신 버스의 토대가 된다.

엔보이 같은 서비스 프록시는 애플리케이션의 모든 인스턴스와 함께 단일 최소 단위single atomic unit로 배포할 수 있다. 예를 들어 쿠버네티스에서는 서비스 프록시와 애플리케이션을 단일 파드Pod로 함께 배포할 수 있다. 그림 1.7은 메인 애플리케이션 인스턴스를 보완하기 위해 서비스 프록시를 배포하는 사이드카 배포 패턴을 그리고 있다.

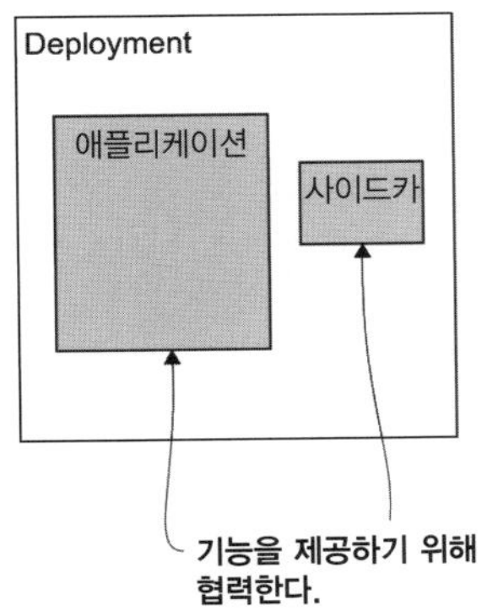

▲ **그림 1.7** 사이드카 배포는 기능을 제공하기 위해 메인 애플리케이션 프로세스와 협력하는 추가 프로세스다.

1.4 서비스 메시란 무엇인가?

엔보이 같은 서비스 프록시는 클라우드 환경에서 동작하는 서비스 아키텍처에 중요한 기능을 추가하는 데 도움이 된다. 각 애플리케이션은 워크로드 목표를 감안해 프록시 동작 방식에 대해 자신만의 요구 사항이나 설정을 가질 수 있다. 애플리케이션과 서비스 수가 늘어남에 따라 많은 프록시를 설정하고 관리하는 것이 어려울 수 있다. 또한 각 애플리케이션 인스턴스에 프록시를 배치하면, 원래는 애플리케이션 스스로가 수행했어야 하는 흥미로운 고급 기능을 구축할 기회가 생긴다.

서비스 메시service mesh란 애플리케이션 대신 프로세스 외부에서 투명하게 네트워크 트래픽을 처리하는 분산형 애플리케이션 인프라를 말한다. 그림 1.8은 서비스 프록시가 데이터 플레인을 형성하는 방식을 보여준다. 데이터 플레인은 모든 트래픽을 처리하고 관찰하는 곳이다. 데이터 플레인은 메시를 거쳐가는 트래픽을 설정하고 보호하며 제어하는 책임을 맡는다. 데이터 플레인의 동작은 컨트롤 플레인이 설정한다. 컨트롤 플레인은 메시의 두뇌로, 운영자가 네트워크 동작을 조작할 수 있도록 API를 노출한다. 데이터 플레인과 컨트롤 플레인이 모여 모든 클라우드 네이티브 아키텍처에 필요한 다음과 같은 중요 기능을 제공한다.

- 서비스 복원력
- 관찰 가능성 신호
- 트래픽 제어 기능
- 보안
- 정책 강제policy enforcement

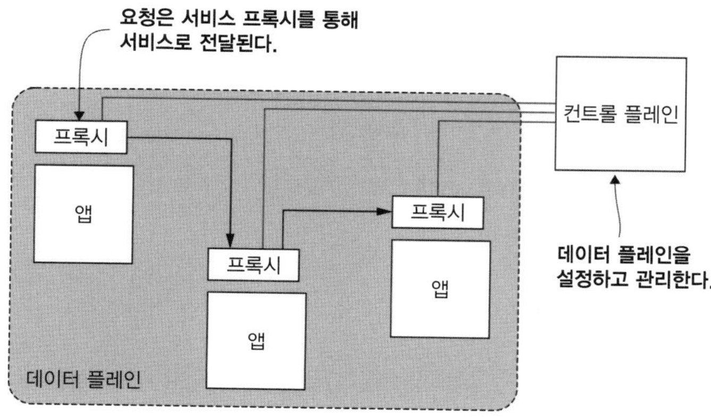

▲ **그림 1.8** 애플리케이션 수준 프록시(데이터 플레인)와 관리 구성 요소(컨트롤 플레인)가 함께 배치된 서비스 메시 아키텍처

서비스 메시는 재시도, 타임아웃, 서킷 브레이커 같은 기능을 구현해 서비스 통신이 장애에 복원력을 갖추게 만들 책임을 맡는다. 또한 서비스 디스커버리, 적응형 및 영역 인식zone-aware 로드 밸런싱, 헬스 체크 같은 기능을 처리함으로써 변화하는 인프라 토폴로지를 처리할 수도 있다. 모든 트래픽이 메시를 통과하므로 운영자는 트래픽을 명시적으로 제어하고 지시할 수 있다. 예를 들어 애플리케이션의 새 버전을 배포할 때 트래픽의 작은 조각, 이를테면 1% 정도에만 새 버전을 노출하고 싶을 수 있다. 서비스 메시가 있다면 그럴 수 있다. 물론 서비스 메시에서 제어의 반대는 메시의 현재 행동을 이해하는 것이다. 트래픽이 메시를 통과하므로 요청 급증, 지연 시간, 처리량, 장애 등과 같은 메트릭을 추적함으로써 네트워크 동작에 대한 상세한 신호를 포착할 수 있다. 이 텔레메트리telemetry를 활용해 시스템에서 어떤 일이 일어나고 있는지 그려낼 수 있다. 마지막으로, 서비스 메시가 애플리케이

션 간 네트워크 통신의 양쪽 끝을 제어하므로 상호 인증을 사용한 전송 계층 암호화 같은 강력한 보안을 적용할 수 있다. 구체적으로는 상호 TLS^mTLS, mutual Transport Layer Security^ 프로토콜을 사용할 수 있다.

서비스 메시는 이 모든 기능을 애플리케이션 코드 변경이나 의존성 추가를 거의(혹은 전혀) 하지 않고도 서비스 운영자에게 제공한다. 일부 기능에서는 애플리케이션 코드와 약간의 협업이 필요하지만, 크고 복잡한 라이브러리 의존성은 피할 수 있다. 서비스 메시를 사용하면 애플리케이션을 구축하는 데 어떤 애플리케이션 프레임워크나 프로그래밍 언어를 사용했든지 상관없이 이러한 기능들이 일관되고 정확하게 구현되므로, 서비스 팀이 변화를 구현해 전달할 때 빠르고 안전하며 자신감 있게 움직일 수 있게 된다.

1.5 이스티오 서비스 메시 소개

이스티오는 서비스 메시의 오픈소스 구현체이며 구글, IBM, 리프트가 주도했다. 이스티오는 서비스 아키텍처에 복원력과 관찰 가능성을 투명한 방식으로 추가하는 데 도움이 된다. 이스티오를 사용하면 애플리케이션은 자신이 서비스 메시의 일부임을 인지하지 않아도 된다. 애플리케이션이 외부 세계와 의사소통할 때는 항상 이스티오가 애플리케이션 대신 네트워킹을 처리하기 때문이다. 마이크로서비스, 모놀리스 또는 그 사이의 어떤 것을 사용하든 상관없이 이스티오는 많은 이점을 줄 수 있다. 이스티오의 데이터 플레인은 엔보이 프록시를 사용하며, 서비스 프록시(엔보이) 인스턴스가 함께 배포되도록 애플리케이션을 구성하는 데 도움이 된다. 이스티오의 컨트롤 플레인은 최종 사용자/운영자용 API, 프록시용 설정 API, 보안 설정, 정책 선언 등을 제공하는 몇 가지 구성 요소로 이뤄져 있다. 이 책의 후반부에서는 이러한 컨트롤 플레인 구성 요소를 다룰 것이다.

이스티오는 본래 쿠버네티스에서 실행할 목적으로 구축됐지만, 배포 플랫폼에 구애받지 않는 관점으로 작성됐다. 즉, 쿠버네티스, 오픈시프트^OpenShift^와 같은 배포 플랫폼은 물론 가상머신^VM, Virtual Machine^ 같은 기존 배포 환경에서도 이스티오 기반 서비스 메시를 사용할 수 있다. 이런 특성이 프라이빗 데이터센터를 포함해 여러 클라우드에 걸쳐 있는 하이브리드 배포 사례에 얼마나 강력한 효과를 가져올 수 있는지를 이 책의 후반부에서 살펴볼 것이다.

|노트| '이스티오(Istio)'는 그리스어로 '돛'을 의미하는데, 이는 쿠버네티스에서 사용하는 항해 관련 용어들과 잘 어울린다.

각 애플리케이션 인스턴스 옆에 서비스 프록시가 있으면 애플리케이션은 더 이상 서킷 브레이커, 시간 초과, 재시도, 서비스 디스커버리, 로드 밸런싱 등을 위해 언어별 복원력 라이브러리가 필요하지 않다. 또한 서비스 프록시는 메트릭 수집, 분산 트레이싱, 접근 제어도 처리한다.

서비스 메시의 트래픽이 이스티오 서비스 프록시를 거쳐 흐르는 덕분에 이스티오는 각 애플리케이션에서 네트워킹 동작에 영향을 주고 지시할 수 있는 제어 지점을 가진다. 이를 통해 서비스 운영자는 트래픽 흐름을 제어하고 카나리 릴리스canary release, 다크 런치dark launch, 단계적 롤아웃, A/B 스타일 테스트와 같은 세밀한 릴리스를 구현할 수 있다. 이런 기능들은 이후 장들에서 살펴본다.

그림 1.9는 다음을 보여준다.

1. 트래픽은 이스티오 인그레스 게이트웨이를 통해 메시 외부의 클라이언트에서 클러스터로 들어온다.
2. 트래픽이 쇼핑 카트 서비스로 이동한다. 트래픽은 먼저 해당 서비스 프록시를 통과한다. 서비스 프록시는 서비스에 타임아웃, 메트릭 수집, 보안 강제 등을 적용할 수 있다.
3. 요청이 다양한 서비스를 거치므로, 이스티오의 서비스 프록시는 다양한 단계에서 요청을 가로채고 라우팅 결정을 내릴 수 있다(예를 들면, 세금 서비스를 향하는 요청 일부를 특정 세금 계산을 교정한 세금 서비스 v1.1로 라우팅하는 것이 있다).
4. 이스티오의 컨트롤 플레인(istiod)은 라우팅, 보안, 텔레메트리 수집, 복원력을 처리하는 이스티오 프록시를 설정하는 데 사용한다.
5. 요청 메트릭은 주기적으로 다양한 수집 서비스로 전송된다. 분산 트레이싱 스팬(예거Jaeger, 집킨Zipkin 등)은 트레이싱 저장소로 전송돼 시스템을 거치는 요청의 경로 및 지연 시간을 추후에 추적하는 용도로 사용할 수 있다.

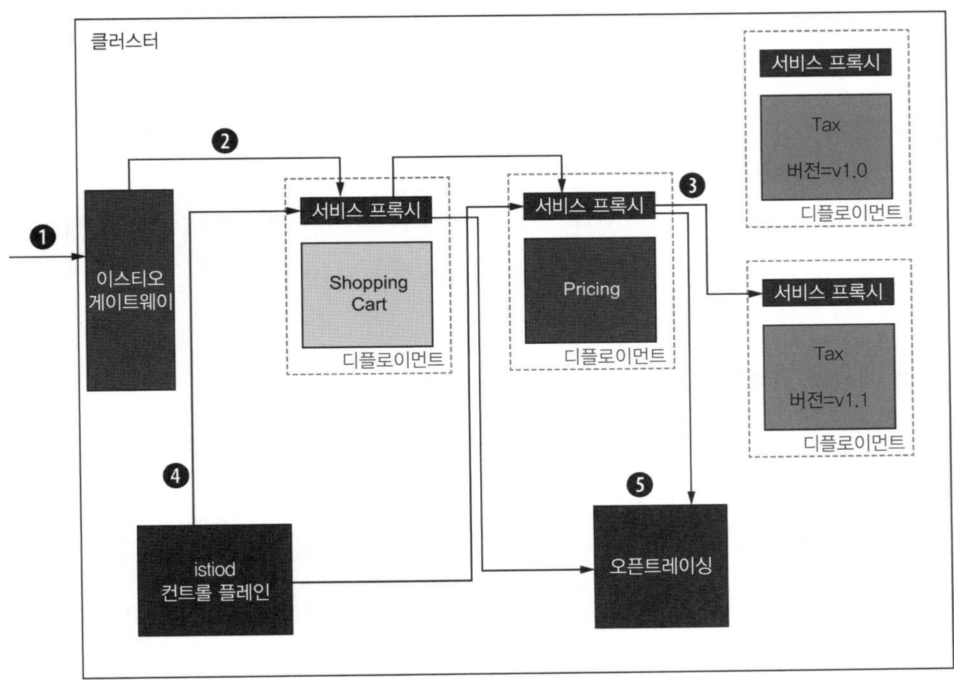

▲ **그림 1.9** 이스티오는 엔보이 기반 데이터 플레인과 컨트롤 플레인을 사용해 서비스 메시를 구현한 것이다.

어떤 서비스 기반 아키텍처에서도 중요한 요구 사항은 보안이다. 이스티오는 기본적으로 보안이 활성화돼 있다. 이스티오가 애플리케이션 네트워킹 경로의 양 끝단을 제어하는 덕분에 기본적으로 트래픽을 투명하게 암호화할 수 있다. 사실 한 단계 더 나아가면, 이스티오는 서비스가 상호 TLS를 바로 사용할 수 있도록 키 및 인증서 발급, 설치installation, 로테이션rotation을 관리할 수 있다. 상호 TLS를 위해 인증서를 설치하고 구성하는 고통을 겪어본 적이 있다면 이 기능의 단순함과 강력함을 매우 잘 이해할 것이다. 이스티오는 워크로드에 IDidentity를 부여하고 이를 인증서에 포함시킬 수 있다. 또한 이스티오는 여러 워크로드의 ID를 사용해 강력한 접근 제어 정책을 구현할 수 있다.

마지막으로, 이전 기능들 못지 않게 중요한 것은 이스티오를 사용하면 할당량quota, 속도 제한rate limiting, 조직 정책을 구현할 수 있다는 점이다. 이스티오의 정책 강제policy enforcement를 사용하면, 어떤 서비스가 서로 상호작용할 수 있고 어떤 서비스가 상호작용할 수 없는지에 대해 아주 세밀한 규칙을 만들 수 있다. 이 기능은 여러 클라우드(퍼블릭 및 온프레미스)에 서비스를 배포할 때 특히 중요해진다.

이스티오는 서비스 메시의 강력한 구현체다. 이스티오의 기능을 활용하면 클라우드 네이티브 서비스 아키텍처의 실행과 운영을 단순화할 수 있으며, 하이브리드 환경에도 적용할 수 있다. 이 책의 나머지 부분에서는 이스티오의 기능을 어떻게 활용해 클라우드 네이티브 세계에서 마이크로서비스를 운영할 수 있는지 보여줄 것이다.

1.5.1 서비스 메시와 엔터프라이즈 서비스 버스의 관계

서비스 지향 아키텍처SOA 시대의 엔터프라이즈 서비스 버스ESB는 최소한 정신적으로는 서비스 메시와 유사하다. SOA 초기에 ESB가 본래 묘사됐던 방식을 살펴보면 다음과 같이 상당히 비슷한 표현을 볼 수 있다.

> 엔터프라이즈 서비스 버스, 즉 ESB는 SOA 논리 아키텍처의 과묵한 파트너다. 아키텍처 내에서 ESB의 존재는 SOA 애플리케이션의 서비스에게 투명하다. 그러나 ESB의 존재는 서비스 호출 작업을 단순하게 만드는 데 핵심적인 요소다. 즉, 서비스가 기업 내 어디에 있든, 서비스를 호출하고자 서비스의 위치를 찾고 서비스 요청을 네트워크에서 운반하는 세부 사항에 관계없이 필요한 곳이면 어디서나 서비스를 활용할 수 있게 한다(http://mng.bz/5K7D).

이 ESB 설명에서는 ESB를 '과묵한 파트너'로 가정하고 있는데, 이는 애플리케이션이 ESB를 알지 못함을 의미한다. 서비스 메시에서도 비슷한 동작을 기대한다. 서비스 메시는 애플리케이션에게 투명해야 한다. 또한 ESB는 '서비스 호출 작업을 단순하게 만드는 데 핵심적인 요소'라고 한다. ESB의 경우, 프로토콜 변환mediation, 메시지 변환, 콘텐츠 기반 라우팅을 포함한다. 서비스 메시는 ESB가 하던 모든 일을 맡지는 않는다. 서비스 메시는 재시도, 타임아웃, 서킷 브레이커로 서비스 복원력을 제공하고, 이에 더해 서비스 디스커버리와 로드 밸런싱 같은 서비스를 제공한다.

전반적으로 서비스 메시와 ESB에는 몇 가지 중요한 차이점이 있다.

- ESB는 기업 내에서 서비스 통합을 관리하는 새로운 구조를 조직에 도입했는데, 이

구조는 결국 격리된 시스템, 즉 사일로silo가 됐다.

- ESB는 매우 중앙화된 배포/구현이었다.
- ESB는 애플리케이션 네트워킹과 서비스 중재 문제를 혼합했다.
- ESB는 복잡한 독점 벤더 소프트웨어를 기반으로 하는 경우가 많았다.

그림 1.10은 ESB가 애플리케이션을 통합하는 방법을 보여준다. ESB는 중앙에 위치하고 애플리케이션 비즈니스 로직을 애플리케이션 라우팅, 변환, 중재와 결합했다.

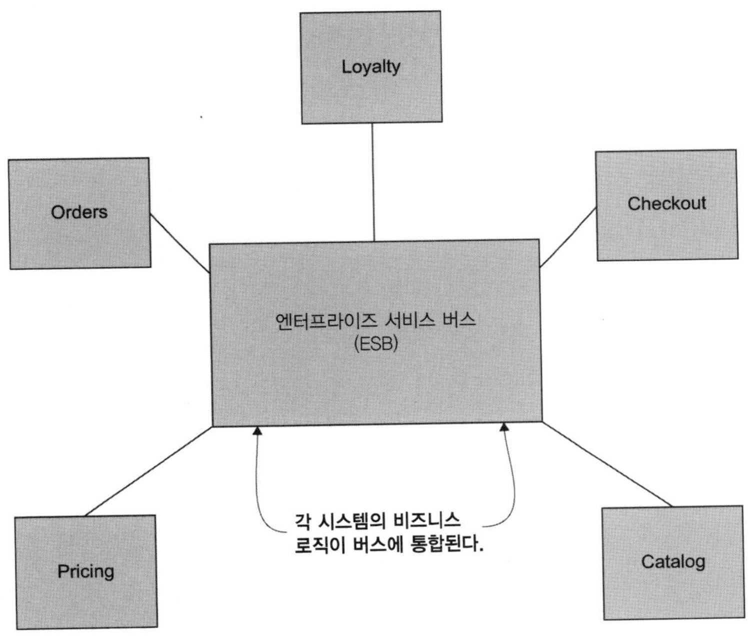

▲ **그림 1.10** 애플리케이션을 통합하는 중앙집중식 시스템인 ESB

서비스 메시의 역할은 오직 애플리케이션 네트워킹 문제에만 해당된다. 복잡한 비즈니스 변환(X12, EDI, HL7 등), 비즈니스 프로세스 오케스트레이션, 프로세스 예외, 서비스 오케스트레이션 등은 서비스 메시의 일이 아니다. 또한 서비스 메시의 데이터 플레인은 프록시를 애플리케이션에 붙이는 형태로 고도로 분산된다. 이를 통해 ESB 아키텍처에서 자주 나타나는 단일 장애 지점 혹은 병목 지점을 제거한다. 마지막으로, 운영자와 서비스 팀 모두 서비스 수준 목표SLO를 수립하고 이를 지원하도록 서비스 메시를 구성할 책임이 있다. 다른 시스템과 통합할 책임은 더 이상 일부 중앙집중식 팀의 영역이 아니다. 모든 서비스 개발자가 그 책임을 함께 진다.

1.5.2 서비스 메시와 API 게이트웨이의 관계

이스티오와 서비스 메시 기술은 API 게이트웨이와도 몇 가지 유사점과 차이점을 공유한다. API 게이트웨이 인프라(http://microservices.io/patterns/apigateway.html의 마이크로서비스 패턴을 의미하지 않는다)는 API 관리 제품군에서 조직의 공개 API에 외부에서 접근할 수 있는 엔드포인트를 제공하는 데 사용한다. API 게이트웨이의 역할은 크게 두 가지다. 첫 번째는 이런 공개 API에 보안, 속도 제한, 할당량quota 관리, 메트릭 수집 기능을 제공하는 것이고, 두 번째는 API 계획 명세, 사용자 등록, 요금 청구와 기타 운영 문제를 포함하는 전반적 API 관리 솔루션에 공개 API를 연결하는 것이다. API 게이트웨이 아키텍처는 매우 다양하지만, 대부분 아키텍처의 경계에서 공개 API를 노출하는 데 사용됐다. 또한 보안, 정책, 메트릭 수집을 중앙화하기 위해 내부 API에도 사용돼 왔다. 그렇지만 API 게이트웨이는 트래픽이 흐르는 중앙집중 시스템을 만들기 때문에 ESB와 메시징 버스에서 설명했듯 병목 현상의 원인이 될 수 있다.

그림 1.11은 내부 API에 API 게이트웨이를 사용할 때 서비스 간의 모든 내부 트래픽이 어떻게 API 게이트웨이를 거쳐가는지 보여준다. 그래프의 모든 서비스에서 홉hop이 두 번을 거치게 된다. 한번은 게이트웨이로 향하고, 한 번은 실제 서비스로 향하는 것이다. 이는 네트워크 오버헤드와 지연 시간뿐 아니라 보안에도 영향을 미친다. 이런 다중 홉 아키텍처에서는 애플리케이션 관여 없이 API 게이트웨이가 단독으로 전송 메커니즘을 보호할 수 없다. 그리고 API 게이트웨이는 보통 서킷 브레이커나 격벽 같은 복원력 기능을 구현하지 않는다.

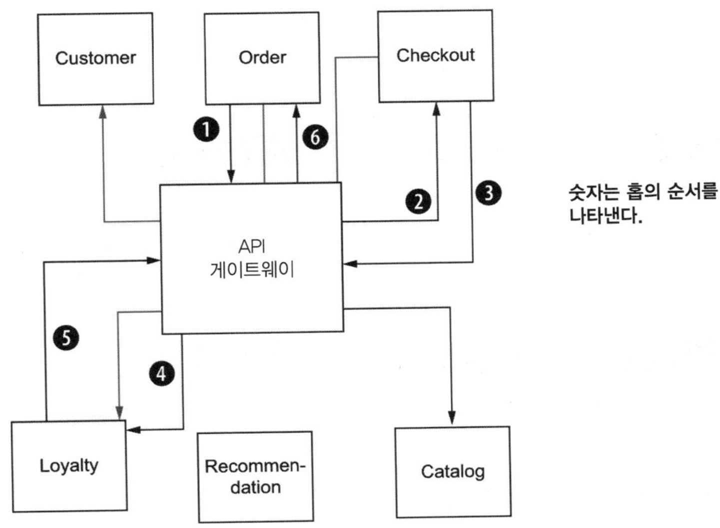

▲ **그림 1.11** 서비스 트래픽용 API 게이트웨이

서비스 메시에서 프록시는 서비스와 함께 배치되므로 추가 홉을 거치지 않는다. 또한 서비스 메시는 탈중앙적이므로, 각 애플리케이션은 자신의 프록시를 자신의 워크로드에 맞게 설정할 수 있고 시끄러운 이웃noisy neighbor 시나리오[1]에 의해 영향을 받지 않는다. 각 프록시는 짝 애플리케이션 인스턴스와 함께 있으므로, 애플리케이션이 알아차리거나 적극적으로 참여할 필요 없이 전송 메커니즘을 처음부터 끝까지end to end 보호할 수 있다.

그림 1.12는 서비스 프록시가 API 게이트웨이 기능을 구현하고 강제하는 장소가 되는 모습을 보여준다. 이스티오 같은 서비스 메시 기술이 계속 성숙하게 되면, API 관리가 서비스 메시 위에 구축되고 전문 API 게이트웨이 프록시가 필요하지 않게 될 것이다.

1 시끄러운 이웃이라는 용어는 다른 서비스의 활동 때문에 서비스 품질이 저하되는 시나리오를 말한다. 자세한 내용은 웹사이트(http://mng.bz/mxvM)를 참고하자.

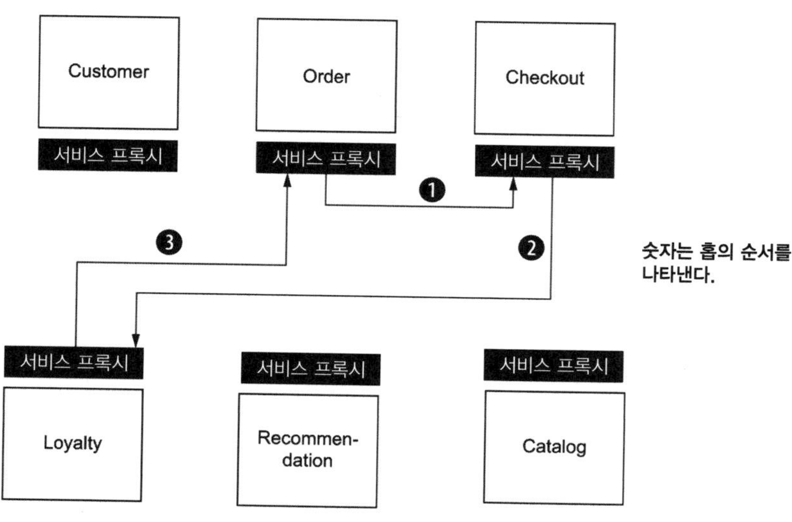

▲ **그림 1.12** 서비스 프록시는 ESB 및 API 게이트웨이 기능을 구현한다.

1.5.3 마이크로서비스가 아닌 아키텍처에도 이스티오를 사용할 수 있는가?

이스티오의 힘이 빛을 발하는 것은 서비스 개수와 서비스 사이의 연결이 많고 네트워크가 신뢰할 수 없는 클라우드 인프라 위에 있으며 이런 구조가 여러 클러스터, 클라우드, 데이터센터에 걸쳐 확장되는 상황에서다. 게다가 이스티오가 애플리케이션 프로세스 외부에서 작동하므로, 기존 레거시 혹은 브라운필드 환경에도 배포해 메시에 통합할 수 있다.

예를 들어 기존에 모놀리스 아키텍처로 배포된 시스템이 있을 때, 이스티오 서비스 프록시를 각 모놀리스 인스턴스와 함께 배포해 네트워크 트래픽을 투명하게 처리할 수 있다. 못해도 요청 메트릭을 추가할 수 있는데, 이 메트릭들은 애플리케이션의 사용량, 지연 시간, 처리량, 장애 특성을 이해하는 데 대단히 유용하다. 또한 이스티오에는 어떤 서비스와 통신할 수 있는지 강제하는 정책 같은 고수준 기능도 있는데, 이 기능은 온프레미스와 퍼블릭 클라우드를 모두 사용하는 하이브리드 클라우드 구조에서 대단히 유용해진다. 이스티오를 사용하면, '클라우드 서비스는 온프레미스 애플리케이션의 데이터를 사용하거나 통신할 수 없다'와 같은 정책을 강제할 수 있다.

NetflixOSS 같은 복원력 라이브러리로 구현한 구형 마이크로서비스를 갖고 있을 수도 있다. 이스티오는 이런 형상에도 강력한 기능을 제공한다. 심지어 이스티오와 애플리케이션 둘 다 서킷 브레이커 같은 기능을 중복으로 구현했더라도, 더 제한적인 정책이 효과를 발휘해 모든 게 정상적으로 잘 작동할 것이므로 안심할 수 있다. 시간 초과 및 재시도가 있는 시나리오에서는 충돌이 발생할 수 있지만, 이스티오를 사용하면 운영 환경에 나가기 전에 서비스를 테스트해 충돌을 찾아낼 수 있다.

1.5.4 이스티오가 분산 아키텍처에 적합한 경우

구현에 사용할 기술은 당면한 문제와 필요한 기능을 고려해 선택해야 한다. 이스티오 같은 서비스 메시 기술은 강력한 인프라 기능이며 분산 아키텍처의 많은 영역에 영향을 미친다. 그렇지만 모든 문제에 적합한 것은 아니므로 모든 문제에 해결책으로 고려해서는 안 된다. 그림 1.13은 클라우드 아키텍처에서 관심사를 이상적으로 분리하는 방법을 보여준다.

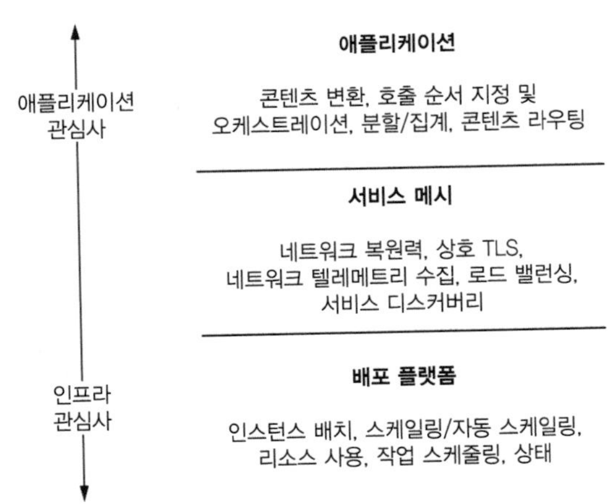

▲ **그림 1.13** 클라우드 네이티브 애플리케이션에서 관심사 분리에 대한 개요. 이스티오는 애플리케이션 계층을 보조하는 역할을 하며 배포 계층 위에 존재한다.

아키텍처의 하위 계층에는 배포 자동화 인프라가 있다. 이 인프라는 코드를 플랫폼(컨테이너, 쿠버네티스, 퍼블릭 클라우드, 가상머신 등)에 배포하는 역할을 담당한다. 이스티오는 어떤 배포 자동화 도구를 사용해야 하는지를 규정하거나 침해하지 않는다.

상위 계층에는 애플리케이션 비즈니스 로직이 있다. 비즈니스 로직이란 비즈니스가 경쟁력을 유지하기 위해 작성해야 하는 차별화 코드를 말한다. 이 코드에는 비즈니스 도메인은 물론 어떤 서비스를 어떤 순서로 호출할지, 서비스 상호작용 응답을 어떻게 처리할지(어떻게 함께 집계할지 등), 프로세스 실패 시 어떻게 처리할지 등이 포함된다. 이스티오는 어떤 비즈니스 로직도 구현하거나 대체하지 않는다. 또한 서비스 오케스트레이션, 비즈니스 페이로드 변환, 페이로드 강화, 분할 집계, 규칙 계산 등을 수행하지 않는다. 이런 기능은 애플리케이션 내부 라이브러리와 프레임워크에게 맡기는 것이 가장 좋다.

이스티오는 배포 플랫폼과 애플리케이션 코드 사이의 연결 조직 역할을 한다. 복잡한 네트워킹 코드를 애플리케이션 외부로 꺼낼 수 있게 하는 것이다. 이스티오는 요청의 일부인 외부 메타데이터(HTTP 헤더 등)를 기반으로 콘텐츠 기반 라우팅을 할 수 있으며, 서비스 및 요청 메타데이터 비교를 바탕으로 트래픽 제어 및 라우팅을 세밀하게 수행할 수 있다. 또한 전송을 보호하고 보안 토큰 검증을 맡아 처리하며, 서비스 운영자가 정의한 할당량 및 사용 정책을 강제할 수도 있다.

이제 이스티오가 무엇인지를 이해하는 데 필요한 기본적인 토대를 마련했다. 지금부터 이스티오의 힘을 더 잘 알 수 있는 가장 좋은 방법은 직접 사용해보는 것이다. 따라서 2장에서는 이스티오를 사용해 기본적인 메트릭 수집, 신뢰성, 트래픽 제어를 달성하는 방법을 살펴본다.

1.5.5 서비스 메시를 사용할 때의 단점은 무엇인가?

지금까지 분산형 아키텍처를 구축할 때의 문제점은 무엇이고 서비스 메시가 어떻게 도움이 될 수 있는지를 많이 이야기했다. 그렇지만 서비스 메시가 그 문제들을 해결할 수 있는 유일한 방법이라거나 단점이 없다는 식의 인상은 주고 싶지 않다. 서비스 메시를 사용하는 데는 반드시 알아야 할 몇 가지 단점이 있다.

첫 번째로, 서비스 메시를 사용하면 요청 경로에 미들웨어, 특히 프록시가 추가된다. 이 프록시가 많은 이점을 주기는 하지만, 프록시에 익숙하지 않은 이들에게는 블랙박스가 돼 애플리케이션의 동작을 디버깅하기 어렵게 만들 수 있다. 엔보이 프록시는 아주 디버깅하기 쉽도록(없을 때보다 더 쉽도록), 네트워크상에서 발생하고 있는 일을 많이 노출하게 특별히 설계됐다. 그렇지만 엔보이를 운영하는 데 익숙하지 않은 사람들에게는 아주 복잡해 보일 수 있고, 기존 디버깅 방식을 방해할 수도 있다.

메시의 또 다른 단점은 테넌시 측면이다. 메시는 메시 내에서 실행되는 서비스만큼 가치가 있다. 즉, 메시 내에 서비스가 많을수록 그 서비스들을 운영하는 데 메시의 가치가 높아진다. 그러나 실제 메시 배포의 격리 모델 및 테넌시tenancy에 대한 적절한 정책, 자동화, 세심한 고려 없이는 메시를 잘못 설정해 여러 서비스에 영향을 미치는 상황이 발생할 수 있다.

마지막으로, 서비스 메시는 요청 경로에 위치하기 때문에 서비스 및 애플리케이션 아키텍처의 매우 중요한 요소가 된다. 서비스 메시를 도입하면 보안, 관찰 가능성, 라우팅 제어 상태를 개선할 기회가 많다. 단점은 서비스 메시가 새로운 계층이 되므로 복잡성도 늘린다는 것이다. 서비스 메시를 어떻게 설정하고 운영해야 하는지, 기존 조직의 절차와 거버넌스에는 어떻게 통합해야 하는지, 또한 팀 간에는 어떻게 통합해야 하는지 이해하기가 어려울 수 있다.

일반적으로 서비스 메시가 가져다주는 이점은 크지만, 그에 따른 트레이드오프가 없지는 않다. 다른 도구나 플랫폼과 마찬가지로 사용자는 자신의 맥락 및 제약 조건에 비춰 트레이드오프를 평가하고, 서비스 메시가 자신의 상황에 적합한지 판단해야 한다. 만약 적합하다면, 메시를 성공적으로 도입하기 위한 계획을 세워야 한다.

전반적으로 우리는 서비스 메시를 사랑하며, 이제 이스티오가 성숙하면서 이미 많은 비즈니스의 운영을 개선하고 있다. 이스티오와 엔보이에 대한 기여가 계속 이어지고 있는 가운데, 이들이 앞으로 어떤 방향으로 발전할 것인지를 지켜보는 것은 흥미진진하다. 바라건대, 이번 장이 여러분에게 흥미를 전달하고 이스티오가 여러분의 서비스 보안과 신뢰성을 향상시킬 방법에 대한 아이디어를 제공했길 기대한다.

요약

- 클라우드에서 마이크로서비스를 운영하는 데는 여러 도전 과제가 있다. 몇 가지를 꼽자면 신뢰할 수 없는 네트워크, 서비스 가용성, 이해하기 어려운 트래픽 흐름, 트

래픽 암호화, 애플리케이션 상태, 성능 등이 있다.

- 이런 어려움들은 각 애플리케이션 내에서 라이브러리를 사용해 패턴들(서비스 디스커버리, 클라이언트 측 로드 밸런싱, 재시도 등)을 구현함으로써 완화된다.
- 서비스들에 대한 관찰 가능성을 확보할 목적으로 메트릭과 트레이싱을 생성하고 배포하려면 추가적인 라이브러리와 서비스가 필요하다.
- 서비스 메시는 이런 공통 관심사를 애플리케이션 대신 프로세스 외부에서 투명한 방식으로 구현하는 인프라다.
- 이스티오는 다음과 같은 요소로 구성된 서비스 메시 구현체다.
  - 데이터 플레인. 애플리케이션과 함께 배포되는 서비스 프록시로 구성되며, 정책을 구현하고 트래픽을 제어하고 메트릭과 트레이싱을 생성하는 등 애플리케이션을 보완한다.
  - 컨트롤 플레인. 운영자가 데이터 플레인의 네트워크 동작을 제어할 수 있도록 API를 노출한다.
- 이스티오는 엔보이를 서비스 프록시로 사용하는데, 기능이 다양하고 동적으로 설정할 수 있기 때문이다.

2

이스티오 첫걸음

2장에서 다루는 내용

- 쿠버네티스에 이스티오 설치하기
- 컨트롤 플레인 구성 요소 이해하기
- 이스티오 프록시와 함께 애플리케이션 배포하기
- 이스티오 VirtualService 리소스로 트래픽 제어하기
- 트레이싱, 메트릭, 시각화를 위한 보완 구성 요소 살펴보기

이스티오는 클라우드 환경 내 서비스 통신의 어려운 문제를 해결하고 개발자와 운영자 모두에게 많은 기능을 제공한다. 이 기능과 작동 방식은 후속 장들에서 다루지만, 먼저 이스티오의 일부 기능을 이해하는 것을 돕고자 이번 장에서 기본 설치를 해보고(고급 설치 옵션은 부록 A에서 찾을 수 있음) 몇 가지 서비스를 배포해볼 것이다. 서비스와 예제는 이 책의 소스 코드에서 가져왔으며, 이는 깃허브(https://github.com/istioinaction/book-source-code)에서 찾을 수 있다. 거기서부터 이스티오를 이루는 구성 요소를 탐색하고, 우리의 예제 서비스에 어떤 기능을 제공할 수 있는지 살펴본다. 마지막으로는 기본적인 트래픽 라우팅, 메트릭 수집, 복원력을 수행하는 방법을 알아본다. 후속 장들에서는 이런 기능을 더 깊이 다룰 것이다.

2.1 쿠버네티스에 이스티오 배포하기

우리는 이스티오와 예제 애플리케이션을 컨테이너로 배포할 것이며, 이를 위해 쿠버네티스 컨테이너 플랫폼을 사용할 것이다. 쿠버네티스는 쿠버네티스 노드라는 호스트 머신들에 컨테이너를 스케줄링하고 조율할 수 있는 매우 강력한 컨테이너 플랫폼이다. 컨테이너를 실행하는 호스트 머신은 노드들이지만 그 메커니즘을 처리하는 것은 쿠버네티스다. 앞으로 살펴보겠지만, 쿠버네티스는 이스티오를 처음 테스트해보기에 좋은 곳이다. 그러나 이스티오가 가상머신에서 실행되는 워크로드 등 다양한 유형의 워크로드를 지원하도록 설계됐다는 점은 분명히 하자.

2.1.1 예제에서 도커 데스크톱 사용하기

시작하려면 쿠버네티스 배포판에 접근해야 한다. 이 책에서는 도커 데스크톱(www.docker.com/products/docker-desktop)을 사용한다. 도커 데스크톱은 호스트 컴퓨터에서 도커와 쿠버네티스를 실행할 수 있는 가벼운 가상머신을 제공한다.

> **도커 데스크톱에 권장 리소스 할당하기**
>
> 이스티오는 리소스가 많이 필요하지 않지만, 어떤 장들에서는 다른 보조 구성 요소를 많이 설치한다. 따라서 도커에 8GB 메모리와 4 CPU를 할당하는 것이 좋다. 리소스 할당은 도커 데스크톱의 환경 설정에서 고급 설정을 통해 수행할 수 있다.

또한 도커 데스크톱은 호스트 머신과 가상머신 간의 통합도 훌륭하다. 하지만 예제를 실행하고 책을 따라 하는 데 꼭 도커 데스크톱을 사용할 필요는 없다. 이 예제들은 구글 쿠버네티스 엔진GKE, Google Kubernetes Engine, 오픈시프트, 자체 구성한 쿠버네티스 배포판 등 쿠버네티스의 어떤 변형에서도 잘 실행될 것이다. 쿠버네티스를 설정하려면 자신의 머신에 맞는 도커 데스크톱 문서를 참조하자(www.docker.com/products/docker-desktop). 도커 데스크톱을 성공적으로 설정하고 쿠버네티스를 활성화하고 나면, 다음과 같이 쿠버네티스에 연결할 수 있어야 한다.

```
$  kubectl get nodes
NAME             STATUS   ROLES    AGE   VERSION
docker-desktop   Ready    master   15h   v1.21.1
```

> **|노트|** 이 책에서 사용하는 이스티오 1.13.0은 쿠버네티스 버전이 최소 1.19.x여야 한다.

2.1.2 이스티오 배포판 받기

다음으로는 쿠버네티스 배포판에 이스티오를 설치하려고 한다. 이스티오 설치에는 istioctl 명령줄 도구를 사용한다. 이를 위해 이스티오 릴리스 페이지(https://github.com/istio/istio/releases)에서 운영체제에 맞는 이스티오 1.13.0 배포판을 다운로드하자. 윈도우, 맥OS/다윈Darwin, 리눅스를 선택할 수 있다. 아니면 이 편리한 스크립트를 실행할 수도 있다.

```
curl -L https://istio.io/downloadIstio | ISTIO_VERSION=1.13.0 sh -
```

운영체제에 맞는 배포판을 다운로드한 후, 디렉터리에 압축을 풀자. downloadistio 스크립트를 사용하면 자동으로 압축이 풀린다. 여기서 예제, 설치 리소스, 운영체제에 맞는 바이너리 CLI 등 배포판의 내용물을 살펴볼 수 있다. 이 예제에서는 맥OS용 이스티오 배포판을 살펴본다.

```
$  cd istio-1.13.0
$  ls -l
total 48
-rw-r--r--   1 ceposta  staff  11348 Mar 19 15:33 LICENSE
-rw-r--r--   1 ceposta  staff   5866 Mar 19 15:33 README.md
drwxr-x---   3 ceposta  staff     96 Mar 19 15:33 bin
-rw-r-----   1 ceposta  staff    853 Mar 19 15:33 manifest.yaml
drwxr-xr-x   5 ceposta  staff    160 Mar 19 15:33 manifests
drwxr-xr-x  20 ceposta  staff    640 Mar 19 15:33 samples
drwxr-x---   6 ceposta  staff    192 Mar 19 15:33 tools
```

배포판 디렉터리를 둘러보며 이스티오에 어떤 것들이 포함돼 있는지 살펴보자. 예를 들어 samples 디렉터리에서는 이스티오에 익숙해지는 데 도움이 되는 튜토리얼과 애플리케이션을 볼 수 있다. 이들을 살펴보면, 이스티오가 무엇을 할 수 있고 구성 요소들과 어떻게 상호작용하는지에 대해 기본적인 개념을 잡을 수 있다. 다음 절에서 이를 더 자세히 살펴본다. tools 디렉터리에는 배포 문제 해결을 위한 몇 가지 도구와 istioctl용 bash-completion이 포함돼 있다. manifests 디렉터리에는 이스티오 설치를 자신의 플랫폼에 맞춰 커스터마이징할 수 있게 하기 위한 헬름Helm 차트와 istioctl 프로필이 들어 있다. 곧 알게 될 테지만, 이들은 직접 사용할 필요가 없으며 커스터마이징을 위해 제공되는 것이다.

특히 흥미로운 것은 bin 디렉터리로, 이 디렉터리에는 이스티오와 상호작용하는 데 사용하는 간단한 CLI 도구인 istioctl이 있다. 이 바이너리는 쿠버네티스 API와 상호작용하는 데 사용하는 kubectl과 비슷하지만, 이스티오의 사용자 경험을 향상시키기 위한 몇 가지 명령이 포함돼 있다. istioctl 바이너리를 실행해 모든 것이 예상대로 동작하는지 확인해보자.

```
$  ./bin/istioctl version
no running Istio pods in "istio-system"
1.13.0
```

이 시점에서 istioctl CLI를 경로path에 추가하면 명령줄에서 어느 위치에서든 사용할 수 있다. 그 방법은 플랫폼마다 다르므로 사용자가 직접 알아내야 한다.

마지막으로, 설치를 시작하기 전에 쿠버네티스 클러스터가 전제 조건들(버전 등)을 충족하고 있는지 확인해보고 문제가 있는지 파악해보자. 다음 명령을 실행하면 된다.

```
$  istioctl x precheck

✓ No issues found when checking the cluster.
➡Istio is safe to install or upgrade!
  To get started, check out
  ➡https://istio.io/latest/docs/setup/getting-started/
```

지금까지는 배포판 파일을 다운로드하고 istioctl CLI 도구가 운영체제와 쿠버네티스 클러스터에 적합한지 확인해봤다. 이어서 이스티오의 개념을 체험하기 위해 이스티오를 기본 버전으로 설치해보자.

2.1.3 쿠버네티스에 이스티오 구성 요소 설치하기

방금 다운로드해 압축을 푼 배포판의 manifests 디렉터리에는 선택한 플랫폼에 이스티오를 설치하기 위한 차트 및 리소스 파일 모음이 들어 있다. 이스티오의 공식 설치 방법은 `istioctl`, `istio-operator`[1] 또는 헬름을 사용하는 것이다. 부록 A는 `istioctl`과 `istio-operator`를 사용해 이스티오를 설치하고 커스터마이징하는 방법을 안내한다.

이 책에서는 이스티오를 단계별로 점진적으로 채택하는 접근법을 취하기 위해 `istioctl`과 미리 선별된 다양한 프로필을 사용한다. 데모로 설치해보려면 다음과 같이 `istioctl` CLI 도구를 사용하자.

```
$ istioctl install --set profile=demo -y

✓ Istio core installed
✓ Istiod installed
✓ Ingress gateways installed
✓ Egress gateways installed
✓ Installation complete
```

이 명령을 실행한 후 도커 이미지가 올바르게 다운로드되고 배포가 성공할 때까지는 조금 기다려야 할 수도 있다. 모든 작업이 완료되면 `kubectl` 명령어를 사용해 `istio-system` 네임스페이스의 모든 파드를 나열할 수 있다. 클러스터가 서드파티 JWT^JSON Web Token^(JSON 웹 토큰) 인증을 지원하지 않는다는 알림을 볼 수도 있다. 이 오류는 로컬 개발 환경에서는 괜찮지만 운영 환경에서는 문제가 될 수 있다. 운영 환경 클러스터에 설치하는 중에 이 오류가 나타나면 서드파티 서비스 어카운트^service account^ 토큰 설정 방법에 대해 이스티오 문서가 안내하는 내용을 따르자(http://mng.bz/Vl7G). 이 설정은 대부분의 클라우드 프로바이더에서는 기본값이라 별다른 설정이 필요하지 않아야 한다.

---

1 istio-operator는 1.23 버전부터 지원되지 않는다. 새로이 이스티오를 도입하는 독자들은 helm이나 istioctl을 사용하는 것을 추천한다. – 옮긴이

istio-system 네임스페이스는 특별한 네임스페이스인데, 이스티오의 컨트롤 플레인이 배포되는 곳으로 해당 클러스터의 이스티오 컨트롤 플레인 역할을 할 수 있기 때문이다. istio-system 네임스페이스에 어떤 구성 요소가 설치되는지 살펴보자.

```
$ kubectl get pod -n istio-system
NAME                                    READY  STATUS   RESTARTS   AGE
istio-egressgateway-55d547456b-q2ldq    1/1    Running  0          92s
istio-ingressgateway-7654895f97-2pb62   1/1    Running  0          93s
istiod-5b9d44c58b-vvrpb                 1/1    Running  0          99s
```

우리가 설치한 것이 정확히 무엇인가? 1장에서는 서비스 메시의 개념을 소개하고 이스티오는 서비스 메시의 오픈소스 구현체라고 말했다. 또한 서비스 메시는 데이터 플레인(즉, 서비스 프록시)과 컨트롤 플레인으로 이뤄져 있다고도 했다. 이스티오를 클러스터에 설치하면 컨트롤 플레인과 인그레스[ingress] 및 이그레스[egress] 게이트웨이가 보일 것이다. 애플리케이션을 설치하고 서비스 프록시를 주입하면 데이터 플레인도 갖게 된다.

눈치 빠른 독자라면 이스티오 컨트롤 플레인의 각 구성 요소마다 복제본 혹은 인스턴스가 오직 하나임을 눈치챘을 것이다. 또 이렇게 생각했을 수도 있다. "이건 단일 장애점인 것 같은데, 구성 요소가 실패하거나 중단되면 어떻게 되지?" 이는 훌륭한 질문이며 이 책 전체에서 계속 다룰 내용이다. 지금 당장은 이스티오 컨트롤 플레인이 고가용적 아키텍처(구성 요소별로 복제본이 여럿으로)로 배포되도록 설계됐다는 점을 알아두길 바란다. 컨트롤 플레인 구성 요소, 심지어 컨트롤 플레인 전체에 장애가 발생하더라도, 데이터 플레인은 컨트롤 플레인과 단절된 동안 계속 운영될 수 있을 정도로 충분히 복원력이 있다. 이스티오는 분산 시스템에서 발생할 수 있는 수많은 장애에 대해 복원력이 높도록 구현됐다.

마지막으로 할 일은 설치를 검증하는 것이다. 설치 후 verify-install 명령을 실행해 설치가 성공적으로 완료됐는지 확인할 수 있다.

```
$ istioctl verify-install
```

이 명령은 설치 매니페스트와 실제로 설치된 것을 비교하고 어떤 차이점이 있는지 알려준다. 다음과 같이 끝나는 목록이 표시돼야 한다.

```
✓ Istio is installed and verified successfully
```

마지막으로는 컨트롤 플레인 보조 구성 요소를 설치해야 한다. 이 구성 요소들은 반드시 필요한 건 아니지만 실제 이스티오 배포에서는 설치해야 한다. 여기서 설치하는 보조 구성 요소의 버전은 데모 용도로만 권장하며 실제 운영 용도로는 권장하지 않는다. 다운로드했던 이스티오 배포판의 루트에서 다음 명령어를 실행해 예제 보조 구성 요소를 설치하자.

```
$ kubectl apply -f ./samples/addons
```

이제 istio-system 네임스페이스를 확인하면 보조 구성 요소가 설치된 것을 확인할 수 있다.

```
$ kubectl get pod -n istio-system

NAME                                    READY  STATUS
grafana-784c89f4cf-8w8f4                1/1    Running     ❶
istio-egressgateway-96cf6b468-9n65h     1/1    Running
istio-ingressgateway-57b94d999-48vmn    1/1    Running
istiod-58c5fdd87b-lr4jf                 1/1    Running
jaeger-7f78b6fb65-rvfr7                 1/1    Running     ❷
kiali-dc84967d9-vb9b4                   1/1    Running     ❸
prometheus-7bfddb8dbf-rxs4m             2/2    Running     ❹
```

❶ 프록시가 생성하고 프로메테우스가 수집한 메트릭을 시각화한다.
❷ 메시에서 흐르는 요청을 시각화하는 분산 트레이싱 시스템
❸ 메시를 위한 웹 콘솔. 8장에서 자세히 설명한다.
❹ 생성된 메트릭을 시계열 데이터로 수집하고 저장한다.

2.2 이스티오 컨트롤 플레인 알아보기

앞 절에서는 이스티오를 데모로 설치해 쿠버네티스에 컨트롤 플레인 구성 요소와 보조 구성 요소를 모두 배포해봤다. 컨트롤 플레인은 서비스 메시의 사용자가 메시를 제어, 모니터링, 관리, 설정할 수 있는 방법을 제공해준다. 이스티오의 경우 컨트롤 플레인은 다음과 같

은 기능을 제공한다.

- 운영자가 원하는 라우팅/복원력 동작을 지정할 수 있는 API
- 데이터 플레인이 설정을 사용하기 위한 API
- 데이터 플레인용 서비스 디스커버리 추상화
- 사용 정책 지정 API
- 인증서 발급 및 로테이션
- 워크로드 ID 할당
- 통합된 텔레메트리 수집
- 서비스 프록시 사이드카 주입
- 네트워크 경계 및 접근 방법 정의

이런 기능 대부분은 istiod라는 단일 컨트롤 플레인 구성 요소에 구현돼 있다. 그림 2.1은 수신(인그레스) 트래픽 및 송신(이그레스) 트래픽을 담당하는 게이트웨이와 함께 istiod를 보여준다. 또 관찰 가능성과 보안을 지원하기 위해 일반적으로 서비스 메시와 결합되는 보조 구성 요소도 볼 수 있다. 이후 장들에서 이런 구성 요소 모두를 상세히 다룰 것이다. 지금은 컨트롤 플레인 구성 요소를 살펴보자.

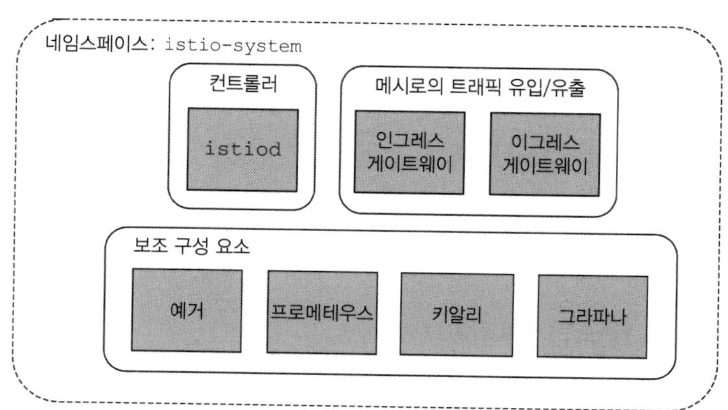

▲ **그림 2.1** 이스티오 컨트롤 플레인과 보조 구성 요소

2.2.1 istiod

이스티오의 컨트롤 플레인 역할은 `istiod`로 구현된다. 이스티오 파일럿Istio Pilot이라고도 하는 `istiod`는 사용자나 운영자가 지정한 고수준 이스티오 설정을 받아 이를 각 데이터 플레인 서비스 프록시에 맞는 프록시 전용 설정으로 변환하는 역할을 한다(그림 2.2 참조).

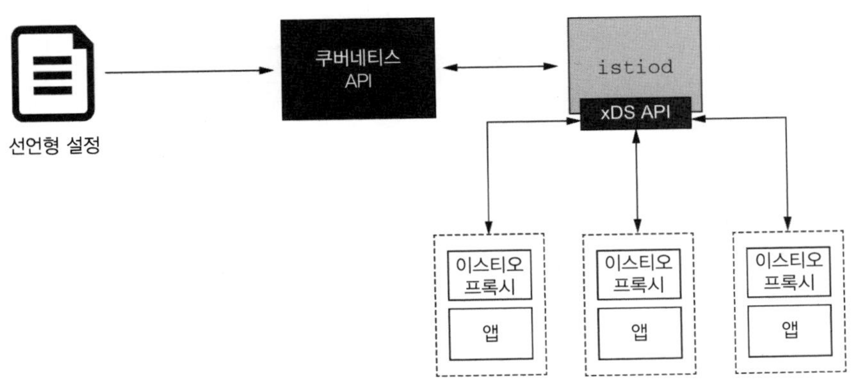

▲ **그림 2.2** 이스티오 컨트롤 플레인: istiod가 운영자로부터 설정을 받아 데이터 플레인(이스티오 프록시)에 노출하는 방법 이해하기

> **|노트|** 3장에서 xDS API를 더 자세히 알아볼 것이다. 지금은 이 API 덕분에 컨트롤 플레인이 서비스 프록시를 동적으로 설정할 수 있다는 것만 알면 충분하다.

예를 들어 설정 리소스를 통해 다음과 같은 것들을 지정할 수 있다. 클러스터로 들어오는 트래픽을 어떻게 허용할지 지정할 수 있고, 이 트래픽을 서비스의 어떤 특정 버전으로 라우팅할지 지정할 수 있으며, 새로 배포할 때 트래픽을 어떻게 전환할지도 지정할 수 있고, 서비스 호출자가 타임아웃, 재시도, 서킷 브레이커 같은 복원력 측면을 처리하는 방식도 지정할 수 있다. 이스티오는 이런 설정을 해석해 서비스 프록시 전용 설정으로 노출한다. 이스티오는 서비스 프록시로 엔보이를 사용하므로 이 설정들은 엔보이 설정으로 변환된다. 예를 들어 어떤 서비스가 `catalog` 서비스와 통신할 때 `x-dark-launch` 헤더가 들어 있는 요청은 서비스 v2로 보내고 싶을 수 있다. 이를 이스티오 설정으로 표현하면 다음과 같다.

```yaml
apiVersion: networking.istio.io/v1alpha3
kind: VirtualService
metadata:
  name: catalog-service
spec:
  hosts:
  - catalog.prod.svc.cluster.local
  http:
  - match:                          ❶
    - headers:
        x-dark-launch:
          exact: "v2"               ❷
    route:
    - destination:                  ❸
        host: catalog.prod.svc.cluster.local
        subset: v2
  - route:
    - destination:                  ❹
        host: catalog.prod.svc.cluster.local
        subset: v1
```

❶ 요청 비교 조건
❷ 정확히 일치하는 경우
❸ 일치하는 경우 라우팅할 곳
❹ 나머지 모든 트래픽을 라우팅할 곳

일단 세부 사항은 걱정하지 말자. 이 예제는 YAML 설정이 프록시 전용 설정으로 변환돼 데이터 플레인에 전달된다는 점을 설명하기 위한 것이다. 이 설정은 헤더에 `x-dark-launch: v2`가 있을 때 요청을 `catalog` 서비스의 `v2`로 라우팅하고 싶음을 명시하고 있다. 그 외 다른 모든 요청은 `catalog` 서비스의 `v1`으로 라우팅할 것이다. 쿠버네티스 위에서 이스티오를 운영하는 우리는 `kubectl` 같은 도구를 사용해 이 설정을 생성할 것이다. 예를 들어 이 설정을 catalog-service.yaml이라는 파일로 저장했으면 다음과 같이 설정을 생성할 수 있다.

```
kubectl apply -f catalog-service.yaml
```

이 설정의 역할은 이 장의 뒷부분에서 더 자세히 살펴볼 것이다. 지금은 이스티오 트래픽 라우팅 규칙을 설정할 때 비슷한 패턴을 사용한다는 점만 알아두면 된다. 이스티오 리소스 파일(YAML)에 의도를 기술하고 이를 쿠버네티스 API에 전달한다.

> **쿠버네티스에 배포할 때 쿠버네티스 사용자 정의 리소스를 사용하는 이스티오**
>
> 이스티오의 설정 리소스는 쿠버네티스 CRD(Custom Resource Definition)로 구현된다. CRD는 기본 쿠버네티스 API를 확장해서 쿠버네티스 코드를 수정하지 않고도 쿠버네티스 클러스터에 새 기능을 추가하는 데 사용한다. 이스티오의 경우, 이스티오의 CRD를 사용해 쿠버네티스 클러스터에 이스티오 기능을 추가할 수 있고 기본 쿠버네티스 도구를 사용해 리소스를 적용, 생성, 삭제할 수 있다. 이스티오는 이런 커스텀 리소스가 새로 추가되는지 지켜보고 반응하는 컨트롤러를 구현한다.

이스티오는 앞서 언급한 `VirtualService` 같은 이스티오 전용 설정 오브젝트를 읽고, 이를 엔보이의 설정으로 변환한다. istiod는 이 설정 의도를 데이터 플레인 API를 통해 서비스 프록시에 엔보이 설정으로 노출한다.

```
"domains": [
  "catalog.prod.svc.cluster.local"
],
"name": "catalog.prod.svc.cluster.local:80",
"routes": [
  {
    "match": {
      "headers": [
        {
          "name": "x-dark-launch",
          "value": "v2"
        }
      ],
      "prefix": "/"
    },
    "route": {
        "cluster":
        "outbound|80|v2|catalog.prod.svc.cluster.local",
        "use_websocket": false
    }
```

```
  },
  {
    "match": {
      "prefix": "/"
    },
    "route": {
      "cluster":
      "outbound|80|v1|catalog.prod.svc.cluster.local",
      "use_websocket": false
    }
  }
]
```

istiod가 노출하는 이 데이터 플레인 API는 엔보이의 디스커버리 API를 구현한다. 서비스 디스커버리용(리스너 디스커버리 서비스LDS, Listener Discovery Service), 엔드포인트용(엔드포인트 디스커버리 서비스EDS, Endpoint Discovery Service), 라우팅 규칙용(라우팅 디스커버리 서비스RDS, Route Discovery Service) 등과 같은 이런 디스커버리 API를 xDS API라고 부른다. 이 API들이 있어 데이터 플레인이 설정 방식을 분리할 수 있으며, 멈추고 다시 불러올 필요 없이 동작을 동적으로 조정할 수 있다. 3장에서는 엔보이 프록시 관점에서 xDS API를 다뤄볼 것이다.

ID 관리

이스티오 서비스 메시에서 서비스 프록시는 각 애플리케이션 인스턴스와 함께 동작하고, 모든 애플리케이션 트래픽은 이 프록시를 통과한다. 애플리케이션이 다른 서비스에 요청을 보내려고 할 때, 실제로 직접 통신하는 것은 송신자와 수신자 양측의 프록시다.

이스티오의 핵심 기능 중 하나는 각 워크로드 인스턴스에 ID를 할당하고 서비스 간 호출의 전송을 암호화하는 것이다. 이 기능은 서비스 메시가 요청 경로 양 끝단(시작과 끝) 모두에 위치한 덕분에 가능하다. 이때 이스티오는 트래픽 암호화에 X.509 인증서를 사용한다.

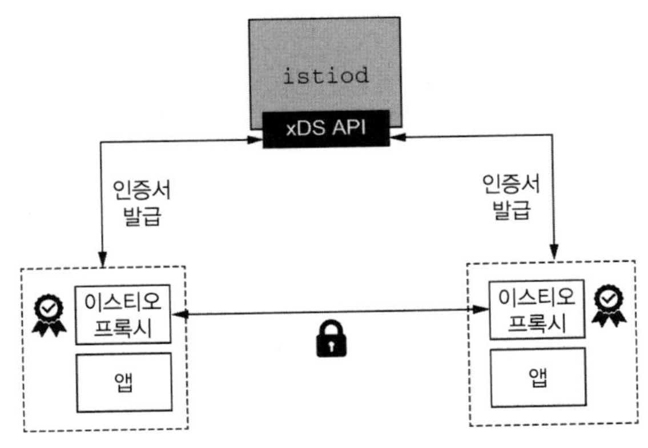

▲ **그림 2.3** 이스티오 컨트롤 플레인은 각 워크로드에 인증서를 발급한다.

워크로드 ID는 SPIFFE^Secure Production Identity Framework For Everyone^(https://spiffe.io) 사양에 따라 이 인증서에 내장된다. 덕분에 이스티오에서는 애플리케이션이 인증서, 공개/비밀키 등을 인지할 필요 없이 강력한 상호 인증(상호 TLS)을 사용할 수 있다. 이런 보안을 가능케 하는 인증서의 검증, 서명, 전달 및 로테이션은 `istiod`가 다룬다(그림 2.3 참조). 보안은 9장에서 자세히 다룬다.

2.2.2 인그레스 및 이그레스 게이트웨이

애플리케이션과 서비스가 가치를 제공하려면 클러스터 외부의 애플리케이션과 상호작용해야 한다. 외부 애플리케이션은 기존의 모놀리스 애플리케이션, 상용 소프트웨어, 메시징 큐, 데이터베이스, 서드파티 파트너 시스템 등이 될 수 있다. 이렇게 하려면, 운영자는 이스티오가 어떤 트래픽이 클러스터로 들어오도록 허용하고 어떤 트래픽이 클러스터를 떠나도록 허용할지를 설정해야 한다. 클러스터를 드나들 수 있는 트래픽을 모델링하고 이해하는 것은 좋은 습관이며 보안 태세를 개선한다.

그림 2.4는 이 기능을 제공하는 이스티오 구성 요소인 `istio-ingressgateway`와 `istio-egressgateway`를 보여준다. 이는 앞서 컨트롤 플레인 구성 요소를 출력할 때 확인했다.

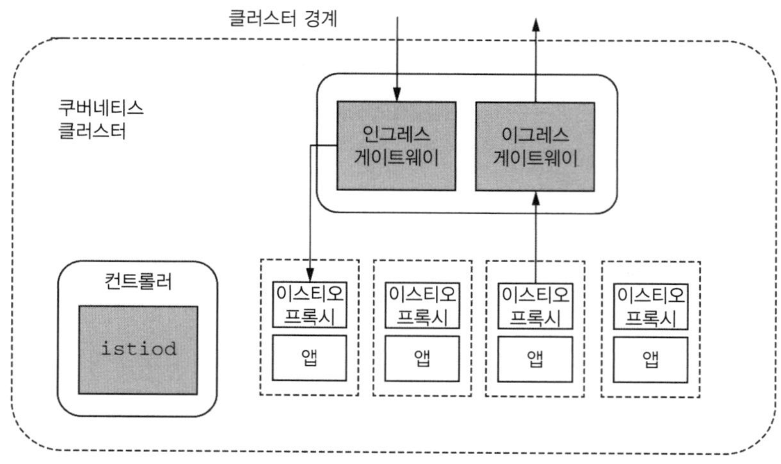

▲ **그림 2.4** 이스티오 게이트웨이를 통해 드나드는 트래픽

두 구성 요소는 이스티오 설정을 이해할 수 있는 엔보이 프록시다. 엄밀히 말해 컨트롤 플레인의 일부는 아니지만 서비스 메시를 실제로 사용할 때 중요하다. 이 구성 요소들은 데이터 플레인에 위치하며, 애플리케이션과 함께 작동하는 이스티오 서비스 프록시와 매우 유사하게 설정된다. 유일한 실제 차이점은 어떤 애플리케이션 워크로드에도 독립적이며 트래픽이 클러스터로 드나드는 것을 허용하는 역할뿐이라는 점이다. 후속 장들에서 이 구성 요소들이 클러스터, 심지어는 클라우드를 조합하는 데 어떤 역할을 하는지 살펴볼 것이다.

2.3 서비스 메시에 첫 애플리케이션 배포해보기

ACME사는 장바구니 및 계산 시스템과 웹 사이트를 새로이 개편하고 있다. ACME사는 핵심 배포 플랫폼으로 쿠버네티스를 사용해 특정 클라우드 벤더에 종속되지 않고 쿠버네티스 API에 맞춰 애플리케이션을 구축하기로 했다. 클라우드 환경에서의 몇 가지 서비스 통신 문제를 해결하려고 노력하던 차에, 수석 아키텍트가 이스티오에 대해 알게 돼 이스티오를 도입하기로 결정했다. ACME의 애플리케이션은 전형적인 엔터프라이즈 애플리케이션 서비스로 이뤄진 온라인 웹 스토어다(그림 2.5 참조). 스토어를 이루는 구성 요소 전체를 자세히 살펴보겠지만, 여기서는 먼저 이스티오의 기능을 살펴보기 위해 구성 요소의 일부에 초점을 맞춰보겠다.

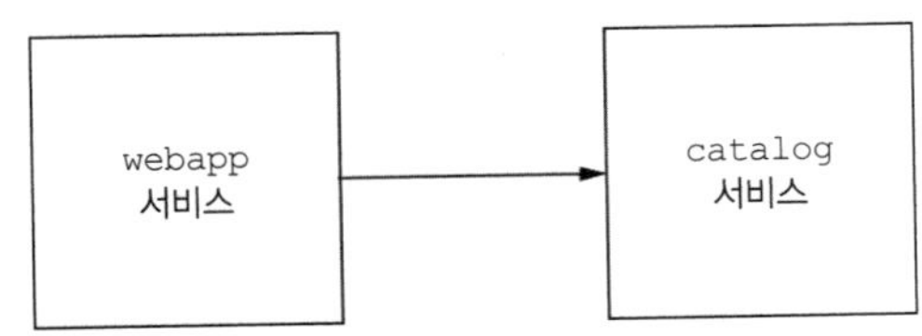

▲ **그림 2.5** webapp과 catalog 서비스로 이뤄진 예제 애플리케이션

이 예제의 소스 코드는 웹 사이트(http://istioinaction.io)에서 다운로드하거나 깃허브(https://github.com/istioinaction/book-source-code)에서 클론할 수 있다. 구성 요소 배포를 기술하는 쿠버네티스 리소스 파일은 서비스 디렉터리에 있다. 제일 먼저 할 일은 서비스를 배포할 쿠버네티스 네임스페이스를 만드는 것이다.

```
$ kubectl create namespace istioinaction
$ kubectl config set-context $(kubectl config current-context) \
 --namespace=istioinaction
```

이제 `istioinaction` 네임스페이스에 있으므로, 배포할 것을 살펴보자. `catalog` 서비스용 쿠버네티스 리소스 파일은 $SRC_BASE/services/catalog/kubernetes/catalog.yaml이고 다음과 같이 생겼다.

```
apiVersion: v1
kind: Service
metadata:
  labels:
    app: catalog
  name: catalog
spec:
  ports:
  - name: http
    port: 80
    protocol: TCP
    targetPort: 3000
  selector:
    app: catalog
```

```
---
apiVersion: apps/v1
kind: Deployment
metadata:
  labels:
    app: catalog
    version: v1
  name: catalog
spec:
  replicas: 1
  selector:
    matchLabels:
      app: catalog
      version: v1
  template:
    metadata:
      labels:
        app: catalog
        version: v1
    spec:
      containers:
      - env:
        - name: KUBERNETES_NAMESPACE
          valueFrom:
            fieldRef:
              fieldPath: metadata.namespace
        image: istioinaction/catalog:latest
        imagePullPolicy: IfNotPresent
        name: catalog
        ports:
        - containerPort: 3000
          name: http
          protocol: TCP
        securityContext:
          privileged: false
```

그러나 이를 배포하기 전에 이 서비스가 서비스 메시에 참가할 수 있도록 이스티오 서비스 프록시를 주입하려 한다. 소스 코드의 루트에서 앞서 소개한 `istioctl` 명령어를 실행하자.

```
$ istioctl kube-inject -f services/catalog/kubernetes/catalog.yaml
```

istioctl kube-inject 명령어는 쿠버네티스 리소스 파일을 받아 이스티오 서비스 프록시 사이드카와 몇 가지 보조 구성 요소로 보강한다(부록 B에서 자세히 설명한다). 1장을 돌이켜보면, 사이드카 배포는 보완 컨테이너를 주 애플리케이션 컨테이너와 함께 포장하는 것이었다. 두 컨테이너는 어떤 기능을 제공하기 위해 함께 동작한다. 이스티오의 경우에는 사이드카가 서비스 프록시이고, 주 애플리케이션이 사용자의 애플리케이션 코드다. 이전 명령의 출력을 살펴보면, 디플로이먼트 YAML이 추가 컨테이너를 몇 가지 포함하고 있음을 알 수 있다. 가장 주목할 부분은 다음과 같다.

```
    - args:
      - proxy
      - sidecar
      - --domain
      - $(POD_NAMESPACE).svc.cluster.local
      - --serviceCluster
      - catalog.$(POD_NAMESPACE)
      - --proxyLogLevel=warning
      - --proxyComponentLogLevel=misc:error
      - --trust-domain=cluster.local
      - --concurrency
      - "2"
      env:
      - name: JWT_POLICY
        value: first-party-jwt
      - name: PILOT_CERT_PROVIDER
        value: istiod
      - name: CA_ADDR
        value: istiod.istio-system.svc:15012
      - name: POD_NAME
        valueFrom:
          fieldRef:
            fieldPath: metadata.name
...
      image: docker.io/istio/proxyv2:{1.13.0}
      imagePullPolicy: Always
      name: istio-proxy
```

쿠버네티스에서 최소 배포 단위는 파드다. 파드는 원자적으로 함께 배포되는 하나 이상의 컨테이너일 수 있다. kube-inject를 실행하면 Deployment 객체의 파드 템플릿에 istio-proxy라는 컨테이너를 추가하지만, 실제로는 아직 아무것도 배포하지 않았다. kube-inject 명령어가 생성한 YAML 파일을 직접 배포할 수도 있지만, 사이드카 프록시를 자동으로 주입하는 이스티오의 기능을 활용해볼 것이다.

자동 주입을 활성화하기 위해 istioinaction 네임스페이스에 istio-injection=enabled 레이블을 추가하자.

```
$ kubectl label namespace istioinaction istio-injection=enabled
```

이제 catalog 디플로이먼트를 만들어보자.

```
$ kubectl apply -f services/catalog/kubernetes/catalog.yaml

serviceaccount/catalog created
service/catalog created
deployment.apps/catalog created
```

쿠버네티스에 배포된 파드를 물어보면 이렇게 표시된다.

```
$ kubectl get pod
NAME                       READY    STATUS    RESTARTS   AGE
catalog-7c96f7cc66-flm8g   2/2      Running   0          1m
```

파드가 아직 ready가 아니면, 도커 이미지를 다운로드하는 데 시간이 걸리는 것일 수 있다. 안정적인 상태가 되면 앞선 스니펫처럼 파드의 status 열이 running인 것을 볼 수 있다. 또 ready 열이 2/2임을 주목하자. 이는 파드에 컨테이너가 2개 있으며 그 둘 모두 ready 상태임을 의미한다. 그 컨테이너 중 하나가 애플리케이션 컨테이너이며, 여기서는 catalog이다. 다른 컨테이너는 istio-proxy 사이드카다.

이 시점에서는 쿠버네티스 클러스터 내부에서 catalog.istioinaction 호스트네임으로 catalog 서비스를 호출할 수 있다. 다음 명령어를 실행해 모든 것이 제대로 실행되고 있는지 확인하자. 다음 JSON 출력이 표시되면 서비스가 올바르게 실행되고 있는 것이다.

```
$ kubectl run -i -n default --rm --restart=Never dummy \
--image=curlimages/curl --command -- \
sh -c 'curl -s http://catalog.istioinaction/items/1'

{
  "id": 1,
  "color": "amber",
  "department": "Eyewear",
  "name": "Elinor Glasses",
  "price": "282.00"
}
```

다음으로는 webapp 서비스를 배포할 것이다. webapp 서비스는 다른 서비스에서 데이터를 집계해 브라우저에 시각적으로 표시한다. 또한 이 서비스는 방금 배포하고 확인한 catalog 서비스를 호출하는 API를 노출한다. 즉, webapp은 다른 백엔드 서비스의 파사드 facade 역할을 한다.

```
$ kubectl apply -f services/webapp/kubernetes/webapp.yaml

serviceaccount/webapp created
service/webapp created
deployment.apps/webapp created
```

쿠버네티스 클러스터 내부의 파드 목록을 나열하면, 2/2 컨테이너가 실행 중인 새로운 webapp 디플로이먼트가 표시된다.

```
$ kubectl get pod

NAME                        READY   STATUS    RESTARTS   AGE
catalog-759767f98b-mcqcm    2/2     Running   0          3m59s
webapp-8454b8bbf6-b8g7j     2/2     Running   0          50s
```

마지막으로, 새 webapp 서비스를 호출해 동작하는 것을 검증해보자.

```
$ kubectl run -i -n default --rm --restart=Never dummy \
--image=curlimages/curl --command -- \
sh -c 'curl -s http://webapp.istioinaction/api/catalog/items/1'
```

이 명령이 올바르게 완료되면 catalog 서비스를 직접 호출할 때와 동일한 JSON 응답이 보여야 한다. 추가로, 브라우저로 접근하면 webapp 서비스 뒷단에 있는 모든 서비스의 콘텐츠를 시각화할 수 있다. 그렇게 하려면 애플리케이션을 로컬호스트로 포트포워딩하자.

```
$  kubectl port-forward deploy/webapp 8080:8080
```

그림 2.6에서 보듯이 http://localhost:8080 주소에서 웹 애플리케이션 UI를 열 수 있다.

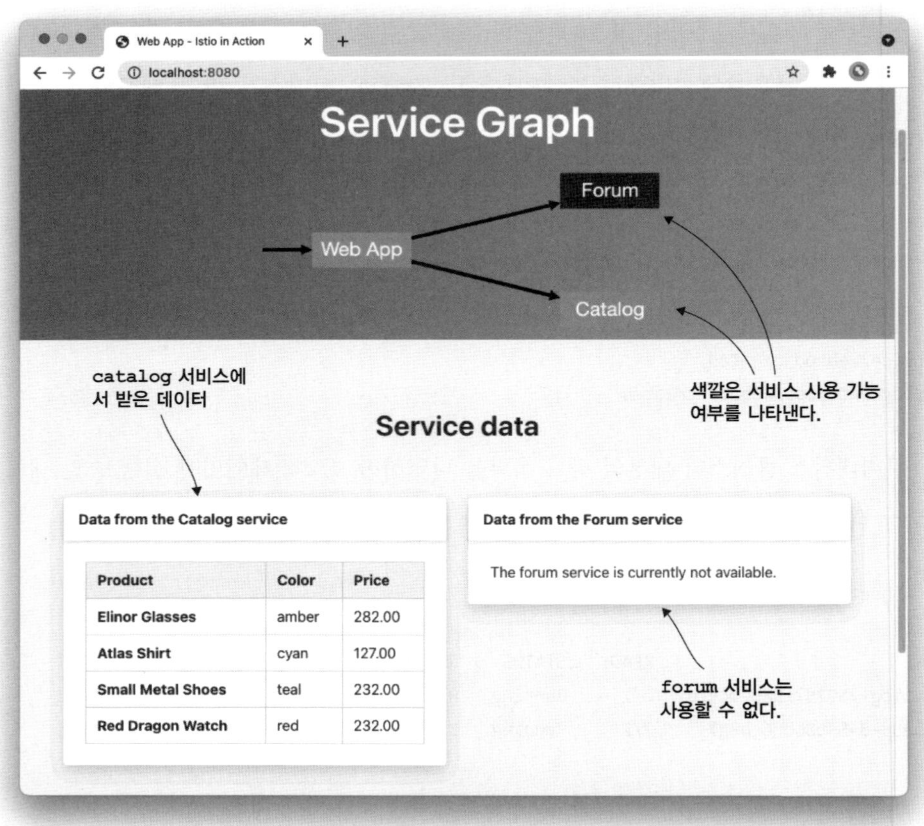

▲ **그림 2.6** 웹 앱(web app) 사용자 인터페이스는 다른 서비스에 쿼리한 데이터를 표시한다.

지금까지는 이스티오 서비스 프록시를 곁들여 catalog와 webapp 서비스를 배포해봤다. 각 서비스에는 각자의 사이드카 프록시가 있고, 서비스를 드나드는 모든 트래픽은 해당 사이드카 프록시를 통과한다(그림 2.7 참조).

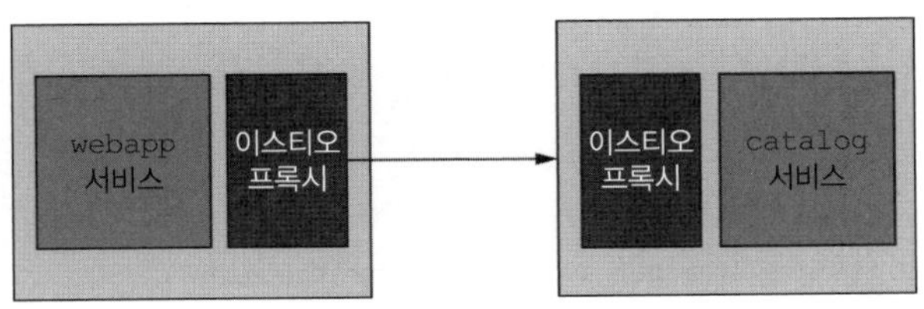

▲ **그림 2.7** catalog 서비스를 호출하는 webapp 서비스. 둘 다 이스티오 프록시가 주입돼 있다.

2.4 복원력, 관찰 가능성, 트래픽 제어 기능을 갖춘 이스티오의 능력 살펴보기

앞선 예제에서는 webapp 서비스를 로컬로 포트포워딩해야 했다. 지금까지는 클러스터 내부로 트래픽을 유입시킬 방법이 없었기 때문이다. 쿠버네티스에서는 보통 Nginx나 Solo.io의 Gloo Edge 같은 전용 인그레스 컨트롤러를 사용해 클러스터 내부로 트래픽을 들인다. 이스티오에서는 이스티오 인그레스 게이트웨이를 통해 트래픽을 클러스터로 유입시킬 수 있으므로, 웹 애플리케이션을 호출할 수 있다. 4장에서는 기본 쿠버네티스 인그레스 리소스가 왜 일반적인 엔터프라이즈 워크로드에 적합하지 않은지, 이스티오가 이런 문제를 해결하기 위해 Gateway 및 VirtualService 리소스 개념을 어떻게 사용하는지를 살펴본다. 지금은 이스티오 인그레스 게이트웨이를 사용해 webapp 서비스를 노출한다.

```
$ kubectl apply -f ch2/ingress-gateway.yaml

gateway.networking.istio.io/coolstore-gateway created
virtualservice.networking.istio.io/webapp-virtualservice created
```

이 시점에서는 이스티오가 쿠버네티스 클러스터 에지에서 webapp 서비스를 인지하도록 했으므로, webapp 서비스를 호출할 수 있다. 그럼 서비스에 접근할 수 있는지 알아보자. 먼저 이스티오 게이트웨이가 리스닝 중인 엔드포인트를 가져와야 한다. 도커 데스크톱에서 기본값은 http://localhost:80이다.

```
$ curl http://localhost:80/api/catalog/items/1
```

자체 쿠버네티스 클러스터(퍼블릭 클라우드 등)에서 실행 중이라면, istio-system 네임스페이스에서 쿠버네티스 서비스를 나열해 퍼블릭 클라우드의 외부 엔드포인트를 찾을 수 있다.

```
$ URL=$(kubectl -n istio-system get svc istio-ingressgateway \
-o jsonpath='{.status.loadBalancer.ingress[0].ip}')

$ curl $URL/api/catalog/items/1
```

로드 밸런서를 사용할 수 없으면, 대안은 다음과 같이 kubectl을 사용해 로컬 머신으로 포트포워딩하는 것이다(URL을 localhost:8080으로 업데이트한다).

```
$ kubectl port-forward deploy/istio-ingressgateway \
-n istio-system 8080:8080
```

여기서처럼 curl로 엔드포인트를 호출하면, 서비스를 개별로 호출했던 이전 단계들과 동일한 출력이 표시돼야 한다.

지금까지 오류가 발생했으면, 되돌아가서 모든 단계를 성공적으로 완료했는지 확인하자. 여전히 오류가 발생하면 이스티오 인그레스 게이트웨이에 webapp 서비스로의 라우팅이 올바르게 설정돼 있는지 확인하자. 이스티오의 디버깅 도구를 사용해 인그레스 게이트웨이 프록시 설정을 확인할 수 있다. 이 기법으로 애플리케이션과 함께 배포된 모든 이스티오 프록시를 확인할 수 있지만, 이 부분은 나중에 다시 설명하겠다. 지금은 게이트웨이에 루트가 있는지를 확인하자.

```
$ istioctl proxy-config routes \
deploy/istio-ingressgateway.istio-system
```

출력은 다음과 같아야 한다.

```
NOTE: This output only contains routes loaded via RDS.
NAME        DOMAINS  MATCH                VIRTUAL SERVICE
http.80     *        /*                   webapp-virtualservice.istioinaction
            *        /healthz/ready*
            *        /stats/prometheus*
```

루트가 없다면 최선의 방법은 Gateway 및 VirtualService 리소스가 설치됐는지 다시 한 번 확인해보는 것이다.

```
$ kubectl get gateway
$ kubectl get virtualservice
```

또한 istioinaction 네임스페이스에 적용했는지도 확인하자. VirtualService 정의에서 호스트네임을 축약형으로 사용했는데(webapp), 네임스페이스가 없으므로 기본값은 VirtualService가 적용된 네임스페이스다. 호스트 webapp.istioinaction으로 트래픽을 라우팅하도록 VirtualService를 업데이트해 네임스페이스를 정의할 수도 있다.

2.4.1 이스티오 관찰 가능성

이스티오 프록시가 호출 경로 커넥션의 양쪽에 위치하는 덕분에(각 서비스에는 각자의 서비스 프록시가 있다) 이스티오는 애플리케이션 사이에 무슨 일이 일어나고 있는지에 대해 많은 텔레메트리를 수집하고 통찰력을 향상시킬 수 있다. 이스티오의 서비스 프록시는 각 애플리케이션 곁에 사이드카로 배포되므로, 서비스 프록시가 수집하는 통찰력은 애플리케이션의 '프로세스 외부'에서 나오는 것이다. 즉, 대부분의 경우 애플리케이션은 이 수준의 관찰력을 얻기 위해 라이브러리나 프레임워크에 특정 구현을 추가할 필요가 없다. 프록시에게 애플리케이션은 블랙박스이며, 텔레메트리는 네트워크를 통해 관찰된 애플리케이션의 동작에 초점을 맞춘다.

이스티오가 생성하는 텔레메트리는 관찰 가능성의 두 가지 주요 범주에 대한 것이다. 첫 번째는 주요 메트릭, 이를테면 초당 요청 수, 실패 횟수, 꼬리 지연 시간 백분위수와 같은 것들이다. 이런 값들을 알면 시스템에서 문제가 시작되는 지점에 대한 훌륭한 통찰력을 얻을 수 있다. 두 번째로, 이스티오는 OpenTracing.io와 같은 분산 트레이싱을 지원할 수 있다. 이스티오는 애플리케이션들이 신경 쓰지 않아도 분산 트레이싱 백엔드로 스팬을 보낼 수 있다. 이렇게 하면 특정 서비스 상호작용 중에 어떤 일이 일어났는지, 어디에서 지연이 발생했는지를 확인하고 전반적인 호출 지연에 대한 정보를 얻을 수 있다. 이제 예제 애플리케이션을 갖고 이런 기능을 직접 살펴보자.

주요 메트릭

먼저 이스티오에서 별도 설정 없이 기본으로 제공되는 관찰 가능성 기능을 몇 가지 살펴보겠다. 이전 절에서 쿠버네티스 디플로이먼트를 둘 추가하고, 이들에 이스티오 사이드카 프록시를 주입했다. 그런 다음, 클러스터 외부에서 서비스에 접근할 수 있도록 이스티오 인그레스 게이트웨이를 추가했다. 메트릭을 얻기 위해 프로메테우스와 그라파나를 사용할 것이다.

이스티오는 우리가 앞서 설치했던 견본 애드온add-on이나 보조 구성 요소를 기본적으로 함께 제공한다. 앞 절에서 언급했듯이 이스티오 설치의 이 구성 요소들은 데모 용도로만 사용된다. 운영 환경을 준비할 때는 각 보조 구성 요소의 문서를 따라 별도로 설치하는 것이 좋다. 컨트롤 플레인의 다이어그램(그림 2.8)을 다시 참조하면 이 요소들이 어떻게 구성되는지 알 수 있다.

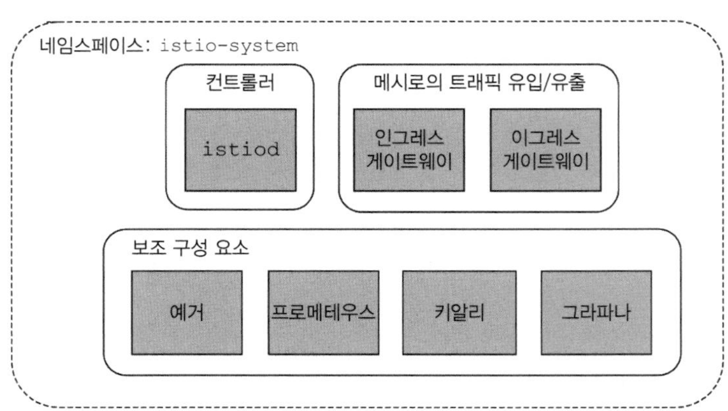

▲ **그림 2.8** 이스티오 컨트롤 플레인과 보조 구성 요소

대시보드를 볼 수 있도록 istioctl을 사용해 그라파나를 로컬 머신으로 포트포워딩해보자.

```
$ istioctl dashboard grafana
http://localhost:3000
```

그럼 기본 브라우저가 자동으로 열린다. 만약 열리지 않으면, 브라우저를 열어 http://localhost:3000으로 이동하자. 그러면 그림 2.9처럼 그라파나 홈 화면에 도달해야 한다. 좌측 상단 모서리에서 Home 대시보드를 눌러 전환할 수 있는 다른 대시보드 목록을 표시하자.

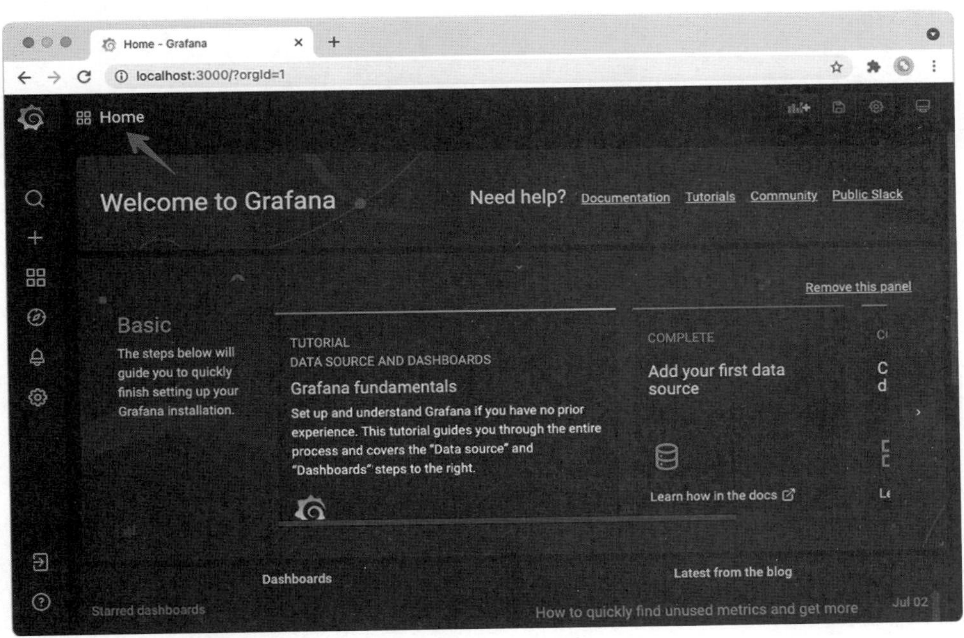

▲ **그림 2.9** 그라파나 홈 화면

이스티오에는 이스티오 내에서 실행 중인 서비스의 기본적인 정보를 제공하는 기본 대시보드들이 있다(그림 2.10 참조). 이 대시보드들에서 우리가 메시 내에 설치해 실행 중인 서비스와 일부 이스티오 컨트롤 플레인 구성 요소를 확인할 수 있다. 대시보드 목록에서 Istio Service Dashboard를 누르자(Recent에서 보이지 않으면 Recent 아래의 Istio 부분을 눌러 확장하자).

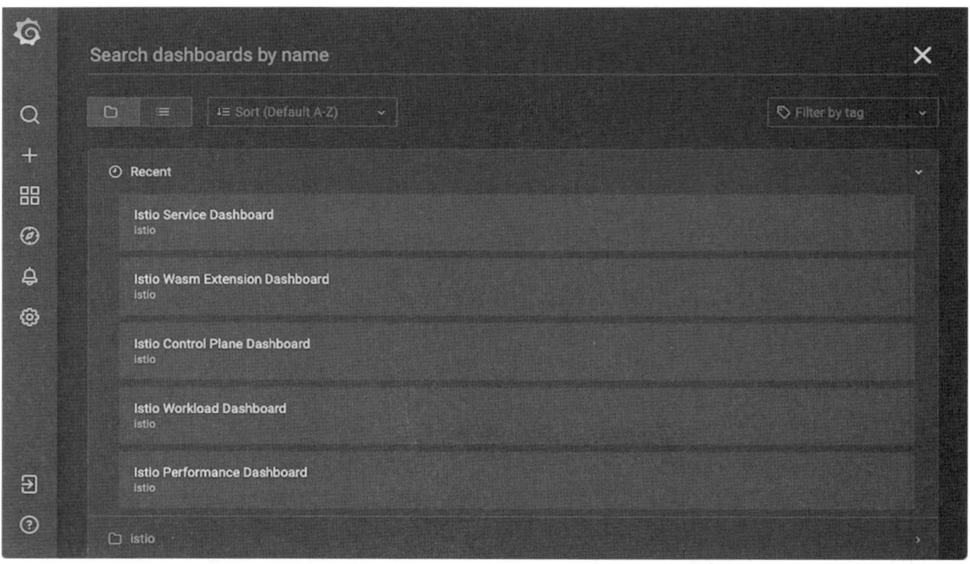

▲ **그림 2.10** 이스티오 기본 대시보드를 포함하는 설치된 그라파나 대시보드 목록

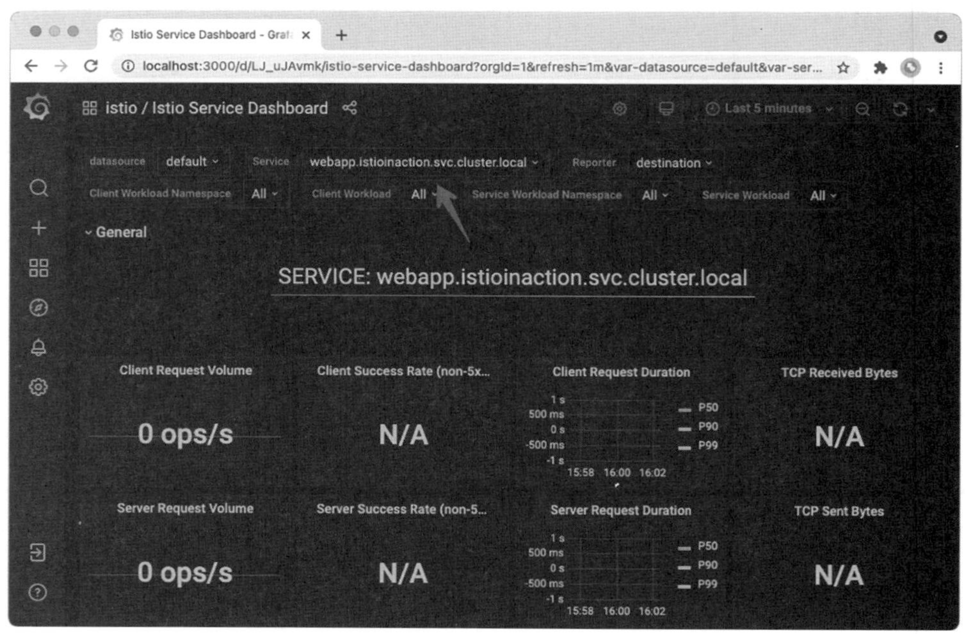

▲ **그림 2.11** webapp 서비스용 대시보드

대시보드에는 선택한 특정 서비스의 최상위 수준 메트릭이 표시돼야 한다. 대시보드 상단의 서비스 드롭다운 상자에서 `webapp.istioinaction.svc.cluster.local`을 선택했는지 확인하자. 그림 2.11과 유사해야 한다.

Client Request Volume과 Client Success Rate 같은 메트릭이 보이지만, 값은 대부분 비어 있거나 'N/A'이다. 명령줄 셸에서 서비스에 트래픽을 보내고 어떤 일이 일어나는지 살펴보자.

```
$ while true; do curl http://localhost/api/catalog; sleep .5; done
```

Ctrl + C를 눌러 `while` 루프를 종료하자. 이제 그라파나 대시보드를 보면, 그림 2.12처럼 흥미로운 트래픽을 확인할 수 있다(대시보드를 새로 고침해야 할 수도 있다).

서비스는 트래픽을 조금 받았고 성공률은 100%이며 P50, P90, P99 지연 시간도 보인다. 대시보드를 아래로 내리면 어떤 서비스와 클라이언트가 `webapp` 서비스를 호출했는지, 그들의 동작은 어떻게 보이는지에 대한 흥미로운 메트릭도 볼 수 있다.

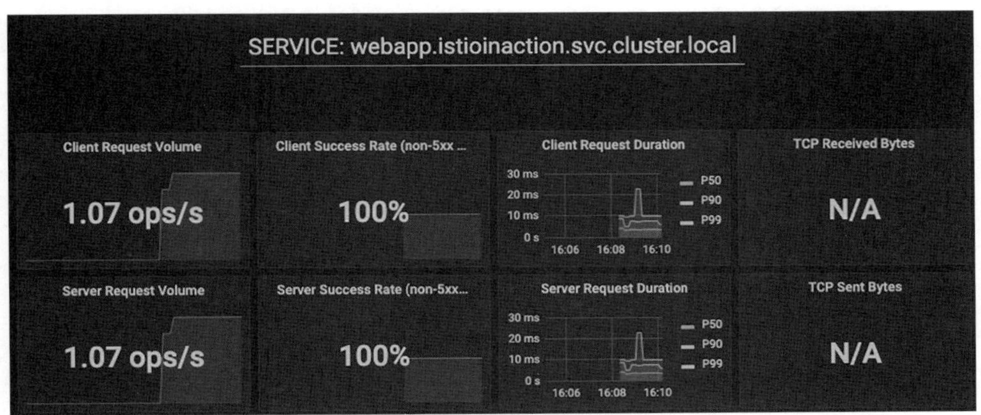

▲ **그림 2.12** 그라파나에서 보이는 웹 앱의 최상위 메트릭

눈치챘겠지만, 애플리케이션 코드에는 아무 계측instrumentation도 추가하지 않았다. 물론 애플리케이션은 항상 꼼꼼히 계측해야 하지만, 여기서 보고 있는 것은 애플리케이션이 네트워크상에서 실제로 수행한 작업이지, 자신이 어떻게 동작했다고 인지하는 것과는 무관하

다. 블랙박스 관점에서 애플리케이션과 협력자가 메시 내에서 어떻게 행동했는지 관찰할 수 있다. 이를 위해 우리가 한 일이라곤 이스티오 사이드카 프록시를 추가한 것뿐이다. 클러스터를 통과하는 개별 호출에 대해 좀 더 전체적인 시야를 얻으려면, 한 요청이 여러 서비스를 거치는 과정을 추적하는 분산 트레이싱 같은 것을 살펴볼 수도 있다.

오픈트레이싱을 통한 분산 트레이싱

이스티오를 사용하면 분산 트레이싱을 자동으로 처리할 수 있어 대부분의 작업을 쉽게 해결할 수 있다. 이스티오 설치판에 동봉된 애드온 중 하나가 예거 트레이싱 대시보드로, 다음과 같이 열 수 있다.

```
$ istioctl dashboard jaeger

http://localhost:16686
```

이제 웹 브라우저에서 http://localhost:16686으로 이동하면 예거 웹 콘솔로 이동한다(그림 2.13 참조). 왼쪽 상단 창의 Service 드롭다운 메뉴에서 `istio-ingressgateway.istio-system`을 선택하자. 그런 다음, 측면 창의 왼쪽 하단에서 Find Traces를 클릭하자. 분산 트레이싱 항목들이 보일 것이다. 보이지 않는다면 명령줄에서 트래픽 생성 클라이언트를 다시 실행하자.

```
$ while true; do curl http://localhost/api/catalog; sleep .5; done
```

Ctrl + C를 눌러 `while` 루프를 종료하자.

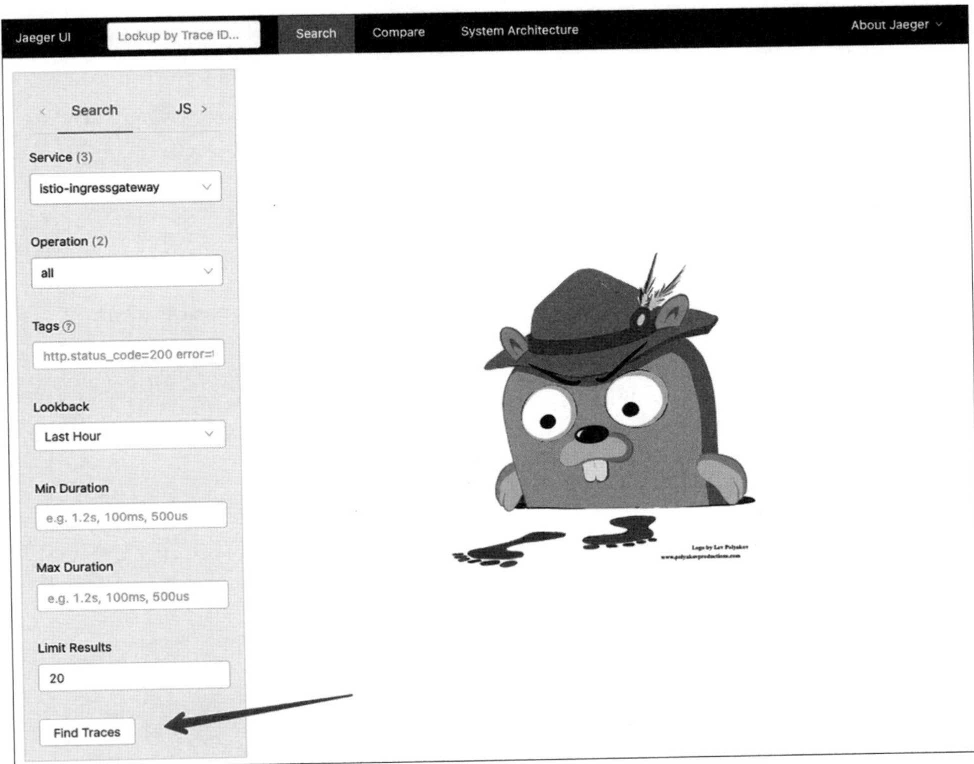

▲ **그림 2.13** 예거 분산 트레이싱 엔진 웹 콘솔 홈페이지

클러스터에 들어온 가장 최근의 호출 목록과 그 호출들이 만든 분산 트레이싱 스팬을 확인할 수 있어야 한다(그림 2.14 참조). 스팬 항목 중 하나를 클릭하면 해당 호출의 세부 정보가 표시된다. 그림 2.15는 `istio-ingressgateway`에서 `webapp` 서비스로, 그리고 `catalog` 서비스로 이동한 호출을 보여준다.

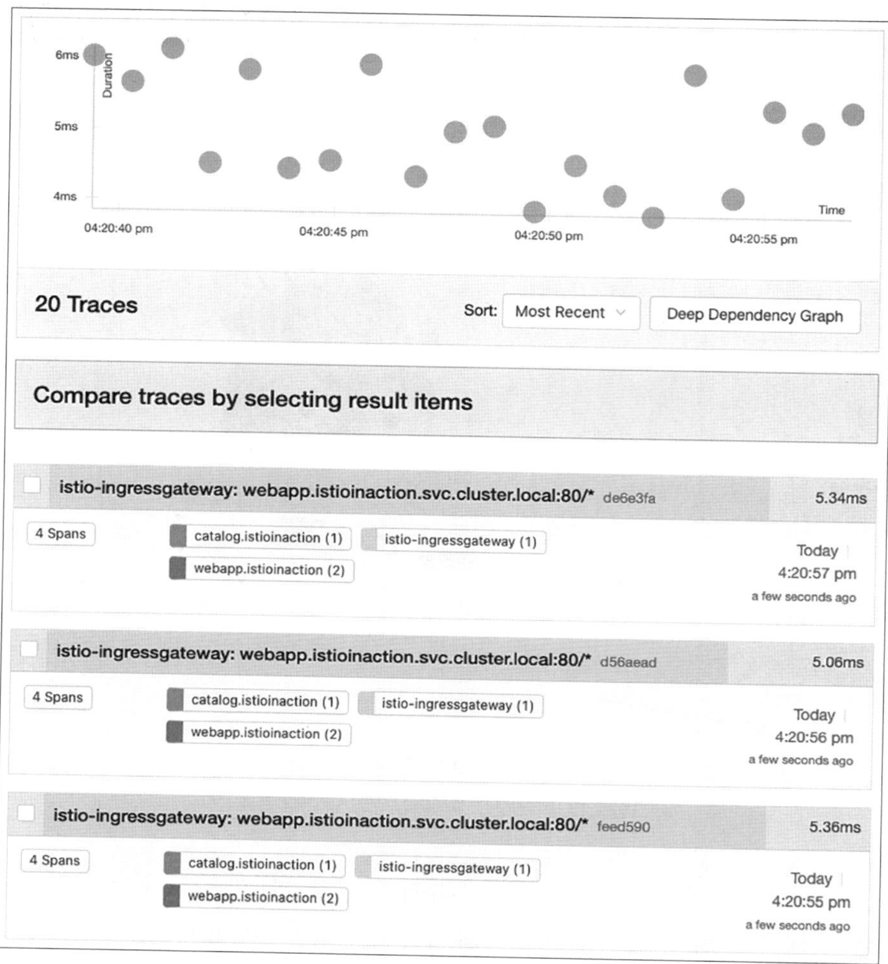

▲ **그림 2.14** 이스티오로 수집한 분산 트레이스 모음

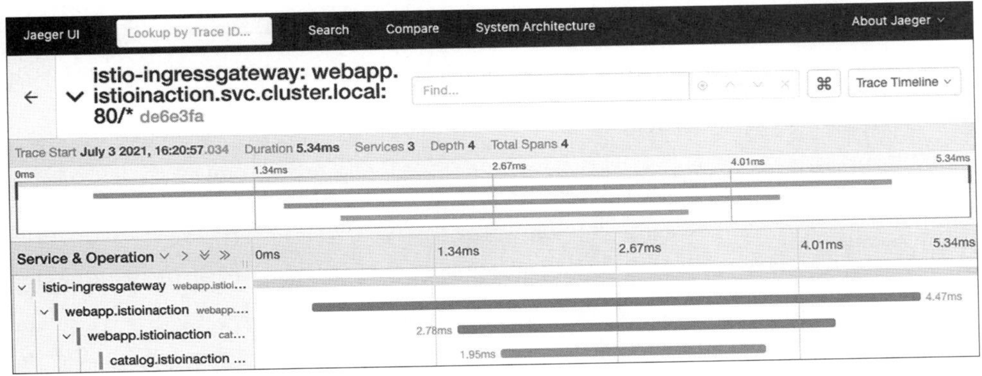

▲ **그림 2.15** 특정 호출의 자세한 스팬

후속 장들에서 이것이 어떻게 작동하는지 살펴볼 것이다. 지금은 이스티오 서비스 프록시가 서비스 간에 트레이싱 ID와 메타데이터를 전파하고 트레이싱 엔진(집킨이나 예거 등)에 트레이싱 스팬 정보를 보냈다는 것만 이해하면 된다. 중요한 사실은 이 기능에 애플리케이션의 역할이 크지 않다는 점이다.

이스티오가 트레이스를 서비스 간에, 그리고 트레이싱 엔진에 전파할 수 있지만, 애플리케이션 내에서 트레이싱 메타데이터를 전파할 책임은 애플리케이션 자신에게 있다. 트레이싱 메타데이터는 보통 HTTP 헤더 집합으로 이뤄져 있고(HTTP와 HTTPS 트래픽의 경우), 들어오는 헤더와 나가는 요청을 연관시키는 것은 애플리케이션에게 달려 있다. 달리 말하면, 이스티오는 특정 서비스나 애플리케이션 내에서 무슨 일이 일어나는지 알 수 없으므로, 드나드는 요청이 어떻게 연결되는지(인과 관계)를 알 수 없다. 인과 관계를 알고 내보내는 요청에 헤더를 적절히 주입하는 것은 애플리케이션의 역할이다. 이스티오는 그 이후부터 해당 스팬들을 포착해 트레이싱 엔진으로 보낼 수 있다.

2.4.2 복원력을 위한 이스티오

앞서 논의했듯이, 네트워크를 통해 비즈니스 로직을 완성하는 애플리케이션은 분산 컴퓨팅의 오류를 인지하고 고려해야 한다. 즉, 네트워크의 예측 불가능성에 대비해야 한다. 과거에는 재시도, 타임아웃, 서킷 브레이커 등 네트워크 관련 코드를 애플리케이션에 포함시켜 이런 문제를 해결하려 했다. 그러나 이스티오를 사용하면 이런 네트워크 코드를 애플리케이션에 직접 작성하지 않아도 되며, 서비스 메시 내의 모든 애플리케이션에 기본적인 복원력을 일관되게 제공할 수 있다.

그런 복원력 기능 중 하나는 간헐적/일시적 네트워크 오류가 발생할 때 요청을 재시도하는 것이다. 예를 들어 네트워크에 장애가 발생할 때는 애플리케이션이 오류를 감지하고 요청을 재시도하기만 하면 문제없이 정상적으로 동작할 수 있다. 예제 아키텍처에서는 catalog 서비스에서 이러한 동작을 시뮬레이션해볼 것이다.

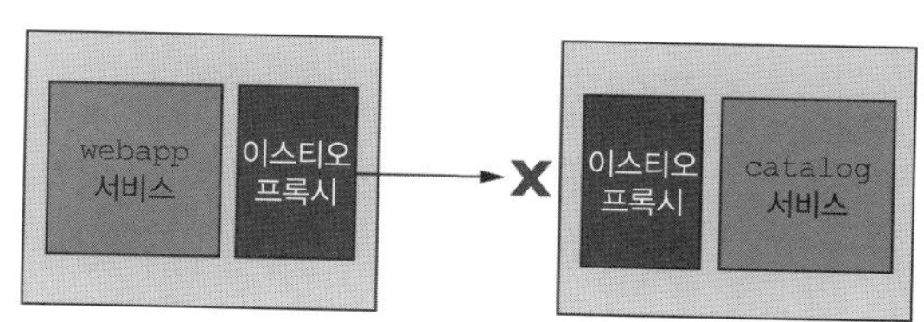

▲ **그림 2.16** catalog 서비스에 잘못된 동작을 주입해 실패를 유발할 수 있다.

이전 절에서 했던 것처럼 webapp 서비스 엔드포인트를 호출하면 호출은 정상적으로 반환된다. 그러나 모든 호출이 실패하도록 하려면, 애플리케이션에 잘못된 동작을 주입하는 스크립트를 사용할 수 있다(그림 2.16 참조). 소스 코드 루트에서 다음 명령어를 실행하면 모든 호출이 HTTP 500 오류로 100% 실패하게 할 수 있다.

```
$ ./bin/chaos.sh 500 100
```

이제 catalog 아이템을 쿼리하면 HTTP 500이 반환된다.

```
$ curl -v http://localhost/api/catalog

*   Trying 192.168.64.67...
* TCP_NODELAY set
* Connected to 192.168.64.67 (192.168.64.67) port 31380 (#0)
> GET /api/catalog HTTP/1.1
> Host: 192.168.64.67:31380
> User-Agent: curl/7.54.0
> Accept: */*
```

```
>
< HTTP/1.1 500 Internal Server Error
< content-type: text/plain; charset=utf-8
< x-content-type-options: nosniff
< date: Wed, 17 Apr 2019 00:13:16 GMT
< content-length: 30
< x-envoy-upstream-service-time: 4
< server: istio-envoy
<
error calling Catalog service
* Connection #0 to host 192.168.64.67 left intact
```

자동으로 재시도를 수행하는 이스티오의 기능을 보기 위해, webapp 서비스 엔드포인트를 호출하면 catalog 서비스가 50% 확률로 오류를 반환하도록 설정해보자.

```
$ ./bin/chaos.sh 500 50
```

이제 서비스 응답을 테스트할 수 있다.

```
$ while true; do curl http://localhost/api/catalog ; \
sleep .5; done
```

Ctrl + C를 눌러 while 루프를 종료하자.

이 명령어를 실행하면 webapp 서비스가 간헐적으로 실패해야 한다. 사실, 실패는 webapp이 catalog 서비스와 통신할 때 발생한다(catalog 서비스가 오작동 중인 상황). 이제 이스티오를 사용해 webapp과 catalog 사이의 네트워크를 좀 더 복원력 있게 만드는 방법을 살펴보자.

이스티오 VirtualService를 사용하면 메시 내 서비스와의 상호작용에 대한 규칙을 지정할 수 있다. 다음 예제는 catalog VirtualService의 정의다.

```
apiVersion: networking.istio.io/v1alpha3
kind: VirtualService
metadata:
  name: catalog
spec:
  hosts:
```

```
  - catalog
  http:
  - route:
    - destination:
        host: catalog
    retries:
      attempts: 3
      perTryTimeout: 2s
```

이 정의에서 catalog 서비스로의 요청은 세 번까지 재시도할 수 있고, 각 시도에는 2초의 제한 시간이 있음을 지정한다. 이 규칙을 적용하면 이스티오를 사용해 (이전 단계처럼) 실패가 발생할 때 자동으로 재시도할 수 있다. 이 규칙을 만들고 테스트 스크립트를 다시 실행해보자.

```
$  kubectl apply -f ch2/catalog-virtualservice.yaml

virtualservice.networking.istio.io/catalog created
```

이제 스크립트를 다시 실행해보자.

```
$  while true; do curl http://localhost/api/catalog ; \
sleep .5; done
```

Ctrl + C를 눌러 while 루프를 종료하자.

클라이언트로 드러나는 예외가 더 적어져야 한다. 이스티오를 사용하면 애플리케이션 코드를 건드리지 않고도 네트워크 통신의 복원력을 높일 수 있다.

catalog 서비스의 실패를 비활성화하자.

```
$ ./bin/chaos.sh 500 delete
```

이제 catalog의 오작동 응답이 멈춘다.

2.4.3 트래픽 라우팅을 위한 이스티오

이 장에서 살펴볼 이스티오의 마지막 기능은 호출 그래프의 깊이에 상관없이 서비스 메시 내 요청을 세밀하게 제어할 수 있는 기능이다. 지금까지 webapp 서비스가 백엔드의 여러 서비스에 대해 인터페이스를 제공하는 간단한 아키텍처를 살펴봤다. 현재 webapp 서비스가 통신하는 유일한 서비스는 catalog이다. catalog 서비스에 새로운 기능을 추가하려는 경우를 생각해보자. 이 예제에서는 catalog 내 특정 아이템에 이미지를 사용할 수 있는지 여부를 나타내는 플래그를 페이로드에 추가할 것이다. 이 변화를 처리할 수 있는 최종 호출자(이 플래그를 이해할 수 있는 유저 인터페이스나 이 플래그를 이용해 아이템에 더 많은 이미지 정보를 더할지 결정할 수 있는 서비스 등)에게 이 정보를 노출하려고 한다.

catalog 서비스 v1의 응답에는 다음과 같은 속성이 있다.

```
{
  "id": 1,
  "color": "amber",
  "department": "Eyewear",
  "name": "Elinor Glasses",
  "price": "282.00"
}
```

catalog v2에서는 imageUrl이라는 새 속성을 추가했다.

```
{
  "id": 1,
  "color": "amber",
  "department": "Eyewear",
  "name": "Elinor Glasses",
  "price": "282.00",
  "imageUrl": "http://lorempixel.com/640/480"
}
```

catalog 서비스 v2에 요청할 때는 이 imageUrl 필드가 응답에 있을 것이다.

원칙적으로는 새 버전의 catalog를 배포하고 싶지만, 새 버전을 노출할(릴리스할) 대상도 세밀하게 제어하고 싶다. 운영 환경에서 문제가 발생할 가능성을 줄이고 유료 고객이 위험성의 최전선에 노출되지 않도록, 배포와 릴리스를 분리할 수 있는 것이 중요하다. 구체적으로 말하면, 배포란 새로운 코드를 운영 환경으로 반영하는 것을 의미한다. 새 코드를 운영 환경에 배포하면 테스트를 수행해 운영 환경에 사용하기 적합한지 평가할 수 있다. 릴리스는 실제 트래픽을 새로운 코드로 전환하는 것을 의미한다. 특정 사용자 집단만 새 배포로 라우팅하도록, 릴리스에 단계적 접근법을 취할 수 있다. 이를 테면 내부 직원만 새 배포로 라우팅하고 배포와 전체 시스템이 어떻게 동작하는지 살펴보는 것이다. 그 후 트래픽을 무료 고객, 실버 등급 고객 등으로 확장할 수 있다. 이 원칙은 5장에서 이스티오의 요청 라우팅 기능을 살펴볼 때 더 자세히 다룰 것이다.

이스티오를 사용하면, 어떤 트래픽이 서비스 v1으로 향하고 어떤 요청이 v2로 향할지 세밀하게 제어할 수 있다. 서비스를 버전별로 분할하는 데는 다음과 같이 DestinationRule이라는 이스티오의 개념을 사용한다.

```
apiVersion: networking.istio.io/v1alpha3
kind: DestinationRule
metadata:
  name: catalog
spec:
  host: catalog
  subsets:
  - name: version-v1
    labels:
      version: v1
  - name: version-v2
    labels:
      version: v2
```

이 DestinationRule을 사용해 catalog 서비스의 두 버전을 나타내며, 쿠버네티스 디플로이먼트의 레이블을 바탕으로 그룹을 지정한다. version:v2 레이블이 붙은 쿠버네티스 파드는 모두 이스티오가 아는 catalog 서비스 v2 그룹에 속한다. DestinationRule을 생성하기 전에 catalog의 두 번째 버전을 배포해보자.

```
$  kubectl apply \
     -f services/catalog/kubernetes/catalog-deployment-v2.yaml
deployment.extensions/catalog-v2 created
```

새 디플로이먼트가 준비되면 두 번째 catalog 파드가 보인다.

```
$ kubectl get pod

NAME                          READY   STATUS    RESTARTS   AGE
webapp-bd97b9bb9-q9g46        2/2     Running   0          17m
catalog-5dc749fd84-fwcl8      2/2     Running   0          10m
catalog-v2-64d758d964-rldc7   2/2     Running   0          38s
```

서비스를 몇 번 호출하면, 응답 일부에는 새 imageUrl 필드가 들어 있고 일부는 그렇지 않음을 알 수 있다. 기본적으로, 쿠버네티스는 두 버전 간 로드 밸런싱을 제한된 형태로 수행할 수 있다.

```
$ while true; do curl http://localhost/api/catalog; sleep .5; done
```

Ctrl + C를 눌러 while 루프를 종료하자.

그렇지만 최종 사용자에게 영향을 주지 않으면서 소프트웨어를 운영 환경에 안전하게 배포하길 원하며, 릴리스하기 전에 운영 환경에서 테스트하는 선택지도 있다. 그러므로 지금은 트래픽을 catalog v1 버전에 제한할 것이다.

가장 먼저 할 일은 이스티오에 catalog 서비스의 버전을 식별할 수 있는 방법을 알려주는 것이다. 이를 위해 DestinationRule을 사용한다.

```
$ kubectl apply -f ch2/catalog-destinationrule.yaml
destinationrule.networking.istio.io/catalog created
```

다음으로, 모든 트래픽을 catalog v1으로 라우팅하자는 규칙을 catalog VirtualService에 만든다.

```
apiVersion: networking.istio.io/v1alpha3
kind: VirtualService
metadata:
  name: catalog
spec:
  hosts:
```

```
  - catalog
  http:
  - route:
    - destination:
        host: catalog
        subset: version-v1
```

catalog VirtualService에 새 트래픽 라우팅 규칙을 업데이트하자.

```
$  kubectl apply -f ch2/catalog-virtualservice-all-v1.yaml

virtualservice.networking.istio.io/catalog created
```

이제 webapp 엔드포인트에 트래픽을 보내면 v1 응답만 보일 것이다.

```
$ while true; do curl http://localhost/api/catalog; sleep .5; done
```

Ctrl + C를 눌러 while 루프를 종료하자.

일부 사용자에게 catalog v2 서비스의 기능을 노출하고 싶다고 하자. 이스티오에는 요청 경로, 헤더, 쿠키 등을 비교해 개별 요청의 라우팅을 제어할 수 있는 기능이 있다. 사용자가 특정 헤더를 전달하면, 그 사용자가 새 catalog v2 서비스에 도달하도록 허용할 것이다. 수정된 catalog VirtualService 정의를 사용해 x-dark-launch라는 헤더를 비교해보자. 그 헤더를 갖고 있는 요청은 모두 catalog v2로 보낼 것이다.

```
apiVersion: networking.istio.io/v1alpha3
kind: VirtualService
metadata:
  name: catalog
spec:
  hosts:
  - catalog
  http:
  - match:                    ❶
    - headers:
        x-dark-launch:
          exact: "v2"
```

```
    route:                    ❷
    - destination:
        host: catalog
        subset: version-v2
  - route:
    - destination:            ❸
        host: catalog
        subset: version-v1
```

❶ 비교 부분
❷ 비교가 일치할 때 활성화되는 v2로의 루트
❸ 루트 기본값

VirtualService에 새 라우팅 규칙을 만들자.

```
$ kubectl apply -f ch2/catalog-virtualservice-dark-v2.yaml
virtualservice.networking.istio.io/catalog configured
```

webapp 엔드포인트를 다시 호출하자. catalog 서비스의 v1 응답만 표시돼야 한다.

```
$ while true; do curl http://localhost/api/catalog; sleep .5; done
```

이제 특수 헤더 x-dark-launch를 넣어 엔드포인트를 호출해보자.

```
$ curl http://localhost/api/catalog -H "x-dark-launch: v2"
[
  {
    "id": 0,
    "color": "teal",
    "department": "Clothing",
    "name": "Small Metal Shoes",
    "price": "232.00",
    "imageUrl": "http://lorempixel.com/640/480"
  }
]
```

호출에 x-dark-launch:v2 헤더를 포함하면 catalog-v2 서비스에서 온 응답이 보인다. 다른 모든 트래픽은 catalog-v1으로 흐른다. 여기서는 이스티오를 사용해 개별 요청을 바탕으로 서비스로의 트래픽을 정밀하게 제어해봤다.

계속 진행하기 전에 예제 애플리케이션을 삭제하자. 진행하면서 개별 구성 요소를 다시 설치할 것이다.

```
$ kubectl delete deployment,svc,gateway,\
virtualservice,destinationrule --all -n istioinaction
```

다음 장에서는 이스티오의 기본 데이터 플레인 프록시인 엔보이 프록시를 독립적으로 이해할 수 있도록 자세히 살펴본다. 그런 다음, 이스티오가 서비스 메시에서 원하는 기능을 구현하기 위해 엔보이를 사용하는 방법을 소개한다.

요약

- istioctl을 사용해 이스티오를 설치할 수 있으며, istioctl x precheck을 사용해 이스티오를 클러스터에 설치할 수 있는지 확인할 수 있다.
- 이스티오의 설정은 쿠버네티스 커스텀 리소스로 구현된다.
- 프록시를 설정하려면 (이스티오 커스텀 리소스를 따라) YAML에 의도를 기술하고 클러스터에 적용한다.
- 컨트롤 플레인은 이스티오 리소스를 지켜보고, 이스티오 리소스를 엔보이 설정으로 변환하며, xDS API를 사용해 엔보이 프록시를 동적으로 업데이트한다.
- 메시를 드나드는 트래픽은 인그레스 및 이그레스 게이트웨이에서 관리한다.
- 사이드카 프록시는 istioctl kube-inject를 사용해 YAML에 수작업으로 주입할 수 있다.
- istio-injection=enabled 레이블이 붙은 네임스페이스에서는 새로 생성된 파드에 자동으로 프록시가 주입된다.
- VirtualService API를 사용해 실패한 요청의 재시도를 구현하는 등 애플리케이션 네트워크 트래픽을 조작할 수 있다.

3

이스티오의 데이터 플레인: 엔보이 프록시

3장에서 다루는 내용

- 독립형(standalone) 엔보이 프록시를 이해하고 엔보이가 이스티오에 어떻게 기여하는지 알아보기
- 엔보이의 기능이 이스티오 같은 서비스 메시에 핵심적인 이유 탐구하기
- 정적 설정으로 엔보이 설정하기
- 엔보이의 Admin API를 사용해 분석하고 디버깅하기

1장에서 서비스 메시의 아이디어를 소개할 때 서비스 프록시의 개념, 프록시가 애플리케이션 수준 구조(HTTP나 gRPC 같은 애플리케이션 프로토콜)를 이해하는 방법, 차별화 요소가 아닌 애플리케이션 네트워킹 로직으로 애플리케이션의 비즈니스 로직을 보강하는 방법을 살펴봤다. 서비스 프록시는 애플리케이션과 함께 배치돼 프로세스 외부에서 실행되고, 애플리케이션은 다른 서비스와 통신할 때 서비스 프록시를 거친다.

이스티오에서 엔보이 프록시는 서비스 메시에 참여하는 모든 애플리케이션 인스턴스와 함께 배치돼 서비스 메시 데이터 플레인을 형성한다. 엔보이는 데이터 플레인과 전체 서비스 메시 아키텍처에서 매우 중요한 구성 요소이므로, 이번 장에서는 엔보이에 익숙해지는 시간을 갖는다. 이를 통해 이스티오를 더 깊이 이해하고, 배포를 디버깅하거나 문제를 해결

하는 방법을 배울 수 있을 것이다.

3.1 엔보이 프록시란 무엇인가?

엔보이는 분산 시스템을 구축할 때 발생하는 어려운 애플리케이션 네트워킹 문제를 해결하고자 리프트가 개발했다. 엔보이는 2016년 9월 오픈소스 프로젝트로 공개됐으며, 1년 후인 2017년 9월에는 CNCF[Cloud Native Computing Foundation]에 합류했다. 엔보이는 C++로 작성됐는데, 그 목표는 성능을 늘리는 것, 특히 높은 부하에서도 더 안정적이고 결정론적일 수 있도록 만드는 것이었다.

엔보이는 다음 두 가지 중요 원칙을 따라 만들어졌다.

> 애플리케이션에게 네트워크는 투명해야 한다. 네트워크 및 애플리케이션 문제가 발생할 때는 문제의 원인을 파악하기 쉬워야 한다.
>
> — 엔보이 발표

엔보이는 프록시이므로, 더 나아가기 전에 프록시란 무엇인지 명확히 해야 한다. 앞서 프록시란 클라이언트와 서버 간 통신의 중간에 위치한, 네트워크 아키텍처의 중개 구성 요소라고 언급한 바 있다(그림 3.1 참조). 프록시는 중간에 위치함으로써 보안, 프라이버시, 정책 같은 기능을 추가할 수 있다.

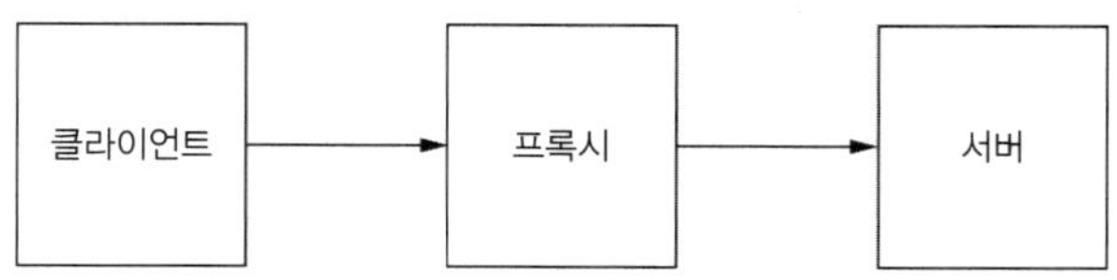

▲ **그림 3.1** 프록시는 트래픽 흐름에 기능을 더하는 중개자다.

프록시는 클라이언트가 서비스와 통신할 때 알아야 할 사항을 단순화할 수 있다. 예를 들어 서비스가 동일한 인스턴스 집합(클러스터)으로 구현됐고, 각 인스턴스는 일정량의 부하를 처리할 수 있다고 가정해보자. 클라이언트가 이 서비스에 요청할 때 어느 인스턴스 혹은 IP 주소인지 어떻게 알아야 하는가? 프록시가 단일 식별자 혹은 IP 주소를 갖고 중간에 위치할 수 있고, 클라이언트는 서비스 인스턴스들과 통신하는 데 프록시를 사용할 수 있다. 그림 3.2는 클라이언트가 실제 서비스 인스턴스 배포 방식을 자세히 알지 못하는 상태에서 프록시가 서비스 인스턴스 간에 로드 밸런싱을 처리하는 것을 보여준다. 이런 리버스 프록시 유형의 또 다른 기능은 클러스터의 인스턴스 상태를 검사하고 실패하거나 오동작하는 백엔드 인스턴스를 우회하도록 트래픽을 라우팅하는 것이다. 이런 방식으로, 프록시는 클라이언트가 어느 백엔드가 과부화돼 있거나 장애가 발생했는지 파악할 필요가 없도록 보호할 수 있다.

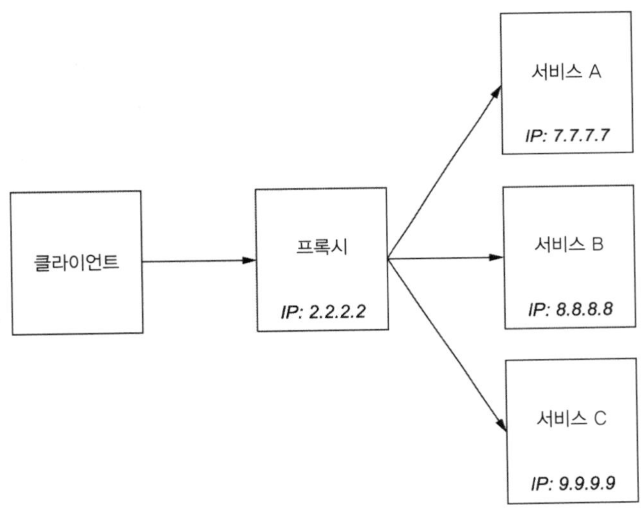

▲ **그림 3.2** 프록시는 클라이언트에게 백엔드 토폴로지를 숨기고 트래픽을 고루 분배하도록 알고리듬을 구현할 수 있다(로드 밸런싱).

엔보이 프록시는 특히 서비스 디스커버리, 로드 밸런싱, 헬스 체크 같은 기능을 제공하기 위해 애플리케이션 요청 경로 중간에 삽입할 수 있는 애플리케이션 수준 프록시이지만, 엔보이는 그 이상을 할 수 있다. 이전 장에서 이런 강화된 기능 중 일부를 언급했는데, 이번 장에서 더 자세히 다룰 것이다. 엔보이는 애플리케이션이 다른 서비스와 통신할 때 사용하는 7계층 프로토콜을 이해할 수 있다. 예를 들어, 엔보이는 기본적으로 HTTP 1.1, HTTP 2, gRPC 등을 이해할 수 있고, 요청 수준 타임아웃, 재시도, 재시도별 타임아웃, 서킷 브레이커와 기타 복원력 기능 같은 동작을 추가할 수 있다. 커넥션만을 이해하는 기본적인 커넥션 수준(L3/L4) 프록시로는 이와 같은 작업을 수행할 수 없다.

엔보이는 기본 제공 프로토콜 외에도 다양한 프로토콜을 이해하도록 확장할 수 있다. MongoDB, DynamoDB 같은 데이터베이스용, 심지어는 AMQPAdvanced Message Queuing Protocol 같은 비동기 프로토콜용 필터도 작성돼 왔다. 애플리케이션에 투명하게 보이고 신뢰성을 갖추는 것도 중요하지만, 분산 아키텍처에서 일어나고 있는 일을 빠르게 이해할 수 있는 능력도 그만큼 중요하다. 특히 예상대로 작동하지 않을 때는 더욱 그렇다. 엔보이는 애플리케이션 수준 프로토콜을 이해할 수 있고, 애플리케이션 트래픽이 엔보이를 거쳐 흐르는 덕분에 통과하는 요청에 대한 텔레메트리를 많이 수집할 수 있다. 예를 들어 요청 처리에 얼마나 시간이 소요되는지, 특정 서비스가 얼마나 많은 요청을 처리하고 있는지(처리량throughput), 서비스의 오류율은 어느 정도인지 등이다. 엔보이의 텔레메트리 수집 기능은 7장에서, 수집 기능의 확장 가능성은 14장에서 다룰 것이다.

프록시로서, 엔보이는 애플리케이션 외부에서 동작함으로써 개발자가 네트워크 문제를 고려하지 않아도 되도록 설계됐다. 즉, 어느 프로그래밍 언어로 작성됐든, 어느 프레임워크를 사용하든 모든 애플리케이션이 이 기능들을 사용할 수 있다. 게다가 서비스 아키텍처(SOA, 마이크로서비스 등)가 표준de jour 아키텍처이기는 하지만, 마이크로서비스든, 어떤 언어로 작성된 모놀리스 및 레거시 애플리케이션이든 엔보이는 상관없다. 엔보이가 이해할 수 있는 프로토콜(HTTP 등)을 사용하는 한, 엔보이의 이점을 누릴 수 있다.

엔보이는 매우 다재다능한 프록시로 다양한 역할을 할 수 있다. 클러스터 에지 프록시로(진입 지점으로), 서비스의 공유 프록시로, 심지어는 이스티오처럼 서비스별 프록시로도 사용할 수 있다. 이스티오에서는 엔보이 프록시를 서비스 인스턴스당 하나씩 배포해 유연성, 성능, 제어 능력을 높인다. 이런 패턴 중 하나(사이드카 서비스 프록시)를 사용한다고 해서 다른 패턴을 사용할 수 없는 것은 아니다. 실제로 사이드카 프록시와 에지 프록시를 동일하게 구현하면 인프라를 운영하고 이해하기가 더 쉬워진다. 4장에서 살펴보겠지만, 엔보이는 서비스 메시의 진입점으로 사용돼 클러스터에 들어오는 트래픽을 완벽히 제어하고 관찰할 수 있다. 요청의 호출 그래프로 보자면, 진입 순간부터 개별 서비스에 이르기까지 모든 구간을 제어하고 관찰할 수 있는 것이다.

3.1.1 엔보이의 핵심 기능

엔보이에는 서비스 간 통신에 유용한 기능이 많다. 이런 기능을 이해하려면 다음과 같은 고수준 엔보이 개념에 능숙해야 한다.

- **리스너**: 애플리케이션이 연결할 수 있는 외부 세계로 포트를 노출한다. 예를 들어 포트 80에 대한 리스너는 트래픽을 받고, 설정된 동작을 해당 트래픽에 적용한다.
- **루트**: 리스너로 들어오는 트래픽을 처리하는 라우팅 규칙. 예를 들어 요청이 들어오고 `/catalog`에 일치하면 그 트래픽을 `catalog` 클러스터로 보내는 식이다.
- **클러스터**: 엔보이가 트래픽을 라우팅할 수 있는 특정 업스트림 서비스. 예를 들어 `catalog-v1`과 `catalog-v2`는 별도 클러스터일 수 있고, 루트는 `catalog` 서비스의 v1이나 v2로 트래픽을 보내는 방법에 대한 규칙을 지정할 수 있다.

이는 엔보이가 L7 트래픽에 수행하는 작업을 개념적으로 설명한 것이다. 14장에서 더 자세히 다룰 것이다.

엔보이는 트래픽 방향성을 나타낼 때 다른 프록시와 비슷한 용어를 사용한다. 예를 들어 트래픽은 다운스트림 시스템에서 리스너로 들어온다. 이 트래픽은 엔보이의 클러스터 중 하나로 라우팅되며, 클러스터는 트래픽을 업스트림 시스템으로 보내는 역할을 한다(그림 3.3 참조). 트래픽은 엔보이를 거쳐 다운스트림에서 업스트림으로 흐른다. 이제 엔보이의 몇 가지 기능을 살펴보자.

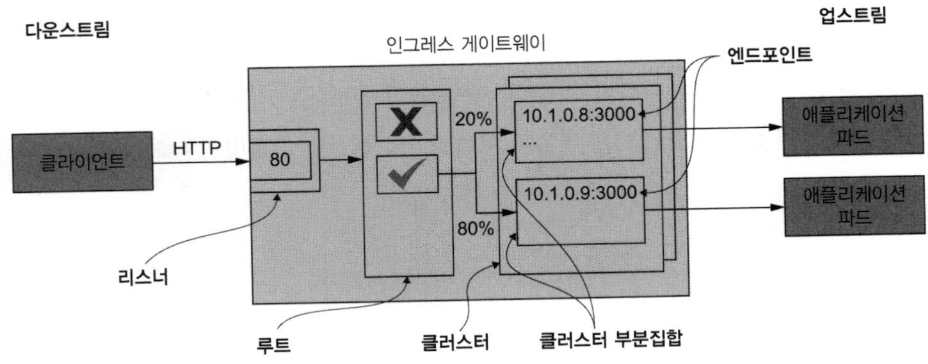

▲ **그림 3.3** 요청은 리스너를 거쳐 다운스트림 시스템에서 들어오고, 라우팅 규칙을 거쳐 업스트림 서비스로 보내주는 클러스터로 이동한다.

서비스 디스커버리

클라이언트 측 서비스 디스커버리를 구현하기 위해 런타임별로 전용 라이브러리를 사용할 필요 없이, 엔보이는 서비스 디스커버리를 자동으로 수행할 수 있다. 엔보이가 간단한 디스커버리 API에서 서비스 엔드포인트를 찾도록 설정하기만 하면, 애플리케이션은 서비스 엔드포인트를 찾는 방법을 몰라도 된다. 디스커버리 API는 다른 일반적인 서비스 디스커버리 API(하시코프 Consul, 아파치 주키퍼, 넷플릭스 Eureka 등)를 래핑하는 데 사용할 수 있는 단순한 REST API이다. 이스티오의 컨트롤 플레인은 이 API를 기본적으로 구현하고 있다.

엔보이는 서비스 디스커버리 카탈로그의 업데이트가 궁극적으로는 일관성을 가질 것이라는 가정에 기반해 설계됐다. 이는 분산 시스템에서는 통신할 모든 서비스의 정확한 상태와 사용 가능 여부를 실시간으로 파악할 수 없다는 것을 의미한다. 따라서 우리가 할 수 있는 최선은 수중의 지식을 활용하고, 능동적 및 수동적 헬스 체크를 수행하며, 그 결과들이 최신이 아닐 수 있음을 인식하는 것이다(최신일 수도 없다).

이스티오는 엔보이의 서비스 디스커버리 메커니즘 설정을 조절하는 고수준 리소스들을 제공함으로써 세부적인 내용 대부분을 추상화한다. 이와 관련된 내용은 이 책 전반에 걸쳐 더 자세히 살펴볼 것이다.

로드 밸런싱

엔보이는 애플리케이션이 활용할 수 있는 고급 로드 밸런싱 알고리듬을 여러 가지 구현하고 있다. 엔보이의 로드 밸런싱 알고리듬에서 흥미로운 기능 중 하나는 지역 인식[locality-aware] 로드 밸런싱이다. 엔보이는 특정 기준을 충족하지 않으면 트래픽이 지역 경계를 넘지 않게 해 트래픽을 더 잘 분산시킬 수 있다. 예를 들어 엔보이는 장애 상황으로 이어지는 것이 아닌 이상, 서비스 간 트래픽을 동일한 지역의 인스턴스로 라우팅되도록 한다. 엔보이는 다음 로드 밸런싱 알고리듬들을 기본적으로 제공한다.

- 랜덤
- 라운드 로빈
- 가중치를 적용한 최소 요청

- 일관된 해싱(스티키sticky)

트래픽 및 요청 라우팅

엔보이는 HTTP 1.1과 HTTP 2 같은 애플리케이션 프로토콜을 이해할 수 있으므로 정교한 라우팅 규칙을 사용해 트래픽을 특정 백엔드 클러스터로 보낼 수 있다. 이를 통해 가상 호스트 매핑과 콘텍스트 경로context-path 라우팅 같은 기본적인 리버스 프록시 라우팅을 처리할 수 있고, 또한 헤더 및 우선순위 기반 라우팅, 라우팅 재시도 및 타임아웃, 오류 주입까지도 수행할 수 있다.

트래픽 전환 및 섀도잉 기능

엔보이는 비율 기반(즉, 가중치 적용) 트래픽 분할splitting/전환shifting을 지원한다. 이 기능을 활용해 애자일 팀은 카나리 릴리스와 같이 위험을 완화하는 CD 기술을 사용할 수 있다. 위험성을 더 작은 유저 풀로 완화하기는 하지만, 카나리 릴리스는 여전히 라이브 사용자 트래픽을 다룬다.

엔보이는 트래픽의 사본을 만들어 '보내고 망각하는fire and forget' 방식으로 트래픽을 엔보이 클러스터에 섀도잉shadowing할 수 있다. 이 섀도잉 기능을 트래픽 분할과 같은 것으로 생각할 수 있지만, 업스트림 클러스터가 보는 요청은 라이브 트래픽의 복사본이다. 따라서 라이브 운영 환경 트래픽에 영향을 주지 않고 섀도잉한 트래픽을 서비스의 새 버전으로 라우팅할 수 있다. 이는 고객에게 영향을 주지 않고 운영 환경 트래픽으로 서비스 변경 사항을 테스트할 수 있는 아주 강력한 기능이다. 이와 관련된 내용은 5장에서 더 자세히 살펴본다.

네트워크 복원력

엔보이에게 특정 종류의 복원력 문제를 맡길 수는 있지만, 그 파라미터를 설정하고 잘 조정하는 것은 애플리케이션의 책임이라는 점을 유의해야 한다. 엔보이는 요청 타임아웃과 요청 수준 재시도(재시도별 타임아웃 포함)를 자동으로 수행할 수 있다. 이런 재시도 동작은 네트워크 불안정이 간간이 요청에 영향을 줄 때 매우 유용하다. 반면에 재시도 증폭은 연쇄 장애로 이어질 수 있어 엔보이에서는 재시도 동작을 제한할 수 있다. 또한 애플리케이션 수준 재시도는 여전히 필요할 수 있으며 엔보이가 완전히 대체할 수 없다. 게다가 엔보이가 업스트림 클러스터를 호출할 때 진행 중인 커넥션 혹은 요청의 개수를 제한하고, 그 임계값을 넘어서는 것은 빠르게 실패시키도록 설정할 수 있다(임계값에는 지터jitter가 있을 수 있다). 마지막으로, 엔보이는 서킷 브레이커처럼 동작하는, 이상값 감지outlier detection를 수행해 오동작하는 엔드포인트를 로드 밸런싱 풀에서 제거할 수 있다.

HTTP/2와 gRPC

HTTP/2는 단일 커넥션에서 여러 요청을 처리하고 서버 푸시, 스트리밍, 요청 백프레셔backpressure를 지원하도록 HTTP 프로토콜을 크게 개선한 버전이다. 엔보이는 처음부터 HTTP/1.1과 HTTP/2 프록시로 개발돼 다운스트림과 업스트림 모두에서 각 프로토콜을 프록시할 수 있다. 즉, 이를테면 엔보이는 HTTP/1.1 커넥션을 받아 HTTP/2로 프록시하거나 그 역도 가능하며, HTTP/2를 받아 업스트림 HTTP/2 클러스터로 프록시할 수도 있다. gRPC는 HTTP/2 위에서 구글 프로토콜 버퍼Protobuf를 사용하는 RPC 프로토콜로, 역시 엔보이가 기본적으로 지원한다. 이는 강력하지만 제대로 구현하기 어려운 기능이며 다른 서비스 프록시와 엔보이를 차별화한다.

메트릭 수집을 통한 관찰 가능성

2016년 9월 리프트의 엔보이 발표에서 봤듯이, 엔보이의 목표 중 하나는 네트워크를 이해할 수 있게 만드는 것이다. 이 목표를 위해 엔보이는 다양한 메트릭을 수집한다. 엔보이는 서버를 호출하는 다운스트림 시스템, 서버 그 자체, 서버가 요청을 보내는 업스트림 클러스터에 대한 여러 측면(디멘션dimension)을 추적한다. 엔보이의 통계는 카운터, 게이지, 히스토그램으로 추적된다. 표 3.1은 업스트림 클러스터에 대해 추적하는 통계 유형의 몇 가지 예시를 나열한다.

▼ **표 3.1** 엔보이 프록시가 수집하는 통계 중 일부

통계	설명
`downstream_cx_tota`	총 커넥션 개수
`downstream_cx_http1_active`	총 활성 HTTP/1.1 커넥션 개수
`downstream_rq_http2_total`	총 HTTP/2 요청 개수
`cluster.<name>.upstream_cx_overflow`	클러스터의 커넥션 서킷 브레이커가 임계값을 넘겨 발동한 횟수
`cluster.<name>.upstream_rq_retry`	총 요청 재시도 횟수
`cluster.<name>.ejections_detected_consecutive_5xx`	5xx 오류가 계속돼 퇴출된 횟수(시행되지 않은 경우도 포함)

엔보이는 설정 가능한 어댑터와 형식을 사용해 통계를 내보낼 수 있다. 기본적으로 지원하는 목록은 다음과 같다.

- StatsD
- 데이터독Datadog, DogStatsD
- Hystrix 형식
- 일반적인 메트릭 서비스

분산 트레이싱을 통한 관찰 가능성

엔보이는 트레이스 스팬을 오픈트레이싱OpenTracing(http://opentracing.io) 엔진에 보고해 호출 그래프 내 트래픽 흐름, 홉, 지연 시간을 시각화할 수 있다. 즉, 특별한 오픈트레이싱 라이브러리를 설치할 필요가 없다. 한편 필요한 집킨 헤더를 전파하는 것은 애플리케이션의 역할이며, 이는 가벼운 래퍼wrapper 라이브러리로 수행할 수 있다.

엔보이는 서비스 간 호출을 연관시킬 목적으로 `x-request-id` 헤더를 생성하며, 트레이싱이 시작될 때 첫 `x-b3*` 헤더를 만들 수도 있다. 애플리케이션이 전파해야 하는 헤더는 다음과 같다.

- `x-b3-traceid`
- `x-b3-spanid`

- `x-b3-parentspanid`
- `x-b3-sampled`
- `x-b3-flags`

자동 TLS 종료 및 시작

엔보이는 특정 서비스로 향하는 TLS^Transport Level Security^ 트래픽을 종료^terminate^시킬 수 있다. 클러스터의 에지와 서비스 메시 내부의 프록시 모두에서 가능하다. 더 흥미로운 기능은 애플리케이션 대신 엔보이가 업스트림 클러스터로 TLS 트래픽을 시작할 수도 있다는 것이다. 즉, 엔터프라이즈 개발자와 운영자가 언어별 설정과 키스토어 또는 트러스트 스토어를 만지작거리지 않아도 된다. 요청 경로에 엔보이가 있으면 TLS, 심지어 상호 TLS까지도 자동으로 얻을 수 있다.

속도 제한

복원력의 중요한 측면은 보호받는 리소스로의 접근을 차단하거나 제한할 수 있는 기능이다. 데이터베이스나 캐시, 공유 서비스 같은 리소스들은 다음과 같은 여러 이유로 보호받을 수 있다.

- 호출^call^ 비용이 비쌈(실행^invocation^당 비용)
- 지연 시간이 길거나 예측 불가능
- 기아^starvation^를 방지하기 위해 공정성 알고리듬이 필요

특히 서비스가 재시도하도록 설정한 경우에 시스템 내에서 특정 장애의 영향이 과도하게 확대되는 것을 원하지 않는다. 이런 시나리오에서 요청을 제한하는 데 전역 속도 제한 서비스를 사용할 수 있다. 엔보이는 네트워크(커넥션별)와 HTTP(요청별) 수준 모두에서 속도 제한 서비스와 통합할 수 있다. 그 방법은 14장에서 살펴본다.

엔보이 확장하기

엔보이의 핵심은 프로토콜(7계층) 코덱(필터^filter^라고 부름)을 구축할 수 있는 바이트 처리 엔진

이다. 엔보이에서는 추가 필터를 구축하는 것을 주요 사용 사례로 삼고 있으며, 이는 필요에 맞게 엔보이를 확장할 수 있는 흥미로운 방법이다. 엔보이 필터는 C++로 작성돼 엔보이 바이너리로 컴파일된다. 또한 엔보이는 루아Lua(www.lua.org) 스크립트와 웹어셈블리Wasm, WebAssembly를 지원하므로 덜 침습적인invasive 방법으로도 엔보이 기능을 확장할 수 있다. 엔보이 확장은 14장에서 다룬다.

3.1.2 엔보이와 다른 프록시 비교

엔보이의 장점은 애플리케이션이나 서비스 프록시 역할을 한다는 데 있다. 프록시를 이용해 애플리케이션 간 통신을 원활하게 하며, 신뢰성 및 관찰 가능성 문제를 해결한다. 다른 프록시들은 로드 밸런서/웹 서버로 시작해 더 기능이 많고 성능이 뛰어난 프록시로 진화했다. 이런 커뮤니티 중 일부는 발전 속도가 느리거나 오픈소스가 아니어서 애플리케이션 간 통신에서 사용할 수 있을 만큼 발전하는 데 오랜 시간이 걸렸다. 엔보이가 다른 프록시에 비해 특히 뛰어난 영역은 다음과 같다.

- 웹어셈블리를 통한 확장성
- 공개 커뮤니티
- 유지 보수 및 확장이 용이하도록 구축한 모듈식 코드베이스
- HTTP/2 지원(업스트림 및 다운스트림)
- 심층 프로토콜 메트릭 수집
- C++/가비지 수집 없음
- 동적 설정으로 핫 리스타트hot restart가 필요 없음

더 구체적이고 자세한 비교는 다음을 참조하자.

- 다른 프록시와 비교하는 엔보이 문서(http://bit.ly/2U2g7zb)
- Nginx에서 엔보이로 전환한 Turbine Labs의 후기(http://bit.ly/2nn4tPr)
- 신디 스리다란Cindy Sridharan의 엔보이에 대한 초기 해석(http://bit.ly/2OqbMkR)
- 앰배서더Ambassador가 HAProxy/NGINX 대신 엔보이를 택한 이유(http://bit.ly/2OVbsvz)

3.2 엔보이 설정하기

엔보이는 JSON/YAML 형식 설정 파일로 구동된다. 설정 파일은 리스너, 루트, 클러스터뿐 아니라 Admin API 활성화 여부, 액세스 로그 저장 위치, 트레이싱 엔진 설정 등 서버별 설정도 지정한다. 엔보이나 엔보이 설정에 이미 친숙하다면 엔보이 설정에는 여러 버전이 있다는 사실도 알 것이다. 초기 버전인 v1과 v2는 v3로 대체돼 더 이상 사용하지 않는다. 이 책에서는 v3 설정만을 살펴볼 것인데, 최신 버전이자 이스티오가 사용하는 버전이기 때문이다.

엔보이의 v3 설정 API는 gRPC를 사용한다. 엔보이 및 v3 API 구현자들은 API 호출 시 스트리밍 기능을 사용해 엔보이 프록시가 올바른 설정으로 수렴하는 데 걸리는 시간을 줄일 수 있다. 실제로 이렇게 하면, 프록시가 주기적으로 폴링하는 대신 서버가 업데이트를 엔보이에 푸시할 수 있어 API를 폴링할 필요가 없어진다.

3.2.1 정적 설정

엔보이의 설정 파일을 사용해 리스너, 라우팅 규칙, 클러스터를 지정할 수 있다. 다음은 아주 간단한 엔보이 설정이다.

```
static_resources:
  listeners:                                      ❶
  - name: httpbin-demo
    address:
      socket_address: {
        address: 0.0.0.0, port_value: 15001 }
    filter_chains:
    - filters:
      - name: envoy.http_connection_manager       ❷
        config:
          stat_prefix: egress_http
          route_config:                           ❸
            name: httpbin_local_route
            virtual_hosts:
            - name: httpbin_local_service
              domains: ["*"]                      ❹
```

```
            routes:
            - match: { prefix: "/" }
              route:
                auto_host_rewrite: true
                cluster: httpbin_service        ❺
        http_filters:
        - name: envoy.router
clusters:
  - name: httpbin_service                       ❻
    connect_timeout: 5s
    type: LOGICAL_DNS
    # ipv6 네트워크에서 테스트하려면 다음 줄을 주석 처리하자
    dns_lookup_family: V4_ONLY
    lb_policy: ROUND_ROBIN
    hosts: [{ socket_address: {
      address: httpbin, port_value: 8000 }}]
```

❶ 리스너 정의
❷ HTTP 필터
❸ 라우팅 규칙
❹ 와일드카드 가상 호스트
❺ 클러스터로 라우팅
❻ 업스트림 클러스터

이 간단한 엔보이 설정 파일은 15001 포트에 소켓을 열고 필터 체인을 붙이는 리스너를 선언한다. 필터는 엔보이의 http_connection_manager에 라우팅 지시문을 설정한다. 이 예제의 간단한 라우팅 지시문은 와일드카드(*)로 모든 가상 호스트를 매칭하는 것으로, 모든 트래픽을 httpbin_service 클러스터로 라우팅한다. 설정의 마지막 부분은 httpbin_service 클러스터에 커넥션 속성을 정의한다. 이 예제는 업스트림 httpbin 서비스와 통신할 때 엔드포인트 서비스 디스커버리에 LOGICAL_DNS를, 로드 밸런싱 알고리듬으로 ROUND_ROBIN을 사용하도록 지정한다. 자세한 내용은 엔보이의 문서를 참조하자(http://mng.bz/xvJY).

이 설정 파일은 들어오는 트래픽이 연결할 수 있는 리스너를 만들고, 모든 트래픽을 httpbin 클러스터로 라우팅한다. 또한 사용할 로드 밸런싱 설정과 커넥션 타임아웃 종류도 지정한다. 이 프록시를 호출하면 요청이 httpbin 서비스로 라우팅될 것이다.

많은 설정이 명시적으로 지정돼 있음을 유의하자(리스너, 라우팅 규칙, 라우팅할 수 있는 클러스터 등). 이 예시는 완전히 정적인 설정 파일이다. 앞 절에서 엔보이는 다양한 설정을 동적으로 설정할 수 있다는 점을 언급했다. 엔보이 실습을 진행할 때는 정적 설정을 사용하겠지만, 먼저 동적 서비스를 살펴보고 엔보이가 어떻게 xDS API를 이용해 동적 설정을 하는지 알아본다.

3.2.2 동적 구성

엔보이는 특정 API군을 사용해 다운타임이나 재시작 없이 설정을 실시간으로 업데이트할 수 있다. 올바른 디스커버리 서비스 API를 가리키는 간단한 부트스트랩 설정 파일만 있으면 나머지 설정은 동적으로 이뤄진다. 엔보이는 동적 설정에 다음과 같은 API를 사용한다.

- LDS^Listener Discovery Service^: 엔보이가 자신이 어떤 리스너를 노출해야 하는지 쿼리할 수 있게 하는 API이다.
- RDS^Route Discovery Service^: 리스너 설정의 일부로, 사용할 루트를 지정한다. 정적 설정이나 동적 설정을 사용할 때 LDS의 부분집합이다.
- CDS^Cluster Discovery Service^: 엔보이가 클러스터 목록과 각 클러스터용 설정을 찾을 수 있는 API이다.
- EDS^Endpoint Discovery Service^: 클러스터 설정의 일부로, 특정 클러스터에 어떤 엔드포인트를 사용해야 하는지 지정한다. CDS의 부분집합이다.
- SDS^Secret Discovery Service^: 인증서를 배부하는 데 사용하는 API이다.
- ADS^Aggregate Discovery Service^: 나머지 API에 대한 모든 변경 사항을 직렬화된 스트림으로 제공한다. 이 API 하나로 모든 변경 사항을 순차적으로 가져올 수 있다.

이 API들을 통틀어 xDS 서비스라고 부른다. 이들 중 하나 이상을 조합해 설정할 수 있으며, 전부 사용해야만 하는 것은 아니다. 한 가지 유념해야 할 점은 엔보이의 xDS API는 궁극적 일관성^eventual consistency^을 전제로 구축됐으며 궁극적으로는 올바른 구성으로 수렴한다는 것이다. 예를 들어 엔보이가 트래픽을 클러스터 `foo`로 라우팅하는 새 루트가 RDS

로 업데이트됐는데, 이 클러스터 foo를 포함한 CDS 업데이트는 아직 수행되지 않았을 수 있다. 이 경우 CDS가 업데이트될 때까지 라우팅 오류가 발생할 수 있다. 이런 순서에 따른 경쟁 상태race condition를 해결하기 위해 도입한 것이 ADS이다. 이스티오는 프록시 설정 변경을 위해 ADS를 구현한다.

예를 들어 엔보이 프록시의 리스너를 동적으로 찾으려면 다음과 같은 설정을 사용할 수 있다.

```
dynamic_resources:
  lds_config:                   ❶
    api_config_source:
      api_type: GRPC
      grpc_services:
        - envoy_grpc:           ❷
            cluster_name: xds_cluster

clusters:
- name: xds_cluster             ❸
  connect_timeout: 0.25s
  type: STATIC
  lb_policy: ROUND_ROBIN
  http2_protocol_options: {}
  hosts: [{ socket_address: {
    address: 127.0.0.3, port_value: 5678 }}]
```

❶ 리스너용 설정(LDS)
❷ 이 클러스터로 이동해 리스너 API를 확인하자.
❸ LDS를 구현하는 gRPC 클러스터

이 설정을 사용하면 설정 파일에 각 리스너를 명시적으로 설정하지 않아도 되며, 엔보이에게 LDS API를 사용해 런타임에 올바른 리스너 설정값을 찾으라고 지시하고 있다. 그렇지만 클러스터 하나는 명시적으로 설정하고 있는데, LDS API가 위치하는 클러스터다(이 예제에서는 xds_cluster로 명명했다).

좀 더 구체적인 예를 들면, 이스티오는 서비스 프록시용으로 다음과 같이 부트스트랩 설정을 사용한다.

```
bootstrap:
  dynamicResources:
    ldsConfig:
      ads: {}                              ❶
    cdsConfig:
      ads: {}                              ❷
    adsConfig:
      apiType: GRPC
      grpcServices:
      - envoyGrpc:
          clusterName: xds-grpc            ❸
      refreshDelay: 1.000s
  staticResources:
    clusters:
    - name: xds-grpc                       ❹
      type: STRICT_DNS
      connectTimeout: 10.000s
      hosts:
      - socketAddress:
          address: istio-pilot.istio-system
          portValue: 15010
      circuitBreakers:                     ❺
        thresholds:
        - maxConnections: 100000
          maxPendingRequests: 100000
          maxRequests: 100000
        - priority: HIGH
          maxConnections: 100000
          maxPendingRequests: 100000
          maxRequests: 100000
      http2ProtocolOptions: {}
```

❶ 리스너용 ADS
❷ 클러스터용 ADS
❸ xds-grpc라는 클러스터를 사용
❹ xds-grpc라는 클러스터를 정의
❺ 신뢰성 및 서킷 브레이커 설정

간단한 정적 엔보이 설정 파일을 수정해서 엔보이가 작동하는 모습을 살펴보자.

3.3 엔보이 인 액션

엔보이는 C++로 작성돼 플랫폼에 맞게 컴파일된다. 엔보이를 시작하는 가장 좋은 방법은 도커를 사용해 컨테이너를 실행하는 것이다. 이 책에서는 도커 데스크톱을 사용하고 있지만, 이 절에서는 어떤 도커 데몬을 사용해도 좋다. 예를 들어 리눅스 머신에서는 직접 도커를 설치할 수 있다.

엔보이 기능 탐구에 사용할 도커 이미지 3개를 가져오는 것부터 시작하자.

```
$ docker pull envoyproxy/envoy:v1.19.0
$ docker pull curlimages/curl
$ docker pull citizenstig/httpbin
```

먼저 간단한 httpbin 서비스를 만들어보자. httpbin에 익숙하지 않다면 http://httpbin.org로 이동해 사용 가능한 여러 엔드포인트를 찾아볼 수 있다. 기본적으로 httpbin은 호출하는 엔드포인트에 따라 호출할 때 사용한 헤더를 반환하거나, HTTP 요청을 지연시키거나, 오류를 발생시키는 등의 서비스를 제공한다. 예를 들어 http://httpbin.org/headers로 이동해보자. httpbin 서비스를 시작하면, 그다음에는 엔보이를 시작하고 모든 트래픽이 httpbin 서비스로 가도록 프록시를 설정할 것이다. 그러고 나서 클라이언트 앱을 시작해 프록시를 호출할 것이다. 그림 3.4는 이 예제의 아키텍처를 단순화한 것을 보여준다.

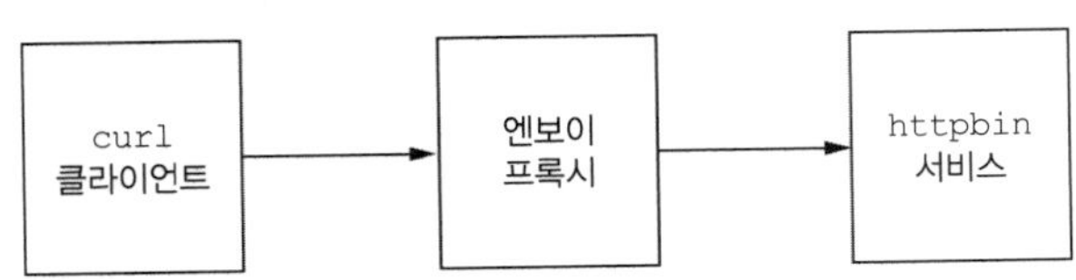

▲ **그림 3.4** 엔보이의 일부 기능을 테스트하는 데 사용할 예제 애플리케이션

다음 명령어를 실행해 httpbin 서비스가 도커에서 실행되도록 준비하자.

```
$ docker run -d --name httpbin citizenstig/httpbin
787b7ec9365ff01841f2525cdd4e74e154e9d345f633a4004027f7ff1926e317
```

/headers 엔드포인트로 쿼리해 httpbin 서비스가 올바르게 배포됐는지 확인해보자.

```
$  docker run -it --rm --link httpbin curlimages/curl \
curl -X GET http://httpbin:8000/headers

{
  "headers": {
    "Accept": "*/*",
    "Host": "httpbin:8000",
    "User-Agent": "curl/7.80.0"
  }
}
```

위와 유사한 출력이 보여야 한다. /headers 엔드포인트를 호출하는 데 사용한 헤더가 함께 반환된다.

이제 엔보이 프록시를 실행하고 --help를 전달해 플래그와 명령줄 파라미터 중 일부를 살펴보자.

```
$  docker run -it --rm envoyproxy/envoy:v1.19.0 envoy --help
```

흥미로운 플래그에는 설정 파일을 전달하는 -c, 프록시를 배포할 가용 영역을 지정하는 --service-zone, 프록시에 고유한 이름을 부여하는 --service-node가 있다. 프록시에서 로깅이 얼마나 자세한지 제어하는 --log-level 플래그도 있다.

엔보이를 실행해보자.

```
$  docker run -it --rm envoyproxy/envoy:v1.19.0 envoy

[2021-11-21 21:28:37.347][1][info][main]
➥[source/server/server.cc:855] exiting
At least one of --config-path or --config-yaml or
➥Options::configProto() should be non-empty
```

무슨 일인가? 프록시를 실행하려고 했지만 유효한 설정 파일을 전달하지 않았다. 이를 수정하고 앞서 봤던 예제 설정을 바탕으로 한 간단한 설정 파일을 전달해보자. 그 설정 파일의 구조는 다음과 같다.

```
static_resources:
  listeners:                                          ❶
  - name: httpbin-demo
    address:
      socket_address:
        address: 0.0.0.0
        port_value: 15001
    filter_chains:
    - filters:
      - name:  envoy.filters.network.http_connection_manager
        typed_config:
          "@type": type.googleapis.com/envoy.extensions.filters.
          ➥network.http_connection_manager.v3.HttpConnectionManager
          stat_prefix: ingress_http
          http_filters:
          - name: envoy.filters.http.router
          route_config:
            name: httpbin_local_route
            virtual_hosts:
            - name: httpbin_local_service
              domains: ["*"]
              routes:
              - match: { prefix: "/" }
                route:                                ❷
                  auto_host_rewrite: true
                  cluster: httpbin_service
  clusters:
    - name: httpbin_service                           ❸
      connect_timeout: 5s
      type: LOGICAL_DNS
      dns_lookup_family: V4_ONLY
      lb_policy: ROUND_ROBIN
      load_assignment:
        cluster_name: httpbin
        endpoints:
        - lb_endpoints:
          - endpoint:
              address:
                socket_address:
                  address: httpbin
                  port_value: 8000
```

❶ 15001 포트에 대한 리스너
❷ 간단한 라우팅 규칙
❸ httpbin을 향하는 클러스터

기본적으로, 15001 포트에 단일 리스너를 노출하고 모든 트래픽을 httpbin 클러스터로 라우팅할 것이다. 소스 코드 루트에 위치한 이 설정 파일(ch3/simple.yaml)로 엔보이를 시작해보자.

```
$  docker run --name proxy --link httpbin envoyproxy/envoy:v1.19.0 \
  --config-yaml "$(cat ch3/simple.yaml)"

5d32538c078a6e14ba0d4072d6ff10592a8a439714e7c9ac9c69e1ff71aa54f2

$  docker logs proxy
[2018-08-09 22:57:50.769][5][info][config]
➥all dependencies initialized. starting workers
[2018-08-09 22:57:50.769][5][info][main]
➥starting main dispatch loop
```

프록시가 성공적으로 시작해 15001 포트를 리스닝하고 있다. 간단한 명령줄 클라이언트인 curl을 사용해 프록시를 호출해보자.

```
$  docker run -it --rm --link proxy curlimages/curl \
   curl  -X GET http://proxy:15001/headers

{
  "headers": {
    "Accept": "*/*",
    "Content-Length": "0",
    "Host": "httpbin",
    "User-Agent": "curl/7.80.0",
    "X-Envoy-Expected-Rq-Timeout-Ms": "15000",
    "X-Request-Id": "45f74d49-7933-4077-b315-c15183d1da90"
  }
}
```

프록시를 호출했는데도 트래픽이 httpbin 서비스로 정확하게 전송됐다. 또 다음과 같은 새로운 헤더도 추가됐다.

- X-Envoy-Expected-Rq-Timeout-Ms
- X-Request-Id

사소해 보일 수 있지만, 이미 엔보이는 우리를 위해 많은 일을 하고 있다. 엔보이는 새 X-Request-Id를 만들었는데, X-Request-Id는 클러스터 내 다양한 요청 사이의 관계를 파악하고 요청을 처리하기 위해 여러 서비스를 거치는 과정(즉, 여러 홉)을 추적하는 데 활용할 수 있다. 두 번째 헤더인 X-Envoy-Expected-Rq-Timeout-Ms는 업스트림 서비스에 대한 힌트로, 요청이 15,000ms 후에 타임아웃될 것으로 기대한다는 의미다. 업스트림 시스템과 그 요청이 거치는 모든 홉은 이 힌트를 사용해 데드라인을 구현할 수 있다. 데드라인을 사용하면 업스트림 시스템에 타임아웃 의도를 전달할 수 있으며, 데드라인이 넘으면 처리를 중단하게 할 수 있다. 이렇게 하면 타임아웃된 후 묶여 있던 리소스가 풀려난다.

이제 이 구성을 살짝 변경해 예상 요청 타임아웃을 1초로 설정해보자. 설정 파일에서 라우팅 규칙을 업데이트하자.

```
- match: { prefix: "/" }
  route:
      auto_host_rewrite: true
      cluster: httpbin_service
      timeout: 1s
```

이 예에서는 이미 설정 파일을 업데이트했으며, 도커 이미지에서 simple_change_timeout.yaml로 사용할 수 있다. 이것을 엔보이에 인자로 전달한다. 기존 프록시를 멈추고 새로운 설정 파일로 다시 시작시키자.

```
$  docker rm -f proxy
proxy

$  docker run --name proxy --link httpbin envoyproxy/envoy:v1.19.0 \
  --config-yaml "$(cat ch3/simple_change_timeout.yaml)"

26fb84558165ae9f9d9afb67e9dd7f553c4d412989904542795a82cc721f1ce5
```

이제 프록시를 다시 호출해보자.

```
$ docker run -it --rm --link proxy curlimages/curl \
curl  -X GET http://proxy:15001/headers

{
  "headers": {
    "Accept": "*/*",
    "Content-Length": "0",
    "Host": "httpbin",
    "User-Agent": "curl/7.80.0",
    "X-Envoy-Expected-Rq-Timeout-Ms": "1000",
    "X-Request-Id": "c7e9212a-81e0-4ac2-9788-2639b9898772"
  }
}
```

예상 요청 타임아웃 값이 1000으로 바뀌었다. 다음으로는 데드라인 힌트 헤더 값을 바꾸는 것보다 좀 더 흥미로운 작업을 해보자.

3.3.1 엔보이의 Admin API

엔보이 기능을 더 살펴보기 위해 먼저 엔보이의 Admin API를 알아보자. Admin API를 사용하면 프록시 동작에 대한 통찰력을 향상시킬 수 있고, 메트릭과 설정에 접근할 수 있다. http://proxy:15000/stats에 curl을 실행하며 시작해보자.

```
$ docker run -it --rm --link proxy curlimages/curl \
curl -X GET http://proxy:15000/stats
```

응답은 리스너, 클러스터, 서버에 대한 통계 및 메트릭이 나열된 긴 목록이다. grep으로 출력을 다듬어 retry라는 단어가 포함된 통계만 표시할 수 있다.

```
$ docker run -it --rm --link proxy curlimages/curl \
curl -X GET http://proxy:15000/stats | grep retry

cluster.httpbin_service.retry_or_shadow_abandoned: 0
cluster.httpbin_service.upstream_rq_retry: 0
```

```
cluster.httpbin_service.upstream_rq_retry_overflow: 0
cluster.httpbin_service.upstream_rq_retry_success: 0
```

/stats 경로 없이 Admin API를 바로 호출하면, 호출할 수 있는 다른 엔드포인트 목록이 보인다. 살펴볼 일부 엔드포인트는 다음과 같다.

- **/certs**: 머신상의 인증서
- **/clusters**: 엔보이에 설정한 클러스터
- **/config_dump**: 엔보이 설정의 덤프
- **/listeners**: 엔보이에 설정한 리스너
- **/logging**: 로깅 설정 확인 및 편집 가능
- **/stats**: 엔보이 통계
- **/stats/prometheus**: 엔보이 통계(프로메테우스 레코드 형식)

3.3.2 엔보이 요청 재시도

httpbin에 대한 요청을 일부러 실패시켜 엔보이가 어떻게 요청을 자동으로 재시도하는지 살펴보자. 먼저 retry_policy를 사용하도록 설정 파일을 업데이트한다.

```
- match: { prefix: "/" }
  route:
    auto_host_rewrite: true
    cluster: httpbin_service
    retry_policy:
        retry_on: 5xx     ❶
        num_retries: 3    ❷
```

❶ 5xx일 때 재시도
❷ 재시도 횟수

이전 예제와 마찬가지로 설정 파일을 업데이트할 필요는 없다. 도커 이미지에서 업데이트 버전을 simple_retry.yaml이라는 이름으로 사용할 수 있다. 엔보이를 시작하면서 이번에는 이 설정 파일을 전달하자.

```
$ docker rm -f proxy
proxy

$ docker run --name proxy --link httpbin envoyproxy/envoy:v1.19.0 \
  --config-yaml "$(cat ch3/simple_retry.yaml)"
4f99c5e3f7b1eb0ab3e6a97c16d76827c15c2020c143205c1dc2afb7b22553b4
```

이제 /status/500 경로로 프록시를 호출하자. 이 경로로 httpbin을 호출하면(프록시가 호출) 오류가 발생한다.

```
$ docker run -it --rm --link proxy curlimages/curl \
curl -v http://proxy:15001/status/500
```

호출이 끝났는데 아무런 응답도 보이지 않는다. 무슨 일인가? 엔보이 Admin API에 물어보자.

```
$ docker run -it --rm --link proxy curlimages/curl \
curl -X GET http://proxy:15000/stats | grep retry

cluster.httpbin_service.retry.upstream_rq_500: 3
cluster.httpbin_service.retry.upstream_rq_5xx: 3
cluster.httpbin_service.retry_or_shadow_abandoned: 0
cluster.httpbin_service.upstream_rq_retry: 3
cluster.httpbin_service.upstream_rq_retry_overflow: 0
cluster.httpbin_service.upstream_rq_retry_success: 0
```

엔보이는 업스트림 클러스터 httpbin을 호출할 때 HTTP 500 응답을 받았다. 이는 예상한 바와 같다. 또한 엔보이는 요청을 재시도했으며, 이는 통계값에 cluster.httpbin_service.upstream_rq_retry: 3으로 표시돼 있다.

애플리케이션 네트워킹에 자동으로 신뢰성을 부여하는 엔보이의 아주 기본적인 기능을 시연해봤다. 이 기능들을 추론하고 시연하는 데 정적 설정 파일을 사용했지만, 앞 절에서 봤듯이 이스티오는 동적 설정 기능을 사용한다. 그렇게 해서 이스티오는 각각의 설정이 복잡할 수 있는 대규모 엔보이 프록시 집합을 관리할 수 있다. 엔보이의 세부 기능을 더 자세히 알고 싶다면, 엔보이 문서(www.envoyproxy.io)나 블로그 포스트 시리즈 '엔보이 사이드카 프록시를 사용한 마이크로서비스 패턴Microservices Patterns with Envoy Sidecar Proxy'(http://bit.ly/2M6Yld3)을 참조하자.

3.4 엔보이는 어떻게 이스티오에 맞는가?

엔보이는 이 책에서 다루는 이스티오의 기능 대부분에서 핵심 역할을 맡는다. 엔보이는 프록시로서 서비스 메시에 매우 적합하다. 하지만 엔보이를 최대한 활용하려면 보조 인프라나 구성 요소가 필요하다. 이스티오가 제공하는 사용자 설정, 보안 정책, 런타임 설정을 지원하는 구성 요소들이 컨트롤 플레인을 형성한다. 엔보이도 데이터 플레인에서 모든 작업을 혼자 수행하는 것은 아니며 지원이 필요하다. 이에 대한 자세한 내용은 부록 B를 참조하자.

몇 가지 예를 들어 보조 구성 요소의 필요성을 설명해본다. 엔보이의 기능 덕분에 정적 설정 파일이나 런타임에 리스너, 엔드포인트, 클러스터를 찾기 위한 xDS 디스커버리 서비스를 사용해 서비스 프록시를 설정할 수 있다는 사실을 확인했다. 이스티오는 `istiod` 컨트롤 플레인 구성 요소에서 이 xDS API들을 구현한다.

그림 3.5는 `istiod`가 쿠버네티스 API를 사용해 `VirtualService` 등의 이스티오 설정을 읽은 다음 서비스 프록시를 동적으로 설정하는 모습을 보여준다.

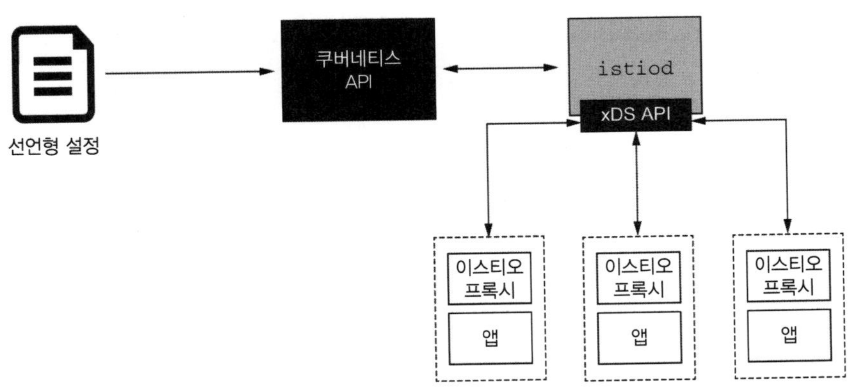

▲ **그림 3.5** 이스티오는 서비스 저장소를 추상화하고 엔보이의 xDS API를 구현한다.

관련 예로는 엔드포인트를 검색하기 위해 일종의 서비스 저장소에 의존하는 엔보이의 서비스 디스커버리가 있다. istiod는 이 API를 구현하기도 하지만 엔보이에게 서비스 저장소의 구현을 추상화하기도 한다. 이스티오를 쿠버네티스에 배포하면, 서비스 디스커버리에 쿠버네티스의 서비스 저장소를 사용한다. 이런 구현 세부 사항은 엔보이 프록시에게 완벽히 감춰진다.

또 다른 예시가 있다. 엔보이는 많은 메트릭과 텔레메트리를 내보낼 수 있다. 이 텔레메트리는 어딘가로 이동해야 하며, 엔보이는 이를 보내도록 설정돼야 한다. 이스티오는 프로메테우스 같은 시계열 시스템과 통합하도록 데이터 플레인을 설정한다. 우리는 엔보이가 어떻게 분산 트레이싱 스팬을 오픈트레이싱 엔진에 보낼 수 있는지, 이스티오가 어떻게 스팬을 그 위치로 보낼 수 있는지도 봤다(그림 3.6 참조). 예를 들어 이스티오는 예거 트레이싱 엔진과 통합할 수 있으며(www.jaegertracing.io), 집킨도 사용할 수 있다(https://zipkin.io).

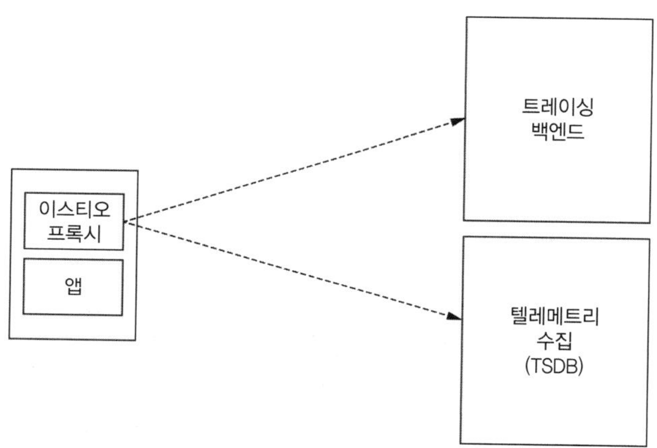

▲ **그림 3.6** 이스티오는 메트릭 수집과 분산 트레이싱 인프라를 설정하고 통합하는 데 도움이 된다.

마지막으로, 엔보이는 메시 내의 서비스로 향하는 TLS 트래픽을 종료하고 시작할 수 있다. 그렇게 하려면 인증서를 생성, 서명, 로테이션하는 보조 인프라가 필요하다. 이스티오는 이를 istiod 구성 요소를 통해 제공한다(그림 3.7 참조).

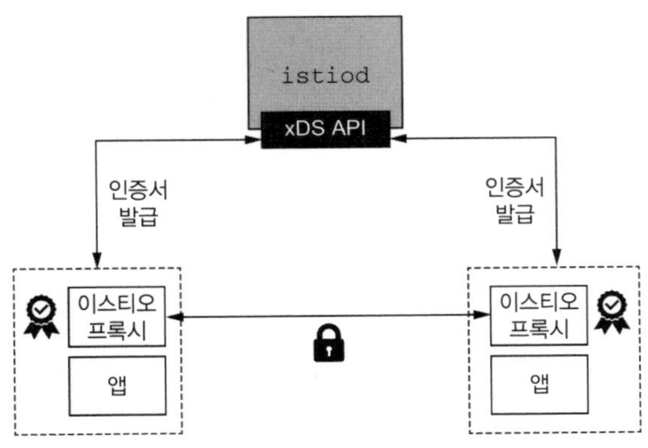

▲ **그림 3.7** istiod는 애플리케이션 전용 인증서를 전달한다. 이 인증서는 서비스 간 트래픽을 보호하는 상호 TLS를 수립하는 데 사용한다.

이스티오의 구성 요소와 엔보이 프록시는 강력한 서비스 메시를 구현하는 데 함께 기여한다. 두 기술 모두 활기차고 번창한 커뮤니티가 있으며 차세대 서비스 아키텍처에 초점을 맞추고 있다. 이 책은 엔보이를 데이터 플레인으로 전제하고 있으므로, 이 장에서 배운 내용은 모두 나머지 장에도 사용할 수 있다. 이제부터 엔보이를 이스티오 서비스 프록시라 부르며, 그 기능들을 이스티오의 API를 통해 살펴볼 것이다. 그렇지만 실제로는 많은 것이 엔보이가 제공하고 구현하는 것임을 이해하자.

다음 장에서는 트래픽을 제어하는 에지 게이트웨이/프록시를 통해 트래픽을 서비스 메시 클러스터로 들여오는 방법을 살펴본다. 클러스터 외부의 클라이언트 애플리케이션이 클러스터 내부에서 실행 중인 서비스와 통신하고자 할 때는 어떤 트래픽을 허용하고 어떤 트래픽을 허용하지 않을지가 아주 분명하고 명확해야 한다. 이스티오의 게이트웨이를 살펴보고, 게이트웨이가 어떻게 통제되는 진입점을 수립하는 데 필요한 기능을 제공하는지 살펴볼 것이다. 여기에는 이 장의 모든 지식이 적용되는데, 이스티오의 기본 게이트웨이가 엔보이 프록시를 기반으로 구축되기 때문이다.

요약

- 엔보이는 애플리케이션이 애플리케이션 수준 동작에 사용할 수 있는 프록시다.
- 엔보이는 이스티오의 데이터 플레인이다.
- 엔보이는 클라우드의 신뢰성 문제(네트워크 실패, 토폴로지 변화, 탄력성)를 일관적이고 올바르게 해결하는 데 도움이 된다.
- 엔보이에는 런타임 제어용 동적 API가 있다(이스티오가 이것을 사용한다).
- 엔보이는 애플리케이션 사용량과 프록시 내부에 대한 많은 강력한 메트릭과 정보를 노출한다.

Part 2

서비스 네트워크 트래픽 보안, 관찰, 제어하기

서비스 하나만 오동작해도 전체 시스템이 무너질 수 있다. 스레드 풀이 가득 차거나 데이터베이스가 느려지거나 드물게 발생하는 버그로 서비스가 제어 불능 상태에 빠지는 경우를 여러 번 경험해봤을 것이다. 이런 시나리오를 대비하고 올바르게 대처할 수 있도록 서비스의 복원력을 높일 수 있는 방법은 무엇일까? 장애 상황을 탐지하기 위해 '황금 신호golden-signal'를 일관되게 모니터링하는 방법은 무엇일까? 서비스 간의 통신은 어떻게 보호해야 할까?

이스티오가 이런 문제를 해결하는 데 도움이 된다. 4~9장에서는 트래픽이 유입되는 지점부터 호출 그래프 깊은 곳까지 트래픽 처리를 살펴본다. 복원력 전략과 결합된 로드 밸런싱 알고리듬이, 서비스 장애에도 전체 시스템의 가용성을 유지하는 데 어떻게 도움이 될까? 아키텍처에서 모든 서비스에 대한 처리량, 지연 시간, 포화도, 오류율을 일관되게 관찰하는 방법은 무엇인가? 네트워크의 문제를 정확히 찾아내기 위해 특정 서비스 호출을 추적할 수 있을까? 어떤 서비스가 통신할 수 있는지에 대한 정책을 작성하고, 통신 시 의도한 상대와 통신하고 있는지를 커넥션의 양쪽 당사자 모두가 확인할 수 있는가? 2부에서는 이런 모든 주제를 다룬다.

4

이스티오 게이트웨이: 클러스터로 트래픽 들이기

4장에서 다루는 내용

- 클러스터로의 진입점 정의하기
- 인그레스 트래픽을 클러스터 내 배포로 라우팅하기
- 인그레스 트래픽 보호하기
- 비HTTP/S(non HTTP/S) 트래픽 라우팅하기

보통 흥미로운 서비스와 애플리케이션을 클러스터 내에서 실행한다. 그리고 이 책 전체에서 보겠지만, 이스티오를 사용하면 서비스 간 통신에서의 어려운 과제를 일부 해결할 수 있다. 이스티오가 정말로 장점을 발휘하는 곳이 바로 이 서비스 간 통신으로, 클러스터 내부든 여러 클러스터 간이든 모두 해당된다.

서비스가 서로 통신하기 전에 무언가가 상호작용을 시작해야 한다. 이를테면 물건을 구매하는 최종 사용자, API를 쿼리하는 클라이언트 등이 있다. 이런 시작의 공통점은 클러스터 외부에서 시작한다는 것이다. 이때 의문이 생긴다. 클러스터 외부의 트래픽을 어떻게 클러스터 내부로 유입시킬 수 있을까(그림 4.1 참조)? 이번 장에서는 클러스터 외부에 위치한 클라이언트가 클러스터 내부에서 실행 중인 서비스에 안전하게 연결할 수 있도록 진입점을

열어보면서 이 질문에 답해볼 것이다.

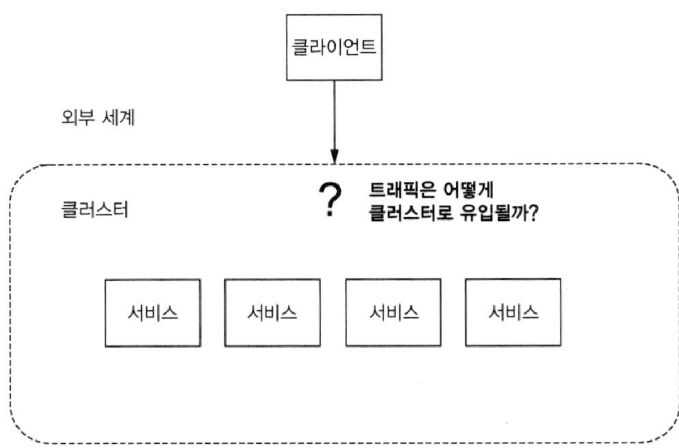

▲ **그림 4.1** 클러스터 외부에서 실행 중인 클라이언트를 내부에서 실행 중인 서비스에 연결하고, 궁극적으로는 이를 통해 서로 다른 네트워크를 연결하고자 한다.

4.1 트래픽 인그레스 개념

네트워킹 커뮤니티에는 잘 정의된 진입점으로 네트워크를 연결하는 상황을 설명하는 용어가 있는데, 바로 인그레스 포인트ingress point다. 여기서 '인그레스ingress'란 네트워크 외부에서 발원해 네트워크 내부 엔드포인트를 향하는 트래픽을 말한다. 트래픽은 먼저 네트워크 내부로 향하는 트래픽에 문지기 역할을 하는 인그레스 포인트로 라우팅된다. 인그레스 포인트는 어떤 트래픽을 로컬 네트워크로 허용할지에 대한 규칙과 정책을 집행한다. 인그레스 포인트가 트래픽을 허용하면 로컬 네트워크의 올바른 엔드포인트로 트래픽을 프록시한다. 트래픽이 허용되지 않으면 인그레스 포인트는 트래픽을 거부한다.

4.1.1 가상 IP: 서비스 접근 단순화

이 시점에서는 어떻게 트래픽이 네트워크의 인그레스 포인트로 라우팅되는지, 최소한 이 책에서 보고 있는 클러스터 유형에 관련된 방식을 좀 더 자세히 살펴보는 것이 좋겠다. 우리 카탈로그에 있는 상품 목록을 외부 시스템이 가져갈 수 있도록 api.istioinaction.io/v1/

products에 노출하고 싶은 서비스가 있다고 해보자. 클라이언트가 그 엔드포인트를 쿼리하려고 할 때, 클라이언트의 네트워킹 스택은 먼저 api.istioinaction.io 도메인 이름을 IP 주소로 해석하려고 한다. 이는 DNS 서버로 수행된다. 네트워킹 스택은 DNS 서버에 특정 호스트네임의 IP 주소를 물어본다. 따라서 트래픽을 네트워크로 들여오는 작업의 첫 단계는 서비스 IP를 DNS의 호스트네임에 대응시키는 것이다. 공개 주소의 경우에는 아마존 route53이나 구글 클라우드 DNS를 사용해 도메인 이름을 IP 주소로 대응시킬 수 있다. 자체 데이터센터에서는 내부 DNS 서버를 사용해 마찬가지 작업을 할 수 있다. 그런데 어떤 IP 주소를 이 이름에 대응시켜야 하는가?

그림 4.2는 왜 도메인을 서비스의 단일 인스턴스나 엔드포인트(단일 IP)에 대응시키면 안 되는지를 그림으로 보여준다. 이런 방식은 매우 취약할 수 있기 때문이다. 그 서비스 인스턴스가 다운되면 어떻게 되는가? 동작하는 엔드포인트의 IP 주소로 DNS 매핑이 변경될 때까지 클라이언트는 많은 오류를 볼 것이다. 서비스가 다운될 때마다 그렇게 하는 것은 느리고, 오류가 발생하기 쉬우며, 가용성이 낮다.

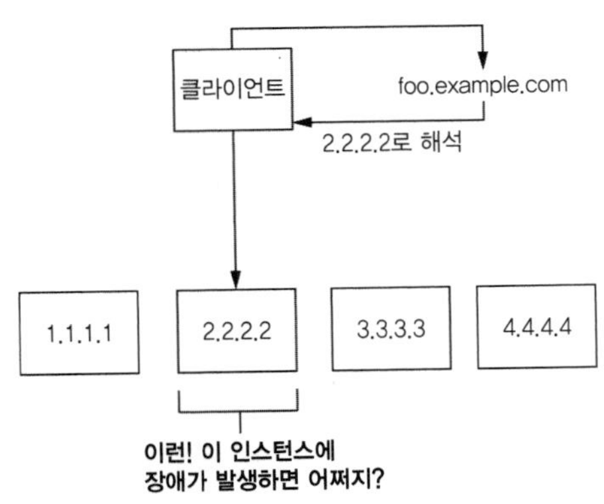

▲ **그림 4.2** 도메인 이름을 서비스의 특정 인스턴스와 IP 주소로 대응시키고 싶지 않다.

그림 4.3은 서비스를 대표하는 가상 IP 주소로 도메인 이름을 대응시키는 방법을 보여준다. 가상 IP 주소가 실제 서비스 인스턴스로 트래픽을 전달하므로 가용성과 유연성을 높일 수 있다는 이점이 있으며, 가상 IP는 리버스 프록시라는 인그레스 포인트 유형에 바인딩된다. 리버스 프록시는 요청을 백엔드 서비스들에 분산시키는 역할을 하는 중간 구성 요소

로, 특정 서비스에 해당하지 않는다. 또한 리버스 프록시에는 로드 밸런싱 같은 기능도 있어 특정 백엔드 하나가 요청 때문에 과부하되지 않도록 할 수도 있다.

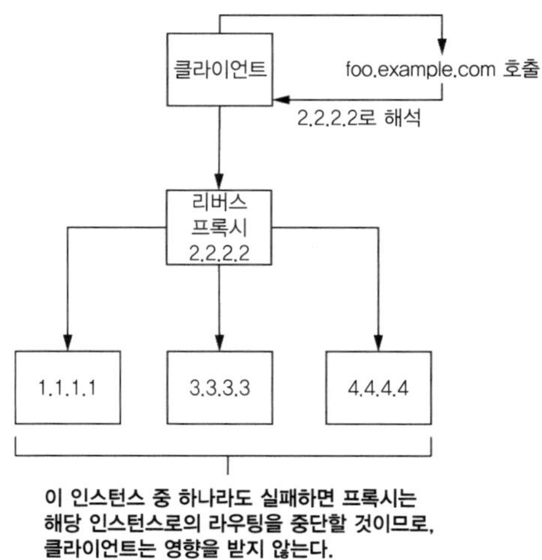

▲ **그림 4.3** 서비스 인스턴스 간에 부하를 분산하는 리버스 프록시에 가상 IP를 대응시켜보자.

4.1.2 가상 호스팅: 단일 접근 지점의 여러 서비스

이전 절에서는 어떻게 가상 IP 하나로 서비스를 나타낼 수 있는지 살펴봤다. 서비스는 자체 IP를 지닌 서비스 인스턴스 여럿으로 구성될 수 있지만, 클라이언트는 오직 가상 IP만을 사용한다. 또한 가상 IP 하나로 여러 호스트네임을 나타낼 수도 있다. 예를 들어 prod.istioinaction.io와 api.istioinaction.io가 모두 동일한 가상 IP로 해석되게 할 수 있다. 즉, 두 호스트네임에 대한 요청 모두 동일한 가상 IP로 흐르게 되고, 그에 따라 동일한 인그레스 리버스 프록시가 그 요청을 라우팅하게 된다. 리버스 프록시가 충분히 똑똑하다면, `Host` HTTP 헤더를 사용해 어느 요청이 어느 서비스 그룹으로 가야 하는지 기술할 수 있다(그림 4.4 참조).

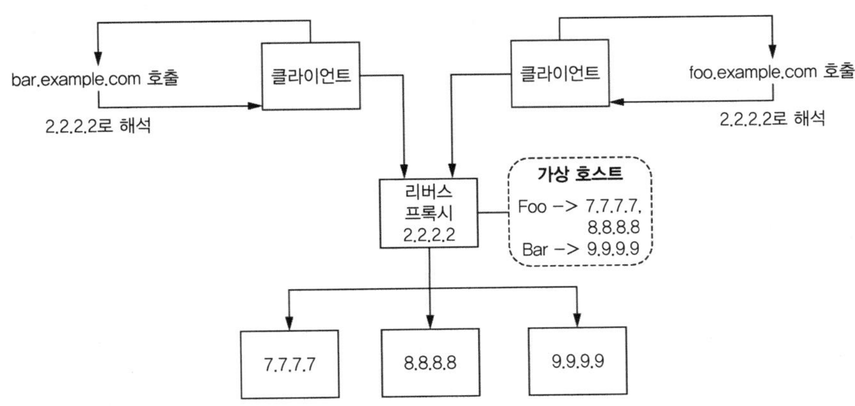

▲ **그림 4.4** 가상 호스팅을 사용하면 여러 서비스를 가상 IP 하나에 대응시킬 수 있다.

서로 다른 서비스 여러 개를 진입점 하나로 호스팅하는 것을 가상 호스팅이라고 한다. 특정 요청이 향하는 가상 호스트 그룹을 결정할 방법이 필요한데, HTTP/1.1에서는 `Host` 헤더를 사용할 수 있고 HTTP/2에서는 `:authority` 헤더를 사용할 수 있다. 또한 TCP 커넥션에서는 TLS의 SNI^Server Name Indication^에 의존할 수 있다. SNI는 이 장의 뒷부분에서 자세히 살펴볼 것이다. 여기서 중요한 사실은 이스티오에서 보이는 에지 인그레스 기능이 서비스 트래픽을 클러스터 안으로 라우팅하는 데 가상 IP 라우팅과 가상 호스팅을 사용한다는 것이다.

4.2 이스티오 인그레스 게이트웨이

이스티오에는 네트워크 인그레스 포인트 역할을 하는 인그레스 게이트웨이라는 개념이 있는데, 이것은 클러스터 외부에서 시작한 트래픽이 클러스터에 접근하는 것을 방어하고 제어한다. 또한 이스티오의 인그레스 게이트웨이는 로드 밸런싱과 가상 호스트 라우팅도 처리한다.

그림 4.5는 이스티오의 인그레스 게이트웨이가 클러스터로 트래픽을 허용하면서 리버스 프록시 기능도 수행하는 것을 보여준다. 이스티오는 인그레스 게이트웨이로 단일 엔보이 프록시를 사용한다. 3장에서 엔보이는 서비스 간 프록시이지만 서비스 메시 외부에서

내부의 서비스로 향하는 트래픽을 로드 밸런싱하고 라우팅하는 데 사용할 수도 있음을 확인했다. 이전 장에서 이야기했던 엔보이의 모든 기능은 인그레스 게이트웨이에서도 사용할 수 있다.

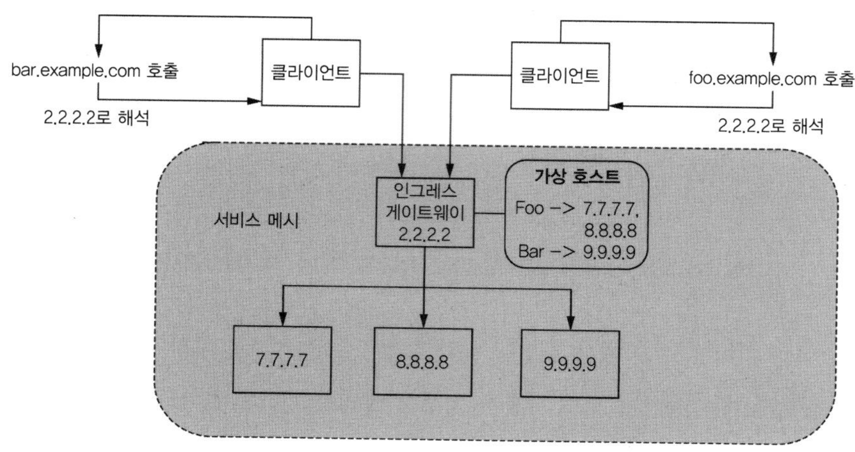

▲ **그림 4.5** 이스티오 인그레스 게이트웨이는 네트워크 인그레스 포인트 역할을 맡으며, 라우팅과 로드 밸런싱을 수행하는 데 엔보이 프록시를 사용한다.

이스티오가 어떻게 엔보이를 사용해 인그레스 게이트웨이를 구현하는지 자세히 살펴보자. 2장에서 이스티오를 설치했을 때 봤듯이, 그림 4.6은 컨트롤 플레인을 구성하는 요소와 컨트롤 플레인을 보조하는 추가 구성 요소의 목록을 보여준다.

> **|노트|** 그림 4.6에서 istio-ingressgateway 파드 옆에 istio-egressgateway가 있다는 점을 주목하자. 이 구성 요소는 트래픽을 클러스터 외부로 라우팅하는 역할을 맡는다. 이그레스 게이트웨이는 이 장에서 볼 인그레스 게이트웨이와 동일한 리소스로 구성된다.

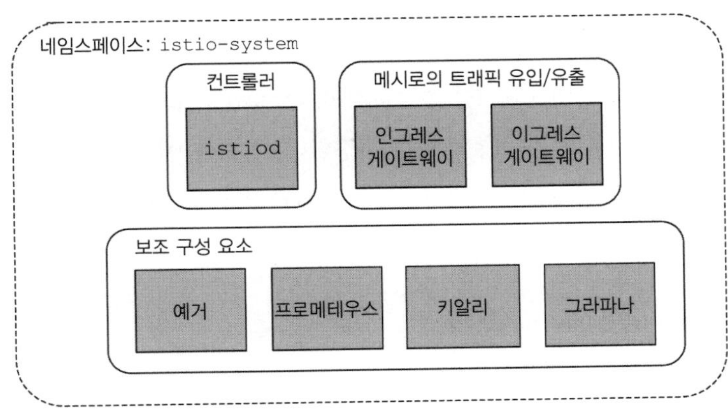

▲ **그림 4.6** 2장에서 설치한 구성 요소 다시 보기. 일부는 이스티오 컨트롤 플레인을 형성하고, 다른 것들은 컨트롤 플레인을 보조한다.

이스티오 서비스 프록시(엔보이 프록시)가 이스티오 인그레스 게이트웨이에서 실제로 작동 중인지 확인하고 싶다면, 이 책 소스 코드의 루트 디렉터리에서 이렇게 실행하면 된다.

```
$  kubectl -n istio-system exec \
deploy/istio-ingressgateway -- ps

  PID TTY          TIME CMD
    1 ?        00:00:04 pilot-agent
   14 ?        00:00:24 envoy
   44 ?        00:00:00 ps
```

실행 결과, 이스티오 서비스 프록시에서 동작 중인 프로세스로 `pilot-agent`와 `envoy`가 보여야 한다. `pilot-agent` 프로세스는 처음에 엔보이 프록시를 설정하고 부트스트랩한다. 그리고 13장에서 보겠지만, DNS 프록시도 구현한다.

인그레스 게이트웨이가 트래픽을 클러스터 내부로 허용하도록 설정하려면, 우선 이스티오의 리소스인 `Gateway`와 `VirtualService`를 이해해야 한다. 이 두 리소스는 이스티오에서 트래픽의 흐름을 조절하는 데 핵심적인 역할을 한다. 하지만 여기서는 클러스터 내부로 트래픽을 수용하는 것과 관련된 맥락에서만 살펴본다. `VirtualService`는 5장에서 자세히 다룰 것이다.

4.2.1 Gateway 리소스 지정하기

이스티오에서 인그레스 게이트웨이를 설정하려면, Gateway 리소스를 사용해 개방하고 싶은 포트와 그 포트에서 허용할 가상 호스트를 지정한다. 살펴볼 예시 Gateway 리소스는 매우 간단해 80 포트에서 가상 호스트 webapp.istioinaction.io를 향하는 트래픽을 허용하는 HTTP 포트를 개방한다.

```
apiVersion: networking.istio.io/v1alpha3
kind: Gateway
metadata:
  name: coolstore-gateway            ❶
spec:
  selector:
    istio: ingressgateway            ❷
  servers:
  - port:
      number: 80                     ❸
      name: http
      protocol: HTTP
    hosts:
    - "webapp.istioinaction.io"      ❹
```

❶ 게이트웨이 이름
❷ 어느 게이트웨이 구현체인가?
❸ 노출할 포트
❹ 이 포트의 호스트

이 게이트웨이 리소스는 80 포트를 리스닝하고 HTTP 트래픽을 기대하도록 엔보이를 설정한다. 이 리소스를 만들고 무엇을 하는지 살펴보자. 이 책 소스 코드의 루트에서는 ch4/coolstore-gw.yaml에 있다. 이 구성을 생성하려면 다음을 실행하자.

```
$ kubectl -n istioinaction apply -f ch4/coolstore-gw.yaml
```

이 설정이 효과가 있는지 살펴보자.

```
$  istioctl -n istio-system proxy-config \
listener deploy/istio-ingressgateway

ADDRESS PORT  MATCH DESTINATION
0.0.0.0 8080  ALL   Route: http.80
0.0.0.0 15021 ALL   Inline Route: /healthz/ready*
0.0.0.0 15090 ALL   Inline Route: /stats/prometheus*
```

이 출력이 표시되면 HTTP 포트(80 포트)를 올바르게 노출한 것이다! VirtualService의 루트를 살펴보면, 아직 게이트웨이에 아무것도 없음을 알 수 있다(프로메테우스용 루트가 표시될 수는 있지만, 지금은 무시해도 좋다).

> **|노트|** 도커 데스크톱을 사용하고 있지 않다면, 리스너 이름(여기서는 'http.8080')은 다를 수 있다. 다음 명령어는 리스너 이름에 맞춰 변경하자.

```
$  istioctl proxy-config route deploy/istio-ingressgateway \
-o json --name http.8080  -n istio-system

[
    {
        "name": "http.8080",
        "virtualHosts": [
            {
                "name": "blackhole:80",
                "domains": [
                    "*"
                ],
            }
        ],
        "validateClusters": false
    }
]
```

리스너는 모든 것을 HTTP 404로 라우팅하는 기본 블랙홀 루트로 바인딩돼 있다. 다음 절에서는 트래픽을 80 포트에서 서비스 메시 내의 서비스로 라우팅하도록 가상 호스트를 설정할 것이다.

계속 진행하기 전에 마지막으로 중요한 사항이 있다. 게이트웨이를 실행하는 파드는 기본 `istio-ingressgateway`든 커스텀 게이트웨이든, 클러스터 외부에 노출된 포트나 IP에서 리스닝할 수 있어야 한다. 예를 들어 예제에서 사용 중인 로컬 도커 데스크톱에서는 인그레스 게이트웨이가 80 포트에서 리스닝 중이다. GKE[Google Kubernetes Engine] 같은 클라우드 서비스에 배포했다면, 외부에서 라우팅할 수 있는 IP 주소를 갖고 있는 로드 밸런서형 서비스를 사용해야 한다. 더 자세한 정보는 웹 사이트(https://istio.io/v1.13/docs/tasks/traffic-management/ingress/)에서 볼 수 있다.

또한 기본 `istio-ingressgateway`는 권한 있는[privileged] 접근이 필요하지 않다. 시스템 포트(HTTP의 경우 80)를 리스닝하지 않기 때문이다. `istio-ingressgateway`는 기본적으로 8080 포트에서 리스닝한다. 그러나 실제 포트는 서비스일지 로드 밸런서일지는 모르겠지만 게이트웨이를 노출하는 데 사용하는 포트다. 도커 데스크톱을 사용한 이 예제에서는 서비스를 80 포트에 노출한다.

4.2.2 VirtualService로 게이트웨이 라우팅하기

지금까지는 이스티오 게이트웨이를 설정했다. 특정 포트를 노출하고, 그 포트에서 특정 프로토콜을 예상하고, 그 포트/프로토콜 쌍에서 서빙할 특정 호스트를 정의했다. 이제 트래픽이 게이트웨이로 들어오면 그 트래픽을 서비스 메시 내 특정 서비스로 가져올 방법이 필요하다. 이때 사용하는 것이 `VirtualService` 리소스다. 이스티오에서 `VirtualService` 리소스는 클라이언트가 특정 서비스와 통신하는 방법을 정의하는데, 구체적으로는 FQDN, 사용 가능한 서비스 버전, 기타 라우팅 속성(재시도, 요청 타임아웃 등)이 있다. 다음 장에서 트래픽 라우팅을 살펴보면서 `VirtualService`를 더 자세히 다룰 것이므로, 이번 장에서는 `VirtualService`를 사용하면 인그레스 게이트웨이에서 특정 서비스로 트래픽을 라우팅할 수 있다는 사실만 알아두면 충분하다.

가상 호스트 `webapp.istioinaction.io`로 향하는 트래픽을 서비스 메시 내에 배포된 서비스로 라우팅하는 `VirtualService` 예제는 다음과 같다.

```
apiVersion: networking.istio.io/v1alpha3
kind: VirtualService
metadata:
  name: webapp-vs-from-gw           ❶
spec:
  hosts:
  - "webapp.istioinaction.io"       ❷
  gateways:
  - coolstore-gateway               ❸
  http:
  - route:
    - destination:                  ❹
        host: webapp
        port:
          number: 8080
```

❶ VirtualService 이름
❷ 비교할 가상 호스트네임(또는 호스트네임들)
❸ 이 VirtualService를 적용할 게이트웨이
❹ 이 트래픽의 목적 서비스

게이트웨이로 들어오는 트래픽에 대해 수행할 작업을 이 VirtualService 리소스로 정의한다. spec.gateways 필드에서 보듯이, 이 트래픽 규칙들은 이전 절에서 만든 coolstore-gateway 게이트웨이 정의를 통해 들어온 트래픽에만 적용된다. 또한 이 규칙들은 가상 호스트 webapp.istioinaction.io를 향하는 트래픽에만 적용된다. 예를 들어 클라이언트가 이스티오 게이트웨이가 리스닝하고 있는 IP로 해석되는 http://webapp.istioinaction.io로 쿼리하는 경우 이 규칙에 부합한다. 게다가 예제로 보여주겠지만, 클라이언트는 HTTP 요청의 Host 헤더를 webapp.istioinaction.io로 명시적으로 설정할 수도 있다.

소스 코드의 루트 디렉터리에 있는지 다시 확인하자.

```
$ kubectl apply -n istioinaction -f ch4/coolstore-vs.yaml
```

잠시 후(설정이 동기화돼야 한다. 이스티오 서비스 메시의 설정이 궁극적 일관성을 유지한다는 것을 기억하자), 명령어를 다시 실행해 리스너와 루트를 나열할 수 있다.

```
$ istioctl proxy-config route deploy/istio-ingressgateway \
-o json --name http.8080 -n istio-system

[
  {
    "name": "http.8080",
    "virtualHosts": [
      {
      "name": "webapp-vs-from-gw:80",
      "domains": [
          "webapp.istioinaction.io"        ❶
      ],
      "routes": [
        {
          "match": {
            "prefix": "/"
          },
          "route": {                       ❷
            "cluster":
            "outbound|8080||webapp.istioinaction.svc.cluster.local",
            "timeout": "0.000s"
          }
        }
      ]
      }
    ]
  }
]
```

❶ 비교할 도메인
❷ 라우팅할 곳

루트 출력은 다른 속성 및 정보를 포함할 수는 있지만 이전과 비슷해야 한다. 핵심은 VirtualService를 정의하면 이스티오 게이트웨이에 엔보이 루트를 어떻게 생성하는지 확인할 수 있다는 점이다. 이 예제에서는 도메인이 webapp.istioinaction.io와 일치하는 트래픽을 서비스 메시 내 webapp으로 라우팅하는 엔보이 루트다.

서비스 라우팅은 설정했지만, 동작하려면 서비스를 배포해야 한다. 다음 명령어는 이 책 소스 코드의 루트에서 실행해야 한다.

```
$ kubectl config set-context $(kubectl config current-context) \
--namespace=istioinaction
$ kubectl apply -f services/catalog/kubernetes/catalog.yaml
$ kubectl apply -f services/webapp/kubernetes/webapp.yaml
```

모든 파드가 준비되면 다음과 같이 표시돼야 한다.

```
$ kubectl get pod
NAME                         READY    STATUS     RESTARTS    AGE
webapp-bd97b9bb9-q9g46       2/2      Running    18          19d
catalog-786894888c-8lbk4     2/2      Running    8           6d
```

Gateway 및 VirtualService 리소스가 올바르게 설치됐는지 확인하자.

```
$ kubectl get gateway
NAME                 CREATED AT
coolstore-gateway    2h

$ kubectl get virtualservice
NAME                 GATEWAYS                 HOSTS
webapp-vs-from-gw    ["coolstore-gateway"]    ["webapp.istioinaction.io"]
```

이제 게이트웨이를 호출해 트래픽이 클러스터 내부로 허용되는지 확인해보자. 여기서는 이스티오 인그레스 게이트웨이를 로컬호스트 80 포트에서 사용할 수 있는 도커 데스크톱 방식을 사용하고 있음을 기억하자. 클라우드 서비스나 NodePort 서비스를 사용한다면 외부 IP가 무엇인지 알아야 한다. 예를 들어 2장에서는 공개 로드 밸런서에 노출된 인그레스 게이트웨이의 올바른 호스트를 얻는 방법 중 한 가지를 다음과 같이 소개했다.

```
$ URL=$(kubectl -n istio-system get svc istio-ingressgateway \
-o jsonpath='{.status.loadBalancer.ingress[0].ip}')
```

올바른 엔드포인트가 있으면 다음과 같이 실행할 수 있다(기억하자. localhost는 도커 데스크톱을 사용할 때다).

```
$ curl http://localhost/api/catalog
```

아무 응답도 보이지 않을 것이다. 왜 그런가? 헤더를 출력해 호출을 자세히 살펴보면, 우리가 보낸 Host 헤더가 게이트웨이가 인식하는 호스트가 아님을 알 수 있다.

```
$ curl -v http://localhost/api/catalog
*   Trying ::1...
* TCP_NODELAY set
* Connected to localhost (::1) port 80     ❶
> GET /api/catalog HTTP/1.1
> Host: localhost
> User-Agent: curl/7.54.0
> Accept: */*
>
< HTTP/1.1 404 Not Found                   ❷
< date: Tue, 21 Aug 2018 16:08:28 GMT
< server: envoy
< content-length: 0
<
* Connection #0 to host 192.168.64.27 left intact
```

❶ 호스트
❷ Not Found

이스티오 게이트웨이든 VirtualService에서 선언한 라우팅 규칙이든 localhost:80이란 호스트를 알지 못하며, 아는 것은 가상 호스트 webapp.istioinaction.io이다. 명령줄에서 Host 헤더를 재정의하면 호출이 동작한다.

```
$ curl http://localhost/api/catalog -H "Host: webapp.istioinaction.io"
```

이제 응답이 성공해야 한다.

4.2.3 전체적인 트래픽 흐름 개요

이전 절에서는 이스티오의 Gateway 및 VirtualService 리소스에 대해 실습해봤다. Gateway

리소스는 서비스 메시 클러스터의 에지에서 리스닝하고자 하는 포트, 프로토콜, 가상 호스트를 정의한다. `VirtualService` 리소스는 에지에서 허용된 트래픽이 가야 할 곳을 정의한다. 그림 4.7은 처음부터 끝까지 전체 흐름을 보여준다.

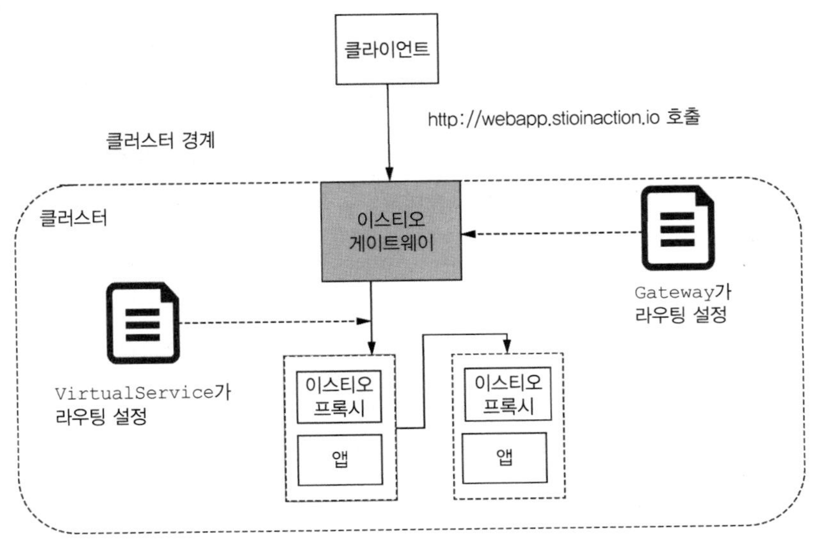

▲ **그림 4.7** 서비스 메시/클러스터 외부의 클라이언트에서 인그레스 게이트웨이를 거쳐 서비스 메시 내부의 서비스로 향하는 트래픽 흐름

4.2.4 이스티오 인그레스 게이트웨이 vs. 쿠버네티스 인그레스

쿠버네티스에서 실행할 때 '왜 이스티오는 그냥 쿠버네티스 인그레스 v1 리소스로 인그레스를 지정하지 않는가?'라는 의문이 생길 수 있다. 이스티오는 쿠버네티스 인그레스 v1 리소스를 지원하지만, 쿠버네티스 인그레스 v1 사양에는 상당한 한계가 있다.

첫 번째 한계는 쿠버네티스 인그레스 v1의 사양이 HTTP 워크로드에 맞춰져 매우 단순하다는 점이다. 쿠버네티스 인그레스 구현체에는 Nginx나 Treafik 등이 있지만, 어느 것이든 HTTP 트래픽에 맞춰져 있다. 실제로 인그레스 사양은 80 포트와 443 포트만 인그레스 포인트로 간주한다. 이는 클러스터 운영자가 서비스 메시로 허용할 수 있는 트래픽 유형을 심각하게 제한한다. 예를 들어 카프카Kafka나 NATS.io 워크로드가 있다면, 이들 메시징 시스템에 TCP 커넥션을 직접 노출하고 싶을 수 있다. 쿠버네티스 인그레스는 이를 허용하지 않는다.

두 번째로, 쿠버네티스 인그레스 v1 리소스는 사양이 심각하게 부족하다는 점을 지적할 수 있다. 복잡한 트래픽 라우팅 규칙, 트래픽 분할, 트래픽 섀도잉 같은 것들을 지정하는 일반적인 방법이 없다. 이런 영역에서 사양이 부족한 까닭에 각 벤더는 인그레스 구현체(HAProxy, Nginx 등)에서 설정의 최적 구현법을 재창조해야 했다.

마지막으로, 사양이 부족하다 보니 벤더 대부분이 설정을 디플로이먼트의 맞춤형 애노테이션으로 노출하는 방식을 택했다는 점을 꼽을 수 있다. 이 애노테이션은 벤더마다 상이하고 호환되지 않으므로, 이스티오가 이런 추세를 따랐다면 에지 게이트웨이로서 엔보이의 모든 기능을 반영하기 위해 애노테이션이 더 많이 필요했을 것이다.

결국 이스티오는 인그레스 패턴을 백지 상태에서 시작해 구축하기로 결정했고, 4계층(전송)과 5계층(세션) 속성을 7계층(애플리케이션) 라우팅 문제로부터 명확하게 분리해냈다. 이스티오 `Gateway`는 L4 및 L5 문제를 처리하고 `VirtualService`는 L7 문제를 처리한다. 많은 메시 및 게이트웨이 공급자들도 인그레스용으로 자체 API를 구축했고, 쿠버네티스 커뮤니티는 인그레스 API 개정을 준비하고 있다.

> **쿠버네티스 Gateway API**
>
> 이 책을 저술하는 시점에 쿠버네티스 커뮤니티는 인그레스 v1 API를 대체하고자 Gateway API를 열심히 준비하고 있으며, 웹 사이트(https://gateway-api.sigs.k8s.io)에서 자세한 정보를 제공한다. 이 API는 책에서 다룬 이스티오 Gateway 및 VirtualService 리소스와는 다르다. 이스티오의 구현체와 리소스는 Gateway API보다 먼저 등장했고 여러 면에서 Gateway API에 영감을 줬다.

4.2.5 이스티오 인그레스 게이트웨이 vs. API 게이트웨이

API 게이트웨이는 조직이 네트워크나 아키텍처 경계의 서비스를 사용하는 클라이언트에게 서비스 구현의 세부 사항을 추상화할 수 있게 해준다. 예컨대 클라이언트는 잘 문서화된 API들을 호출하게 되고, 이 API들은 앞뒤 호환성을 지니면서 발전하며, 셀프 서비스와 기타 사용 메커니즘을 제공할 수 있다. 이를 달성하려면 API 게이트웨이는 여러 보안 기술

(OIDC, OAuth 2.0, LDAP)을 사용해 클라이언트를 식별할 수 있어야 하고, 메시지를 변형할 수 있어야 하며(SOAP에서 REST로, gRPC에서 REST로, 바디 및 헤더 텍스트 기반 변환 등), 비즈니스 수준으로 정교하게 속도를 제한할 수 있어야 하고, 자체 가입 기능이나 개발자 포털을 제공할 수 있어야 한다. 이스티오의 인그레스 게이트웨이는 이런 것들을 기본적으로는 제공하지 않는다. 메시 안팎에서 이런 역할을 수행할 수 있는 더욱 강력한 API 게이트웨이를 찾는다면, 엔보이 프록시를 기반으로 하는 Solo.io Gloo Edge(https://docs.solo.io/gloo-edge/latest) 같은 것을 살펴볼 만하다.

4.3 게이트웨이 트래픽 보안

지금까지 `Gateway` 및 `VirtualService` 리소스를 사용해 이스티오 게이트웨이에서 기본 HTTP 서비스를 노출하는 방법을 살펴봤다. 클러스터 외부(퍼블릭 인터넷 등)의 서비스를 클러스터 내부에서 실행 중인 서비스에 연결할 때, 인그레스 게이트웨이의 기본 기능 중 하나는 트래픽을 보호해 시스템의 신뢰 구축을 돕는 것이다. 트래픽 보호는 클라이언트가 통신하려는 서버의 진위를 가리는 것에서 시작할 수 있다. 자신이 그 서비스라고 주장하는 서버가 정말 통신하려는 서비스가 맞는지 검증하는 것이다. 또한 누군가 도청하는 일을 막고 싶으므로 트래픽을 암호화해야 한다.

이스티오의 게이트웨이 구현을 사용하면 들어오는 TLS/SSL 트래픽을 종료하고, 백엔드 서비스로 전달하고, TLS가 아닌 트래픽을 적절한 TLS 포트로 리다이렉트하고, 상호 TLS를 구현할 수 있다. 이 기능들을 이번 절에서 살펴본다.

4.3.1 TLS를 사용한 HTTP 트래픽

중간자MITM, Man-In-The-Middle 공격을 방지하고 서비스 메시로 들어오는 모든 트래픽을 암호화하기 위해 이스티오 게이트웨이에 TLS를 설정할 수 있다. 들어오는 트래픽 모두가 HTTPS로 제공되도록 하는 것이다(HTTP 트래픽인 경우에는 그렇다. HTTP가 아닌 트래픽은 이후 절에서 다룰 것이다). 중간자 공격이란 클라이언트가 어떤 서비스에 연결하려고 하지만, 그 서비스가 아닌 사칭 서비스에 연결할 때를 말한다. 사칭 서비스는 통신에 접근할 수 있게 되며, 여기에는 민감 정보도 포함된다. TLS는 이 공격을 완화하는 데 도움을 준다.

수신 트래픽에 HTTPS를 활성화하려면 게이트웨이가 사용할 비공개 키와 인증서를 올바르게 지정해야 한다. 잠깐 짚고 넘어가자면, 서버가 제시하는 인증서는 서버가 클라이언트에게 자신의 정체를 알리는 방법이다. 인증서란 기본적으로 서버의 공개 키이며, 신뢰할 수 있는 기관인 인증 기관CA, Certificate Authority에서 서명한 것이다. 그림 4.8은 클라이언트가 서버 인증서의 유효성을 판단하는 방법을 시각화한다. 먼저 클라이언트에 CA 발급자의 인증서가 설치돼 있어야 한다. 이는 이 발급자가 신뢰할 수 있는 CA이며 발급자가 발급한 인증서 역시 신뢰할 수 있다는 의미다. CA 인증서가 설치돼 있으면, 클라이언트는 인증서가 신뢰할 수 있는 CA가 서명한 것인지 검증할 수 있다. 그런 다음, 클라이언트는 인증서 내 공개 키를 사용해 서버로 보내는 트래픽을 암호화한다. 서버는 비밀 키로 트래픽을 복호화할 수 있다.

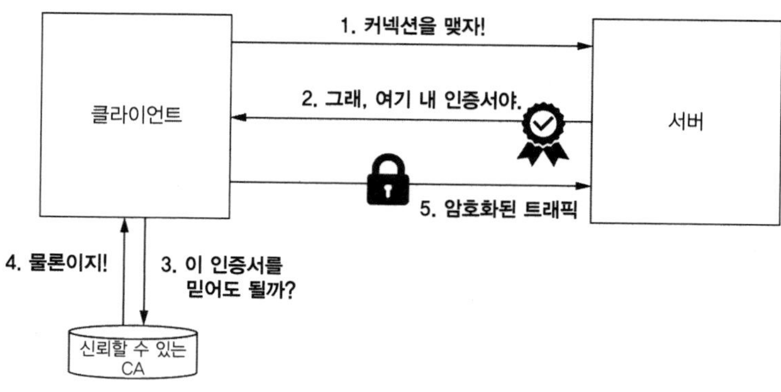

▲ **그림 4.8** 클라이언트와 서버 간 TLS 수립 방식의 기본 모형

> **|노트|** 앞선 설명은 사실 정확하지 않다. TLS 핸드셰이크(TLS handshake)에는 더 정교한 프로토콜이 포함되는데, 최초 통신에는 공개/비공개 키(비대칭)를 조합하고 TLS 세션에서 트래픽 암호화/복호화에 사용할 세션 키(대칭)를 생성한다. TLS를 더 자세히 알고 싶다면 부록 C를 참조하자.

기본 `istio-ingressgateway`가 인증서와 키를 사용하도록 설정하려면 먼저 인증서/키를 쿠버네티스 시크릿으로 만들어야 한다.

|**노트**| 쿠버네티스 시크릿은 시크릿이 아니다. 사실상 쿠버네티스 시크릿은 평문으로 저장된다. 따라서 키와 인증서를 저장하기 위한 좀 더 적절한 방법을 고려해보는 것이 좋다.

webapp-credential 시크릿부터 만들어보자. 리포지터리 루트에서 다음을 실행하자.

```
$ kubectl create -n istio-system secret tls webapp-credential \
--key ch4/certs/3_application/private/webapp.istioinaction.io.key.pem \
--cert ch4/certs/3_application/certs/webapp.istioinaction.io.cert.pem

secret/webapp-credential created
```

이 단계에서는 istio-system 네임스페이스에 시크릿을 만든다. 이 책을 저술하는 시점에서(이스티오 1.13.0), 게이트웨이의 TLS에서 사용하는 시크릿은 이스티오 인그레스 게이트웨이와 동일한 네임스페이스에 있을 때만 가져올 수 있다. 기본 게이트웨이가 istio-system 네임스페이스에서 실행되고 있으므로 시크릿도 여기에 넣어야 한다. 인그레스 게이트웨이를 다른 네임스페이스에서 실행해도 되지만, 그때는 시크릿도 그 네임스페이스에 있어야 한다. 운영 환경에서는 인그레스 게이트웨이를 istio-system과 분리해 자체 네임스페이스에서 실행해야 한다.

이제 이스티오 게이트웨이 리소스가 인증서와 키를 사용하도록 설정할 수 있다.

```
apiVersion: networking.istio.io/v1alpha3
kind: Gateway
metadata:
  name: coolstore-gateway
spec:
  selector:
    istio: ingressgateway
  servers:
  - port:
      number: 80                          ❶
      name: http
      protocol: HTTP
    hosts:
```

```
    - "webapp.istioinaction.io"
  - port:
      number:                            ❷
      name: https
      protocol: HTTPS
    tls:
      mode: SIMPLE                       ❸
      credentialName: webapp-credential  ❹
    hosts:
    - "webapp.istioinaction.io"
```

❶ HTTP 트래픽 허용
❷ 보안 HTTPS 트래픽 허용
❸ 보안 커넥션
❹ TLS 인증서가 들어 있는 쿠버네티스 시크릿 이름

Gateway 리소스에서 인그레스 게이트웨이의 443 포트를 열고 이를 HTTPS로 지정한다. 또한 게이트웨이 설정에 tls 부분을 추가해 TLS에 사용할 인증서와 키의 위치를 지정한다. 이 위치가 앞서 istio-ingressgateway에 마운트한 위치와 동일하다는 것을 확인하자.

게이트웨이를 이 Gateway 리소스로 바꾸자. 소스 코드 루트에서 다음을 실행한다.

```
$  kubectl apply -f ch4/coolstore-gw-tls.yaml

gateway.networking.istio.io/coolstore-gateway replaced
```

자신의 환경에 맞게 호스트와 포트를 사용하자

이 책의 명령어는 도커 데스크톱을 사용하고 있다고 전제한다. 하지만 자체 쿠버네티스(혹은 퍼블릭 클라우드의 쿠버네티스)를 사용하고 있다면 그 값을 바로 사용할 수 있다. 예를 들어 GKE에서는 쿠버네티스 서비스에 보이는 것처럼 클라우드 로드 밸런서의 퍼블릭 IP로 호스트 IP를 사용할 수 있다.

```
$ kubectl get svc -n istio-system

NAME                   TYPE           CLUSTER-IP     EXTERNAL-IP
istio-ingressgateway   LoadBalancer   10.12.2.78     35.233.243.32
istio-pilot            ClusterIP      10.12.15.206   <none>
```

> 여기서는 35.233.243.32를 HTTPS_HOST로 사용한다. 그리고 HTTP/HTTPS에 실제 포트(80/443)를 사용할 수 있다.

이전 절에서 했던 것처럼 적절한 Host 헤더를 전달해 서비스를 호출하면 이렇게 표시된다(URL에 https://를 사용했음을 유의하자).

```
$  curl -v -H "Host: webapp.istioinaction.io" https://localhost/api/catalog

*   Trying 192.168.64.27...
* TCP_NODELAY set
* Connected to 192.168.64.27 (192.168.64.27) port 31390 (#0)
* ALPN, offering http/1.1
* Cipher selection: ALL:!EXPORT:!EXPORT40:!EXPORT56:!aNULL:!LOW:!RC4:@STRENGTH
* successfully set certificate verify locations:
*   CAfile: /usr/local/etc/openssl/cert.pem              ❶
  CApath: /usr/local/etc/openssl/certs
* TLSv1.2 (OUT), TLS header, Certificate Status (22):
* TLSv1.2 (OUT), TLS handshake, Client hello (1):
* OpenSSL SSL_connect: SSL_ERROR_SYSCALL in connection to 192.168.64.27:31390
* Closing connection 0
curl: (35) OpenSSL SSL_connect: SSL_ERROR_SYSCALL in connection to
192.168.64.27:31390
```

❶ 기본 인증서 체인

이는 서버에서 제공하는 인증서는 기본 CA 인증서 체인을 사용해 확인할 수 없다는 의미다. curl 클라이언트에 적절한 CA 인증서 체인을 전달해보자.

```
$  curl -v -H "Host: webapp.istioinaction.io" https://localhost/api/catalog \
--cacert ch4/certs/2_intermediate/certs/ca-chain.cert.pem

*   Trying 192.168.64.27...
* TCP_NODELAY set
* Connected to 192.168.64.27 (192.168.64.27) port 31390 (#0)
* ALPN, offering http/1.1
* Cipher selection: ALL:!EXPORT:!EXPORT40:
```

```
  !EXPORT56:!aNULL:!LOW:!RC4:@STRENGTH
* successfully set certificate verify locations:
*   CAfile: certs/2_intermediate/certs/ca-chain.cert.pem
  CApath: /usr/local/etc/openssl/certs
* TLSv1.2 (OUT), TLS header, Certificate Status (22):
* TLSv1.2 (OUT), TLS handshake, Client hello (1):
* OpenSSL SSL_connect: SSL_ERROR_SYSCALL in
  connection to 192.168.64.27:31390
* Closing connection 0
curl: (35) OpenSSL SSL_connect: SSL_ERROR_SYSCALL in connection to
192.168.64.27:31390
```

아직도 클라이언트가 인증서를 검증하지 못한다! 서버 인증서는 `webapp.istioinaction.io`에 발급됐는데, 우리가 호출하고 있는 것은 도커 데스크톱 호스트(여기서는 localhost)이기 때문이다. `curl` 파라미터 `--resolve`를 사용해 실제로는 localhost를 호출하면서 `webapp.istioinaction.io`를 호출하는 것처럼 시뮬레이션할 수 있다.

```
$  curl -H "Host: webapp.istioinaction.io" \
https://webapp.istioinaction.io:443/api/catalog \
--cacert ch4/certs/2_intermediate/certs/ca-chain.cert.pem \
--resolve webapp.istioinaction.io:443:127.0.0.1
```

이제 적절한 `HTTP/1.1 200` 응답과 JSON 페이로드(상품 목록)가 보인다. 우리는 클라이언트로서 인증서에 서명한 CA를 신뢰함으로써 서버의 정체가 주장대로인지 검증하고 있으며, 이 인증서를 사용해 서버로 향하는 트래픽을 암호화할 수 있다.

`--resolve` 플래그를 사용해 인증서 내 호스트네임과 포트를 실제 사용 중인 IP로 대응시키고 있음을 유념하자. 앞서 봤듯이, 도커 데스크톱에서는 인그레스가 로컬호스트에서 실행된다. 클라우드에서 제공하는 로드 밸런서를 사용하고 있다면 127.0.0.1을 적절한 IP로 바꾸면 된다.

CURL이 잘 작동하는가?

이 절에서 curl이 동작하려면, curl이 TLS를 지원해야 하며 기본값을 덮어 씌울 자체 CA 인증서를 추가할 수 있어야 한다. 모든 curl 빌드가 TLS를 지원하는 것은 아니다. 예를 들어 맥OS의 어떤 버전은 CA 인증서를 애플 키체인에서만 가져올 수 있다. 최신 curl 버전은 적절한 SSL 라이브러리가 포함돼 잘 동작해야 한다. 하지만 사용자는 다음과 같이 입력했을 때 출력되는 SSL 라이브러리(OpenSSL, LibreSSL 등) 정보를 확인할 필요가 있다.

```
curl --version | grep -i SSL
```

그림 4.9는 종단 간end-to-end 암호화를 달성했음을 보여준다. 우리는 이스티오 인그레스 게이트웨이를 향하는 트래픽을 암호화함으로써 보호한다. 이스티오 인그레스 게이트웨이는 TLS 커넥션을 종료하고, 트래픽을 서비스 메시 내에서 실행 중인 뒷단의 `webapp` 서비스로 보낸다. `istio-ingressgateway`와 `webapp` 서비스 사이의 홉은 서비스의 ID를 사용해 암호화된다. 이 부분은 9장에서 더 자세히 설명할 것이다.

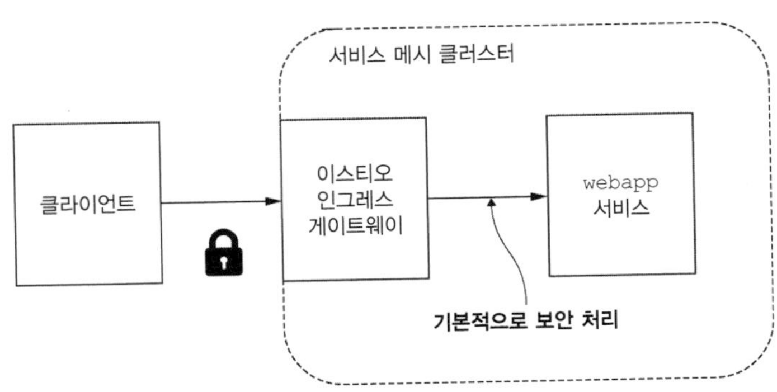

▲ **그림 4.9** 외부 세계에서 이스티오 인그레스 게이트웨이까지의 보안 트래픽. 메시 내 트래픽은 아직 보안 처리되지 않았다.

|**노트**| 인증서 워크플로우를 외부 CA 또는 자체적인 내부 PKI와 통합하고 싶을 수 있다. 통합하는 데는 cert-manager 등을 사용할 수 있으며 자세한 정보는 웹 사이트(https://cert-manager.io/docs)를 참고하자.

4.3.2 HTTPS로 HTTP 리다이렉트

앞 절에서 TLS를 설정했는데, 모든 트래픽이 항상 TLS를 쓰도록 강제하려면 어떻게 해야 할까? 인그레스 게이트웨이로 서비스에 접근할 때 http://와 https:// 둘 다 사용할 수 있었지만, 이번 절에서는 모든 트래픽이 HTTPS를 쓰도록 강제하겠다. 그렇게 하려면, HTTP 트래픽을 강제로 리다이렉트하도록 `Gateway` 리소스를 약간 수정해야 한다.

```
apiVersion: networking.istio.io/v1alpha3
kind: Gateway
metadata:
  name: coolstore-gateway
spec:
  selector:
    istio: ingressgateway
  servers:
  - port:
      number: 80
      name: http
      protocol: HTTP
    hosts:
    - "webapp.istioinaction.io"
    tls:
      httpsRedirect: true          ❶
  - port:
      number: 443
      name: https
      protocol: HTTPS
    tls:
      mode: SIMPLE
      credentialName: webapp-credential
    hosts:
    - "webapp.istioinaction.io"
```

❶ HTTP를 HTTPS로 리다이렉트

`Gateway`를 이렇게 업데이트하면 모든 트래픽을 HTTPS만으로 제한할 수 있다.

```
$ kubectl apply -f ch4/coolstore-gw-tls-redirect.yaml

gateway.networking.istio.io/coolstore-gateway configured
```

이제 HTTP 포트로 인그레스 게이트웨이를 호출하면 이렇게 보여야 한다.

```
$ curl -v http://localhost/api/catalog \
  -H "Host: webapp.istioinaction.io"

*   Trying 192.168.64.27...
* TCP_NODELAY set
* Connected to 192.168.64.27 (192.168.64.27) port 31380 (#0)
> GET /api/catalog HTTP/1.1
> Host: webapp.istioinaction.io
> User-Agent: curl/7.61.0
> Accept: */*
>
< HTTP/1.1 301 Moved Permanently                          ❶
< location: https://webapp.istioinaction.io/api/catalog
< date: Wed, 22 Aug 2018 21:01:29 GMT
< server: envoy
< content-length: 0
<
* Connection #0 to host 192.168.64.27 left intact
```

❶ HTTP 301 리다이렉트

이 리다이렉션은 클라이언트에게 API의 HTTPS 버전을 호출하라고 지시한다. 이제 인그레스 게이트웨이로 들어오는 모든 트래픽은 항상 암호화될 것이라고 기대할 수 있다.

4.3.3 상호 TLS를 사용한 HTTP 트래픽

앞 절에서는 표준 TLS를 사용해 서버가 자신의 정체를 클라이언트에게 증명하게 했다. 그런데 만약 클러스터 외부의 트래픽을 받아들이기 전에 클라이언트가 누군지 검증하고 싶다면 어떻게 해야 할까? 단순 TLS 시나리오에서는 서버가 자신의 공개 인증서를 클라이언트에게 보냈고, 클라이언트는 서버의 인증서에 서명한 CA를 신뢰할 수 있는지 검증했다. 우리는 클라이언트가 자신의 공개 인증서를 보내게 하고 서버가 인증서를 신뢰하는지 검증하게 하고 싶다. 그림 4.10은 상호 TLS 프로토콜에서 클라이언트와 서버 모두가 어떻게 서로의 인증서를 검증하는지, 즉 어떻게 서로 인증하는지를 보여준다. 그리고 인증서는 트래픽을 암호화는 데 사용한다.

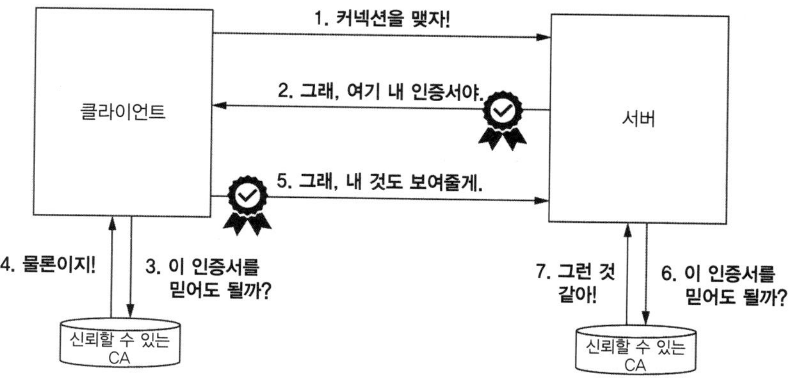

▲ **그림 4.10** 클라이언트와 서버 사이에 상호 TLS가 수립되는 과정의 기본 모형

기본 `istio-ingressgateway`가 상호 TLS 커넥션에 참여하도록 구성하려면, 클라이언트의 인증서를 검증하는 데 사용할 수 있도록 CA 인증서 집합을 제공해야 한다. 앞 절에서 했던 것처럼, 쿠버네티스 시크릿으로 `istio-ingressgateway`에서 이 CA 인증서(더 구체적으로는 인증서 체인)를 사용할 수 있게 해야 한다.

적절한 CA 인증서 체인으로 `istio-ingressgateway-ca-certs` 시크릿을 구성하는 것으로 시작하겠다.

```
$  kubectl create -n istio-system secret \
generic webapp-credential-mtls --from-file=tls.key=\
ch4/certs/3_application/private/webapp.istioinaction.io.key.pem \
--from-file=tls.crt=\
ch4/certs/3_application/certs/webapp.istioinaction.io.cert.pem \
--from-file=ca.crt=ch4/certs/2_intermediate/certs/ca-chain.cert.pem

secret/webapp-credential-mtls created
```

이제 CA 인증서 체인의 위치를 가리키도록 이스티오 `Gateway` 리소스를 업데이트하고, 예상 프로토콜을 상호 TLS로 구성하자.

```
apiVersion: networking.istio.io/v1alpha3
kind: Gateway
metadata:
  name: coolstore-gateway
spec:
  selector:
    istio: ingressgateway
  servers:
  - port:
      number: 80
      name: http
      protocol: HTTP
    hosts:
    - "webapp.istioinaction.io"
  - port:
      number: 443
      name: https
      protocol: HTTPS
    tls:
      mode: MUTUAL                              ❶
      credentialName: webapp-credential-mtls    ❷
    hosts:
    - "webapp.istioinaction.io"
```

❶ 상호 TLS 설정
❷ 신뢰할 수 있는 CA가 구성된 자격 증명

`Gateway` 설정을 이 업데이트 버전으로 교체하자. 소스 코드 루트에서 다음을 실행하자.

```
$  kubectl apply -f ch4/coolstore-gw-mtls.yaml

gateway.networking.istio.io/coolstore-gateway configured
```

이제 앞 절과 동일한 방식으로(단순 TLS를 전제하고) 인그레스 게이트웨이를 호출하면, 호출을 거부한다.

```
$  curl -H "Host: webapp.istioinaction.io" \
https://webapp.istioinaction.io:443/api/catalog \
--cacert ch4/certs/2_intermediate/certs/ca-chain.cert.pem \
--resolve webapp.istioinaction.io:443:127.0.0.1

curl: (35) error:14094410:SSL routines:ssl3_read_bytes:sslv3 alert
handshake failure
```

이스티오 게이트웨이 SDS

이스티오 게이트웨이는 istio-proxy를 시작하는 데 사용하는 istio-agent 프로세스에 내장된 SDS(Secret Discovery Service)에서 인증서를 가져온다. SDS는 업데이트를 자동으로 전파해야 하는 동적 API이다. 서비스 프록시도 마찬가지다.

다음 명령어로 SDS로 전달된 인증서의 상태를 확인할 수 있다.

```
istioctl pc secret -n istio-system deploy/istio-ingressgateway
```

새 인증서 구성이 적용되지 않은 경우에는 istio-ingressgateway 파드를 내쫓아보자.

```
kubectl delete po -n istio-system -l app=istio-ingressgateway
```

SSL 핸드셰이크가 성공하지 못했기 때문에 이 호출은 거부된다. `curl` 명령어에 CA 인증서만 전달했는데, 클라이언트의 인증서와 비밀 키도 전달해야 한다. `curl`에서는 다음과 같이 `--cert`와 `--key` 파라미터로 전달할 수 있다.

```
$  curl -H "Host: webapp.istioinaction.io" \
https://webapp.istioinaction.io:443/api/catalog \
--cacert ch4/certs/2_intermediate/certs/ca-chain.cert.pem \
--resolve webapp.istioinaction.io:443:127.0.0.1 \
--cert ch4/certs/4_client/certs/webapp.istioinaction.io.cert.pem \
--key ch4/certs/4_client/private/webapp.istioinaction.io.key.pem
```

이제 적절한 `HTTP/1.1 200` 응답과 상품 목록 JSON 페이로드가 보여야 한다. 클라이언트는 상호 TLS를 이루고자 서버의 인증서를 검증하고 자신의 인증서를 보내고 있다.

4.3.4 여러 가상 호스트를 TLS로 서빙하기

이스티오의 인그레스 게이트웨이는 동일한 HTTPS 포트(443 포트)에서 자체 인증서와 비밀 키가 있는 여러 가상 호스트를 서빙할 수 있다. 이를 위해 동일 포트 및 프로토콜에 여러 항목을 추가한다. 예를 들어, 자체 인증서와 키 쌍이 있는 `webapp.istioinaction.io`와 `catalog.istioinaction.io` 서비스를 둘 다 추가할 수 있다. HTTPS로 서빙하는 가상 호스트를 여럿 기술하고 있는 이스티오 `Gateway` 리소스는 다음과 같다.

```
apiVersion: networking.istio.io/v1alpha3
kind: Gateway
metadata:
  name: coolstore-gateway
spec:
  selector:
    istio: ingressgateway
  servers:
  - port:
      number: 443               ❶
      name: https-webapp
      protocol: HTTPS
    tls:
      mode: SIMPLE
      credentialName: webapp-credential
    hosts:
    - "webapp.istioinaction.io"
  - port:
      number: 443               ❷
      name: https-catalog
      protocol: HTTPS
    tls:
      mode: SIMPLE
      credentialName: catalog-credential
    hosts:
    - "catalog.istioinaction.io"
```

❶ 첫 번째 항목
❷ 두 번째 항목

두 항목 모두 443 포트에서 리스닝하고 HTTPS 프로토콜을 서빙하고 있지만 이름이 다르다는 것을 유의하자(https-webapp과 https-catalog). 각 항목에는 서빙하는 가상 호스트용으로 사용하는 고유한 인증서와 키가 있다. 따라서 이 설정을 사용하려면 이 인증서들과 키들을 추가해야 한다. 이것들을 만들어보자. 책 소스 루트에서 다음 명령어를 실행한다.

```
$ kubectl create -n istio-system secret tls catalog-credential \
--key ch4/certs2/3_application/private/catalog.istioinaction.io.key.pem \
--cert ch4/certs2/3_application/certs/catalog.istioinaction.io.cert.pem
```

게이트웨이 설정을 업데이트해보자. 이 책 소스 코드에서 다음 명령어를 실행한다.

```
$ kubectl apply -f ch4/coolstore-gw-multi-tls.yaml
gateway.networking.istio.io/coolstore-gateway replaced
```

마지막으로, 인그레스 게이트웨이로 노출할 catalog 서비스용 VirtualService 리소스를 추가하자.

```
$ kubectl apply -f ch4/catalog-vs.yaml
```

이제 istio-ingressgateway를 업데이트했으니 시도해보자. webapp.istioinaction.io를 호출하면 단순 TLS 때처럼 작동해야 한다.

```
$ curl -H "Host: webapp.istioinaction.io" \
https://webapp.istioinaction.io:443/api/catalog \
--cacert ch4/certs/2_intermediate/certs/ca-chain.cert.pem \
--resolve webapp.istioinaction.io:443:127.0.0.1
```

이스티오 게이트웨이로 catalog 서비스를 호출할 때는 다른 인증서를 쓰자.

```
$ curl -H "Host: catalog.istioinaction.io" \
https://catalog.istioinaction.io:443/items \
--cacert ch4/certs2/2_intermediate/certs/ca-chain.cert.pem \
--resolve catalog.istioinaction.io:443:127.0.0.1
```

두 호출 모두 동일한 응답으로 성공해야 한다. 그런데 발신자마다 어떤 인증서를 제시해야 하는지를 이스티오 인그레스 게이트웨이가 어떻게 아는지가 궁금할 수 있다. 이 커넥션들에 열린 포트는 딱 하나인데, 게이트웨이는 클라이언트가 접근하려는 서비스가 어느 것이고 그 서비스에 해당하는 인증서가 어느 것인지를 어떻게 알 수 있을까? 해답은 SNI(서버 이름 표시)라는 TLS의 확장에 있다. 기본적으로, HTTPS 커넥션이 만들어지면 클라이언트는 먼저 TLS 핸드셰이크의 `ClientHello` 부분에서 어느 서비스에 접근해야 하는지부터 전달한다. 이스티오의 게이트웨이(엄밀히는 엔보이)가 TLS의 SNI를 구현하는 덕분에 올바른 인증서를 제시할 수 있고 올바른 서비스로 라우팅할 수 있는 것이다.

이 절에서는 인그레스 게이트웨이에서 서로 다른 가상 호스트들을 노출했고, 동일한 HTTPS 포트에서 각자를 고유한 인증서로 서비스해봤다. 다음 절에서는 TCP 트래픽을 살펴본다.

4.4 TCP 트래픽

이스티오의 게이트웨이는 HTTP/HTTPS 트래픽뿐 아니라 TCP로 접근할 수 있는 모든 트래픽을 처리할 수 있다. 예를 들어, 인그레스 게이트웨이로 데이터베이스(MongoDB 등)나 메시지 큐(카프카 등)를 노출할 수 있다. 이스티오가 트래픽을 단순 TCP로 다루면 재시도, 요청 수준 서킷 브레이킹, 복잡한 라우팅 등과 같은 유용한 기능을 사용할 수 없다. 단순히 이스티오가 어떤 프로토콜을 사용하는지 분간할 수 없기 때문이다(MongoDB처럼 이스티오가 이해하는 프로토콜을 사용하는 것이 아닌 이상). 클러스터 외부의 클라이언트가 클러스터 내에서 실행 중인 서비스와 통신할 수 있도록 이스티오 게이트웨이에 TCP 트래픽을 노출하는 방법을 살펴보자.

4.4.1 이스티오 게이트웨이에서 TCP 포트 노출하기

가장 먼저 해야 할 일은 서비스 메시 내에 TCP 기반 서비스를 만드는 것이다. 이 예제에서는 깃허브(https://github.com/cjimti/go-echo)의 에코 서비스를 사용한다. 이 TCP 서비스는 Telnet 같은 간단한 TCP 클라이언트로 접속해 명령어를 입력하면 그대로 되돌려준다.

이 TCP 서비스를 배포하고 이스티오 서비스 프록시를 주입해보자. 지금은 istioinaction 네임스페이스를 가리키고 있음을 기억하자.

```
$  kubectl config set-context $(kubectl config current-context) \
 --namespace=istioinaction
$  kubectl apply -f ch4/echo.yaml

deployment.apps/tcp-echo-deployment created
service/tcp-echo-service created
```

다음으로, 이 서비스에 HTTP가 아닌 특정 포트를 노출하는 이스티오 게이트웨이 리소스를 만든다. 다음 예제에서는 기본 istio-ingressgateway에 31400 포트를 노출한다. HTTP 포트(80과 443)와 마찬가지로 TCP 포트 31400도 NodePort나 클라우드 로드 밸런서로 사용할 수 있어야 한다. 도커 데스크톱에서 실행 중인 우리 예제에서는 31400 포트에서 실행 중인 NodePort로 노출한다.

```
apiVersion: networking.istio.io/v1alpha3
kind: Gateway
metadata:
  name: echo-tcp-gateway
spec:
  selector:
    istio: ingressgateway
  servers:
  - port:
      number: 31400        ❶
      name: tcp-echo
      protocol: TCP        ❷
    hosts:
    - "*"                  ❸
```

❶ 노출할 포트
❷ 기대하는 프로토콜
❸ 모든 호스트

다음 명령어로 istio-ingressgateway 서비스가 TCP 트래픽을 리스닝 중인 포트를 찾을 수 있다.

```
$ kubectl get svc -n istio-system istio-ingressgateway \
    -o jsonpath='{.spec.ports[?(@.name == "tcp")]}'

{"name":"tcp","nodePort":30851,"port":31400,
➥"protocol":"TCP","targetPort":31400}
```

게이트웨이를 만들자.

```
$ kubectl apply -f ch4/gateway-tcp.yaml

gateway.networking.istio.io/echo-tcp-gateway created
```

이제 인그레스 게이트웨이에 포트를 노출했으니 트래픽을 에코 서비스로 라우팅해야 한다. 앞 절에서 했던 것처럼 VirtualService 리소스를 사용한다. TCP 트래픽의 경우 들어오는 포트(여기서는 31400)와 일치해야 한다.

```
apiVersion: networking.istio.io/v1alpha3
kind: VirtualService
metadata:
  name: tcp-echo-vs-from-gw
spec:
  hosts:
  - "*"
  gateways:
  - echo-tcp-gateway              ❶
  tcp:
  - match:
    - port: 31400                 ❷
    route:
    - destination:
        host: tcp-echo-service    ❸
        port:
          number: 2701
```

❶ 적용할 게이트웨이
❷ 일치해야 하는 포트값
❸ 라우팅할 곳

`VirtualService`를 만들자.

```
$ kubectl apply -f ch4/echo-vs.yaml

virtualservice.networking.istio.io/tcp-echo-vs-from-gw created
```

> **|노트|** 퍼블릭 클라우드나 istio-ingressgateway 서비스에 LoadBalancer를 만든 클러스터에서 실행 중이고 후술할 명령어로 커넥션을 맺을 수 없는 경우, istio-ingressgateway 서비스에 31400 포트를 명시적으로 추가하고 targetPort 31400을 사용해야 제대로 동작할 것이다. 이스티오 1.13.0은 기본적으로 이 포트를 istio-ingressgateway 서비스에 추가하지만, 다시 확인하는 것도 나쁘지 않다.

이제 인그레스 게이트웨이에 포트를 노출하고 라우팅을 설정했으므로, 아주 간단한 `telnet` 명령어로 커넥션을 맺을 수 있다.

```
$ telnet localhost 31400

Trying 192.168.64.27...
Connected to kubebook.
Escape character is '^]'.
Welcome, you are connected to node docker.
Running on Pod tcp-echo-deployment-6fbccd8485-m4mqq.
In namespace istioinaction.
With IP address 172.17.0.11.
Service default.
```

콘솔에 아무거나 입력하고 Return/Enter를 누르면 텍스트가 다시 재생된다.

```
hello there
hello there
by now
by now
```

Telnet을 종료하려면, Ctrl +]을 누르고 quit를 입력한 후 Return/Enter를 누르자.

4.4.2 SNI 통과를 사용한 트래픽 라우팅

앞 절에서는 이스티오 게이트웨이 기능을 사용해 HTTP가 아닌 트래픽을 받아들이고 라우팅하는 방법을 배웠다. 구체적으로는 전용 TCP 프로토콜로 통신하는 애플리케이션들이었다. 그보다 앞서서는 SNI 호스트네임에 따라 특정 인증서를 제시하고 HTTPS 트래픽을 라우팅하는 방법을 살펴봤다. 이번 절에서는 이 두 기능의 조합, 즉 이스티오 인그레스 게이트웨이에서 트래픽을 종료하지 않고 SNI 호스트네임에 따라 TCP 트래픽을 라우팅하는 방법을 다룬다. 게이트웨이가 하는 일은 SNI 헤더를 살펴보고 트래픽을 특정 백엔드로 라우팅하는 것뿐이다. TLS 커넥션 종료는 그 후 백엔드에서 처리한다. 커넥션은 게이트웨이를 '통과passthrough'하고, 처리는 게이트웨이가 아닌 실제 서비스가 담당하게 된다.

이런 방식은 서비스 메시에 참여할 수 있는 애플리케이션의 범위를 훨씬 넓혀준다. 데이터베이스, 메시지 큐, 캐시 등과 같은 TLS상의 TCP 서비스는 물론, HTTPS/TLS 트래픽을 직접 처리하고 종료할 것이라고 예상되는 레거시 애플리케이션까지도 포함될 수 있다. 이것이 실제로 동작하는지 확인하기 위해 라우팅 메커니즘에 PASSTHROUGH를 사용하도록 설정된 Gateway 정의를 살펴보자.

```
apiVersion: networking.istio.io/v1alpha3
kind: Gateway
metadata:
  name: sni-passthrough-gateway
spec:
  selector:
    istio: ingressgateway
  servers:
  - port:
      number: 31400                      ❶
      name: tcp-sni
      protocol: TLS
    hosts:
    - "simple-sni-1.istioinaction.io"    ❷
    tls:
```

```
      mode: PASSTHROUGH                    ❸
```

❶ HTTP 포트가 아닌 특정 포트 열기
❷ 이 호스트를 포트와 연결
❸ 통과 트래픽으로 처리

예제 애플리케이션에서 TLS를 종료하도록 설정한다. 즉, 인그레스 게이트웨이는 커넥션에 아무것도 하지 않아도 된다. 앞 절에서 했던 것처럼 게이트웨이에 인증서를 설정할 필요가 없다.

TLS를 종료하는 예제 애플리케이션을 배포하는 것부터 시작하자. 이 책 소스 코드의 루트 디렉터리로 이동하고, 쿠버네티스의 `istioinaction` 네임스페이스를 기본으로 지정하자.

```
$ kubectl apply -f ch4/sni/simple-tls-service-1.yaml
```

다음으로, 31400 포트를 여는 `Gateway` 리소스를 배포해보자. 하지만 그렇게 하기에 앞서, 4.4절에서와 동일한 포트를 사용하고 있으므로 해당 포트를 이미 사용 중인 게이트웨이를 삭제해야 한다.

```
$ kubectl delete gateway echo-tcp-gateway -n istioinaction
```

이제 통과 게이트웨이를 적용해보자.

```
$ kubectl apply -f ch4/sni/passthrough-sni-gateway.yaml
```

이 시점에서 이스티오 인그레스 게이트웨이에 포트 31400을 열었다. 이전 절에서 했던 것처럼, 게이트웨이에서 서비스로 트래픽을 흘리도록 `VirtualService` 리소스로 라우팅 규칙도 지정해야 한다.

```
apiVersion: networking.istio.io/v1alpha3
kind: VirtualService
metadata:
  name: simple-sni-1-vs
spec:
```

```
hosts:
- "simple-sni-1.istioinaction.io"
gateways:
- sni-passthrough-gateway
tls:
- match:                          ❶
  - port: 31400
    sniHosts:
    - simple-sni-1.istioinaction.io
  route:
  - destination:                  ❷
      host: simple-tls-service-1
      port:
        number: 80                ❸
```

❶ 특정 포트와 호스트의 비교 부분
❷ 트래픽이 일치하는 경우 라우팅 목적지
❸ 서비스 포트로 라우팅

VirtualService를 만들자.

```
$ kubectl apply -f ch4/sni/passthrough-sni-vs-1.yaml
```

이제 이스티오 인그레스 게이트웨이의 31400 포트를 호출해보자.

```
$ curl -H "Host: simple-sni-1.istioinaction.io" \
https://simple-sni-1.istioinaction.io:31400/ \
--cacert ch4/sni/simple-sni-1/2_intermediate/certs/ca-chain.cert.pem \
--resolve simple-sni-1.istioinaction.io:31400:127.0.0.1

{
  "name": "simple-tls-service-1",
  "uri": "/",
  "type": "HTTP",
  "ip_addresses": [
    "10.1.0.63"
  ],
  "start_time": "2020-09-03T20:09:08.129404",
```

```
  "end_time": "2020-09-03T20:09:08.129846",
  "duration": "441.5µs",
  "body": "Hello from simple-tls-service-1!!!",
  "code": 200
}
```

curl의 호출은 이스티오 인그레스 게이트웨이로 갔다가, 종료 없이 예제 서비스 simple-tls-service-1로 도달한다. 라우팅을 더 명확하게 하기 위해 인증서가 다르고 SNI 호스트에 기반해 라우팅을 하는 두 번째 서비스를 배포해보자.

```
$ kubectl apply -f ch4/sni/simple-tls-service-2.yaml
```

Gateway 리소스가 어떻게 생겼는지 살펴보자.

```yaml
apiVersion: networking.istio.io/v1alpha3
kind: Gateway
metadata:
  name: sni-passthrough-gateway
spec:
  selector:
    istio: ingressgateway
  servers:
  - port:
      number: 31400
      name: tcp-sni-1
      protocol: TLS
    hosts:
    - "simple-sni-1.istioinaction.io"
    tls:
      mode: PASSTHROUGH
  - port:
      number: 31400
      name: tcp-sni-2
      protocol: TLS
    hosts:
    - "simple-sni-2.istioinaction.io"
    tls:
      mode: PASSTHROUGH
```

이 Gateway와 VirtualService를 적용하자.

```
$ kubectl apply -f ch4/sni/passthrough-sni-gateway-both.yaml
$ kubectl apply -f ch4/sni/passthrough-sni-vs-2.yaml
```

다음으로는 동일한 인그레스 게이트웨이 포트를 다른 호스트네임으로 다시 호출해보고, 요청이 어떻게 올바른 서비스로 라우팅되는지 살펴보자.

```
$ curl -H "Host: simple-sni-2.istioinaction.io" \
https://simple-sni-2.istioinaction.io:31400/ \
--cacert ch4/sni/simple-sni-2/2_intermediate/certs/ca-chain.cert.pem \
--resolve simple-sni-2.istioinaction.io:31400:127.0.0.1
```


```
{
  "name": "simple-tls-service-2",
  "uri": "/",
  "type": "HTTP",
  "ip_addresses": [
    "10.1.0.64"
  ],
  "start_time": "2020-09-03T20:14:13.982951",
  "end_time": "2020-09-03T20:14:13.984547",
  "duration": "1.5952ms",
  "body": "Hello from simple-tls-service-2!!!",
  "code": 200
}
```


이 요청을 simple-tls-service-2 서비스가 서빙했음을 body 필드의 응답이 어떻게 알려주는지 주목하자.

4.5 운영 팁

이 절에서는 자신의 환경에 이스티오 게이트웨이를 사용할 때 유용한 팁을 소개한다. 우리는 인그레스 및 이그레스 게이트웨이 디플로이먼트를 포함한 이스티오의 기본 데모 설치판을 배포했지만, 게이트웨이란 단지 엔보이 프록시에 불과하므로 다양한 용도에서 간단한 엔보이 프록시로 설정하고 사용할 수 있다. 게이트웨이를 필요에 맞게 설정하고 튜닝할 수 있는 방법을 살펴보자.

4.5.1 게이트웨이 책임 나누기

이 장에서는 인그레스 용도에 초점을 맞췄지만, 앞서 말했듯이 이스티오 게이트웨이는 단순히 사이드카로 배포되지 않는 엔보이 프록시에 불과하다. 즉, 게이트웨이를 인그레스(여기서 다룬 것), 이그레스, 공유 게이트웨이 기능, 멀티 클러스터 프록시 등 다양한 용도로 사용할 수 있다. 인그레스 게이트웨이를 단일 진입점으로 배치했지만, 진입점을 여럿 둘 수도 있으며 그렇게 해야 할 때도 있다.

다른 진입점을 배포해 트래픽을 나누고 다양한 서비스 간 트래픽 경로를 격리하고 싶을 수도 있다(그림 4.11 참조). 어떤 서비스는 성능에 더 민감하거나, 고가용성이 더 필요하거나, 컴플라이언스를 이유로 격리돼야 할 수도 있다. 어떤 때는 다른 팀에 영향을 주지 않도록 각 팀이 각자의 게이트웨이 및 설정을 소유하게 하고 싶을 수도 있다.

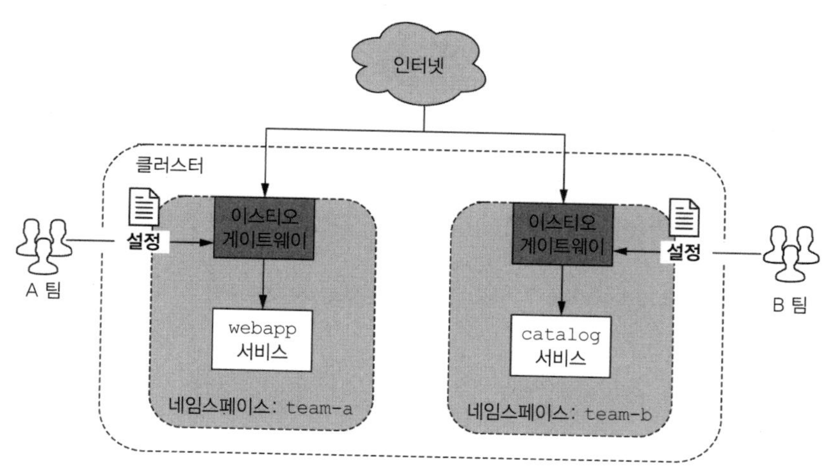

▲ **그림 4.11** 게이트웨이를 여럿 사용하면 다른 팀에 영향을 주지 않고 각 팀이 설정을 관리하게 할 수 있다.

이유가 뭐든 간에 다양한 경계(컴플라이언스, 도메인, 팀 등)에 맞춰 인그레스 게이트웨이를 여럿 허용하는 것은 괜찮은 생각이다. 다음은 새 커스텀 게이트웨이를 정의하고 설치하는 방법을 보여주는 예제다.

```
apiVersion: install.istio.io/v1alpha1
kind: IstioOperator
metadata:
  name: my-user-gateway-install
  namespace: istioinaction
spec:
  profile: empty
  values:
    gateways:
      istio-ingressgateway:
        autoscaleEnabled: false
  components:
    ingressGateways:
    - name: istio-ingressgateway
      enabled: false
    - name: my-user-gateway
      namespace: istioinaction
      enabled: true
      label:
        istio: my-user-gateway
```

다음 istioctl 명령어를 사용해 이 게이트웨이를 배포할 수 있다.

```
$ istioctl install -y -n istioinaction -f ch4/my-user-gateway.yaml
```

이렇게 하면 istioinaction 네임스페이스 전용 새 게이트웨이가 설치된다.

새 인그레스 게이트웨이를 만들 때는 로드 밸런서나 기타 네트워킹 설정으로 클러스터 외부에 노출해야 할 가능성이 높다는 점을 유념하자. 예를 들어 퍼블릭 클라우드에서 게이트웨이를 노출하는 데 LoadBalancer 타입 쿠버네티스 서비스를 사용하면 로드 밸런서마다 비용이 발생한다.

4.5.2 게이트웨이 주입

사용자에게 IstioOperator 리소스(기존 이스티오 설치를 변경할 수 있는)에 대한 전체 접근 권한을 부여하지 않고도 자체 게이트웨이를 만들 수 있게 허용하는 방법은 게이트웨이 주입 gateway injection을 사용하는 것이다. 게이트웨이 주입을 사용하면, 미완성stubbed-out 게이트웨이 디플로이먼트를 배포하고 이스티오가 나머지를 채우는 방식이 된다. 사이드카 주입이 이뤄지는 방식과 비슷하다. 이런 방식으로, 팀에게 미완성 게이트웨이 `Deployment` 리소스를 주고 이스티오가 나머지를 자동 설정하게 할 수 있다. 예시를 보자.

```
apiVersion: apps/v1
kind: Deployment
metadata:
  name: my-user-gateway-injected
  namespace: istioinaction
spec:
  selector:
    matchLabels:
      ingress: my-user-gateway-injected
  template:
    metadata:
      annotations:
        sidecar.istio.io/inject: "true"          ❶
        inject.istio.io/templates: gateway       ❷
      labels:
        ingress: my-user-gateway-injected
    spec:
      containers:
      - name: istio-proxy                        ❸
        image: auto                              ❹
```

❶ 주입 활성화
❷ gateway 템플릿 사용
❸ 반드시 이 이름이어야 한다.
❹ 미완성 이미지

지정된 쿠버네티스 디플로이먼트는 미완성으로, 이스티오가 주입을 수행하는 방법을 지시하는 애노테이션이 있다. 구체적으로는 주입에 사용하는 템플릿을 `gateway` 템플릿으로 설정한다. `istio-system` 네임스페이스에서 `istio-sidecar-injector configmap`에서 사용할 수 있는 템플릿을 볼 수 있다.

이 미완성 게이트웨이를 적용해보자.

```
$ kubectl apply -f ch4/my-user-gw-injection.yaml

deployment.apps/my-user-gateway-injected created
service/my-user-gateway-injected created
role.rbac.authorization.k8s.io/my-user-gateway-injected-sds created
rolebinding.rbac.authorization.k8s.io/my-user-gateway-injected-sds created
```

istioinaction 네임스페이스에 있는 파드를 살펴보면, 이스티오 주입이 완전한 게이트웨이를 채워넣은 것을 볼 수 있다.

4.5.3 인그레스 게이트웨이 액세스 로그

프록시에서 일반적인 기능은 처리하는 모든 요청을 기록하는 것이다. 이 액세스 로그는 문제 해결에 유용하다. 이스티오의 프록시(엔보이)도 액세스 로그를 만들 수 있다. 데모 설치 프로필에서는 인그레스 게이트웨이와 서비스 프록시가 액세스 로그를 표준 출력standard output 스트림에 출력하도록 설정된다. 액세스 로그를 보려면 컨테이너 로그를 출력하기만 하면 된다.

```
kubectl -n istio-system logs deploy/istio-ingressgateway
```

이 명령어는 인그레스 게이트웨이의 액세스 로그를 출력한다. 따라서 앞선 예제들에서 만들어낸 트래픽들의 기록을 볼 수 있다. 기본 프로필을 사용한 운영 환경 이스티오에서는 액세스 로깅이 비활성화돼 있다는 사실을 알면 놀랄 수도 있다. 그러나 표준 출력 스트림으로 출력하도록 accessLogFile 속성을 설정해 이를 변경할 수 있다.

```
$ istioctl install --set meshConfig.accessLogFile=/dev/stdout
```

액세스 로그는 기본적으로 꺼져 있는데, 운영 환경 클러스터에는 수백 또는 수천 개의 워크로드가 있고 각 워크로드가 많은 트래픽을 처리한다는 점을 고려하면 합리적이다. 또한 각 요청은 한 서비스에서 다른 서비스로 여러 홉을 이동하기 때문에 생성되는 액세스 로그량은 어떤 로깅 시스템에든 부담을 줄 수 있다. 더 나은 접근 방식은 관심 있는 워크로드에 대해서만 액세스 로그를 켜는 것이며, 이는 텔레메트리 API(1.12에서 알파 수준으로 새로 추가)를 사용해 가능하다. 예를 들어 인그레스 게이트웨이 워크로드의 액세스 로그만 표시하려면 다음과 같은 텔레메트리 설정을 사용할 수 있다.

```
apiVersion: telemetry.istio.io/v1alpha1
kind: Telemetry
metadata:
  name: ingress-gateway
  namespace: istio-system
spec:
  selector:
    matchLabels:
      app: istio-ingressgateway     ❶
  accessLogging:
  - providers:
    - name: envoy                   ❷
    disabled: false                 ❸
```

❶ 레이블과 일치하는 파드는 텔레메트리 설정을 가져온다.
❷ 액세스 로그를 위한 프로바이더 설정
❸ disabled를 false로 설정해 활성화한다.

이 텔레메트리 정의는 `istio-system` 네임스페이스 내 셀렉터에 일치하는 파드에 액세스 로그를 활성화한다. 이스티오 설치에서 액세스 로그를 표준 출력으로 출력하도록 설정했다면 굳이 설정할 필요는 없다. 모든 워크로드가 이미 콘솔에 출력 중일 것이기 때문이다. 그러나 테스트 목적으로 `disabled` 속성을 `true`로 설정하고 인그레스 게이트웨이가 액세스 로그를 쓰지 않는 것을 관찰할 수는 있다.

이스티오 설정은 텔레메트리, 사이드카, 피어 인증peer authentication 등 여러 범위로 적용할 수 있으며 우선순위가 있다.

- **메시 범위**: 설정이 메시 전체의 워크로드에 적용된다. 메시 범위 설정은 이스티오 설치 네임스페이스에 적용돼야 하며 워크로드 셀렉터workload selector가 없다.
- **네임스페이스 범위**: 설정이 특정 네임스페이스 내의 모든 워크로드에 적용된다. 네임스페이스 범위 설정은 설정하려는 워크로드의 네임스페이스에 적용되며, 역시 워크로드 셀렉터가 없다. 이는 워크로드에 적용된 메시 범위 설정을 모두 덮어 쓴다.
- **워크로드별**: 설정이 적용된 네임스페이스 내에서 워크로드 셀렉터에 해당하는 워크로드에만 적용된다(위 코드 참조). 워크로드별 설정은 메시 범위와 네임스페이스 범위 설정을 덮어 쓴다.

> **|노트|** 이스티오는 기본 프로바이더로 프로메테우스, 스택드라이버, 엔보이를 정의하고 있다. 또한 메시 설정의 ExtensionProvider API를 사용하면 커스텀 프로바이더를 정의할 수 있다(http://mng.bz/REKP).

4.5.4 게이트웨이 설정 줄이기

기본적으로, 이스티오는 모든 프록시가 메시 내의 모든 서비스를 알도록 구성한다. 메시에 서비스가 많다면 데이터 플레인 프록시의 설정이 매우 커질 수 있다. 그리고 설정이 크면 리소스 폭증, 성능 문제, 확장성 문제로 이어질 수 있다. 이 문제를 해결하기 위해 데이터 플레인과 컨트롤 플레인 모두에서 설정을 최적화할 수 있다. `Sidecar` 리소스를 사용해 이 설정을 줄이는 방법은 11장에서 자세히 다룬다.

그러나 `Sidecar` 리소스는 게이트웨이에는 적용되지 않는다. 새 게이트웨이(인그레스 게이트웨이 등)를 배포하면 프록시에는 메시 내 라우팅할 수 있는 서비스가 모두 설정된다. 상술했듯이, 이렇게 하면 설정이 아주 커져 게이트웨이에 부담이 될 수 있다.

요령은 프록시에서 필요 이상의 설정은 제거하고 게이트웨이 관련 설정만 포함되도록 하는 것이다. 최근까지 이 기능은 기본적으로 꺼져 있었는데, 최신 버전에서는 활성화 여부를 확인할 수 있다. 어느 버전이든 다음 설정으로 게이트웨이의 설정 잘라내기를 명시적으로 활성화할 수 있다.

```yaml
apiVersion: install.istio.io/v1alpha1
kind: IstioOperator
metadata:
  name: control-plane
spec:
  profile: minimal
  components:
    pilot:
      k8s:
        env:
        - name: PILOT_FILTER_GATEWAY_CLUSTER_CONFIG
          value: "true"
  meshConfig:
    defaultConfig:
      proxyMetadata:
        ISTIO_META_DNS_CAPTURE: "true"
    enablePrometheusMerge: true
```

이 설정의 핵심은 PILOT_FILTER_GATEWAY_CLUSTER_CONFIG 기능 플래그다. 이 플래그는 게이트웨이 프록시 설정 내에 있는 클러스터를 해당 게이트웨이에 적용한 VirtualService에서 실제로 참조하는 클러스터로만 좁힌다.

다음 장에서는 메시 내 라우팅을 좀 더 강력하게 사용하고자 VirtualService 리소스를 좀 더 폭넓게 이해해본다. 또한 이런 라우팅 제어가 새 배포를 제어하고, 장애를 우회하며, 강력한 테스트 기능을 구현하는 데 어떻게 도움이 되는지 설명한다.

요약

- 인그레스 게이트웨이를 사용하면 어떤 트래픽을 서비스 메시 내로 들일지 세밀하게 제어할 수 있다.
- Gateway 리소스를 사용하면 메시 내로 허용하는 트래픽 종류를 호스트별로 설정할 수 있다.
- 메시 내 여느 서비스와 마찬가지로, 게이트웨이도 VirtualService 리소스로 트래픽을 라우팅한다.

- TLS 모드는 호스트별로 설정할 수 있으며 다음 모드 중 하나를 선택할 수 있다.
    - SIMPLE TLS 모드로 암호화하고 중간자 공격 방지
    - MUTUAL TLS 모드로 서버와 클라이언트 모두 서로를 인증
    - PASSTHROUGH TLS 모드로 암호화된 트래픽을 허용하고 리버스 프록시를 수행
- 이스티오에서 현재 지원하지 않는 L7 프로토콜도 순수 TCP 트래픽으로는 지원한다. 그러나 순수 TCP에서는 재시도, 복잡한 라우팅 등 많은 기능을 사용할 수 없다.
- 게이트웨이 주입으로 각 팀이 자체 게이트웨이를 직접 관리하도록 할 수 있다.

5

트래픽 제어: 세밀한 트래픽 라우팅

5장에서 다루는 내용

- 트래픽 라우팅 기초 이해하기
- 새로운 릴리스 동안의 트래픽 전환하기
- 새로운 릴리스 위험성을 줄이기 위한 트래픽 미러링하기
- 클러스터를 떠나는 트래픽 제어하기

앞 장에서 클러스터로 트래픽을 들이는 방법과 그렇게 할 때 고려해야 할 사항을 살펴봤다. 요청이 클러스터로 들어오면 요청을 처리하는 적절한 서비스로 어떻게 라우팅될까? 클러스터 내부에 있는 서비스는 클러스터 안팎에 있는 서비스와 어떻게 통신하는가? 또한 가장 중요한 마지막 고려 사항으로, 서비스에 변화를 주고 새 버전을 도입할 때 이러한 변화를 우리의 클라이언트와 고객에게 최소한의 중단과 영향으로 안전하게 제공하는 방법은 무엇일까?

앞서 살펴봤듯이, 이스티오 서비스 프록시는 서비스 메시 클러스터 내부의 서비스 간 통신을 가로채 트래픽을 제어할 수 있는 지점을 제공한다. 이스티오를 사용하면 애플리케이션 간 트래픽 흐름을 각 요청 수준까지 세밀하게 제어할 수 있다. 이번 장에서는 왜 그렇

게 해야 하는지, 어떻게 할 수 있는지, 이 기능들을 활용하면 어떤 이점을 얻을 수 있는지 등을 살펴본다.

5.1 새로운 코드 배포의 위험 줄이기

1장에서 ACME사의 시나리오를 소개했다. ACME는 클라우드 플랫폼으로 이전하고 코드 배포의 위험을 줄이는 데 도움이 되는 방식을 채택했다. ACME가 시도한 패턴 중 하나는 애플리케이션에 변화를 도입하는 데 블루/그린 배포를 활용한 것이었다. 그림 5.1에서 보듯이, 블루/그린 배포를 사용한 ACME는 바꾸려는 서비스 v2(그린)를 운영 환경의 v1(블루) 옆에 배포했다.

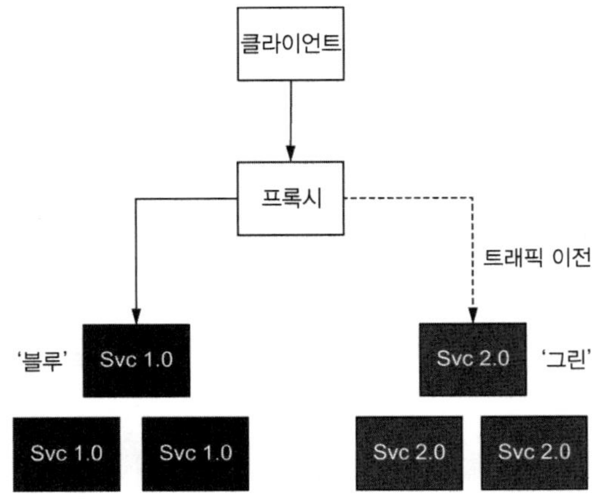

▲ **그림 5.1** 블루/그린 배포에서 블루는 현재 릴리스된 소프트웨어다. 새 소프트웨어를 릴리스할 때 트래픽을 그린 버전으로 전환한다.

ACME가 고객에게 릴리스하고 싶을 때는 트래픽을 v2(그린)로 전환했다. 이 방법은 배포 중 중단을 줄이는 데 도움이 됐는데, 문제가 있을 경우 서비스 v1(블루)으로 돌릴 수 있었기 때문이다.

블루/그린 배포가 도움이 되기는 했지만, 트래픽을 v1에서 v2로 전환할 때는 여전히 모든 코드 변화를 한 번에 릴리스하는 '빅뱅'을 겪어야 했다. 그러므로 배포 위험성을 더 줄일 방법을 살펴봐야 한다. 먼저 '배포(디플로이먼트deployment)'와 '릴리스release'라는 용어의 의미를 명확히 해보자.

5.1.1 배포 vs. 릴리스

가상의 `catalog` 서비스를 사용해 배포와 릴리스 간의 차이를 설명해보자. 현재 `catalog` 서비스 v1이 운영 환경에서 실행 중이라고 하자. `catalog` 서비스에 코드 변경 사항을 도입하려면, CI 시스템으로 빌드하고, 새 버전(v1.1이라고 하자)으로 태그하고, 이를 스테이징 환경에 배포하고 테스트할 것이다. 이 변화를 스테이징에서 검증하고 필요한 승인을 받으면, 새 버전 v1.1을 운영 환경으로 가져올 수 있다.

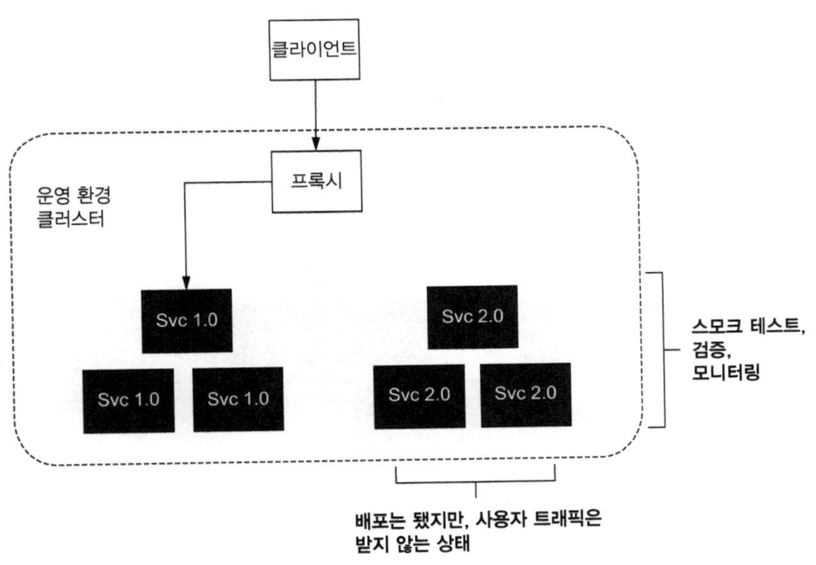

▲ **그림 5.2** 배포란 운영 환경에 설치되지만 실제 운영 환경 트래픽을 받지는 않는 코드다. 배포가 운영 환경에 설치되면 스모크 테스트를 수행하고 검증한다.

운영 환경에 배포할 때는 새 코드를 운영 환경 리소스(서버, 컨테이너 등)에 설치하지만, 트래픽을 보내지는 않는다. 운영 환경에 배포하는 행위는 운영 환경에서 실행 중인 사용자에게 영향을 미치면 안 된다. 어떤 사용자 요청도 받지 않기 때문이다. 이 시점에서는 운영 환경에서 실행 중인 새 배포에 테스트를 실행해 기대대로 작동하는지 검증할 수 있다(그림 5.2 참조). 메트릭과 로그 수집을 활성화했을 것이므로, 이 신호들을 보고 새 배포가 기대한 대로 행동한다고 확신할 수 있다.

일단 운영 환경에 코드를 배포하면, 사용자들에게 어떻게 릴리스할지와 관련해 비즈니스 의사결정을 내릴 수 있다. 코드를 릴리스한다는 말은 실제 트래픽을 새 배포로 가져오는 것을 의미한다. 단, 릴리스가 꼭 한 번에 전부 가야 하는 것은 아니다. 새로운 코드를 운영 환경에 도입하는 위험성을 줄이려면 배포와 릴리스를 분리하는 것이 중요하다. 새로운 소프트웨어는 내부 직원들에게만 먼저 공개하도록 결정할 수도 있다(그림 5.3 참조).

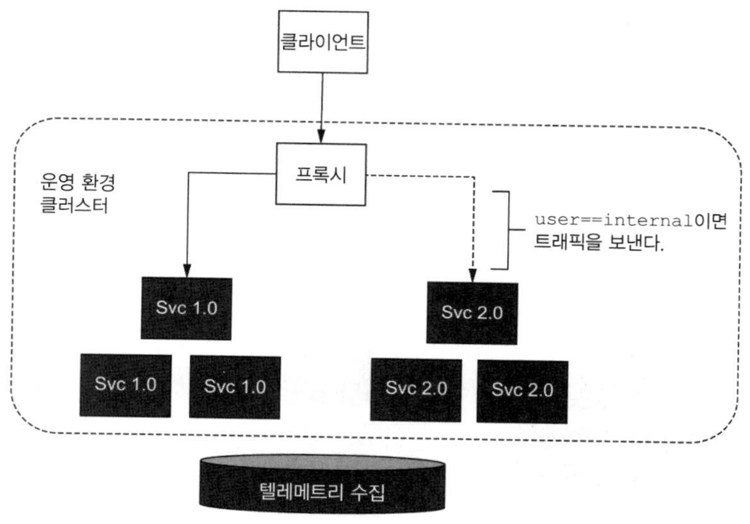

▲ **그림 5.3** 릴리스란 운영 환경 트래픽을 배포로 이관하는 순간을 말하며, 이상적으로는 점진적으로 이뤄져야 한다.

내부 직원들은 트래픽을 제어해 신 버전을 사용할 수 있다. 내부 직원은 소프트웨어의 운영자로서 로그와 메트릭 수집을 활용해 코드 변경 효과가 의도대로인지 관찰하고 검증할 수 있다.

이제 실 트래픽의 대부분은 소프트웨어의 구 버전이 받고, 신 버전은 일부만을 받고 있다. 이 방식을 '카나리한다[canarying]'고 말하거나 '카나리 릴리스[canary release]'라고 부른다(이 표현은 석탄 광산의 '카나리아'에서 유래했다). 기본적으로는 신 버전을 노출할 소수의 사용자 그룹을 선택하고 신 버전이 어떻게 작동하는지 지켜본다. 신 버전이 의도치 않게 동작하면 릴리스를 철회하고 트래픽을 이전 버전으로 되돌릴 수 있다.

코드 변경의 동작과 성능이 괜찮으면 릴리스의 범위를 더 넓힐 수 있다(그림 5.4 참조). 이제 무과금 고객이나 실버 등급 고객(즉, 골드나 플래티넘 대비 우선순위가 낮은 고객)에게 릴리스할 수 있다.

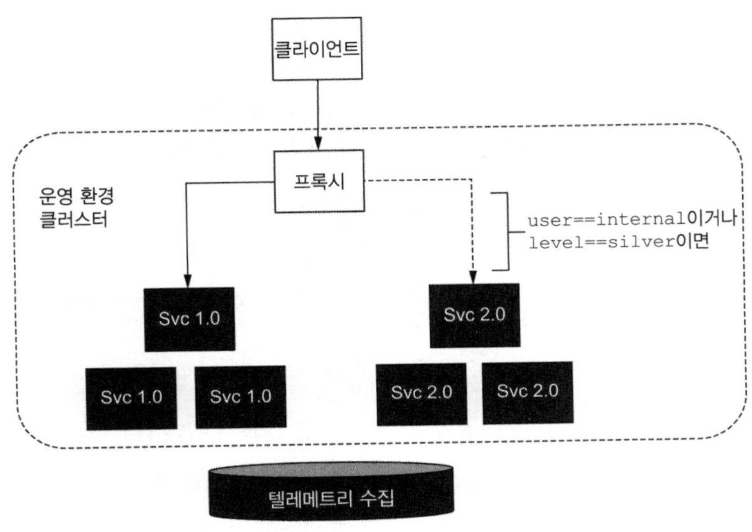

▲ **그림 5.4** 새 배포로 라우팅할 사용자 기준을 넓혀 릴리스를 더 많은 사용자층에게 노출할 수 있다.

새 코드를 모든 고객에게 노출할 때까지는 이렇게 릴리스하고 관찰하는 접근법을 계속 반복한다(그림 5.5 참조). 이 과정 중 어느 시점에라도 실제 사용자 상호작용 중에 새 코드가 예상하고 검증했던 기능이나 동작, 성능을 전달하지 않고 있다는 것을 발견할 수 있다. 이 경우 트래픽을 이전 버전으로 돌려 릴리스를 롤백할 수 있다.

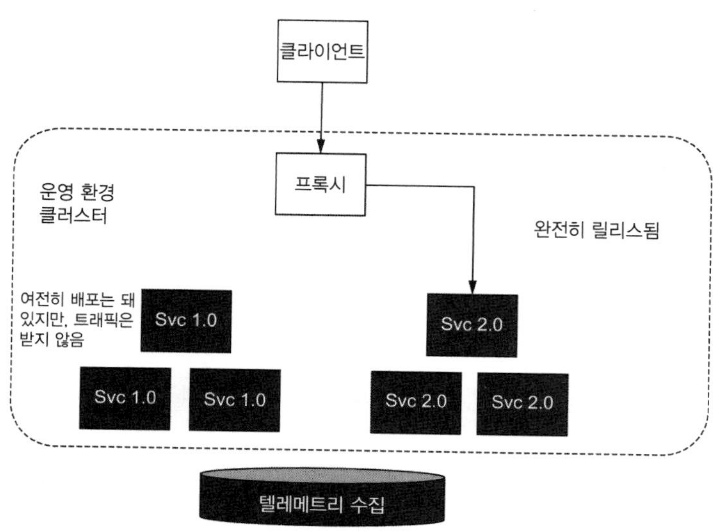

▲ **그림 5.5** 완전히 릴리스될 때까지 트래픽을 계속 새 배포로 옮긴다. 롤백은 트래픽을 원래 배포로 되돌린다.

과거에 ACME는 배포와 릴리스라는 두 개념을 결합했다. 코드 변경을 운영 환경으로 가져오고자, 이 회사는 서비스 구 버전을 신 버전으로 효과적으로 교체하는 롤링 업그레이드를 시작했다. 신 버전은 클러스터에 도입되자마자 운영 환경 트래픽을 받았다. 이 방식은 코드 신 버전뿐 아니라 신 버전에 수반되는 버그나 이슈에도 사용자들을 노출했다.

배포와 릴리스를 분리하면 새 변화를 어떤 사용자들에게, 어떻게 내보일지 정밀하게 제어할 수 있다. 이를 통해 새 코드를 운영 환경에 가져오는 위험성을 줄일 수 있다. 이스티오가 시스템에 들어오는 요청을 기반으로 트래픽을 제어함으로써 릴리스 위험성을 낮추는 데 어떻게 도움이 되는지 살펴보자.

5.2 이스티오로 요청 라우팅하기

2장에서는 이스티오를 활용해 `catalog` 서비스로 흐르는 트래픽을 제어해봤다. 이때 트래픽 라우팅 방법을 지정하는 데는 이스티오 `VirtualService` 리소스를 사용했다. 이제 트래픽 라우팅 제어가 어떻게 작동하는 것인지 자세히 살펴보자. 요청의 헤더를 평가하고, 그 콘텐츠에 따라 요청의 라우팅을 제어할 것이다. 이 방법으로 특정 사용자들에게만 배포를 제공할 수 있는데, 이것이 다크 런치dark launch라는 기법이다. 다크 런치에서 대다수의 사용자는 잘 작동한다고 알려진 버전으로 보내고, 특정 사용자 집단만 신 버전으로 보낸다. 따라서 모든 사용자에게 영향을 주지 않고 특정 집단에만 통제된 방식으로 신기능을 노출할 수 있다.

5.2.1 작업 공간 청소

깊이 파고들기 전에 백지 상태에서 시작할 수 있도록 환경부터 청소해본다. 이미 쿠버네티스 클러스터의 `istioinaction` 네임스페이스에 있는 것이 아니면, 이렇게 `istioinaction` 네임스페이스로 전환하자.

```
$ kubectl config set-context $(kubectl config current-context) \
 --namespace=istioinaction
```

이제 모든 리소스를 청소하자.

```
$ kubectl delete deployment,svc,gateway,\
virtualservice,destinationrule --all -n istioinaction
```

5.2.2 catalog 서비스 v1 배포하기

`catalog` 서비스 v1을 배포해보자. 이 책 소스 코드의 루트에서 다음 명령어를 실행하자.

```
$ kubectl apply -f services/catalog/kubernetes/catalog.yaml

serviceaccount/catalog created
service/catalog created
deployment.extensions/catalog created
```

시작할 때까지 조금 기다리자. 다음 명령어로 진행 상황을 지켜볼 수 있다.

```
$ kubectl get pod -w

NAME                     READY   STATUS    RESTARTS   AGE
catalog-98cfcf4cd-xnv79  2/2     Running   0          33s
```

이 시점에서는 클러스터 내에서만 catalog 서비스에 접근할 수 있다. catalog 서비스에 접근할 수 있는지, catalog 서비스가 올바르게 응답하는지를 다음 명령어로 확인하자.

```
$  kubectl run -i -n default --rm --restart=Never dummy \
--image=curlimages/curl --command -- \
sh -c 'curl -s http://catalog.istioinaction/items'
```

이제 catalog 서비스를 클러스터 외부에 위치한 클라이언트에게 노출해본다. 4장에서 배운 것을 떠올리면서, 이스티오 Gateway 리소스를 사용해 한번 해보자(사용하고 있는 도메인은 catalog.istioinaction.io이다).

```
apiVersion: networking.istio.io/v1alpha3
kind: Gateway
metadata:
  name: catalog-gateway
spec:
  selector:
    istio: ingressgateway
  servers:
  - port:
      number: 80
      name: http
      protocol: HTTP
    hosts:
    - "catalog.istioinaction.io"
```

다음 명령어를 실행하자.

```
$  kubectl apply -f ch5/catalog-gateway.yaml

gateway.networking.istio.io/catalog-gateway created
```

다음으로, 4장에서 봤던 것처럼 트래픽을 catalog 서비스로 라우팅하는 VirtualService 리소스를 만들어야 한다. VirtualService 리소스는 다음과 같다.

```
apiVersion: networking.istio.io/v1alpha3
kind: VirtualService
metadata:
  name: catalog-vs-from-gw
spec:
  hosts:
  - "catalog.istioinaction.io"
  gateways:
  - catalog-gateway
  http:
  - route:
    - destination:
        host: catalog
```

이 VirtualService를 만들자.

```
$ kubectl apply -f ch5/catalog-vs.yaml

virtualservice.networking.istio.io/catalog-vs-from-gw created
```

이제 이스티오 게이트웨이를 호출해 클러스터 외부에서 catalog 서비스에 접근할 수 있다. 이스티오 인그레스 게이트웨이를 localhost:80으로 게시하는 도커 데스크톱을 사용하고 있으므로, 다음 명령어를 실행할 수 있다.

```
$ curl http://localhost/items -H "Host: catalog.istioinaction.io"
```

클러스터 내부에서 서비스를 호출할 때와 동일한 결과가 보여야 한다. 이 경우, 클러스터 외부에서 게이트웨이를 거쳐 catalog 서비스를 호출하고 있다(그림 5.6 참조).

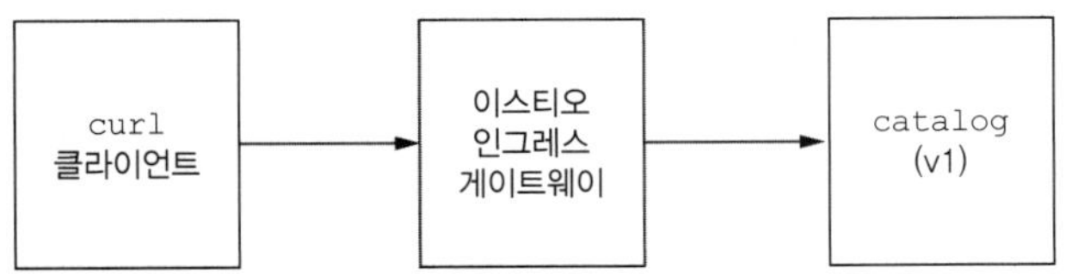

▲ **그림 5.6** 이 초기 예시에서는 게이트웨이를 통해 catalog 서비스를 직접 호출하고 있다.

5.2.3 catalog 서비스 v2 배포하기

이스티오의 트래픽 제어 기능을 보기 위해 catalog 서비스 v2를 배포해보자. 다음 명령어는 현재 위치가 소스 코드 루트 디렉터리라고 전제하고 있다.

```
$ kubectl apply -f services/catalog/kubernetes/catalog-deployment-v2.yaml

deployment.extensions/catalog-v2 created
```

클러스터 내 파드를 나열하자.

```
$ kubectl get pod

NAME                          READY     STATUS    RESTARTS   AGE
catalog-98cfcf4cd-xnv79       2/2       Running   0          14m
catalog-v2-598b8cfbb5-6vw84   2/2       Running   0          36s
```

catalog 서비스를 여러 번 호출하면 일부 응답에는 추가적인 필드가 있다. v2 응답에는 imageUrl이라는 필드가 있는 반면, v1 응답에는 없다.

```
$ for in in {1..10}; do curl http://localhost/items \
-H "Host: catalog.istioinaction.io"; printf "\n\n"; done

[
  {
    "id": 0,
    "color": "teal",
    "department": "Clothing",
    "name": "Small Metal Shoes",
    "price": "232.00",
    "imageUrl": "http://lorempixel.com/640/480"
  }
]
[
  {
    "id": 0,
    "color": "teal",
    "department": "Clothing",
```

```
    "name": "Small Metal Shoes",
    "price": "232.00"
  }
]
```

5.2.4 모든 트래픽을 catalog 서비스 v1으로 라우팅하기

2장에서 했던 것처럼 모든 트래픽을 catalog 서비스의 v1으로 라우팅해보자. 이것이 다크 런치를 시작하기 전의 일반적인 트래픽 패턴이다. 어느 워크로드가 v1이고 어느 것이 v2인지 식별할 수 있도록 이스티오에게 힌트를 줘야 한다. catalog 서비스 v1의 쿠버네티스 Deployment 리소스에서는 레이블 app: catalog와 version: v1을 사용한다. catalog v2 디플로이먼트에서는 레이블 app: catalog와 version: v1을 사용한다. 이스티오에게는 이렇게 다른 버전들을 부분집합[subset]으로 지정하는 DestinationRule을 만들어준다.

```
apiVersion: networking.istio.io/v1alpha3
kind: DestinationRule
metadata:
  name: catalog
spec:
  host: catalog
  subsets:
  - name: version-v1
    labels:
      version: v1
  - name: version-v2
    labels:
      version: v2
```

이 DestinationRule을 만들어보자. 다음을 실행한다.

```
$  kubectl apply -f ch5/catalog-dest-rule.yaml

destinationrule.networking.istio.io/catalog created
```

이제 이스티오에 catalog 서비스의 버전들을 분리하는 방법을 지정했으므로, VirtualService를 업데이트해 모든 트래픽을 catalog v1으로 라우팅하자.

```
apiVersion: networking.istio.io/v1alpha3
kind: VirtualService
metadata:
  name: catalog-vs-from-gw
spec:
  hosts:
  - "catalog.istioinaction.io"
  gateways:
  - catalog-gateway
  http:
  - route:
    - destination:
        host: catalog
        subset: version-v1     ❶
```

❶ 부분집합 명시

이 VirtualService를 업데이트하자.

```
$  kubectl apply -f ch5/catalog-vs-v1.yaml

virtualservice.networking.istio.io/catalog-vs-from-gw configured
```

이제 catalog 서비스를 호출하면 v1 응답만 표시된다.

```
$  for i in {1..10}; do curl http://localhost/items \
-H "Host: catalog.istioinaction.io"; printf "\n\n"; done
```

이 시점에서 모든 트래픽은 그림 5.7처럼 catalog 서비스 v1으로 라우팅된다. 이제 특정 요청들을 통제된 방식으로 v2로 라우팅하고 싶다고 하자. 다음 절에서 그 방법을 살펴본다.

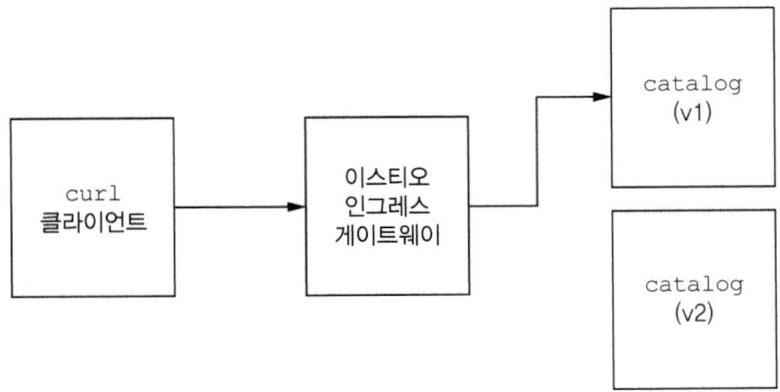

▲ **그림 5.7** 모든 트래픽을 catalog v1으로 라우팅하기

5.2.5 특정 요청을 v2로 라우팅하기

HTTP 헤더 `x-istio-cohort: internal`을 포함한 트래픽은 catalog v2로 보내고 싶다. 이 요청 라우팅은 이스티오 `VirtualService` 리소스에서 다음과 같이 지정할 수 있다.

```
apiVersion: networking.istio.io/v1alpha3
kind: VirtualService
metadata:
  name: catalog-vs-from-gw
spec:
  hosts:
  - "catalog.istioinaction.io"
  gateways:
  - catalog-gateway
  http:
  - match:
    - headers:
        x-istio-cohort:
          exact: "internal"
    route:
    - destination:
        host: catalog
        subset: version-v2
  - route:
    - destination:
        host: catalog
        subset: version-v1
```

이 VirtualService를 업데이트해보자.

```
$ kubectl apply -f ch5/catalog-vs-v2-request.yaml

virtualservice.networking.istio.io/catalog-vs-from-gw configured
```

서비스를 호출하면 여전히 v1 응답이 보인다. 그렇지만 요청에 x-istio-cohort: internal 헤더를 포함해 보내면, 그림 5.8처럼 catalog 서비스 v2로 라우팅되고 기대했던 응답을 볼 수 있다.

```
$ curl http://localhost/items \
-H "Host: catalog.istioinaction.io" -H "x-istio-cohort: internal"
```

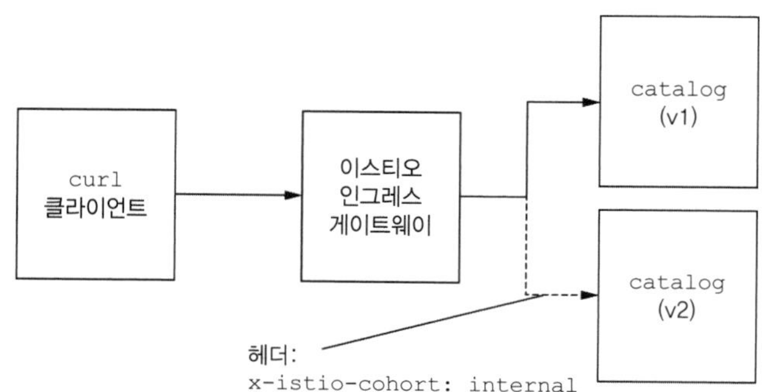

▲ **그림 5.8** 특정 콘텐츠가 담긴 요청 정밀 라우팅

5.2.6 호출 그래프 내 깊은 위치에서 라우팅

지금까지 이스티오를 사용해 요청을 라우팅하는 방법을 살펴봤지만, 라우팅 수행 위치가 에지/게이트웨이뿐이었다. 이런 트래픽 규칙은 호출 그래프 내 깊은 곳에도 적용할 수 있다(그림 5.9 참조). 2장에서 이 작업을 수행했으므로, 프로세스를 다시 만들고 기대대로 동작하는지 확인해보자.

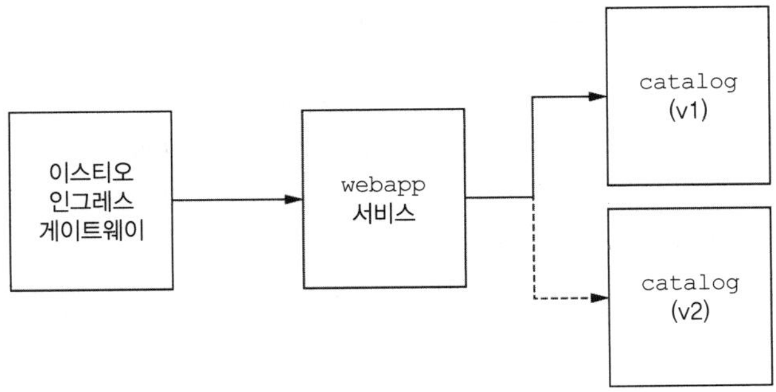

▲ **그림 5.9** 호출 그래프 내 깊은 위치에서 수행하는 특정 콘텐츠가 담긴 요청 정밀 라우팅

|**노트**| 이스티오의 라우팅 기능은 엔보이의 기능에서 나온다. 요청별 라우팅의 경우, x-istio-cohort를 사용하는 이 예제처럼 애플리케이션이 주입한 헤더를 사용하거나 Agent와 같이 알려진 헤더 또는 쿠키 값에 의존할 수도 있다. 실제로는 의사결정 엔진을 사용해 어떤 헤더를 삽입할지 결정하고 이후 라우팅 결정을 내릴 수도 있다.

먼저 istioinaction 네임스페이스에서 모든 이스티오 리소스를 제거하자.

```
$ kubectl delete gateway,virtualservice,destinationrule --all
```

webapp 및 catalog 서비스(그리고 webapp으로 트래픽을 보내는 이스티오 게이트웨이)로 2장에서 사용했던 아키텍처를 복원해보자.

```
$ kubectl apply -f \
services/webapp/kubernetes/webapp.yaml

serviceaccount/webapp created
service/webapp created
deployment.extensions/webapp created
```

이제 webapp 서비스로 라우팅하는 이스티오 인그레스 게이트웨이를 준비하자.

```
$ kubectl apply -f services/webapp/istio/webapp-catalog-gw-vs.yaml

gateway.networking.istio.io/coolstore-gateway created
virtualservice.networking.istio.io/webapp-virtualservice created
```

파드가 제대로 나타날 때까지 기다리자.

```
$ kubectl get pod -w

NAME                          READY   STATUS    RESTARTS   AGE
catalog-98cfcf4cd-tllnl       2/2     Running   0          13m
catalog-v2-598b8cfbb5-5m65c   2/2     Running   0          28s
webapp-86b9cf46d6-5vzrg       2/2     Running   0          13m
```

다시 webapp 서비스를 호출하면, catalog에 직접 접근할 때 봤던 것처럼 v1 및 v2 응답이 번갈아 표시돼야 한다.

```
$ curl -H "Host: webapp.istioinaction.io" http://localhost/api/catalog
```

모든 트래픽을 catalog 서비스 v1으로 라우팅하는 VirtualService와 DestinationRule 리소스를 만들어보자.

```
$ kubectl apply -f ch5/catalog-dest-rule.yaml
destinationrule.networking.istio.io/catalog created

$ kubectl apply -f ch5/catalog-vs-v1-mesh.yaml
virtualservice.networking.istio.io/catalog created
```

이제 webapp 서비스 엔드포인트를 다시 호출하면 v1 catalog 응답만 보여야 한다.

```
$ curl http://localhost/api/catalog -H "Host: webapp.istioinaction.io"
```

마지막으로, x-istio-cohort 헤더가 존재하고 값이 internal인지에 따라 라우팅을 결정하는 요청 기반 라우팅을 추가한다.

```yaml
apiVersion: networking.istio.io/v1alpha3
kind: VirtualService
metadata:
  name: catalog
spec:
  hosts:
  - catalog
  gateways:
    - mesh       ❶
  http:
  - match:
    - headers:
        x-istio-cohort:
          exact: "internal"
    route:
    - destination:
        host: catalog
        subset: version-v2
  - route:
    - destination:
        host: catalog
        subset: version-v1
```

❶ VirtualService는 메시의 모든 사이드카에 적용된다.

VirtualService를 업데이트하자.

```
$ kubectl apply -f ch5/catalog-vs-v2-request-mesh.yaml
```

x-istio-cohort 헤더를 전달하면, 트래픽이 catalog 서비스 v2로 도달하는 것을 호출 그래프에서 볼 수 있다.

```
$ curl http://localhost/api/catalog -H "Host: webapp.istioinaction.io" \
-H "x-istio-cohort: internal"
```

5.3 트래픽 전환

이 절에서는 배포를 '카나리'하거나 점진적으로 릴리스하는 또 다른 방법을 살펴본다. 이전 절에서는 헤더 비교에 기반해 특정 사용자 그룹에 다크 런치를 수행하는 라우팅을 살펴봤다. 이 절에서는 가중치를 기반으로 특정 서비스의 여러 버전에 라이브 트래픽을 분배해본다. 예를 들어 catalog 서비스 v2를 내부 직원에게 다크 런치했고 이 버전을 모두에게 천천히 릴리스하고 싶다면, v2의 라우팅 가중치를 10%로 지정할 수 있다. catalog로 향하는 전체 트래픽의 10%는 v2로 가고 90%는 여전히 v1으로 갈 것이다. 이렇게 하면, 전체 트래픽 중 얼마만큼이 v2 코드에 부정적 영향을 받을지 제어함으로써 릴리스의 위험성을 더욱 줄일 수 있다.

다크 런치와 마찬가지로 서비스에 오류가 있는지 모니터링하고 관찰하려고 하며, 문제가 있으면 릴리스를 롤백하려고 한다. 이 경우, 롤백은 catalog v2 서비스로 가는 트래픽 가중치를 줄이는 것만큼(필요한 경우 다시 0%까지) 간단하다. 이스티오로 가중치 기반의 트래픽 전환을 수행하는 방법을 살펴보자.

이전 절부터 다음 서비스가 실행 중이다(catalog v1, v2 포함).

```
$ kubectl get pod

NAME                           READY   STATUS    RESTARTS   AGE
webapp-86b9cf46d6-5vzrg        2/2     Running   58         12h
catalog-98cfcf4cd-tllnl        1/2     Running   60         12h
catalog-v2-598b8cfbb5-5m65c    1/2     Running   58         11h
```

모든 트래픽을 catalog 서비스 v1으로 재설정하자.

```
$ kubectl apply -f ch5/catalog-vs-v1-mesh.yaml

virtualservice.networking.istio.io/catalog configured
```

서비스를 호출하면, 예상대로 v1 응답만 보인다.

```
$ for i in {1..10}; do curl http://localhost/api/catalog \
-H "Host: webapp.istioinaction.io"; done
```

트래픽 중 10%를 catalog v2로 라우팅해보자.

```
apiVersion: networking.istio.io/v1alpha3
kind: VirtualService
metadata:
  name: catalog
spec:
  hosts:
  - catalog
  gateways:
  - mesh
  http:
  - route:
    - destination:
        host: catalog
        subset: version-v1
      weight: 90            ❶
    - destination:
        host: catalog
        subset: version-v2
      weight: 10            ❷
```

❶ 대부분의 트래픽은 v1으로 이동한다.
❷ 일부 트래픽은 v2로 이동한다.

이제 catalog 라우팅을 업데이트하겠다.

```
$  kubectl apply -f ch5/catalog-vs-v2-10-90-mesh.yaml

virtualservice.networking.istio.io/catalog configured
```

서비스를 호출하면 대략 호출 10개 중 하나는 v2 응답을 받는다.

```
$  for i in {1..100}; do curl -s http://localhost/api/catalog \
-H "Host: webapp.istioinaction.io"  \
| grep -i imageUrl; done | wc -l
```

이 명령어는 /api/catalog 엔드포인트를 100번 호출한다. 명령어를 반환할 때 응답 10

개(100개의 10%) 정도가 화면에 표시돼야 한다.

트래픽을 반반으로 나누고 싶다면, 라우팅 가중치만 업데이트하면 된다.

```
apiVersion: networking.istio.io/v1alpha3
kind: VirtualService
metadata:
  name: catalog
spec:
  hosts:
  - catalog
  gateways:
    - mesh
  http:
  - route:
    - destination:
        host: catalog
        subset: version-v1
      weight: 50
    - destination:
        host: catalog
        subset: version-v2
      weight: 50
```

이어서 다음을 실행한다.

```
$  kubectl apply -f ch5/catalog-vs-v2-50-50-mesh.yaml

virtualservice.networking.istio.io/catalog configured
```

서비스를 다시 호출해보자.

```
$  for i in {1..100}; do curl -s http://localhost/api/catalog \
-H "Host: webapp.istioinaction.io"  \
| grep -i imageUrl; done | wc -l
```

해당 명령에서 반환한 값이 약 50이다. 이는 백엔드 catalog 서비스 v2에서 응답을 반환한 호출이 대략 절반임을 의미한다.

각 서비스 버전의 트래픽 가중치를 1에서 100 사이로 바꿀 수 있지만, 가중치 총합은 반드시 100이어야 한다. 그렇지 않으면 예기치 못한 트래픽 라우팅이 발생할 수 있다. v1, v2 외 다른 버전이 있을 경우, `DestinationRule`에서 `subset`으로 선언해야 한다는 것도 유념하자. 예시로는 ch5/catalog-dest-rule.yaml을 참조하자.

이 절에서는 여러 버전 사이에서 트래픽을 단계적으로 옮기는 작업을 수작업으로 수행했다. 이상적으로는 이 트래픽 전환을 어떤 도구나 CI/CD 파이프라인의 배포 파이프라인에서 자동화하고 싶다. 다음 절에서는 이런 카나리 릴리스 프로세스 자동화를 돕는 도구를 살펴본다.

|경고| 소프트웨어 새 버전을 천천히 출시할 때는 구 버전과 신 버전을 모두 모니터링하고 관찰해 안정성, 성능, 정확성 등을 확인해야 한다. 문제를 발견하면 가중치를 변경해 구 버전으로 쉽게 롤백할 수 있다. 이 방식을 사용할 때는 여러 버전을 동시에 실행할 수 있도록 서비스를 구축해야 한다는 점도 명심하자. 서비스가 더 많은 상태를 갖고 있을수록(심지어 외부 상태에 의존한다 하더라도) 이런 작업은 더 어려워질 수 있다. 이 주제에 대한 자세한 내용은 우리의 블로그 포스트(http://bit.ly/2NSE2gf와 http://bit.ly/2oJ86jc)를 참조하자.

5.3.1 Flagger로 카나리 릴리스하기

이전 절에서 본 것처럼 이스티오는 트래픽 라우팅을 제어하는 강력한 기능을 운영자에게 제공하지만, 라우팅 변경과 새로운 설정 적용은 CLI에서 수동으로 해야 했다. 또한 여러 버전의 설정을 만들었기 때문에 작업도 더 많았고 설정이 잘못될 가능성도 있었다.

수백 개의 릴리스가 동시에 진행될 수도 있으므로, 카나리를 수행할 때 사람에 의한 이와 같은 수작업을 피하길 원하며 실수 가능성도 줄이고 싶다. Flagger(https://flagger.app) 같은 것을 사용하면 서비스 릴리스를 자동화할 수 있다. Flagger는 스테판 프로단Stefan Prodan이 만든 카나리 자동화 도구로, 릴리스를 어떻게 수행할지, 언제 더 많은 사용자에게 릴리스를 개방할지, 릴리스가 문제를 일으킬 경우 언제 롤백할지 등에 관련된 파라미터를 지정할 수 있다. Flagger는 릴리스를 수행하는 데 필요한 적절한 설정을 모두 만든다.

이스티오와 Flagger를 함께 사용하는 방법을 살펴보자. 이전 절에서는 `catalog-v2`와 트래픽 라우팅을 명시적으로 제어하는 VirtualService를 배포했다. 이 둘을 제거하고 Flagger가 라우팅과 배포 변경을 처리하게 하자.

```
$ kubectl delete vs catalog
virtualservice.networking.istio.io "catalog" deleted

$ kubectl delete deploy catalog-v2
deployment.apps "catalog-v2" deleted

$ kubectl delete service catalog
service "catalog" deleted

$ kubectl delete destinationrule catalog
destinationrule.networking.istio.io "catalog" deleted
```

Flagger는 서비스 상태를 판단할 때 메트릭에 의존하며, 카나리 릴리스를 사용할 때 특히 그렇다. Flagger가 성공 메트릭을 사용하려면 프로메테우스를 설치해 이스티오 데이터 플레인을 수집하게 해야 한다. 이 책의 예제를 따라오고 있다면, 프로메테우스 샘플이 이미 설치돼 있을 것이다. 설치돼 있지 않다면, 이스티오에 동봉된 프로메테우스 애드온을 바로 설치하자.

```
$ kubectl apply -f istio-1.13.0/samples/addons/prometheus.yaml \
  -n istio-system
```

다음으로는 Flagger를 설치하려고 한다. Flagger를 설치할 때는 helm을 사용하므로, 시스템 경로에 Helm 3.x가 있는지 확인하자.

```
$ helm repo add flagger https://flagger.app
$ kubectl apply -f \
https://raw.githubusercontent.com/fluxcd/\
flagger/main/artifacts/flagger/crd.yaml

$ helm install flagger flagger/flagger \
    --namespace=istio-system \
    --set crd.create=false \
    --set meshProvider=istio \
    --set metricsServer=http://prometheus:9090
```

|**노트**| 더 완전한 설치 단계와 옵션에 대해 알고 싶다면 Flagger 문서(https://docs.flagger.app/install/flagger-install-on-kubernetes)를 참조하자.

설치 후에는 istio-system 네임스페이스에 프로메테우스와 Flagger 배포가 보여야 한다.

```
$ kubectl get po -n istio-system
NAME                                  READY  STATUS   RESTARTS  AGE
flagger-6764c647ff-w6jqz              1/1    Running  0         27h
istio-ingressgateway-7576658c9b-vcx7n 1/1    Running  0         5d4h
istiod-c85d85ddd-vtrlz                1/1    Running  0         7d21h
prometheus-7d76687994-nh9bf           2/2    Running  0         27h
```

우리는 리스트 5.1에 보이는 것처럼 Flagger Canary 리소스를 사용해 카나리 릴리스의 파라미터를 지정하고, Flagger가 적절한 리소스를 만들어 이 릴리스를 주관하게 할 것이다.

리스트 5.1 카나리 자동화를 설정하기 위한 Flagger Canary 리소스

```
apiVersion: flagger.app/v1beta1
kind: Canary
metadata:
  name: catalog-release
  namespace: istioinaction
spec:
  targetRef:                    ❶
    apiVersion: apps/v1
    kind: Deployment
    name: catalog
  progressDeadlineSeconds: 60
  # Service / VirtualService 설정
  service:                      ❷
    name: catalog
    port: 80
    targetPort: 3000
    gateways:
    - mesh
    hosts:
    - catalog
```

```
  analysis:                    ❸
    interval: 45s
    threshold: 5
    maxWeight: 50
    stepWeight: 10
    metrics:
    - name: request-success-rate
      thresholdRange:
        min: 99
      interval: 1m
    - name: request-duration
      thresholdRange:
        max: 500
      interval: 30s
```

❶ 카나리 대상 디플로이먼트
❷ 서비스용 설정
❸ 카나리 진행 파라미터

이 Canary 리소스에서는 어떤 쿠버네티스 Deployment가 카나리 대상인지, 어떤 쿠버네티스 Service와 이스티오 VirtualService가 자동으로 만들어져야 하는지, 카나리를 어떻게 진행해야 하는지 등을 지정한다. Canary 리소스의 마지막 부분은 카나리를 얼마나 빨리 진행할지, 생존을 판단하기 위해 지켜볼 메트릭이 무엇인지, 성공을 판단할 임계값은 얼마인지를 기술하고 있다. 45초마다 카나리의 각 단계를 평가하고, 단계별로 트래픽을 10%씩 늘린다. 트래픽이 50%에 도달하면 100%로 바꾼다.

성공률 메트릭의 경우 1분 동안의 성공률이 99% 이상이어야 한다. 또한 P99(상위 99%) 요청 시간은 500ms까지 허용한다. 이 메트릭들이 연속으로 5회를 초과해 지정한 범위와 다르면, 카나리를 중단하고 롤백한다.

리스트 5.1의 설정을 적용하고 catalog 서비스를 자동으로 v2로 카나리하는 절차를 시작해보자. ch5 폴더에서 다음을 실행하자.

```
$  kubectl apply -f ch5/flagger/catalog-release.yaml

canary.flagger.app/catalog-release created
```

몇 분 정도 걸릴 수 있지만, 그동안 다음과 같이 카나리 상태를 확인할 수 있다.

```
$ kubectl get canary catalog-release -w
NAME              STATUS        WEIGHT   LASTTRANSITIONTIME
catalog-release   Initializing  0        2021-01-20T22:50:16Z
catalog-release   Initialized   0        2021-01-20T22:51:11Z
```

이 시점에서 Flagger는 Deployment, Service, VirtualService 등 카나리 릴리스를 진행하는 데 필요한 일부 쿠버네티스 리소스를 자동으로 생성했다. 예를 들어 Flagger가 설정한 이스티오 VirtualService를 조사하면 라우팅 규칙에 대한 아이디어를 얻을 수 있다.

다음 명령을 실행하자.

```
$ kubectl get virtualservice catalog -o yaml
```

Flagger는 해당 VirtualService를 자동으로 생성한다.

```
apiVersion: networking.istio.io/v1beta1
kind: VirtualService
metadata:
  name: catalog
  namespace: istioinaction
spec:
  gateways:
  - mesh
  hosts:
  - catalog
  http:
  - route:
    - destination:
        host: catalog-primary
      weight: 100
    - destination:
        host: catalog-canary
      weight: 0
```

이 VirtualService에서 catalog 서비스로 향하는 트래픽이 catalog-primary 서비스로는

100%, catalog-canary로는 0% 라우팅될 것임을 알 수 있다. 지금까지는 기본 설정만 준비했을 뿐 실제 카나리는 수행하지 않았다. Flagger는 원본 디플로이먼트 대상(여기서는 catalog 디플로이먼트)의 변경 사항을 지켜보고, 카나리 디플로이먼트(catalog-canary) 및 서비스(catalog-canary)를 생성하고, VirtualService의 가중치를 조정한다.

이제 catalog v2를 도입하고 Flagger가 어떻게 릴리스에서 이를 자동화하는지, 어떻게 메트릭에 기반해 의사결정을 내리는지 살펴보자. 또한 Flagger가 정상 메트릭 기준선을 가질 수 있도록 이스티오를 통해 서비스에 대한 부하를 만들어보자. 새 터미널 창에서 다음을 실행해 서비스 호출을 반복한다.

```
$  while true; do curl "http://localhost/api/catalog" \
-H "Host: webapp.istioinaction.io" ; sleep 1; done
```

이어서 다음 명령을 실행해 catalog-v2 서비스를 배포하자.

```
$  kubectl apply -f ch5/flagger/catalog-deployment-v2.yaml
deployment.apps/catalog configured
```

다음 명령어로 카나리 진척 과정을 지켜볼 수 있다.

```
$  kubectl get canary catalog-release -w
```

카나리가 진행되고 가중치가 catalog-v2로 이동하는 동안, VirtualService 리소스 설정을 확인해 트래픽 전환이 예상대로 이뤄지고 있는지 확인할 수 있다.

```
$  kubectl get virtualservice catalog -o yaml
```

Flagger는 VirtualService의 가중치를 제어한다.

```
apiVersion: networking.istio.io/v1beta1
kind: VirtualService
metadata:
  name: catalog
  namespace: istioinaction
spec:
```

```
  gateways:
  - mesh
  hosts:
  - catalog
  http:
  - route:
    - destination:
        host: catalog-primary
      weight: 90
    - destination:
        host: catalog-canary
      weight: 10
```

카나리는 Canary 오브젝트에서 설정한 대로 45초마다 진행될 것이다. 트래픽의 50%가 카나리로 이동할 때까지는 단계별로 10%씩 증가한다. Flagger가 메트릭에 문제가 없고 기준과 차이가 없다고 판단하면, 모든 트래픽이 카나리로 이동해 카나리가 기본 서비스로 승격될 때까지 카나리가 진행된다. 만약 문제가 발생하면, Flagger는 자동으로 카나리 릴리스를 롤백할 것이다.

시간이 지나면, 카나리 상태에 따른 출력은 다음과 같이 보일 것이다.

```
$ kubectl get canary catalog-release -w
NAME              STATUS          WEIGHT   LASTTRANSITIONTIME
catalog-release   Initializing    0        2021-01-20T22:50:16Z
catalog-release   Initialized     0        2021-01-20T22:51:11Z
catalog-release   Progressing     0        2021-01-20T22:58:41Z
catalog-release   Progressing     10       2021-01-20T22:59:26Z
catalog-release   Progressing     20       2021-01-20T23:00:11Z
catalog-release   Progressing     30       2021-01-20T23:00:56Z
catalog-release   Progressing     40       2021-01-20T23:01:41Z
catalog-release   Progressing     50       2021-01-20T23:02:26Z
catalog-release   Promoting       0        2021-01-20T23:03:11Z
catalog-release   Finalising      0        2021-01-20T23:03:56Z
catalog-release   Succeeded       0        2021-01-20T23:04:41Z
```

Flagger를 사용해 이스티오의 API로 카나리 릴리스를 자동 제어함으로써, 리소스를 직접 설정하는 등 설정 오류를 일으킬 수 있는 수작업의 필요성을 없앴다. 또한 Flagger는 다크 런치 테스트, 트래픽 미러링(다음 절에서 설명한다) 등도 할 수 있다. 관련 내용은 웹 사이트(https://flagger.app)를 참고하자.

실습을 정리하고 이 장을 계속 진행할 수 있는 상태로 만들기 위해 Flagger Canary 리소스를 제거하고, catalog 디플로이먼트를 초기 상태로 돌리고, catalog-v2를 별도의 디플로이먼트로 배포해본다.

```
$ kubectl delete canary catalog-release
$ kubectl delete deploy catalog
$ kubectl apply -f services/catalog/kubernetes/catalog-svc.yaml
$ kubectl apply -f services/catalog/kubernetes/catalog-deployment.yaml
$ kubectl apply -f services/catalog/kubernetes/catalog-deployment-v2.yaml
$ kubectl apply -f ch5/catalog-dest-rule.yaml
```

마지막으로, Flagger를 제거하자.

```
$  helm uninstall flagger -n istio-system
```

5.4 위험을 더욱 줄이기: 트래픽 미러링

앞서 살펴본 요청 수준 라우팅과 트래픽 전환이라는 두 가지 기술을 사용하면 릴리스의 위험성을 낮출 수 있다. 두 기술 모두 라이브 트래픽과 요청을 사용하므로, 영향의 파급 범위를 아무리 제어하더라도 사용자에게 영향을 줄 수 있었다.

또 다른 접근법은 운영 환경 트래픽을 새 디플로이먼트로 미러링하는 것으로, 그림 5.10처럼 운영 환경 트래픽을 복사해 고객 트래픽 범위 외부의 새 디플로이먼트로 보내는 것이다. 미러링 방식을 사용하면, 실제 운영 환경 트래픽을 배포로 보냄으로써 사용자에게 영향을 주지 않고 새 코드가 어떻게 동작할지에 대한 실제 피드백을 얻을 수 있다. 이스티오는 트래픽 미러링을 지원하며, 이는 배포 및 릴리스 수행의 위험성을 다른 두 방식보다 훨씬 더 줄일 수 있다. 한번 살펴보자.

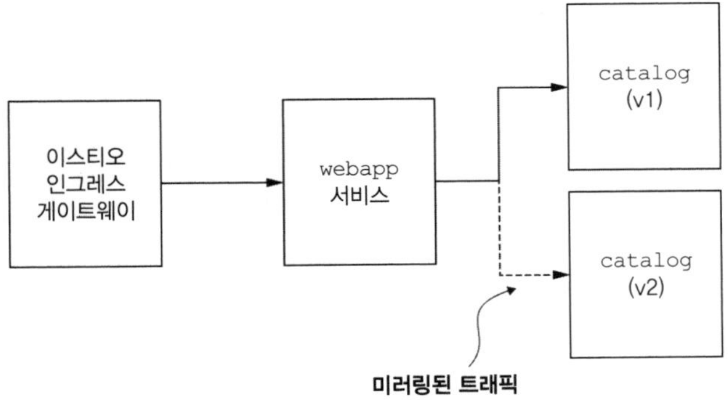

▲ **그림 5.10** 요청 경로 외 대역의 catalog-v2 서비스로 미러링된 트래픽

트래픽을 catalog v2 서비스로 미러링하기 위해 먼저 모든 트래픽을 v1으로 재설정하자. ch5 폴더에서 다음을 실행하자.

```
$  kubectl apply -f ch5/catalog-vs-v1-mesh.yaml
```

이제 미러링을 수행하려면 필요한 VirtualService를 살펴보자.

```
apiVersion: networking.istio.io/v1alpha3
kind: VirtualService
metadata:
  name: catalog
spec:
  hosts:
  - catalog
  gateways:
    - mesh
  http:
  - route:
    - destination:
        host: catalog
        subset: version-v1
      weight: 100
    mirror:                  ❶
      host: catalog
      subset: version-v2     ❷
```

❶ 미러링 부분
❷ catalog 서비스의 부분집합

이 VirtualService는 라이브 트래픽을 전부 catalog 서비스로 보내지만, 동시에 v2로도 미러링한다. 앞서 언급했듯이 미러링은 요청의 복사본을 만들어 미러링된 클러스터(여기서는 catalog-v2)로 전송하는 이른바 '보내고 잊는 방식'으로 수행된다. 미러링된 요청은 실제 요청에는 영향을 줄 수 없는데, 미러링을 수행하는 이스티오 프록시가 미러링된 클러스터에서 오는 응답을 모두(성공이든 실패든) 무시해버리기 때문이다. 이 VirtualService 리소스를 만들어보자.

```
$ kubectl apply -f ch5/catalog-vs-v2-mirror.yaml

virtualservice.networking.istio.io/catalog created
```

이제 서비스로 트래픽을 보내면 catalog 서비스 v1에서만 응답을 받아야 한다.

```
$ curl http://localhost/api/catalog -H "Host: webapp.istioinaction.io"
```

v1 서비스의 로그를 확인해 트래픽을 받고 있는지 확인할 수 있다.

```
$ CATALOG_V1=$(kubectl get pod -l app=catalog -l version=v1 \
-o jsonpath={.items..metadata.name})
$ kubectl logs $CATALOG_V1 -c catalog
```

로그는 다음과 같다.

```
request path: /items
blowups: {}
number of blowups: 0
GET catalog.istioinaction:80 /items 200 502 - 2.363 ms
GET /items 200 2.363 ms - 502
```

catalog v2 서비스의 로그에서도 항목이 보인다.

```
$  CATALOG_V2=$(kubectl get pod -l app=catalog -l version=v2 \
-o jsonpath={.items..metadata.name})
$  kubectl logs $CATALOG_V2 -c catalog

request path: /items
blowups: {}
number of blowups: 0
GET catalog.istioinaction-shadow:80 /items 200 698 - 2.517 ms
GET /items 200 2.517 ms - 698
```

서비스로 보내는 모든 요청은 catalog 서비스 v1뿐만 아니라 v2로도 이동한다. v1으로 향하는 요청이 실제 트래픽이며 우리가 보는 응답이다. v2로도 향하는 요청은 미러링된 것으로, 응답을 기다리지 않는다.

미러링된 트래픽이 catalog v2로 향할 때, Host 헤더가 수정돼 미러링/섀도잉된 트래픽임을 나타낸다는 점에 주목하자. 따라서 Host:catalog:8080 대신 Host:catalog-shadow:8080이 된다. -shadow 접미사가 붙은 요청을 받는 서비스는 그 요청이 미러링된 요청임을 식별할 수 있어 요청을 처리할 때 고려할 수 있다(예를 들어, 응답이 버려질 테니 트랜잭션을 롤백하지 않거나 리소스를 많이 사용하는 호출을 하지 않는 것 등).

트래픽 미러링은 릴리스의 위험성을 낮추는 방법 중 하나다. 요청 라우팅 및 트래픽 전환과 마찬가지로 애플리케이션은 상황을 인지해 실제와 미러링 모드 모두로 동작하거나, 여러 버전으로 동작하거나, 혹은 둘 모두 할 수 있어야 한다. 자세한 내용은 우리의 블로그 게시물(http://bit.ly/2NSE2gf와 http://bit.ly/2oJ86jc)을 참조하자.

5.5 이스티오의 서비스 디스커버리 기능을 사용해 클러스터 외부의 서비스로 라우팅하기

기본적으로, 이스티오는 트래픽이 서비스 메시 밖으로 향하는 것을 허용한다. 예를 들어, 애플리케이션이 서비스 메시가 관리하지 않는 외부의 웹 사이트나 서비스와 통신하려고 시도하면 이스티오는 트래픽이 나가도록 허용한다. 모든 트래픽은 먼저 서비스 메시 사이드카 프록시(이스티오 프록시)를 거치므로 트래픽 라우팅을 제어할 수 있고, 이스티오의 기본 정책을 바꿔 어떤 트래픽도 메시를 떠날 수 없게 거부할 수 있다.

어떤 트래픽도 메시를 떠날 수 없게 막는 것은, 메시 내 서비스나 애플리케이션이 손상됐을 때 악의적인 공격자가 자신의 집으로 연락하는 것을 방지하기 위한 기본적인 심층 방어 태세다. 그렇지만 외부 트래픽이 이스티오를 사용할 수 없게 하는 것만으로는 충분하지 않다. 손상된 파드는 프록시를 우회할 수 있기 때문이다. 그러므로 3계층 및 4계층 보호 같은 추가적인 트래픽 차단 메커니즘을 갖춘 심층 방어 접근법이 필요하다.

예를 들어 취약점 때문에 공격자가 특정 서비스를 제어할 수 있다면, 공격자는 자신이 제어하는 서버에 도달할 수 있도록 코드 주입이나 서비스 조작을 시도할 수 있다. 공격자가 자신이 제어하는 서버에 도달할 수 있고 손상된 서비스를 더 제어할 수 있다면, 회사의 민감 데이터와 지적 재산권을 탈취할 수 있다.

외부 트래픽을 차단하도록 이스티오를 설정해 메시에 간단한 보호 계층을 더해보자(그림 5.11 참조). 다음 명령어를 실행해 이스티오의 기본값을 ALLOW_ANY에서 REGISTRY_ONLY로 바꾸자. 이는 서비스 메시 저장소에 명시적으로 허용된 경우(화이트리스트)에만 트래픽이 메시를 떠나도록 허용하겠다는 의미다.

```
$ istioctl install --set profile=demo \
 --set meshConfig.outboundTrafficPolicy.mode=REGISTRY_ONLY
```

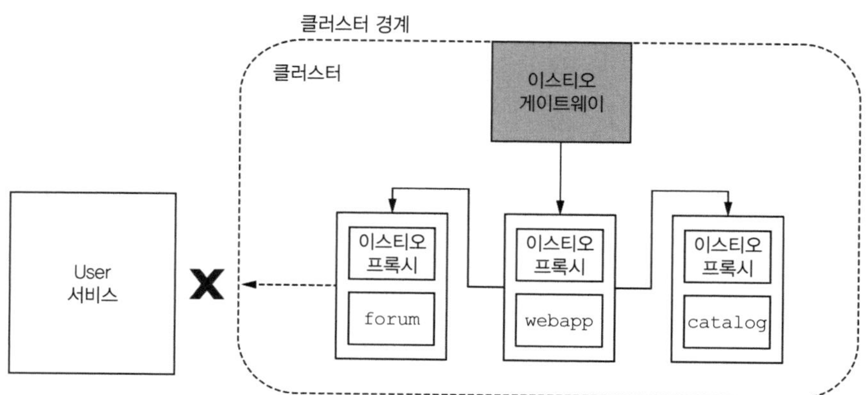

▲ **그림 5.11** 기본적으로는 어떤 트래픽도 서비스 메시를 떠날 수 없도록 하자.

|노트| 여기서는 이스티오 설치를 업데이트해 outboundTrafficPolicy를 REGISTRY_ONLY로 설정하는데, 이 책의 활용이나 실험이 목적이라면 무방하다. 그렇지만 실제 배포에서는 IstioOperator로 이스티오 설치를 바꾸거나 istio-system의 istio configmap을 직접 업데이트하게 될 것이다.

모든 서비스가 서비스 메시 내에 있는 것은 아니므로, 메시 내부의 서비스가 메시 외부의 서비스와 통신할 방법이 필요하다. 메시 외부의 서비스는 기존 HTTP 서비스일 수도 있고, 데이터베이스나 캐시 같은 인프라 서비스일 수도 있다. 이스티오 외부에 위치한 서비스에 대해서도 정교한 라우팅을 구현할 수 있는데, 먼저 `ServiceEntry`라는 개념부터 소개해야 한다.

이스티오는 내부 서비스 저장소를 구축하는데, 여기에는 메시에서 인지하고 접근할 수 있는 모든 서비스가 들어 있다. 이 저장소가 메시 내 서비스가 다른 서비스를 찾는 데 사용할 수 있는 서비스 디스커버리 저장소의 공식적인 표현이라고 생각해도 좋다. 이스티오는 컨트롤 플레인을 배포한 플랫폼을 보고 내부 저장소를 구축한다. 예를 들어 이 책에서는 컨트롤 플레인을 쿠버네티스에 배포하고 있다. 이스티오는 기본 쿠버네티스 API를 사용해 자신의 서비스 카탈로그를 구축한다(쿠버네티스 `Service` 오브젝트 기반, https://kubernetes.io/docs/concepts/services-networking/service 참조). 이는 그림 5.12에서 보여지는 것과 같다. 메시 내부의 서비스가 메시 외부의 서비스와 통신하려면, 이스티오의 서비스 디스커버리 저장소가 이 외부 서비스를 인지하게 해야 한다.

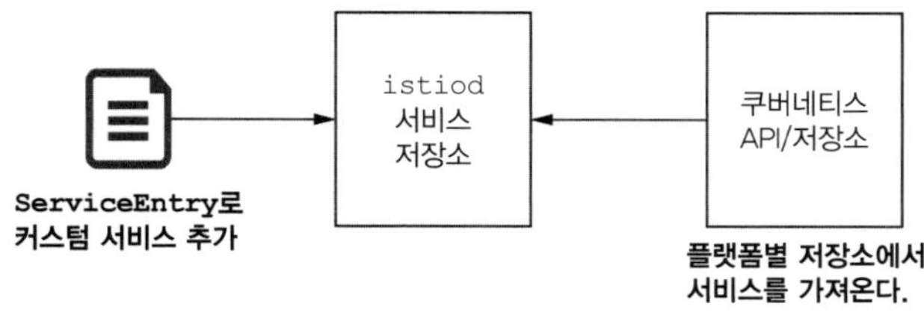

▲ **그림 5.12** 이스티오 서비스 저장소에 외부 서비스를 추가하고 삽입하는 ServiceEntry 리소스를 지정할 수 있다.

우리의 가상 상점에서는 최고의 고객 서비스를 제공하고, 고객이 직접 피드백을 하거나 서로 생각을 나눌 수 있도록 하고 싶다. 이를 위해 서비스 메시 클러스터 외부에 구축하고 배포한 온라인 포럼에 사용자를 연결할 것이다. 여기서 포럼은 jsonplaceholder.typicode.com URL에 있다.

이스티오 `ServiceEntry` 리소스는 이스티오의 서비스 저장소에 항목을 삽입하는 데 사용할 수 있는 저장소 메타데이터를 캡슐화한다. 예제는 다음과 같다.

```
apiVersion: networking.istio.io/v1alpha3
kind: ServiceEntry
metadata:
  name: jsonplaceholder
spec:
  hosts:
  - jsonplaceholder.typicode.com
  ports:
  - number: 80
    name: http
    protocol: HTTP
  resolution: DNS
  location: MESH_EXTERNAL
```

이 `ServiceEntry` 리소스는 항목을 이스티오의 서비스 저장소에 삽입하는데, 이는 메시 내 클라이언트가 호스트 `jsonplaceholder.typicode.com`을 사용해 JSON 플레이스홀더 placeholder를 호출할 수 있음을 명시한다. JSON 플레이스홀더 서비스는 클러스터 외부에 있는 서비스와의 통신을 실험하는 데 사용할 수 있도록 예제 REST API를 노출한다. 이 `ServiceEntry`를 만들기 전에 `jsonplaceholder.typicode.com` REST API를 호출하는 서비스를 설치하고, 이스티오가 실제로 밖으로 나가는 모든 트래픽을 막는지 관찰해보자.

`jsonplaceholder.typicode.com`을 사용하는 예시 포럼 애플리케이션을 설치하려면 이 책 소스 코드의 루트에서 다음 명령어를 실행하자.

```
$ kubectl apply -f services/forum/kubernetes/forum-all.yaml
```

잠시만 기다리자. 출력은 다음과 비슷해야 한다.

```
$ kubectl get pod -w

NAME                          READY   STATUS    RESTARTS   AGE
catalog-b56cf7fdd-4smrk       2/2     Running   0          8m10s
catalog-v2-86854b8c7-blfp7    2/2     Running   0          8m6s
forum-7476c4f789-j5hqg        2/2     Running   0          30s
webapp-f7bdbcbb5-gkvpn        2/2     Running   0          25m
```

메시 안에서 새로운 포럼 서비스를 호출해보자.

```
$ curl http://localhost/api/users -H "Host: webapp.istioinaction.io"

error calling Forum service
```

이 호출을 허용하기 위해 jsonplaceholder.typicode.com 호스트에 이스티오 ServiceEntry 리소스를 만들 수 있다. ServiceEntry 리소스를 만들면 이스티오의 서비스 저장소에 항목이 삽입되고, 서비스 메시가 이를 알 수 있다. ch5 폴더에서 다음을 실행하자.

```
$ kubectl apply -f ch5/forum-serviceentry.yaml

serviceentry.networking.istio.io/jsonplaceholder created
```

이제 포럼 서비스를 다시 호출해보자.

```
$ curl http://localhost/api/users -H "Host: webapp.istioinaction.io"

...

  {
    "id": 10,
    "name": "Clementina DuBuque",
    "username": "Moriah.Stanton",
    "email": "Rey.Padberg@karina.biz",
    "address": {
      "street": "Kattie Turnpike",
      "suite": "Suite 198",
      "city": "Lebsackbury",
```

```
      "zipcode": "31428-2261",
      "geo": {
        "lat": "-38.2386",
        "lng": "57.2232"
      }
    },
    "phone": "024-648-3804",
    "website": "ambrose.net",
    "company": {
      "name": "Hoeger LLC",
      "catchPhrase": "Centralized empowering task-force",
      "bs": "target end-to-end models"
    }
}
```

그림 5.13처럼 호출은 통과되고 사용자 목록을 반환한다.

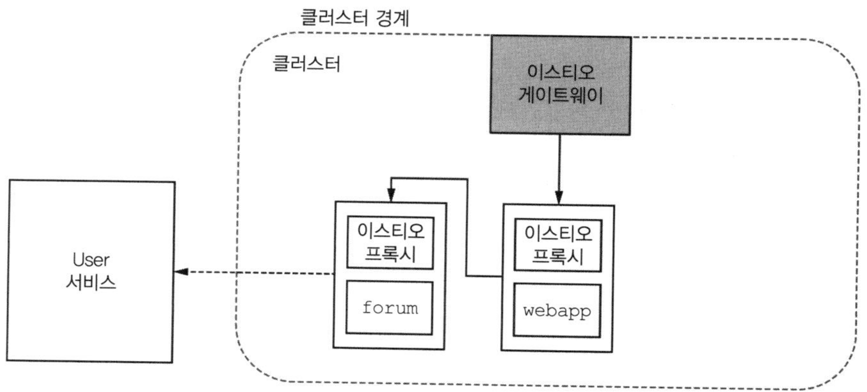

▲ **그림 5.13** ServiceEntry 리소스를 명시적으로 추가하면 서비스 메시 내에서 외부 서비스를 호출할 수 있다.

이 장에서는 트래픽 미러링, 트래픽 전환, 트래픽 라우팅을 사용해 변경 사항을 사용자에게 천천히 도입함으로써 새로운 코드를 배포할 때의 위험을 줄이는 방법을 알아봤다. 다음 장에서는 타임아웃, 재시도, 서킷 브레이커를 구현함으로써 애플리케이션 상호작용을 좀 더 복원력 있게 만드는 것을 살펴본다.

요약

- DestinationRule로 워크로드를 v1, v2 버전과 같이 더 작은 부분집합들로 분리할 수 있다.
- VirtualService는 이런 부분집합을 사용해 트래픽을 세밀하게 라우팅한다.
- VirtualService는 HTTP 헤더 같은 애플리케이션 계층 정보를 기반으로 라우팅 결정을 설정한다. 이 덕분에 베타 테스터 같은 특정 사용자 집합을 서비스의 신 버전으로 보내 테스트하는 다크 런치 기법을 사용할 수 있다.
- 가중치 라우팅(VirtualService 리소스로 설정)을 사용하는 서비스 프록시는 트래픽을 점진적으로 새 배포로 라우팅할 수 있는데, 덕분에 카나리 배포(트래픽 전환이라고도 함) 같은 방법을 사용할 수 있다.
- 트래픽 전환은 Flagger를 사용해 자동화할 수 있다. Flagger는 수집한 메트릭을 사용해 새 배포로 라우팅되는 트래픽을 점진적으로 늘리는 오픈소스 솔루션이다.
- outboundTrafficPolicy를 REGISTRY_ONLY로 설정하면 어떤 트래픽도 클러스터를 떠나지 못하게 함으로써 악의적인 사용자가 외부로 정보를 전송하는 것을 방지할 수 있다.
- outboundTrafficPolicy를 REGISTRY_ONLY로 설정했을 때는 ServiceEntry로 외부로 향하는 트래픽을 허용할 수 있다.

6

복원력: 애플리케이션 네트워킹 문제 해결하기

6장에서 다루는 내용

- 복원력의 중요성 이해하기
- 클라이언트 측 로드 밸런싱 활용하기
- 요청 타임아웃 및 재시도 구현하기
- 서킷 브레이커와 커넥션 풀링 이해하기
- 복원력용 애플리케이션 라이브러리에서 마이그레이션하기

4장에서 다룬 이스티오 인그레스 게이트웨이를 거쳐 클러스터 내부로 트래픽이 들어오게 되면, 트래픽을 요청 수준에서 조작할 수 있고 요청을 정확히 어디로 라우팅할지 제어할 수 있다. 앞 장에서는 가중치 라우팅, 요청 비교 기반 라우팅과 이를 통해 가능해진 릴리스 패턴 유형을 다뤘다. 또한 애플리케이션 오류, 네트워크 파티션, 기타 주요 문제가 발생한 경우에 문제를 우회하는 데도 이 트래픽 제어를 사용할 수 있다.

분산 시스템의 문제는 시스템이 이따금 예측할 수 없는 방식으로 실패하며 수작업으로 트래픽 전환 조치를 할 수 없다는 것이다. 따라서 문제가 발생했을 때 애플리케이션이 스스로 대응할 수 있도록 애플리케이션에 합리적인 동작을 구축할 수 있는 방법이 필요하다. 이

스티오를 사용하면 애플리케이션 코드를 변경하지 않고도 타임아웃, 재시도, 서킷 브레이커를 추가할 수 있다. 이번 장에서는 그 방법과 나머지 시스템에 미치는 영향을 살펴본다.

6.1 애플리케이션에 복원력 구축하기

마이크로서비스는 복원력을 최우선으로 고려해 구축해야 한다. '장애가 발생하지 않도록 구축하면 된다'고 말하는 세상은 현실이 아니다. 장애가 발생하면 모든 서비스를 중단시킬 위험이 있다. 네트워크로 통신하는 서비스로 분산 시스템을 구축할 때는 장애 지점을 더 많이 만들어낼 위험이 있으며, 치명적인 장애가 발생할 가능성을 마주하게 된다. 따라서 서비스 소유자는 애플리케이션 및 서비스 전반에 걸쳐 몇 가지 복원력 패턴을 일관되게 채택해야 한다.

그림 6.1처럼 서비스 A가 서비스 B를 호출했는데 서비스 B의 특정 엔드포인트로 전송된 요청에서 지연이 발생한다면, 우리는 서비스 A가 이를 사전에 식별하고 다른 엔드포인트, 다른 가용 영역, 심지어 다른 리전으로 라우팅하길 원한다. 만약 서비스 B에 간간이 오류가 발생한다면 실패한 요청을 재시도할 수 있다. 마찬가지로 서비스 B를 호출하는 데 문제가 생긴다면, 그것이 무슨 문제든 서비스 B가 회복할 때까지 물러나야 할 수 있다. 계속 서비스 B로 부하를 가한다면(경우에 따라 요청을 재시도하면서 부하가 증폭되는 경우도 있음) 서비스를 과부하 상태로 만들 위험이 있다. 이런 과부하는 서비스 A와 이러한 서비스에 의존하는 모든 서비스에 파급돼 심각한 연쇄 오류를 일으킬 수 있다.

▲ **그림 6.1** 서비스 A는 서비스 B를 호출하며 네트워크 문제를 겪을 수 있다.

해결책은 애플리케이션이 장애를 예상해 요청을 처리할 때 자동으로 복원을 시도하거나 대체 경로로 돌아갈 수 있도록 구축하는 것이다. 예를 들어 서비스 A가 서비스 B를 호출할 때 문제가 발생한다면, 요청을 재시도하거나 타임아웃시키거나 서킷 브레이킹 패턴을 사용해 더 이상의 발신 요청을 취소할 수 있다. 이번 장에서는 애플리케이션의 프로그래밍 언어와 상관없이 애플리케이션에 복원력을 올바르고 일관되게 구현할 수 있도록, 이스티오를 사용해 이런 문제들을 투명하게 해결하는 방법을 살펴본다.

6.1.1 애플리케이션 라이브러리에 복원력 구축하기

서비스 메시 기술이 널리 사용되기 전에는 서비스 개발자인 우리가 애플리케이션 코드에 이런 기본 복원력 패턴을 많이 작성해야 했다. 오픈소스 커뮤니티에서는 이런 문제를 해결하는 데 도움이 되는 몇 가지 프레임워크가 등장했다. 트위터는 2011년에 자사의 복원력 프레임워크 Finagle을 오픈소스화했다(http://mng.bz/q2X6). 트위터 Finagle은 스칼라Scala/자바Java/JVM 애플리케이션 라이브러리로서 타임아웃, 재시도, 서킷 브레이킹 등 다양한 RPCRemote Procedure Call 복원력 패턴을 구현하는 데 사용한다. 얼마 지나지 않아 넷플릭스는 자사의 복원력 프레임워크 구성 요소를 오픈소스화했다. 여기에는 Hystrix(http://mng.bz/7Wz7)와 Ribbon(http://mng.bz/mx4W)이 포함되는데, 각기 서킷 브레이커와 클라이언트 측 로드 밸런싱 기능을 제공한다. 두 라이브러리 모두 자바 커뮤니티에서 매우 인기가 많았으며, 스프링 프레임워크는 NetflixOSS 스택을 스프링 클라우드 프레임워크에 채택하기도 했다(https://spring.io/projects/spring-cloud-netflix).

이런 프레임워크의 한 가지 문제점은 언어, 프레임워크, 인프라 조합마다 구현 방식이 상이하다는 것이다. 트위터 Finagle과 NetflixOSS는 자바 개발자에게는 훌륭하지만 Node.js, Go 언어, 파이썬Python 개발자는 이런 패턴의 변형을 찾거나 직접 구현해야 했다. 때에 따라서는 이런 라이브러리가 애플리케이션 코드에 침입해 네트워킹 코드가 여기저기 흩어지고 실제 비즈니스 로직을 가려버리는 상황이 발생하기도 했다. 나아가 여러 언어와 프레임워크에 걸쳐 이런 라이브러리들을 유지 관리하는 것은 마이크로서비스 운영 측면에서 부담이 된다. 모든 조합을 동시에 패치하고 기능을 동일하게 유지해야 하기 때문이다.

6.1.2 이스티오로 이런 문제 해결하기

앞 장에서 봤듯이, 이스티오의 서비스 프록시는 애플리케이션 옆에 위치하며 애플리케이션을 드나드는 모든 네트워크 트래픽을 처리한다(그림 6.2 참조). 이스티오에서 서비스 프록시는 애플리케이션 수준 요청과 메시지(HTTP 요청 등)를 이해하므로 프록시 안에서 복원력 기능을 구현할 수 있다.

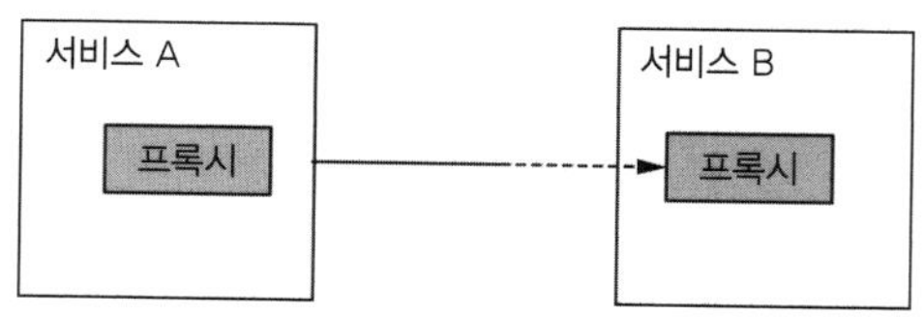

▲ **그림 6.2** 이스티오의 서비스 프록시를 사용해 복원력을 추가할 수 있다.

예를 들어 서비스 호출 시 HTTP 503 오류가 발생하면 세 번까지 재시도하도록 설정할 수 있다. 재시도할 실패, 재시도 횟수, 재시도별 타임아웃을 정확히 설정할 수 있는데, 서비스 프록시가 서비스 인스턴스마다 배포되므로 애플리케이션마다 필요한 대로 재시도 동작을 세밀하게 제어할 수 있다. 이스티오의 다른 복원력 설정도 모두 마찬가지다. 이스티오의 서비스 프록시는 기본적으로 다음과 같은 복원력 패턴을 구현한다.

- 클라이언트 측 로드 밸런싱
- 지역 인식 로드 밸런싱
- 타임아웃 및 재시도
- 서킷 브레이킹

6.1.3 분산형 복원력 구현

이스티오를 사용하면, 애플리케이션 요청이 통과하는 데이터 플레인 프록시가 애플리케이션 인스턴스와 같은 위치에 있고 중앙집중식 게이트웨이가 필요하지 않음을 알 수 있다. 이런 복원력 패턴 처리를 코드에 함께 두는 애플리케이션 라이브러리를 사용하면 동일한 아키텍처를 얻는다. 예전에는 이런 분산 시스템의 공통 문제 중 일부를 해결하기 위해 비싸고 변경하기 어려운 중앙집중식 하드웨어 장치와 기타 소프트웨어 미들웨어를 요청 경로에 배치했다(하드웨어 로드 밸런서, 메시징 시스템, 엔터프라이즈 서비스 버스, API 관리 등). 이런 초기 구현들은 더 정적인 환경에 맞춰 만들어져서, 고도로 동적이고 탄력적인 클라우드 아키텍처와 인프라에 맞게 확장되거나 잘 대응하지 못한다. 따라서 이런 일부 복원력 패턴을 해결할 때는 분산 구현을 선택해야 한다.

다음 절에서는 이스티오가 도움이 될 수 있는 복원력 패턴을 살펴볼 것이다. 서비스 작동 방식을 좀 더 세밀하게 제어하기 위해 다른 샘플 애플리케이션 셋을 사용하는데, 이 프로젝트는 좀 더 현실적인 운영 환경에서 서비스가 어떻게 작동할 수 있는지 설명하기 위해 만든 닉 잭슨Nic Jackson의 Fake Service(https://github.com/nicholasjackson/fake-service)라는 프로젝트다. 다음 예제에서는 그림 6.3과 같이 simple-web 서비스가 simple-backend 백엔드를 호출하는 것을 볼 수 있다.

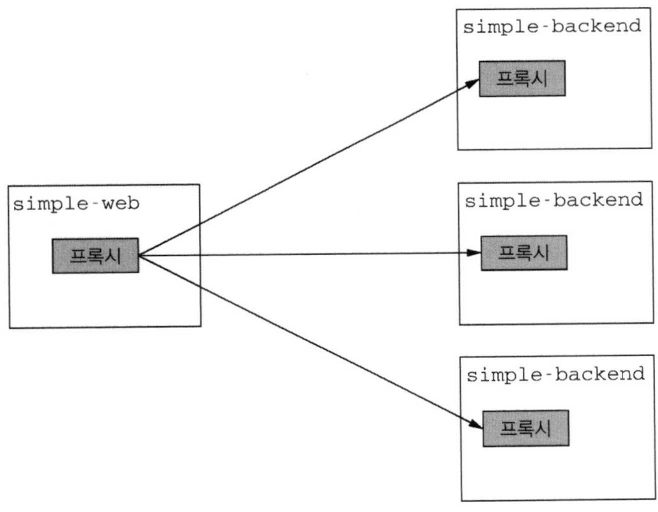

▲ **그림 6.3** 서비스 예제: 웹 서비스가 백엔드 서비스를 호출한다.

6.2 클라이언트 측 로드 밸런싱

클라이언트 측 로드 밸런싱이란 엔드포인트 간에 요청을 최적으로 분산시키기 위해 클라이언트에게 서비스에서 사용할 수 있는 여러 엔드포인트를 알려주고 클라이언트가 특정 로드 밸런싱 알고리듬을 선택하게 하는 방식을 말한다. 이렇게 하면 병목 현상과 장애 지점을 만들 수 있는 중앙집중식 로드 밸런싱에 의존할 필요성이 줄어들고, 클라이언트가 군더더기 홉을 거칠 필요 없이 특정 엔드포인트로 직접적이면서 의도적으로 요청을 보낼 수 있다. 그러므로 클라이언트와 서비스는 더 잘 확장돼 변화하는 토폴로지에 대응할 수 있다.

이스티오는 서비스 및 엔드포인트 디스커버리를 사용해 그림 6.4처럼 서비스 간 통신의 클라이언트 측 프록시에 올바른 최신 정보를 제공한다. 그러면 서비스의 개발자와 운영자는 이스티오 설정으로 클라이언트 측 로드 밸런싱 동작을 설정할 수 있다.

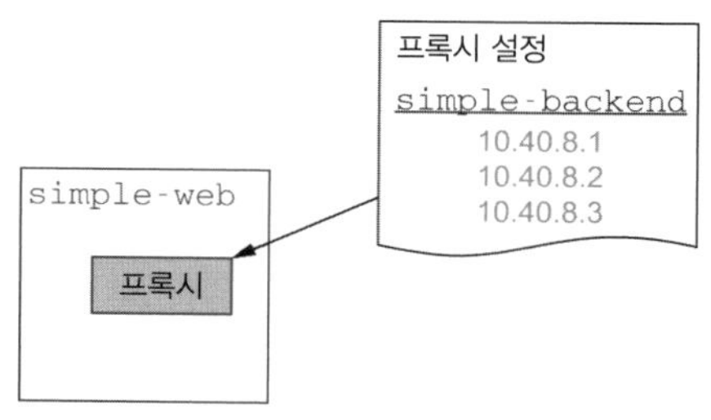

▲ **그림 6.4** simple-web 프록시는 simple-backend 엔드포인트를 알고 있다.

서비스 운영자와 개발자는 `DestinationRule` 리소스로 클라이언트가 어떤 로드 밸런싱 알고리듬을 사용할지 설정할 수 있다. 이스티오의 서비스 프록시는 기반이 엔보이이므로 엔보이의 로드 밸런싱 알고리듬을 지원하며 그중 일부는 다음과 같다.

- 라운드 로빈(기본값)
- 랜덤
- 가중치를 적용한 최소 요청

간단한 예제를 살펴보자.

6.2.1 클라이언트 측 로드 밸런싱 시작하기

시작하기 전에 이전 장의 리소스를 제거해 `istioinaction` 네임스페이스를 정리하자. 네임스페이스가 맞는지 확인하고, 적절한 리소스를 삭제하고, 네임스페이스에 사이드카 주입이 레이블링돼 있는지 다시 확인하자.

```
$  kubectl config set-context $(kubectl config current-context) \
 --namespace=istioinaction
$  kubectl delete virtualservice,deployment,service,\
destinationrule,gateway --all
```

이 책 소스 코드의 루트 폴더로 이동하자. 서비스를 호출할 수 있도록 적절한 이스티오 VirtualService 및 Gateway 리소스와 함께 예제 서비스 2개를 배포할 것이다(인그레스 라우팅을 위한 Gateway 및 VirtualService에 대한 자세한 내용은 4장을 참조하자).

```
$  kubectl apply -f ch6/simple-backend.yaml
$  kubectl apply -f ch6/simple-web.yaml
$  kubectl apply -f ch6/simple-web-gateway.yaml
```

istioinaction 네임스페이스에 파드가 나타나는 데는 시간이 조금 걸린다. 파드가 실행 중이면 다음과 비슷한 것을 볼 수 있다.

```
$  kubectl get pod
NAME                                READY   STATUS    RESTARTS   AGE
simple-backend-1-54856d64fc-59dz2   2/2     Running   0          29h
simple-backend-2-64f898c7fc-bt4x4   2/2     Running   0          29h
simple-backend-2-64f898c7fc-kx88m   2/2     Running   0          29h
simple-web-56d955b6f5-7nflr         2/2     Running   0          29h
```

이스티오 DestinationRule 리소스로 simple-backend 서비스를 호출하는 모든 클라이언트의 로드 밸런싱을 ROUND_ROBIN으로 설정하자. DestinationRule은 특정 목적지를 호출하는 메시 내 클라이언트들에 정책을 지정한다. simple-backend용 첫 DestinationRule은 다음과 같다.

```
apiVersion: networking.istio.io/v1beta1
kind: DestinationRule
metadata:
  name: simple-backend-dr
spec:
  host: simple-backend.istioinaction.svc.cluster.local
  trafficPolicy:
```

```
    loadBalancer:
      simple: ROUND_ROBIN
```

이 DestinationRule을 적용하자.

```
$ kubectl apply -f ch6/simple-backend-dr-rr.yaml
destinationrule.networking.istio.io/simple-backend-dr configured
```

simple-web은 simple-backend를 호출하는데, simple-backend 서비스에는 복제본이 여러 개 있다. 이는 의도한 것으로, 런타임에 일부 엔드포인트를 수정해볼 것이다.

모두 성공하면 예제 서비스를 호출할 수 있어야 한다. 예제에서는 도커 데스크톱을 사용하고 있으며 도커 데스크톱에서는 다음과 같다.

```
$ curl -s -H "Host: simple-web.istioinaction.io" http://localhost/
```


```
{
  "name": "simple-web",
  "uri": "/",
  "type": "HTTP",
  "ip_addresses": [
    "10.1.0.45"
  ],
  "start_time": "2020-09-15T20:39:29.270499",
  "end_time": "2020-09-15T20:39:29.434684",
  "duration": "164.184432ms",
  "body": "Hello from simple-web!!!",
  "upstream_calls": [
    {
      "name": "simple-backend",
      "uri": "http://simple-backend:80/",
      "type": "HTTP",
      "ip_addresses": [
        "10.1.0.64"
      ],
      "start_time": "2020-09-15T20:39:29.282673",
      "end_time": "2020-09-15T20:39:29.433141",
      "duration": "150.468571ms",
```

```
      "headers": {
        "Content-Length": "280",
        "Content-Type": "text/plain; charset=utf-8",
        "Date": "Tue, 15 Sep 2020 20:39:29 GMT",
        "Server": "envoy",
        "X-Envoy-Upstream-Service-Time": "155"
      },
      "body": "Hello from simple-backend-1",
      "code": 200
    }
  ],
  "code": 200
}
```

이 예시 서비스 집합에서는 호출 체인을 보여주는 JSON 응답을 받는다. `simple-web` 서비스는 `simple-backend` 서비스를 호출하고, 우리는 궁극적으로 `simple-backend-1`에서 온 응답 메시지 `Hello`를 보게 된다. 이 호출을 몇 번 더 반복하면 `simple-backend-1`과 `simple-backend-2`에서 응답을 받는다.

```
$  for in in {1..10}; do \
curl -s -H "Host: simple-web.istioinaction.io" localhost \
| jq ".upstream_calls[0].body"; printf "\n"; done

"Hello from simple-backend-1"
"Hello from simple-backend-1"
"Hello from simple-backend-2"
"Hello from simple-backend-2"
"Hello from simple-backend-2"
"Hello from simple-backend-1"
"Hello from simple-backend-2"
"Hello from simple-backend-1"
"Hello from simple-backend-1"
"Hello from simple-backend-2"
```

`simple-web`과 `simple-backend` 간 호출이 여러 `simple-backend` 엔드포인트로 효과적으로 분산되는 것을 확인할 수 있다. 우리는 `simple-web`과 `simple-backend` 간의 클라이언트 측 로드 밸런싱을 보고 있는데, `simple-web`과 함께 배포된 서비스 프록시가 모든 `simple-backend`

엔드포인트를 알고 있고 기본 알고리듬을 사용해 요청을 받을 엔드포인트를 결정하고 있기 때문이다. ROUND_ROBIN 로드 밸런싱을 사용하도록 DestinationRule을 설정하기는 했지만, 사실 이스티오 서비스 프록시의 기본 설정도 ROUND_ROBIN 로드 밸런싱 전략을 사용하는 것이다. 클라이언트 측 로드 밸런싱은 어떻게 서비스의 복원력에 기여할 수 있을까?

부하 생성기를 사용해 simple-backend 서비스 지연 시간을 변화시키는 어느 정도 현실적인 시나리오를 살펴보자. 그러면 이런 상황에서 어떤 이스티오의 로드 밸런싱 전략이 가장 적합한지 선택하는 데 도움이 될 것이다.

6.2.2 시나리오 설정하기

현실적인 환경에서는 서비스가 요청을 처리하는 데 시간이 걸린다. 소요 시간은 여러 이유로 달라질 수 있다.

- 요청 크기
- 처리 복잡도
- 데이터베이스 사용량
- 시간이 걸리는 다른 서비스 호출

서비스 외적인 이유도 응답 시간에 영향을 줄 수 있다.

- 예기치 못한, 모든 작업을 멈추는stop-the-world 가비지 컬렉션
- 리소스 경합(CPU, 네트워크 등)
- 네트워크 혼잡

예제 서비스에서는 이를 모방하고자 응답 시간에 지연과 편차를 도입해본다. 서비스를 다시 호출하고 최초 설정한 전체 서비스 응답 시간의 차이를 관찰하자.

```
$ time curl -s -o /dev/null -H \
  "Host: simple-web.istioinaction.io" localhost
real    0m0.189s
user    0m0.003s
```

```
sys     0m0.013s

$  time curl -s -o /dev/null -H \
  "Host: simple-web.istioinaction.io" localhost
real    0m0.179s
user    0m0.003s
sys     0m0.005s

$  time curl -s -o /dev/null -H \
  "Host: simple-web.istioinaction.io" localhost
real    0m0.186s
user    0m0.003s
sys     0m0.006s
```

서비스를 호출할 때마다 응답 시간이 달라진다. 로드 밸런싱은 주기적으로 혹은 예기치 못하게 지연 시간이 급증하는 엔드포인트의 영향을 줄이는 효과적인 전략이 될 수 있다. 우리는 Fortio(http://github.com/fortio/fortio)라는 CLI 부하 생성 도구를 사용해 서비스를 실행하고 클라이언트 측 로드 밸런싱의 차이를 관찰할 것이다. 자신의 플랫폼에 맞는 Fortio는 깃허브(https://github.com/fortio/fortio/releases)에서 받을 수 있다.

자신의 플랫폼에 맞는 Fortio 얻기

자신의 플랫폼에 맞는 Fortio 배포판을 찾지 못했다면 깃허브(https://github.com/fortio/fortio#installation)의 지시를 따라 설치하자. 그래도 아무런 성과가 없다면, Fortio를 쿠버네티스 안에서 실행해 다음 단계를 따라갈 수 있다. 여기서 설명한 것과 실제 경험이 다를 수는 있지만 작동할 것이다. 예를 들어 다음 명령어로 쿠버네티스 내에서 Fortio를 실행해 호출할 수 있다.

```
$ kubectl -n default run fortio --image=fortio/fortio:1.6.8 \
--restart='Never' -- load -H "Host: simple-web.istioinaction.io" \
-jitter -t 60s -c 10 -qps 1000 \
http://istio-ingressgateway.istio-system/
```

Fortio가 우리 서비스를 호출할 수 있는지 확인해보자.

```
$  fortio curl -H "Host: simple-web.istioinaction.io" http://localhost/
```

curl로 서비스를 직접 호출했을 때와 비슷한 응답을 볼 수 있을 것이다.

6.2.3 다양한 클라이언트 측 로드 밸런싱 전략 테스트하기

이제 Fortio 로드 테스트 클라이언트를 사용할 준비가 됐으므로 사용 사례를 살펴보자. Fortio를 사용해서 60초 동안 10개의 커넥션을 통해 초당 1,000개의 요청을 보낼 것이다. Fortio는 각 호출의 지연 시간을 추적하고 지연 시간 백분위수 분석과 함께 히스토그램에 표시한다. 테스트를 하기 전에 지연 시간을 1초까지 늘린 `simple-backend-1` 서비스를 도입할 것이다. 이는 엔드포인트 중 하나에 긴 가비지 컬렉션 이벤트 또는 기타 애플리케이션 지연 시간이 발생한 상황을 시뮬레이션한다. 우리는 로드 밸런싱 전략을 라운드 로빈, 랜덤, 최소 커넥션으로 바꿔가면서 차이점을 관찰할 것이다.

지연된 `simple-backend-1` 서비스를 배포해보자.

```
$ kubectl apply -f ch6/simple-backend-delayed.yaml
```

Fortio를 서버 모드로 실행하면 웹 대시보드에 접근할 수 있다. 웹 대시보드에서는 테스트에 인자를 입력하고, 테스트를 실행하고, 결과를 시각화할 수 있다.

```
$ fortio server
```

브라우저에서 Fortio UI(http://localhost:8080/fortio)를 열고 그림 6.5처럼 다음 파라미터를 입력하자.

- Title: `roundrobin`
- URL: http://localhost
- QPS: `1000`
- Duration: `60s`
- Threads: `10`
- Jitter: 체크
- Headers: `"Host: simple-web.istioinaction.io"`

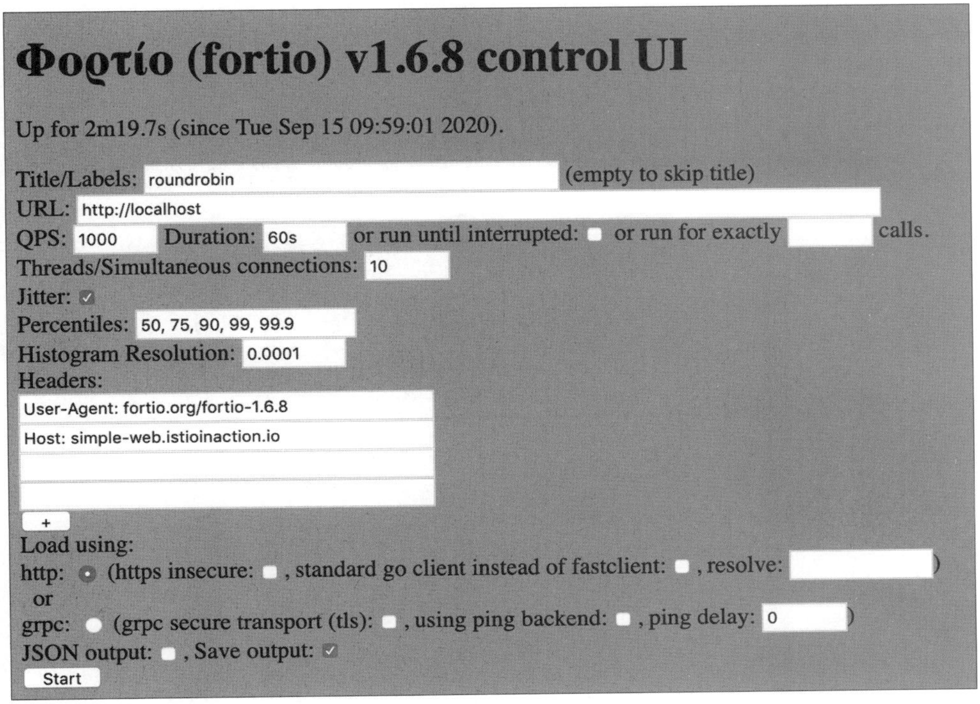

▲ **그림 6.5** 로드 테스트 설정을 위한 Fortio 서버 UI

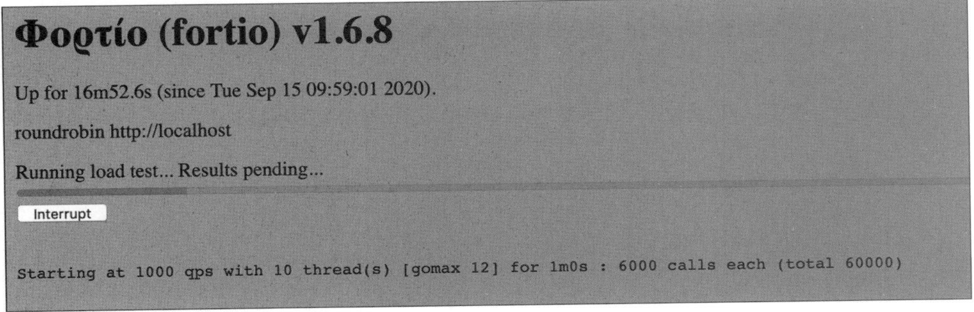

▲ **그림 6.6** 60초 동안 진행 중인 Fortio 로드 테스트

Fortio 웹 페이지 중간쯤에 있는 Start 버튼을 눌러 테스트를 시작하고(그림 6.6 참조), 테스트가 완료되길 기다리자. 테스트가 완료되면 결과 파일이 2020-09-15-101555_round robin.json과 비슷한 이름으로 파일시스템에 저장된다. 또한 그림 6.7과 같은 결과 그래프도 표시된다.

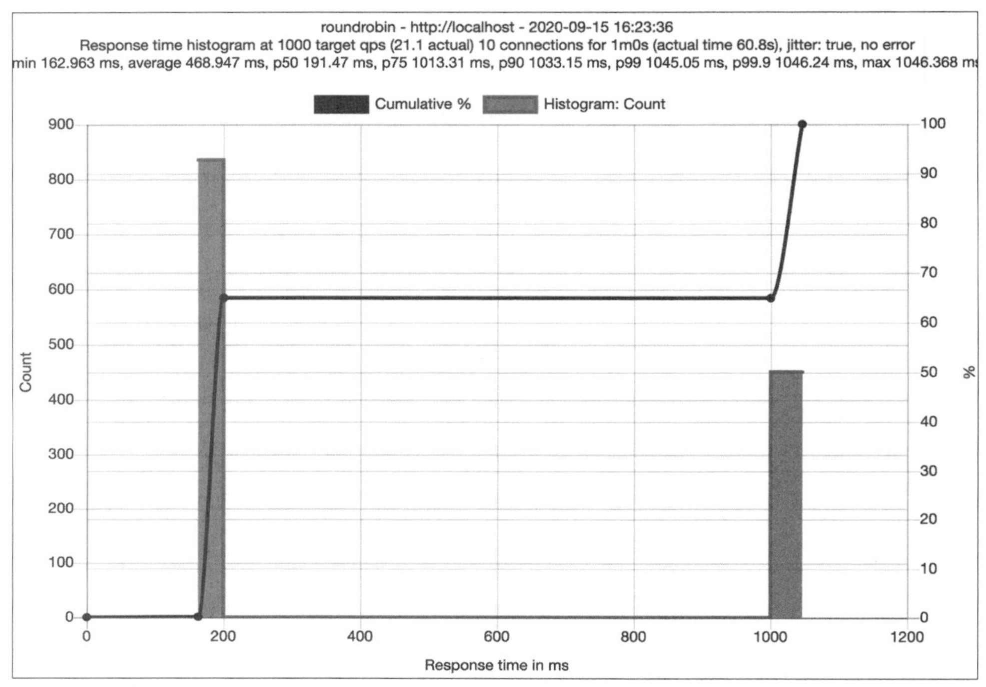

▲ **그림 6.7** 라운드 로빈 클라이언트 측 로드 밸런싱 로드 테스트 결과

이 라운드 로빈 로드 밸런싱 전략의 경우 지연 시간 결과는 다음과 같다.

- 50%: 191.47ms
- 75%: 1013.31ms
- 90%: 1033.15ms
- 99%: 1045.05ms
- 99.9%: 1046.24ms

이제 로드 밸런싱 알고리듬을 `RANDOM`으로 변경하고 똑같은 로드 테스트를 다시 시도하자.

```
$ kubectl apply -f ch6/simple-backend-dr-random.yaml
destinationrule.networking.istio.io/simple-backend-dr configured
```

이제 Fortio 로드 테스트 페이지로 돌아가자(뒤로Back 버튼 또는 상단Top 링크 클릭). 이전과 동일하게 입력하되, Title을 random으로 바꾸자.

- Title: random
- URL: http://localhost
- QPS: 1000
- Duration: 60s
- Threads: 10
- Jitter: 체크
- Headers: "Host: simple-web.istioinaction.io"

Start 버튼을 누르고 결과를 기다리자. 랜덤 로드 밸런싱 전략의 지연 시간 결과는 다음과 같다(그림 6.8 참조).

- 50%: 189.53ms
- 75%: 1007.72ms
- 90%: 1029.68ms
- 99%: 1042.85ms
- 99.9%: 1044.17ms

마지막으로, 최소 커넥션 로드 밸런싱 전략에도 같은 작업을 수행하자.

```
$ kubectl apply -f ch6/simple-backend-dr-least-conn.yaml
destinationrule.networking.istio.io/simple-backend-dr configured
```

다음 로드 테스트 설정을 사용하자.

- Title: leastconn
- URL: http://localhost

- QPS: `1000`
- Duration: `60s`
- Threads: `10`
- Jitter: 체크
- Headers: `"Host: simple-web.istioinaction.io"`

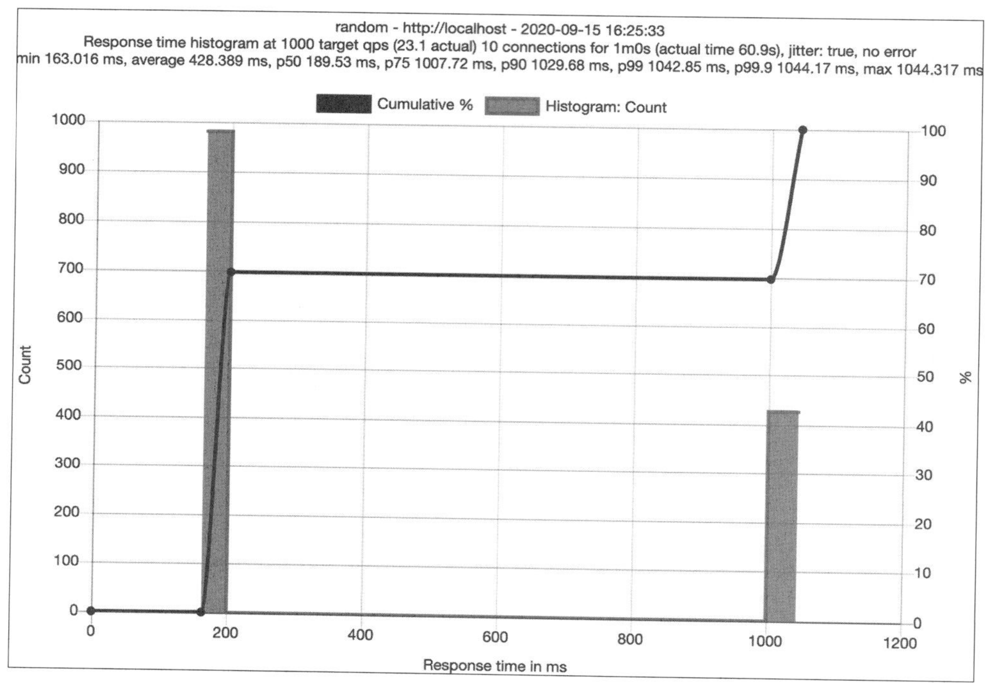

▲ **그림 6.8** 랜덤 클라이언트 측 로드 밸런싱 로드 테스트 결과

Start 버튼을 누르자. 이 최소 커넥션 로드 밸런싱 전략에서 지연 시간은 다음과 같다(그림 6.9 참조).

- 50%: 184.79ms
- 75%: 195.63ms
- 90%: 1036.89ms

- **99%**: 1124.00ms
- **99.9%**: 1132.71ms

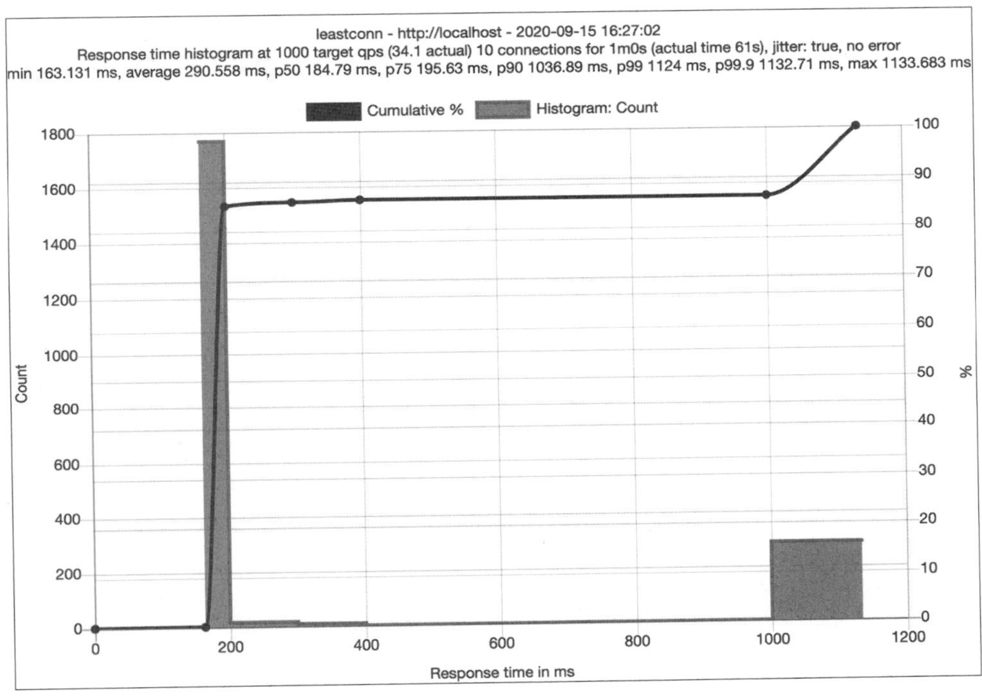

▲ **그림 6.9** 최소 커넥션 클라이언트 측 로드 밸런싱 로드 테스트 결과

6.2.4 다양한 로드 밸런싱 알고리듬 이해하기

그림 6.7, 6.8, 6.9의 로드 테스트 결과 다이어그램은 몇 가지를 보여준다. 첫째, 여러 로드 밸런서는 현실적인 서비스 지연 시간 동작하에서 만들어내는 결과가 서로 다르다. 둘째, 히스토그램과 백분위수가 모두 다르다. 마지막으로, 최소 커넥션이 랜덤과 라운드 로빈보다 성능이 좋다. 그 이유를 알아보자.

라운드 로빈과 랜덤 모두 간단한 로드 밸런싱 알고리듬이다. 따라서 구현하기도 이해하기도 쉽다. 라운드 로빈(또는 next-in-loop)은 엔드포인트에 차례대로 요청을 전달한다. 랜덤은 엔드포인트를 무작위로 균일하게 고른다. 둘 다 비슷한 분포를 기대할 수 있는데, 이

두 전략의 과제는 로드 밸런서 풀의 엔드포인트가 일반적으로 균일하지 않다는 것이다. 서비스와 리소스가 동일하더라도 그렇다. 테스트에서 시뮬레이션했던 것처럼, 엔드포인트에는 지연 시간을 늘리는 가비지 컬렉션이나 리소스 경합이 일어날 수 있고 라운드 로빈과 랜덤은 런타임 동작을 고려하지 않는다.

최소 커넥션 로드 밸런서(엔보이에서는 최소 요청으로 구현)는 특정 엔드포인트의 지연 시간을 고려한다. 요청을 엔드포인트로 보낼 때 대기열 깊이queue depth를 살펴 활성 요청 개수를 파악하고, 활성 요청이 가장 적은 엔드포인트를 고른다. 이런 알고리듬 유형을 사용하면, 형편없이 동작하는 엔드포인트로 요청을 보내는 것을 피하고 좀 더 빠르게 응답하는 엔드포인트를 선호할 수 있다.

엔보이 최소 요청 로드 밸런싱

이스티오 설정에서 최소 요청 로드 밸런싱(least-request load balancing)을 LEAST_CONN이라고 지칭하지만, 엔보이가 엔드포인트마다 파악하는 것은 요청 깊이지 커넥션이 아니다. 로드 밸런서는 무작위 엔드포인트를 둘 고르고, 어떤 엔드포인트에 활성 요청이 더 적은지 확인하고, 더 적은 것을 고른다. 연속적인 로드 밸런싱 시도에서도 마찬가지 동작을 한다. 이런 방식을 '두 가지 선택의 힘(power of two choices)'이라고 한다. 로드 밸런서를 이렇게 구현하는 것이 전체를 확인하는 것에 비해 좋은 타협점이라고 알려져 있으며 좋은 결과를 보인다. 이 로드 밸런서에 대한 자세한 정보는 엔보이 문서를 참고하자.

이 시점에서 Fortio 웹 UI 사용은 끝났다. Ctrl + C를 눌러 Fortio 서버를 종료하자.

6.3 지역 인식 로드 밸런싱

이스티오 같은 컨트롤 플레인의 역할 중 하나는 서비스 토폴로지를 이해하고 그 토폴로지가 어떻게 발전할 수 있는지 파악하는 것이다. 서비스 메시에서 전체 서비스 토폴로지를 이해할 때의 이점은 서비스와 피어 서비스의 위치 같은 휴리스틱heuristic을 바탕으로 라우팅과 로드 밸런싱을 자동으로 결정할 수 있다는 것이다.

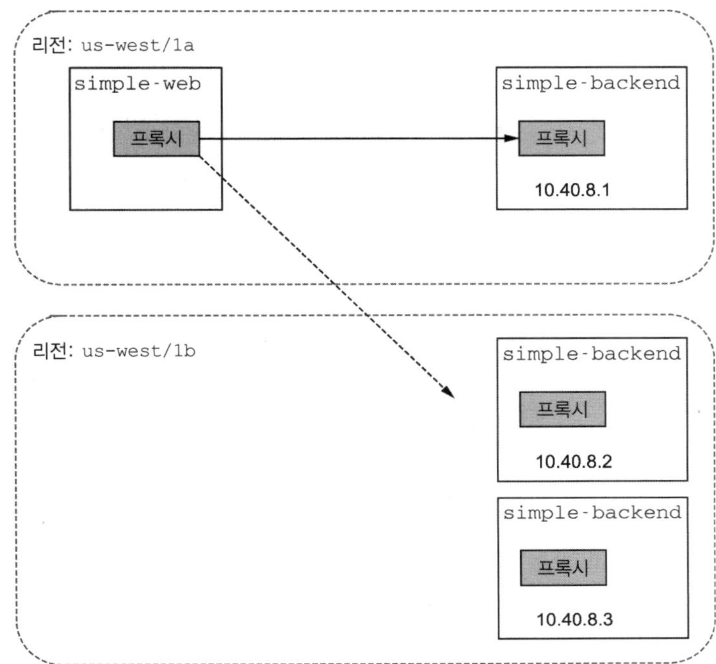

▲ **그림 6.10** 동일한 위치의 서비스를 호출하는 것을 선호한다.

이스티오가 지원하는 로드 밸런싱 유형에는 워크로드의 위치에 따라 루트에 가중치를 부여하고 라우팅 결정을 내리는 것이 있다. 예를 들어 이스티오는 특정 서비스를 배포한 리전과 가용 영역을 식별하고, 더 가까운 서비스에 우선순위를 부여할 수 있다. 만약 `simple-backend` 서비스를 여러 리전에 배포했다면(us-west, us-east, europe-west), 호출하는 방법은 여러 가지가 있다. `simple-web`을 `us-west` 리전에 배포했다면, 우리는 `simple-web`이 하는 `simple-backend` 호출이 `us-west` 로컬이길 바랄 것이다(그림 6.10 참조). 모든 엔드포인트를 동등하게 취급한다면 리전이나 영역을 넘나들면서 지연 시간이 길어지고 비용이 발생할 가능성이 크다.

6.3.1 지역 인식 로드 밸런싱 실습

지역 인식 로드 밸런싱이 잘 동작하는지 살펴보자. 쿠버네티스에 배포할 때, 리전과 영역 정보를 노드 레이블에 추가할 수 있다. 예를 들어 레이블 `failure-domain.beta.kubernetes.io/region` 및 `failure-domain.beta.kubernetes.io/zone`은 각각 리전region과 영역zone을 지정할 수 있게 해준다. 이런 레이블은 구글 클라우드나 AWS 같은 클라우드 프로바이더가 자동으로 추가하는 경우가 많다. 이스티오는 이런 노드 레이블을 가져와 엔보이 로드 밸런싱 엔드포인트에 지역 정보를 보강한다.

쿠버네티스 failure-domain 레이블

예전 버전의 쿠버네티스 API에서는 failure-domain.beta.kubernetes.io/region과 failure-domain.beta.kubernetes.io/zone이 각각 리전과 영역을 식별하는 데 사용하는 레이블이었다. 최근의 쿠버네티스 API 정식 버전에서는 이 레이블들을 topology.kubernetes.io/region과 topology.kubernetes.io/zone으로 대체했다. 클라우드 벤더가 여전히 예전의 failure-domain 레이블을 사용하고 있다는 점은 유의하자. 이스티오는 두 가지를 모두 찾는다.

이 책에서는 도커 데스크톱을 사용하고 있으므로, 이스티오가 노드에서 가져오는 기본 지역 정보를 사용해 지역 인식 라우팅을 시연하기가 좀 더 까다롭다. 여러 노드를 준비하고 쿠버네티스의 데스크톱 배포로 레이블을 달 수도 있지만(예: Kind나 K3s 사용), 다행히 이스티오에는 워크로드에 지역을 명시적으로 설정할 수 있는 방법이 있다. 파드에 `istio-locality`라는 레이블을 달아 리전/영역을 지정할 수 있다. 이러면 지역 인식 라우팅 및 로드 밸런싱을 시연하기에 충분하다. 예를 들어 우리의 `simple-web` 디플로이먼트는 다음과 같을 수 있다.

```
apiVersion: apps/v1
kind: Deployment
metadata:
  labels:
    app: simple-web
  name: simple-web
spec:
  replicas: 1
  selector:
    matchLabels:
      app: simple-web
```

```
template:
  metadata:
    labels:
      app: simple-web
      istio-locality: us-west1.us-west1-a    ❶
  spec:
    serviceAccountName: simple-web
    containers:
    - image: nicholasjackson/fake-service:v0.14.1
      imagePullPolicy: IfNotPresent
      name: simple-web
      ports:
      - containerPort: 8080
        name: http
        protocol: TCP
      securityContext:
        privileged: false
```

❶ 지역성 레이블

simple-backend 서비스를 배포할 때 지역 레이블을 다양하게 지정할 것이다. simple-web과 같은 지역인 us-west1-a에 simple-backend-1을 배포한다. 그리고 us-west1-b에 simple-backend-2를 배포한다. 이 경우, 리전은 동일하지만 영역이 다르다. 지역 간에 로드 밸런싱을 수행할 수 있는 이스티오의 기능에는 리전, 영역, 심지어는 더 세밀한 하위 영역[subzone]도 포함된다.

다음 서비스를 배포해보자.

```
$  kubectl apply -f ch6/simple-service-locality.yaml

deployment.apps/simple-web configured
deployment.apps/simple-backend-1 configured
deployment.apps/simple-backend-2 configured
```

이제 지역 정보가 포함된 서비스를 배포했다. 이스티오의 지역 인식 로드 밸런싱은 기본적으로 활성화돼 있다. 비활성화하고 싶다면 meshConfig.localityLbSetting.enabled를

false로 설정하면 된다.

> **지역 인식 로드 밸런싱은 기본적으로 활성화돼 있다**
>
> 앞서 시뮬레이션한 것처럼, 클러스터의 노드가 여러 가용성 영역에 배포돼 있다면 기본 지역 인식 로드 밸런싱이 항상 바람직하지는 않을 수도 있음을 고려해야 한다. 우리 예제에서는 어느 지역에서도 simple-backend(목표 서비스) 복제본이 simple-web(호출하는 서비스)보다 적지 않다. 그러나 실제 환경에서는 특정 지역에서 호출하는 서비스 인스턴스보다 목표 서비스 인스턴스가 적게 배포될 수도 있다. 이런 경우 목표 서비스가 과부하를 겪을 수 있고, 시스템 전체의 부하가 의도한 것보다 불균형하게 분산될 수 있다.
>
> 칼 스토니(Karl Stoney)의 훌륭한 블로그 게시물(https://karlstoney.com/2020/10/01/locality-aware-routing)에서 더 자세한 내용을 확인할 수 있다. 결국 부하 특성과 토폴로지에 맞춰 로드 밸런싱을 튜닝하는 것이 중요하다.

지역 정보가 준비되면, us-west1-a에 있는 simple-web의 호출이 같은 영역인 us-west1-a에 배포된 simple-backend 서비스로 갈 것으로 기대할 수 있다. 우리 예제에서는 simple-web의 모든 트래픽이 us-west1-a에 있는 simple-backend-1로 향한다. simple-backend-2 서비스는 simple-web과 다른 영역인 us-west1-b에 배포돼 있으므로, us-west1-a에 있는 서비스가 실패하기 시작할 때만 simple-backend-2로 향할 것으로 기대할 수 있다.

이스티오 인그레스 게이트웨이를 호출해보자(앞 절에서 트래픽을 받아 simple-web으로 라우팅하도록 설정했다).

```
$  for in in {1..10}; do \
curl -s -H "Host: simple-web.istioinaction.io" localhost \
| jq ".upstream_calls[0].body"; printf "\n"; done

"Hello from simple-backend-1"
"Hello from simple-backend-1"
"Hello from simple-backend-2"
"Hello from simple-backend-2"
"Hello from simple-backend-2"
"Hello from simple-backend-1"
"Hello from simple-backend-2"
"Hello from simple-backend-1"
```

```
"Hello from simple-backend-1"
"Hello from simple-backend-2"
```

어떻게 된 것일까? simple-backend 서비스를 구성하는 사용할 수 있는 모든 엔드포인트로 트래픽이 로드 밸런싱됐다. 지역 정보가 고려되지 않은 것으로 보인다.

이스티오에서 지역 인식 로드 밸런싱이 작동하려면 마지막 퍼즐 조각인 헬스 체크를 설정해야 한다. 헬스 체크가 없으면 이스티오가 로드 밸런싱 풀의 어느 엔드포인트가 비정상인지, 다음 지역으로 넘기는 판단 기준은 무엇인지를 알 수 없다.

이상값 감지는 엔드포인트의 동작과, 엔드포인트가 정상적으로 보이는지 여부를 수동적으로 감시한다. 엔드포인트가 오류를 반환하는지 지켜보다가, 오류가 반환되면 엔드포인트를 비정상으로 표시한다. 이상값 감지는 다음 절에서 더 자세히 다룬다.

simple-backend 서비스에 이상값 감지를 설정해 수동적인 헬스 체크 설정을 추가해보자.

```yaml
apiVersion: networking.istio.io/v1beta1
kind: DestinationRule
metadata:
  name: simple-backend-dr
spec:
  host: simple-backend.istioinaction.svc.cluster.local
  trafficPolicy:
    connectionPool:
      http:
        http2MaxRequests: 10
        maxRequestsPerConnection: 10
    outlierDetection:
      consecutiveErrors: 1
      interval: 1m
      baseEjectionTime: 30s
```

이 DestinationRule을 적용해보자. 이 책 소스 코드의 루트에서 다음을 실행하자.

```
$  kubectl apply -f ch6/simple-backend-dr-outlier.yaml
destinationrule.networking.istio.io/simple-backend-dr created
```

이제 이스티오 인그레스 게이트웨이를 통해 simple-web 서비스를 호출해보자.

```
$  for in in {1..10}; do \
curl -s -H "Host: simple-web.istioinaction.io" localhost \
| jq ".upstream_calls[0].body"; printf "\n"; done

"Hello from simple-backend-1"
"Hello from simple-backend-1"
"Hello from simple-backend-1"
"Hello from simple-backend-1"
"Hello from simple-backend-1"
"Hello from simple-backend-1"
"Hello from simple-backend-1"
"Hello from simple-backend-1"
"Hello from simple-backend-1"
"Hello from simple-backend-1"
```

모든 트래픽이 simple-web과 동일한 영역에 있는 simple-backend-1 서비스로 가고 있다. 트래픽이 다른 가용 영역으로 넘어가는 것을 보기 위해 simple-backend-1 서비스를 오동작 상태로 만들어보자. simple-web이 simple-backend-1을 호출하면 항상 HTTP 500 오류가 발생한다.

```
$  kubectl apply -f ch6/simple-service-locality-failure.yaml
deployment.apps/simple-backend-1 configured
```

파드가 ready 상태가 될 때까지 기다리자.

이스티오 인그레스 게이트웨이로 서비스를 호출하면 모든 트래픽이 simple-backend-2 서비스로 향해야 한다. 이는 simple-web과 지역이 같은 simple-backend-1이 HTTP 500 오류를 반환해 비정상으로 표시됐기 때문이다. simple-web과 같은 지역의 엔드포인트가 충분히 비정상이면, 로드 밸런싱은 다음으로 가장 가까운 지역으로 자동으로 넘어간다. 여기서는 simple-backend-2 디플로이먼트의 엔드포인트다.

```
$  for in in {1..10}; do \
curl -s -H "Host: simple-web.istioinaction.io" localhost \
| jq ".upstream_calls[0].body"; printf "\n"; done

"Hello from simple-backend-2"
"Hello from simple-backend-2"
"Hello from simple-backend-2"
"Hello from simple-backend-2"
"Hello from simple-backend-2"
"Hello from simple-backend-2"
"Hello from simple-backend-2"
"Hello from simple-backend-2"
"Hello from simple-backend-2"
"Hello from simple-backend-2"
```

이제 특정 지역의 서비스가 제대로 동작하지 않을 때 예상하는 지역 인식 로드 밸런싱 결과를 얻을 수 있다. 이 지역 인식 로드 밸런싱은 단일 클러스터 내부에서 이뤄지는 것임을 유의하자. 여러 클러스터 간의 지역 인식 로드 밸런싱은 12장에서 살펴본다.

6.3.2 가중치 분포로 지역 인식 로드 밸런싱 제어 강화

앞 절에서는 지역 인식 로드 밸런싱이 실제로 작동하는 모습을 살펴봤다. 지역 인식 로드 밸런싱에서 마지막으로 알아둬야 하는 내용은 동작 방식 일부를 제어할 수 있다는 것이다. 이스티오의 기본 설정에서 서비스 프록시는 모든 트래픽을 동일 지역의 서비스로 보내고, 장애나 비정상 엔드포인트가 있을 때만 다른 지역으로 넘긴다. 하지만 트래픽 일부를 여러 지역에 분산하고 싶다면 이 동작에 영향을 줄 수 있는데, 이를 지역 가중 분포locality weighted distribution라고 한다(그림 6.11 참조). 특정 지역의 서비스가 피크peak 시간이나 계절성 트래픽으로 인해 과부화될 것으로 예상될 경우 이런 방법을 사용할 수 있다.

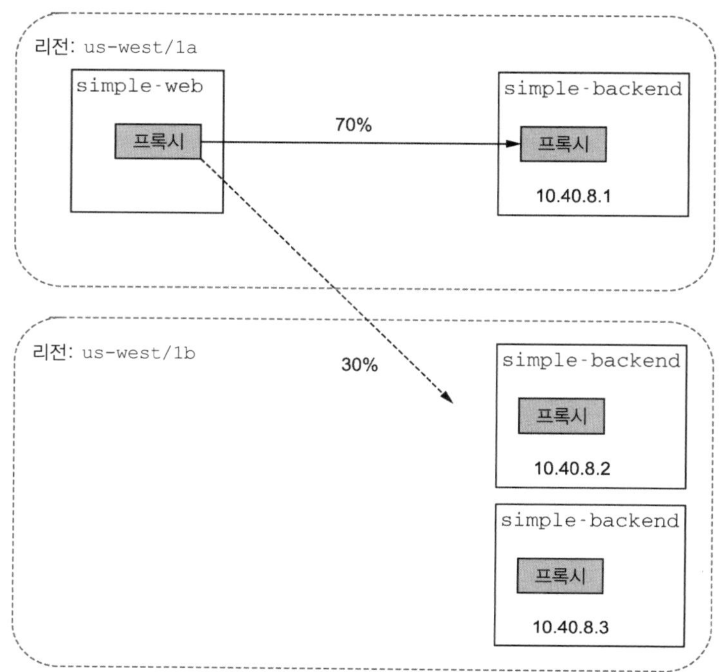

▲ **그림 6.11** 지역 가중치를 좀 더 명확히 정의하기

앞선 예제에서는 오동작하는 서비스를 도입했었다. 이제 모든 서비스가 정확하게 동작하고 HTTP 200 응답을 반환하도록 서비스를 복구해보자.

```
$  kubectl apply -f ch6/simple-service-locality.yaml
deployment.apps/simple-web unchanged
deployment.apps/simple-backend-1 configured
deployment.apps/simple-backend-2 unchanged
```

특정 영역이나 리전이 처리할 수 없는 부하가 들어온다고 해보자. 트래픽의 70%가 최인접 지역으로 가고, 30%가 인접 지역으로 가길 원한다. 앞선 예제를 따라 `simple-backend` 서비스로 가는 트래픽 70%를 `us-west1-a`로, 30%를 `us-west1-b`로 보낼 것이다. 대강 트래픽의 70%는 `simple-backend-1` 서비스로 향하고, 30%는 `simple-backend-2`로 향한다고 해석할 수 있다.

이렇게 설정하기 위해 DestinationRule 리소스에 지역 인식 로드 밸런싱 선호를 지정한다.

```
apiVersion: networking.istio.io/v1beta1
kind: DestinationRule
metadata:
  name: simple-backend-dr
spec:
  host: simple-backend.istioinaction.svc.cluster.local
  trafficPolicy:
    loadBalancer:                        ❶
      localityLbSetting:
        distribute:
        - from: us-west1/us-west1-a/*    ❷
          to:
            "us-west1/us-west1-a/*": 70  ❸
            "us-west1/us-west1-b/*": 30  ❹
    connectionPool:
      http:
        http2MaxRequests: 10
        maxRequestsPerConnection: 10
    outlierDetection:
      consecutive5xxErrors: 1
      interval: 5s
      baseEjectionTime: 30s
      maxEjectionPercent: 100
```

❶ 로드 밸런서 설정을 추가
❷ 출발지 영역
❸ 목적지 영역
❹ 목적지 영역

그럼 적용해보자.

```
$  kubectl apply -f ch6/simple-backend-dr-outlier-locality.yaml
destinationrule.networking.istio.io/simple-backend-dr configured
```

이제 서비스를 다시 한번 호출해보겠다.

```
$  for in in {1..10}; do \
curl -s -H "Host: simple-web.istioinaction.io" localhost \
| jq ".upstream_calls[0].body"; printf "\n"; done

"Hello from simple-backend-1"
"Hello from simple-backend-1"
"Hello from simple-backend-1"
"Hello from simple-backend-1"
"Hello from simple-backend-2"
"Hello from simple-backend-1"
"Hello from simple-backend-1"
"Hello from simple-backend-1"
"Hello from simple-backend-2"
"Hello from simple-backend-1"
```

일부 요청이 분산됐다. 대부분은 가장 가까운 지역으로 향했지만, 다음 최인접 지역으로 넘어갈 수 있는 여지는 있었다. 이는 5장에서 트래픽을 명시적으로 제어했던 것과 동일하지 않다는 점에 유의하자. 트래픽 라우팅에서는 서비스의 부분집합 간에 트래픽 비중을 제어할 수 있었고, 보통 전체 서비스 그룹 내에서 종류나 버전이 여럿일 때 사용한다. 위 예제에서는 서비스의 배포 토폴로지를 바탕으로 트래픽에 가중치를 부여했고, 부분집합과는 무관하다. 부분집합 라우팅과 가중치 부여는 상호 배타적인 개념이 아니다. 이 둘은 중첩될 수 있으며, 5장에서 봤던 세밀한 트래픽 제어 및 라우팅을 이번 절에서 살펴본 지역 인식 로드 밸런싱 위에 적용할 수 있다.

6.4 투명한 타임아웃과 재시도

네트워크에 분산된 구성 요소에 의존하는 시스템을 구축할 때 가장 큰 문제는 지연 시간과 실패다. 앞선 절에서는 이스티오에서 로드 밸런싱과 지역을 사용해 이런 문제를 완화하는 방법을 살펴봤다. 이 네트워크 호출이 너무 길면 어떻게 되는가? 또는 지연 시간이나 다른 네트워크 요인 때문에 간간이 실패한다면? 이스티오는 이런 문제를 해결하는 데 어떻게 도움이 될 수 있는가? 이스티오를 사용하면 다양한 종류의 타임아웃과 재시도를 설정해 네트워크에 내재된 신뢰성 문제를 극복할 수 있다.

6.4.1 타임아웃

분산 환경에서 가장 다루기 어려운 시나리오 중 하나가 지연 시간이다. 처리 속도가 느려지면 리소스를 오래 들고 있을 테고, 서비스에는 처리해야 할 작업이 적체될 수 있으며, 상황은 연쇄 장애로까지 이어질 수 있다. 이런 예기치 못한 시나리오를 방지하려면 커넥션이나 요청, 혹은 둘 다에서 타임아웃을 구현해야 한다.

중요한 점은 서비스 호출 사이의 타임아웃이 서로 상호작용하는 방법이다. 예를 들어 서비스 A가 서비스 B를 호출할 때 타임아웃은 1초이지만 서비스 B가 서비스 C를 호출할 때 타임아웃은 2초라면, 어떤 타임아웃이 먼저 작동하는가? 가장 제한적인 타임아웃이 먼저 동작하므로, 서비스 B에서 C로의 타임아웃은 발동하지 않을 것이다. 일반적으로 아키텍처의 가장자리(트래픽이 들어오는 곳)에 가까울수록 타임아웃이 길고 호출 그래프의 계층이 깊을수록 타임아웃이 짧은(혹은 더 제한적인) 것이 합리적이다. 어떻게 이스티오를 사용해 타임아웃 정책을 제어하는지 살펴보자.

환경을 알려진 상태로 재설정해보자.

```
$ kubectl apply -f ch6/simple-web.yaml
$ kubectl apply -f ch6/simple-backend.yaml
$ kubectl delete destinationrule simple-backend-dr
```

이스티오 인그레스 게이트웨이를 거쳐 서비스를 호출하고 각 호출에 걸리는 시간을 계산하면, HTTP 200으로 응답하고 보통 10~20ms 정도 걸리는 것을 알 수 있다.

```
$ for in in {1..10}; do time curl -s \
-H "Host: simple-web.istioinaction.io" localhost \
| jq .code; printf "\n"; done

...

real    0m0.170s
user    0m0.025s
sys     0m0.007s

200
```

```
real    0m0.169s
user    0m0.024s
sys     0m0.007s

200

real    0m0.171s
user    0m0.025s
sys     0m0.007s

...
```

들어오는 호출의 50% 처리를 1초 지연시키는 simple-backend 버전을 배포해보자.

```
$  kubectl apply -f ch6/simple-backend-delayed.yaml
deployment.apps/simple-backend-1 configured
```

다시 호출해보면 일부는 1초 이상 걸린다.

```
$  for in in {1..10}; do time curl -s \
-H "Host: simple-web.istioinaction.io" localhost \
| jq .code; printf "\n"; done

...

real    0m1.117s
user    0m0.025s
sys     0m0.007s

200

real    0m0.169s
user    0m0.024s
sys     0m0.007s

200

real    0m0.169s
user    0m0.024s
```

```
sys     0m0.007s

...
```

1초 정도는 괜찮을 수 있지만, simple-backend의 지연 시간이 5초, 혹은 100초로 급증한다면 어떻게 될까? 이스티오를 사용해 simple-backend 서비스 호출에 타임아웃을 적용해보자.

이스티오 VirtualService 리소스로 요청별로 타임아웃을 지정할 수 있다. 예를 들어 메시 내 클라이언트에서 simple-backend로 향하는 호출의 타임아웃을 0.5초로 지정하려면 다음과 같이 하면 된다.

```
apiVersion: networking.istio.io/v1alpha3
kind: VirtualService
metadata:
  name: simple-backend-vs
spec:
  hosts:
  - simple-backend
  http:
  - route:
    - destination:
        host: simple-backend
    timeout: 0.5s               ❶
```

❶ 타임아웃 값 지정

이것을 서비스 메시에 적용해보자.

```
$  kubectl apply -f ch6/simple-backend-vs-timeout.yaml
```

서비스를 다시 호출하면, 최대 소요 시간은 0.5초이지만 호출이 HTTP 500 오류를 내며 실패한다.

```
$  for in in {1..10}; do time curl -s \
-H "Host: simple-web.istioinaction.io" localhost \
```

```
| jq .code; printf "\n"; done

...

real    0m0.174s
user    0m0.026s
sys     0m0.010s

500

real    0m0.518s
user    0m0.025s
sys     0m0.007s

500

real    0m0.517s
user    0m0.025s
sys     0m0.007s

...
```

다음 절에서는 타임아웃 같은 실패를 해결하기 위한 다른 방법을 논의한다.

6.4.2 재시도

서비스를 호출할 때 간간이 네트워크 실패를 겪는다면, 애플리케이션이 요청을 재시도하길 원할 수 있다. 요청을 재시도하지 않으면, 서비스가 흔히 발생하고 예견할 수 있는 실패에 취약해져 사용자에게 좋지 않은 경험을 제공할 수 있다. 한편으로 무분별한 재시도는 연쇄 장애를 야기하는 등 시스템 상태를 저하시킬 수 있으므로 적절히 균형을 맞춰야 한다. 서비스가 실제로 과부화된 경우에는 재시도해봐야 문제를 악화시킬 뿐이다. 이스티오의 재시도 옵션을 살펴보자.

시작하기 전에 예제 서비스를 다시 정상적인 기본값으로 설정해놓자.

```
$ kubectl apply -f ch6/simple-web.yaml
$ kubectl apply -f ch6/simple-backend.yaml
```

이스티오에서는 재시도가 기본적으로 활성화돼 있고, 두 번까지 재시도한다. 동작을 세밀하게 튜닝하기에 앞서 기본 동작을 이해해야 한다. 시작하기 위해 예제 애플리케이션에서 기본적인 재시도를 비활성화하자. `VirtualService` 리소스에서 최대 재시도를 `0`으로 설정하면 된다.

```
$ istioctl install --set profile=demo \
 --set meshConfig.defaultHttpRetryPolicy.attempts=0
```

> **초기 이스티오 버전의 재시도**
>
> 1.12.0 이전의 이스티오 버전을 사용 중이라면, 각 VirtualService에서 재시도 동작을 바꿔야 한다. 예제에 대해서는 다음과 같이 할 수 있다.
>
> ```
> $ kubectl apply -f ch6/simple-service-disable-retry.yaml
> ```

이제 주기적으로(75%) 실패하는 `simple-backend` 서비스 버전을 배포해보자. 이 경우, 엔드포인트 셋 중 하나(`simple-backend-1`)는 그림 6.12처럼 호출 중 75%에 HTTP 503을 반환한다.

```
$ kubectl apply -f ch6/simple-backend-periodic-failure-503.yaml
deployment.apps/simple-backend-1 configured
```

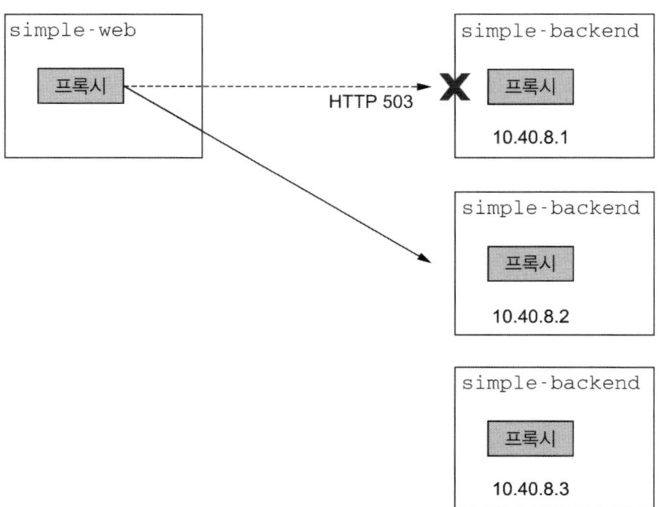

▲ **그림 6.12** simple-backend-1에서 실패가 발생하는 simple-backend를 호출하는 simple-web 서비스

서비스를 여러 번 호출하면 실패를 몇 번 볼 수 있다.

```
$  for in in {1..10}; do curl -s \
-H "Host: simple-web.istioinaction.io" localhost \
| jq .code; printf "\n"; done

200
500      ❶
200
200
200
500      ❶
200
200
200
200
```

❶ 예상된 실패

기본적으로, 이스티오는 호출이 실패하면 두 번 더 시도한다. 이 기본 재시도는 특정 상황에만 적용된다. 일반적으로 이들 기본 상황에서는 재시도해도 안전하다. 이 상황들은 네트워크 커넥션이 수립되지 않아 첫 시도에서 요청이 전송될 수 없음을 의미하기 때문이다.

- 커넥션 수립 실패(connect-failure)
- 스트림 거부됨(refused-stream)
- 사용 불가(gRPC 상태 코드 14)
- 취소됨(gRPC 상태 코드 1)
- 재시도할 수 있는 상태 코드들(이스티오에서 기본값은 HTTP 503)

우리는 앞서 살펴본 설정으로 기본 재시도 정책을 비활성화했다. 다음 VirtualService 리소스를 사용해 simple-backend로 향하는 호출에 재시도를 2회로 명시적으로 설정해보자.

```
apiVersion: networking.istio.io/v1alpha3
kind: VirtualService
metadata:
  name: simple-backend-vs
spec:
  hosts:
  - simple-backend
  http:
  - route:
    - destination:
        host: simple-backend
    retries:
      attempts: 2
```

```
$  kubectl apply -f ch6/simple-backend-enable-retry.yaml
virtualservice.networking.istio.io/simple-backend-vs configured
```

서비스를 다시 호출하면 실패가 보이지 않는다.

```
$  for in in {1..10}; do curl -s \
-H "Host: simple-web.istioinaction.io" localhost \
| jq .code; printf "\n"; done
```

```
200
200
200
200
200
200
200
200
200
200
```

앞에서 봤듯이, 실패는 있지만 호출자에게는 드러나지 않는다. 이스티오의 재시도 정책을 활성화해 이런 오류를 우회하게끔 했기 때문이다. HTTP 503은 기본적으로 재시도할 수 있는 상태 코드 중 하나다. 다음 `VirtualService` 재시도 정책은 설정할 수 있는 재시도 파라미터들을 보여준다.

```
apiVersion: networking.istio.io/v1alpha3
kind: VirtualService
metadata:
  name: simple-backend-vs
spec:
  hosts:
  - simple-backend
  http:
  - route:
    - destination:
        host: simple-backend
    retries:
      attempts: 2                                                ❶
      retryOn: gateway-error,connect-failure,retriable-4xx       ❷
      perTryTimeout: 300ms                                       ❸
      retryRemoteLocalities: true                                ❹
```

❶ 최대 재시도 횟수
❷ 다시 시도해야 할 오류
❸ 타임아웃
❹ 재시도 시 다른 지역의 엔드포인트에 시도할지 여부

다양한 재시도 설정으로 재시도 동작(얼마나 많이, 얼마나 길게, 어느 엔드포인트로 재시도할지)과 어떤 상태 코드일 때 재시도할지를 어느 정도 제어할 수 있다. 상술했듯이 모든 요청을 재시도할 수 있거나 해야 하는 것은 아니다.

예를 들어 HTTP 500 코드를 반환하는 `simple-backend` 서비스를 배포하면, 기본 재시도 동작은 실패를 잡아내지 않는다.

```
$ kubectl apply -f ch6/simple-backend-periodic-failure-500.yaml
deployment.apps/simple-backend-1 configured
```

다시 서비스를 호출하면 HTTP 500 실패가 드러난다.

```
$ for in in {1..10}; do curl -s \
-H "Host: simple-web.istioinaction.io" localhost \
| jq .code; printf "\n"; done

500
200
500
200
200
200
200
500
200
200
```

HTTP 500은 재시도하는 상태 코드에 포함되지 않는다. 모든 HTTP 500 코드(커넥션 수립 실패 및 스트림 거부 포함)를 재시도하는 `VirtualService` 재시도 정책을 사용해보자.

```
apiVersion: networking.istio.io/v1alpha3
kind: VirtualService
metadata:
  name: simple-backend-vs
spec:
  hosts:
  - simple-backend
```

```
  http:
  - route:
    - destination:
        host: simple-backend
    retries:
      attempts: 2
      retryOn: 5xx      ❶
```

❶ HTTP 5xx에 재시도

이 VirtualService를 적용해보자.

```
$ kubectl apply -f ch6/simple-backend-vs-retry-500.yaml

virtualservice.networking.istio.io/simple-backend-vs created
```

HTTP 500 코드가 드러나지 않는다.

```
$ for in in {1..10}; do curl -s \
-H "Host: simple-web.istioinaction.io" localhost \
| jq .code; printf "\n"; done

200
200
200
200
200
200
200
200
200
200
```

사용할 수 있는 retryOn 설정에 대한 자세한 내용은 엔보이 문서(http://mng.bz/p2BP)를 참조하자.

타임아웃에 따른 재시도

각 재시도에는 자체적인 제한 시간(`perTryTimeout`)이 있다. 이 설정에서 주의할 점은 `perTryTimeout`에 총 시도 횟수를 곱한 값이 전체 요청 제한 시간(이전 절에서 설명)보다 작아야 한다는 것이다. 예를 들어, 총 제한 시간이 1초이고 시도별 제한 시간이 500ms에 3회까지 재시도하는 재시도 정책은 의도대로 작동하지 않는다. 재시도를 모두 하기 전에 전체 요청 타임아웃이 발동될 것이다. 또 재시도 사이에는 백오프backoff 지연이 있다는 점도 유념하자. 이 백오프 시간도 전체 요청 제한 시간 계산에 포함된다. 백오프는 다음 절에서 더 자세히 다룬다.

작동 방식

요청이 이스티오 서비스 프록시를 거쳐 흐를 때, 업스트림으로 전달되는 데 실패하면 요청을 '실패failed'로 표시하고 `VirtualService` 리소스에 정의한 최대 재시도 횟수까지 재시도한다. 재시도 횟수가 2이면 실제로는 요청이 3회까지 전달되는데, 한 번은 원래 요청이고 두 번은 재시도다. 재시도 사이에 이스티오는 25ms를 베이스로 재시도를 '백오프'한다. 재시도 및 백오프 동작을 설명하는 그림 6.13을 참조하자. 즉, 이스티오는 재시도에 시차를 주고자 연속적인 재시도에서 (25ms × 재시도 횟수)까지 백오프한다(기다린다). 현재 재시도 베이스는 고정돼 있다. 그러나 다음 절에서 언급하겠지만, 이스티오가 노출하지 않는 엔보이 API를 바꿀 수 있다.

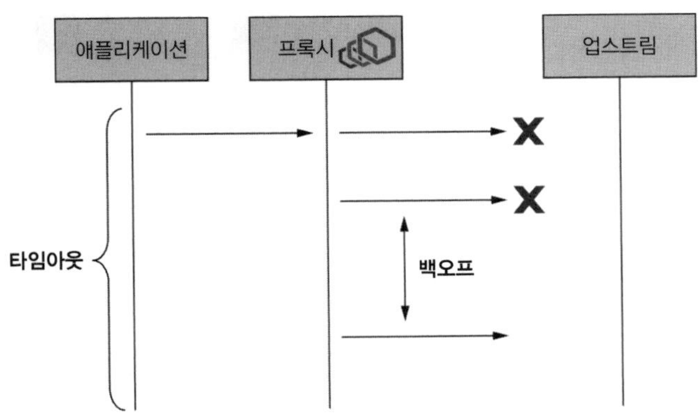

▲ **그림 6.13** 요청 실패 시 재시도 요청 흐름

상술했듯이 이스티오의 기본 재시도 횟수는 2회다. 시스템 내의 계층이 다르면 재시도 횟수도 다르도록 이 값을 재정의하고 싶을 수도 있다. 기본값과 같이 재시도 횟수를 무턱대고 설정하면, 심각한 재시도 '천둥 무리thundering herd' 문제가 발생할 수 있다(그림 6.14 참조). 예를 들어 서비스 체인이 5단계 깊이로 연결돼 있고 각 단계가 두 번씩 재시도할 수 있다면, 들어오는 요청 하나에 대해 최대 32회의 요청이 발생할 수 있다. 체인 끝부분의 리소스에 과부하가 걸린 상태에서는 이 추가적인 부하가 해당 리소스를 감당할 수 없게 만들어 쓰러뜨릴 수도 있다. 이 상황을 해결하는 한 가지 방법은 아키텍처 가장자리에서는 재시도 횟수를 1회 내지 0회로 제한하고, 중간 요소는 0회로 하며, 호출 스택 깊숙한 곳에서만 재시도하게 하는 것이다. 하지만 이 방법도 항상 잘 작동하지는 않는다. 또 다른 전략은 전체 재시도 횟수에 상한을 두는 것이다. 재시도 예산retry budget을 이용해 조절할 수 있는데, 이 기능은 아직 이스티오 API에서 노출되지 않고 있다. 이스티오에 이런 문제에 대한 우회로가 있기는 하지만, 이 책의 범위를 벗어나는 내용이다.

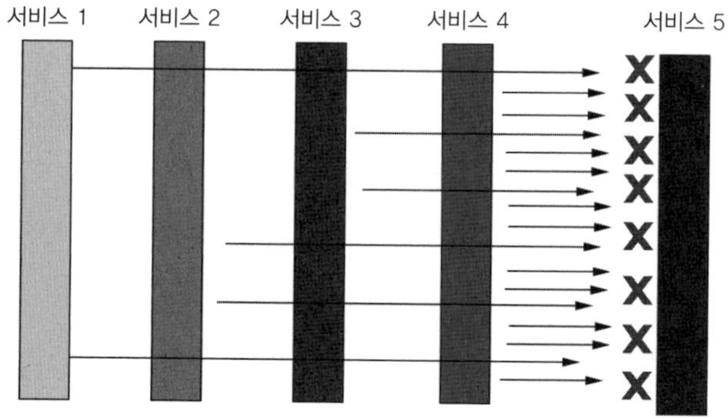

▲ **그림 6.14** 재시도가 중첩하며 발생하는 '천둥 무리' 효과

마지막으로, 재시도는 기본적으로 자기 지역의 엔드포인트에 시도한다. `retryRemoteLocalities` 설정은 이 동작에 영향을 준다. `true`로 설정하면, 이스티오는 재시도가 다른 지역으로 넘어갈 수 있도록 허용한다. 이상값 감지가 같은 지역의 엔드포인트가 오작동하고 있음을 알아내기 전에 이 설정이 유용할 수 있다.

6.4.3 고급 재시도

앞 절에서는 서비스가 간헐적인 네트워크 실패에 복원력을 갖추는 데 이스티오의 자동 재시도가 어떻게 도움이 되는지 살펴봤다. 재시도 동작을 조정할 수 있는 파라미터도 다뤘다. 재시도 기능 일부는 백오프 시간이나 재시도할 수 있는 상태 코드처럼 바꾸기 어려운 기본값들을 고려한다. 기본적으로 백오프 시간은 25ms이고, 재시도할 수 있는 상태 코드는 HTTP 503뿐이다. 이 책을 저술하는 시점에 이스티오 API가 이 설정을 노출하고 있지는 않지만, 이스티오 확장 API를 사용해 엔보이 설정에서 이 값들을 직접 바꿀 수 있다. 이때는 `EnvoyFilter` API를 사용한다.

```
apiVersion: networking.istio.io/v1alpha3
kind: EnvoyFilter
metadata:
  name: simple-backend-retry-status-codes
  namespace: istioinaction
spec:
  workloadSelector:
    labels:
      app: simple-web
  configPatches:
  - applyTo: HTTP_ROUTE
    match:
      context: SIDECAR_OUTBOUND
      routeConfiguration:
        vhost:
          name: "simple-backend.istioinaction.svc.cluster.local:80"
    patch:
      operation: MERGE
      value:
        route:
          retry_policy:              ❶
            retry_back_off:
              base_interval: 50ms    ❷
            retriable_status_codes:  ❸
            - 408
            - 400
```

❶ 엔보이 설정에서 직접 나온다.
❷ 기본 간격을 늘린다.
❸ 재시도할 수 있는 코드를 추가한다.

> **|노트|** EnvoyFilter API는 '비상용(break glass)' 해결책이다. 일반적으로 이스티오의 API는 기저 데이터 플레인에 대한 추상화다. 기저 엔보이 API는 이스티오 릴리스마다 바뀔 수 있으므로 반드시 운영 환경에 넣은 엔보이 필터가 유효한지 확인해야 하며, 하위 호환성을 전제하면 안 된다. EnvoyFilter 리소스로 엔보이의 HTTP 필터를 설정하는 자세한 내용은 14장을 참조하자.

여기서는 엔보이 API를 직접 사용해 재시도 정책 설정값을 설정하고 재정의한다. 이 설정을 적용해보자.

```
$  kubectl apply -f ch6/simple-backend-ef-retry-status-codes.yaml
envoyfilter.networking.istio.io/simple-backend-retry-status-codes configured
```

또한 `retriable-status-codes`를 포함하도록 `retryOn` 필드도 업데이트하려 한다.

```
apiVersion: networking.istio.io/v1alpha3
kind: VirtualService
metadata:
  name: simple-backend-vs
spec:
  hosts:
  - simple-backend
  http:
  - route:
    - destination:
        host: simple-backend
    retries:
      attempts: 2
      retryOn: 5xx,retriable-status-codes      ❶
```

❶ 재시도할 수 있는 상태 코드를 포함한다.

새로운 이 재시도 설정을 적용해보자.

```
$  kubectl apply -f ch6/simple-backend-vs-retry-on.yaml
virtualservice.networking.istio.io/simple-backend-vs configured
```

마지막으로, HTTP 408(timeout)을 반환하도록 sample-backend 서비스를 업데이트하고 HTTP 200을 계속 받는지 확인하자.

```
$  kubectl apply -f ch6/simple-backend-periodic-failure-408.yaml
deployment.apps/simple-backend-1 configured

$  for in in {1..10}; do curl -s \
-H "Host: simple-web.istioinaction.io" localhost \
| jq .code; printf "\n"; done

200
200
200
200
200
200
200
200
200
200
```

요청 헤징

재시도에 대한 마지막 이야기는 이스티오 API에서도 직접 노출하지 않는 고급 주제를 중심으로 한다. 요청이 임계값에 도달해 시간을 초과하면 요청 헤징을 수행하도록 선택적으로 엔보이를 설정할 수 있다. 요청 헤징request hedging이란, 요청이 타임아웃되면 다른 호스트로도 요청을 보내 원래의 타임아웃된 요청과 '경쟁race'시키는 것을 말한다. 경쟁한 요청이 성공적으로 반환되면, 그 응답을 원래 다운스트림 호출자에게 보낸다. 만약 경쟁한 요청보다 원본 요청이 먼저 반환되면 원본 요청이 다운스트림 호출자에게 반환된다.

요청 헤징을 설정하려면 다음 EnvoyFilter 리소스를 사용한다.

```
apiVersion: networking.istio.io/v1alpha3
kind: EnvoyFilter
metadata:
  name: simple-backend-retry-hedge
  namespace: istioinaction
spec:
  workloadSelector:
    labels:
      app: simple-web
  configPatches:
  - applyTo: VIRTUAL_HOST
    match:
      context: SIDECAR_OUTBOUND
      routeConfiguration:
        vhost:
          name: "simple-backend.istioinaction.svc.cluster.local:80"
    patch:
      operation: MERGE
      value:
        hedge_policy:
          hedge_on_per_try_timeout: true
```

이번 절에서 봤듯이, 타임아웃과 재시도에 대한 주제는 그리 간단하지 않다. 서비스에 적절한 타임아웃 및 재시도 정책을 설정하는 것은 어려운 일이며, 둘이 어떻게 연결될 수 있는지를 고려하면 더욱 그렇다. 타임아웃과 재시도를 잘못 설정하면 시스템 아키텍처에서 의도치 않은 동작을 증폭시켜 시스템을 과부하시키고 연쇄 장애를 일으킬 수도 있다. 복원력 있는 아키텍처를 구축하는 과정에서 마지막 퍼즐 조각은 재시도를 모두 건너뛰는 것이다. 즉, 재시도하는 대신에 빠르게 실패한다. 부하를 더 늘리는 대신에 업스트림 시스템이 복구될 수 있도록 부하를 잠시 제한할 수 있으며, 이를 위해 서킷 브레이커를 사용할 수 있다.

6.5 이스티오를 이용한 서킷 브레이킹

서킷 브레이커 기능을 사용하면 부분적이거나 연쇄적인 장애를 방지할 수 있다. 비정상 시스템을 계속 과부하시켜 회복을 방해하지 않도록 비정상 시스템으로 향하는 트래픽을 줄이고 싶다. 예를 들어 `simple-web` 서비스가 `simple-backend` 서비스를 호출하고 `simple-backend`는 연속된 호출에서 오류를 반환하면, 계속 재시도해 시스템에 스트레스를 더 주는 대신 `simple-backend`로의 호출을 모두 멈추고 싶을 수 있다. 이 방식은 집의 전기 시스템에서 회로 차단기가 동작하는 방식과 의도가 비슷하다. 시스템에 단락이 있거나 고장이 반복되면, 회로 차단기는 회로를 개방해 나머지 시스템을 보호하도록 설계된다. 서킷 브레이커 패턴은 네트워크 호출이 실패할 수 있고 실제로 실패한다는 사실을 애플리케이션이 처리하게 함으로써 전체 시스템을 연쇄 실패로부터 보호하는 데 도움이 된다.

이스티오에 '서킷 브레이커'라는 명시적인 설정은 없지만, 백엔드 서비스, 특히 문제가 있는 서비스로의 부하를 제한할 수 있는 방법이 두 가지 있어 서킷 브레이커를 효과적으로 시행할 수 있다. 첫 번째는 특정 서비스로의 커넥션 및 미해결 요청 개수를 얼마나 허용할지 관리하는 것이다. 그림 6.15처럼 이 방법을 사용해 느려져 클라이언트를 적체시키는 서비스에 대비할 수 있다.

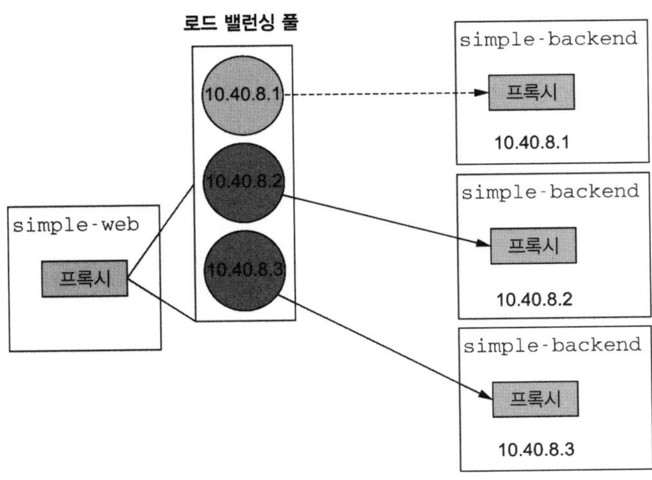

▲ **그림 6.15** 올바르게 동작하지 않는 엔드포인트 차단하기

어떤 서비스에 진행 중인 요청이 10개이고 수신 부하가 동일한데 그 수가 계속 증가하고 있다면, 요청을 더 보내는 것은 의미가 없다. 요청을 더 보내면 업스트림 서비스가 압도될 수 있다. 이스티오에서는 `DestinationRule`의 `connectionPool` 설정을 사용해 서비스 호출 시 누적될 수 있는 커넥션 및 요청 개수를 제한할 수 있다. 요청이 너무 많이 쌓이면, 요청을 단락(빠르게 실패)시키고 클라이언트에 반환할 수 있다.

두 번째 방법은 로드 밸런싱 풀의 엔드포인트 상태를 관찰해 오동작하는 엔드포인트를 잠시 퇴출시키는 것이다. 서비스 풀의 특정 호스트에 문제가 발생하면 그 호스트로의 트래픽 전송을 건너뛸 수 있다. 모든 호스트를 소진하면 회로는 한동안 사실상 '개방'된다. 이스티오로 이 서킷 브레이커 제어 각각을 어떻게 구현하는지 살펴보자.

6.5.1 커넥션 풀 제어로 느린 서비스에 대응하기

여기서 예제를 준비하기 위해 먼저 파드 하나만 있도록 `simple-backend` 서비스를 줄이자. `simple-backend-2` 서비스의 복제본을 `0`으로 만들어 전부 내릴 수 있다.

```
$ kubectl scale deploy/simple-backend-2 --replicas=0
deployment.apps/simple-backend-2 scaled
```

다음으로는 응답에 지연을 1초 도입한 `simple-backend` 버전을 배포하자.

```
$ kubectl apply -f ch6/simple-backend-delayed.yaml
deployment.apps/simple-backend-1 configured
```

앞 절의 `DestinationRule`이 남아 있다면 지운다.

```
$ kubectl delete destinationrule --all
```

이제 이스티오의 커넥션 제한 서킷 브레이커 테스트를 시작해볼 수 있다. 아주 간단한 로드 테스트를 실행해보자. 초당 요청을 하나 보내는(`-qps1`) 커넥션 하나(`-c1`)로 진행한다. 백엔드가 대략 1초 후에 반환하므로 트래픽이 원활하고 성공률이 100%여야 한다.

```
$ fortio load -H "Host: simple-web.istioinaction.io" \
-quiet -jitter -t 30s -c 1 -qps 1 http://localhost/

# target 50% 1.27611
# target 75% 1.41565
# target 90% 1.49938
# target 99% 1.54961
# target 99.9% 1.55464
Sockets used: 1 (for perfect keepalive, would be 1)
Jitter: true
Code 200 : 30 (100.0 %)
All done 30 calls (plus 1 warmup) 1056.564 ms avg, 0.9 qps
```

커넥션 및 요청 제한을 도입하고 어떤 일이 일어나는지 살펴보자. 아주 간단한 제한으로 시작한다.

```
apiVersion: networking.istio.io/v1beta1
kind: DestinationRule
metadata:
  name: simple-backend-dr
spec:
  host: simple-backend.istioinaction.svc.cluster.local
  trafficPolicy:
    connectionPool:
      tcp:
        maxConnections: 1                ❶
      http:
        http1MaxPendingRequests: 1       ❷
        maxRequestsPerConnection: 1      ❸
        maxRetries: 1
        http2MaxRequests: 1              ❹
```

❶ 커넥션 총개수
❷ 대기 중인 요청
❸ 커넥션당 요청 개수
❹ 모든 호스트에 대한 최대 동시 요청 개수

다음으로, 이 파일을 적용한다.

```
$ kubectl apply -f ch6/simple-backend-dr-conn-limit.yaml
destinationrule.networking.istio.io/simple-backend-dr created
```

동일한 로드 테스트를 실행해보자. maxConnections, http1MaxPendingRequests, http2MaxRequests를 1로 설정했다. maxRetries, maxRequestsPerConnection도 설정했지만 지금 다루지는 않겠다. maxRetries는 앞 절에서 다뤘고, 이런 HTTP 1.1 예제에서 maxRequestsPerConnection은 1이다. 설정들의 의미는 다음과 같다.

- **maxConnections**: 커넥션 오버플로[connection overflow]를 보고할 임계값이다. 이스티오 프록시(엔보이)는 이 설정에 정의된 상한까지 서비스 요청에 커넥션을 사용한다. 실제 커넥션 최댓값은 로드 밸런싱 풀의 엔드포인트 개수에 이 설정값을 더한 숫자다. 이 값을 넘길 때마다 엔보이는 자신의 메트릭에 그 사실을 보고한다.
- **http1MaxPendingRequests**: 사용할 커넥션이 없어 보류 중인 요청을 얼마나 허용할지를 의미하는 숫자다.
- **http2MaxRequests**: 안타깝게도 이 설정은 이스티오에서 이름을 잘못 붙였다. 내부적으로 이 숫자는 클러스터 내 모든 엔드포인트/호스트에 걸쳐 있는 병렬 요청의 최대 개수를 제어하는데, HTTP 2인지 HTTP 1.1인지는 상관없다(https://github.com/istio/istio/issues/27473을 참조하자).

테스트를 다시 실행해 이 설정을 검증하자. 커넥션 하나에 초당 요청을 하나 보낼 때 제대로 동작해야 한다.

```
$ fortio load -H "Host: simple-web.istioinaction.io" \
-quiet -jitter -t 30s -c 1 -qps 1 http://localhost/

...
Sockets used: 1 (for perfect keepalive, would be 1)
Jitter: true
Code 200 : 30 (100.0 %)
All done 30 calls (plus 1 warmup) 1027.857 ms avg, 1.0 qps
```

커넥션 개수와 초당 요청 수를 둘로 늘리면 어떻게 될까? 로드 테스트 도구가 2개의 커넥션에서 요청을 초당 하나씩 보내기 시작한다. 따라서 커넥션 한도를 초과하게 되고 발신 요청이 대기열에 쌓이기 시작할 것이다. 최대 요청 개수(1개)나 최대 보류 요청 개수(1개)에 도달하면 서킷 브레이커가 동작할 수 있다. 한번 해보자.

```
$ fortio load -H "Host: simple-web.istioinaction.io" \
-quiet -jitter -t 30s -c 2 -qps 2 http://localhost/

...
Sockets used: 27 (for perfect keepalive, would be 2)
Jitter: true
Code 200 : 31 (55.4 %)
Code 500 : 25 (44.6 %)
All done 56 calls (plus 2 warmup) 895.900 ms avg, 1.8 qps
```

요청이 실패한 것으로 반환됐다(HTTP 5xx). 이는 서킷 브레이커의 영향이지 업스트림의 장애가 아니라는 것을 어떻게 확신할 수 있는가? 이를 확인하려면 이스티오 서비스 프록시에서 더 많은 통계 수집을 활성화해야 한다. 기본적으로, 이스티오의 서비스 프록시(엔보이)에는 각 클러스터에 대한 통계가 많지만 이스티오가 통계를 잘라낸다. 이는 수집 에이전트(프로메테우스 등)가 통계의 큰 카디널리티cardinality에 압도되지 않게 하기 위해서다. simple-web 서비스에 통계 수집을 활성화하라고 이스티오에 지시해보자. simple-web 서비스는 우리 서비스 그래프 내의 simple-backend 서비스를 호출한다.

이스티오가 노출하는 통계, 특히 업스트림 서킷 브레이커 통계를 확장하고자 simple-web 쿠버네티스 디플로이먼트에 sidecar.istio.io/statsInclusionPrefixes 애노테이션을 사용한다.

```
template:
    metadata:
      annotations:
        sidecar.istio.io/statsInclusionPrefixes:
        ➥"cluster.outbound|80||simple-backend.istioinaction.svc.cluster.local"
      labels:
        app: simple-web
```

여기에 `cluster.<이름>` 형식을 따르는 통계를 추가한다. simple-web-stats-incl.yaml 파일을 적용해 전체 디플로이먼트를 볼 수 있고 배포도 할 수 있다.

```
$  kubectl apply -f ch6/simple-web-stats-incl.yaml
deployment.apps/simple-web configured
```

`simple-web` 서비스에서 이스티오 프록시 내 모든 통계를 초기화해 백지 상태에서 시작하도록 하자.

```
$  kubectl exec -it deploy/simple-web -c istio-proxy \
-- curl -X POST localhost:15000/reset_counters

OK
```

다시 부하를 만들어내면, 비슷한 결과가 표시되고 통계를 검사해 서킷 브레이커가 작동했는지 판단할 수 있다.

```
$  fortio load -H "Host: simple-web.istioinaction.io" \
-quiet -jitter -t 30s -c 2 -qps 2 http://localhost/

...
Sockets used: 25 (for perfect keepalive, would be 2)
Jitter: true
Code 200 : 31 (57.4 %)
Code 500 : 23 (42.6 %)
All done 54 calls (plus 2 warmup) 1020.465 ms avg, 1.7 qps
```

여기서는 호출이 23개 실패했다. 우리의 서킷 브레이커 설정 때문에 실패한 것으로 생각하지만, 정말 그런지는 이스티오 프록시의 통계를 보고 확인할 수 있다. 다음 쿼리를 실행해보자.

```
$  kubectl exec -it deploy/simple-web -c istio-proxy \
-- curl localhost:15000/stats | grep simple-backend | grep overflow

<생략>.upstream_cx_overflow: 59
<생략>.upstream_cx_pool_overflow: 0
```

```
<생략>.upstream_rq_pending_overflow: 23
<생략>.upstream_rq_retry_overflow: 0
```

가독성을 위해 클러스터 이름은 생략했다. 가장 관심 있는 통계는 upstream_cx_overflow와 upstream_rq_pending_overflow인데, 커넥션과 요청이 지정한 임계값(병렬 요청이 너무 많거나 요청이 너무 많이 쌓임)을 충분히 넘겨 서킷 브레이커를 동작시켰음을 의미한다. 그런 요청이 23개 있었는데, 로드 테스트에서 성공하지 못한 개수와 정확히 일치한다. 커넥션 오버플로로 인한 오류가 드러나지는 않지만, 커넥션이 오버플로되면 기존 커넥션에 더 많은 압력이 가해진다는 사실을 알아두는 것이 중요하다. 이로 인해 보류 대기열이 늘어나 결국 서킷 브레이커를 발동시킨다. 빠른 실패 동작은 이렇게 보류 중 혹은 병행 요청 개수가 서킷 브레이커 임계값을 넘겨 수행된다.

병렬로 발생하는 요청을 더 처리하고자 http2MaxRequests 필드를 늘리면 어떻게 되는가? 이 값을 2로 늘리고, 카운터를 초기화하고, 로드 테스트를 다시 수행해보자.

```
$ kubectl patch destinationrule simple-backend-dr --type merge \
--patch \
'{"spec": {"trafficPolicy": {"connectionPool": {
  "http": {"http2MaxRequests": 2}}}}}'

$ kubectl exec -it deploy/simple-web -c istio-proxy \
-- curl -X POST localhost:15000/reset_counters

$ fortio load -H "Host: simple-web.istioinaction.io" \
-quiet -jitter -t 30s -c 2 -qps 2 http://localhost/

...
Sockets used: 4 (for perfect keepalive, would be 2)
Jitter: true
Code 200 : 32 (94.1 %)
Code 500 : 2 (5.9 %)
All done 34 calls (plus 2 warmup) 1786.089 ms avg, 1.1 qps
```

서킷 브레이커로 차단된 요청 개수가 더 적다.

```
$  kubectl exec -it deploy/simple-web -c istio-proxy \
-- curl localhost:15000/stats | grep simple-backend | grep overflow

<생략>.upstream_cx_overflow: 32
<생략>.upstream_cx_pool_overflow: 0
<생략>.upstream_rq_pending_overflow: 2
<생략>.upstream_rq_retry_overflow: 0
```

요청 일부가 보류 대기열 서킷 브레이커를 작동시켰을 가능성이 있다. 보류 대기열 깊이를 2로 늘리고 다시 실행해보자.

```
$  kubectl patch destinationrule simple-backend-dr --type merge \
--patch \
'{"spec": {"trafficPolicy": {"connectionPool": {
  "http": {"http1MaxPendingRequests": 2}}}}}'

$  kubectl exec -it deploy/simple-web -c istio-proxy \
-- curl -X POST localhost:15000/reset_counters

$  fortio load -H "Host: simple-web.istioinaction.io" \
-quiet -jitter -t 30s -c 2 -qps 2 http://localhost/

...
Sockets used: 2 (for perfect keepalive, would be 2)
Jitter: true
Code 200 : 33 (100.0 %)
All done 33 calls (plus 2 warmup) 1859.655 ms avg, 1.1 qps
```

이 제한으로는 로드 테스트가 성공했다.

서킷 브레이커가 발동되면 통계를 보고 무슨 일이 일어났는지 확인할 수 있다. 그런데 런타임에는 어떤가? 우리 예제에서는 simple-web이 simple-backend를 호출한다. 그런데 서킷 브레이커 때문에 요청이 실패한다면, simple-web은 그 사실을 어떻게 알고 애플리케이션이나 네트워크 장애 문제와 구분할 수 있는가?

요청이 서킷 브레이커 임계값을 넘겨 실패하면, 이스티오 서비스 프록시는 x-envoy-overloaded 헤더를 추가한다. 이를 테스트하는 한 가지 방법은 커넥션 제한을 가장 엄격한 수준으로 설정하고(커넥션, 보류 요청, 최대 요청을 1로 설정함) 로드 테스트를 다시 수행해보는 것이다. 로드 테스트를 실행하는 도중에 단일 curl 명령도 실행하면 서킷 브레이커 때문에 실패할 가능성이 높다. curl을 사용하면 simple 서비스 구현의 실제 응답을 볼 수 있다.

```
$ curl -v -H "Host: simple-web.istioinaction.io"  http://localhost/

{
  "name": "simple-web",
  "uri": "/",
  "type": "HTTP",
  "ip_addresses": [
    "10.1.0.101"
  ],
  "start_time": "2020-09-22T20:01:44.949194",
  "end_time": "2020-09-22T20:01:44.951374",
  "duration": "2.179963ms",
  "body": "Hello from simple-web!!!",
  "upstream_calls": [
    {
      "uri": "http://simple-backend:80/",
      "headers": {
        "Content-Length": "81",
        "Content-Type": "text/plain",
        "Date": "Tue, 22 Sep 2020 20:01:44 GMT",
        "Server": "envoy",
        "x-envoy-overloaded": "true"      ❶
      },
      "code": 503,
      "error": "Error processing
        upstream request: http://simple-backend:80//,
          expected code 200, got 503"
    }
   ],
   "code": 500
 }
```

❶ 서킷 브레이커가 발동됐음을 나타내는 헤더

일반적으로 네트워크가 실패할 수 있다는 점을 감안해 애플리케이션 코드를 작성해야 한다. 애플리케이션 코드가 이 헤더를 확인하면 호출한 클라이언트에게 응답을 보내기 위해 대체fallback 전략을 사용하는 결정을 내릴 수 있다.

6.5.2 이상값 감지로 비정상 서비스에 대응하기

앞 절에서는 서비스에 예기치 못한 지연 시간이 있을 때 오동작하는 서비스로의 요청을 이스티오가 어떻게 제한할 수 있는지 살펴봤다. 이번 절에서는 오동작하는 특정 호스트를 서비스에서 제거하는 이스티오의 접근법을 다룬다. 이스티오는 이를 위해 엔보이의 이상값 감지 기능을 사용한다. 6.3.1절에서 이상값 감지를 다뤘는데, 여기서 더 자세히 살펴볼 것이다.

시작하기 위해 모든 것을 백지 상태로 되돌려보자.

```
$ kubectl apply -f ch6/simple-backend.yaml
$ kubectl delete destinationrule --all
```

우리는 simple-backend 클러스터에 대한 통계가 확장된 simple-web 디플로이먼트를 유지하고 있다는 점에 유의하자. 그 상태인지(6.5.1절) 확신할 수 없으면 해당 버전 simple-web을 배포하자.

```
$ kubectl apply -f ch6/simple-web-stats-incl.yaml
```

동작을 살펴보기 위해 이스티오의 기본 재시도 메커니즘도 비활성화한다. 재시도와 이상값 감지는 잘 어울리지만, 이 예제에서는 이상값 감지 기능을 고립시키려고 한다(재시도는 마지막에 추가해서 이상값 감지와 재시도가 서로 어떻게 보완하는지 확인해본다). 메시 전체에서 재시도를 비활성화하려면 6.4.2절을 참조하면 되지만, 편의를 위해 여기에 명령어를 적어두겠다. 또한 이미 재시도 설정이 들어 있는 VirtualService도 지워야 한다.

```
$ istioctl install --set profile=demo \
 --set meshConfig.defaultHttpRetryPolicy.attempts=0

$ kubectl delete vs simple-backend-vs
```

마지막으로, 테스트하기 전에 `simple-backend` 서비스에 실패를 도입하자. 이 경우, `simple-backend-1` 엔드포인트 호출 중 75%가 HTTP 500으로 실패할 것이다.

```
$ kubectl apply -f ch6/simple-backend-periodic-failure-500.yaml
```

이제 로드 테스트를 실행해보자. 재시도를 끄고 주기적인 실패를 도입했으므로 로드 테스트의 요청 일부가 실패할 것이다.

```
$ fortio load -H "Host: simple-web.istioinaction.io" \
-allow-initial-errors -quiet -jitter -t 30s -c 10 -qps 20 http://localhost/

...
Sockets used: 197 (for perfect keepalive, would be 10)
Jitter: true
Code 200 : 412 (68.7 %)
Code 500 : 188 (31.3 %)
All done 600 calls (plus 10 warmup) 189.855 ms avg, 19.9 qps
```

정말로 요청 일부가 실패했다. `simple-backend-1` 엔드포인트가 실패를 반환하게 만들었기 때문에 예상했던 결과다. 정기적으로 실패하는 서비스에 요청을 보내고 있는데 서비스의 다른 엔드포인트들은 실패하지 않고 있다면, 해당 엔드포인트가 과부하됐거나 어떤 이유로든 성능이 저하된 상태일 수 있으므로 당분간 그 엔드포인트로 트래픽을 전송하는 것을 멈춰야 한다. 정확히 그렇게 하도록 이상값 감지를 설정해보자.

```
apiVersion: networking.istio.io/v1beta1
kind: DestinationRule
metadata:
  name: simple-backend-dr
spec:
  host: simple-backend.istioinaction.svc.cluster.local
  trafficPolicy:
    outlierDetection:
      consecutive5xxErrors: 1
      interval: 5s
      baseEjectionTime: 5s
      maxEjectionPercent: 100
```

이 DestinationRule에서는 consecutive5xxErrors 값을 1로 설정하고 있는데, 이는 잘못된 요청이 하나만 발생해도 이상값 감지가 발동된다는 의미다(그림 6.16 참조). 이 예제에는 이 값이 적합할 수 있지만, 실제 환경에는 더 현실적인 설정을 하는 것이 좋다. interval 설정은 이스티오 서비스 프록시가 consecutive5xxErrors 설정을 따르기 위해 얼마나 자주 호스트를 확인할지를 지정한다. 서비스 엔드포인트가 제거된다면 제거되는 시간은 *n* * baseEjectionTime으로 결정되는데, 여기서 *n*은 해당 엔드포인트가 쫓겨난 횟수다. 이 시간이 지나면 엔드포인트는 로드 밸런싱 풀에 다시 추가된다. 마지막으로, 로드 밸런싱 풀에서 제거 가능한 호스트 개수를 제어할 수 있다. 이 설정에서는 호스트를 최대 100%까지 제거할 수 있다. 이는 비유하자면 회로가 열린 것과 같다. 즉, 모든 호스트가 오작동하면 어떤 요청도 통과하지 못한다.

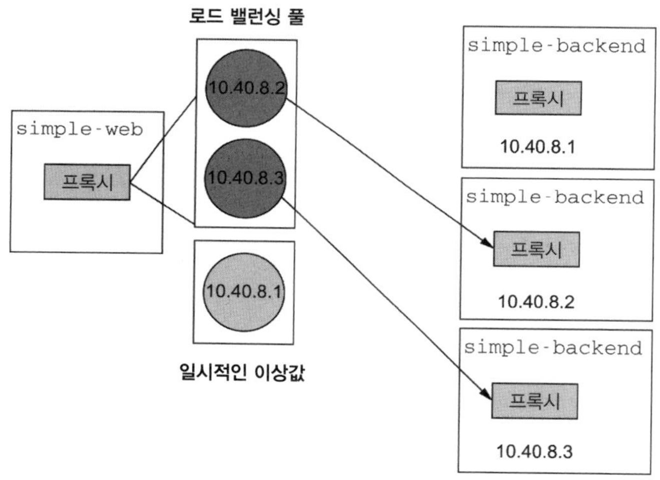

▲ **그림 6.16** 엔드포인트가 오작동하면 잠시 제거한다.

이상값 감지를 활성화하고 다시 테스트해보자.

```
$ kubectl apply -f ch6/simple-backend-dr-outlier-5s.yaml
destinationrule.networking.istio.io/simple-backend-dr created

$ fortio load -H "Host: simple-web.istioinaction.io" \
```

```
-allow-initial-errors -quiet -jitter -t 30s -c 10 -qps 20 http://localhost/

...
Sockets used: 22 (for perfect keepalive, would be 10)
Jitter: true
Code 200 : 589 (98.2 %)
Code 500 : 11 (1.8 %)
All done 600 calls (plus 10 warmup) 250.173 ms avg, 19.7 qps
```

오류율이 극적으로 감소했다. 오동작하는 엔드포인트를 잠시 제거했기 때문이다. 그러나 호출 11개는 여전히 실패하고 있다. 이 오류들이 오동작하는 엔드포인트 때문임은 통계로 입증할 수 있다.

```
$  kubectl exec -it deploy/simple-web -c istio-proxy -- \
curl localhost:15000/stats | grep simple-backend | grep outlier

<생략>.outlier_detection.ejections_active: 0
<생략>.outlier_detection.ejections_consecutive_5xx: 3
<생략>.outlier_detection.ejections_detected_consecutive_5xx: 3
<생략>.outlier_detection.ejections_detected_
  consecutive_gateway_failure: 0
<생략>.outlier_detection.ejections_detected_
  consecutive_local_origin_failure: 0
<생략>.outlier_detection.ejections_detected_failure_percentage: 0
<생략>.outlier_detection.ejections_detected_
  local_origin_failure_percentage: 0
<생략>.outlier_detection.ejections_detected_
  local_origin_success_rate: 0
<생략>.outlier_detection.ejections_detected_success_rate: 0
<생략>.outlier_detection.ejections_enforced_consecutive_5xx: 3
<생략>.outlier_detection.ejections_enforced_
  consecutive_gateway_failure: 0
<생략>.outlier_detection.ejections_enforced_
  consecutive_local_origin_failure: 0
<생략>.outlier_detection.ejections_enforced_failure_percentage: 0
<생략>.outlier_detection.ejections_enforced_
  local_origin_failure_percentage: 0
<생략>.outlier_detection.ejections_enforced_
```

```
  local_origin_success_rate: 0
<생략>.outlier_detection.ejections_enforced_success_rate: 0
<생략>.outlier_detection.ejections_enforced_total: 3
<생략>.outlier_detection.ejections_overflow: 0
<생략>.outlier_detection.ejections_success_rate: 0
<생략>.outlier_detection.ejections_total: 3
```

simple-backend-1은 세 번 쫓겨났다. 이전 실행에서는 호출이 11번 실패했다. 설정한 5초 간격 동안 이상값 감지 검사가 아직 진행되지 않은 틈을 타서 요청 일부가 오동작 호스트에 도달했고, 그래서 오류가 발생했다.

조금 남은 오류를 해결하기 위해 무엇을 할 수 있을까? 기본 재시도 설정을 추가할 수 있다(혹은 각 VirtualService에 명시적으로 설정할 수 있다).

```
$ istioctl install --set profile=demo \
  --set meshConfig.defaultHttpRetryPolicy.attempts=2
```

로드 테스트를 다시 실행하면 오류가 없음을 확인할 수 있다.

이번 장 이전에는 이스티오의 기능과 API를 사용해, 인그레스 게이트웨이를 사용한 에지에서부터 클러스터 내 통신에 이르기까지 네트워크의 동작을 바꾸는 방법을 살펴봤다. 그러나 이번 장의 서두에서 언급했듯이, 끊임없이 변화하는 대규모 시스템에서 예상치 못한 네트워크 오류에 대응하기 위한 수동적인 개입은 불가능에 가까울 것이다.

이번 장에서는 이스티오의 다양한 클라이언트 측 복원력 기능을 깊이 들여다봤다. 이 기능들은 서비스가 간헐적인 네트워크 문제나 토폴로지 변화로부터 투명하게 복구될 수 있도록 돕는다. 다음 장에서는 이런 기능에 더해 네트워크 동작을 관찰하는 방법을 살펴볼 것이다.

요약

- 로드 밸런싱은 DestinationRule 리소스로 설정한다. 지원하는 알고리듬은 다음과 같다.

- ROUND_ROBIN은 요청을 엔드포인트들에 차례대로(또는 next-in-loop) 전달하며 기본 알고리듬이다.
- RANDOM은 트래픽을 무작위 엔드포인트로 라우팅한다.
- LEAST_CONN은 진행 중인 요청이 가장 적은 엔드포인트로 트래픽을 라우팅한다.

- 이스티오는 노드의 영역 및 리전 정보를 엔드포인트 상태 정보(outlierDetection이 설정돼 있어야 함)와 함께 활용해 트래픽을 동일 영역 내의 워크로드로 라우팅한다(가능한 경우 그렇게 하고, 그렇지 않은 경우 다음 영역으로 넘긴다).
- DestinationRule을 사용하면 클라이언트가 여러 지역에 가중치를 부여해 트래픽을 분배하도록 설정할 수 있다.
- 재시도와 타임아웃은 VirtualService 리소스에서 설정한다.
- EnvoyFilter 리소스를 사용하면 이스티오 API가 노출하지 않는 엔보이의 기능을 구현할 수 있다. 요청 헤징으로 이를 보여줬다.
- 서킷 브레이커는 DestinationRule 리소스에서 설정하는데, 이 기능은 트래픽을 더 전송하기 전에 업스트림 서비스가 회복할 시간을 벌어준다.

7

관찰 가능성: 서비스의 동작 이해하기

7장에서 다루는 내용

- 기본적인 요청 수준 메트릭 수집하기
- 이스티오의 서비스 간 표준 메트릭 이해하기
- 프로메테우스로 워크로드 및 컨트롤 플레인 메트릭 긁어오기
- 이스티오에 프로메테우스에서 추적할 새 메트릭 추가하기

최근 관찰 가능성observability이란 용어가 소프트웨어 엔지니어, 운영, SRE 팀 사이에서 점점 더 자주 입에 오르기 시작한 것을 알고 있을지도 모르겠다. 이 팀들은 클라우드 인프라에서 마이크로서비스 스타일 아키텍처를 운영할 때 거의 기하급수적으로 증가하는 복잡성을 처리해야 한다. 애플리케이션을 수십, 수백개 혹은 그 이상의 서비스로 배포하기 시작하면 움직이는 부분의 수, 네트워크에 대한 의존도, 잘못될 수 있고 또 실제로 잘못되는 것들의 개수가 모두 늘어난다.

시스템이 이런 방향으로 더 커지면, 최소한 시스템의 일부는 항상 성능 저하 상태로 운영될 가능성이 높다. 따라서 애플리케이션을 좀 더 안정적이고 복원력 있게 구축해야 할 뿐 아니라, 애플리케이션이 실행 중일 때 실제로 어떤 일이 일어나고 있는지 이해할 수 있도록

도구와 계측 기법도 개선해야 한다. 런타임에 서비스와 인프라에 어떤 일이 일어나고 있는지 자신 있게 이해할 수 있다면 예상치 못한 것을 봤을 때 장애를 감지하고 디버깅에 깊이 파고들 수 있다. 이런 노력은 평균 복구 시간MTTR, Mean Time To Recovery을 개선하는 데 도움이 될 것이다. MTTR은 팀의 성과와 비즈니스에 대한 팀의 영향을 측정하는 중요한 지표다.

이번 장에서는 관찰 가능성의 기본 사항 몇 가지를 살펴보고, 이스티오가 관찰 가능성을 보조하는 네트워크 수준 메트릭 수집의 기반을 마련하는 데 어떻게 도움이 되는지 알아본다. 8장에서는 이를 기반으로, 이 정보 일부를 사용해 네트워크 호출 그래프를 시각적으로 이해하는 방법을 다룰 것이다.

7.1 관찰 가능성이란 무엇인가?

관찰 가능성은 시스템의 특성 중 하나로, 외부 신호와 특성만 보고도 시스템의 내부 상태를 이해하고 추론할 수 있는 수준을 나타낸다. 관찰 가능성은 런타임 동작을 변경할 수 있는 제어 기능을 시스템에 구현하는 데 중요하다. 이 개념은 루돌프 칼만Rudolf E. Kálmán이 1960년 논문「제어 시스템의 일반 이론에 관해On the General Theory of Control Systems」에서 처음 발표한 제어 이론을 기반으로 한다. 좀 더 실용적인 측면에서 보면 우리는 시스템의 안정성을 중요하게 생각하는데, 언제 시스템이 잘 동작하는지 이해해야 시스템에 문제가 생겼을 때 이를 판단할 수 있고 상술한 역동성을 유지할 수 있는 적절한 수준의 자동 및 수동 제어를 구현할 수 있다.

그림 7.1은 시스템을 거쳐가는 요청의 동작에 영향을 미치는 위치에 이스티오의 데이터 플레인이 있음을 보여준다. 이스티오는 트래픽 전환, 복원력, 정책 강제 등 제어를 구현하는 데 도움이 될 수 있다. 그러나 어떤 제어를 언제 사용해야 할지 알기 위해서는 시스템에서 어떤 일이 일어나고 있는지 이해해야 한다. 이스티오의 제어 기능 대부분이 애플리케이션 요청의 네트워크 수준에서 구현되므로, 관찰 결과를 알리기 위해 메트릭을 수집하는 이스티오의 기능도 이 수준에 있다는 것은 그리 놀라운 일이 아니다. 그렇다고 해서 이스티오를 사용해 관찰 가능성을 보조하기만 하면 시스템에 관찰 가능성을 들여올 수 있다는 의미는 아니다.

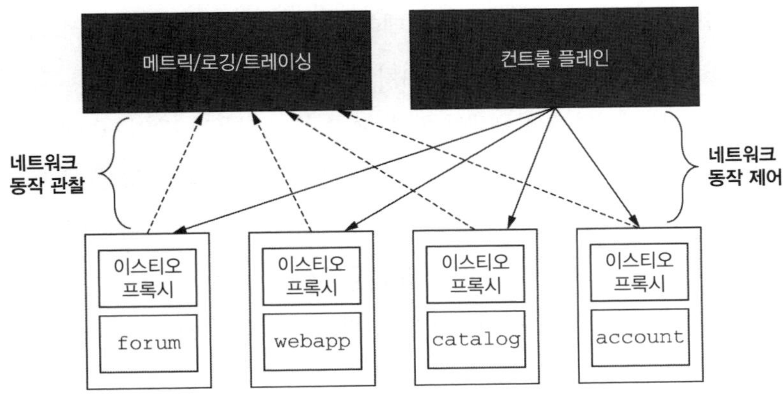

▲ **그림 7.1** 이스티오는 제어와 관찰을 구현할 수 있는 위치에 있다.

관찰 가능성이란 특정 기성 솔루션을 말하는 것이 아니라 다양한 수준을 포함하는 시스템의 특성을 말한다. 또한 관찰 가능성은 애플리케이션 계측, 네트워크 계측, 시그널 수집 인프라, 데이터베이스뿐 아니라 예기치 못한 일이 일어났을 때 방대한 데이터를 잘 추리고 결합해 전체 그림을 그려내는 방법도 포함해야 한다. 이스티오는 관찰 가능성의 한 부분인 애플리케이션 수준 네트워크 계측을 보조한다.

7.1.1 관찰 가능성 vs. 모니터링

관찰 가능성이란 용어는 이미 익숙할 수 있는 관행인 모니터링과 관련해 시장에 혼란을 가져왔다. 모니터링monitoring이란 메트릭, 로그, 트레이스 등을 수집 및 집계하고, 신중하게 지켜봐야 하는 시스템 상태를 미리 정의한 기준과 비교하는 관행을 말한다. 메트릭 중 하나가 임계값을 넘겨 불량 상태로 향하고 있으면, 우리는 시스템을 바로잡기 위한 조치를 취한다. 예를 들어 운영 팀은 특정 데이터베이스 인스턴스의 디스크 사용량 정보를 집계할 수 있다. 이 메트릭에서 디스크 사용량이 디스크 용량에 가까워지면 디스크에 공간을 추가하는 등 조치를 시작하도록 경보를 울릴 수 있다.

모니터링은 관찰 가능성의 부분집합이다. 모니터링에서는 바람직하지 않다고 알려진 상태를 감시하고 경고하고자, 특히 메트릭을 수집하고 집계하고 있다. 반면에 관찰 가능성은 시스템을 예측하기 매우 어려운 것으로 보기에 일어날 수 있는 모든 고장을 사전에 알 수는 없다고 가정한다. 우리는 훨씬 더 많은 데이터, 전체 집합이 기하급수적으로 클 수 있는 사용자 ID, 요청 ID, 소스 IP 등 카디널리티가 높은 데이터까지도 수집하고, 도구를 사용해 데이터를 빠르게 탐색하고 질문해야 한다. 예를 들어 사용자 ID가 400000021인 특정 사용자 홍길동이 장바구니의 물건을 계산하려 하는데, 지불 옵션을 고를 때 10초의 지연 시간을 겪었다고 해보자. 미리 정의해둔 메트릭 임계값(디스크 사용량, 대기열 깊이, 머신 상태 등)은 모두 허용 가능한 수준일 수 있지만, 홍길동은 이와 같은 경험에 무척 짜증이 난다. 만약 관찰 가능성을 염두에 두고 설계했다면, 서비스의 여러 계층을 살펴보고 시스템에서 요청이 거쳤을 정확한 경로를 확인할 수 있다.

7.1.2 이스티오는 어떻게 관찰 가능성을 돕는가?

이스티오는 관찰 가능한 시스템을 구축하는 데 도움을 줄 수 있는 독특한 위치에 있다. 이스티오의 데이터 플레인 프록시, 엔보이가 서비스 간 네트워크 요청 경로에 자리하고 있기 때문이다. 이스티오는 엔보이 서비스 프록시를 통해 요청 처리와 서비스 상호작용에 관련된 중요 메트릭을 포착할 수 있는데, 이를테면 초당 요청 수, 요청 처리에 걸리는 시간(백분위수로 구분), 실패한 요청 수 등이 있다. 또한 이스티오는 시스템에 새 메트릭을 동적으로 추가할 수 있으므로, 미처 생각하지 못했던 새로운 정보를 포착하는 데 도움이 될 수도 있다.

분산 시스템을 이해하는 또 다른 측면은 시스템을 거치는 요청을 추적해 어떤 서비스 및 구성 요소가 요청 흐름에 포함되는지, 그래프 내 각 노드가 요청을 처리하는 데 얼마나 걸리는지를 이해하는 것이다. 다음 장에서는 분산 트레이싱을 다룬다.

마지막으로 이스티오에는 프로메테우스, 그라파나, 키알리 등과 같은 기본 샘플 도구가 포함돼 있어 서비스 메시와 서비스 메시가 알고 있는 서비스의 상태를 시각화하고 탐색하는 데 도움이 된다. 우리는 기본 샘플 프로메테우스, 그라파나, 키알리를 사용하지 않을 것이다(이들은 2장에서 설치했던 추가 기능으로서 데모용이다). 이번 장과 다음 장에서는 좀 더 현실적인 설정을 사용한다.

2장에서 설치한 샘플 도구를 삭제한 다음, 2장에서 다운로드한 이스티오 배포판 루트에서 다음을 실행한다.

```
$ cd istio-1.13.0
$ kubectl delete -f samples/addons/
```

7.2 이스티오 메트릭 살펴보기

이스티오의 데이터 플레인은 요청을 처리하고, 컨트롤 플레인은 데이터 플레인이 요청을 처리하도록 설정한다. 둘 다 메트릭이 아주 방대하므로, 애플리케이션 네트워크와 메시의 운영 측면에서 런타임에 어떤 일이 일어나고 있는지 데이터 플레인과 컨트롤 플레인에서 사용할 수 있는 메트릭을 자세히 살펴보자.

7.2.1 데이터 플레인의 메트릭

엔보이는 커넥션, 요청, 런타임 메트릭을 다양하게 갖추고 있으며, 이들을 사용해 서비스의 네트워크 및 통신 상태를 파악할 수 있다. 먼저 예제 애플리케이션의 부분집합을 배포하고, 그 구성 요소를 탐색해 이들 메트릭이 어디서 오는지, 메트릭에 어떻게 접근할 수 있는지를 이해해보자. 애플리케이션 네트워킹 관련 메트릭을 수집한 후 탐색하고 시각화할 수 있는 영역으로 가져와 관찰할 수 있는 시스템을 구축하는 이스티오의 기능을 살펴볼 것이다.

이스티오는 배포했지만(2장 참조) 다른 애플리케이션 구성 요소는 배포하지 않은 상태라고 가정해보자. 이전 장들에서부터 계속해오고 있다면 남아 있는 Deployment, Service, Gateway, VirtualService를 정리해야 할 것이다.

```
$ kubectl config set-context $(kubectl config current-context) \
 --namespace=istioinaction
$ kubectl delete virtualservice,deployment,service,\
destinationrule,gateway --all
```

이 절의 애플리케이션을 배포하려면 이 책 소스 코드의 루트에서 다음 명령어를 실행하자.

```
$ kubectl apply -f services/catalog/kubernetes/catalog.yaml
$ kubectl apply -f services/webapp/kubernetes/webapp.yaml
$ kubectl apply -f services/webapp/istio/webapp-catalog-gw-vs.yaml
```

이제 다음 명령어를 실행해 서비스에 접근할 수 있고 서비스가 올바르게 반환함을 확인할 수 있다.

```
$ curl -H "Host: webapp.istioinaction.io" http://localhost/api/catalog
```

가장 먼저 발견한 것은 서비스의 사이드카 프록시가 유지하는 메트릭이다. 우리가 배포했고 사이드카 프록시도 같이 있는 파드를 나열하면, webapp 및 catalog 서비스를 볼 수 있다.

```
$ kubectl get pod
NAME                          READY   STATUS    RESTARTS   AGE
webapp-67bd5dfd77-g7gcf       2/2     Running   0          20m
catalog-c89594fb9-hm47h       2/2     Running   0          20m
```

쿼리를 실행해 webapp 파드의 통계를 보자.

```
$ kubectl exec -it deploy/webapp -c istio-proxy \
-- curl localhost:15000/stats
```

CURL을 사용하지 않고 엔보이 관리자 엔드포인트 쿼리하기

왜 curl 없이 엔보이의 관리자 엔드포인트를 쿼리하려고 하는가? 보안상의 이유로 이스티오는 pilot-agent를 실행할 수 있는 최소한의 종속성만 포함하는 distroless 이미지 집합(http://mng.bz/KB2n)을 제공한다. 당연하게도 curl은 포함되지 않는다.

엔드포인트를 쿼리하는 것은 엔보이 프록시를 디버깅할 때 중요하므로, 엔드포인트를 쿼리할 수 있도록 최소한의 CLI를 pilot-agent에 추가한 것이다. 예를 들어 다음과 같이 통계를 쿼리할 수 있다.

```
$ kubectl exec -it deploy/webapp -c istio-proxy \
 -- pilot-agent request GET stats
```

help 엔드포인트를 쿼리해 다른 엔보이 관리자 엔드포인트를 자세히 알아볼 수 있다.

```
pilot-agent request GET help
```

> 우리는 엔드포인트를 쿼리하는 데 계속 curl을 사용할 것이다. 하지만 distroless 이미지를 사용할 때는 이 방법이 있음을 알아둬야 한다.

와! 사이드카 프록시가 보관하는 정보가 엄청나게 많다. 사실 프록시가 보관하는 정보는 훨씬 더 많지만, 대부분은 기본적으로 제거된다. 여기서 볼 수 있는 것은 대부분이 컨트롤 플레인에 연결된 프록시, 클러스터나 리스너 업데이트 빈도, 기타 고수준 통계에 대한 정보다. 또한 요청 및 응답 수준 메트릭도 일부 있지만 출력에 묻혀 있다. 이런 식의 내용을 찾아보자.

```
reporter=.=destination;.;source_workload=.=istio-ingressgateway;.;
source_workload_namespace=.=istio-system;.;source_principal=.
=spiffe://cluster.local/ns/istio-system/sa/istio
-ingressgateway-service-account;.;source_app=.=istio-ingressgateway;.
;source_version=.=unknown;.;source_canonical_service=.
=istio-ingressgateway;.;source_canonical_revision=.=
latest;.;destination_workload=.=webapp;.
;destination_workload_namespace=.=istioinaction;.;destination_principal=.
=spiffe://cluster.local/ns/istioinaction/sa/webapp;.
;destination_app=.=webapp;.;
destination_version=.=unknown;.;destination_service=.
=webapp.istioinaction.svc.cluster.local;.;destination_service_name=.
=webapp;.;destination_service_namespace=.=istioinaction;.;
destination_canonical_service=.=webapp;
  .;destination_canonical_revision=.
=latest;.;request_protocol=.=http;.;response_flags=.=-;.
;connection_security_policy=.=mutual_tls;.;response_code=.=200;.
;grpc_response_status=.=;.;destination_cluster=.=Kubernetes;.
;source_cluster=.=Kubernetes;.;istio_requests_total: 2
```

여기서 가장 중요한 부분은 마지막 `istio_requests_total`이다. 나머지 부분을 읽으면, 이것이 인그레스 게이트웨이에서 `webapp` 서비스로 들어오는 요청에 대한 메트릭이며 그 요청이 총 2개임을 알 수 있다. 이 메트릭이 보이지 않으면 서비스를 몇 번 호출해보자.

다음 히스토그램은 각 프록시가 인바운드 및 아웃바운드 호출에 유지하는 표준 이스티오 메트릭이다. 이들 덕분에 메트릭 수집에 대해 따로 무엇을 하지 않아도 정보가 풍부하다.

- istio_requests_total
- istio_request_bytes
- istio_response_bytes
- istio_request_duration
- istio_request_duration_milliseconds

표준 이스티오 메트릭에 대한 자세한 정보는 이스티오 문서(https://istio.io/latest/docs/reference/config/metrics)를 참고하자.

프록시가 엔보이 통계를 더 많이 보고하도록 설정하기

가끔 네트워크 동작을 트러블슈팅하려면 표준 이스티오 메트릭보다 더 많은 정보를 확인해야 할 때가 있다. 앞 장들에서 이렇게 다른 메트릭을 활성화하는 방법을 살짝 언급했는데, 이제 자세히 살펴보자.

애플리케이션의 호출이 자신의 클라이언트 측 프록시를 거쳐갈 때, 프록시는 라우팅 결정을 내리고 업스트림 클러스터로 라우팅한다. 업스트림 클러스터란 관련 설정(로드 밸런싱, 보안, 서킷 브레이커 설정 등)을 적용해 실제 호출되는 서비스를 말한다. 이 예제에서는 webapp 서비스가 catalog 서비스로 라우팅된다. 업스트림 catalog 서비스 호출에 추가 정보를 활성화해보자.

어떻게 할 수 있을까? 다음과 같이 이스티오를 설치할 때 기본 프록시 설정으로 메시 전체에 적용할 수 있다.

```
apiVersion: install.istio.io/v1alpha1
kind: IstioOperator
metadata:
  name: control-plane
spec:
  profile: demo
  meshConfig:
    defaultConfig:                                ❶
```

```
    proxyStatsMatcher:                          ❷
      inclusionPrefixes:                        ❸
      - "cluster.outbound|80||catalog.istioinaction"
```

❶ 모든 서비스용 기본 프록시 설정 정의
❷ 보고할 메트릭 커스터마이징
❸ 기본 메트릭에 더해 여기의 접두사와 일치하는 메트릭이 보고된다.

> **|노트|** 프록시 설정에 대해 자세히 알고 싶다면 API 참조 문서(http://mng.bz/9K08)를 확인하자.

메시 전체에서 수집하는 메트릭을 늘리면 메트릭 수집 시스템을 과부하 상태로 만들 수 있으므로 아주 신중하게 적용해야 한다. 더 나은 방법은 워크로드별로 애노테이션으로 포함할 메트릭을 지정하는 것이다. 예를 들어, webapp 디플로이먼트에서 메트릭을 가져오려면 동일한 설정을 proxy.istio.io/config 애노테이션에 추가할 수 있다.

```
metadata:
  annotations:
    proxy.istio.io/config: |-        ❶
      proxyStatsMatcher:
        inclusionPrefixes:
        - "cluster.outbound|80||catalog.istioinaction"
```

❶ webapp 복제본용 프록시 설정

주석을 추가한 webapp 디플로이먼트를 적용해보자.

```
$ kubectl apply -f ch7/webapp-deployment-stats-inclusion.yaml
```

이제 서비스 체인을 거치도록 호출을 몇 번 해보자.

```
$ curl -H "Host: webapp.istioinaction.io" http://localhost/api/catalog
```

그리고 통계를 다시 긁어오자. 그런데 이번에는 catalog 서비스 항목만 grep해보자.

```
$ kubectl exec -it deploy/webapp -c istio-proxy \
-- curl localhost:15000/stats | grep catalog
```

이 명령어 출력은 너무 방대해서 생략했다. 몇 가지 주요 메트릭만 살펴보자. 목록에서 FQDN[Fully Qualified Domain Name]은 잘라냈으므로 독자의 출력과는 좀 달라 보일 수 있다. 지금은 `istioinaction.svc.cluster.local`을 생략했는데, 독자의 출력에서는 나타날 것이다.

이 메트릭들은 이 업스트림 클러스터로 향하는 커넥션 혹은 요청에서 서킷 브레이커가 적용되고 있는지 여부를 나타낸다.

```
cluster.outbound|80||catalog.circuit_breakers.default.cx_open: 0
cluster.outbound|80||catalog.circuit_breakers.default.cx_pool_open: 0
cluster.outbound|80||catalog.circuit_breakers.default.rq_open: 0
cluster.outbound|80||catalog.circuit_breakers.default.rq_pending_open: 0
cluster.outbound|80||catalog.circuit_breakers.default.rq_retry_open: 0
```

엔보이는 트래픽을 식별할 때 출처가 내부인지 외부인지를 구분한다. 내부는 보통 메시 내부 트래픽이라고 인식하는 것을 말하고, 외부는 메시 외부에서 시작한 트래픽(인그레스 게이트웨이로 들어온 트래픽)을 말한다. `cluster_name.internal.*` 메트릭을 보면 메시 내부에서 시작해 성공한 요청 개수를 확인할 수 있다.

```
cluster.outbound|80||catalog.internal.upstream_rq_200: 2
cluster.outbound|80||catalog.internal.upstream_rq_2xx: 2
```

`cluster_name.ssl.*` 메트릭은 트래픽이 TLS로 업스트림 클러스터로 이동하는지 여부와 커넥션에 관련된 기타 세부 정보(cipher, curve 등)를 알아내는 데 매우 유용하다.

```
cluster.outbound|80||catalog.ssl.ciphers.ECDHE-RSA-AES256-GCM-SHA384: 1
cluster.outbound|80||catalog.ssl.connection_error: 0
cluster.outbound|80||catalog.ssl.curves.X25519: 1
cluster.outbound|80||catalog.ssl.fail_verify_cert_hash: 0
cluster.outbound|80||catalog.ssl.fail_verify_error: 0
cluster.outbound|80||catalog.ssl.fail_verify_no_cert: 0
cluster.outbound|80||catalog.ssl.fail_verify_san: 0
cluster.outbound|80||catalog.ssl.handshake: 1
```

마지막으로, upstream_cx와 upstream_rq는 네트워크에서 일어나는 일에 대한 좀 더 정확한 정보를 제공한다. 이름에서 알 수 있듯이 업스트림 커넥션 및 요청에 대한 메트릭들이다.

```
cluster.outbound|80||catalog.upstream_cx_active: 1
cluster.outbound|80||catalog.upstream_cx_close_notify: 0
cluster.outbound|80||catalog.upstream_cx_connect_attempts_exceeded: 0
cluster.outbound|80||catalog.upstream_cx_connect_fail: 0
cluster.outbound|80||catalog.upstream_cx_connect_timeout: 0
cluster.outbound|80||catalog.upstream_cx_destroy: 0
cluster.outbound|80||catalog.upstream_cx_destroy_local: 0
cluster.outbound|80||catalog.upstream_cx_destroy_local_with_active_rq: 0
cluster.outbound|80||catalog.upstream_cx_destroy_remote: 0
cluster.outbound|80||catalog.upstream_cx_destroy_remote_with_active_rq: 0
cluster.outbound|80||catalog.upstream_cx_destroy_with_active_rq: 0
cluster.outbound|80||catalog.upstream_cx_http1_total: 1
cluster.outbound|80||catalog.upstream_cx_http2_total: 0
cluster.outbound|80||catalog.upstream_cx_idle_timeout: 0
cluster.outbound|80||catalog.upstream_cx_max_requests: 0
cluster.outbound|80||catalog.upstream_cx_none_healthy: 0
cluster.outbound|80||catalog.upstream_cx_overflow: 0
cluster.outbound|80||catalog.upstream_cx_pool_overflow: 0
cluster.outbound|80||catalog.upstream_cx_protocol_error: 0
cluster.outbound|80||catalog.upstream_cx_rx_bytes_buffered: 1386
cluster.outbound|80||catalog.upstream_cx_rx_bytes_total: 2773
cluster.outbound|80||catalog.upstream_cx_total: 1
cluster.outbound|80||catalog.upstream_cx_tx_bytes_buffered: 0
cluster.outbound|80||catalog.upstream_cx_tx_bytes_total: 2746
cluster.outbound|80||catalog.upstream_rq_200: 2
cluster.outbound|80||catalog.upstream_rq_2xx: 2
cluster.outbound|80||catalog.upstream_rq_active: 0
cluster.outbound|80||catalog.upstream_rq_cancelled: 0
cluster.outbound|80||catalog.upstream_rq_completed: 2
cluster.outbound|80||catalog.upstream_rq_maintenance_mode: 0
cluster.outbound|80||catalog.upstream_rq_max_duration_reached: 0
cluster.outbound|80||catalog.upstream_rq_pending_active: 0
cluster.outbound|80||catalog.upstream_rq_pending_failure_eject: 0
cluster.outbound|80||catalog.upstream_rq_pending_overflow: 0
cluster.outbound|80||catalog.upstream_rq_pending_total: 1
cluster.outbound|80||catalog.upstream_rq_per_try_timeout: 0
```

```
cluster.outbound|80||catalog.upstream_rq_retry: 0
cluster.outbound|80||catalog.upstream_rq_retry_backoff_exponential: 0
cluster.outbound|80||catalog.upstream_rq_retry_backoff_ratelimited: 0
cluster.outbound|80||catalog.upstream_rq_retry_limit_exceeded: 0
cluster.outbound|80||catalog.upstream_rq_retry_overflow: 0
cluster.outbound|80||catalog.upstream_rq_retry_success: 0
cluster.outbound|80||catalog.upstream_rq_rx_reset: 0
cluster.outbound|80||catalog.upstream_rq_timeout: 0
cluster.outbound|80||catalog.upstream_rq_total: 2
cluster.outbound|80||catalog.upstream_rq_tx_reset: 0
```

이것들과 기타 업스트림 클러스터용 메트릭은 엔보이 문서(http://mng.bz/jyg9)에서 자세히 알아볼 수 있다.

프록시가 알고 있는 모든 백엔드 클러스터에 대한 정보와 그들의 엔드포인트를 나열하도록 다른 쿼리를 해보자.

```
$ kubectl exec -it deploy/webapp -c istio-proxy \
-- curl localhost:15000/clusters
```

와! 프록시는 아주 많은 업스트림 서비스를 알고 있다. catalog 서비스 관련 메트릭만 grep해보자.

```
$ kubectl exec -it deploy/webapp -c istio-proxy \
-- curl localhost:15000/clusters | grep catalog
```

```
outbound|80||catalog::default_priority::max_connections::4294967295
outbound|80||catalog::default_priority::max_pending_requests::4294967295
outbound|80||catalog::default_priority::max_requests::4294967295
outbound|80||catalog::default_priority::max_retries::4294967295
outbound|80||catalog::high_priority::max_connections::1024
outbound|80||catalog::high_priority::max_pending_requests::1024
outbound|80||catalog::high_priority::max_requests::1024
outbound|80||catalog::high_priority::max_retries::3
outbound|80||catalog::added_via_api::true
outbound|80||catalog::10.1.0.71:3000::cx_active::1
outbound|80||catalog::10.1.0.71:3000::cx_connect_fail::0
outbound|80||catalog::10.1.0.71:3000::cx_total::1
```

```
outbound|80||catalog::10.1.0.71:3000::rq_active::0
outbound|80||catalog::10.1.0.71:3000::rq_error::0
outbound|80||catalog::10.1.0.71:3000::rq_success::1
outbound|80||catalog::10.1.0.71:3000::rq_timeout::0
outbound|80||catalog::10.1.0.71:3000::rq_total::1
outbound|80||catalog::10.1.0.71:3000::hostname::
outbound|80||catalog::10.1.0.71:3000::health_flags::healthy
outbound|80||catalog::10.1.0.71:3000::weight::1
outbound|80||catalog::10.1.0.71:3000::region::
outbound|80||catalog::10.1.0.71:3000::zone::
outbound|80||catalog::10.1.0.71:3000::sub_zone::
outbound|80||catalog::10.1.0.71:3000::canary::false
outbound|80||catalog::10.1.0.71:3000::priority::0
outbound|80||catalog::10.1.0.71:3000::success_rate::-1.0
outbound|80||catalog::10.1.0.71:3000::local_origin_success_rate::-1.0
```

이 출력에서는 특정 업스트림 클러스터에 대한 자세한 정보를 볼 수 있다. 이 클러스터에는 어떤 엔드포인트(이 경우 10.1.0.71)가 있는지, 해당 엔드포인트가 속한 리전, 영역, 하위 영역은 어디인지, 해당 엔드포인트에 활성 요청 또는 오류가 있는지 등의 정보가 포함된다. 앞선 통계 집합은 클러스터 전체 정보였는데, 이 통계 집합에서는 엔드포인트별로 자세한 정보를 볼 수 있다.

프록시는 메트릭을 잘 수집하고 있지만, 이것을 보자고 각 서비스 인스턴스와 프록시로 가고 싶지는 않다. 이스티오 서비스 프록시는 프로메테우스나 데이터독 같은 메트릭 수집 시스템으로 긁어갈 수 있다. 다음 절에서는 프로메테우스를 설정하는 방법을 다룰 것이다. 그에 앞서 컨트롤 플레인에서는 어떤 메트릭을 사용할 수 있는지 살펴보자.

7.2.2 컨트롤 플레인의 메트릭

컨트롤 플레인 istiod에는 어떻게 동작하는지에 대한 정보가 풍부하다. 이를테면 다양한 데이터 플레인 프록시와 설정을 동기화한 횟수, 설정 동기화에 소요된 시간이나 잘못된 설정, 인증서 발급/로테이션에 대한 정보 등이 있다. 이 메트릭들은 11장에서 컨트롤 플레인 성능 튜닝을 살펴볼 때 더 자세히 다룰 것이다.

다음 명령어를 실행해 컨트롤 플레인 메트릭을 보자.

```
$ kubectl exec -it -n istio-system deploy/istiod -- curl localhost:15014/metrics
```

아주 많은 메트릭이 반환된다. 흥미로운 것 몇 가지를 살펴보자.

여기서는 워크로드 인증서 요청workload certificate request(CSR 요청)에 서명하는 데 사용하는 루트 인증서의 만료 시점과 컨트롤 플레인에 들어온 CSR 요청 및 발급된 인증서 개수를 확인할 수 있다.

```
citadel_server_root_cert_expiry_timestamp 1.933249372e+09
citadel_server_csr_count 55
citadel_server_success_cert_issuance_count 55
```

또한 컨트롤 플레인 버전에 대한 런타임 정보도 볼 수 있다. 여기서는 컨트롤 플레인에서 이스티오 1.13.0을 실행하고 있다.

```
istio_build{component="pilot",tag="1.13.0"} 1
```

이 부분은 설정을 데이터 플레인 프록시에 밀어넣고 동기화하는 데 소요되는 시간의 분포를 보여준다. 여기서는 설정 수렴 이벤트 1,102개 중 1,101개가 0.1초 이하의 시간이 걸렸으며(le="0.1"로 표시), 하나만 0.1초보다 더 걸렸다(le는 '이하'를 의미한다).

```
pilot_proxy_convergence_time_bucket{le="0.1"} 1101      ❶
pilot_proxy_convergence_time_bucket{le="0.5"} 1102      ❷
pilot_proxy_convergence_time_bucket{le="1"} 1102
pilot_proxy_convergence_time_bucket{le="3"} 1102
pilot_proxy_convergence_time_bucket{le="5"} 1102
pilot_proxy_convergence_time_bucket{le="10"} 1102
pilot_proxy_convergence_time_bucket{le="20"} 1102
pilot_proxy_convergence_time_bucket{le="30"} 1102
pilot_proxy_convergence_time_bucket{le="+Inf"} 1102
pilot_proxy_convergence_time_sum 11.862998399999995
pilot_proxy_convergence_time_count 1102
```

❶ 0.1초 내에 1,101개의 업데이트가 프록시에 배포됐다.
❷ 요청 하나는 좀 더 걸려서 0.1~0.5초 범위에 속했다.

이 부분은 컨트롤 플레인에 알려진 서비스 개수, 사용자가 설정한 VirtualService 리소스 개수, 연결된 프록시 개수를 보여준다.

```
# HELP pilot_services Total services known to pilot.
# TYPE pilot_services gauge
pilot_services 14
# HELP pilot_virt_services Total virtual services known to pilot.
# TYPE pilot_virt_services gauge
pilot_virt_services 1
# HELP pilot_vservice_dup_domain Virtual services with dup domains.
# TYPE pilot_vservice_dup_domain gauge
pilot_vservice_dup_domain 0
# HELP pilot_xds Number of endpoints connected to this pilot using XDS.
# TYPE pilot_xds gauge
pilot_xds{version="1.13.0"} 4
```

이 마지막 부분은 특정 xDS API의 업데이트 횟수를 보여준다. 앞서 3장에서는 클러스터 디스커버리CDS, 엔드포인트 디스커버리EDS, 리스너 및 루트 디스커버리LDS/RDS, 시크릿 디스커버리SDS 등의 영역에 엔보이 설정을 동적으로 업데이트하는 방법을 다뤘다.

```
pilot_xds_pushes{type="cds"} 756
pilot_xds_pushes{type="eds"} 1077
pilot_xds_pushes{type="lds"} 671
pilot_xds_pushes{type="rds"} 538
pilot_xds_pushes{type="sds"} 55
```

11장에서 이스티오 컨트롤 플레인의 성능 튜닝을 살펴볼 때 더 많은 컨트롤 플레인 메트릭을 다룬다.

지금까지 데이터 플레인과 컨트롤 플레인이 내부에서 일어나는 일을 얼마나 자세히 보고하는지를 설명했다. 이런 세부 사항을 노출하는 것은 관찰 가능한 시스템을 구축하는 데 중요하다. 그런데 서비스 메시 구성 요소가 이 정보를 노출한다고 해도 메시의 운영자나 사용자는 이 메트릭을 어떻게 활용할지를 고민해봐야 한다. 이 메트릭들을 얻자고 데이터 플레인이나 컨트롤 플레인의 각 구성 요소에 일일이 접근하는 것은 비현실적이다. 그러므로 메트릭 수집과 시계열 데이터베이스 시스템을 어떻게 사용하면 이 과정을 자동화하고 데이터를 쓸 만한 방식으로 표시할 수 있는지 살펴보자.

7.3 프로메테우스로 이스티오 메트릭 긁어오기

프로메테우스는 사운드클라우드에서 시작된 메트릭 수집 엔진이자 관련 모니터링 및 얼럿alert 도구 집합이며, 구글의 내부 모니터링 시스템 Borgmon에 어느 정도 기반을 두고 있다(쿠버네티스가 Borg에 기반을 둔 것과 비슷하게). 프로메테우스는 다른 텔레메트리 혹은 메트릭 수집 시스템과 조금 다른데, 에이전트가 메트릭을 '밀어넣기push'를 기대하기보다 목표에서 메트릭을 '당겨오기pull' 때문이다. 프로메테우스를 사용하면, 우리의 애플리케이션 또는 이스티오 서비스 프록시가 최신 메트릭을 포함하는 엔드포인트를 제공하고 프로메테우스가 그 정보를 끌어오거나 긁어올 수 있도록 한다.

이 책에서 당겨오기나 밀어넣기 방식 중 어느 메트릭 수집 방식이 더 나은지는 논쟁하지 않지만, 둘 다 존재하며 조직이 두 가지 중 하나(또는 두 가지 모두)를 선택할 수 있다는 사실은 인정할 것이다. 브라이언 브라질Brian Brazil의 팟캐스트(https://thenewstack.io/exploring-prometheus-use-cases-brian-brazil)는 pull 기반 메트릭이 push 기반 시스템과 어떻게 다르고 프로메테우스가 pull 기반 메트릭에 어떻게 접근하는지를 자세히 설명한다.

우리는 프로메테우스 서버를 빠르게 가동해 메트릭 수집을 시작할 수 있으며, 심지어 다른 프로메테우스 서버가 이미 개별 대상(여기서는 파드)의 메트릭 엔드포인트에서 메트릭을 긁어가고 있는 경우도 마찬가지다. 사실 이것이 프로메테우스를 고가용적으로 설정하는 방법으로, 동일한 대상을 긁어가는 프로메테우스 서버를 여럿 실행할 수 있다(그림 7.2 참조).

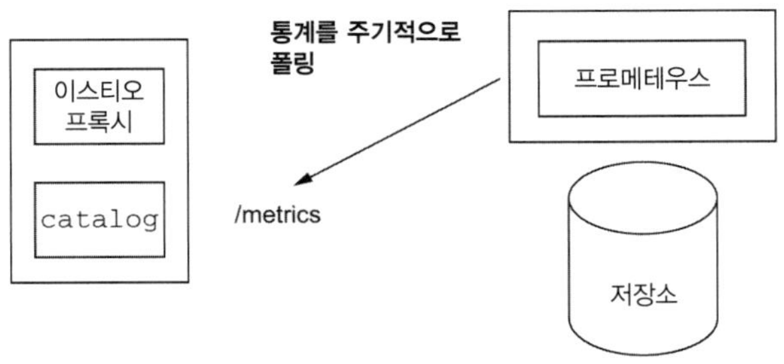

▲ **그림 7.2** 이스티오 서비스 프록시에서 메트릭을 긁어가는 프로메테우스

프로메테우스를 사용하는 이점 중 하나는 단순 HTTP 클라이언트나 웹 브라우저를 사용해 메트릭 엔드포인트를 살펴볼 수 있다는 것이다. 이스티오 서비스 프록시 메트릭을 프로메테우스 형식으로 노출하는 HTTP 엔드포인트를 curl 명령어로 긁어보자.

먼저 파드를 나열하고 실행 중인 서비스 가운데 하나를 고른다. 이 예제에서는 webapp 파드를 사용한다.

```
$ kubectl get pod
NAME                         READY   STATUS    RESTARTS   AGE
webapp-76b86b49fd-gj589      2/2     Running   0          22h
catalog-68666d4988-sglvz     2/2     Running   0          22h
```

다음으로, 서비스 프록시가 프로메테우스 메트릭을 노출하는 15090 포트로 curl 명령어를 실행한다.

```
$ kubectl exec -it deploy/webapp -c istio-proxy \
-- curl localhost:15090/stats/prometheus

...
envoy_cluster_assignment_stale{cluster_name="
  outbound|80||catalog.istioinaction.svc.cluster.local"} 0
envoy_cluster_assignment_stale{cluster_name="xds-grpc"} 0

envoy_cluster_assignment_timeout_received{cluster_name="
  outbound|80||catalog.istioinaction.svc.cluster.local"} 0
envoy_cluster_assignment_timeout_received{cluster_name="xds-grpc"} 0

envoy_cluster_bind_errors{cluster_name="
  outbound|80||catalog.istioinaction.svc.cluster.local"} 0
envoy_cluster_bind_errors{cluster_name="xds-grpc"} 0

envoy_cluster_client_ssl_socket_factory_downstream_
  context_secrets_not_ready{cluster_name="
    outbound|80||catalog.istioinaction.svc.cluster.local"} 0

envoy_cluster_client_ssl_socket_factory_ssl_context_
  update_by_sds{cluster_name="
    outbound|80||catalog.istioinaction.svc.cluster.local"} 2
```

```
envoy_cluster_client_ssl_socket_factory_upstream_
  context_secrets_not_ready{cluster_name="
    outbound|80||catalog.istioinaction.svc.cluster.local"} 0

envoy_cluster_default_total_match_count{
    cluster_name="
      outbound|80||catalog.istioinaction.svc.cluster.local"} 0
envoy_cluster_default_total_match_count{cluster_name="xds-grpc"} 1

envoy_cluster_http1_dropped_headers_with_underscores{
    cluster_name="
      outbound|80||catalog.istioinaction.svc.cluster.local"} 0
...
```

프로메테우스가 예상하는 형식으로 된 메트릭 목록이 보인다. 이스티오 프록시가 주입된 모든 애플리케이션은 자동으로 이런 프로메테우스 메트릭을 노출한다. 우리가 해야 할 일은 프로메테우스 서버를 설정해 이를 긁어가는 것뿐이다.

7.3.1 프로메테우스와 그라파나 설정하기

이번 장에서 상술했듯이, 이스티오와 함께 제공되는 샘플 프로메테우스 및 그라파나는 데모 용도만 염두에 둔 것이므로 제거했다. 이 절에서는 좀 더 운영 환경에 가까운 설정을 살펴본다. 이 장 초반부에서 샘플 애드온을 제거하지 않았다면, 2장에서 다운로드한 이스티오 배포판 루트로 가서 이 명령어를 실행하자.

```
$  cd istio-1.13.0
$  kubectl delete -f samples/addons/
```

우리는 프로메테우스와 기타 여러 구성 요소를 사용하는 현실적인 관찰 가능성 시스템인 kube-prometheus를 설치할 것이다(https://github.com/prometheus-operator/kube-prometheus). 이 프로젝트의 목적은 프로메테우스 오퍼레이터와 그라파나, Alertmanager, 노드 익스포터node exporter, Kube API용 어댑터 등 부수적인 부분들을 포함해 프로메테우스의 현실적이고 고가용성인 배포 형상을 사전에 선별하고 통합하는 것이다. 더 자세한 내용은 kube-prometheus 문서를 참조하자. 이 장에서는 프로메테우스에 연결하는 방법을 다루고, 8장에서는 그라파나와의 통합에 대해 설명한다.

kube-prometheus를 설치하기 위해 kube-prometheus-stack 헬름 차트를 사용할 것이다(http://mng.bz/W7PX). 여기서는 로컬에 설치한 도커 데스크톱에 과부하가 걸리지 않도록 구성 요소 개수를 약간 줄였다는 점에 유의하자.

차트를 설치하려면, 먼저 차트를 포함하는 헬름 리포지터리를 추가하고 `helm repo update`를 수행해야 한다.

```
$ helm repo add prometheus-community \
https://prometheus-community.github.io/helm-charts

$ helm repo update
```

이렇게 하고 나면 헬름으로 설치할 수 있다. 현실적인 배포라는 전반적인 정신은 유지하되 kube-prometheus의 구성 요소 일부는 비활성화하고 있다는 점을 유의하자. 이를 위해 설치할 것을 명시적으로 제어하는 values.yaml 파일을 전달한다. 이 파일을 검토하면 더 자세히 이해할 수 있다.

```
$ kubectl create ns prometheus
$ helm install prom prometheus-community/kube-prometheus-stack \
--version 13.13.1 -n prometheus -f ch7/prom-values.yaml
```

이 시점에서 프로메테우스와 그라파나 설치가 성공했을 것이다. 관찰 가능성을 지원하고자 설치한 구성 요소를 검증하기 위해 `prometheus` 네임스페이스의 파드를 확인해보자.

```
$ kubectl get po -n prometheus

NAME                                                READY STATUS  AGE
prom-grafana-5ff645dfcc-qp57d                       2/2   Running 21s
prom-kube-prometheus-stack-operator-5498b9f476-j6hjc 1/1  Running 21s
prometheus-prom-kube-prometheus-stack-prometheus-0  2/2   Running 17s
```

새로 배포된 프로메테우스는 이스티오 워크로드를 어떻게 긁어가야 할지 모른다. 이스티오의 데이터 플레인과 컨트롤 플레인 메트릭을 긁어가도록 프로메테우스를 설정하는 방법을 살펴보자.

7.3.2 이스티오 컨트롤 플레인과 워크로드를 긁어가도록 프로메테우스 오퍼레이터 설정하기

프로메테우스가 이스티오에서 메트릭을 수집하도록 설정하기 위해 프로메테우스 오퍼레이터의 커스텀 리소스 ServiceMonitor와 PodMonitor를 사용할 것이다. 이 커스텀 리소스들은 프로메테우스 오퍼레이터 리포지터리의 설계 문서(http://mng.bz/8lpg)에서 자세히 설명하고 있다. 이스티오 컨트롤 플레인 구성 요소를 긁어오도록 ServiceMonitor 리소스를 설정하는 방법은 다음과 같다.

```
apiVersion: monitoring.coreos.com/v1
kind: ServiceMonitor
metadata:
  name: istio-component-monitor
  namespace: prometheus
  labels:
    monitoring: istio-components
    release: prom
spec:
  jobLabel: istio
  targetLabels: [app]
  selector:
    matchExpressions:
    - {key: istio, operator: In, values: [pilot]}
  namespaceSelector:
    any: true
  endpoints:
  - port: http-monitoring
    interval: 15s
```

이 ServiceMonitor를 적용해 컨트롤 플레인 수집을 시작해보자. 이 책 소스 코드의 루트에서 다음을 실행하겠다.

```
$ kubectl apply -f ch7/service-monitor-cp.yaml
```

이제 프로메테우스에서 컨트롤 플레인에 대한 중요한 텔레메트리가 보이기 시작하는데, 컨트롤 플레인에 연결된 사이드카 개수, 설정 충돌, 메시 내부 변동량, 컨트롤 플레인의 기본적인 메모리/CPU 사용량 등이 있다. 프로메테우스의 간단한 쿼리 대시보드로 포트 포워딩하고 무엇이 있는지 살펴보자.

```
$ kubectl -n prometheus port-forward \
statefulset/prometheus-prom-kube-prometheus-stack-prometheus 9090
```

http://localhost:9090으로 이동하고, 그림 7.3처럼 표현식 필드에 `pilot_xds`(컨트롤 플레인 메트릭 중 하나)를 입력해 다양한 컨트롤 플레인 메트릭을 확인하자. 메트릭 이름이 프로메테우스로 전파되는 데는 몇 분 정도 걸릴 수 있다는 점을 유의한다.

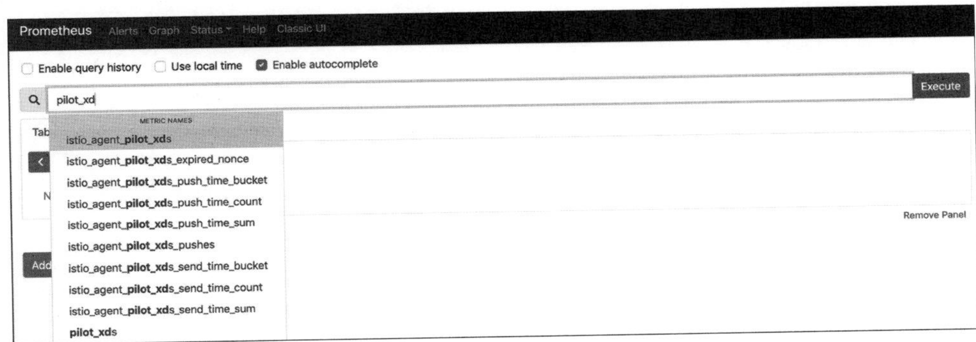

▲ **그림 7.3** 프로메테우스에서 이스티오 컨트롤 플레인 메트릭 쿼리하기

그동안 데이터 플레인 수집을 활성화하자. 프로메테우스 오퍼레이터를 설정하는 `PodMonitor` 리소스를 사용해 `istio-proxy` 컨테이너를 포함하는 모든 파드에서 메트릭을 수집한다.

```
apiVersion: monitoring.coreos.com/v1
kind: PodMonitor
metadata:
  name: envoy-stats-monitor
  namespace: prometheus
  labels:
```

```yaml
    monitoring: istio-proxies
    release: prom
spec:
  selector:
    matchExpressions:
    - {key: istio-prometheus-ignore, operator: DoesNotExist}
  namespaceSelector:
    any: true
  jobLabel: envoy-stats
  podMetricsEndpoints:
  - path: /stats/prometheus
    interval: 15s
    relabelings:
    - action: keep
      sourceLabels: [__meta_kubernetes_pod_container_name]
      regex: "istio-proxy"
    - action: keep
      sourceLabels: [
        __meta_kubernetes_pod_annotationpresent_prometheus_io_scrape]
    - sourceLabels: [
      __address__, __meta_kubernetes_pod_annotation_prometheus_io_port]
      action: replace
      regex: ([^:]+)(?::\d+)?;(\d+)
      replacement: $1:$2
      targetLabel: __address__
    - action: labeldrop
      regex: "__meta_kubernetes_pod_label_(.+)"
    - sourceLabels: [__meta_kubernetes_namespace]
      action: replace
      targetLabel: namespace
    - sourceLabels: [__meta_kubernetes_pod_name]
      action: replace
      targetLabel: pod_name
```

ServiceMonitor에서 했던 것처럼, 이 PodMonitor를 적용해 데이터 플레인 프록시를 긁어오는 작업을 시작하자. 이 책 소스 코드의 루트에서 다음을 실행한다.

```
$ kubectl apply -f ch7/pod-monitor-dp.yaml
```

메트릭이 프로메테우스로 흘러들어가도록 데이터 플레인에 부하도 만들자.

```
$  for i in {1..100}; do curl http://localhost/api/catalog -H \
"Host: webapp.istioinaction.io"; sleep .5s;  done
```

그림 7.4처럼 다시 프로메테우스 쿼리 창으로 들어가 istio_requests_total 같은 데이터 플레인 메트릭을 찾아볼 수 있다. 이스티오 데이터 플레인 및 컨트롤 플레인의 메트릭이 프로메테우스로 스크랩되고 있음을 확인 가능한데, 다음 장에서는 그라파나 같은 대시보드 도구를 사용해 이 메트릭을 그래프로 표시하는 방법을 살펴본다.

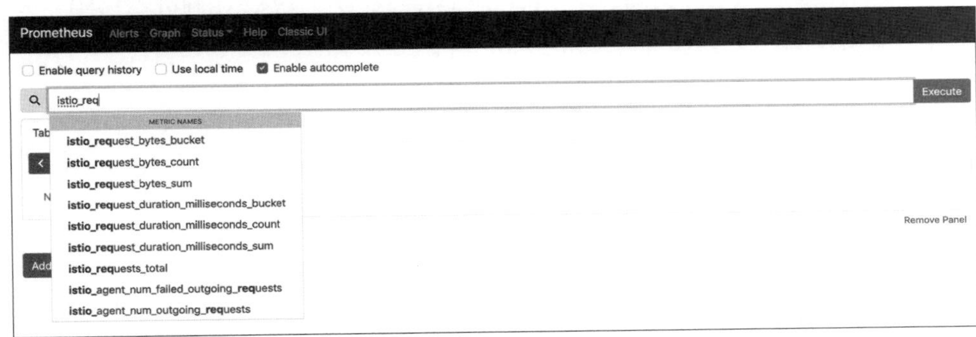

▲ **그림 7.4** 프로메테우스에서 이스티오 데이터 플레인 메트릭 쿼리하기

7.4 이스티오 표준 메트릭 커스터마이징하기

이번 장 초반부에서는 서비스 간 통신에서 기본적으로 활성화되는 이스티오의 표준 메트릭 몇 가지를 소개했다. 표 7.1에는 표준 메트릭이 나열돼 있다.

▼ **표 7.1** 이스티오 표준 메트릭

메트릭	설명
istio_requests_total	COUNTER, 요청이 들어올 때마다 증가
istio_request_duration_milliseconds	DISTRIBUTION, 요청 지속 시간의 분포
istio_request_bytes	DISTRIBUTION, 요청 바디 크기의 분포

(이어짐)

메트릭	설명
istio_response_bytes	DISTRIBUTION, 응답 바디 크기의 분포
istio_request_messages_total	(gRPC) COUNTER, 클라이언트에게서 메시지가 올 때마다 증가
istio_response_messages_total	(gRPC) COUNTER, 서버가 메시지를 보낼 때마다 증가

최신 메트릭 목록은 이스티오 문서를 참조하자(https://istio.io/latest/docs/reference/config/metrics).

이스티오는 엔보이 프록시 사이드카에 몇 가지 플러그인을 사용해 메트릭이 표시, 커스터마이징, 생성되는 방법을 제어한다. 이번 절에서는 이 플러그인을 자세히 살펴본다. 하지만 그에 앞서 세 가지 주요 개념을 이해해야 한다.

- 메트릭metric
- 디멘션dimension
- 속성attribute

메트릭이란 서비스 호출(인바운드/아웃바운드) 간 텔레메트리의 카운터counter나 게이지gauge, 히스토그램histogram/분포distribution를 말한다. 예를 들어 istio_requests_total 메트릭은 서비스로 향하는(인바운드) 혹은 서비스에서 나오는(아웃바운드) 요청의 총개수를 센다. 서비스에 인바운드와 아웃바운드 요청이 모두 있다면 istio_requests_total 메트릭에는 항목이 2개 표시된다. 인바운드나 아웃바운드는 메트릭 디멘션의 예시다. 이스티오의 프록시에 통계를 쿼리할 때, 메트릭과 디멘션 조합마다 통계가 따로 표시된다. 이는 예제를 보면 명확해질 것이다.

그러나 방향만이 유일한 디멘션은 아니다. 메트릭에는 디멘션이 여럿일 수 있으며 istio_requests_total에는 다음과 같은 기본 디멘션들이 있다.

```
# TYPE istio_requests_total counter
istio_requests_total{
  response_code="200",                    ❶
  reporter="destination",                 ❷
  source_workload="istio-ingressgateway",
```

```
  source_workload_namespace="istio-system",
  source_app="istio-ingressgateway",                ❸
  source_version="unknown",
  source_cluster="Kubernetes",
  destination_workload="webapp",
  destination_workload_namespace="istioinaction",
  destination_app="webapp",                         ❹
  destination_version="unknown",
  destination_service="webapp.istioinaction.svc.cluster.local",
  destination_service_name="webapp",
  destination_service_namespace="istioinaction",
  destination_cluster="Kubernetes",
  request_protocol="http",
  response_flags="-",
  grpc_response_status="",
  connection_security_policy="mutual_tls",
  source_canonical_service="istio-ingressgateway",
  destination_canonical_service="webapp",
  source_canonical_revision="latest",
  destination_canonical_revision="latest"
} 6                                                 ❺
```

❶ 요청 세부 정보
❷ 메트릭이 누구의 관점인가?
❸ 호출 주체
❹ 호출 대상
❺ 호출 개수

이 디멘션 중 하나라도 다르면 이 메트릭의 새로운 항목으로 보인다. 예를 들어 응답 코드가 HTTP 500인 경우가 있다면 다른 줄에서 표시된다(간결함을 위해 일부 디멘션은 생략).

```
istio_requests_total{
    response_code="200",                            ❶
    reporter="destination",
    source_workload="istio-ingressgateway",
    source_workload_namespace="istio-system",
    destination_workload="webapp",
    destination_workload_namespace="istioinaction",
```

```
    request_protocol="http",
    connection_security_policy="mutual_tls",
  } 5                                              ❷

istio_requests_total{
    response_code="500",                           ❸
    reporter="destination",
    source_workload="istio-ingressgateway",
    source_workload_namespace="istio-system",
    destination_workload="webapp",
    destination_workload_namespace="istioinaction",
    request_protocol="http",
    connection_security_policy="mutual_tls",
  } 3                                              ❹
```

❶ HTTP 200 호출
❷ HTTP 200 호출 개수
❸ HTTP 500 호출
❹ HTTP 500 호출 개수

디멘션이 다르면 `istio_requests_total`에 대해 서로 다른 2개의 항목이 보인다. 여기서는 두 메트릭 간에 `response_code` 디멘션이 다르다.

특정 메트릭에 대해 채우고 보고할 디멘션은 설정할 때 지정할 수 있다. 특정 디멘션의 값은 무엇에서 가져올까? 엔보이 프록시가 런타임에 갖고 있는 값인 속성attribute에서 가져온다. 예를 들어 요청의 기본 속성 중 일부가 표 7.2에 나열돼 있다.

▼ **표 7.2** 기본 엔보이 요청 속성

속성	설명
`request.path`	URL 중 경로 부분
`request.url_path`	URL 중 경로 부분, 쿼리 문자열 제외
`request.host`	URL 중 호스트 부분
`request.scheme`	URL 중 스킴 부분(예: 'http')
`request.method`	요청 메서드(예: 'GET')
`request.headers`	모든 요청 헤더. 헤더 이름은 소문자로 변환

(이어짐)

속성	설명
`request.referer`	요청 헤더 Referrer
`request.useragent`	요청 헤더 User agent
`request.time`	첫 번째 바이트 수신 시각
`request.id`	x-request-id 헤더 값에 해당하는 요청 ID
`request.protocol`	요청 프로토콜

이것들은 엔보이에서 사용할 수 있는 요청 속성일 뿐이다. 다른 속성도 있다.

- 응답 속성
- 커넥션 속성
- 업스트림 속성
- 메타데이터/필터 상태 속성
- 웹어셈블리Wasm 속성

엔보이에서 기본적으로 사용할 수 있는 속성에 어떤 것들이 있는지는 엔보이 문서를 참조하자(http://mng.bz/Exdr).

또 다른 속성 집합은 이스티오의 peer-metadata 필터(이스티오 프록시에 내장)에서 나오며, 서비스 호출의 `upstream_peer`와 `downstream_peer` 모두에서 사용할 수 있다. 표 7.3은 사용 가능한 속성을 보여준다.

▼ **표 7.3** 메타데이터 교환 필터가 제공하는 이스티오 전용 속성

속성	설명
`name`	파드 이름
`namespace`	파드가 위치한 네임스페이스
`labels`	워크로드 레이블
`owner`	워크로드 소유자
`workload_name`	워크로드 이름
`platform_metadata`	접두사 키가 있는 플랫폼 메타데이터

(이어짐)

속성	설명
istio_version	프록시의 버전 식별자
mesh_id	메시의 고유 식별자
cluster_id	해당 워크로드가 속한 클러스터의 식별자
app_containers	애플리케이션 컨테이너별 짧은 이름 목록

여기 있는 속성을 사용하려면 업스트림(프록시에서 나가는) 메트릭인지, 다운스트림(프록시로 들어오는) 메트릭인지에 따라 upstream_peer나 downstream_peer를 접두사로 붙이자. 예를 들어, 서비스 호출자의 이스티오 프록시 버전을 보려면 downstream_peer.istio_version을 사용하자. 업스트림 서비스의 클러스터를 보려면 upstream_peer.cluster_id를 사용하자.

속성은 디멘션의 값을 정의하는 데 사용한다. 속성을 사용해 기존 메트릭의 디멘션을 커스터마이징하는 방법을 살펴보자.

7.4.1 기존 메트릭 설정하기

기본적으로, 이스티오 메트릭은 이스티오를 설치할 때 설치되는 EnvoyFilter 리소스를 사용해 stats 프록시 플러그인에서 설정한다. 예를 들어 기본 설치에서는 다음 엔보이 필터를 바로 사용할 수 있다.

```
$ kubectl get envoyfilter -n istio-system

NAME                       AGE
stats-filter-1.11          45h
stats-filter-1.12          45h
stats-filter-1.13          45h
tcp-stats-filter-1.11      45h
tcp-stats-filter-1.12      45h
tcp-stats-filter-1.13      45h
```

stats-filter-1.13을 보면 다음과 같은 내용을 볼 수 있다.

리스트 7.1 기본 stats-filter 설정

```
- applyTo: HTTP_FILTER
  match:
    context: SIDECAR_OUTBOUND
    listener:
      filterChain:
        filter:
          name: envoy.filters.network.http_connection_manager
          subFilter:
            name: envoy.filters.http.router
    proxy:
      proxyVersion: ^1\.13.*
  patch:
    operation: INSERT_BEFORE
    value:
      name: istio.stats        ❶
      typed_config:
        '@type': type.googleapis.com/udpa.type.v1.TypedStruct
        type_url: type.googleapis.com/
          envoy.extensions.filters.http.wasm.v3.Wasm
        value:
          config:              ❷
            configuration:
              '@type': type.googleapis.com/google.protobuf.StringValue
              value: |
                {
                  "debug": "false",
                  "stat_prefix": "istio"
                }
            root_id: stats_outbound
            vm_config:
              code:
                local:
                  inline_string: envoy.wasm.stats
              runtime: envoy.wasm.runtime.null
              vm_id: stats_outbound
```

❶ 필터 이름

❷ 필터 설정

이 엔보이 필터는 istio.stats라는 필터를 직접 구성한다. 이 필터는 통계 기능을 구현하는 웹어셈블리 플러그인이다. 이 웹어셈블리 필터는 실제로는 엔보이 코드베이스 내에서 직접 컴파일돼 NULL 가상머신에서 실행되므로, 웹어셈블리 가상머신에서 실행되지 않는다. 이를 웹어셈블리 가상머신에서 실행하려면 istioctl로 설치할 때 --set values.telemetry.v2.prometheus.wasmEnabled=true 플래그를 전달하거나 상응하는 IstioOperator 설정을 해야 한다. 웹어셈블리는 14장에서 좀 더 자세히 살펴본다.

기존 메트릭에 디멘션 추가하기

istio_requests_total 메트릭에 디멘션을 2개 추가하고 싶다고 해보자. 아마 추적을 강화하려는 목적으로, 업스트림 호출에서 meshId별로 프록시의 버전이 어떤지 확인하고 싶을 수 있다. upstream_proxy_version 및 source_mesh_id 디멘션을 추가해보자(추적하고 싶지 않거나 원하는 것보다 많은 정보를 생성하는 기존 디멘션을 제거할 수도 있다).

```
apiVersion: install.istio.io/v1alpha1
kind: IstioOperator
spec:
  profile: demo
  values:
    telemetry:
      v2:
        prometheus:
          configOverride:
            inboundSidecar:
              metrics:
              - name: requests_total
                dimensions:                                    ❶
                  upstream_proxy_version: upstream_peer.istio_version
                  source_mesh_id: node.metadata['MESH_ID']
                tags_to_remove:                                ❷
                - request_protocol
            outboundSidecar:
              metrics:
              - name: requests_total
                dimensions:
```

```
        upstream_proxy_version: upstream_peer.istio_version
        source_mesh_id: node.metadata['MESH_ID']
      tags_to_remove:
      - request_protocol
  gateway:
    metrics:
    - name: requests_total
      dimensions:
        upstream_proxy_version: upstream_peer.istio_version
        source_mesh_id: node.metadata['MESH_ID']
      tags_to_remove:
      - request_protocol
```

❶ 추가한 새 디멘션
❷ 제거한 태그 목록

이 설정에서는 requests_total 메트릭(istio_ 접두사를 붙이지 않은 점에 주목한다. 이는 자동으로 처리된다)을 특정해 속성에서 오는 디멘션 둘이 새로 포함되도록 설정하고 있다. 또한 request_protocol 디멘션을 제거하기도 한다. 이제 이렇게 바뀌도록 이스티오 설치를 업데이트하자.

```
$ istioctl install -f ch7/metrics/istio-operator-new-dimensions.yaml -y
```

무대 뒤에서는 무슨 일이 일어나는가?

우리가 새로운 디멘션을 포함한 IstioOperator 설정으로 이스티오 설치를 업데이트하면, 뒷단에서 istioctl이 EnvoyFilter stats-filter-1.13을 업데이트한다. 상술했듯, 이 필터는 이스티오 메트릭을 설정한다.

정말 그런지 다음 명령어로 확인할 수 있다.

```
kubectl get envoyfilter -n istio-system stats-filter-{stat-postfix} -o yaml
```

메트릭에서 이 디멘션을 확인하기 전에 이스티오의 프록시가 이 디멘션에 대해 알게 해야 한다. 이렇게 하려면 디플로이먼트 파드 사양에 sidecar.istio.io/extraStatTags 애노테이션을 달아야 한다. 이 애노테이션은 디플로이먼트 메타데이터가 아니라 spec.template.metadata 파드 템플릿에 추가돼야 한다는 점을 유의하자.

```
spec:
  replicas: 1
  selector:
    matchLabels:
      app: webapp
  template:
    metadata:
      annotations:
        proxy.istio.io/config: |-
          extraStatTags:
          - "upstream_proxy_version"
          - "source_mesh_id"
      labels:
        app: webapp
```

이 변경 사항을 적용해보자.

```
$ kubectl -n istioinaction apply -f \
ch7/metrics/webapp-deployment-extrastats.yaml
```

이제 서비스를 호출해 메트릭을 확인해보자.

```
$ curl -H "Host: webapp.istioinaction.io" \
http://localhost/api/catalog
```

다음과 같이 webapp 서비스 프록시에서 메트릭을 직접 확인할 수 있다.

```
$ kubectl -n istioinaction exec -it deploy/webapp -c istio-proxy \
-- curl localhost:15000/stats/prometheus | grep istio_requests_total
```

다음과 비슷한 내용이 보일 것이다(인바운드 트래픽과 아웃바운드 트래픽에 대한 2개의 항목이 표시될 수 있음).

```
istio_requests_total{
    response_code="200",
    reporter="destination",
    source_workload="istio-ingressgateway",
    source_workload_namespace="istio-system",
    destination_workload="webapp",
    destination_workload_namespace="istioinaction",
    request_protocol="http",
    upstream_proxy_version="{1.13.0}",     ❶
    source_mesh_id="cluster.local"         ❷
  } 5
```

❶ 업스트림 프록시
❷ 메시 ID

출력 일부는 잘라냈다. 또한 request_protocol 디멘션이 디멘션 목록에 없다는 것도 확인하자. 우리가 설정에서 제거했기 때문이다(당연하지만, 앞서 생성한 메트릭에서는 여전히 이 디멘션을 확인할 수 있다).

새로운 텔레메트리 API 사용하기

이스티오는 1.12 버전에서 새로운 텔레메트리 API를 도입했는데, 이 API를 사용하면 메트릭을 더 유연하고 세밀하게 제어할 수 있다. 이 절에서는 IstioOperator를 사용해 새 메트릭 설정을 설치해봤는데, 이 방법은 메트릭을 메시 전체에 설정한다. 메트릭 설정을 단일 네임스페이스나 단일 워크로드로 한정하고 싶다면 새로운 텔레메트리 API를 사용할 수 있다.

이 책을 저술하는 시점(이스티오 1.13)에는 텔레메트리 API가 알파 버전이므로 바뀔 수 있다. 4장에서는 액세스 로깅에 대해, 8장에서는 트레이싱에 대해 텔레메트리 API의 일부분을 다룬다. 이번 장에서는 이스티오 문서(https://istio.io/latest/docs/reference/config/telemetry/#Telemetry)에서 찾을 수 있는 새로운 정보를 안내할 것이다. 또한 이에 상응하는 메트릭을 설정하는 방법에 대한 예제도 제공한다.

```
$  kubectl apply -f ch7/metrics/v2/add-dimensions-telemetry.yaml
```

7.4.2 새로운 메트릭 만들기

istio_requests_total 같은 기존 표준 메트릭의 디멘션을 커스터마이징하는 방법을 살펴봤다. 그런데 새 메트릭을 만들고 싶다면 어떻게 해야 할까? stats 플러그인에 새 메트릭을 정의하면 된다. 다음은 그 예시다.

```
apiVersion: install.istio.io/v1alpha1
kind: IstioOperator
spec:
  profile: demo
  values:
    telemetry:
      v2:
        prometheus:
          configOverride:
            inboundSidecar:
              definitions:
              - name: get_calls
                type: COUNTER
                value: "(request.method.startsWith('GET') ? 1 : 0)"
            outboundSidecar:
              definitions:
              - name: get_calls
                type: COUNTER
                value: "(request.method.startsWith('GET') ? 1 : 0)"
            gateway:
              definitions:
              - name: get_calls
                type: COUNTER
                value: "(request.method.startsWith('GET') ? 1 : 0)"
```

여기서 만든 메트릭은 istio_get_calls인데, 정의한 이름은 get_calls라는 점을 유의하자. 앞서 언급했듯이 istio_ 접두사는 자동으로 붙는다. 이 메트릭을 COUNTER로 정의했지만 GAUGE나 HISTOGRAM도 선택할 수 있다. 메트릭의 값은 CEL[Common Expression Language](https://opensource.google/projects/cel) 표현식인 문자열로, COUNTER 타입에 정수를 반환해야 한다. CEL 표현식은 속성에 대해 작동하며, 여기서는 HTTP GET 요청 개수를 센다.

이 설정을 적용해 istio_get_calls라는 새 메트릭을 만들어보자.

```
$ istioctl install -f ch7/metrics/istio-operator-new-metric.yaml -y
```

앞 절에서 새 디멘션은 이스티오 프록시에 명시적으로 알려야 했다. 새 메트릭을 만들 때는 프록시에서 노출하라고 이스티오에게 알려야 한다. 그렇게 하려면 webapp 디플로이먼트의 파드 사양에 sidecar.istio.io/statsInclusionPrefixes 애노테이션을 붙인다.

```
spec:
  replicas: 1
  selector:
    matchLabels:
      app: webapp
  template:
    metadata:
      annotations:
        proxy.istio.io/config: |-
          proxyStatsMatcher:
            inclusionPrefixes:
            - "istio_get_calls"
      labels:
        app: webapp
```

이 새 설정을 적용해보자.

```
$ kubectl -n istioinaction apply -f \
CH7/metrics/webapp-deployment-new-metric.yaml
```

이제 예제 서비스를 통해 트래픽을 전송해본다.

```
$ curl -H "Host: webapp.istioinaction.io" \
http://localhost/api/catalog
```

그리고 이스티오 프록시에서 메트릭을 확인하면 새 메트릭을 볼 수 있다.

```
$ kubectl -n istioinaction exec -it deploy/webapp -c istio-proxy \
-- curl localhost:15000/stats/prometheus | grep istio_get_calls
```

```
# TYPE istio_get_calls counter
istio_get_calls{} 2
```

이 메트릭에는 어떤 디멘션도 지정하지 않았다. 보고 싶은 디멘션을 맞춤 설정하고 싶다면 앞 절의 단계를 따르면 된다. 여기서는 시스템 내 모든 요청 중 GET 요청의 개수를 세려고 한다. 이는 새로운 메트릭을 생성하는 기능의 힘을 보여주기 위해 고안한 예제다. catalog 서비스의 /items 엔드포인트로 향하는 모든 GET 요청의 개수를 세고 싶다면 어떻게 해야 할까? 이스티오 stats 플러그인을 사용하면 할 수 있다. 새로운 디멘션과 속성을 만들어 더 세분화할 수 있다. 다음 절에서 알아보자.

7.4.3 새 속성으로 호출 그룹화하기

기존 속성을 기반으로 더 세분화하거나 도메인에 특화해 새 속성을 만들 수 있다. 예를 들어 istio_operationId라는 새 속성을 만들 수 있다. 이 속성은 request.path_url과 request.method를 조합해 catalog 서비스의 /items API로 가는 GET 호출 개수를 추적하려는 것이다. 이를 위해 이스티오 attribute-gen 프록시 플러그인을 사용하는데, 이 플러그인은 프록시 메트릭의 동작을 개조하는 데 사용하는 또 다른 웹어셈블리 확장이다. attribute-gen 플러그인은 앞 절에서 사용했던 stats 플러그인을 보완하는 역할을 한다. attribute-gen 플러그인은 stats 플러그인보다 먼저 적용되기 때문에 이 플러그인이 만들어내는 모든 속성을 stats에서 사용할 수 있다.

EnvoyFilter 리소스로 attribute-gen 플러그인을 구성하는 방법을 살펴보자.

```
{
  "attributes": [
    {
      "output_attribute": "istio_operationId",      ❶
      "match": [
        {
          "value": "getitems",                      ❷
          "condition": "request.url_path == '/items'
            && request.method == 'GET'"
        },
        {
```

```
          "value": "createitem",
          "condition": "request.url_path == '/items'
            && request.method == 'POST'"
        },
        {
          "value": "deleteitem",
          "condition": "request.url_path == '/items'
            && request.method == 'DELETE'"
        }
      ]
    }
  ]
}
```

❶ 속성 이름
❷ 속성 값

전체 EnvoyFilter 리소스는 ch7/metrics/attribute-gen.yaml 파일에서 확인할 수 있다.

이 설정은 기본 속성 몇 가지를 조합해서 특정 종류의 호출을 식별할 수 있는 istio_operationId라는 새 속성을 만들어낸다. 여기서는 /items라는 특정 API로의 호출을 식별한 후 세려고 한다. 이 attribute-gen 플러그인을 webapp 서비스의 아웃바운드 호출에 추가해 catalog 서비스의 /items로 향하는 호출을 추적한다.

```
$  kubectl apply -f ch7/metrics/attribute-gen.yaml
```

또 catalog에 대한 API 호출을 식별하기 위해 istio_requests_total 메트릭 안에 이 속성을 사용하는 새 디멘션 upstream_operation을 추가할 것이다. stats 플러그인 설정을 다음과 같이 업데이트하자.

```
configOverride:
  outboundSidecar:
    metrics:
    - name: requests_total
      dimensions:
        upstream_operation: istio_operationId      ❶
```

❶ 새 디멘션

이제 이 새 설정을 적용한다.

```
$ istioctl install -y -f ch7/metrics/istio-operator-new-attribute.yaml
```

새 디멘션을 사용할 때는 서비스의 extraStats 애노테이션에도 추가해야 한다. 이를 적용해보자.

```
$ kubectl apply -f ch7/metrics/webapp-deployment-extrastats-new-attr.yaml
```

이제 서비스에 트래픽을 전송하고 메트릭을 쿼리하면 istio_requests_total 메트릭에서 새로운 upstream_operation 디멘션을 볼 수 있다.

```
$ curl -H "Host: webapp.istioinaction.io" \
http://localhost/api/catalog
```

다음과 같이 webapp 서비스의 프록시에서 직접 메트릭을 확인할 수 있다.

```
$ kubectl -n istioinaction exec -it deploy/webapp -c istio-proxy \
-- curl localhost:15000/stats/prometheus | grep istio_requests_total
```

발신 호출에 대한 istio_requests_total 메트릭이 다음과 같이 비슷하게 표시돼야 한다(간결함을 위해 일부 생략).

```
istio_requests_total{
    response_code="200",
    reporter="destination",
    source_workload="istio-ingressgateway",
    source_workload_namespace="istio-system",
    destination_workload="webapp",
    destination_workload_namespace="istioinaction",
    request_protocol="http",
    upstream_proxy_version="1.9.2",
    source_mesh_id="cluster.local",
    upstream_operation="getitems"        ❶
 } 1
```

❶ 새 디멘션

새 디멘션이 추가됐으며, 이로써 이번 장을 마무리한다. 애플리케이션 간에 네트워크를 통한 통신이 늘어날수록 문제가 발생할 가능성이 더 높아진다는 것을 알아야 한다. 누가 애플리케이션을 작성했든, 무슨 언어를 사용했든 상관없이 서비스 간에 무슨 일이 일어나고 있는지에 한결같은 시야를 갖는 것은 마이크로서비스 스타일 아키텍처를 운영하는 데 필수 조건이나 마찬가지다. 이스티오는 서비스 간 메트릭 수집을 더 쉽게 만드는데, 개발자가 애플리케이션에 명시적으로 코딩하지 않아도 성공률, 실패율, 재시도 횟수, 지연 시간 등을 관찰하기 때문이다. 그러나 그렇다고 앱 수준 혹은 비즈니스 수준 메트릭이 필요 없다는 의미는 아니다. 이들은 분명히 필요하며, 이스티오는 다만 황금 신호 네트워크 메트릭 수집을 간편하게 만들 수 있을 뿐이다(구글 SRE 책(https://sre.google/sre-book/monitoring-distributed-systems)은 지연 시간, 처리량thorughput, 오류, 포화도saturation를 황금 신호 메트릭으로 지칭한다).

이번 장에서는 이스티오 서비스 프록시(엔보이 프록시)와 컨트롤 플레인에서 메트릭을 긁어오는 방법, 노출된 메트릭을 확장하는 방법, 프로메테우스 같은 시계열 시스템에 메트릭을 집계하는 방법을 다뤄봤다. 다음 장에서 살펴보겠지만, 이와 같은 내용을 바탕으로 그라파나나 키알리를 사용해 메트릭을 시각화할 수 있다.

요약

- 모니터링이란 메트릭을 수집하고 집계해 알려진 부적절한 상태를 감시하고 수정 조치를 취하는 과정이다.
- 이스티오는 사이드카 프록시에서 요청을 가로챌 때, 모니터링에 사용하는 메트릭을 수집한다. 프록시는 7계층(애플리케이션 네트워크 계층)에서 동작하므로 상태 코드, HTTP 메서드, 헤더 등 메트릭에 사용할 수 있는 방대한 정보에 접근할 수 있다.
- 핵심 메트릭 중 하나는 istio_requests_total로, 요청 개수를 세고 '상태 코드 200으로 끝난 요청이 몇 개나 되는가?'와 같은 질문에 대답한다.
- 프록시가 노출한 메트릭은 관찰 가능한 시스템을 구축하는 토대가 된다.
- 메트릭 수집 시스템은 프록시가 노출한 메트릭을 수집하고 집계한다.

- 기본적으로, 이스티오는 제한된 통계 집합만 노출하도록 프록시를 설정한다. meshConfig.defaultConfig를 사용해 메시 전체에서 더 많이 보고하도록 설정하거나 proxy.istio.io/config 애노테이션을 사용해 워크로드별로 설정할 수 있다.
- 컨트롤 플레인은 성능에 대한 메트릭도 노출한다. 가장 중요한 것은 pilot_proxy_convergence_time 히스토그램으로, 변경 사항을 프록시에 배포하는 데 걸리는 시간을 측정한 것이다.
- IstioOperator를 사용해 이스티오에서 사용할 수 있는 메트릭을 개조할 수 있고, 프록시 설정을 정의하는 proxy.istio.io/config 애노테이션에서 extraStats 값을 설정함으로써 서비스에서 사용할 수 있다. 이런 제어 수준 덕분에 운영자(최종 사용자)는 어떤 텔레메트리를 수집할지, 텔레메트리를 대시보드에 어떻게 표시할지를 유연하게 제어할 수 있다.

8

관찰 가능성: 그라파나, 예거, 키알리로 네트워크 동작 시각화하기

8장에서 다루는 내용

- 그라파나를 사용해 메트릭을 시각적으로 관찰하기
- 예거를 사용한 분산 트레이싱 계측하기
- 키알리로 네트워크 호출 그래프 시각화하기

이번 장에서는 앞 장에서 구축한 기반을 바탕으로 몇 가지 도구를 사용해 서비스 메시의 데이터를 시각화해본다. 이스티오의 데이터 플레인과 컨트롤 플레인 구성 요소가 아주 유용한 대량의 운영 메트릭을 어떻게 노출하는지, 이를 프로메테우스 같은 시계열 시스템에 어떻게 긁어올 수 있는지 등을 살펴봤는데, 지금부터는 그라파나와 키알리 같은 도구를 사용해 이런 메트릭들을 시각화해본다. 이는 메시 그 자체와 더불어 메시 내 서비스들의 동작을 더 잘 이해하기 위해서다. 또한 분산 트레이싱 도구를 사용해 네트워크 호출 그래프를 시각화하는 방법도 살펴본다.

8.1 그라파나를 사용해 이스티오 서비스와 컨트롤 플레인 메트릭 시각화하기

앞 장에서는 이스티오 데모 설치에 수반된 샘플 프로메테우스 및 그라파나 애드온을 제거했다. 그 대신 좀 더 현실적인 관찰 가능성 도구 셋인 kube-prometheus를 설치했다.

kube-prometheus 스택을 올바르게 설치했는지 다시 확인하려면 prometheus 네임스페이스에 무엇이 있는지 확인하자.

```
$ kubectl get po -n prometheus

NAME                                                    READY STATUS  AGE
prom-grafana-5ff645dfcc-qp57d                           2/2   Running 21s
prom-kube-prometheus-stack-operator-5498b9f476-j6hjc    1/1   Running 21s
prometheus-prom-kube-prometheus-stack-prometheus-0      2/2   Running 17s
```

이 네임스페이스가 없거나 제대로 설치되지 않은 경우 7장을 보고 kube-prometheus 스택을 설치하자. prometheus 네임스페이스의 파드 목록에는 prom-grafana-xxx라는 파드가 포함돼 있다. 이것이 이번 장에서 사용할 그라파나의 배포다.

우리가 그라파나 대시보드에 접근할 수 있고 로그인할 수 있는지 확인해보자. 그라파나 파드를 로컬 머신의 포트 3000에 포트포워딩한다.

```
$ kubectl -n prometheus port-forward svc/prom-grafana 3000:80
```

다음 정보로 로그인하자.

```
Username: admin
Password: prom-operator
```

이제 그림 8.1처럼 그라파나 홈페이지가 보여야 한다. 그라파나에 친숙하다면 기본적으로 사용할 수 있는 대시보드를 둘러볼 수 있다. 그렇지 않더라도 걱정하지 말자. 다음 절에서 서비스 메시의 메트릭을 시각화할 수 있도록 이스티오 대시보드를 설치하고 사용하는 방법을 안내한다.

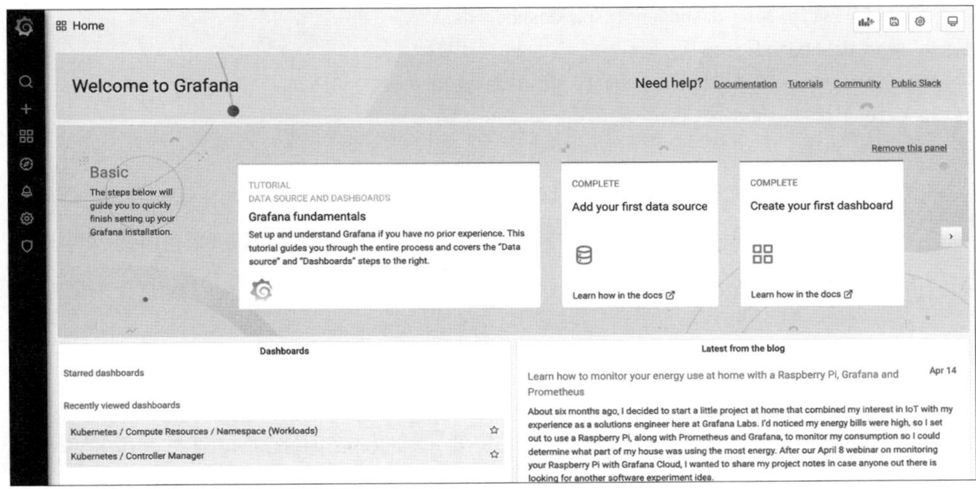

▲ **그림 8.1** 그라파나 홈 화면

8.1.1 이스티오의 그라파나 대시보드 설정하기

이스티오에는 이스티오 메트릭 시각화를 시작하기에 좋은 미리 설정된 그라파나 대시보드가 있다. 불행히도 더 이상 공식 배포판의 일부가 아니므로, 깃허브의 이스티오 소스 코드에서 직접 다운로드해야 한다. 지금 사용할 수 있도록 ch8/dashboards의 소스 코드에 포함시켜뒀는데, 웹 사이트(https://grafana.com/orgs/istio/dashboards)에서 다른 커뮤니티 대시보드와 함께 게시돼 있는 것을 찾아도 된다. 이 책 소스 코드의 ch8 디렉터리로 이동해 다음 명령어를 실행하자.

```
$ cd ch8/

$ kubectl -n prometheus create cm istio-dashboards \
--from-file=pilot-dashboard.json=dashboards/pilot-dashboard.json \
--from-file=istio-workload-dashboard.json=dashboards/\
istio-workload-dashboard.json \
--from-file=istio-service-dashboard.json=dashboards/\
istio-service-dashboard.json \
--from-file=istio-performance-dashboard.json=dashboards/\
istio-performance-dashboard.json \
```

```
--from-file=istio-mesh-dashboard.json=dashboards/\
istio-mesh-dashboard.json \
--from-file=istio-extension-dashboard.json=dashboards/\
istio-extension-dashboard.json
```

이렇게 하면 대시보드 JSON 소스가 포함된 컨피그맵 리소스가 생성되며, 이를 그라파나로 가져올 수 있다. 마지막으로, 이 구성 맵 리소스에 레이블을 지정해 그라파나가 이를 인식할 수 있도록 해야 한다.

```
$ kubectl label -n prometheus cm istio-dashboards grafana_dashboard=1
```

잠시 기다린 다음, 그라파나 대시보드 좌측 상단의 Home 메뉴(그림 8.2 참조)를 클릭하면 사용할 수 있는 그라파나 대시보드 화면으로 이동한다. 목록에는 컨트롤 플레인, 워크로드, 서비스 등에 대한 이스티오 대시보드가 포함돼 있다(대시보드가 보이지 않으면 페이지를 새로 고침해야 할 수 있다).

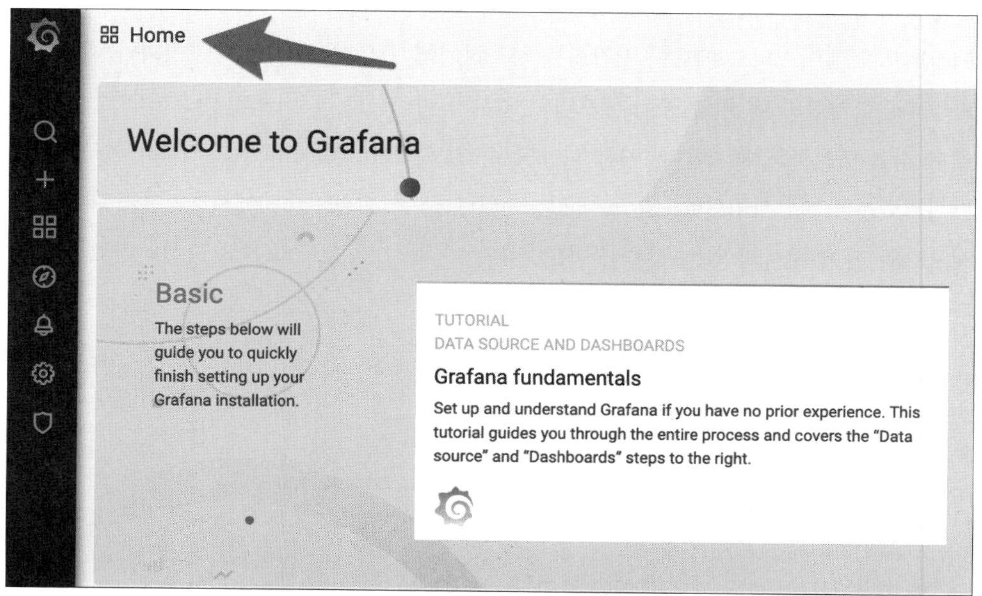

▲ **그림 8.2** 대시보드를 확인하려면 Home 링크를 클릭하자(새로 고침해야 할 수도 있다).

8.1.2 컨트롤 플레인 메트릭 보기

컨트롤 플레인 메트릭의 그래프를 보려면 그림 8.3처럼 Istio Control Plane Dashboard를 클릭하자. 앞 장에서는 컨트롤 플레인을 긁어가도록 `ServiceMonitor` 리소스를 설정했다. 몇 분 후 메트릭이 컨트롤 플레인 그래프에 나타나기 시작한다(그림 8.4 참조).

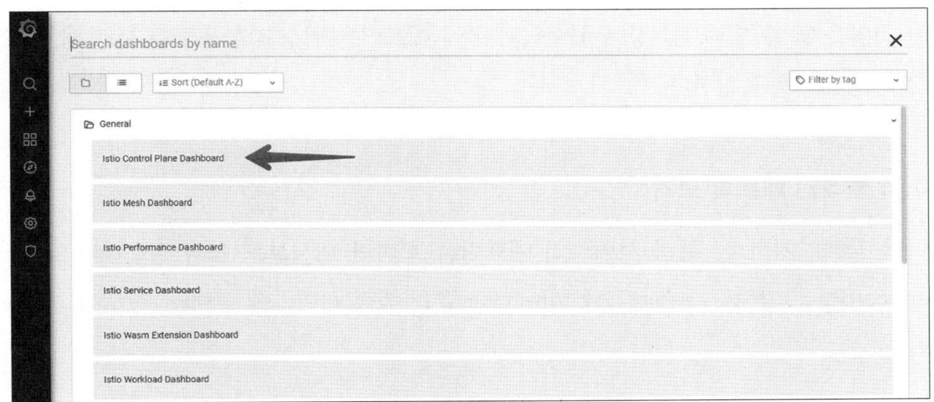

▲ **그림 8.3** Istio Control Plane Dashboard 선택

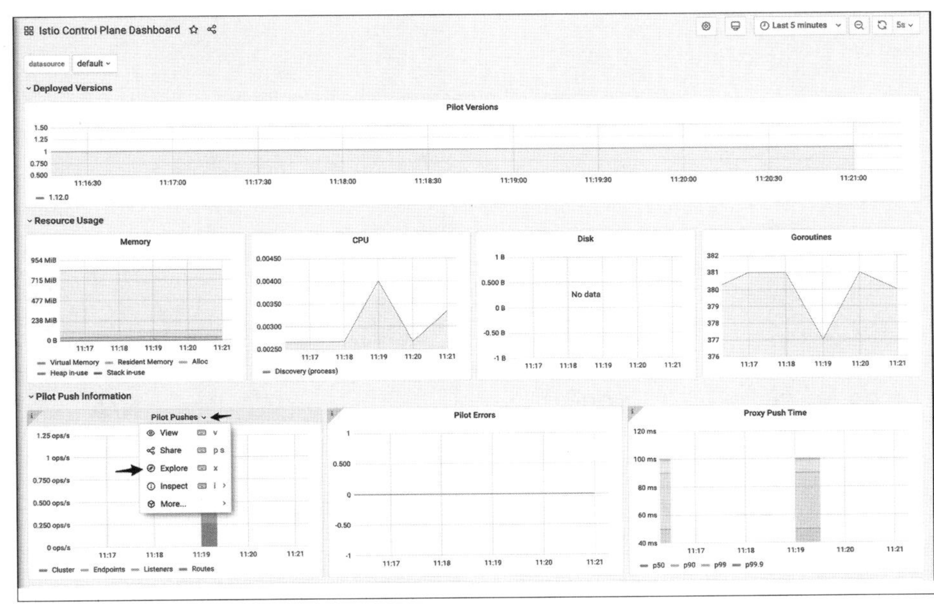

▲ **그림 8.4** 메트릭을 그래프로 표시한 컨트롤 플레인 대시보드

CPU, 메모리, 고루틴 같은 정보뿐 아니라 컨트롤 플레인 오류, 설정 동기화 문제, 활성 데이터 플레인 커넥션 개수 등에 대한 중요한 데이터도 보인다. 컨트롤 플레인에서 어떤 정보를 얻을 수 있는지 이곳저곳 눌러보면서 살펴보자. 그림 8.4처럼 그래프 중 하나의 세부 사항을 누르고 Explore를 눌러 그래프를 만들어내는 데 사용하는 원본 쿼리를 살펴보자. 예를 들어 Pilot Push Time 그래프를 확인하면 `pilot_proxy_convergence_time` 메트릭을 시각화한 것임을 알 수 있다. 앞 장에서 배웠듯이 이 메트릭은 변경 사항을 프록시로 배포하는 데 걸리는 시간을 측정한다.

8.1.3 데이터 플레인 메트릭 보기

데이터 플레인에서 온 특정 서비스의 메트릭을 보려면 대시보드 목록에서 Istio Service Dashboard를 클릭하자. `webapp.istioinaction` 같은 특정 서비스를 선택할 수 있다(그림 8.5 참조).

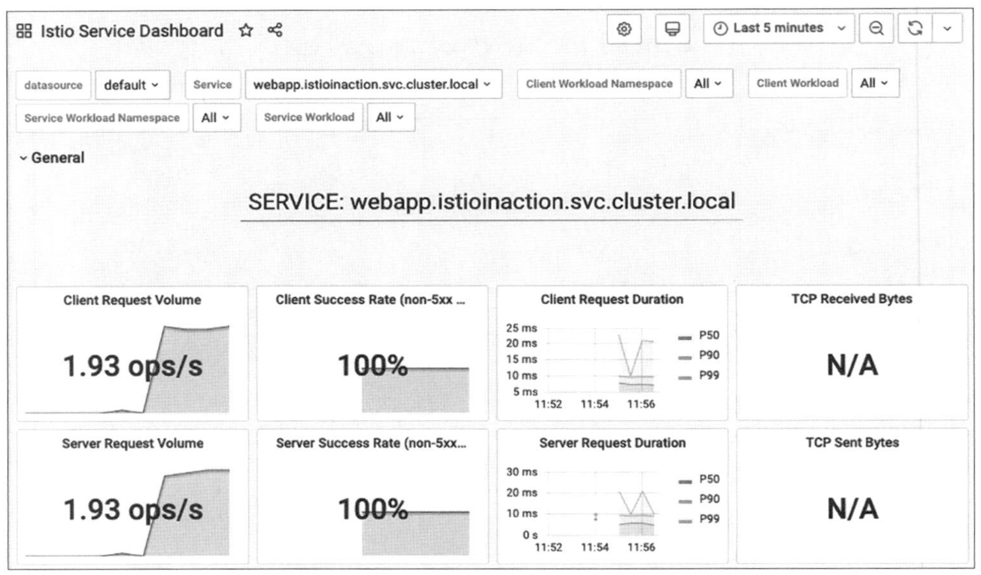

▲ **그림 8.5** 메트릭이 그래프로 표시되는 webapp 서비스에 대한 서비스 대시보드

이 그래프들은 이스티오 표준 메트릭으로 채워지며, 이를 변경하고 조정하거나 다른 메트릭에 대한 새 그래프를 추가할 수 있다. 커스텀 메트릭이나 특정 엔보이 메트릭을 활성화하는 방법은 7장을 참조하자.

8.2 분산 트레이싱

더 많은 애플리케이션을 마이크로서비스로 구축할수록, 그림 8.6처럼 비즈니스 목표를 달성하기 위해 협업하는 분산 구성 요소의 네트워크를 만들어가는 것이다. 요청 경로에서 문제가 발생하기 시작하면, 무슨 일이 일어나고 있는지 이해하는 것은 매우 중요하다. 그래야 빠르게 진단하고 고칠 수 있기 때문이다. 앞 절에서는 이스티오가 애플리케이션 대신에 네트워크 관련 메트릭과 텔레메트리를 수집하는 데 어떻게 도움이 되는지 살펴봤다. 이번 절에서는 분산 트레이싱이라는 개념을 살펴보고, 이 개념이 마이크로서비스 망을 통과할 때 오동작하는 요청을 진단하는 데 어떻게 도움이 되는지 살펴본다.

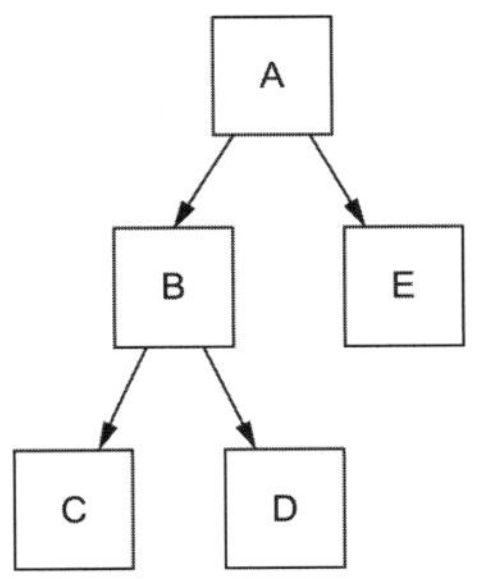

▲ **그림 8.6** 서비스는 종종 요청을 처리하기 위해 여러 홉을 거친다. 따라서 특정 요청에 관여한 홉이 어떤 홉인지, 각 홉이 얼마나 오래 걸렸는지를 확인할 수 있는 능력이 필요하다.

모놀리스에서는 무언가 오동작하기 시작하면 친숙한 도구를 사용해 디버깅할 수 있다. 디버거, 런타임 프로파일러, 메모리 분석 도구를 사용해 코드의 어떤 부분이 지연이나 오작동을 유발하는지 찾을 수 있다. 반면 분산 구조로 이뤄진 애플리케이션에서는 같은 일을 하려면 새로운 도구들이 필요하다.

분산 트레이싱을 사용하면 요청을 처리하는 데 관여한 분산 시스템의 구성 요소에 대한 통찰력을 얻을 수 있다. 분산 트레이싱은 구글 대퍼Google Dapper 논문 「Dapper, a Large-Scale Distributed Systems Tracing Infrastructure」(2010, https://research.google/pubs/pub36356)에서 도입한 개념이며 요청에 주석을 붙이는 작업이 포함된다. 이때 붙이는 주석은 서비스 간 호출을 나타내는 상관관계correlation ID와 이 서비스 간 호출 그래프를 거치는 특정 요청을 나타내는 트레이스trace ID이다. 이스티오의 데이터 플레인은 요청이 데이터 플레인을 통과할 때 이런 메타데이터를 요청에 추가할 수 있다(그리고 인식할 수 없거나 외부 개체에서 온 메타데이터는 제거한다는 점이 중요하다).

오픈텔레메트리OpenTelemetry는 커뮤니티 주도 프레임워크로, 오픈트레이싱을 포함한다. 여기서 오픈트레이싱OpenTracing이란 분산 트레이싱과 관련된 개념 및 API를 정의하는 사양을 말한다. 분산 트레이싱은 어느 정도 개발자에게 의존하는데, 코드를 계측하는 작업이나 애플리케이션에서 요청을 처리하고 다른 시스템으로 새로운 요청을 보낼 때 요청에 주석을 붙이는 작업이 필요하기 때문이다. 트레이싱 엔진은 요청 흐름의 전체 상황을 파악하는 데 도움이 되며, 이와 같은 특성은 아키텍처에서 오동작하는 영역을 식별하는 데 유용하다.

이스티오를 사용하면, 개발자가 직접 구현해야 하는 부담을 크게 덜어줄 수 있으며 분산 트레이싱을 서비스 메시의 일부로 제공할 수 있다.

8.2.1 분산 트레이싱은 어떻게 작동하는가?

가장 단순한 형태의 오픈트레이싱을 활용한 분산 트레이싱은 애플리케이션이 스팬을 생성하고, 이를 오픈트레이싱 엔진과 공유하며, 뒤이어 호출하는 서비스로 트레이스 콘텍스트를 전파하는 것으로 이뤄진다. 스팬span이란 서비스나 구성 요소 내에서 작업 단위를 나타내는 데이터 모음을 말한다. 이 데이터에는 작업 시작 시각, 종료 시각, 작업 이름, 태그 및 로그 집합 등이 포함된다.

업스트림 서비스도 동일한 작업을 수행한다. 요청 중 자신이 처리하는 부분을 나타내는 스팬을 만들고, 이를 오픈트레이싱 엔진에 보내고, 트레이스 콘텍스트를 다른 서비스로 전파한다. 분산 트레이싱 엔진은 이런 스팬과 트레이스 콘텍스트를 사용해 트레이스를 구축할 수 있다. 여기서 트레이스란 서비스 간의 인과 관계를 말하며 방향, 타이밍과 기타 디버깅 정보를 보여준다. 스팬에는 스팬 ID와 트레이스 ID가 있다. 이러한 ID들은 서비스 간의 작업 상관관계를 파악하는 데 사용되며 서비스 간에 전파돼야 한다. 그림 8.7은 이를 설명해준다.

오픈트레이싱 구현체에는 다음과 같은 시스템들이 있다.

- 예거Jaeger
- 집킨Zipkin
- 라이트스텝Lightstep
- 인스타나Instana

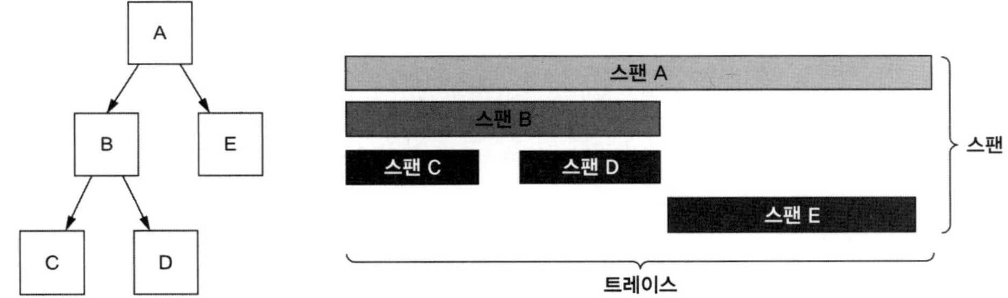

▲ **그림 8.7** 분산 트레이싱을 사용하면, 네트워크 홉마다 스팬을 수집하고 이를 종합적인 트레이스에 담아 호출 그래프 내의 문제를 디버깅하는 데 사용할 수 있다.

이스티오는 스팬을 분산 트레이싱 엔진으로 보낼 수 있으므로, 이 작업을 위해 언어 전용 라이브러리나 애플리케이션 전용 설정이 필요 없다. 요청이 이스티오 서비스 프록시를 통과할 때, 이미 진행 중인 트레이스가 없으면 트레이스를 새로 시작하고 요청의 시작 및 종료 시각을 스팬의 일부로 기록한다. 이스티오는 후속 스팬을 전체 트레이스에 연관 짓는 데 사용할 수 있도록, 보통 집킨 트레이싱 헤더Zipkin tracing header라고 하는 HTTP 헤더를 요청에 덧붙인다. 요청이 서비스로 들어왔을 때 이스티오 프록시가 분산 트레이싱 헤더를 인식하면 프록시는 트레이스가 진행 중인 것으로 취급해 트레이스를 새로 만들지 않는다. 이스티오와 분산 트레이싱 기능에서 사용하는 집킨 트레이싱 헤더는 다음과 같다.

- x-request-id
- x-b3-traceid
- x-b3-spanid
- x-b3-parentspanid
- x-b3-sampled
- x-b3-flags
- x-ot-span-context

이스티오가 제공하는 분산 트레이싱 기능이 요청 호출 그래프 전체에 걸쳐 작동하려면, 각 애플리케이션이 이 헤더들을 자신이 하는 모든 호출에 전파해야 한다(그림 8.8 참조). 이스티오는 어떤 호출이 어떤 수신 요청의 결과물인지 모르기 때문이다. 업스트림 호출과 서비스로 들어온 호출을 올바르게 연결하려면, 애플리케이션이 반드시 이런 헤더를 전파하는 역할을 맡아야 한다. 대부분의 경우 기본 RPC 프레임워크는 오픈트레이싱과 통합되거나 오픈트레이싱을 직접 지원해 이런 헤더를 자동으로 전파해준다. 어느 방식이든 애플리케이션은 이런 헤더가 전파됨을 보장해야 한다.

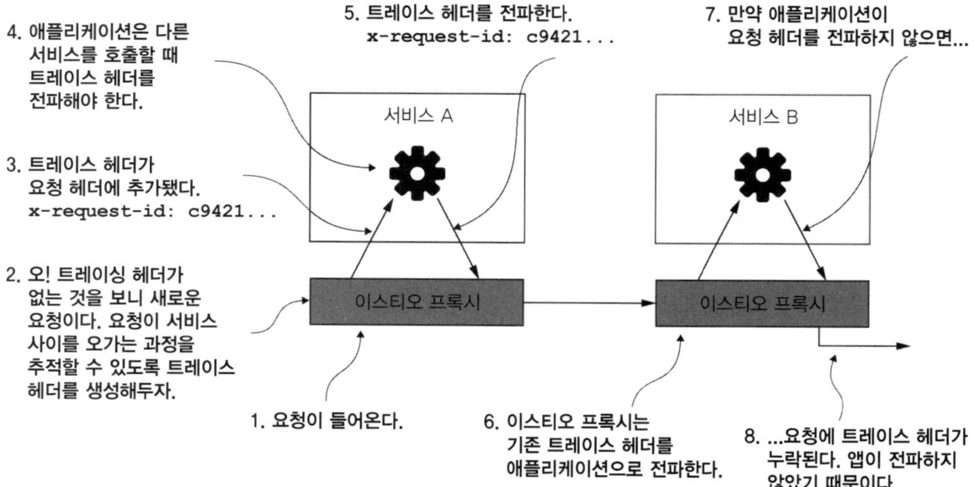

▲ **그림 8.8** 애플리케이션은 반드시 트레이싱 헤더를 전파해야 한다. 그렇지 않으면 요청의 스팬 전부가 손실된다.

8.2.2 분산 트레이싱 시스템 설치하기

7.1.2절에서는 다양한 구성 요소를 좀 더 현실적으로 배포하고자 기본 샘플 앱을 제거했다. 예거는 좀 더 복잡하며 데이터베이스가 필요하다. 이런 이유로 이 책에서는 예거의 일체형all-in-one 배포 샘플을 그대로 사용한다. 이 샘플은 zipkin 쿠버네티스 서비스도 만드는데, 이스티오가 기대하는 기본 설정에 맞춰 만들어지는 덕분에 바로 연결할 수 있다. 분산 트레이싱 기능 커스터마이징에 대한 자세한 내용은 8.2.5절을 참조한다. 또한 완전한 운영 환경 배포 단계는 예거 문서를 참조하자(http://mng.bz/GGdN).

이스티오 sample 디렉터리에서 예거 일체형 배포를 설치해보자.

```
$ kubectl apply -f istio-1.13.0/samples/addons/jaeger.yaml

deployment.apps/jaeger created
service/tracing created
service/zipkin created
service/jaeger-collector created
```

istio-system에 다음과 같은 파드들이 있다.

```
$ kubectl get pod -n istio-system

NAME                                   READY   STATUS    RESTARTS   AGE
istio-egressgateway-96cf6b468-9n65h    1/1     Running   0          11d
istio-ingressgateway-57b94d999-6llwn   1/1     Running   0          26h
istiod-58c5fdd87b-lr4jf                1/1     Running   0          11d
jaeger-7f78b6fb65-cr7n6                1/1     Running   0          34s
```

마지막으로는 설치된 서비스를 확인해보자. zipkin 서비스가 보인다. 예거는 집킨 형식과 호환되며(http://mng.bz/zQrZ), 다음 절에서는 이 방법으로 이스티오를 설정한다.

```
$ kubectl get svc -n istio-system

istio-egressgateway    ClusterIP      10.104.124.38    <none>
istio-ingressgateway   LoadBalancer   10.111.91.191    localhost
istiod                 ClusterIP      10.103.244.151   <none>
jaeger-collector       ClusterIP      10.96.251.47     <none>
```

```
tracing                 ClusterIP     10.102.201.5     <none>
zipkin                  ClusterIP     10.107.57.119    <none>
```

출력이 위와 비슷하면 더 진행해도 좋다. 다음으로는 새로운 예거 서비스로 트레이스를 전송하도록 데이터 플레인을 설정해야 한다.

8.2.3 분산 트레이싱을 수행하도록 이스티오 설정하기

이스티오에서 분산 트레이싱은 메시 전체, 네임스페이스, 특정 워크로드 수준으로 설정할 수 있다. 이번 장에서는 전체 및 워크로드 트레이싱 설정을 다룬다.

> **|노트|** 이스티오 1.12는 로깅, 메트릭, 트레이싱에 좀 더 세분화된 API인 텔레메트리 API를 도입했다(https://istio.io/latest/docs/tasks/observability/telemetry). 이 책을 저술하는 시점에는 이 API가 알파(Alpha)로 간주됐고 제대로 작동하는 데 문제가 있었다. 이번 장에서 텔레메트리 API는 다루지 않는다. 그렇지만 소스 코드 레포(repo)는 적절한 예제를 갖춘 최신 상태로 유지하도록 노력할 것이다.

설치 시 트레이싱 설정하기

이스티오는 집킨, 데이터독, 예거(집킨 호환) 등 분산 트레이싱 백엔드를 지원한다. 다음은 이스티오를 설치할 때 IstioOperator 리소스를 사용하는 샘플 설정으로, 다양한 분산 트레이싱 백엔드를 설정한다.

```
apiVersion: install.istio.io/v1alpha1
kind: IstioOperator
metadata:
  namespace: istio-system
spec:
  meshConfig:
    defaultConfig:
      tracing:
        lightstep: {}
        zipkin: {}
        datadog: {}
        stackdriver: {}
```

예를 들어 집킨 호환형인 예거를 사용하려면 다음과 같이 설정한다.

```
apiVersion: install.istio.io/v1alpha1
kind: IstioOperator
metadata:
  namespace: istio-system
spec:
  meshConfig:
    defaultConfig:
      tracing:
        zipkin:
          address: zipkin.istio-system:9411
```

그런 다음, 이 설정으로 다음 `istioctl` 명령을 실행하거나 이스티오 오퍼레이터를 이용해 설치를 진행한다.

```
$  istioctl install -y -f ch8/install-istio-tracing-zipkin.yaml
```

올바른 트레이싱 설정을 가진 글로벌 메시 구성 객체를 설정했다. 설치 시에 트레이싱을 설정하지 않았다면 이스티오와 함께 설치된 `MeshConfig configmap`에서 설정할 수 있다.

MeshConfig를 이용한 트레이싱 설정

이미 이스티오를 설치했지만 트레이싱 백엔드를 설정하지 않았거나 설정을 업데이트하려는 경우, `istio-system` 네임스페이스의 `istio configmap`에 있는 `MeshConfig` 오브젝트에서 이스티오의 메시 범위 기본값을 확인할 수 있다.

```
$  kubectl get cm istio -n istio-system -o yaml
```

```
apiVersion: v1
data:
  mesh: |-
    defaultConfig:
      discoveryAddress: istiod.istio-system.svc:15012
      proxyMetadata: {}
```

```
    tracing:
      zipkin:
        address: zipkin.istio-system:9411
  enablePrometheusMerge: true
  rootNamespace: istio-system
  trustDomain: cluster.local
meshNetworks: 'networks: {}'
```

메시 범위의 기본 설정은 어떤 것이라도 defaultConfig.tracing 부분에서 업데이트할 수 있다.

워크로드별로 트레이싱 설정하기

트레이싱 파라미터를 개별 워크로드별로 세세하게 설정하는 것이 바람직한 경우가 많다. 워크로드의 Deployment 리소스에 애노테이션을 붙이면 가능하다. 다음은 그 예시다.

```
apiVersion: apps/v1
kind: Deployment
...
spec:
  template:
    metadata:
      annotations:
        proxy.istio.io/config: |
          tracing:
            zipkin:
              address: zipkin.istio-system:9411
```

이렇게 하면 이 디플로이먼트의 워크로드에 트레이싱 시스템이 설정된다.

기본 트레이싱 헤더 살펴보기

이 시점에서 트레이스를 올바른 위치로 보내도록 분산 트레이싱 엔진과 이스티오를 설정했다. 이스티오가 생성하는 트레이싱용 집킨 헤더가 우리가 예상하는 대로인지 확인하기 위해 몇 가지 테스트를 해보자.

이스티오가 오픈트레이싱 헤더와 상관관계 ID를 자동으로 주입한다는 것을 보여주고자 이스티오 인그레스 게이트웨이를 사용해 외부 httpbin 서비스를 호출하고 요청 헤더를 표시하는 엔드포인트를 호출할 것이다. 이렇게 라우팅하는 이스티오 VirtualService 리소스를 배포해보자.

```
$ kubectl apply -n istioinaction \
-f ch8/tracing/thin-httpbin-virtualservice.yaml
```

이제 로컬호스트의 이스티오 인그레스 게이트웨이를 호출해보고, 이것이 어떻게 외부 서비스로 전달되는지 관찰해보자. 이는 원래 요청에서 사용된 헤더를 반환해야 한다.

```
$ curl -H "Host: httpbin.istioinaction.io" http://localhost/headers
{
  "headers": {
    "Accept": "*/*",
    "Content-Length": "0",
    "Host": "httpbin.istioinaction.io",
    "User-Agent": "curl/7.54.0",
    "X-Amzn-Trace-Id": "Root=1-607f16c8-4ea437616d5505ac516bbfe1",
    "X-B3-Sampled": "1",
    "X-B3-Spanid": "17ed6f800f125ecb",
    "X-B3-Traceid": "05516f0b84c9de6817ed6f800f125ecb",
    "X-Envoy-Attempt-Count": "1",
    "X-Envoy-Decorator-Operation": "httpbin.org:80/*",
    "X-Envoy-Internal": "true",
    "X-Envoy-Peer-Metadata": "<생략>",
    "X-Envoy-Peer-Metadata-Id": "<생략>"
  }
}
```

이스티오 인그레스 게이트웨이를 호출했을 때 간단한 HTTP 테스트 서비스인 외부 URL(http://httpbin.org)로 라우팅됐다. 이 서비스의 /headers 엔드포인트로 GET 요청을 하면 요청에 사용한 요청 헤더를 반환하며, x-b3-* 집킨 헤더가 요청에 자동으로 붙었음을 분명히 알 수 있다. 이 집킨 헤더들은 스팬을 만드는 데 쓰이며 예거로 보내진다.

8.2.4 분산 트레이싱 데이터 보기

스팬이 예거(혹은 기타 오픈트레이싱 엔진)로 보내질 때, 트레이스 및 관련 스팬을 쿼리하고 볼 수 있는 방법이 필요하다. 기본 예거 UI를 사용하면 그럴 수 있다. UI를 보기 위해 로컬에서 포트포워딩해보자.

```
$ istioctl dashboard jaeger --browser=false

http://localhost:16686
skipping opening a browser
```

이는 예거 UI를 로컬호스트로 포트포워딩하는 명령어다. 이제 http://localhost:16686으로 이동하면 예거 UI가 보인다. 연결을 종료할 준비가 됐을 때 Ctrl + C를 눌러 `istioctl dashboard` 명령을 종료한다.

그림 8.9처럼 Service 드롭다운을 누르고 `istio-ingressgateway`를 선택한다. 좌측 하단에서 Find Traces를 누르자. 트레이스가 아무것도 보이지 않으면 `istio-ingressgateway`로 트래픽을 조금 보내보자.

```
$ curl -H "Host: webapp.istioinaction.io" http://localhost/api/catalog
```

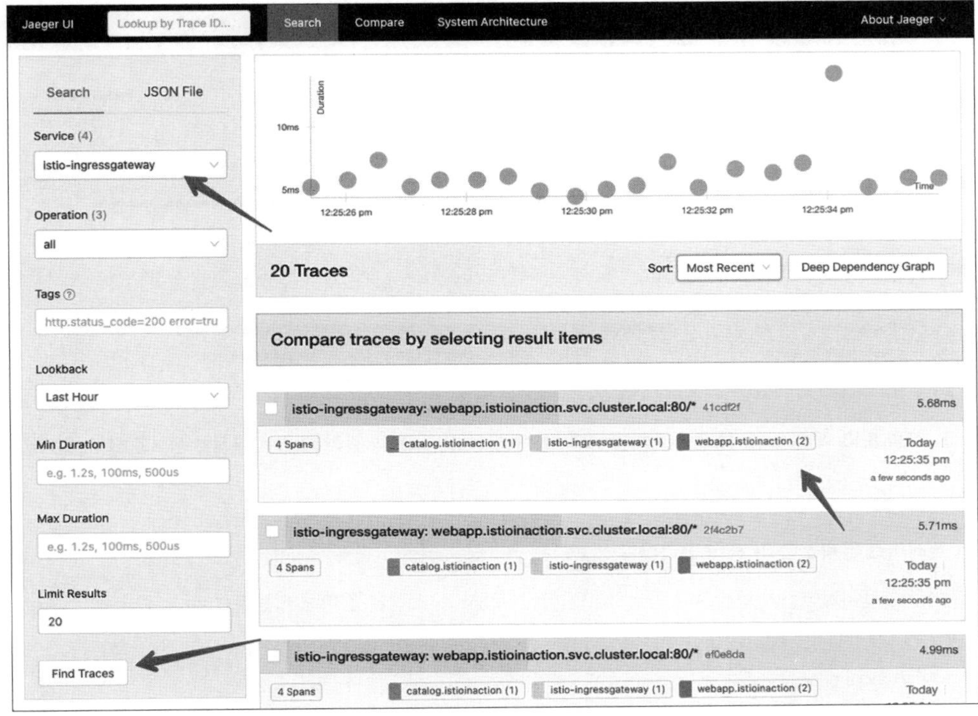

▲ **그림 8.9** 클러스터에 들어온 요청을 보려면 istio-ingressgateway 서비스를 선택하자.

UI로 돌아가서 다시 Find Traces를 눌러보자. 샘플 서비스를 호출할 때마다 그림 8.10처럼 트레이스가 새로 표시돼야 한다.

아직도 트레이스가 보이지 않거나 예상보다 훨씬 적게 보일 수 있다. 그런 경우에는 트레이스 수집 비율을 다루는 다음 절로 건너뛰자. 그러나 2장에서 이스티오를 설치할 때 데모 프로파일을 설치했기 때문에 트레이스 샘플링이 100%로 설정돼 있어야 한다. 다음 절에서는 이 샘플링 비율을 조절할 수 있는 방법을 살펴본다.

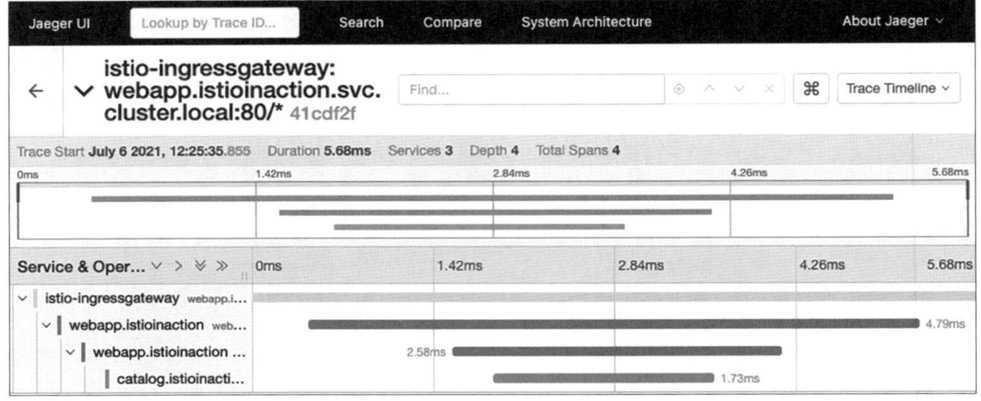

▲ **그림 8.10** 특정 트레이스를 클릭하면 트레이스를 구성하는 스팬과 같이 좀 더 세부적인 정보를 볼 수 있다.

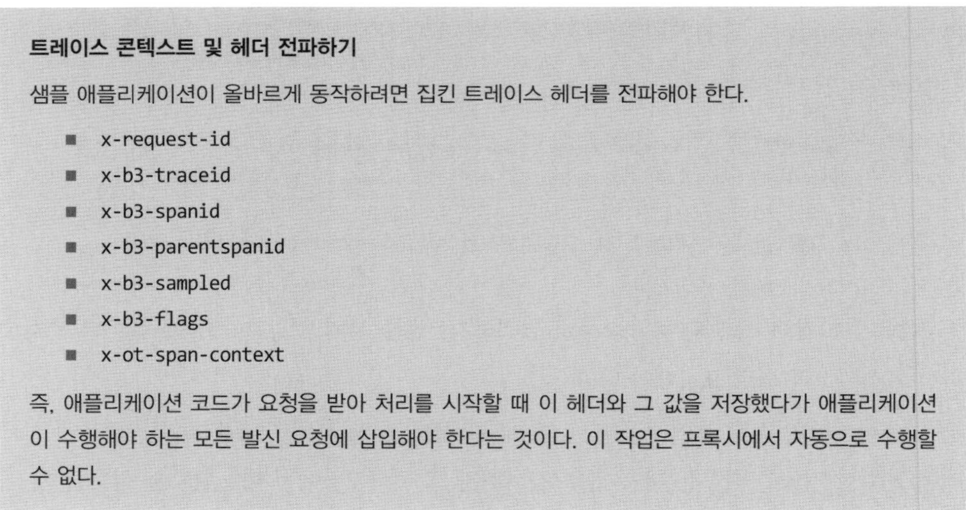

트레이스 콘텍스트 및 헤더 전파하기

샘플 애플리케이션이 올바르게 동작하려면 집킨 트레이스 헤더를 전파해야 한다.

- `x-request-id`
- `x-b3-traceid`
- `x-b3-spanid`
- `x-b3-parentspanid`
- `x-b3-sampled`
- `x-b3-flags`
- `x-ot-span-context`

즉, 애플리케이션 코드가 요청을 받아 처리를 시작할 때 이 헤더와 그 값을 저장했다가 애플리케이션이 수행해야 하는 모든 발신 요청에 삽입해야 한다는 것이다. 이 작업은 프록시에서 자동으로 수행할 수 없다.

8.2.5 트레이스 샘플링, 강제 트레이스, 커스텀 태그

분산 트레이싱 및 스팬 수집은 시스템에 상당한 성능 저하를 초래할 수 있으므로, 서비스가 올바르게 실행 중일 때 분산 트레이싱 수집 빈도를 제한하도록 선택할 수 있다. 앞서 데모 프로필로 이스티오를 설치했는데, 이 프로필은 분산 트레이싱의 샘플링을 100%로 설정했다. 시스템에서 수집할 트레이스 비율을 설정함으로써 트레이스 샘플링을 제어할 수 있다.

메시의 트레이스 샘플링 비율 조정하기

백엔드 분산 트레이싱을 설치할 때, 런타임에 혹은 워크로드별로 설정했던 것처럼 샘플링 비율도 마찬가지로 설정할 수 있다. 트레이싱 설정이 다음과 같아지도록 istio-system 네임스페이스에 있는 istio configmap의 MeshConfig를 수정해보자.

```
$  kubectl edit -n istio-system cm istio

apiVersion: v1
data:
  mesh: |-
    accessLogFile: /dev/stdout
    defaultConfig:
      discoveryAddress: istiod.istio-system.svc:15012
      proxyMetadata: {}
      tracing:
        sampling: 10
        zipkin:
          address: zipkin.istio-system:9411
```

이로써 서비스 메시 내 모든 워크로드에서 샘플링 비율이 전역적으로 10%로 바뀐다.

전역 설정 대신 애노테이션으로 워크로드별로도 설정할 수 있다. 여기서는 트레이싱 설정을 포함하도록 디플로이먼트 파드 템플릿의 애노테이션을 편집한다.

```
apiVersion: apps/v1
kind: Deployment
...
spec:
  template:
    metadata:
      annotations:
        proxy.istio.io/config: |
          tracing:
            sampling: 10
            zipkin:
              address: zipkin.istio-system:9411
```

예를 들어 이 디플로이먼트를 이렇게 적용할 수 있다.

```
$ kubectl apply -f ch8/webapp-deployment-zipkin.yaml
```

클라이언트에서 트레이싱 강제하기

운영 환경에서는 트레이스의 샘플링 비율을 최소한으로 설정한 후 문제가 있을 때만 특정 워크로드에 대해 활성화하는 것이 이치에 맞다. 가끔은 특정 요청에 트레이싱을 활성화해야 하는 경우가 있다. 이스티오에서는 특정 요청에 트레이싱을 강제하도록 설정할 수 있다.

예를 들어 애플리케이션에서 요청에 x-envoy-force-trace 헤더를 추가해, 요청이 만드는 호출 그래프의 스팬과 트레이스를 이스티오가 포착하도록 만들 수 있다. 샘플 애플리케이션에서 한번 시도해보자.

```
$ curl -H "x-envoy-force-trace: true" \
-H "Host: webapp.istioinaction.io" http://localhost/api/catalog
```

이 x-envoy-force-trace 헤더를 보낼 때마다 해당 요청과 그 요청의 호출 그래프 전체에 대해 트레이싱을 트리거한다. 특정 요청에 대해 더 많은 정보를 얻고 싶을 때 이 헤더를 주입할 수 있는 API 게이트웨이와 진단 서비스 같은 도구를 이스티오 위에 구축할 수 있다. 단, 이런 종류의 도구를 구축하는 것은 이 책의 범위를 벗어나므로 여기서 다루지 않는다.

트레이스의 태그 커스터마이징하기

스팬에 태그를 추가하는 것은 애플리케이션이 트레이스에 추가 메타데이터를 첨부하는 방법이다. 태그란 단순한 키-값 쌍을 말하는 것으로, 애플리케이션 혹은 조직별 커스텀 정보를 담고 있으며 백엔드 분산 트레이싱 엔진으로 보내는 스팬에 추가된다. 이 책을 저술하는 시점 기준으로는 세 가지 유형의 커스텀 태그를 설정할 수 있다.

- 명시적으로 값 지정하기
- 환경 변수에서 값 가져오기
- 요청 헤더에서 값 가져오기

예를 들어 webapp 서비스의 스팬에 커스텀 태그를 추가하려면, 해당 워크로드의 Deployment 리소스에 다음과 같이 애노테이션을 추가할 수 있다.

```
apiVersion: apps/v1
kind: Deployment
...
spec:
  template:
    metadata:
      annotations:
        proxy.istio.io/config: |
          tracing:
            sampling: 100
            customTags:
              custom_tag:
                literal:
                  value: "Test Tag"
            zipkin:
              address: zipkin.istio-system:9411
```

이 webapp 디플로이먼트는 다음과 같이 적용할 수 있다.

```
$  kubectl apply \
-f ch8/webapp-deployment-zipkin-tag.yaml \
-n istioinaction
```

인그레스 게이트웨이로 트래픽을 보내면 예거 UI에 기대하는 추적이 만들어진다.

```
$  curl -H "Host: webapp.istioinaction.io" \
http://localhost/api/catalog
```

예거 UI로 이동해서 최근 트레이스를 찾아 클릭하자. 그런 다음, 그림 8.11처럼 webapp 서비스를 나타내는 스팬을 클릭하자.

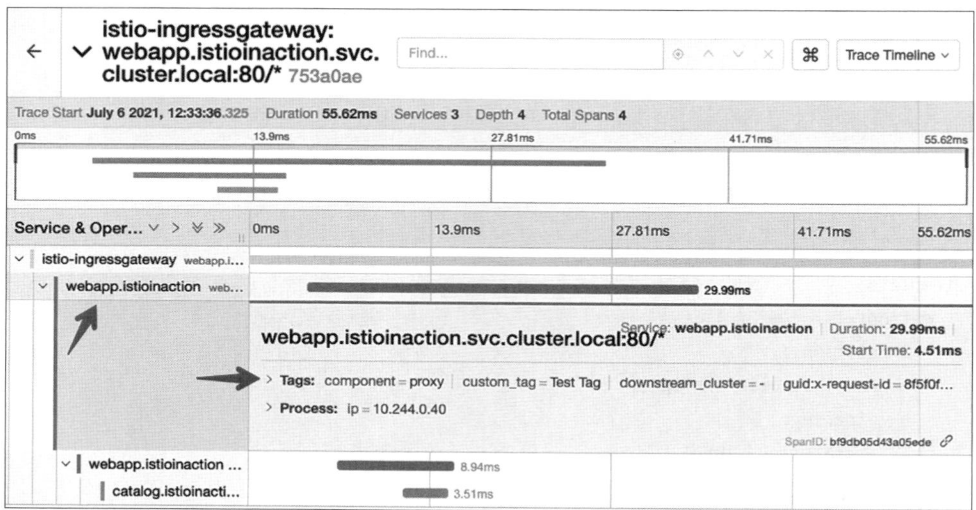

▲ **그림 8.11** 특정 트레이스를 클릭하면 트레이스를 이루는 스팬들이 보인다.

스팬을 확장하면 그림 8.12처럼 Tags 항목이 보인다. 커스텀 태그는 보고reporting, 필터링filtering, 트레이싱 데이터 탐색에 사용할 수 있다. 스팬이나 트레이스에 포함되는 태그를 커스터마이징하는 방법을 자세히 알고 싶다면 이스티오 문서(https://istio.io/latest/docs/tasks/observability/distributed-tracing/)를 참조하자.

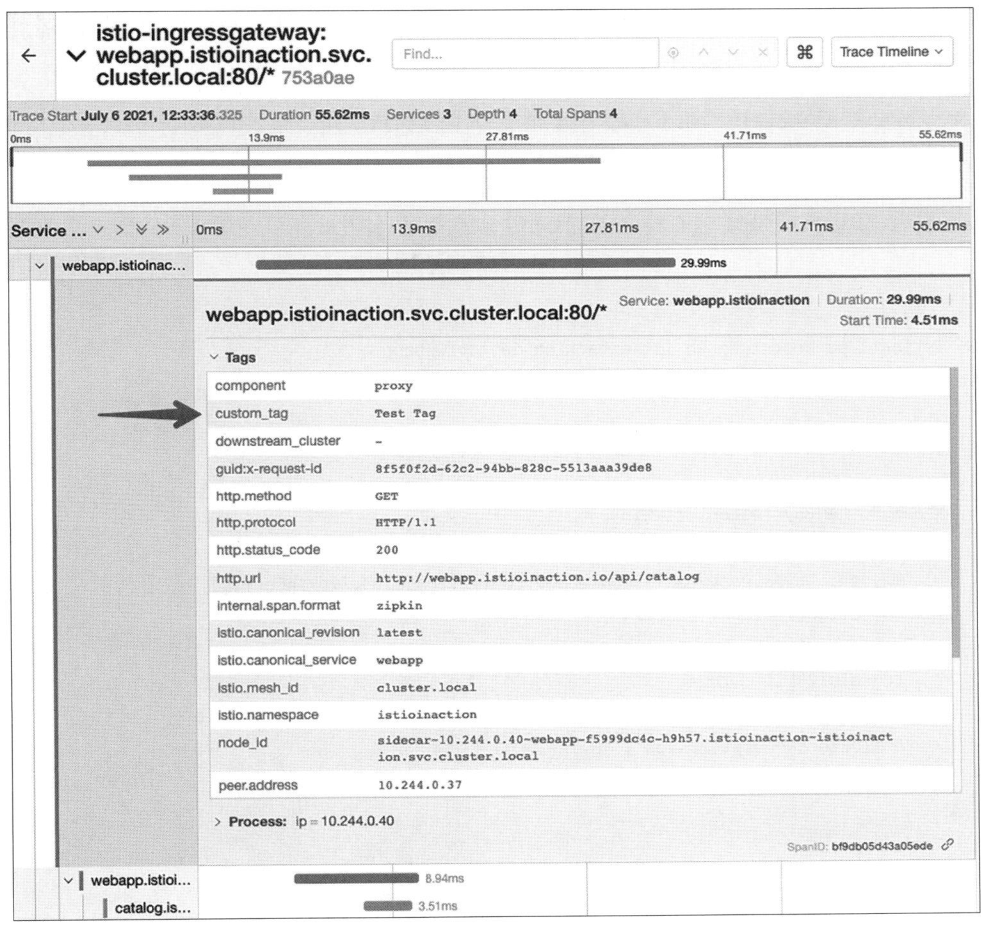

▲ **그림 8.12** 특정 스팬을 클릭하면 태그 같은 세부 정보를 볼 수 있다.

백엔드 분산 트레이싱 엔진 커스터마이징하기

분산 트레이싱에 대한 마지막 절인 여기서는 분산 트레이싱 엔진에 연결하는 백엔드 설정을 어떻게 수행하는지 알아보자. 앞서 언급했듯이 이스티오는 1.12 버전에서 트레이싱을 포함하는 새로운 텔레메트리용 알파 API를 릴리스했으므로, 트레이싱 설정 면에서 사용자 경험이 개선될 것이라고 기대할 수 있다. 단, 이 절에서 다루는 내용은 다소 심화된 내용이므로 독자의 사용 사례에는 적용되지 않을 수 있다.

지금까지의 예제에서는 백엔드 트레이싱 엔진의 호스트네임과 포트로 이스티오를 설정했다. 그런데 더 많은 설정을 조정해야 하는 경우에는 어떻게 할까? 예를 들어, 예거의 집킨 호환성을 사용하려면 예거 수집기의 특정 엔드포인트로 추적을 전송해야 한다. 기본적으로는 이스티오 프록시에서 정적 설정으로 설정한다.

집킨 기반 트레이싱 엔진의 기본 트레이싱 설정을 살펴보자(이 명령어를 실행하려면 jq가 필요하다).

```
$  istioctl pc bootstrap -n istioinaction deploy/webapp \
-o json  | jq .bootstrap.tracing
```


```
{
  "http": {
    "name": "envoy.tracers.zipkin",
    "typedConfig": {
      "@type": "type.googleapis.com/envoy.config.trace.v3.ZipkinConfig",
      "collectorCluster": "zipkin",
      "collectorEndpoint": "/api/v2/spans",
      "traceId128bit": true,
      "sharedSpanContext": false,
      "collectorEndpointVersion": "HTTP_JSON"
    }
  }
}
```


트레이싱 엔진이 집킨을 기반으로 하고, /api/v2/spans 엔드포인트로 전송하며, 이 엔드포인트를 JSON 형식으로 취급하도록 설정한다. 집킨을 트레이싱 엔진으로 사용할 때 이스티오의 기본 설정이 우리의 요구 사항에 맞지 않다면, 해당 설정을 변경할 수 있어야 한다. 커스텀 부트스트랩 설정을 사용해 그렇게 할 수 있다. 이를 위해 쿠버네티스 configmap에서 튜닝하고자 하는 설정 스니펫을 지정한다.

```
apiVersion: v1
kind: ConfigMap
metadata:
  name: istio-custom-zipkin
data:
```

```
custom_bootstrap.json: |
  {
    "tracing": {
      "http": {
        "name": "envoy.tracers.zipkin",
        "typedConfig": {
          "@type": "type.googleapis.com/
            envoy.config.trace.v3.ZipkinConfig",
          "collectorCluster": "zipkin",
          "collectorEndpoint": "/zipkin/api/v1/spans",
          "traceId128bit": "true",
          "collectorEndpointVersion": "HTTP_JSON"
        }
      }
    }
  }
```

이 부트스트랩 설정을 덮어 쓰려는 워크로드가 있는 네임스페이스에 configmap을 적용할 수 있다.

```
$ kubectl apply -f ch8/istio-custom-bootstrap.yaml \
-n istioinaction
```

다음으로, 이 configmap을 참조하는 Deployment 리소스의 파드 템플릿에 애노테이션을 추가해야 한다.

```
apiVersion: apps/v1
kind: Deployment
metadata:
  labels:
    app: webapp
  name: webapp
spec:
  replicas: 1
  selector:
    matchLabels:
      app: webapp
  template:
```

```
metadata:
  annotations:
    sidecar.istio.io/bootstrapOverride: "istio-custom-zipkin"
```

이 디플로이먼트를 적용해 커스텀 집킨 설정을 사용하게 하자.

```
$ kubectl apply -f ch8/webapp-deployment-custom-boot.yaml \
-n istioinaction
```

부트스트랩 설정의 트레이싱 부분을 확인해보면 변경 사항이 반영된 것을 볼 수 있다.

```
$ istioctl pc bootstrap -n istioinaction deploy/webapp \
-o json | jq .bootstrap.tracing
```



```
{
  "http": {
    "name": "envoy.tracers.zipkin",
    "typedConfig": {
      "@type": "type.googleapis.com/envoy.config.trace.v3.ZipkinConfig",
      "collectorCluster": "zipkin",
      "collectorEndpoint": "/zipkin/api/v1/spans",
      "traceId128bit": true,
      "collectorEndpointVersion": "HTTP_JSON"
    }
  }
}
```


|경고| 커스텀 부트스트랩 파일로 이스티오 프록시의 일부 정적 설정을 구성하는 것은 고급 시나리오다. 커스텀 부트스트랩 설정은 내부적으로 사용하는 엔보이 프록시 버전에 결합되며, 이전 버전과의 호환성을 보장하지 않는다. 설정이 잘못되면 서비스가 중단될 수 있다. 라이브 서비스에 적용하기 전에 신중하게 진행하고 철저히 테스트하자.

위의 부트스트랩 설정은 webapp 서비스 추적을 망가뜨린다. 계속 진행하기 전에 부트스트랩 설정 없이 서비스를 작동하는 구성으로 설정해본다.

```
kubectl apply -f services/webapp/kubernetes/webapp.yaml
```

8.3 키알리를 이용한 시각화

이스티오는 오픈소스 프로젝트 키알리(www.kiali.io)의 강력한 시각화 대시보드를 함께 사용할 수 있는데, 이는 런타임에 서비스 메시를 이해하는 데 도움을 줄 수 있다. 키알리는 프로메테우스와 기반 플랫폼에서 많은 양의 메트릭을 가져와 메시 내 구성 요소의 런타임 그래프를 구성하는데, 이 그래프가 서비스 간의 통신 상황을 시각적으로 이해하는 데 도움이 된다. 또한 그래프와 상호작용해 문제가 될 수 있는 영역을 파고들어 무슨 일이 일어나고 있는지 자세히 알아볼 수도 있다. 키알리는 그라파나와 다른데, 키알리는 실시간으로 갱신되는 메트릭을 사용해 서비스가 서로 어떻게 통신하는지에 대한 방향 그래프directed graph를 구축하는 데 집중하기 때문이다. 그라파나는 게이지, 카운터, 차트 등이 포함된 대시보드에는 훌륭하지만, 클러스터 내 서비스에 대한 상호작용형 그림이나 지도를 보여주지는 않는다. 이 절에서는 키알리 대시보드의 기능을 살펴본다.

8.3.1 키알리 설치하기

프로메테우스나 그라파나와 마찬가지로 이스티오는 키알리 샘플 버전을 기본적으로 제공한다. 그러나 이스티오 팀과 키알리 팀은 실제로 배포할 때는 키알리 오퍼레이터를 사용하길 권장한다(https://github.com/kiali/kiali-operator). 이번 절에서도 이 방식을 사용할 것이다. 키알리 설치에 대한 자세한 내용은 공식 설치 가이드를 참조하자(https://v1-41.kiali.io/docs/installation/installation-guide/). 먼저 키알리 오퍼레이터 설치부터 시작한다.

```
$ kubectl create ns kiali-operator
$ helm install \
    --set cr.create=true \
    --set cr.namespace=istio-system \
    --namespace kiali-operator \
    --repo https://kiali.org/helm-charts \
    --version 1.40.1 \
    kiali-operator \
    kiali-operator
```

|**노트**| 키알리는 프로메테우스에 저장된 이스티오 메트릭을 시각화한다. 따라서 키알리를 설치하기 전에 프로메테우스를 설치하고 설정해야 한다. 7장에서는 프로메테우스를 설치했는데, 이후에 설치하는 키알리가 이 프로메테우스에 의존한다.

키알리가 실행 중인지 확인해보자.

```
$ kubectl get po -n kiali-operator

NAME                              READY   STATUS    RESTARTS   AGE
kiali-operator-67f4977465-rq2b8   1/1     Running   0          42s
```

다음으로, istio-system 네임스페이스에서 키알리 인스턴스를 만들 것이다. 이 인스턴스는 이스티오 서비스 메시 내 서비스의 호출 그래프를 시각화하는 데 사용할 수 있는 웹 대시보드를 갖춘 실제 애플리케이션이다. 앞 절에서 배포했던 프로메테우스와 예거에 연결하도록 키알리 인스턴스를 정의해보자.

```
apiVersion: kiali.io/v1alpha1
kind: Kiali
metadata:
  namespace: istio-system
  name: kiali
spec:
  istio_namespace: "istio-system"
  istio_component_namespaces:
    prometheus: prometheus
  auth:
    strategy: anonymous                                    ❶
  deployment:
    accessible_namespaces:
    - '**'
  external_services:
    prometheus:                                            ❷
      cache_duration: 10
      cache_enabled: true
      cache_expiration: 300
```

```
    url: "http://prom-kube-prometheus-stack-prometheus.prometheus:9090"
  tracing:                                                          ❸
    enabled: true
    in_cluster_url: "http://tracing.istio-system:16685/jaeger"
    use_grpc: true
```

❶ 익명 접근 허용
❷ 클러스터 내에서 실행 중인 프로메테우스 설정
❸ 클러스터 내에서 실행 중인 예거 설정

키알리는 프로메테우스가 이스티오 컨트롤 플레인과 데이터 플레인에서 긁어온 텔레메트리 신호와 예거로 전송된 트레이스를 사용한다. 7장에서 프로메테우스를 설치했는데, 키알리에서 사용하려면 그 프로메테우스를 사용하도록 키알리를 설정해야 한다. 위 설정에서는 프로메테우스와 예거에 연결하도록 키알리를 설정하는 방법을 보여준다. 이들 간의 통신에 보안을 적용하는 방법이 궁금할 수 있다. 프로메테우스와 예거 모두 기본적인 보안 전략이 따로 있지는 않으며, 앞 단에 리버스 프록시를 둘 것을 권장한다. 키알리에서는 프로메테우스에 연결할 때 TLS와 기본적인 인증을 사용할 수 있다. 이것은 독자를 위한 과제로 남겨둔다.

키알리 인스턴스를 만들어보자.

```
$  kubectl apply -f ch8/kiali.yaml
```

잠시 후, `istio-system` 네임스페이스에서 키알리 인스턴스를 사용할 수 있다.

```
$  kubectl get po -n istio-system

NAME                                    READY   STATUS    RESTARTS   AGE
istio-egressgateway-96cf6b468-9n65h     1/1     Running   0          10d
istio-ingressgateway-57b94d999-6llwn    1/1     Running   0          15h
istiod-58c5fdd87b-lr4jf                 1/1     Running   0          10d
jaeger-7f78b6fb65-cr7n6                 1/1     Running   0          10d
kiali-6cfd9945c7-lchjj                  1/1     Running   0          102s
```

대시보드를 로컬에서 볼 수 있도록 키알리 디플로이먼트로 포트포워딩하자.

```
$ kubectl -n istio-system port-forward deploy/kiali 20001
```

이제 키알리 콘솔은 http://localhost:20001로 접근할 수 있다. 여기서는 키알리를 설치할 때 익명 인증 전략을 취하도록 설정했으므로, 로그인할 때 자격 증명을 입력하라는 메시지가 표시되지 않아야 한다(그림 8.13 참조).

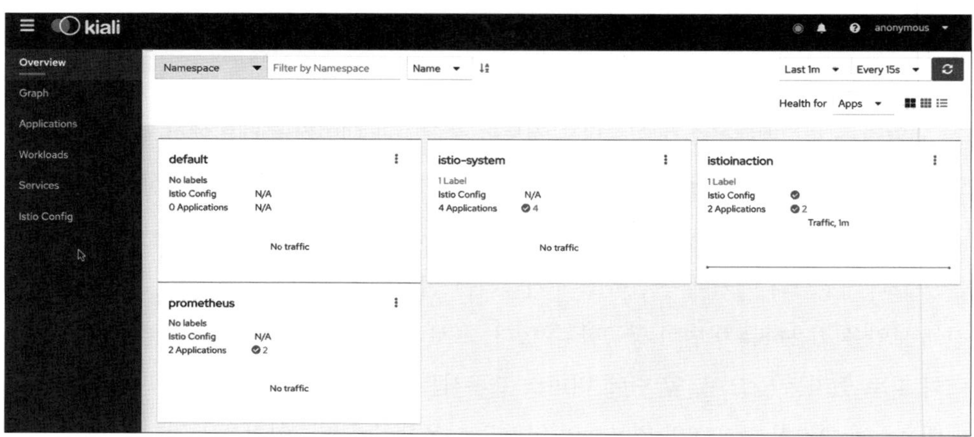

▲ **그림 8.13** 키알리를 사용한 서비스 메시 Overview 대시보드

> |**노트**| 익명 인증으로 키알리 대시보드를 설치하고 있지만, 키알리를 설정하는 방법에는 여러 가지가 있다. 예를 들어 블로그 게시물(https://www.solo.io/blog/securing-kiali-in-istio-1-7)에서는 OpenID Connect(OIDC)를 사용하는 방법을 자세히 설명한다. 하지만 우리는 키알리 설치 및 인증 전략에 대한 공식 문서를 확인해볼 것을 적극 권장한다(https://kiali.io/docs/).

Overview 대시보드에는 다양한 네임스페이스와 각 네임스페이스에서 실행 중인 애플리케이션의 개수가 표시된다. 또한 각 네임스페이스에서 실행 중인 애플리케이션의 전반적인 상태를 시각적으로 확인할 수 있다. 그림 8.13의 Overview 대시보드에서 istioinaction 박스 안의 Applications 우측에 있는 녹색의 원형 표시 버튼을 클릭하면, 해당 네임스페이스에 있는 모든 애플리케이션의 개요로 이동한다(그림 8.14). 애플리케이션에 문제가 있는 경우 트래픽에 대한 자세한 정보를 확인할 수 있다. 그림 8.13의 왼쪽 메뉴에서 Graph 탭을 클릭하면 서비스 메시의 트래픽 흐름을 보여주는 방향 그래프로 이동한다.

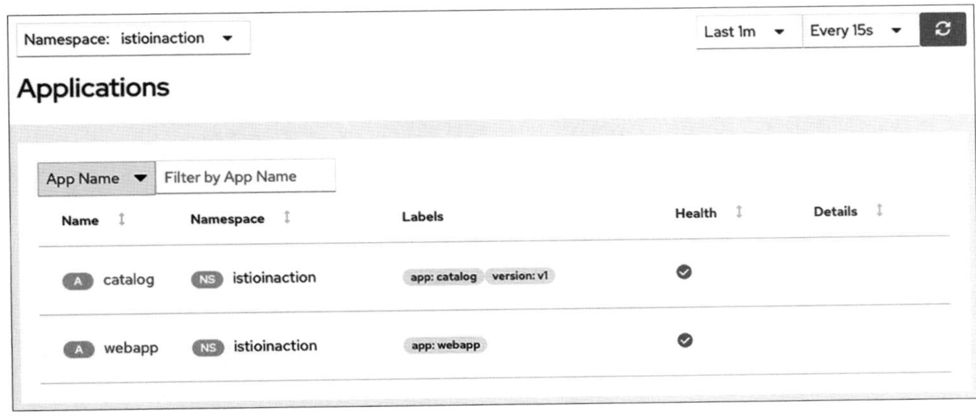

▲ **그림 8.14** 특정 쿠버네티스 네임스페이스의 애플리케이션 상태에 대한 정보

키알리 대시보드에서 의미 있는 보고를 얻기 위해 애플리케이션을 몇 번 호출해보자.

```
$  for i in {1..20}; do curl http://localhost/api/catalog -H \
"Host: webapp.istioinaction.io"; sleep .5s;  done
```

잠시 후 그림 8.15와 같이 그래프가 표시되기 시작할 것이다. 그래프에서는 메시와 관련해 다음 사항을 관찰할 수 있다.

- 트래픽의 이동과 흐름
- 바이트 수, 요청 개수 등
- 여러 버전에 대한 여러 트래픽 흐름(예: 카나리 릴리스나 가중치 라우팅)
- 초당 요청 수, 총량 대비 여러 버전의 트래픽 비율
- 네트워크 트래픽에 기반한 애플리케이션 상태heatlh
- HTTP/TCP 트래픽
- 빠르게 식별할 수 있는 네트워크 실패

워크로드 중 하나를 선택하면 관련 트래픽과 트레이스가 보인다.

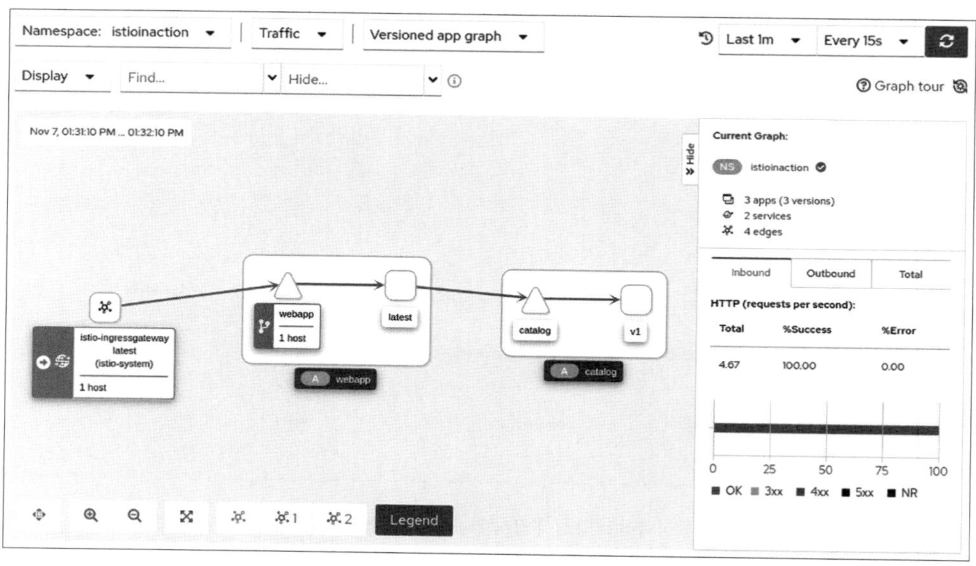

▲ **그림 8.15** 네임스페이스 내에 어떤 서비스가 있고
서비스들이 어떻게 서로 연결되는지를 나타내는 간단한 시각적 그래프

트레이스, 메트릭, 로그의 연관성

키알리는 서비스 메시의 모든 관찰 가능성 질문에 답하는 하나의 대시보드로 점차 진화하고 있다. 키알리의 기능 중 하나인 트레이스, 메트릭, 로그를 연결 짓는 것은 미래에 제공할 기능의 예고편에 불과하다.

텔레메트리 데이터 간의 연관성을 보려면, 그림 8.13의 개요 대시보드에서 좌측에 있는 Workloads 메뉴를 눌러 목록을 펼친 후 워크로드 하나를 선택하자. 워크로드 화면의 메뉴 아이템은 다음과 같다(예: 그림 8.16 참조).

- Overview: 서비스의 파드들, 거기에 적용된 이스티오 설정, 업스트림 및 다운스트림의 그래프
- Traffic: 인바운드 및 아웃바운드 트래픽의 성공률
- Logs: 애플리케이션 로그, 엔보이 액세스 로그, 연관된 스팬
- Inbound Metrics 및 Outbound Metrics: 스팬과 연관된 메트릭

■ Traces: 예거가 보고한 트레이스

■ Envoy: 워크로드에 적용된 엔보이 설정. 클러스터, 리스너, 루트 등

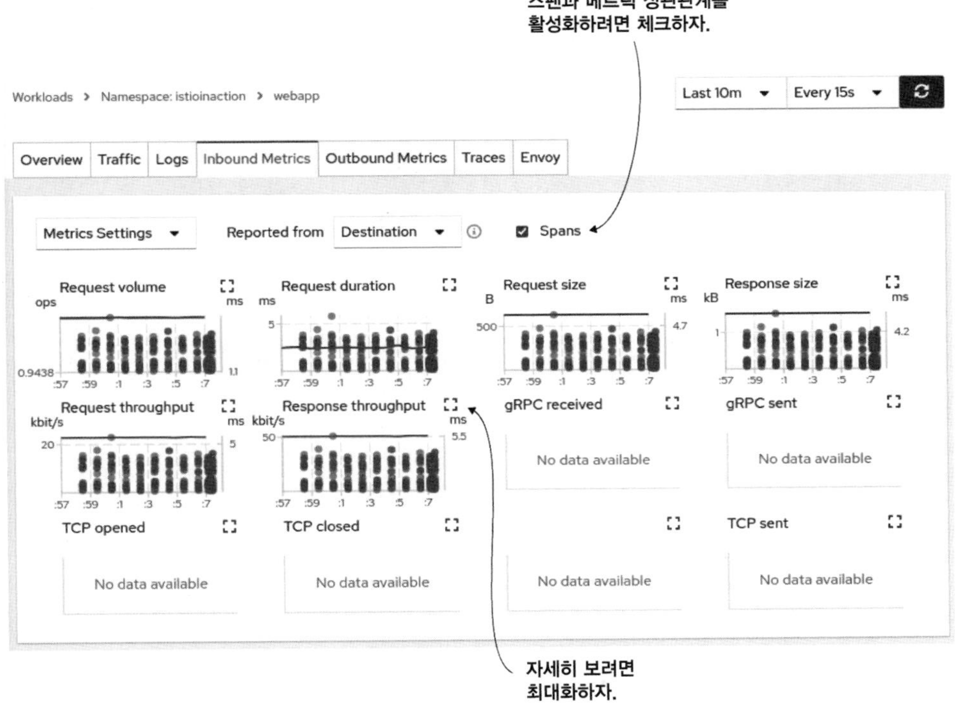

▲ **그림 8.16** 인바운드 메트릭 탭은 메트릭과 트레이스의 연관성을 보여준다.

텔레메트리를 연결하면 디버깅 과정이 훨씬 단순해진다. 여러 창을 오가면서 그래프마다 시간이 같은지 확인할 필요가 없기 때문이다. 대시보드에서 요청 처리 시간duration이 급증한다면 연관된 트레이스가 있을 것이므로, 그 요청들을 애플리케이션의 새 버전이나 성능이 저하된 서비스가 처리했다는 사실을 밝힐 수 있다. 트래픽을 보내면서 대시보드를 자유롭게 살펴보자.

키알리 워크로드와 애플리케이션의 차이점

키알리에서는 워크로드와 애플리케이션을 구별하고 있음을 알아차렸을 것이다. 우리 예제 애플리케이션에서는 사실상 동일하지만, 둘 사이의 주된 차이점을 살펴보면 다음과 같다.

- 워크로드란 동일한 복제본 집합으로 배포될 수 있는 실행 바이너리를 말한다. 예를 들어 쿠버네티스에서는 디플로이먼트의 파드 부분이 된다. 복제본이 셋인 서비스 A의 디플로이먼트는 워크로드가 된다.
- 애플리케이션은 워크로드를 서비스들이나 설정 같은 워크로드 관련 구조물과 묶은 것이다. 쿠버네티스 환경에서의 애플리케이션은 서비스 A와 서비스 B 그리고 데이터베이스를 포함할 수 있다. 각각은 자체적인 워크로드가 될 것이며, 이들이 모여 키알리 애플리케이션을 구성하게 된다.

10장에서 보겠지만, 키알리는 서비스 메시 운영자에게도 유용하다. 다음과 같은 이스티오 리소스의 유효성을 검사할 수 있기 때문이다.

- 존재하지 않는 `Gateway`를 가리키는 `VirtualService`
- 존재하지 않는 목적지로의 라우팅
- 동일한 호스트에 대한 둘 이상의 `VirtualService`
- 찾을 수 없는 서비스 부분집합

이 외에도 많은 검증을 키알리 검증 문서에서 확인할 수 있다(https://kiali.io/docs/features/validations).

8.3.2 결론

이번 장에서는 7장에서 세운 기반 위에 프로메테우스가 수집한 메트릭을 그래프로 표현하는 방법을 알아봤다. 프로메테우스는 데이터 및 컨트롤 플레인에서 메트릭을 긁어오고, 그라파나 같은 도구에서 사용할 수 있도록 제공한다. 우리는 그라파나와 기본 이스티오 대시보드를 사용해 서비스 수준과 컨트롤 플레인 수준에서 무슨 일이 일어나고 있는지 관찰해 봤다.

다음으로 분산 트레이싱을 살펴봤는데, 분산 트레이싱은 홉이 여럿인 서비스 호출 그래프에서 지연된 위치를 찾을 수 있는 강력한 방법이다. 분산 트레이싱을 사용하면 개발자가 요청에 메타데이터를 덧붙이기만 하면 요청들을 연관 지을 수 있다. 그러면 이스티오가 메타데이터를 자동으로 감지하고 해당 스팬을 백엔드 트레이싱 엔진으로 전송한다.

마지막으로, 키알리를 사용해 서비스 간 트래픽 흐름을 그래프로 시각화하는 방법을 다뤘고, 이런 트래픽 흐름을 활성화하는 설정을 자세히 살펴봤다. 다음 장에서는 이 트래픽을 보호하는 방법을 알아본다.

요약

- 그라파나는 이스티오 컨트롤 플레인 및 데이터 플레인용 기본 대시보드를 사용하는 등 이스티오 메트릭을 시각화하는 데 사용할 수 있다.
- 분산 트레이싱을 사용하면 요청 처리에 관여하는 구성 요소에 대한 통찰력을 얻을 수 있다. 이를 위해 서비스 프록시에서 요청에 트레이스 헤더를 붙인다.
- 요청에 대한 전체적인 시야를 얻으려면 애플리케이션이 트레이스 헤더를 전파해야 한다.
- 트레이스란 분산 시스템에서 지연 시간과 요청 홉을 디버깅하는 데 사용할 수 있는 스팬의 모음을 말한다.
- 이스티오를 설치할 때 `defaultConfig`로 트레이싱 헤더를 라우팅하도록 설정할 수 있는데, 이는 메시 전체에 적용된다. 혹은 동일한 설정을 `proxy.istio.io/config` 애노테이션으로 워크로드별로 적용할 수도 있다.
- 키알리 오퍼레이터로 프로메테우스의 메트릭과 예거의 트레이스를 읽도록 설정할 수 있다.
- 키알리에는 네트워크 그래프나 메트릭 상관관계 등 디버깅을 돕는 이스티오 전용 디버깅 대시보드가 많다.

9

마이크로서비스 통신 보호하기

9장에서 다루는 내용

- 서비스 메시에서 서비스 간 인증 및 인가 처리하기
- 최종 사용자 인증 및 인가 처리하기

4장에서는 트래픽을 메시로 허용하는 방법을 다뤘는데, 트래픽을 보호하는 방법도 몇 가지 포함됐다. 여기서는 서비스 메시 기능을 사용해 서비스 기반 아키텍처의 보안 태세를 투명하게 개선하는 방법을 자세히 살펴본다.

이스티오는 기본적으로 안전하다. 이번 장에서는 그 의미는 무엇인지, 어떻게 동작하는지, 서비스 간 및 최종 사용자 인증은 어떻게 구현되는지를 설명하고 서비스 메시 내 서비스에 대한 접근 제어도 알아본다. 기능을 살펴보기에 앞서 먼저 보안 주제에 대해 간략히 설명한다. 이스티오에서 보안이 작동하는 방식은 부록 C에서 자세히 다룰 것이다.

9.1 애플리케이션 네트워크 보안의 필요성

애플리케이션 보안이란, 인가받지 않은 사용자가 오염시키거나 훔치거나 접근해서는 안 되는 귀중한 애플리케이션 데이터를 보호하는 데 기여하는 모든 행동을 말한다. 사용자 데이터를 지키려면 다음 사항이 필요하다.

- 리소스 접근을 허가하기 전에 사용자 인증 및 인가
- 데이터를 요청한 클라이언트로 가면서 여러 네트워크 장치를 거쳐가는 동안 데이터 도청을 방지하는 전송 중 데이터 암호화

> **|노트|** 인증(authentication)이란 클라이언트나 서버가 자신의 정체를 입증하는 절차를 말하며, 아는 것(패스워드)이나 갖고 있는 것(장치, 인증서) 또는 자기 자신(지문 같은 고유 특성)을 이용한다. 인가(authorization)란 이미 인증된 사용자가 리소스의 생성이나 조회, 갱신, 삭제 같은 작업을 수행하는 것을 허용하거나 거부하는 절차를 말한다.

9.1.1 서비스 간 인증

안전하려면, 서비스는 자신이 상호작용하는 서비스는 모두 인증해야 한다. 다시 말해, 확인할 수 있는 ID 문서를 제시한 후에만 다른 서비스를 신뢰해야 한다. 보통 이 문서는 그 문서를 발급한 신뢰할 수 있는 제3자에게 확인한다. 이번 장에서는 이스티오가 SPIFFE Secure Production Identity Framework for Everyone 프레임워크를 사용해 서비스들의 ID 발급을 자동화하는 방법을 다룬다. 발급된 ID는 서비스들이 서로 인증하는 데 사용한다.

9.1.2 최종 사용자 인증

최종 사용자 인증은 사용자의 개인 데이터를 저장하는 애플리케이션의 핵심이다. 성숙한 최종 사용자 인증 프로토콜은 여러 가지가 있지만, 대부분은 사용자를 인증 서버로 리다이렉션하는 것이 핵심이다. 사용자가 인증 서버에서 로그인을 성공하면 사용자 정보를 담고 있는 자격 증명(HTTP 쿠키나 JWT 등으로 저장)을 받는다. 사용자는 인증을 위해 이 자격 증명

을 서비스에 제시한다. 서비스는 어떤 종류든 접근을 허용하기 전에 자격 증명을 발급한 인증 서버에 자격 증명을 검증한다.

9.1.3 인가

인가는 호출자가 인증된 후 진행된다. 호출자가 '누구'인지 서버가 식별하고 나면, 서버는 이 ID가 '어떤' 작업을 수행할 수 있도록 허용돼 있는지 확인하고 그에 따라 승인하거나 거부한다. 예를 들어 웹 애플리케이션에서 인가는 사용자가 리소스를 생성, 조회, 업데이트, 삭제할 수 있는지 여부를 확인하는 형식을 취한다. 이스티오는 서비스 인증과 ID 모델을 기반으로 서비스 사이에 또는 최종 사용자와 서비스 사이에 세분화된 인가 기능을 제공한다.

9.1.4 모놀리스와 마이크로서비스의 보안 비교

마이크로서비스와 모놀리스 모두 최종 사용자 및 서비스 간 인증과 인가를 구현해야 한다. 그러나 마이크로서비스에는 보호해야 하는, 네트워크를 오가는 커넥션과 요청이 훨씬 더 많다. 반면 모놀리스는 커넥션이 더 적고, 보통은 가상머신 혹은 물리 머신 같은 더 정적인 인프라에서 실행된다. 정적인 인프라에서 실행하면 IP 주소를 ID 확인 근거로 삼기 좋으며, 덕분에 인증용 인증서에서 흔하게 사용한다(네트워크 방화벽 규칙에도 사용한다). 그림 9.1은 IP를 신뢰의 근거로 삼기 좋은 정적 인프라를 보여준다.

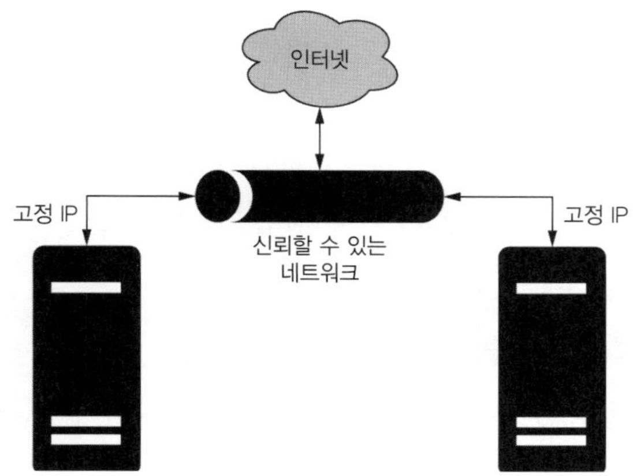

▲ **그림 9.1** 고정 IP로 온프레미스에서 실행되는 모놀리스 애플리케이션

반면에 마이크로서비스는 쉽게 수백, 수천 개의 서비스로 불어나므로 정적 환경에서는 서비스를 운영할 수 없다. 이런 이유로 클라우드 컴퓨팅이나 컨테이너 오케스트레이션 같은 동적 환경을 활용하는데, 여기서 서비스는 수많은 서버로 스케줄링되고 수명이 짧다. 따라서 IP 주소를 사용하는 것 같은 전통적인 방법들은 ID의 근거로 미덥지 못하게 된다. 설상가상으로 서비스가 반드시 같은 네트워크에서 실행되는 것도 아니며, 여러 클라우드 프로바이더에 걸쳐 있거나 심지어는 그림 9.2처럼 온프레미스에서도 실행될 수 있다.

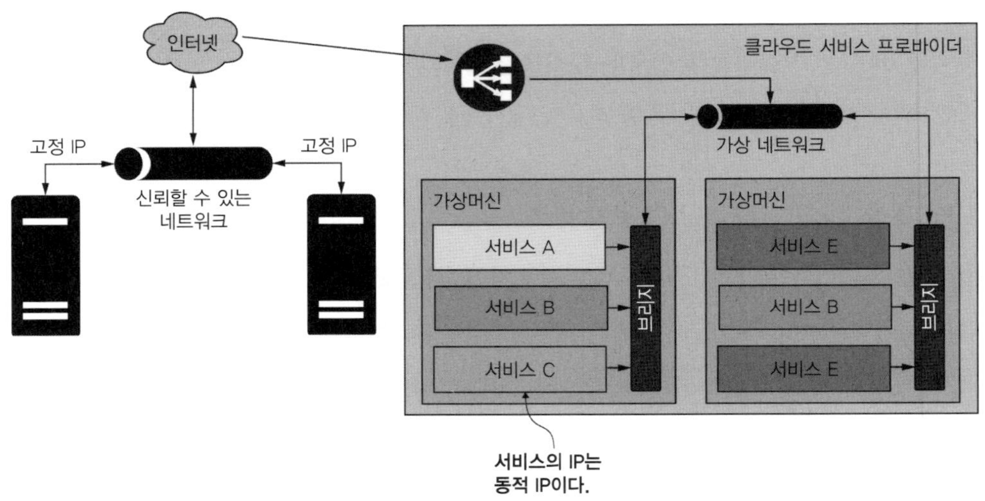

▲ **그림 9.2** 클라우드와 온프레미스에서 실행되는, 상호 연결이 많은 마이크로서비스

이런 문제를 해결해 고도로 동적이고 이질적인 환경에서 ID를 제공하고자 이스티오는 SPIFFE 사양을 사용한다. SPIFFE는 고도로 동적이고 이질적인 환경에서 워크로드에 ID를 제공하기 위한 일련의 오픈소스 표준이다. SPIFFE 처리에 대한 더 자세한 내용과 함께 이 SPIFFE가 이스티오의 ID 추정을 뒷받침하는 방법을 보려면 부록 C를 참조하자.

9.1.5 이스티오가 SPIFFE를 구현하는 방법

SPIFFE ID는 RFC 3986 호환 URI로, spiffe://trust-domain/path 형식으로 구성된다. 여기서는 다음과 같다.

- trust-domain은 개인 또는 조직 같은 ID 발급자를 나타낸다.
- path는 trust-domain 내에서 워크로드를 유일하게 식별한다.

path가 워크로드를 식별하는 자세한 방법은 정해져 있지 않아서 SPIFFE 명세 구현자가 결정할 수 있다. 이스티오에서는 이 path를 특정 워크로드가 사용하는 서비스 어카운트로 채운다. SPIFFE ID는 SVID^SPIFFE Verifiable Identity Document, SPIFFE 검증할 수 있는 ID 문서^라고도 하는 X.509 인증서로 인코딩되며, 이는 이스티오의 컨트롤 플레인이 워크로드마다 만들어낸다. 그런 다음, 이 인증서는 전송 데이터를 암호화함으로써 서비스 간 통신의 전송을 보호하는 데 사용된다. 다시 말하지만, 부록 C에서 이 모든 작업이 어떻게 작동하는지를 훨씬 자세히 다룬다. 이번 장에서는 이스티오의 기능으로 보안 태세를 개선하는 데 초점을 맞춘다.

9.1.6 이스티오 보안 요약

이스티오 보안을 이해하기 위해 이스티오가 정의한 커스텀 리소스로 프록시를 설정하는 서비스 메시 운영자의 관점으로 바꿔보자.

- `PeerAuthentication` 리소스는 서비스 간의 트래픽을 인증하도록 프록시를 설정한다. 인증에 성공하면, 프록시는 상대^peer^의 인증서에 인코딩된 정보를 추출해 요청 인가에 사용할 수 있도록 한다.
- `RequestAuthentication` 리소스는 프록시가 최종 사용자의 자격 증명을 발급 서버에 확인해 인증하도록 설정한다. 인증에 성공하면, 역시 자격 증명에 인코딩된 정보를 추출해 요청 인가에 사용할 수 있도록 한다.
- `AuthorizationPolicy` 리소스는 앞선 두 리소스에 따라 추출한 정보를 토대로 프록시가 요청을 인가하거나 거부하도록 구성한다.

그림 9.3은 `PeerAuthentication` 및 `RequestAuthentication` 리소스가 어떻게 요청을 인증하도록 프록시를 구성하는지, 자격 증명(SVID나 JWT)에 인코딩된 정보가 어느 시점에 추출돼 필터 메타데이터로 저장되는지를 보여준다. 필터 메타데이터는 커넥션 ID를 나타낸다.

AuthorizationPolicy 리소스는 그 커넥션 ID에 기반해 요청을 허가할지 거부할지를 결정한다.

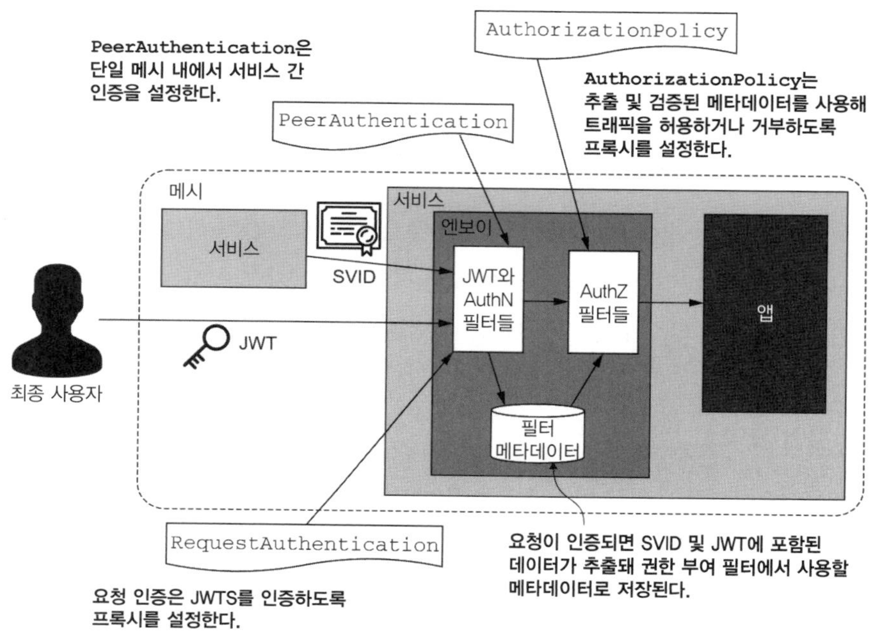
PeerAuthentication은
단일 메시 내에서 서비스 간
인증을 설정한다.
AuthorizationPolicy
PeerAuthentication
AuthorizationPolicy는
추출 및 검증된 메타데이터를 사용해
트래픽을 허용하거나 거부하도록
프록시를 설정한다.
메시
서비스
서비스
엔보이
SVID
JWT와
AuthN
필터들
AuthZ
필터들
앱
JWT
최종 사용자
필터
메타데이터
RequestAuthentication
요청이 인증되면 SVID 및 JWT에 포함된
데이터가 추출돼 권한 부여 필터에서 사용할
메타데이터로 저장된다.
요청 인증은 JWTS를 인증하도록
프록시를 설정한다.

▲ **그림 9.3** 요청을 인증 및 인가하도록 서비스 프록시를 구성하는 리소스

이것이 바로 이스티오 보안의 요약본이다. 다음으로는 리소스를 실행에 옮기고 그 복잡성을 알아보자.

9.2 자동 상호 TLS

사이드카 프록시가 주입된 서비스 사이의 트래픽은 기본적으로 암호화되고 서로 인증한다. 인증서를 발급하고 로테이션하는 절차를 자동화하는 것은 매우 중요한데, 역사적으로 사람이 관리할 때 오류가 발생하기 쉬웠기 때문이다. 이로 인해 불필요하고 비용이 많이 드는 서비스 중단이 발생했는데, 이스티오에서 구현한 것처럼 절차를 자동화했다면 피할 수 있었을 문제였다.

그림 9.4는 컨트롤 플레인에서 발급한 인증서를 사용해 서비스들이 서로 인증하고 트래픽을 암호화하는 방식을 나타낸다. 이 방식을 통해 서비스는 기본적으로 안전한 상태를 유지한다. 사실 '기본적으로 안전한'이라고 하면 기본적으로는 대부분 안전하다는 의미로, 메시를 더 안전하게 만들기 위해서는 아직 우리가 수행해야 할 작업들이 남아 있다.

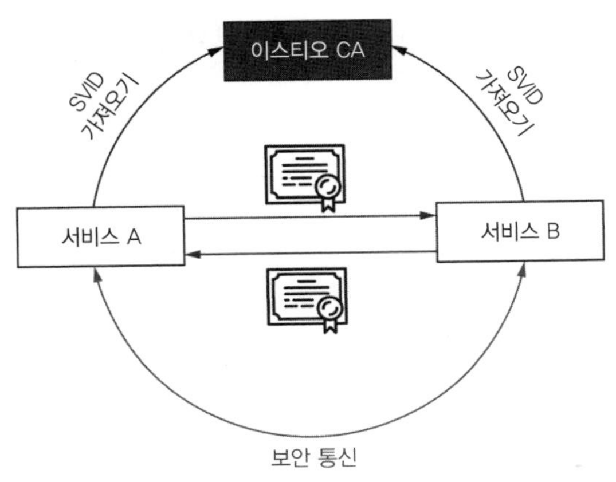

▲ **그림 9.4** 워크로드는 이스티오 인증 기관에서 발급한 SVID 인증서를 사용해 서로 인증한다.

먼저, 서비스 메시가 서로 인증한 트래픽만 허용하도록 설정해야 한다. 왜 이것이 설치할 때 기본값이 아닌지 궁금할 수 있다. 이는 메시 채택을 용이하게 하려는 설계 결정이다. 여러 팀이 자체 서비스를 관리하는 거대 엔터프라이즈에서는 모든 서비스를 메시로 옮기기까지 몇 달 혹은 몇 년에 걸친 조직적인 노력이 필요할 수 있다.

두 번째로, 서비스를 인증하면 최소 권한 원칙을 준수할 수 있고, 각 서비스에 정책을 만들 수 있으며, 기능에 필요한 최소한의 접근만 허용할 수 있다. 이는 아주 중요한데, 서비스의 ID를 나타내는 인증서가 잘못된 사람에게 넘어갔을 때 피해 범위를 ID가 접근할 수 있도록 허용된 일부 서비스만으로 좁힐 수 있기 때문이다.

9.2.1 환경 설정하기

백지 상태에서 시작할 수 있도록 다음 명령어를 실행해 환경을 정리하자.

```
$ kubectl config set-context $(kubectl config current-context) \
 --namespace=istioinaction
$ kubectl delete virtualservice,deployment,service,\
destinationrule,gateway --all
```

상호 TLS의 기능을 보여주기 위해 그림 9.5와 같은 세 가지 서비스를 준비할 것이다. webapp 및 catalog 서비스는 이미 친숙하다. sleep 서비스를 추가했는데, 이 서비스는 레거시 워크로드를 의미한다. 즉, 사이드카 프록시가 없어서 상호 인증을 할 수 없다.

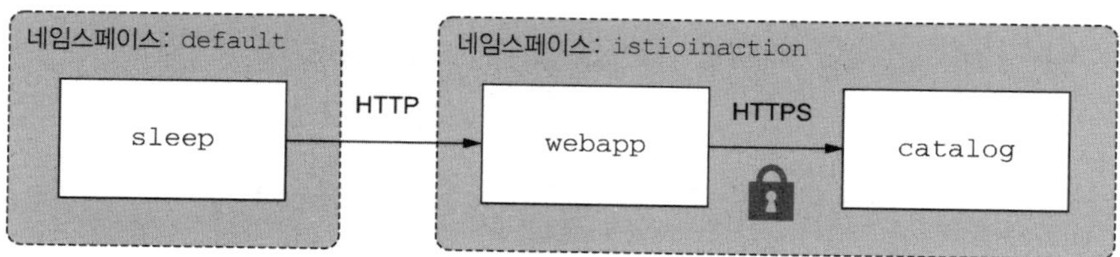

▲ **그림 9.5** 준비할 세 가지 워크로드

서비스를 설치하려면 다음 명령어를 실행하자.

리스트 9.1 모든 서비스 설치하기

```
$ kubectl label namespace istioinaction istio-injection=enabled
$ kubectl apply -f services/catalog/kubernetes/catalog.yaml
$ kubectl apply -f services/webapp/kubernetes/webapp.yaml
$ kubectl apply -f services/webapp/istio/webapp-catalog-gw-vs.yaml
$ kubectl apply -f ch9/sleep.yaml -n default
```

서비스가 올바르게 준비됐는지 확인하자. 레거시 sleep 워크로드에서 webapp 워크로드로 평문clear-text 요청을 실행한다.

```
$ kubectl -n default exec deploy/sleep -c sleep -- \
    curl -s webapp.istioinaction/api/catalog \
    -o /dev/null -w "%{http_code}"

200
```

응답이 성공했다는 것은 서비스들이 올바르게 준비됐으며 webapp 서비스가 sleep 서비스의 평문 요청을 받아들였다는 사실을 보여준다. 기본적으로 이스티오는 평문 요청을 허용하는데, 이는 모든 워크로드를 메시로 옮길 때까지 서비스 중단을 일으키지 않고 서비스 메시를 점진적으로 채택할 수 있게 하기 위해서다. 그러나 PeerAuthentication 리소스로 평문 트래픽을 금지할 수 있다.

9.2.2 이스티오의 PeerAuthentication 리소스 이해하기

PeerAuthentication 리소스를 사용하면 워크로드가 상호 TLS를 엄격하게 요구하거나 평문 트래픽을 허용하고 받아들이게 설정할 수 있다. 이들 각각은 STRICT 혹은 PERMISSIVE 인증 모드를 사용한다. 상호 인증 모드는 다양한 범위에서 구성할 수 있다.

- 메시 범위 PeerAuthentication 정책은 서비스 메시의 모든 워크로드에 적용된다.
- 네임스페이스 범위 PeerAuthentication 정책은 네임스페이스 내 모든 워크로드에 적용된다.
- 워크로드별 PeerAuthentication 정책은 정책에서 명시한 셀렉터에 부합하는 모든 워크로드에 적용된다.

모든 범위를 실제 예제와 함께 소개해보자.

메시 범위 정책으로 모든 미인증 트래픽 거부하기

메시의 보안을 향상시키기 위해 STRICT 상호 인증 모드를 강제하는 메시 범위 정책을 만들어서 평문 트래픽을 금지할 수 있다. 메시 범위 PeerAuthentication 정책은 두 가지 조건을 충족해야 한다. 반드시 이스티오를 설치한 네임스페이스에 적용해야 하고, 이름이 "default"여야 한다.

> **|노트|** 메시 범위 리소스의 이름을 "default"로 짓는 것은 필수가 아닌 일종의 컨벤션(convention)으로, 메시 범위 PeerAuthentication 리소스를 딱 하나만 만들기 위해서다.

이 책의 설명을 따라왔다면, 이스티오를 istio-system 네임스페이스에 설치했을 것이다. 다음 PeerAuthentication 정의는 두 가지 조건을 만족하고 메시 전체에 적용된다.

```
apiVersion: "security.istio.io/v1beta1"
kind: "PeerAuthentication"
metadata:
  name: "default"                    ❶
  namespace: "istio-system"          ❷
spec:
  mtls:
    mode: STRICT                     ❸
```

❶ 메시 범위 정책의 이름은 "default"로 지어야 한다.
❷ 이스티오를 설치한 네임스페이스
❸ 상호 TLS 모드

클러스터에 적용하자.

```
$  kubectl apply -f ch9/meshwide-strict-peer-authn.yaml
```

다음으로는 sleep 서비스의 평문 요청이 더 이상 허용되지 않는다는 것을 확인하자.

```
$  kubectl -n default exec deploy/sleep -c sleep -- \
     curl -s webapp.istioinaction/api/catalog

command terminated with exit code 56
```

이는 평문 요청이 거부됐다는 것을 확인한다. 상호 인증 요구 사항을 STRICT로 지정하는 것은 좋은 기본값이지만, 진행 중인 프로젝트에서는 그런 급격한 변화가 실현 가능성이 없다. 워크로드를 옮기려면 여러 팀 간의 협업이 필요하기 때문이다. 더 나은 방법은 적용하는 제한을 점진적으로 늘리고, 팀들이 자신의 서비스를 서비스 메시로 옮길 수 있도록 시간을 주는 것이다. PERMISSIVE 상호 인증이 딱 그런 역할로, 워크로드가 암호화된 요청과 평문 요청을 모두 받아들일 수 있게 허용한다.

상호 인증하지 않은 트래픽 허용하기

네임스페이스 범위 정책을 사용하면 메시 범위 정책을 덮어 쓸 수 있고, 네임스페이스의 워크로드에 더 잘 맞는 PeerAuthentication 요구 사항을 적용할 수 있다. 다음 PeerAuthentication 리소스는 istioinaction 네임스페이스의 워크로드가 sleep 서비스와 같이 메시의 일부가 아닌 레거시 워크로드로부터 평문 트래픽을 받아들이도록 허용한다.

```
apiVersion: "security.istio.io/v1beta1"
kind: "PeerAuthentication"
metadata:
  name: "default"              ❶
  namespace: "istioinaction"   ❷
spec:
  mtls:
    mode: PERMISSIVE           ❸
```

❶ 네임스페이스 범위 리소스가 하나만 존재하도록 "default" 명명 컨벤션 사용
❷ 정책을 적용할 네임스페이스 지정
❸ PERMISSIVE는 HTTP 트래픽을 허용한다.

그러나 그렇게 하지 말자. 우리는 더 잘할 수 있다. 미인증 트래픽은 sleep 워크로드에서 webapp으로 향하는 것만 허용하고, catalog 워크로드에는 STRICT 상호 인증을 계속 유지하자. 이렇게 하면 보안이 뚫렸을 때 공격 표면을 더 좁힐 수 있다.

워크로드별 PeerAuthentication 정책 적용하기

webapp만 목표로 하기 위해 워크로드 셀렉터를 지정해 상술했던 PeerAuthentication 정책을 업데이트하자. 이로써 셀렉터에 부합하는 워크로드에만 적용될 것이다. 또한 이름을 "default"에서 webapp으로 바꾸자. 동작이 바뀌지는 않지만, 네임스페이스 전체에 적용되는 PeerAuthentication 정책만 "default"로 짓는 컨벤션을 따르려는 것이다.

```
apiVersion: "security.istio.io/v1beta1"
kind: "PeerAuthentication"
metadata:
  name: "webapp"
```

```
  namespace: "istioinaction"
spec:
  selector:
    matchLabels:
      app: "webapp"     ❶

  mtls:
    mode: PERMISSIVE
```

❶ 이 레이블과 일치하는 워크로드는 PERMISSIVE 상호 TLS 모드를 사용한다.

이렇게 하면, 상호 인증 정책이 webapp 워크로드에만 적용되고 catalog 워크로드에는 적용되지 않는다. 셀렉터에 부합하지 않기 때문이다. 다음 명령어를 실행해 이 정책을 클러스터에 적용하자.

```
$ kubectl apply -f ch9/workload-permissive-peer-authn.yaml
```

그리고 webapp이 평문 요청을 받는지 확인하자.

```
$ kubectl -n default exec deploy/sleep -c sleep -- \
    curl -s webapp.istioinaction/api/catalog

[
  {
    "id": 1,
    "color": "amber",
    "department": "Eyewear",
    "name": "Elinor Glasses",
    "price": "282.00"
  },
  <생략>
]
```

성공 응답을 반환한다! 메시 범위 정책으로 엄격한 기본값을 적용했다. 그러나 일부 서비스(뒤처진 것들)에는 그 서비스들이 메시로 옮겨질 때까지 상호 인증이 아닌 트래픽도 허용하도록 워크로드별 정책을 사용한다(그림 9.6 참조).

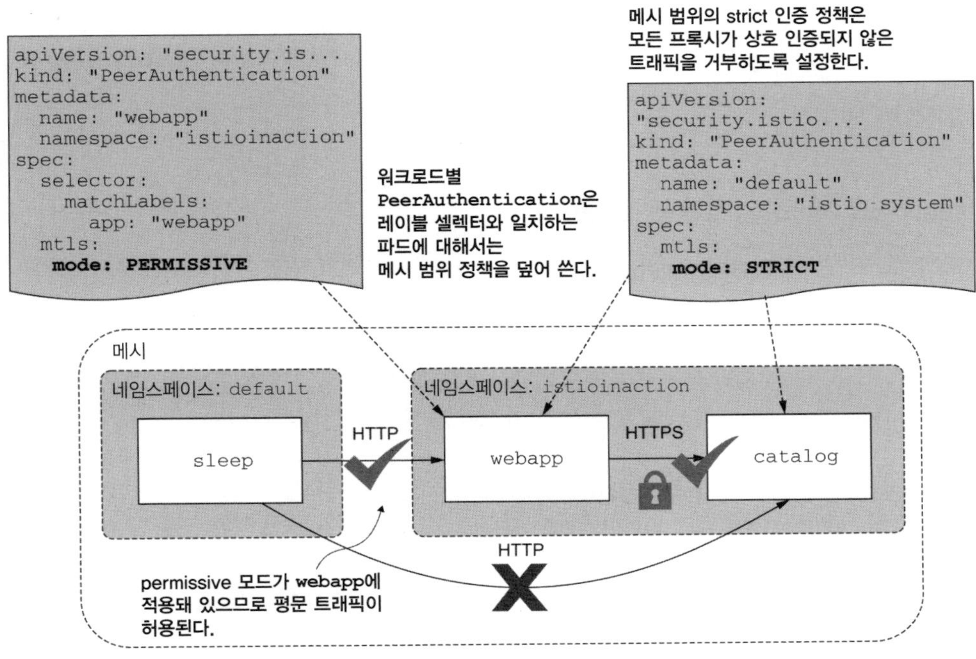

apiVersion: "security.is...
kind: "PeerAuthentication"
metadata:
name: "webapp"
namespace: "istioinaction"
spec:
selector:
matchLabels:
app: "webapp"
mtls:
mode: PERMISSIVE
워크로드별 PeerAuthentication은 레이블 셀렉터와 일치하는 파드에 대해서는 메시 범위 정책을 덮어 쓴다.
메시 범위의 strict 인증 정책은 모든 프록시가 상호 인증되지 않은 트래픽을 거부하도록 설정한다.
apiVersion:
"security.istio....
kind: "PeerAuthentication"
metadata:
name: "default"
namespace: "istio-system"
spec:
mtls:
mode: STRICT
메시
네임스페이스: default
네임스페이스: istioinaction
sleep
HTTP
webapp
HTTPS
catalog
HTTP
permissive 모드가 webapp에 적용돼 있으므로 평문 트래픽이 허용된다.

▲ **그림 9.6** webapp은 HTTP 트래픽을 받아들인다. catalog 서비스에는 상호 인증이 필요하다.

> |**노트**| 이제 우리는 이스티오의 동작을 잘 이해하고 있지만, 다시 한번 짚고 넘어가자. istiod는 PeerAuthentication 리소스 생성을 수신하고, 이 리소스를 엔보이용 설정으로 변환하며, LDS(Listener Discovery Service)를 사용해 서비스 프록시에 적용한다. 구성된 정책들은 들어오는 요청마다 평가된다.

두 가지 추가적인 상호 인증 모드

대부분의 경우 `STRICT`나 `PERMISSIVE` 모드를 사용할 것이다. 그러나 두 가지 모드가 더 있다.

- **`UNSET`**: 부모의 `PeerAuthentication` 정책을 상속한다.
- **`DISABLE`**: 트래픽을 터널링하지 않는다. 서비스로 직접 보낸다.

`PeerAuthentication` 리소스를 이렇게 사용할 수 있다. 상호 인증 트래픽, 평문 트래픽 등

워크로드로 터널링할 트래픽 유형을 지정하거나, 요청을 프록시로 보내지 않고 애플리케이션으로 바로 포워딩할 수 있다. 다음 절에서는 상호 TLS를 사용할 때 트래픽이 암호화되는지 확인해보자.

tcpdump로 서비스 간 트래픽 스니핑하기

이스티오 프록시에는 tcpdump가 설치돼 있다. 이 도구는 네트워크 인터페이스를 통과하는 네트워크 트래픽을 포착하고 분석한다. tcpdump는 보안 때문에 권한privileged permission이 필요한데, 기본적으로 이 권한은 꺼져 있다. 이 권한을 켜려면 istioctl로 속성 values.global.proxy.privileged를 true로 설정해 이스티오 설치를 업데이트하자.

```
$ istioctl install -y --set profile=demo \
    --set values.global.proxy.privileged=true
```

권한 있는 사이드카 프록시를 주입하도록 업데이트한 후에는 webapp 워크로드를 다시 만들어야 한다. 삭제된 것을 새 파드가 대체할 때 자동 주입으로 변경 사항이 반영되기 때문이다.

```
$ kubectl delete po -l app=webapp -n istioinaction
```

|팁| 격상시킨 서비스 프록시의 권한은 악의적 공격의 매개체가 될 수 있다. 운영 환경 클러스터에서 이스티오를 설치할 때는 프록시의 권한을 격상시키지 말자. 서비스 하나를 빠르게 디버깅하고 싶을 때는 kubectl edit로 디플로이먼트의 필드를 수작업으로 바꿀 수 있다.

새 webapp 파드가 준비되는 즉시 다음 tcpdump 명령어를 사용해 파드 트래픽을 스니핑sniffing할 수 있다.

```
$ kubectl -n istioinaction exec deploy/webapp -c istio-proxy \
    -- sudo tcpdump -l --immediate-mode -vv -s 0 \
    '(((ip[2:2] - ((ip[0]&0xf)<<2)) - ((tcp[12]&0xf0)>>2)) != 0)'
```

두 번째 터미널을 열어 sleep 워크로드에서 webapp으로 요청을 보내자.

```
$ kubectl -n default exec deploy/sleep -c sleep -- \
    curl -s webapp.istioinaction/api/catalog
```

이제 트래픽을 스니핑하고 있는 첫 번째 터미널을 확인하면 그림 9.7의 예제 출력과 같이 정보가 평문임을 알 수 있다.

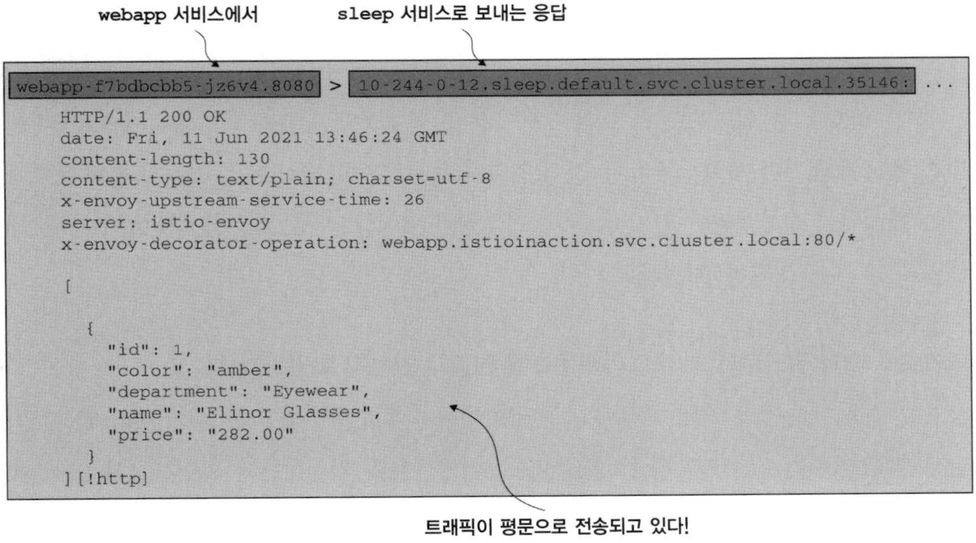

```
webapp-f7bdbcbb5-jz6v4.8080 > 10-244-0-12.sleep.default.svc.cluster.local.35146: ...
    HTTP/1.1 200 OK
    date: Fri, 11 Jun 2021 13:46:24 GMT
    content-length: 130
    content-type: text/plain; charset=utf-8
    x-envoy-upstream-service-time: 26
    server: istio-envoy
    x-envoy-decorator-operation: webapp.istioinaction.svc.cluster.local:80/*

    [

      {
        "id": 1,
        "color": "amber",
        "department": "Eyewear",
        "name": "Elinor Glasses",
        "price": "282.00"
      }
    ][!http]
```

webapp 서비스에서 / sleep 서비스로 보내는 응답 / 트래픽이 평문으로 전송되고 있다!

▲ **그림 9.7** 터미널 1의 출력. 스니핑된 트래픽은 평문이다.

악의적인 사용자는 중간 네트워크 장치 어디서든 가로챔으로써 쉽게 평문 트래픽을 악용해 최종 사용자 데이터에 도달할 수 있다. 워크로드 간의 트래픽은 항상 암호화되도록 해야 한다. 트래픽이 상호 인증되고 암호화되는, webapp에서 catalog 워크로드로 가는 트래픽처럼 말이다. 그림 9.8가 이 트래픽을 보여준다.

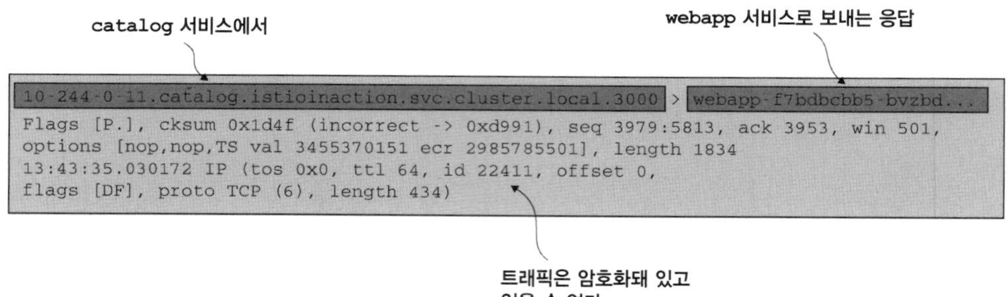
catalog 서비스에서
webapp 서비스로 보내는 응답
10-244-0-11.catalog.istioinaction.svc.cluster.local.3000 > webapp-f7bdbcbb5-bvzbd...
Flags [P.], cksum 0x1d4f (incorrect -> 0xd991), seq 3979:5813, ack 3953, win 501,
options [nop,nop,TS val 3455370151 ecr 2985785501], length 1834
13:43:35.030172 IP (tos 0x0, ttl 64, id 22411, offset 0,
flags [DF], proto TCP (6), length 434)
트래픽은 암호화돼 있고
읽을 수 없다.

▲ **그림 9.8** 상호 인증 트래픽은 암호화돼 스니핑할 수 없다.

이는 상호 인증 워크로드 간 트래픽이 전송 중 암호화돼 있음을 확인해주며, 나아가 서비스 메시에 레거시 서비스를 두는 것이 얼마나 위험한지를 보여준다. 레거시 서비스를 오가는 데이터는 평문 트래픽이므로, 여러 네트워크 장치를 거쳐 전송되는 동안 (의심하지 않은 관찰자가) 스니핑할 수 있기 때문이다.

워크로드 ID가 워크로드 서비스 어카운트에 연결돼 있는지 확인하기

상호 인증을 다룬 절을 끝내기 전에 발급된 인증서가 유효한 SVID 문서인지, SPIFFE ID가 인코딩돼 있는지, 그 ID가 워크로드 서비스 어카운트와 일치하는지 확인해보자. `openssl` 명령어를 사용해 `catalog` 워크로드의 X.509 인증서 내용물을 확인한다.

```
$ kubectl -n istioinaction exec deploy/webapp -c istio-proxy \
    -- openssl s_client -showcerts \
    -connect catalog.istioinaction.svc.cluster.local:80 \
    -CAfile /var/run/secrets/istio/root-cert.pem | \
    openssl x509 -in /dev/stdin -text -noout
```

이 복잡한 명령어로 `catalog` 서비스의 인증서를 쿼리해 사람이 읽을 수 있는 형식으로 출력한다. 인증서에는 워크로드의 서비스 어카운트로 설정된 SPIFFE ID가 들어 있다.

```
# 간결함을 위해 단축
X509v3 Subject Alternative Name: critical
    URI:spiffe://cluster.local/ns/istioinaction/sa/catalog
```

openssl verify로 인증 기관CA 루트 인증서에 대해 서명을 확인함으로써 X.509 SVID의 내용물이 유효한지 살펴보자. 루트 인증서는 istio-proxy 컨테이너에서 /var/run/secrets/istio/root-cert.pem 경로에 마운트돼 있다. 다음 명령어를 사용해 실행 중인 파드에 셸을 열자.

```
$ kubectl -n istioinaction exec -it \
    deploy/webapp -c istio-proxy -- /bin/bash
```

이제 인증서를 검증하자.

```
$ openssl verify -CAfile /var/run/secrets/istio/root-cert.pem \
    <(openssl s_client -connect \
    catalog.istioinaction.svc.cluster.local:80 -showcerts 2>/dev/null)

/dev/fd/63: OK
```

검증이 성공하면 명령어 출력에 OK 메시지가 표시된다. 이는 이스티오 CA가 인증서에 서명했으며, 내부 데이터가 믿을 수 있는 것임을 알려준다.

> **|노트|** 원격 셸에서 나가려면 exit를 입력하자.

이제 참가자 간peer-to-peer 인증을 용이하게 하는 모든 구성 요소를 검증했으므로, 발급된 ID는 검증할 수 있는 것이고 트래픽은 안전하다는 것을 확신할 수 있다. 검증할 수 있는 ID가 접근 제어의 선행 조건이다. 다시 말해, 워크로드의 ID를 알고 있으므로 수행할 수 있는 작업을 정의할 수 있다. 다음 절에서는 인가 정책을 살펴본다.

9.3 서비스 간 트래픽 인가하기

인가란 인증된 주체가 리소스 접근, 편집, 삭제 같은 작업을 수행하도록 허용됐는지 정의하는 절차다. 정책은 인증된 주체('누가')와 인가('무엇')를 결합해 형성되며, 누가 무슨 일을 할 수 있는지 정의한다.

이스티오에는 AuthorizationPolicy 리소스가 있는데, 이 리소스는 서비스 메시에 메시 범위, 네임스페이스 범위, 워크로드별 접근 정책을 정의하는 선언적 API이다. 그림 9.9는 특정 ID가 뚫렸을 때 접근 정책이 어떻게 접근 범위나 폭발 반경을 제한하는지 보여준다.

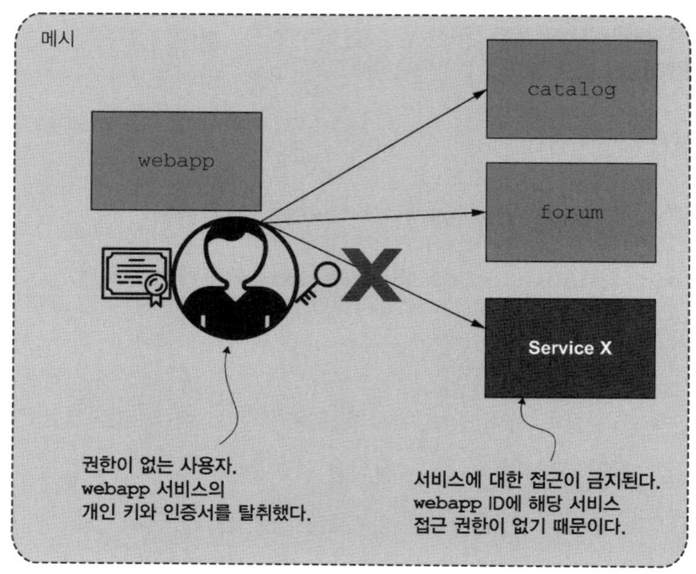

▲ **그림 9.9** 인가는 공격 범위를 단지 도난당한 ID가 접근할 수 있는 것으로 축소한다.

인가 정책을 살펴보기 전에 이스티오에서 인가를 어떻게 구현하는지 먼저 이해하면 좋다. 다음 절에서 기초를 빠르게 살펴보자.

9.3.1 이스티오에서 인가 이해하기

각 서비스와 함께 배포되는 서비스 프록시가 인가 또는 집행[enforcement] 엔진이다. 서비스 프록시가 요청을 거절하거나 허용할지 여부를 판단하기 위한 정책을 모두 포함하고 있기 때문이다. 그러므로 이스티오의 접근 제어는 대단히 효율적이다. 모든 결정이 프록시에서 직접 내려지기 때문이다. 프록시는 AuthorizationPolicy 리소스로 설정하는데, 이 리소스가 정책을 정의한다. 예시 AuthorizationPolicy 정의는 다음과 같다.

```
apiVersion: "security.istio.io/v1beta1"
kind: "AuthorizationPolicy"
metadata:
  name: "allow-catalog-requests-in-web-app"
  namespace: istioinaction
spec:
  selector:
    matchLabels:
      app: webapp
  action: ALLOW
  rules:
  - to:
    - operation:
        paths: ["/api/catalog*"]
```

istiod가 새 AuthorizationPolicy가 클러스터에 적용됐음을 확인하면, 다른 이스티오 리소스들처럼 해당 리소스로 데이터 플레인 프록시를 처리하고 업데이트한다. 설정의 각 부분을 아직 이해하지 못한다고 걱정하지 말자. 다음 절에서 자세히 살펴볼 것이다.

인가 정책의 속성

AuthorizationPolicy 리소스 사양에서 정책을 설정하고 정의하는 필드는 세 가지다.

- selector 필드는 정책을 적용할 워크로드 부분집합을 정의한다.
- action 필드는 이 정책이 허용(ALLOW)인지, 거부(DENY)인지, 커스텀(CUSTOM)인지 지정한다. action은 규칙 중 하나가 요청과 일치하는 경우에만 적용된다.
- rules 필드는 정책을 활성화할 요청을 식별하는 규칙 목록을 정의한다.

rules 속성은 좀 더 복잡해서 더 깊이 살펴봐야 한다.

인가 정책 규칙 이해하기

인가 정책 규칙은 커넥션의 출처source를 지정하며, 일치해야 규칙을 활성화하는 작업operation 조건을 (원한다면) 지정할 수도 있다. 인가 정책은 규칙 중 하나의 출처와 작업 조건을 모두 만족시키는 경우에만 집행된다. 이 경우에만 정책이 활성화되고, 커넥션은 action

속성에 따라 허용되거나 거부된다.

단일 규칙의 필드는 다음과 같다.

- from 필드는 요청의 출처를 다음 유형 중 하나로 지정한다.
  - **principals**: 출처 ID(상호 TLS 예제에서 볼 수 있는 SPIFFE ID) 목록. 요청이 주체 principal 집합에서 온 것이 아니면 부정 속성인 notPrincipals가 적용된다. 이 기능이 작동하려면 서비스가 상호 인증해야 한다.
  - **namespaces**: 출처 네임스페이스와 비교할 네임스페이스 목록. 출처 네임스페이스는 참가자의 SVID에서 가져온다. 이런 이유로, 작동하려면 상호 TLS가 활성화돼야 한다.
  - **ipBlocks**: 출처 IP 주소와 비교할 단일 IP 주소나 CIDR 범위 목록
- to 필드는 요청의 작업을 지정하며, 호스트나 요청의 메서드 등이 있다.
- when 필드는 규칙이 부합한 후 충족해야 하는 조건 목록을 지정한다.

> **|노트|** 이스티오는 AuthorizationPolicy의 모든 속성을 문서화했다(https://istio.io/latest/docs/reference/config/security/authorization-policy).

이 속성들이 약간 복잡하게 들리더라도 걱정하지 말자. 다음 몇 가지 예제에서 명확히 설명할 것이다.

9.3.2 작업 공간 설정하기

이전 절과 동일한 상태로 계속 진행할 것이다. 그러나 무언가를 변경해둔 상태여서 깔끔하게 새로 시작하고 싶은 경우, 다음 명령어를 실행하면 기대 상태를 복원할 수 있다.

```
$ kubectl config set-context $(kubectl config current-context) \
 --namespace=istioinaction                                          ❶
$ kubectl delete virtualservice,deployment,service,\                ❶
destinationrule,gateway --all                                        ❶
```

```
$ kubectl apply -f services/catalog/kubernetes/catalog.yaml            ❷
$ kubectl apply -f services/webapp/kubernetes/webapp.yaml              ❷
$ kubectl apply -f services/webapp/istio/webapp-catalog-gw-vs.yaml     ❷
$ kubectl apply -f ch9/sleep.yaml -n default                           ❷

$ kubectl apply -f ch9/meshwide-strict-peer-authn.yaml                 ❸
$ kubectl apply -f ch9/workload-permissive-peer-authn.yaml             ❸
```

❶ 환경 초기화
❷ 앱 설치
❸ PeerAuthentication 리소스 적용

실행 중인 환경의 상황을 요약해보자(그림 9.7 참조).

- sleep 워크로드는 default 네임스페이스에 배포했고, 평문 HTTP 요청을 만드는 데 사용한다.
- webapp 워크로드는 istioinaction 네임스페이스에 배포했고, default 네임스페이스에 있는 워크로드에서 미인증 요청을 받아들이고 있다.
- catalog 워크로드는 istioinaction 네임스페이스에 배포했고, 같은 네임스페이스의 인증된 워크로드로부터만 요청을 받아들이고 있다.

9.3.3 워크로드에 정책 적용 시 동작 변경

세부 사항으로 들어가기 전에 미리 알아둬야 할 것이 있다. 문제가 발생하기 쉽기 때문이다(그리고 디버깅에 시간이 많이 낭비된다!). 워크로드에 하나 이상의 ALLOW 인가 정책이 적용되면, 모든 트래픽에서 해당 워크로드로의 접근은 기본적으로 거부된다. 트래픽을 받아들이려면, ALLOW 정책이 최소 하나는 부합해야 한다.

예를 들어 설명해보자. 다음 AuthorizationPolicy 리소스는 webapp으로의 요청 중 HTTP 경로에 /api/catalog*가 포함된 것을 허용한다.

```
apiVersion: "security.istio.io/v1beta1"
kind: "AuthorizationPolicy"
metadata:
```

```
  name: "allow-catalog-requests-in-web-app"
  namespace: istioinaction
spec:
  selector:
    matchLabels:
      app: webapp                        ❶
  rules:
  - to:
    - operation:
        paths: ["/api/catalog*"]         ❷
  action: ALLOW                          ❸
```

❶ 워크로드용 셀렉터
❷ 요청을 경로 /api/catalog와 비교한다.
❸ 일치하면 허용한다.

단순하기 때문에, 이 AuthorizationPolicy를 클러스터에 적용하는 대신 다음 두 요청의 결과를 사고실험해보자.

```
$ kubectl -n default exec deploy/sleep -c sleep -- \
    curl -sSL webapp.istioinaction/api/catalog             ❶

$ kubectl -n default exec deploy/sleep -c sleep -- \
    curl -sSL webapp.istioinaction/hello/world             ❷
```

❶ 이 요청은 허용된다. AuthorizationPolicy와 경로가 일치하고 action이 요청을 허용하기 때문이다.
❷ 이 요청은 거부된다. 이 요청을 명시적으로 허용하는 AuthorizationPolicy가 없기 때문이다.

첫 번째 시나리오는 명료하고 간단하다. 경로가 일치하기 때문에 정책은 요청을 허용한다. 그러나 두 번째 시나리오는 놀라울 수도 있다. 정책이 요청을 허용하거나 거부하지 않았는데 왜 요청이 거부되는가? 이것이 바로 ALLOW 정책을 워크로드에 적용했을 때만 적용되는 기본 거부[deny-by-default] 동작이다. 다시 말해 워크로드에 ALLOW 정책이 있을 경우, 트래픽이 허용되려면 정책 하나는 반드시 부합해야 한다.

사고 과정을 단순화해 서비스마다 호출이 허용되는지, ALLOW 정책이 적용되는지를 스스로에게 되묻지 않으려면, 들어오는 트래픽에 다른 정책이 적용되지 않을 때 활성화되는 전체[catch-all] 거부 정책을 추가하는 것을 권장한다. 그럼 허용하려는 트래픽에 대해서만 생각하고, 그 트래픽용 정책만 만들면 된다.

그림 9.10은 전체 거부 정책이 우리의 사고 과정을 어떻게 '명시적으로 지정되지 않으면 요청을 거부한다'로 바꾸는지 보여준다. 그럼 트래픽을 허용하기만 하면 된다.

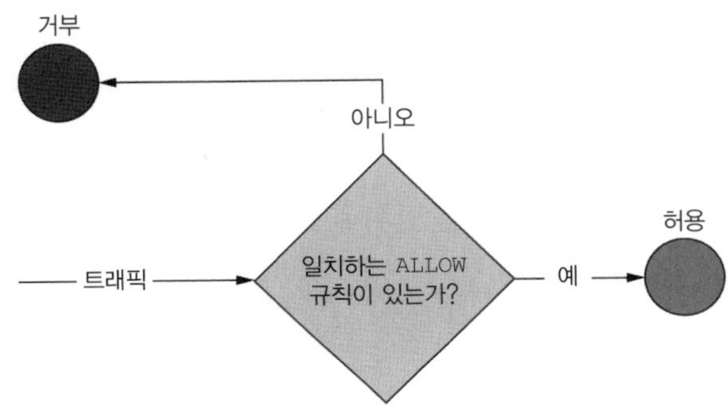

▲ **그림 9.10** 기본적으로 트래픽을 거부하면 허용하고 싶은 것만 생각하면 된다.

9.3.4 전체 정책으로 기본적으로 모든 요청 거부하기

보안성을 증가시키고 사고 과정을 단순화하기 위해, ALLOW 정책을 명시적으로 지정하지 않은 모든 요청을 거부하는 메시 범위 정책을 정의해보자. 즉, 기본 거부[catch-all deny-all] 정책을 정의한다.

```
apiVersion: security.istio.io/v1beta1
kind: AuthorizationPolicy
metadata:
  name: deny-all
  namespace: istio-system    ❶
spec: {}                     ❷
```

❶ 이스티오를 설치한 네임스페이스의 정책은 메시의 모든 워크로드에 적용된다.
❷ spec이 비어 있는 정책은 모든 요청을 거부한다.

이 전체 거부 정책을 클러스터에 적용하자.

```
$ kubectl apply -f ch9/policy-deny-all-mesh.yaml
```

프록시가 새 설정을 받을 때까지 잠깐 기다렸다가 sleep 서비스에서 요청을 보내자. 요청을 허용하는 정책이 없으므로 일반 거부 정책이 거부한다.

```
$ kubectl -n default exec deploy/sleep -c sleep -- \
    curl -sSL webapp.istioinaction/api/catalog

RBAC: access denied
```

출력은 전체 거부 인가 정책이 효과를 발휘해 요청을 거부했음을 보여준다.

일반 인가 정책

어떤 규칙도 없다는 것이 어떤 요청도 허용하지 않는다는 의미인 것처럼, 그 역으로 빈 규칙은 모든 요청을 허용한다는 의미다. 예를 들어 다음은 모든 요청을 기본적으로 허용한다.

```
apiVersion: security.istio.io/v1beta1
kind: AuthorizationPolicy
metadata:
  name: allow-all
  namespace: istio-system
spec:
  rules:
  - {}
```

9.3.5 특정 네임스페이스에서 온 요청 허용하기

종종 특정 네임스페이스에서 시작한, 모든 서비스에 대한 트래픽을 허용하고 싶을 것이다. 이는 source.namespace 속성으로 할 수 있다. 다음 예제는 한 네임스페이스에서 온 HTTP GET 트래픽을 허용한다.

```
apiVersion: "security.istio.io/v1beta1"
kind: "AuthorizationPolicy"
metadata:
```

```
  name: "webapp-allow-view-default-ns"
  namespace: istioinaction          ❶
spec:
  rules:
  - from:                           ❷
    - source:
        namespaces: ["default"]
    to:                             ❸
    - operation:
        methods: ["GET"]
```

❶ istioinaction의 워크로드
❷ default 네임스페이스에서 시작한
❸ HTTP GET 요청에만 적용

여기서는 default 네임스페이스의 워크로드에서 시작한 HTTP GET 트래픽을 허용하도록 istioinaction 네임스페이스의 워크로드를 설정하고 있다. 그러니까 이 리소스를 적용하면, sleep 서비스의 트래픽을 webapp이 처리할 것이다. 그런가?

그렇지 않다. 우리의 경우에는 작동하지 않는다! sleep 서비스는 레거시 워크로드다. 사이드카가 없으므로, ID도 없다. 그러므로 webapp 프록시는 요청이 default 네임스페이스의 워크로드에서 온 것인지 확인할 수 없다.

이를 해결하려면 다음 중 하나를 할 수 있다.

- sleep 서비스에 서비스 프록시 주입하기
- webapp에서 미인증 요청 허용하기

권장하는 방식은 sleep 서비스에 서비스 프록시를 주입하는 것이다. 그렇게 하면 ID를 부트스트랩하고 다른 워크로드와의 상호 인증을 수행해서 다른 워크로드가 요청의 출처와 네임스페이스를 확인할 수 있게 한다. 그러나 시연을 위해, 첫 번째 접근법이 불가능해(예를 들면, 팀 전체가 휴가 중이라서) 어쩔 수 없이 두 번째 접근법(덜 안전한)을 취해야 한다고 해보자. 미인증 요청을 허용하는 것이다.

9.3.6 미인증 레거시 워크로드에서 온 요청 허용하기

미인증 워크로드에서 온 요청을 허용하려면 from 필드를 삭제해야 한다.

```
apiVersion: "security.istio.io/v1beta1"
kind: "AuthorizationPolicy"
metadata:
  name: "webapp-allow-unauthenticated-view"
  namespace: istioinaction
spec:
  selector:
    matchLabels:
      app: webapp
  rules:
  - to:
    - operation:
        methods: ["GET"]
```

이 정책을 webapp에만 적용하기 위해 app:webapp 셀렉터를 추가한다. 이렇게 하면 catalog 서비스에는 여전히 상호 인증이 필요하다.

다음 명령을 실행해 클러스터에 정책을 적용한다.

```
$ kubectl apply -f ch9/allow-unauthenticated-view-default-ns.yaml
```

sleep 서비스에서 webapp으로 요청을 재시도하면 다음과 같은 오류 응답이 온다.

```
$ kubectl -n default exec deploy/sleep -c sleep -- \
    curl -sSL webapp.istioinaction/api/catalog

error calling Catalog service
```

이는 이스티오 오류가 아니라 애플리케이션 오류다. webapp은 sleep 서비스에서 요청을 받았지만, 메시 범위 전체 거부 정책이 catalog 서비스로의 후속 요청을 거부했다. 이 전체 거부 정책을 왜 추가했는지 기억하는가? 우리는 트래픽을 허용하는 것만 생각하고 싶다. catalog 서비스로의 요청에 ALLOW 정책을 추가하지 않았기 때문에 요청이 거부됐다. 다음 절에서 이를 고쳐보자.

9.3.7 특정 서비스 어카운트에서 온 요청 허용하기

트래픽이 webapp 서비스에서 왔는지 인증할 수 있는 간단한 방법은 트래픽에 주입된 서비스 어카운트를 사용하는 것이다. 서비스 어카운트 정보는 SVID에 인코딩돼 있으며, 상호 인증 중에 그 정보를 검증하고 필터 메타데이터에 저장한다. 다음 정책은 catalog 서비스가 필터 메타데이터를 사용해 서비스 어카운트가 webapp인 워크로드에서 온 트래픽만 허용하도록 설정한다.

```
apiVersion: "security.istio.io/v1beta1"
kind: "AuthorizationPolicy"
metadata:
  name: "catalog-viewer"
  namespace: istioinaction
spec:
  selector:
    matchLabels:
      app: catalog
  rules:
  - from:
    - source:
        principals: ["cluster.local/ns/istioinaction/sa/webapp"]    ❶
    to:
    - operation:
        methods: ["GET"]
```

❶ ID가 webapp인 요청을 허용한다.

다음 명령어를 실행해 정책을 클러스터에 적용하자.

```
$ kubectl apply -f ch9/catalog-viewer-policy.yaml
```

이제 한 번 더 시도하면, 요청이 성공적으로 catalog 워크로드에 도달한다.

```
$  kubectl -n default exec deploy/sleep -c sleep -- \
     curl -sSL webapp.istioinaction/api/catalog

[
```

```
  {
    "id": 0,
    "color": "teal",
    "department": "Clothing",
    "name": "Small Metal Shoes",
    "price": "232.00"
  }
  <생략>
]
```

그러나 워크로드의 ID가 도난당한 경우 피해를 가능한 한 최소한의 범위로 제한하도록 엄격한 인가 정책을 갖고 있다는 점이 더 중요하다.

9.3.8 정책의 조건부 적용

가끔 어떤 정책은 특정 조건이 충족되는 경우에만 적용되기도 한다. 사용자가 관리자일 때는 모든 작업을 허용하는 식이다. 이는 다음 예제처럼 인가 정책의 `when` 속성을 사용해 구현할 수 있다.

```
apiVersion: "security.istio.io/v1beta1"
kind: "AuthorizationPolicy"
metadata:
  name: "allow-mesh-all-ops-admin"
  namespace: istio-system
spec:
  rules:
    - from:
      - source:
          requestPrincipals: ["auth@istioinaction.io/*"]
      when:
      - key: request.auth.claims[group]       ❶
        values: ["admin"]                     ❷
```

❶ 이스티오 속성을 지정한다.

❷ 반드시 일치해야 하는 값의 목록을 지정한다.

이 정책은 다음 두 조건이 모두 충족될 때만 요청을 허용한다. 첫째, 토큰은 요청 주체 auth@istioinaction.io/*가 발급한 것이어야 한다. 둘째, JWT에 값이 'admin'인 group 클레임claim이 포함돼 있어야 한다.

또는 notValues 속성을 사용해 이 정책을 적용하지 않아야 하는 값들을 정의할 수도 있다. 조건에서 사용할 수 있는 이스티오 속성 전체 목록은 이스티오 문서에서 찾을 수 있다 (https://istio.io/latest/docs/reference/config/security/conditions).

> **principals와 requestPrincipals의 차이점**
>
> source를 정의하는 문서를 보면(http://mng.bz/NxYD), from 절에서 요청의 주체를 인식하는 방법에는 principals와 requestPrincipals가 있다는 것을 알 수 있다. 이 둘은 principals가 PeerAuthentication으로 설정한 상호 TLS 커넥션의 참가자인 것과 달리 requestPrincipals는 최종 사용자 RequestAuthentication용이며 JWT에서 온다는 점에서 차이가 있다. RequestAuthentication은 후속 절에서 다룬다.

9.3.9 값 비교 표현식 이해하기

앞선 예제에서 값이 항상 정확히 일치할 필요는 없다는 것을 확인했다. 이스티오는 규칙을 더 다양하게 만들 수 있도록 간단한 비교 표현식을 지원한다.

- 일치. 예를 들어 GET은 값이 정확히 일치해야 한다.
- 접두사 비교. 예를 들어 /api/catalog*는 /api/catalog/1과 같이 이 접두사로 시작하는 모든 값에 부합한다.
- 접미사 비교. 예를 들어 *.istioinaction.io는 login.istioinaction.io와 같이 모든 서브도메인에 부합한다.
- 존재성 비교. 모든 값에 부합하며 *로 표기한다. 이는 필드가 존재해야 하지만, 값은 중요하지 않아 어떤 값이든 괜찮음을 의미한다.

정책 규칙이 어떻게 평가되는지 이해하기

정책 규칙을 이해하기 위해 좀 더 복잡한 규칙이 어떤 요청에 적용되는지 구체적으로 분석해보자.

```
apiVersion: "security.istio.io/v1beta1"
kind: "AuthorizationPolicy"
metadata:
  name: "allow-mesh-all-ops-admin"
  namespace: istio-system
spec:
  rules:
    - from:                                              ❶
      - source:
          principals: ["cluster.local/ns/istioinaction/sa/webapp"]
      - source:
          namespaces: ["default"]
      to:
      - operation:
          methods: ["GET"]
          paths: ["/users*"]
      - operation:
          methods: ["POST"]
          paths: ["/data"]
      when:
      - key: request.auth.claims[group]
        values: ["beta-tester", "admin", "developer"]
    - to:                                                ❷
      - operation:
          paths: ["*.html", "*.js", "*.png"]
```

❶ 첫 번째 규칙
❷ 두 번째 규칙

이 인가 정책이 요청에 적용되려면, 첫 번째 규칙이나 두 번째 규칙에 해당해야 한다. 첫 번째 규칙에 해당하는 경우를 좀 더 자세히 살펴보자.

```
    - from:                              ❶
      - source:
          principals: ["cluster.local/ns/istioinaction/sa/webapp"]
      - source:
```

```
      namespaces: ["default"]
  to:                        ❷
  - operation:
      methods: ["GET"]
      paths: ["/users*"]
  - operation:
      methods: ["POST"]
      paths: ["/data"]
  when:                      ❸
  - key: request.auth.claims[group]
    values: ["beta-tester", "admin", "developer"]
```

❶ source들
❷ operation들
❸ 조건들

요청이 이 규칙에 해당하려면, 세 가지 속성에서 모두 부합해야 한다. source 목록에서 정의한 source 중 하나가 operation 목록에서 정의한 operation과 맞아야 하고, 모든 조건이 부합해야 한다. 다시 말해 from에서 정의한 source가 to에 정의한 operation 중 하나와 AND 연산되고, 둘 다 when에서 지정한 조건들 모두와 AND 연산된다.

operation에 어떻게 해당하는지 이해하기 위해 operation을 좀 더 자세히 살펴보자.

```
to:
  - operation:              ❶
      methods: ["GET"]      ❷
      paths: ["/users*"]    ❷
  - operation:              ❸
      methods: ["POST"]     ❹
      paths: ["/data"]      ❹
```

❶ 첫 번째 operation
❷ 첫 번째 operation에 해당하려면 일치해야 하는 두 속성
❸ 두 번째 operation
❹ 두 번째 operation에 해당하려면 일치해야 하는 두 속성

이 규칙에서 operation이 부합하려면, 첫 번째나 두 번째 operation이 부합해야 한다.

operation이 부합하려면 모든 속성이 부합해야 한다. 즉, 모든 속성이 AND로 연결된다. 한편 when 속성의 경우도 AND로 연결되기 때문에 모든 조건이 부합해야 한다.

9.3.10 인가 정책이 평가되는 순서 이해하기

한 워크로드에 많은 정책이 적용되고 순서를 이해하기 어려울 때 정책의 복잡성이 대두된다. 많은 솔루션이 priority 필드를 사용해 순서를 정의한다. 이스티오는 정책 평가에 다른 접근법을 사용한다.

1. CUSTOM 정책이 가장 먼저 평가된다. 추후 외부 인가 서버와 통합할 때 CUSTOM 정책의 사례를 보여줄 것이다.
2. 다음으로 DENY 정책이 평가된다. 일치하는 DENY 정책이 없으면...
3. ALLOW 정책이 평가된다. 일치하는 것이 있으면 허용된다. 그렇지 않으면...
4. 일반 정책의 존재 유무에 따라 두 가지 결과가 나타난다.
   a. 일반 정책이 존재하면, 일반 정책이 요청 승인 여부를 결정한다.
   b. 일반 정책이 없으면, 요청은 다음과 같다.
      - ALLOW 정책이 없으면 허용된다.
      - ALLOW 정책이 있지만 아무것도 해당되지 않으면 거부된다.

조건에 따라 동작이 바뀌므로, 일부 시각적인 사람들은 그림 9.11 같은 흐름도를 사용하면 더 이해하기 쉬울 수 있다. 흐름이 조금 복잡하지만, 일반 DENY 정책을 정의하면 훨씬 간단해진다. 요청을 거부하는 CUSTOM과 DENY 정책이 없으면, 허용할 ALLOW 정책이 있는지만 확인하면 된다.

지금까지 워크로드 사이의 요청에 대한 인증 및 인가를 다뤘다. 다음 절에서는 최종 사용자 인증 및 인가 기능을 살펴본다.

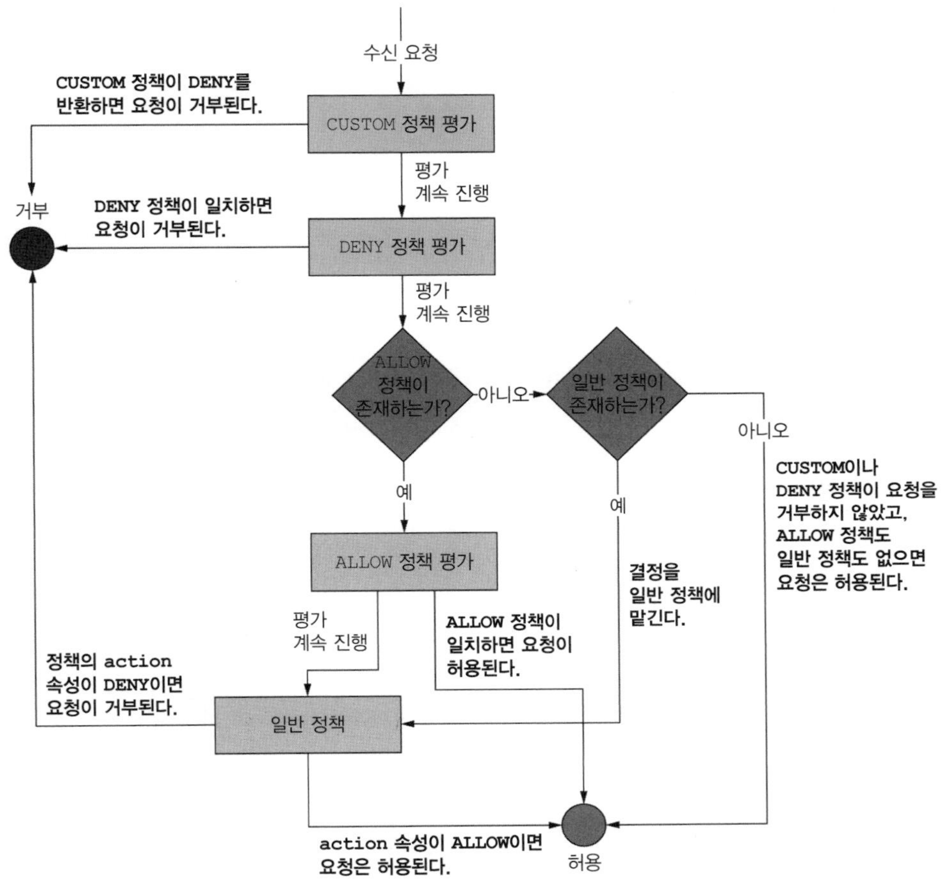

수신 요청
CUSTOM 정책이 DENY를
반환하면 요청이 거부된다.
CUSTOM 정책 평가
평가
계속 진행
거부
DENY 정책이 일치하면
요청이 거부된다.
DENY 정책 평가
평가
계속 진행
ALLOW
정책이
존재하는가?
아니오
일반 정책이
존재하는가?
아니오
CUSTOM이나
DENY 정책이 요청을
거부하지 않았고,
ALLOW 정책도
일반 정책도 없으면
요청은 허용된다.
예
예
ALLOW 정책 평가
결정을
일반 정책에
맡긴다.
평가
계속 진행
ALLOW 정책이
일치하면 요청이
허용된다.
정책의 action
속성이 DENY이면
요청이 거부된다.
일반 정책
action 속성이 ALLOW이면
요청은 허용된다.
허용

▲ **그림 9.11** 인가 정책 평가 흐름

9.4 최종 사용자 인증 및 인가

이스티오에서 JWT를 사용해 최종 사용자 인증 및 인가를 지원한다는 사실은 앞서 간단히 언급했다. 요청의 인증 및 인가가 작동하는 방식을 자세히 다루기 전에 JWT를 간단히 살펴보자. 이 주제에 대한 기본 지식을 이미 갖췄다면 다음 절로 건너뛰어도 된다.

9.4.1 JSON 웹 토큰이란 무엇인가?

JWT는 클라이언트를 서버에 인증하는 데 사용하는 간단한 클레임 표현이다. JWT는 다음 세 가지 부분으로 이뤄져 있다.

- **헤더**: 유형 및 해싱 알고리듬으로 구성
- **페이로드**: 사용자 클레임 포함
- **서명**: JWT의 진위 여부를 파악하는 데 사용

이 세 부분, 즉 헤더, 페이로드, 서명이 점(.)으로 구분되고 Base64 URL로 인코딩되기 때문에 JWT는 HTTP 요청에서 사용하기에 매우 적합하다.

ch9/enduser/user.jwt에 있는 토큰의 내용물을 확인해보고, jwt-cli(https://github.com/mike-engel/jwt-cli)로 페이로드를 디코딩해보자.

```
$ cat ./ch9/enduser/user.jwt | jwt decode -

Token header
------------
{
  "typ": "JWT",
  "alg": "RS256",
  "kid": "CU-ADJJEbH9bXl0tpsQWYuo4EwlkxFUHbeJ4ckkakCM"
}

Token claims
------------
{
  "exp": 4743986578,                                   ❶
  "group": "user",                                     ❷
  "iat": 1590386578,                                   ❸
  "iss": "testing@secure.istio.io",                    ❹
  "sub": "9b792b56-7dfa-4e4b-a83f-e20679115d79"        ❺
}
```

❶ 만료 시간

❷ "group" 클레임

❸ 발행 시각
❹ 토큰 발행자
❺ 토큰의 주체

이 데이터는 주체subject에 대한 클레임을 표현한다. 클레임 덕분에 서비스는 클라이언트의 ID 및 인가를 판단할 수 있다. 예를 들어 이 토큰이 사용자 그룹에 있는 주체에 속한다고 해보자. 서비스는 이 정보를 사용해 이 주체의 접근 수준을 결정할 수 있다. 클레임을 신뢰하려면 토큰이 검증될 수 있어야 한다.

JWT는 어떻게 발행되고 검증되는가?

JWT(JSON 웹 토큰)는 인증 서버에서 발급되는데, 인증 서버는 토큰을 서명하는 비밀 키와 검증하기 위한 공개 키를 갖고 있다. 공개 키는 JWKSJSON Web Key Set, JSON 웹 키 셋라고 하며, well-known HTTP 엔드포인트에 노출된다. 서비스는 이 엔드포인트에서 공개 키를 가져와 인증 서버가 발급한 토큰을 검증할 수 있다.

인증 서버는 여러 솔루션으로 준비할 수 있다.

1. 애플리케이션 백엔드 프레임워크에서 구현할 수 있다.
2. OpenIAM(openiam.com) 혹은 Keycloak(keycloak.org) 등의 서비스로, 자체적으로 구현할 수 있다.
3. Auth0(auth0.com), Okta(okta.com) 등의 서비스형 IDIdentity-as-a-Service 솔루션으로 구현할 수 있다.

그림 9.12는 서버가 토큰을 검증하는 데 JWKS를 어떻게 사용하는지 시각화한다. JWKS는 서명을 복호화하는 데 사용하는 공개 키를 포함한다. 서명을 복호화하고 토큰 데이터의 해시값과 비교하는데, 일치하면 토큰 클레임을 신뢰할 수 있다.

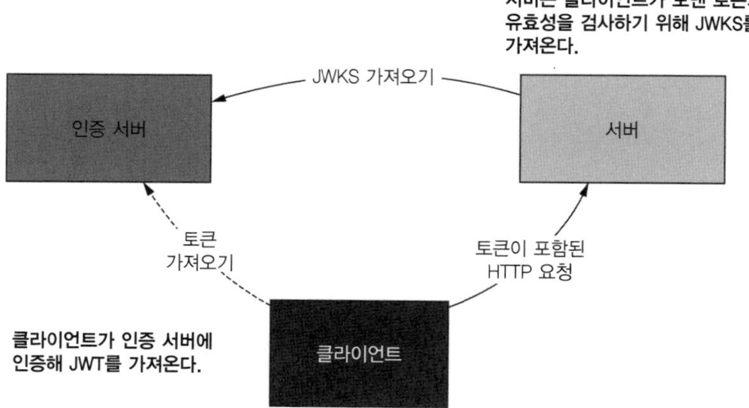
서버는 클라이언트가 보낸 토큰의
유효성을 검사하기 위해 JWKS를
가져온다.
JWKS 가져오기
인증 서버
서버
토큰
가져오기
토큰이 포함된
HTTP 요청
클라이언트가 인증 서버에
인증해 JWT를 가져온다.
클라이언트

▲ **그림 9.12** 서버는 클라이언트가 제시한 토큰을 검증하기 위해 JWKS를 가져온다.

9.4.2 인그레스 게이트웨이에서의 최종 사용자 인증 및 인가

이스티오 워크로드가 JWT로 최종 사용자 요청을 인증하고 인가하도록 설정할 수 있다. 최종 사용자란 ID 제공자에게 인증받고 ID와 클레임을 나타내는 토큰을 발급받은 사용자를 말한다.

최종 사용자 인가는 모든 워크로드 수준에서 수행할 수 있지만, 보통은 이스티오 인그레스 게이트웨이에서 수행한다. 이렇게 하면 유효하지 않은 요청을 조기에 거부하므로 성능이 좋아진다. 또한 요청에서 JWT를 제거하는데, 후속 서비스가 사고로 유출하거나 악의적인 사용자가 재전송 공격replay attack에 사용하는 것을 방지하기 위해서다.

워크스페이스 준비하기

지금까지 생성된 리소스를 모두 제거하고 깔끔한 환경에서 시작하자.

```
$ kubectl config set-context $(kubectl config current-context) \
 --namespace=istioinaction
$ kubectl delete virtualservice,deployment,service,\
destinationrule,gateway,peerauthentication,authorizationpolicy --all
$ kubectl delete peerauthentication,authorizationpolicy \
-n istio-system --all
```

이제 샘플 워크로드를 준비하자.

```
$ kubectl apply -f services/catalog/kubernetes/catalog.yaml
$ kubectl apply -f services/webapp/kubernetes/webapp.yaml
```

인증 및 인가를 설정하기 전에 4장에서 설명한 것처럼 Gateway 리소스를 사용해 이스티오의 인그레스 게이트웨이로 트래픽을 허용해야 한다. 또한 트래픽을 webapp 서비스로 라우팅하려면 VirtualService 리소스가 필요하다. 이런 리소스는 다음 명령어를 실행해 적용할 수 있다.

```
$ kubectl apply -f ch9/enduser/ingress-gw-for-webapp.yaml

gateway.networking.istio.io/webapp-gateway created
virtualservice.networking.istio.io/webapp-virtualservice created
```

이제 워크스페이스는 RequestAuthentication 리소스를 탐색할 준비가 됐다.

9.4.3 RequestAuthentication으로 JWT 검증하기

RequestAuthentication 리소스의 주목적은 JWT를 검증하고, 유효한 토큰의 클레임을 추출하고, 이 클레임을 필터 메타데이터에 저장하는 것이다. 이 필터 메타데이터는 인가 정책이 조치를 취하는 근거로 사용한다. 필터 메타데이터란 서비스 프록시에서 필터 간 요청을 처리하는 동안 사용할 수 있는 키-값 쌍의 모음을 말한다. 이스티오 사용자로서 이것은 대부분 구현 세부 사항에 해당한다. 예를 들어 클레임 group: admin이 있는 요청이 검증되면 이 값은 필터 메타데이터로 저장되며, 필터 메타데이터는 인가 정책이 요청을 허용하거나 거부하는 데 사용한다.

최종 사용자 요청에 따라 결과는 셋 중 하나가 된다.

- 유효한 토큰을 갖고 있는 요청은 클러스터로 받아들여지며, 이들의 클레임은 필터 메타데이터 형태로 정책에 전달된다.
- 유효하지 않은 토큰을 갖고 있는 요청은 거부된다.

- 토큰이 없는 요청은 클러스터로 받아들여지지만 요청 ID가 없다. 즉, 어떤 클레임도 필터 메타데이터에 저장되지 않는다.

JWT가 있는 요청과 JWT가 없는 요청은 무엇이 다를까? JWT가 있는 요청은 RequestAuthentication 필터로 검증되고 JWT 클레임이 커넥션 필터 메타데이터에 저장돼 있는 반면, JWT가 없는 요청은 커넥션 필터 메타데이터에 클레임이 없다. 여기서 암시하는 중요한 세부 사항은 RequestAuthentication 리소스 그 자체는 인가를 적용하지 않는다는 것이다. 인가를 위해서는 여전히 AuthorizationPolicy가 필요하다.

다음 절에서는 RequestAuthentication 리소스를 만들고, 앞서 언급한 경우 모두를 실제 예제와 함께 보여준다.

RequestAuthentication 리소스 만들기

다음 RequestAuthentication 리소스는 이스티오의 인그레스 게이트웨이에 적용된다. 이는 인그레스 게이트웨이가 auth@istioinaction.io에서 발급한 토큰을 검증하도록 설정한다.

```
apiVersion: "security.istio.io/v1beta1"
kind: "RequestAuthentication"
metadata:
  name: "jwt-token-request-authn"
  namespace: istio-system                        ❶
spec:
  selector:
    matchLabels:
      app: istio-ingressgateway
  jwtRules:
  - issuer: "auth@istioinaction.io"              ❷
    jwks: |                                      ❸
      { "keys": [{"e":"AQAB","kid":"##생략##",
      ➥"kty":"RSA","n":"##생략##"}]}
```

❶ 이 네임스페이스에 적용

❷ 예상 발행자: auth@istioinaction.io

❸ 특정 JWKS로 검증 가능

다음 명령어를 실행해 이 리소스를 클러스터에 적용하자.

```
$ kubectl apply -f ch9/enduser/jwt-token-request-authn.yaml
```

RequestAuthentication 리소스가 만들어졌으므로, 세 가지 유형의 요청과 예상 결과를 검증해보자.

유효한 발행자의 토큰이 있는 요청은 받아들여진다

ch9/enduser/user.jwt 파일에 저장된 유효한 JWT로 요청해보자.

```
$ USER_TOKEN=$(< ch9/enduser/user.jwt); \
  curl -H "Host: webapp.istioinaction.io" \
       -H "Authorization: Bearer $USER_TOKEN" \
       -sSl -o /dev/null -w "%{http_code}" localhost/api/catalog

200
```

좋다! 응답 코드는 인증이 성공했음을 보여준다. 그리고 워크로드에 적용된 인가 정책이 없으므로 기본적으로 허용된다.

유효하지 않은 발급자의 토큰이 있는 요청은 거부된다

시연을 위해 ch9/enduser/not-configured-issuer.jwt 파일에 있는, old-auth@istioinaction.io가 발급한 토큰을 사용해 요청해보자.

```
$ WRONG_ISSUER=$(< ch9/enduser/not-configured-issuer.jwt); \
  curl -H "Host: webapp.istioinaction.io" \
       -H "Authorization: Bearer $WRONG_ISSUER" \
       -sSl localhost/api/catalog

Jwt issuer is not configured
```

이 실패는 예상한 대로다. 오류 메시지는 워크로드에 적용한 RequestAuthentication 리소스로는 우리가 사용한 JWT를 인증할 수 없음을 명확히 설명한다.

토큰이 없는 요청은 클러스터로 받아들여진다

이 경우에는 토큰 없이 curl 요청을 실행해보자.

```
$ curl -H "Host: webapp.istioinaction.io" \
    -sSl -o /dev/null -w "%{http_code}" localhost/api/catalog

200
```

응답 코드는 요청이 클러스터로 받아들여졌음을 보여준다. 토큰이 없는 요청은 거부될 것으로 예상할 수 있으므로 혼란스러울 수 있다. 그러나 실제로는 애플리케이션의 프론트엔드에 서비스를 제공하는 등 요청에 토큰이 없는 시나리오가 많이 있다. 이런 이유로, 토큰이 없는 요청을 거부하려면 다음에 설명할 약간의 추가 작업이 필요하다.

JWT가 없는 요청 거부하기

JWT가 없는 요청을 거부하려면 명시적으로 거부하는 AuthorizationPolicy 리소스를 만들어야 한다.

```
apiVersion: security.istio.io/v1beta1
kind: AuthorizationPolicy
metadata:
  name: app-gw-requires-jwt
  namespace: istio-system
spec:
  selector:
    matchLabels:
      app: istio-ingressgateway
  action: DENY
  rules:
  - from:
    - source:
        notRequestPrincipals: ["*"]          ❶
    to:
    - operation:
        hosts: ["webapp.istioinaction.io"]   ❷
```

❶ 요청 주체에 값이 없는 source는 모두 해당된다.
❷ 이 규칙은 이 특정 호스트에만 적용된다.

이 정책은 requestPrincipals 속성이 없는 source에서 온 모든 요청에 적용되며, (action 속성에 지정한 대로) 요청을 거부한다. requestPrincipals의 초기화 방식을 알게 되면 놀랄지도 모르는데, 바로 JWT의 발행자issuer와 주체subject 클레임을 'iss/sub' 형태로 결합한 것이다. 클레임은 RequestAuthentication 리소스로 인증되고, AuthorizationPolicy 필터 등 다른 필터가 사용할 수 있도록 커넥션 메타데이터로 가공된다.

다음과 같이 리소스를 클러스터에 적용하자.

```
$ kubectl apply -f ch9/enduser/app-gw-requires-jwt.yaml
```

이제 토큰 없이 요청을 보내고, 요청 주체가 없기 때문에 인가하는 데 실패한다는 것을 확인하자.

```
$ curl -H "Host: webapp.istioinaction.io" \
     -sSl -o /dev/null -w "%{http_code}" localhost/api/catalog

403
```

훌륭하다! 우리는 토큰이 없는 요청을 금지해 인증된 최종 사용자만 webapp이 노출한 엔드포인트에 완전한 접근 권한을 갖도록 했다. 따라서 인증되지 않은 요청은 거부했다. 실세계 앱의 또 다른 빈번한 요구 사항은 사용자마다 허용하는 접근 수준을 달리하는 것이다.

JWT 클레임에 기반한 다양한 접근 수준

이 예제에서는 일반 사용자가 API에서 데이터를 읽는 것은 허용하지만 새 데이터를 쓰거나 기존 데이터를 바꾸는 것은 금지한다. 한편, 관리자에게는 모든 권한을 허용할 것이다. 이 절에서 사용한 예제 요청에서 '일반' 사용자 토큰은 ch9/enduser/user.jwt 파일에 있고 '관리자' 사용자 토큰은 ch9/enduser/admin.jwt 파일에 있다. 이 토큰들은 클레임이 다르다. 일반 사용자에게는 group: user 클레임이 있고, 관리자에게는 group: admin 클레임이 있다.

일반 사용자가 webapp에서 데이터를 읽을 수 있게 허용하도록 AuthorizationPolicy 리소스를 설정해보자.

```
apiVersion: security.istio.io/v1beta1
kind: AuthorizationPolicy
metadata:
  name: allow-all-with-jwt-to-webapp
  namespace: istio-system
spec:
  selector:
    matchLabels:
      app: istio-ingressgateway
  action: ALLOW
  rules:
  - from:
    - source:
        requestPrincipals: ["auth@istioinaction.io/*"]    ❶
    to:
    - operation:
        hosts: ["webapp.istioinaction.io"]
        methods: ["GET"]
```

❶ 최종 사용자 요청 주체를 표현한다.

그리고 다음 AuthorizationPolicy 리소스로 관리자에게 모든 작업을 허용한다.

```
apiVersion: "security.istio.io/v1beta1"
kind: "AuthorizationPolicy"
metadata:
  name: "allow-mesh-all-ops-admin"
  namespace: istio-system
spec:
  rules:
    - from:
      - source:
          requestPrincipals: ["auth@istioinaction.io/*"]
      when:
      - key: request.auth.claims[group]
        values: ["admin"]                    ❶
```

❶ 이 클레임을 포함한 요청만 허용한다.

> **|노트|** 이 예제에서는 action의 값을 ALLOW로 명시적으로 설정하는 것을 생략했다. ALLOW가 기본값이기 때문이다.

이 리소스들을 클러스터에 적용하자.

```
$ kubectl apply -f \
    ch9/enduser/allow-all-with-jwt-to-webapp.yaml
$ kubectl apply -f ch9/enduser/allow-mesh-all-ops-admin.yaml
```

이제 일반 사용자가 데이터를 읽을 수 있는지 확인해보자.

```
$ USER_TOKEN=$(< ch9/enduser/user.jwt);
  curl -H "Host: webapp.istioinaction.io" \
    -H "Authorization: Bearer $USER_TOKEN" \
    -sSl -o /dev/null -w "%{http_code}" localhost/api/catalog

200
```

그러나 쓰기는 일반 사용자에게 허용되지 않는다.

```
$ USER_TOKEN=$(< ch9/enduser/user.jwt);
  curl -H "Host: webapp.istioinaction.io" \
    -H "Authorization: Bearer $USER_TOKEN" \
    -XPOST localhost/api/catalog \
    --data '{"id": 2, "name": "Shoes", "price": "84.00"}'

RBAC: access denied
```

다음으로, 관리자에게는 쓰기가 허용된다는 것을 확인해보자.

```
$ ADMIN_TOKEN=$(< ch9/enduser/admin.jwt);
  curl -H "Host: webapp.istioinaction.io" \
    -H "Authorization: Bearer $ADMIN_TOKEN" \
    -XPOST -sSl -w "%{http_code}" localhost/api/catalog/items \
```

```
    --data '{"id": 2, "name": "Shoes", "price": "84.00"}'

200
```

응답을 보면 클레임 group: admin이 있는 요청이 클러스터로 받아들여졌다. 따라서 관리자가 catalog에 새 아이템을 만들 수 있도록 허용하고 있음을 알 수 있다.

9.5 커스텀 외부 인가 서비스와 통합하기

SPIFFE를 기반으로 구축된 이스티오의 인증 메커니즘이 서비스 인가를 구축할 수 있는 기반을 제공하는 방법을 살펴봤다. 이스티오는 엔보이의 기본 RBAC(Role-Based Access Control, 역할 기반 접근 제어) 기능을 사용해 인가를 구현한다. 그런데 인가에 좀 더 정교한 커스텀 메커니즘이 필요하면 어떻게 해야 할까? 요청을 허용할지 여부를 결정할 때 외부 인가 서비스를 호출하도록 이스티오의 서비스 프록시를 설정할 수 있다.

그림 9.13에서 서비스 프록시에 들어온 요청은 프록시가 외부 인가(ExtAuthz) 서비스를 호출하는 동안 잠시 멈춘다. 외부 인가 서비스는 애플리케이션 사이드카로 메시 안에 존재하거나 메시 바깥에 위치할 수 있다. 외부 인가는 엔보이의 CheckRequest API를 구현해야 한다(http://mng.bz/DxRE). 이 API를 구현하는 외부 인가 서비스의 예를 들면 다음과 같다.

- Open Policy Agent(https://www.openpolicyagent.org/docs/latest/envoy-tutorial-istio)
- Signal Sciences(www.signalsciences.com/blog/integrations-envoy-proxy-support)
- Gloo Edge Ext Auth(https://docs.solo.io/gloo-edge/latest/guides/security/auth/extauth)
- Istio sample Ext Authz(https://github.com/istio/istio/tree/release-1.9/samples/extauthz)

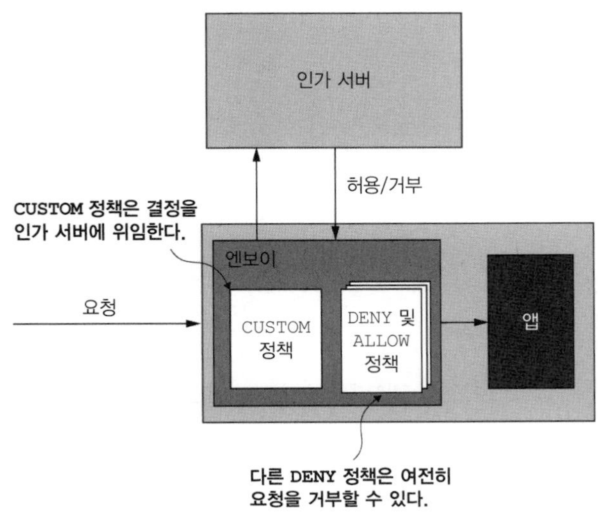
인가 서버
허용/거부
CUSTOM 정책은 결정을
인가 서버에 위임한다.
엔보이
요청
CUSTOM
정책
DENY 및
ALLOW
정책
앱
다른 DENY 정책은 여전히
요청을 거부할 수 있다.

▲ **그림 9.13** 외부 서버에서 요청을 인가받도록 CUSTOM 정책 사용하기

외부 인가 서비스는 프록시가 인가를 집행하는 데 사용하는 '허용'이나 '거부' 메시지를 반환한다.

> **외부 인가 성능 트레이드오프**
>
> 요청 경로 중에 외부 인가 서비스를 호출하기 때문에 이 방법을 사용할 때는 지연 시간 증가에 대비해야 한다. 이스티오의 내장 인가 기능은 대체로 충분하고 유연하게 작동하지만, 완벽히 통제해야 한다면 외부 인가 서비스를 호출하면서 생기는 성능 트레이드오프를 평가해야 한다. 이전 단락에서 언급했듯이, 외부 인가 서비스를 애플리케이션 사이드카로 배포해 네트워크 오버헤드를 최소화할 수 있다. 자세한 내용은 이스티오 문서를 참조한다(https://istio.io/latest/docs/tasks/security/authorization/authz-custom).

9.5.1 외부 인가 실습

커스텀 인가 정책과 외부 인가를 시작하기 위해 기존 인증 및 인가 정책을 모두 지우자.

```
$ kubectl delete authorizationpolicy,peerauthentication,\
requestauthentication --all -n istio-system
```

커스텀 인가가 어떻게 동작하는지 볼 수 있도록 이 정책들을 지우고 있다. 이 장 전체에서 인증 및 인가를 계층화했던 것처럼, 커스텀 인가에도 같은 일을 할 수 있다.

이스티오 샘플에서 가져온 샘플 외부 인가 서비스를 배포해보자. 이스티오 배포판으로 가서 다음을 실행하자.

```
$ kubectl apply \
    -f istio-1.13.0/samples/extauthz/ext-authz.yaml \
    -n istioinaction
```

istioinaction 네임스페이스의 파드를 나열하면 새로운 ext-authz 서비스가 보인다.

```
$ kubectl get pod -n istioinaction

NAME                          READY   STATUS    RESTARTS   AGE
webapp-f7bdbcbb5-cpng5        2/2     Running   0          5d14h
catalog-68666d4988-pb498      2/2     Running   0          5d14h
ext-authz-6c85b4d8d-drh4x     2/2     Running   0          52s
```

ext-authz라는 쿠버네티스 서비스도 만들어졌다. 이스티오의 외부 인가 기능을 설정하는 데 이 서비스 이름을 사용할 것이다.

```
$ kubectl get svc -n istioinaction

NAME        TYPE        CLUSTER-IP      PORT(S)             AGE
webapp      ClusterIP   10.99.80.174    80/TCP              5d14h
catalog     ClusterIP   10.99.216.206   80/TCP              5d14h
ext-authz   ClusterIP   10.106.20.54    8000/TCP,9000/TCP   94s
```

우리가 만든 ext-authz 서비스는 아주 간단해서 들어온 요청에 x-ext-authz 헤더가 있고 그 값이 allow인지만 검사한다. 이 헤더가 요청에 들어 있으면 요청은 허용되고, 들어 있지 않으면 요청은 거부된다. 요청의 다른 속성을 평가하도록 외부 인가 서비스를 직접 작성하거나, 상술한 기존 서비스 중 하나를 사용할 수 있다.

9.5.2 이스티오에 외부 인가 설정하기

이스티오가 새로운 외부 인가 서비스를 인식하도록 설정해야 한다. 이를 위해서는 이스티오 meshconfig 설정에서 extensionProviders를 설정해야 한다. 이 설정은 istio-system 네임스페이스의 istio configmap에 있다. 이 configmap을 수정해 새 외부 인가 서비스에 대한 적절한 설정을 추가해보자.

```
$ kubectl edit -n istio-system cm istio
```

다음 스니펫을 configmap에 추가한다.

```
extensionProviders:
- name: "sample-ext-authz-http"
  envoyExtAuthzHttp:
    service: "ext-authz.istioinaction.svc.cluster.local"
    port: "8000"
    includeHeadersInCheck: ["x-ext-authz"]
```

이제 다음과 같아진다.

```
apiVersion: v1
data:
  mesh: |-
    extensionProviders:
    - name: "sample-ext-authz-http"
      envoyExtAuthzHttp:
        service: "ext-authz.istioinaction.svc.cluster.local"
        port: "8000"
        includeHeadersInCheck: ["x-ext-authz"]
    accessLogFile: /dev/stdout
    defaultConfig:
      discoveryAddress: istiod.istio-system.svc:15012
      proxyMetadata: {}
      tracing:
        zipkin:
          address: zipkin.istio-system:9411
    enablePrometheusMerge: true
```

```
    rootNamespace: istio-system
    trustDomain: cluster.local
  meshNetworks: 'networks: {}'
```

우리는 이스티오가 envoyExtAuthz 서비스의 HTTP 구현체인 새 확장 sample-ext-authz-http를 인식하도록 설정했다. 이 서비스는 ext-authz.istioinaction.svc.cluster.local에 위치하는 것으로 정의했는데, 앞 절에서 봤던 쿠버네티스 서비스에 맞춘 것이다. 외부 인가 서비스에 전달할 헤더를 구성할 수 있는데, 이 설정에서는 x-ext-authz 헤더를 전달한다. 예제 외부 인가 서비스에서는 이 헤더를 인가 결과를 결정하는 데 사용한다. 이 외부 인가 기능을 사용하기 위한 마지막 단계는 이 기능을 사용하도록 AuthorizationPolicy 리소스를 설정하는 것이다. 어떻게 작동하는지 살펴보자.

9.5.3 커스텀 AuthorizationPolicy 리소스 사용하기

앞 절에서는 action이 DENY 혹은 ALLOW인 AuthorizationPolicy 리소스를 만들었다. 이 절에서는 action이 CUSTOM인 AuthorizationPolicy를 만들고 정확히 어떤 외부 인가 서비스를 사용할지 지정해본다.

```
apiVersion: security.istio.io/v1beta1
kind: AuthorizationPolicy
metadata:
  name: ext-authz
  namespace: istioinaction
spec:
  selector:
    matchLabels:
      app: webapp
  action: CUSTOM                   ❶
  provider:
    name: sample-ext-authz-http    ❷
  rules:
  - to:
    - operation:
        paths: ["/"]               ❸
```

❶ custom action 사용
❷ meshconfig 이름과 동일해야 한다.
❸ 인가 정책을 적용할 경로

이 AuthorizationPolicy 리소스는 istioinaction 네임스페이스의 webapp 워크로드에 적용되며, sample-ext-authz-http라는 외부 인가 서비스에 위임한다. provider 부분에서 지정한 이름은 앞서 설정한 istio configmap에서 지정한 이름과 일치해야 한다.

```
$  kubectl apply -f ch9/custom-authorization-policy.yaml
```

이전 절에서는 메시의 일부가 아닌 sleep 서비스를 default 네임스페이스에 배포했다. 어떻게 sleep을 배포했는지 보려면 이 장 시작 부분을 다시 참조하자. default 네임스페이스의 sleep 서비스에서 webapp 서비스를 호출하면, 샘플 외부 인가 서비스를 사용하는 외부 인가 검사를 통과하지 못한다.

```
$  kubectl -n default exec -it deploy/sleep -- \
     curl webapp.istioinaction/api/catalog

denied by ext_authz for not found header `x-ext-authz: allow` in the request
```

예제 외부 인가 서비스는 x-ext-authz 헤더가 존재하며, 그 값이 allow인지만 검사해 충분히 간단하다. 이 헤더를 호출해 추가하고 인가 검사를 통과하는지 확인하자.

```
$  kubectl -n default exec -it deploy/sleep -- \
     curl -H "x-ext-authz: allow" webapp.istioinaction/api/catalog

[
  {
    "id": 1,
    "color": "amber",
    "department": "Eyewear",
    "name": "Elinor Glasses",
    "price": "282.00"
  },
  <생략>
]
```

이제 호출이 성공해야 한다! 성공하지 않으면, 다시 돌아가 이 절의 설정들을 올바르게 적용했는지 확인하자. 또한 요청을 차단할 수 있는 다른 AuthorizationPolicy 또는 PeerAuthentication 정책을 제거했는지 다시 확인하자.

다음 장에서는 서비스 메시의 데이터 플레인 구성 요소를 트러블슈팅하는 방법, 엔보이 액세스 로그로 가시성을 확보하는 방법 등을 자세히 알아본다.

요약

- PeerAuthentication은 피어 간 인증을 정의하는 데 사용하며, 엄격한 인증 요구 사항을 적용하면 트래픽이 암호화돼 도청할 수 없다.
- PERMISSIVE 정책은 이스티오 워크로드가 암호화된 트래픽과 평문 트래픽을 모두 수용할 수 있게 해서 다운타임 없이 천천히 마이그레이션할 수 있도록 해준다.
- AuthorizationPolicy는 워크로드 ID 인증서나 최종 사용자 JWT에서 추출한 검증 가능한 메타데이터를 근거로 서비스 사이의 요청이나 최종 사용자의 요청을 인가하는 데 사용한다.
- RequestAuthentication은 JWT가 포함된 최종 사용자 요청을 인증하는 데 사용한다.
- AuthorizationPolicy에서 CUSTOM action을 사용하면 외부 인가 서비스를 통합할 수 있다.

Part 3

이스티오 운영

3부에서는 문제 해결과 운영에 대해 설명한다. 10장과 11장에서는 데이터 플레인의 문제를 해결하고 컨트롤 플레인의 안정성과 성능을 유지하는 방법을 알아본다.

10 데이터 플레인 트러블슈팅하기

10장에서 다루는 내용

- 잘못 설정한 워크로드 트러블슈팅하기
- istioctl과 키알리로 잘못된 설정 감지 및 방지하기
- istioctl을 사용해 서비스 프록시 설정 조사하기
- 엔보이 로그 이해하기
- 텔레메트리를 사용해 앱에 대한 통찰력 얻기

잘 알다시피 네트워크를 통해 통신할 때는 많은 것이 잘못될 수 있다. 이스티오가 존재하는 주요 이유는 무언가 잘못됐을 때 네트워크 통신을 조명하고 타임아웃, 재시도, 서킷 브레이커 같은 복원 기능을 배치함으로써 애플리케이션이 네트워크 문제에 자동으로 대응할 수 있도록 하기 위함이다. 서비스 프록시는 네트워크에서 일어나는 일을 매우 자세히 보여주지만, 프록시 자신이 예기치 못하게 작동하면 어떻게 될까?

그림 10.1은 요청 처리에 참여하는 구성 요소들을 보여준다.

- `istiod`. 데이터 플레인이 원하는 상태desired state로 동기화되도록 보장한다.
- 인그레스 게이트웨이. 트래픽을 클러스터로 허용한다.

- 서비스 프록시. 접근 제어 기능을 제공하고, 다운스트림에서 로컬 애플리케이션으로 흐르는 트래픽을 처리한다.
- 애플리케이션 그 자체. 요청을 처리하고, 또 다른 업스트림 서비스로 체인을 이어나가는 다른 서비스에 요청하는 것 등을 한다.

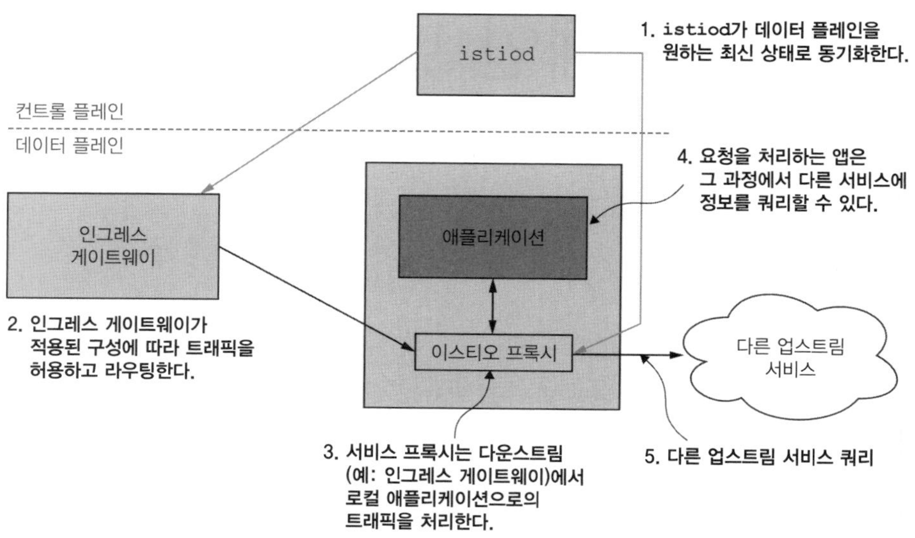

▲ **그림 10.1** 요청을 라우팅하는 데 참여하는 구성 요소들

따라서 예기치 못한 문제는 이 체인의 어떤 구성 요소와도 관련 있을 수 있다. 모든 구성 요소를 디버깅하는 것은 시간이 많이 필요한데, 앱이 클러스터나 시스템 전체에 영향을 줄 때는 그럴 시간이 없다. 이번 장에서는 오류 시나리오를 해결하기 위해 프록시와 관련 설정을 살펴보는 도구를 활용해본다.

10.1 가장 흔한 실수: 잘못 설정한 데이터 플레인

이스티오는 서비스 프록시 설정을 사람이 읽을 수 있는 형식인 `VirtualService`, `DestinationRule` 등과 같은 CRD로 노출한다. 이 리소스들은 엔보이 설정으로 변환돼 데이터 플레인에 적용된다. 새 리소스를 적용한 후 데이터 플레인의 동작이 예상과 다를 때 가장 일반적인 원인은 우리가 설정을 잘못한 것이다.

데이터 플레인을 잘못 설정했을 때 트러블슈팅하는 방법을 보여주기 위해 다음 예제를 준비한다. 이스티오 인그레스 게이트웨이로 트래픽을 허용하는 Gateway 리소스와 그림 10.2처럼 요청 중 20%를 부분집합 version-v1으로, 나머지 80%를 version-v2로 라우팅하는 VirtualService 리소스를 사용할 것이다. 트래픽 라우팅 및 분할에 대한 자세한 내용은 5장을 참조하자.

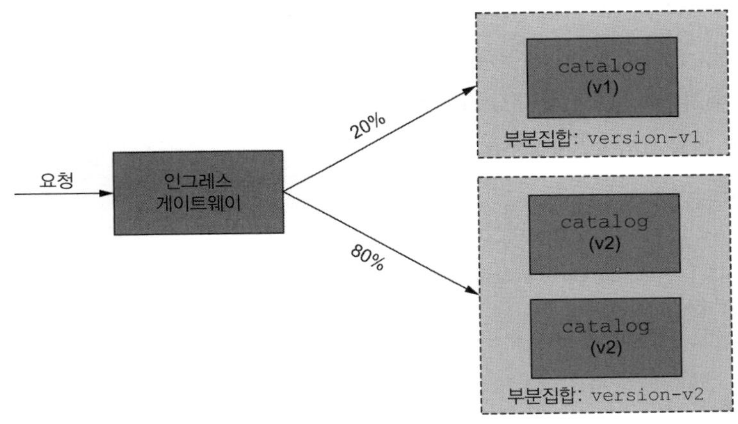

▲ **그림 10.2** 인그레스 게이트웨이는 요청을 존재하지 않는 부분집합으로 보내도록 설정된다.

'여기까지는 괜찮다'고 생각할 수 있지만, 그렇지 않다. DestinationRule 리소스가 없으면 인그레스 게이트웨이에는 부분집합 version-v1과 version-v2에 대한 클러스터 정의가 없으므로, 모든 요청은 실패할 것이다. 이는 트러블슈팅을 해보기에 좋은 문제다!

먼저, 이스티오는 배포했지만(2장 참조) 다른 애플리케이션 구성 요소는 배포해두지 않았다고 해보자. 앞 장들부터 계속해오고 있다면, 다음과 같이 남아 있는 Deployment, Service, Gateway, VirtualService를 정리해야 할 것이다.

```
$  kubectl config set-context $(kubectl config current-context) \
 --namespace=istioinaction
$  kubectl delete virtualservice,deployment,service,\
destinationrule,gateway,authorizationpolicy,peerauthentication --all
$ kubectl delete authorizationpolicy,peerauthentication --all -n istio-system
```

이 절의 목적을 위해 애플리케이션을 배포하려면 이 책 소스 코드의 루트에서 다음 명령어를 실행하자.

```
$ kubectl apply -f services/catalog/kubernetes/catalog.yaml
$ kubectl apply -f ch10/catalog-deployment-v2.yaml
$ kubectl apply -f ch10/catalog-gateway.yaml
$ kubectl apply -f ch10/catalog-virtualservice-subsets-v1-v2.yaml
```

그럼 클러스터에서 catalog 워크로드를 시작하고, 인그레스 게이트웨이가 HTTP 트래픽을 받아들이도록 설정하는 Gateway 리소스를 만든다. 마지막으로, 트래픽을 catalog 워크로드로 라우팅하는 VirtualService 리소스를 만든다.

리소스가 만들어지면, 새 터미널을 열고 계속 작동하는 명령어를 실행해 catalog 워크로드로 트래픽을 만들자.

```
$ for i in {1..100}; do curl http://localhost/items \
-H "Host: catalog.istioinaction.io" \
-w "\nStatus Code %{http_code}\n"; sleep .5s;  done

Status Code 503
```

출력에서 부분집합이 누락된 것 때문에 응답 코드가 503 'Service Unavailable'임을 알 수 있다. 이는 워크로드를 잘못 설정했을 때 데이터 플레인을 트러블슈팅하는 방법을 보여주기에 충분한 내용이다.

10.2 데이터 플레인 문제 식별하기

일상적인 운영에서는 보통 데이터 플레인 문제를 처리할 것이다. 바로 데이터 플레인 디버깅에 뛰어드는 습관이 생길 수도 있지만, 컨트롤 플레인 문제를 추정 원인에서 빠르게 배제하는 것이 중요하다. 컨트롤 플레인의 주요 기능이 데이터 플레인을 최신 설정으로 동기화하는 것임을 감안하면, 첫 단계는 컨트롤 플레인과 데이터 플레인이 동기화된 상태인지 확인하는 것이다.

10.2.1 데이터 플레인이 최신 상태인지 확인하는 방법

데이터 플레인 설정은 설계상 궁극적으로 일관성을 가진다. 즉, 환경(서비스, 엔드포인트, 상태)이나 설정의 변화는 컨트롤 플레인과 적절히 동기화하기 전까지는 데이터 플레인에 즉시 반영되지 않는다. 예를 들어 앞 장들에서 봤듯이 컨트롤 플레인은 특정 서비스의 개별 엔드포인트 IP 주소를 데이터 플레인으로 보낸다(서비스 내의 각 파드 IP 주소와 대강 동일하다). 이런 엔드포인트 중 어느 하나가 비정상이 되면, 쿠버네티스가 이를 인지하고 파드를 비정상으로 표시하는 데 시간이 걸린다. 어느 시점에 컨트롤 플레인도 문제를 인지하고 엔드포인트를 데이터 플레인에서 제거한다. 따라서 데이터 플레인은 최신 설정으로 돌아오며, 프록시 설정도 다시 일관된 상태가 된다. 그림 10.3은 데이터 플레인을 업데이트하기 위해 발생하는 이벤트를 시각화한다.

|노트| 워크로드와 이벤트 개수가 늘어나는 대규모 클러스터에서는 데이터 플레인을 동기화하는 데 필요한 시간도 비례해 늘어난다. 대규모 클러스터에서 성능을 개선하는 방법은 11장에서 살펴볼 것이다.

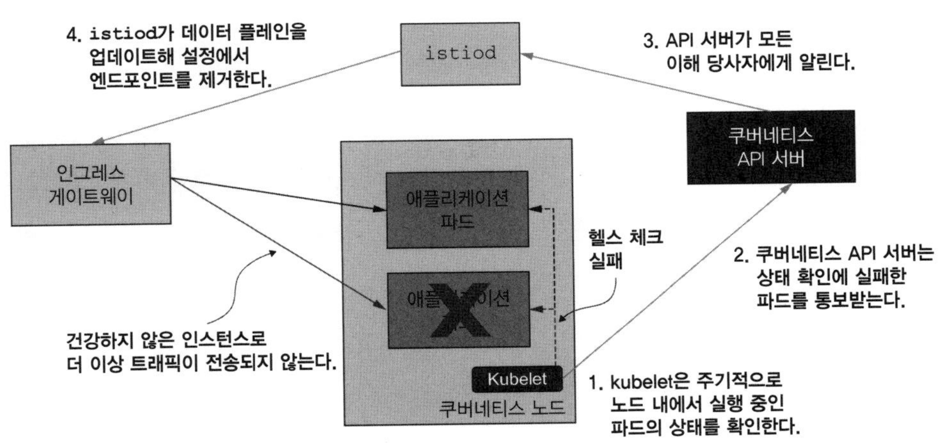

▲ **그림 10.3** 워크로드가 비정상이 된 후 데이터 플레인 구성 요소의 설정이 업데이트될 때까지 일련의 이벤트

`istioctl proxy-status` 명령어로 데이터 플레인이 최신 설정과 동기화됐는지 확인하자.

```
$ istioctl proxy-status

NAME                                        CDS      LDS      RDS
catalog.<...>.istioinaction                 SYNCED   SYNCED   SYNCED
catalog.<...>.istioinaction                 SYNCED   SYNCED   SYNCED
catalog.<...>.istioinaction                 SYNCED   SYNCED   SYNCED
istio-egressgateway.<...>.istio-system      SYNCED   SYNCED   NOT SENT
istio-ingressgateway.<...>.istio-system     SYNCED   SYNCED   SYNCED
```

목록에는 모든 워크로드와 모든 xDS API별로 동기화 상태가 나열돼 있다. EDS 상태는 가독성을 높이고자 출력에서 생략한다(엔보이 xDS에 대한 자세한 내용은 3장 참조).

- **SYNCED**: istiod가 보낸 마지막 설정을 엔보이가 확인했다.
- **NOT SENT**: istiod가 아무것도 엔보이로 보내지 않았다. 보통은 iostid가 보낼 것이 없기 때문이다. 앞선 스니펫에 보였던, istio-egressgateway용 RDS^Route Discovery Service^가 이 경우다.
- **STALE**: istiod가 엔보이에 업데이트를 보냈지만 확인받지 못했다. 이는 다음 중 하나를 나타낸다. istiod가 과부하됐거나, 엔보이와 istiod 사이의 커넥션 부족 또는 끊김이거나, 이스티오의 버그다.

그런데 우리의 출력에는 설정을 받지 못한 stale 상태의 워크로드가 없다. 따라서 컨트롤 플레인에 문제가 있을 가능성은 낮으므로 데이터 플레인 구성 요소를 조사해야 한다.

데이터 플레인 구성 요소에서 가장 일반적인 문제는 잘못된 워크로드 설정이다. 키알리를 사용하면 설정을 빠르게 검증할 수 있다.

10.2.2 키알리로 잘못된 설정 발견하기

8장에서는 키알리가 잘못 설정된 서비스를 발견할 수 있음을 간략히 언급했다. 이제 그 기능이 실제로 어떻게 작동하는지 살펴본다. 그림 10.4와 같이 키알리 대시보드를 열자.

```
$ istioctl dashboard kiali
http://localhost:20001/kiali
```

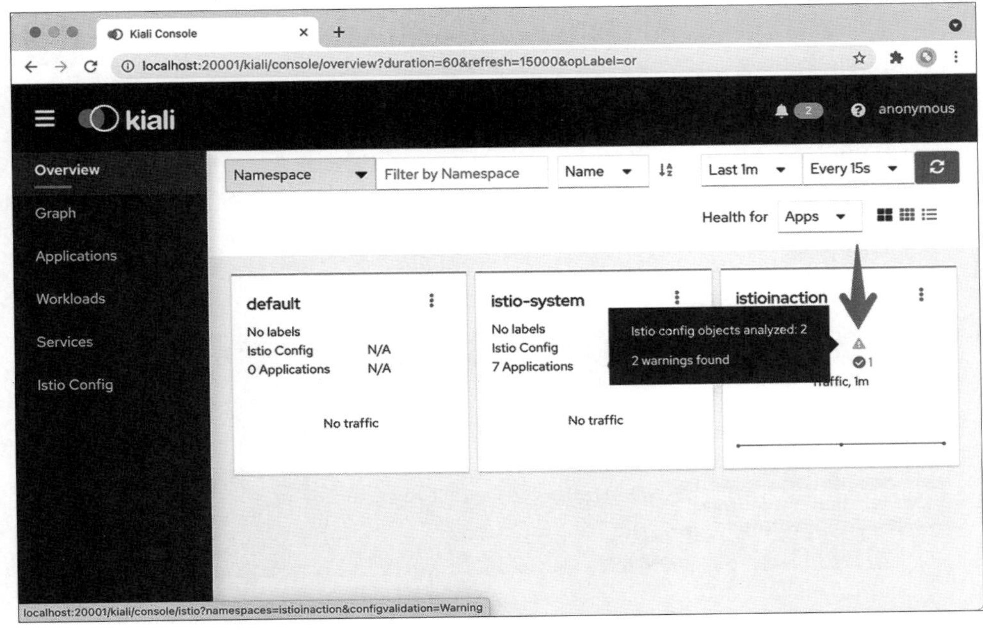

▲ **그림 10.4** 키알리 overview 대시보드에 istioinaction 네임스페이스의 오류가 하나 표시된다.

대시보드는 `istioinaction` 네임스페이스에 경고를 표시한다. 클릭하면 이스티오 설정Istio Config 보기로 이동하는데(그림 10.5 참조), 여기서는 선택한 네임스페이스에 적용된 모든 이스티오 설정을 나열한다. 잘못 설정한 이스티오 설정에는 알림이 표시되는데, `catalog-v1-v2` `VirtualService`가 그 경우다. 그림 10.5처럼 경고 아이콘을 클릭하면 `VirtualService`의 YAML 보기로 이동한다. 여기서 잘못 설정된 부분은 내장 편집기에서 강조된다(그림 10.6 참조).

Istio Type ▾ | Filter by Istio Type ▾

Active Filters: Config | Warning ⊗ | Clear All Filters

Name	Namespace	Type	Configuration
VS catalog-v1-v2	NS istioinaction	VirtualService	⚠

▲ **그림 10.5** catalog VirtualService에 경고가 있다.

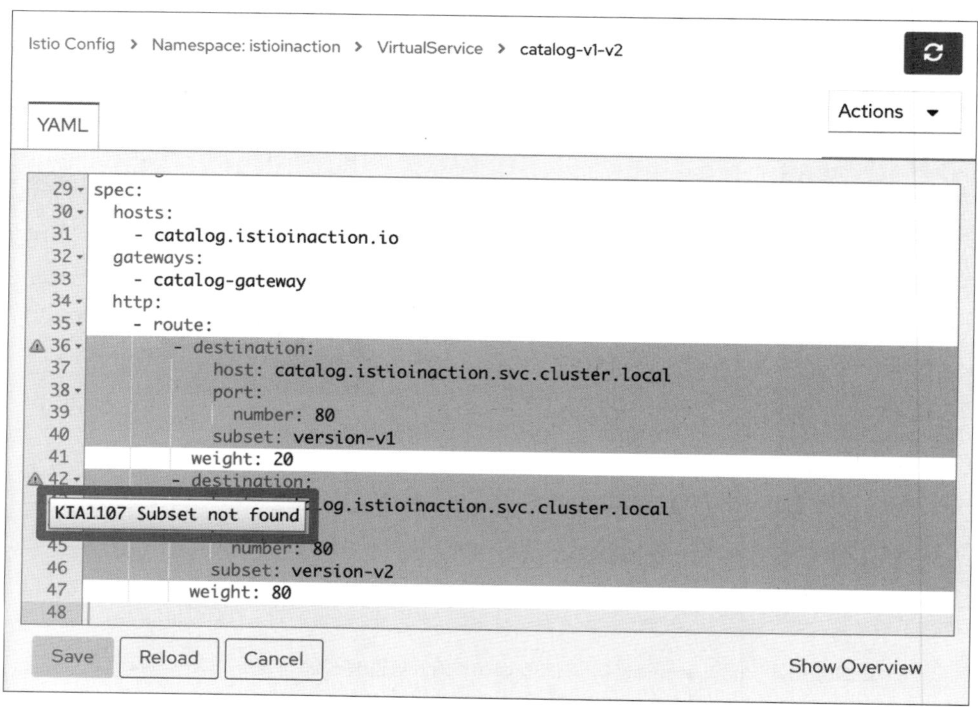

▲ **그림 10.6** 경고 메시지를 보여주는 키알리 이스티오 설정 YAML 보기

경고 아이콘 위로 마우스를 올리면 경고 메시지 'KIA1107 Subset not found.'를 보여준다. 이 경고에 대한 자세한 정보는 키알리 문서의 키알리 검증 페이지를 확인하자(http://mng.bz/2jzX). 이 페이지는 식별한 오류의 설명, 심각도, 해결책을 알려준다. 예를 들어 다음은 KIA1107 경고의 해결책 부분이다.

> 존재하지 않는 부분집합을 가리키는 루트를 수정하자. 아마 부분집합 이름의 오타를 수정하거나 `DestinationRule`에서 빠뜨린 부분집합을 정의하면 될 것이다.

이 설명은 문제를 식별하고 고치는 데 도움이 된다. 잘못 설정된 것을 정확하게 지적하고 있기 때문이다. 여기서는 부분집합이 누락됐으므로 이를 정의하는 `DestinationRule` 리소스를 만들어야 한다.

키알리 검증은 도움이 되므로, 워크로드가 예상대로 동작하지 않을 때 취하는 첫 조치

중 하나여야 한다. 다음 조치는 또 다른 검증 모음을 제공하는 istioctl을 사용하는 것이다.

10.2.3 istioctl로 잘못된 설정 발견하기

잘못 설정된 워크로드를 자동으로 트러블슈팅하는 데 가장 유용한 istioctl 명령어 두 가지는 istioctl analyze와 istioctl describe이다. 이를 살펴보자.

istioctl로 이스티오 설정 분석하기

istioctl analyze 명령어는 이스티오 설정을 분석하는 강력한 진단 도구다. 이미 문제가 발생한 클러스터에 실행하거나, 리소스를 잘못 구성하는 것을 방지하고자 클러스터에 적용하기 전에 설정이 유효한지 검사할 수 있다.

analyze 명령어는 여러 분석기를 실행하는데, 각 분석기는 특정 문제를 감지하는 데 특화돼 있다. analyze 명령어는 쉽게 확장할 수 있어 이스티오와 함께 발전할 수 있다.

istioinaction 네임스페이스를 분석하고 감지된 문제를 살펴보자.

```
$ istioctl analyze -n istioinaction

Error [IST0101] (VirtualService catalog-v1-v2.istioinaction)
➥Referenced host+subset in destinationrule not found:
➥"catalog.istioinaction.svc.cluster.local+version-v1"
Error [IST0101] (VirtualService catalog-v1-v2.istioinaction)
➥Referenced host+subset in destinationrule not found:
➥"catalog.istioinaction.svc.cluster.local+version-v2"
Error: Analyzers found issues when analyzing namespace: istioinaction.

See https://istio.io/v1.13/docs/reference/config/analysis
➥for more information about causes and resolutions.
```

출력은 부분집합을 찾지 못했음을 보여준다. 'DestinationRule에서 참조한 host+subset을 찾지 못했다'는 사실을 알려주는 오류 메시지 외에 오류 코드 IST0101도 제공하는데, 이것으로 이스티오 문서(https://istio.io/latest/docs/reference/config/analysis)에서 문제에 대한 자세한 내용을 찾아볼 수 있다.

워크로드별로 설정 오류 찾기

하위 명령어 describe는 워크로드별 설정을 기술하는 데 사용한다. describe는 워크로드 하나에 직간접적으로 영향을 미치는 이스티오 설정을 분석해 요약summary 내용을 출력한다. 이 요약은 다음과 같은 워크로드 관련 질문에 답변을 제공한다.

- 이 워크로드는 서비스 메시의 일부인가?
- 어떤 VirtualService와 DestinationRule이 적용되는가?
- 상호 인증 트래픽을 요구하는가?

catalog 워크로드의 아무 파드나 선택해 다음 describe 명령어를 실행해보자.

```
$ istioctl x describe pod catalog-68666d4988-vqhmb

Pod: catalog-68666d4988-q6w42
   Pod Ports: 3000 (catalog), 15090 (istio-proxy)
--------------------
Service: catalog
   Port: http 80/HTTP targets pod port 3000

Exposed on Ingress Gateway http://13.91.21.16
VirtualService: catalog-v1-v2
  WARNING: No destinations match pod subsets (checked 1 HTTP routes)

    Warning: Route to subset version-v1 but NO DESTINATION RULE defining
    subsets!

    Warning: Route to subset version-v2 but NO DESTINATION RULE defining
    subsets!
```

출력은 경고 메시지 'Route to subset version-v1 but NO DESTINATION RULE defining subsets'를 출력하고 있다. 이는 존재하지 않는 부분집합으로의 라우팅을 설정했다는 의미다. 좀 더 완벽해질 수 있도록 워크로드가 올바르게 설정된 경우 describe 출력이 어떻게 생겼는지 확인해보자.

```
Pod: catalog-68666d4988-q6w42
   Pod Ports: 3000 (catalog), 15090 (istio-proxy)
--------------------
Service: catalog
   Port: http 80/HTTP targets pod port 3000
DestinationRule: catalog for "catalog.istioinaction.svc.cluster.local"
   Matching subsets: version-v1            ❶
      (Non-matching subsets version-v2)    ❷
   No Traffic Policy

Exposed on Ingress Gateway http://13.91.21.16
VirtualService: catalog-v1-v2              ❸
   Weight 20%
```

❶ 일치하는 부분집합
❷ 일치하지 않는 부분집합
❸ 이 파드로 트래픽을 라우팅하는 VirtualService

하위 명령어 analyze와 describe 모두 설정에서 흔한 오류를 식별하는 데 도움이 되며, 보통은 해결책을 제시하기에 충분하다. 이 명령어로 드러나지 않는 문제나 해결 지침을 충분히 제공하지 않는 문제는 더 깊이 파고들 필요가 있다! 그것이 다음 절에서 할 일이다.

10.3 엔보이 설정에서 수동으로 잘못된 설정 발견하기

자동 분석기로는 부족할 때마다 엔보이 설정 전체를 수동으로 조사해야 한다. 워크로드에 적용된 엔보이 설정은 엔보이 관리 인터페이스나 istioctl로 가져올 수 있다.

10.3.1 엔보이 관리 인터페이스

엔보이 관리 인터페이스는 프록시의 특정 부분(로그 수준 증가 등)을 수정하는 기능과 엔보이 설정을 노출한다. 이 인터페이스는 모든 서비스 프록시에서 포트 15000으로 접근할 수 있다. istioctl을 사용하면 localhost로 포트포워딩할 수 있다.

```
$ istioctl dashboard envoy deploy/catalog -n istioinaction

http://localhost:15000
```

새 브라우저 창이 열리고, 관리 대시보드가 노출한 옵션이 모두 나열돼 있다. 그림 10.7은 부분집합을 보여준다.

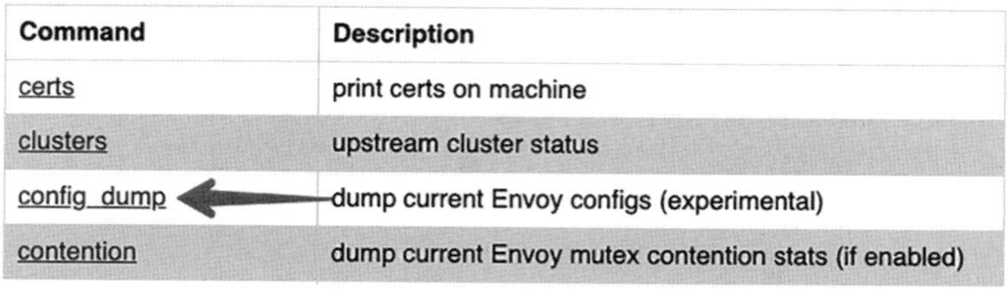

Command	Description
certs	print certs on machine
clusters	upstream cluster status
config_dump	dump current Envoy configs (experimental)
contention	dump current Envoy mutex contention stats (if enabled)

▲ **그림 10.7** 엔보이 관리 대시보드 내 옵션의 부분집합

config_dump를 사용해 프록시에서 현재 적재한 엔보이 설정을 출력할 수 있다. 데이터 양이 엄청나니 클릭하기 전에 주의하자. 얼마나 많은지 확인하기 위해 줄 수를 세보겠다.

```
$ curl -s localhost:15000/config_dump | wc -l
  13934
```

우와! 이 출력은 너무 커서 기본적으로 사람이 읽을 수 없다. 이런 이유로, istioctl은 출력을 작은 뭉치로 필터링하는 도구를 제공해 가독성을 높이고 이해를 돕는다.

|**노트**| 관리 인터페이스는 공식 엔보이 문서에서 자세히 알아볼 수 있다(https://www.envoyproxy.io/docs/envoy/v1.20.1/operations/admin).

10.3.2 istioctl로 프록시 설정 쿼리하기

istioctl proxy-config 명령어를 사용하면 엔보이 xDS API를 기반으로 워크로드의 프록시 설정을 가져오고 필터링할 수 있다. 하위 명령어들은 적절히 잘 명명됐다.

- `cluster`: 클러스터 설정을 가져온다.
- `endpoint`: 엔드포인트 설정을 가져온다.
- `listener`: 리스너 설정을 가져온다.
- `route`: 루트 설정을 가져온다.
- `secret`: 시크릿 설정을 가져온다.

엔보이의 기반 API를 이해하면 어떤 설정을 쿼리할지 이해하는 것은 더 간단해진다. 3장에서 이 API를 살펴봤지만, 여기서 엔보이 API를 간단히나마 다시금 다뤄보자.

요청을 라우팅하기 위한 엔보이 API의 상호작용

그림 10.8은 요청 라우팅을 설정하는 엔보이 API를 보여준다. 이 API는 프록시에 다음과 같은 영향을 미친다.

- 엔보이 리스너는 네트워크 설정(다운스트림 트래픽을 프록시로 허용하는 IP 주소 및 포트 등)을 정의한다.
- 허용된 커넥션에 HTTP 필터 체인이 만들어진다. 체인에서 가장 중요한 필터는 라우터 필터로, 고급 라우팅 작업을 수행한다.
- 엔보이 루트는 가상 호스트를 클러스터에 일치시키는 규칙 집합이다. 루트는 순서대로 처리된다. 일치하는 첫 번째 항목이 트래픽을 워크로드 클러스터로 라우팅하는 데 사용된다. 루트는 정적으로 설정할 수도 있지만, 이스티오에서는 RDS를 사용해 동적으로 설정한다.
- 엔보이 클러스터에서, 각 클러스터에는 유사한 워크로드에 대한 엔드포인트 그룹이 있다. 부분집합은 클러스터 내에서 워크로드를 더 분할하는 데 사용하며 덕분에 정밀한 트래픽 관리가 가능해진다.
- 엔보이 엔드포인트는 요청을 처리하는 워크로드의 IP 주소를 나타낸다.

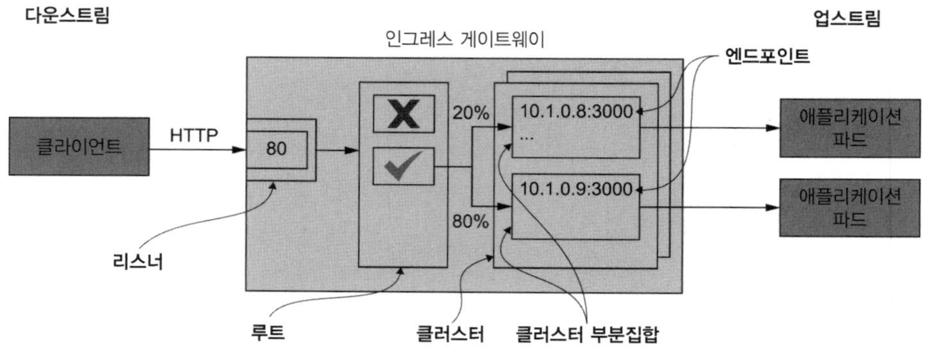

▲ **그림 10.8** 요청을 라우팅하기 위한 엔보이 API의 상호작용

다음 절에서는 인그레스 게이트웨이의 리스너, 루트, 클러스터, 엔드포인트 설정을 쿼리하고 수동으로 검증해본다. 이를 통해 트래픽을 `catalog` 워크로드로 라우팅하도록 올바르게 설정됐는지 확인할 수 있다.

엔보이 리스너 설정 쿼리하기

먼저 인그레스 게이트웨이 localhost 80 포트로 도착하는 트래픽이 클러스터로 허용되는지부터 확인해보자. 상술했듯이 트래픽을 허용하는 것은 엔보이 리스너의 역할로, 이스티오에서는 `Gateway` 리소스로 설정한다. 게이트웨이의 리스너 설정을 쿼리하고 80 포트에서 트래픽이 허용되는지 확인하자.

```
$ istioctl proxy-config listeners \
    deploy/istio-ingressgateway -n istio-system

ADDRESS PORT  MATCH DESTINATION
0.0.0.0 8080  ALL   Route: http.8080                ❶
0.0.0.0 15021 ALL   Inline Route: /healthz/ready*
0.0.0.0 15090 ALL   Inline Route: /stats/prometheus*
```

❶ 8080 포트에 대한 요청은 루트 http.8080에 따라 라우팅하도록 설정된다.

출력된 요약에서 다음을 알 수 있다.

- 리스너는 8080 포트에 설정돼 있다.
- 그 리스너에서 트래픽은 `http.8080`이라는 루트에 따라 라우팅된다.

루트 `http.8080`이 80 포트가 아니라 8080 포트에서 리스닝하도록 설정됐다는 사실이 놀라울 수 있다. 포트 8080이 올바른 포트인지 확인하자. 80에서 8080으로 흐르는 트래픽은 쿠버네티스 서비스 `istio-ingressgateway`가 전달한다. 이는 다음에서 보듯이 서비스 정의를 출력할 때 알 수 있다. 덧붙여, 인그레스 게이트웨이는 8080 포트에서 리스닝한다. 8080 포트가 제한된 포트가 아니기 때문이다.

```
$  kubectl -n istio-system get svc istio-ingressgateway -o yaml \
| grep "ports:" -A 10

yaml
  ports:
  - name: status-port
    nodePort: 30618
    port: 15021
    protocol: TCP
    targetPort: 15021
  - name: http2
    nodePort: 32589
    port: 80               ❶
    protocol: TCP
    targetPort: 8080       ❶
```

❶ 80 포트의 트래픽은 파드의 8080 포트를 대상으로 한다.

트래픽이 8080 포트에 도달하며, 그 트래픽을 인그레스 게이트웨이로 허용하는 리스너가 존재함을 확인했다. 또한 이 리스너의 라우팅은 루트 `http.8080`이 수행한다는 사실도 확인했으며, 이것이 우리가 다음으로 확인할 지점이다.

엔보이 루트 설정 쿼리하기

엔보이 루트 설정은 트래픽을 라우팅할 클러스터를 결정하는 규칙 집합을 정의한다. 이스티오는 엔보이 루트를 VirtualService 리소스로 설정한다. 한편, 클러스터는 디스커버리로 자동 설정되거나 DestinationRule 리소스로 정의된다.

http.8080 루트의 트래픽을 어느 클러스터로 라우팅할지 알아내기 위해 설정을 쿼리해 보자.

```
$ istioctl pc routes deploy/istio-ingressgateway \
    -n istio-system --name http.8080

NOTE: This output only contains routes loaded via RDS.
NAME        DOMAINS                      MATCH      VIRTUAL SERVICE
http.8080   catalog.istioinaction.io     /*         catalog.istioinaction
```

이 요약은 호스트 catalog.istioinaction.io의 트래픽 중 URL이 경로 접두사 /*와 일치하는 것들이 istioinaction 네임스페이스의 catalog 서비스에 있는 catalog VirtualService로 라우팅됨을 보여준다. catalog.istioinaction VirtualService의 뒷단 클러스터에 대한 세부 정보는 루트 설정을 JSON 포맷으로 출력할 때 표시된다.

```
$ istioctl pc routes deploy/istio-ingressgateway -n istio-system \
    --name http.8080 -o json

<생략>
"routes": [
  {
    "match": {
      "prefix": "/"              ❶
    },
    "route": {
      "weightedClusters": {
         "clusters": [           ❷
            {
            "name": "outbound|80|version-v2|catalog.istioinaction.svc.cluster.local",
            "weight": 80
            },
            {
            "name": "outbound|80|version-v1|catalog.istioinaction.svc.cluster.local",
            "weight": 20
```

```
            }
        ]
    },
<생략>
}
```

❶ 일치해야 하는 라우팅 규칙
❷ 규칙이 일치할 때 트래픽을 라우팅하는 클러스터

이 출력은 루트가 일치할 때 트래픽을 수신하는 클러스터가 둘임을 보여준다.

- outbound|80|version-v1|catalog.istioinaction.svc.cluster.local
- outbound|80|version-v2|catalog.istioinaction.svc.cluster.local

파이프로 구분된 각 부분의 의미를 알아보고 워크로드가 어떻게 이 클러스터의 멤버로 할당되는지 알아보자.

엔보이 클러스터 설정 쿼리하기

엔보이 클러스터 설정은 요청을 라우팅할 수 있는 백엔드 서비스를 정의한다. 클러스터는 부하를 여러 인스턴스나 엔드포인트에 분산한다. 이 엔드포인트(보통 IP 주소)는 최종 사용자 트래픽을 처리하는 개별 워크로드 인스턴스를 나타낸다.

istioctl을 사용하면 인그레스 게이트웨이가 알고 있는 클러스터를 쿼리할 수 있지만, 클러스터가 많다. 라우팅할 수 있는 모든 백엔드 서비스마다 하나씩 설정되기 때문이다. istioctl proxy-config clusters의 플래그 direction, fqdn, port, subset을 사용하면 특정 클러스터만 출력할 수 있다. 플래그에서 사용할 정보는 전부 그림 10.9와 같이 앞서 가져온 클러스터 이름에 포함돼 있다.

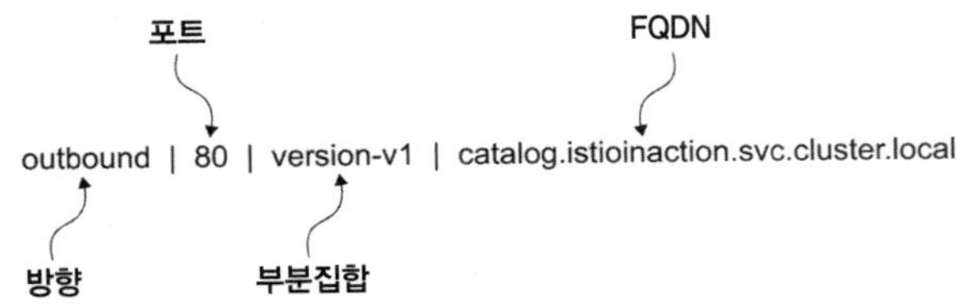

▲ 그림 10.9 클러스터 이름을 구성하는 구성 요소

클러스터 중 하나를 쿼리해보자. 예를 들어, 인그레스 게이트웨이에 설정한 부분집합 version-v1의 클러스터를 쿼리해보자. 모든 클러스터 속성을 쿼리에서 지정할 수 있다(그림 10.9 참조).

```
$ istioctl proxy-config clusters \
    deploy/istio-ingressgateway.istio-system \
    --fqdn catalog.istioinaction.svc.cluster.local  \
    --port 80 \
    --subset version-v1

SERVICE FQDN   PORT   SUBSET   DIRECTION   TYPE   DESTINATION RULE
```

부분집합 version-v1이나 version-v2용 클러스터는 없었다! 이 부분집합에 대한 클러스터가 없으면 요청은 실패한다. VirtualService가 존재하지 않는 클러스터로 라우팅하기 때문이다.

분명히 이것은 설정을 잘못한 경우이며, 이 부분집합용 클러스터를 정의하는 DestinationRule을 만들어 고칠 수 있다. 이 클러스터들의 DestinationRule은 10장 디렉터리에 있는 catalog-destinationrule-v1-v2.yaml 파일에 정의돼 있다. 그러나 이 파일을 클러스터에 적용하기 전에 istioctl analyze 하위 명령어를 사용해, 이 설정이 10.2.3절에서 식별한 서비스 메시 오류를 고칠 수 있는지 확인해보자.

```
istioctl analyze ch10/catalog-destinationrule-v1-v2.yaml \
   -n istioinaction

✓ No validation issues found when analyzing
  ➥ch10/catalog-destinationrule-v1-v2.yaml.
```

리소스 적용의 영향을 시뮬레이션해보니 클러스터에 검증 오류가 없어진다. 즉, 이 DestinationRule을 적용하면 클러스터 설정의 문제가 고쳐진다는 것이다. 이제 실행해보자.

```
$ kubectl apply -f ch10/catalog-destinationrule-v1-v2.yaml

destinationrule.networking.istio.io/catalog created
```

클러스터를 다시 쿼리하면, version-v1과 version-v2에 대해 새로 정의한 부분집합이 보여야 한다.

```
$ istioctl pc clusters deploy/istio-ingressgateway -n istio-system \
    --fqdn catalog.istioinaction.svc.cluster.local --port 80

SERVICE FQDN        PORT  SUBSET      DIRECTION  TYPE  DESTINATION RULE
catalog.<...>.local 80    -           outbound   EDS   catalog.<...>
catalog.<...>.local 80    version-v1  outbound   EDS   catalog.<...>
catalog.<...>.local 80    version-v2  outbound   EDS   catalog.<...>
```

짜잔! 이제 DestinationRule 리소스가 부분집합 version-v1과 version-v2에 대해 클러스터를 정의하고 있으므로, 이 클러스터의 멤버로 트래픽을 라우팅할 수 있다.

클러스터란 엔드포인트(혹은 IP 주소) 집합임을 기억하고, 엔드포인트를 어떻게 가져오는지 살펴보자.

클러스터는 어떻게 설정되는가?

엔보이 프록시에는 클러스터 엔드포인트를 발견하기 위한 여러 가지 방법이 있다. 사용 중인 방법은 istioctl에서 version-v1 클러스터를 JSON 형식으로 출력해보면 알 수 있다(다음 결과물은 edsClusterConfig 부분을 보여주려고 잘라냈다).

```
$ istioctl pc clusters deploy/istio-ingressgateway -n istio-system \
--fqdn catalog.istioinaction.svc.cluster.local --port 80 \
--subset version-v1 -o json

# 결과물은 잘라냈다
"name": "outbound|80|version-v1|catalog.istioinaction.svc.cluster.local",
"type": "EDS",
"edsClusterConfig": {
    "edsConfig": {
        "ads": {},
        "resourceApiVersion": "V3"
    },
    "serviceName":
      "outbound|80|version-v1|catalog.istioinaction.svc.cluster.local"
},
```

이 결과물은 edsClusterConfig가 엔드포인트를 쿼리하는 데 ADS^Aggregated Discovery Service^를 사용하도록 설정됐음을 보여준다. 서비스 이름 outbound|80|version-v1|catalog.istioinaction.svc.cluster.local은 ADS에서 쿼리할 때 엔드포인트용 필터로 사용한다.

엔보이 클러스터 엔드포인트 쿼리하기

이제 엔보이 프록시가 서비스 이름으로 ADS를 쿼리하도록 설정된 것을 알았으니, 인그레스 게이트웨이에서 클러스터의 엔드포인트를 istioctl proxy-config endpoints 명령어로 수동으로 쿼리하는 데 이 정보를 사용할 수 있다.

```
$ istioctl pc endpoints deploy/istio-ingressgateway -n istio-system \
--cluster "outbound|80|version-v1|catalog.istioinaction.svc.cluster.local"

ENDPOINT          STATUS    OUTLIER CHECK  CLUSTER
10.1.0.60:3000    HEALTHY   OK             outbound|80|version-v1|catalog...
```

출력에는 이 클러스터 뒤에 있는 유일한 워크로드의 엔드포인트를 나열한다. 이 IP 주소로 파드를 쿼리해 실제 워크로드가 있는지 확인해보자.

```
$ kubectl get pods -n istioinaction \
    --field-selector status.podIP=10.1.0.60

NAME                        READY   STATUS    RESTARTS   AGE
catalog-5b56677c4c-v7hkj    2/2     Running   0          3h47m
```

실제로 있다! 트래픽을 워크로드로 라우팅하도록 서비스 프록시를 설정하는 엔보이 API 리소스 체인 전체를 완성했다. 긴 과정이지만 몇 번만 거쳐보면 체득할 수 있을 것이다.

지금까지 잘못 설정한 워크로드를 발견하는 것에 대해 이야기했다. 다음 절에서는 애플리케이션 문제를 디버깅하는 데 서비스 프록시가 어떻게 도움이 되는지 알아본다.

10.3.3 애플리케이션 문제 트러블슈팅하기

마이크로서비스 기반 애플리케이션에서 서비스 프록시가 생성하는 로그와 메트릭은 성능 병목을 일으키는 서비스 디스커버리, 빈번하게 실패하는 엔드포인트 식별, 성능 저하 감지 등과 같은 많은 문제를 트러블슈팅하는 데 도움이 된다. 6장에서는 이런 애플리케이션 복원력 문제를 해결하는 방법을 살펴봤다. 이번 절에서는 엔보이 액세스 로그와 메트릭을 사용해 이 문제들 중 일부를 트러블슈팅해본다. 그러나 먼저, 트러블슈팅할 문제가 생기도록 서비스를 업데이트하자.

간헐적으로 제한 시간을 초과하는 느린 워크로드 준비하기

다음 명령어로 catalog 워크로드가 간헐적으로 응답을 느리게 반환하도록 설정할 수 있다.

```
$  CATALOG_POD=$(kubectl get pods -l version=v2 -n istioinaction -o \
     jsonpath={.items..metadata.name} | cut -d ' ' -f1) \

$  kubectl -n istioinaction exec -c catalog $CATALOG_POD  \
  -- curl -s -X POST -H "Content-Type: application/json" \
  -d '{"active": true, "type": "latency", "volatile": true}' \
  localhost:3000/blowup

blowups=[object Object]
```

요청 처리 제한 시간이 0.5초가 되도록 VirtualService catalog-v1-v2를 설정하자.

```
$  kubectl patch vs catalog-v1-v2 -n istioinaction --type json \
     -p '[{"op": "add", "path": "/spec/http/0/timeout", "value": "0.5s"}]'
```

이런 변경 사항은 그림 10.10에서 시각적으로 표시된다.

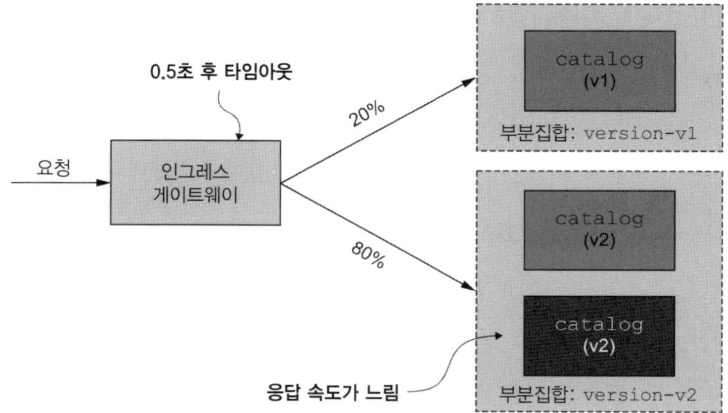

▲ **그림 10.10** 두 가지 변경 사항. 요청은 0.5초 후에 시간 초과되고, 워크로드는 간헐적으로 느리다.

별도의 터미널에서 catalog 워크로드로 지속적인 트래픽을 만들어보자. 이렇게 하면 후속 절들에서 필요한 로그와 텔레메트리가 만들어진다.

```
$  for i in {1..9999}; do curl http://localhost/items \
-H "Host: catalog.istioinaction.io" \
-w "\nStatus Code %{http_code}\n"; sleep 1s;  done
```

지속적으로 일으킨 요청에서, 일부가 느린 워크로드로 라우팅되는 것을 볼 수 있다. 그 결과 그 요청들은 제한 시간 초과로 끝난다. 출력은 다음과 같다.

```
upstream request timeout
Status Code 504
```

상태 코드 504, 'Gateway Timeout'은 엔보이 액세스 로그를 쿼리하는 데 사용할 수 있는 정보다.

엔보이 액세스 로그 이해하기

엔보이 액세스 로그는 엔보이 프록시가 처리한 모든 요청을 기록해 디버깅과 트러블슈팅에 도움이 된다. 기본적으로 이스티오는 프록시가 로그를 TEXT 형식으로 기록하도록 설정하는 데, 간결하지만 읽기는 어렵다.

```
$  kubectl -n istio-system logs deploy/istio-ingressgateway \
 | grep 504

# 출력을 실패 요청 하나로 줄였다
[2020-08-22T16:20:20.049Z] "GET /items HTTP/1.1" 504 UT "-" "-" 0 24
501 - "192.168.65.3" "curl/7.64.1" "6f780bed-9996-9c95-a899-a5e293cd9fe4"
"catalog.istioinaction.io" "10.1.0.68:3000"
outbound|80|version-v2|catalog.istioinaction.svc.cluster.local
10.1.0.69:34488 10.1.0.69:8080 192.168.65.3:55962 - -
```

요청마다 기록된 정보가 엄청나게 많지만(디버깅에 도움이 된다), 현재 형식을 이해하는 것은 매우 어렵다. 특히 신규 사용자는 머리를 긁적이며 각 값이 무엇을 의미하는지 궁금해할 수 있다. 다행히도 더 읽기 쉬운 JSON 형식을 사용하도록 서비스 프록시를 설정할 수 있다.

메시 범위에서 액세스 로그 활성화하기

서비스 프록시 액세스 로그는 설정할 수 있다. 기본적으로, 이스티오의 데모 설치 프로필만 액세스 로그를 표준 출력으로 출력한다. 다른 프로필을 사용하거나 2장과 같이 설치 설정에서 벗어난 경우, 이스티오 설치 중에 다음과 같이 meshConfig.accessLogFile="/dev/stdout" 속성을 설정해야 한다.

```
$ istioctl install --set meshConfig.accessLogFile="/dev/stdout"
```

이렇게 하면 메시 전체에서 액세스 로그가 활성화된다. 특정 워크로드 하나에만 액세스 로그를 활성화하려면 7장에서 보여준 것처럼 텔레메트리 API를 사용할 수 있다.

엔보이 액세스 로그 형식 바꾸기

istioctl을 사용해 액세스 로그를 JSON 형식으로 출력하도록 이스티오 설치를 업데이트할 수 있다. 이 형식의 이점은 값이 키와 연결돼 의미를 알 수 있다는 것이다.

```
$ istioctl install --set profile=demo \
    --set meshConfig.accessLogEncoding="JSON"
```

이 변경 사항은 메시 전체에 적용돼 모든 워크로드 프록시의 로그양이 엄청나게 증가한다. 따라서 로그 인프라에 부담을 주므로 대규모 클러스터에서는 권장하지 않는다.

이스티오가 업데이트되면 액세스 로그를 다시 쿼리할 수 있다. 그리고 이번에는 출력이 JSON이므로, 이를 jq로 넘겨 가독성을 높일 수 있다.

```
$  kubectl -n istio-system logs deploy/istio-ingressgateway \
| grep 504 | tail -n 1 | jq
{
  "user_agent":"curl/7.64.1",
  "Response_code":"504",
  "response_flags":"UT",                    ❶
  "start_time":"2020-08-22T16:35:27.125Z",
  "method":"GET",
  "request_id":"e65a3ea0-60dd-9f9c-8ef5-42611138ba07",
  "upstream_host":"10.1.0.68:3000",         ❷
  "x_forwarded_for":"192.168.65.3",
  "requested_server_name":"-",
  "bytes_received":"0",
  "istio_policy_status":"-",
  "bytes_sent":"24",
  "upstream_cluster":
    "outbound|80|version-v2|catalog.istioinaction.svc.cluster.local",
  "downstream_remote_address":"192.168.65.3:41260",
  "authority":"catalog.istioinaction.io",
  "path":"/items",
  "protocol":"HTTP/1.1",
  "upstream_service_time":"-",
  "upstream_local_address":"10.1.0.69:48016",
  "duration":"503",                         ❸
  "upstream_transport_failure_reason":"-",
  "route_name":"-",
  "downstream_local_address":"10.1.0.69:8080"
}
```

❶ 엔보이 응답 플래그
❷ 요청을 받는 업스트림 호스트
❸ 500ms인 제한 시간 초과

이제 액세스 로그를 읽고 이해하기가 한결 쉬워졌다. 두 가지가 눈에 띈다.

- response_flags 값이 UT로, '업스트림 요청 제한 시간 초과upstream request timeout'를 의미한다.
- upstream_host 값은 요청을 처리하는 워크로드의 실제 IP 주소를 나타낸다.

엔보이 응답 플래그

엔보이는 응답 플래그를 사용해 커넥션 실패에 대한 정보를 자세히 안내한다. 예를 들어, 응답 플래그 UT는 '제한 시간 설정에 비춰봤을 때 업스트림이 너무 느렸다'는 의미다. 이 요청의 응답에 플래그 UT가 있다는 점이 매우 중요한데, 제한 시간 초과 결정을 내린 주체가 애플리케이션이 아니라 프록시임을 식별할 수 있게 해주기 때문이다. 가장 자주 볼 수 있는 응답 플래그는 다음과 같다.

- UH: 정상적인 업스트림이 없음(클러스터에 워크로드가 없음)
- NR: 설정된 루트 없음
- UC: 업스트림 커넥션 종료
- DC: 다운스트림 커넥션 종료

목록 전체는 엔보이 문서에서 찾을 수 있다(http://mng.bz/PWaP).

upstream_host는 간헐적으로 느린 애플리케이션을 구분하는 데 도움이 된다. 남은 건 저 IP 주소로 파드를 찾은 다음 문제가 발생한 부분을 디버깅하는 것이다. 그런데 오작동하는 호스트를 찾는 방법 하나를 보여주고 나서 멈추지는 않을 것이다. 같은 결론에 이르는 데는 여러 방법이 있으므로 그 모두를 살펴볼 것이다.

이어지는 10.3.4절에서 사용할 수 있도록 SLOW_POD 변수에 느린 catalog 이름을 저장하자.

```
$  SLOW_POD_IP=$(kubectl -n istio-system logs deploy/istio-ingressgateway \
| grep 504 | tail -n 1 | jq -r .upstream_host | cut -d ":" -f1)
$  SLOW_POD=$(kubectl get pods -n istioinaction \
    --field-selector status.podIP=$SLOW_POD_IP \
    -o jsonpath={.items..metadata.name})
```

여기서는 문제를 일으키는 느린 파드를 찾을 수 있었다. 액세스 로그에 충분한 정보가 없을 때는 엔보이 프록시의 로깅 수준을 높여 더 자세한 로그를 얻을 수 있다.

인그레스 게이트웨이의 로깅 수준 높이기

istioctl에는 엔보이 프록시의 로깅 수준을 읽고 바꿀 수 있는 도구가 있다. 현재 로깅 수준은 다음과 같이 출력할 수 있다.

```
$ istioctl proxy-config log \
    deploy/istio-ingressgateway -n istio-system

active loggers:
  connection: warning       ❶
  conn_handler: warning
  filter: warning
  http: warning             ❷
  http2: warning
  jwt: warning
  pool: warning
  router: warning           ❸
  stats: warning
# 생략
```

❶ 커넥션 범위에서는 네트워크 계층과 관련된 정보를 기록한다.
❷ HTTP 범위에서는 HTTP 헤더, 경로 등 애플리케이션 계층과 관련된 정보를 기록한다.
❸ 라우팅 범위에서는 요청이 어느 클러스터로 라우팅되는지 같은 세부 사항을 기록한다.

출력에 있는 `connection: warning`의 의미를 자세히 설명하겠다. 키 `connection`은 로깅 범위를 나타낸다. 한편, 값 `warning`은 이 범위의 로깅 수준을 나타내며 로깅 수준이 `warning`인 로그만 커넥션 관련 로그로 출력함을 의미한다.

사용할 수 있는 다른 로깅 수준에는 `none`, `error`, `warning`, `info`, `debug`가 있다. 각 범위에 로깅 수준을 서로 다르게 지정할 수 있는 덕분에 엔보이가 만들어내는 로그에 질식하지 않고 관심 영역의 로깅 수준만 정확하게 높일 수 있다.

우리의 경우 이런 범위에서 유용한 로그를 찾을 수 있다.

- **connection**: 4계층(전송) 관련 로그. TCP 커넥션 세부 정보

- **http**: 7계층(애플리케이션) 관련 로그. HTTP 세부 정보
- **router**: HTTP 요청 라우팅 관련 로그
- **pool**: 커넥션 풀이 커넥션의 업스트림 호스트를 획득하거나 삭제하는 방법에 관련된 로그

커넥션, http, 라우터 로거의 로깅 수준을 높여 프록시 동작에 대한 통찰력을 향상시켜보자.

```
$ istioctl proxy-config log deploy/istio-ingressgateway \
  -n istio-system \
  --level http:debug,router:debug,connection:debug,pool:debug
```

이제 인그레스 게이트웨이의 로그를 출력해보자. 단순화를 위해 출력을 임시 파일로 리다이렉트한다.

```
$ kubectl logs -n istio-system deploy/istio-ingressgateway \
> /tmp/ingress-logs.txt
```

즐겨 쓰는 편집기로 임시 파일에 저장된 로그를 열고, 출력에서 HTTP 504 응답 코드를 검색하자. 다음과 비슷한 부분을 찾을 수 있다.

```
2020-08-29T13:59:47.678259Z    debug    envoy http
[C198][S86652966017378412] encoding headers via codec (end_stream=false):
':status', '504'
'content-length', '24'
'content-type', 'text/plain'
'date', 'Sat, 29 Aug 2020 13:59:47 GMT'
'server', 'istio-envoy'
```

커넥션 ID(여기서는 C198)를 찾은 후 해당 커넥션과 관련된 모든 로그를 쿼리할 수 있다.

```
2020-08-29T13:59:47.178478Z    debug    envoy http
[C198] new stream                                          ❶
2020-08-29T13:59:47.178714Z    debug    envoy http
[C198][S86652966017378412] request headers complete (end_stream=true):
```

```
':authority', 'catalog.istioinaction.io'
':path', '/items'

2020-08-29T13:59:47.178739Z     debug     envoy http
[C198][S86652966017378412] request end stream
2020-08-29T13:59:47.178926Z     debug     envoy router
[C198][S86652966017378412] cluster
'outbound|80|version-v2|catalog.istioinaction.svc.cluster.local'
match for URL '/items'                                        ❷
2020-08-29T13:59:47.179003Z     debug     envoy router
[C198][S86652966017378412] router decoding headers:
':authority', 'catalog.istioinaction.io'
':path', '/items'
':method', 'GET'
':scheme', 'https'
```

❶ 새 커넥션 스트림 생성
❷ 트래픽을 라우팅할 클러스터 탐색

커넥션용으로 새 스트림이 만들어졌다. 스트림 ID S86652966017378412가 후속 로그에 추가된다. 이 스트림 ID를 가진 로그를 따라가면, 라우터 범위 로그가 라우팅 규칙에 맞는 클러스터를 출력하는 것을 볼 수 있다(outbound|80|version-v2|catalog.istioinaction.svc.cluster.local).

요청을 라우팅할 클러스터를 결정하고 나면, 다음 로그에서 보듯이 해당 클러스터의 인스턴스 중 하나로 업스트림 커넥션이 새로 생긴다.

```
2020-08-29T13:59:47.179215Z     debug     envoy connection
[C199] connecting to 10.1.0.15:3000                           ❶
2020-08-29T13:59:47.179392Z     debug     envoy connection
[C199] connection in progress
2020-08-29T13:59:47.179818Z     debug     envoy connection
[C199] connected
2020-08-29T13:59:47.180484Z     debug     envoy connection
[C199] handshake complete
2020-08-29T13:59:47.180548Z     debug     envoy router
[C198][S86652966017378412] pool ready
```

```
2020-08-29T13:59:47.67788Z    debug    envoy router
[C198][S86652966017378412] upstream timeout                    ❷
2020-08-29T13:59:47.677983Z    debug    envoy router
[C198][S86652966017378412] resetting pool request
2020-08-29T14:52:37.036988Z    debug    envoy pool
[C199] client disconnected, failure reason:                    ❸
2020-08-29T14:52:37.037060Z    debug    envoy http
[C198][S17065302543775437839] Sending local reply with details
➥upstream_response_timeout
2020-08-29T13:59:47.678259Z    debug    envoy http
[C198][S86652966017378412] encoding headers via
➥codec (end_stream=false):                                     ❹
':status', '504'
'content-length', '24'
'content-type', 'text/plain'
'date', 'Sat, 29 Aug 2020 13:59:47 GMT'
'server', 'istio-envoy'

2020-08-29T13:59:47.717360Z    debug    envoy connection
[C198] remote close                                            ❺
2020-08-29T13:59:47.717419Z    debug    envoy connection
[C198] closing socket: 0                                       ❺
```

❶ 업스트림으로 커넥션이 새로 생긴다.
❷ 커넥션의 제한 시간을 초과했다.
❸ 클라이언트가 커넥션을 끊었다.
❹ 504 응답을 다운스트림으로 보냈다.
❺ 다운스트림 커넥션이 닫혔다.

두 가지 중요한 발견이 있다. 첫째, 응답이 느린 업스트림의 IP 주소가 액세스 로그에서 가져온 IP 주소와 일치한다는 것이다. 이는 오동작하는 인스턴스가 딱 하나라는 심증을 더욱 굳힌다. 둘째, 로그 `[C199] client disconnected`에 표시된 대로 클라이언트(프록시)는 업스트림 커넥션을 종료했다. 이는 업스트림 인스턴스가 제한 시간 설정을 초과해 클라이언트(프록시)가 요청을 종료한다는 우리의 예상과 일치한다.

엔보이 로거는 프록시 동작을 깊이 꿰뚫는 통찰력을 얻게 해준다. 다음 절에서는 서버 측에서 네트워크 트래픽을 조사한다.

10.3.4 ksniff로 네트워크 트래픽 검사

영향을 받은 파드의 네트워크 트래픽을 조사해 프록시가 커넥션을 종료하는지 확인할 수 있다. 사실 이미 엔보이 로그로 확인했기 때문에 지금은 그다지 필요하지 않다. 그러나 목표는 다음의 네트워크 검사 도구를 연습해보는 것이다.

- **ksniff**: tcpdump를 사용해 파드의 네트워크 트래픽을 포착하고 이를 와이어샤크Wireshark로 리다이렉트하는 `kubectl` 플러그인
- **와이어샤크**: 네트워크 패킷 분석 도구

둘을 함께 사용하면 원활히 디버깅할 수 있다.

Krew, ksniff, 와이어샤크 설치하기

ksniff를 설치하려면 `kubectl` 플러그인 관리자인 Krew가 필요하다. Krew를 설치하는 과정은 웹 사이트(https://krew.sigs.k8s.io/docs/user-guide/setup/install)에 문서화돼 있다. Krew가 설치되면 ksniff 설치는 패키지 설치만큼 간단하다.

```
$ kubectl krew install sniff
```

마지막으로 필요한 도구는 와이어샤크다. 웹 사이트(www.wireshark.org/download.html)에서 자신의 시스템에 맞는 설치 안내를 따르자. 와이어샤크를 설치하고 나면 명령줄에서 접근할 수 있는지 확인하자(ksniff가 이렇게 작동시킨다).

```
$ wireshark -v

Wireshark 3.2.5 (v3.2.5-0-ged20ddea8138)
```

도구를 설치했으므로 진행할 준비가 됐다.

로컬호스트 인터페이스에서 네트워크 트래픽 검사하기

오작동하는 파드의 네트워크 트래픽을 검사하려면 다음 명령어를 실행하자.

```
$ kubectl sniff -n istioinaction $SLOW_POD -i lo    ❶
```

❶ $SLOW_POD는 '엔보이 액세스 로그 형식 바꾸기' 절에서 설정했다.

연결이 성공하면, ksniff는 tcpdump를 사용해 로컬호스트 네트워크 인터페이스에서 네트워크 트래픽을 포착하고 시각화를 위해 로컬 와이어샤크 인스턴스로 리다이렉션한다. 아직 트래픽 생성용 스크립트가 있다면, 단기간에 충분한 트래픽이 포착될 것이다. 그렇지 않으면, 별도 터미널 창에서 명령어를 실행하자.

```
$ for i in {1..100}; do curl http://localhost/items \
-H "Host: catalog.istioinaction.io" \
-w "\nStatus Code %{http_code}\n"; sleep .5s;  done
```

몇 초 후 중지 아이콘을 눌러 트래픽 포착을 멈춘다(그림 10.11 참조).

더 명확하게 보기 위해 경로가 `/items`, 메서드가 `GET`인 HTTP 프로토콜 패킷만 표시하자. 그림 10.12처럼 와이어샤크 디스플레이 필터에 `http contains "GET /items"` 쿼리를 사용하면 된다.

이렇게 하면 우리가 관심 있는 요청만 출력된다. TCP 스트림을 따라가면 TCP 커넥션 시작부터 취소된 시점까지 자세한 정보를 얻을 수 있다. 이를 위해 첫 번째 줄을 우클릭한 후 메뉴 아이템에서 **Follow**를 선택하고, **TCP Stream**을 선택하자. Follow TCP Stream 창이 열리고 이해하기 쉬운 형식으로 TCP 스트림을 표시한다. 메인 와이어샤크 창에서 걸러낸 출력으로 충분하므로 이 창은 닫아도 좋다.

Capturing from - — istioinaction/catalog-v2-8fc56bcfb-mxphn/catalog

Apply a display filter ...<⌘/>

No.	Time	Info	Destination	Source	Length	Pr
116	24.162…	36140 → 15090 [ACK] Seq=507 Ack=295054 W…	127.0.0.1	127.0.0.1	66	T
117	24.162…	HTTP/1.1 200 OK (text/plain)	127.0.0.1	127.0.0.1	33179	H
118	24.162…	36140 → 15090 [ACK] Seq=507 Ack=328167 W…	127.0.0.1	127.0.0.1	66	T
119	26.000…	GET /healthz/ready HTTP/1.1	127.0.0.1	127.0.0.1	280	H
120	26.000…	HTTP/1.1 200 OK	127.0.0.1	127.0.0.1	141	H
121	26.000…	50596 → 15020 [ACK] Seq=1285 Ack=451 Win…	127.0.0.1	127.0.0.1	66	T
122	26.720…	56945 → 3000 [SYN] Seq=0 Win=65495 Len=0…	10.244.0.30	127.0.0.6	74	T
123	26.720…	3000 → 56945 [SYN, ACK] Seq=0 Ack=1 Win=…	127.0.0.6	10.244.0…	74	T
124	26.720…	56945 → 3000 [ACK] Seq=1 Ack=1 Win=65536…	10.244.0.30	127.0.0.6	66	T
125	26.720…	GET /items HTTP/1.1	10.244.0.30	127.0.0.6	729	H
126	26.720…	3000 → 56945 [ACK] Seq=1 Ack=664 Win=648…	127.0.0.6	10.244.0…	66	T
127	27.216…	56945 → 3000 [FIN, ACK] Seq=664 Ack=1 Wi…	10.244.0.30	127.0.0.6	66	T
128	27.216…	3000 → 56945 [FIN, ACK] Seq=1 Ack=665 Wi…	127.0.0.6	10.244.0…	66	T
129	27.216…	56945 → 3000 [ACK] Seq=665 Ack=2 Win=655…	10.244.0.30	127.0.0.6	66	T
130	28.000…	GET /healthz/ready HTTP/1.1	127.0.0.1	127.0.0.1	280	H
131	28.000…	HTTP/1.1 200 OK	127.0.0.1	127.0.0.1	141	H
132	28.000…	50530 → 15020 [ACK] Seq=1927 Ack=676 Win…	127.0.0.1	127.0.0.1	66	T

```
0000  00 00 00 00 00 00 00 00  00 00 00 00 08 00 45 00   ........ ......E.
0010  01 0a 81 cc 40 00 40 06  ba 1f 7f 00 00 01 7f 00   ....@.@. ........
```

Ready to load or capture · Packets: 132 · Displayed: 132 (100.0%) · Profile: Default

▲ **그림 10.11** 네트워크 패킷 추가 포착 중지

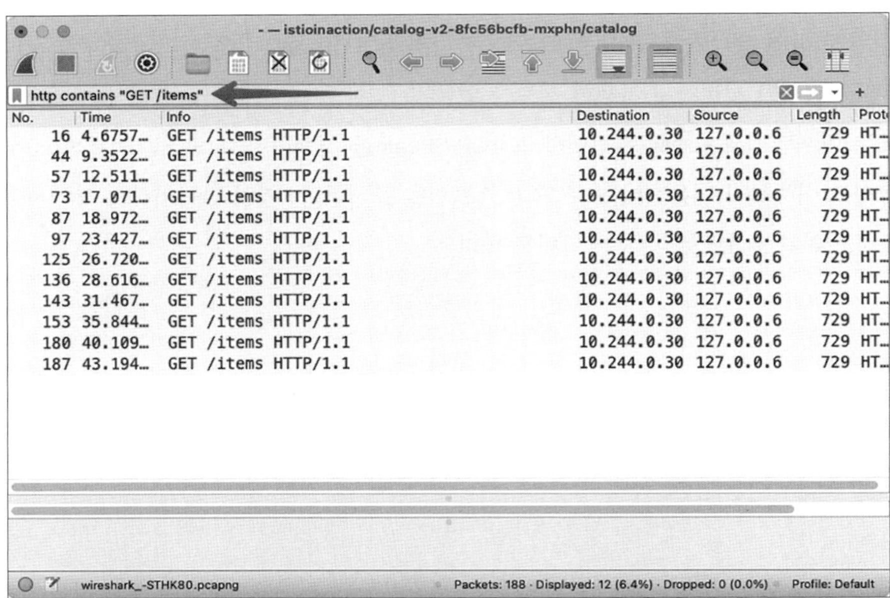

- — istioinaction/catalog-v2-8fc56bcfb-mxphn/catalog

http contains "GET /items"

No.	Time	Info	Destination	Source	Length	Prot
16	4.6757…	GET /items HTTP/1.1	10.244.0.30	127.0.0.6	729	HT…
44	9.3522…	GET /items HTTP/1.1	10.244.0.30	127.0.0.6	729	HT…
57	12.511…	GET /items HTTP/1.1	10.244.0.30	127.0.0.6	729	HT…
73	17.071…	GET /items HTTP/1.1	10.244.0.30	127.0.0.6	729	HT…
87	18.972…	GET /items HTTP/1.1	10.244.0.30	127.0.0.6	729	HT…
97	23.427…	GET /items HTTP/1.1	10.244.0.30	127.0.0.6	729	HT…
125	26.720…	GET /items HTTP/1.1	10.244.0.30	127.0.0.6	729	HT…
136	28.616…	GET /items HTTP/1.1	10.244.0.30	127.0.0.6	729	HT…
143	31.467…	GET /items HTTP/1.1	10.244.0.30	127.0.0.6	729	HT…
153	35.844…	GET /items HTTP/1.1	10.244.0.30	127.0.0.6	729	HT…
180	40.109…	GET /items HTTP/1.1	10.244.0.30	127.0.0.6	729	HT…
187	43.194…	GET /items HTTP/1.1	10.244.0.30	127.0.0.6	729	HT…

wireshark_-STHK80.pcapng · Packets: 188 · Displayed: 12 (6.4%) · Dropped: 0 (0.0%) · Profile: Default

▲ **그림 10.12** 'GET /items' HTTP 요청만 보이도록 걸러내기

그림 10.13은 TCP 스트림에 대해 보여준다.

- **포인트 1**: TCP 커넥션을 설정하기 위해 3방향 핸드셰이크[3-way handshake]를 수행했고, 이를 TCP 플래그 `[SYN]`, `[SYN, ACK]`, `[ACK]`로 확인할 수 있다.
- **포인트 2**: 커넥션이 설정된 후, 클라이언트의 여러 요청이 동일한 커넥션을 재사용하고 있으며, 모든 요청이 성공적으로 처리되고 있다.
- **포인트 3**: 클라이언트에서 다시 요청이 들어와 서버가 응답은 했지만, 반응하는 데 0.5초 이상이 소요됐다. 이는 133번 패킷과 137번 패킷의 시간 차이에서 확인할 수 있다.
- **포인트 4**: 요청 처리 시간이 너무 길어지자, 클라이언트가 FIN 플래그를 보내 TCP 커넥션 종료를 시작한다. 서버 측에서 이에 응답하고 커넥션이 종료된다.

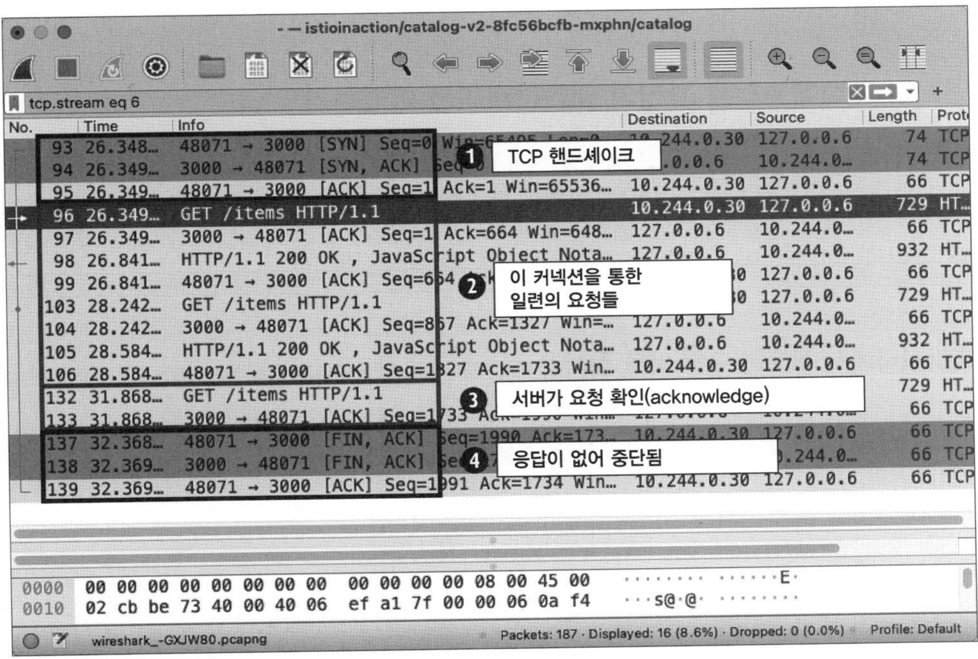

▲ **그림 10.13** TCP 커넥션의 패킷 스트림

TCP 제어 플래그

TCP 제어 플래그는 커넥션의 특정 상태를 나타낸다. 여기서 볼 수 있는 플래그는 다음과 같다.

- Synchronization(SYN)은 커넥션을 새로 수립하는 데 사용한다.
- Acknowledgment(ACK)는 패킷 수신이 성공했음을 확인하는 데 사용한다.
- Finish(FIN)는 커넥션 종료를 요청하는 데 사용한다.

TCP 제어 플래그에 관한 지식이 있으면 네트워크 트래픽 조사가 간단해진다.

네트워크 트래픽을 검사하면 앞서 관찰한 두 가지를 모두 확인할 수 있다. 클라이언트가 커넥션 종료를 시작했고, 서버는 요청 응답이 느렸다. 다음 절에서는 이 문제가 드문 문제인지, 즉시 주의를 기울여야 하는 빈번한 문제인지 파악하기 위해 서버의 성공률을 조사한다.

10.4 엔보이 텔레메트리로 자신의 애플리케이션 이해하기

7장의 7.2.1절에서는 엔보이 프록시에 저장된 메트릭을 다뤘다. 이 메트릭을 사용하면 우리 서비스의 오류율을 알 수 있다. 개요를 빠르게 얻을 수 있는 가장 쉬운 방법은 그라파나와, 그라파나 애드온에 미리 설치된 대시보드를 사용하는 것이다.

10.4.1 그라파나에서 실패한 요청 비율 찾기

우리는 이전과 동일한 상태로 계속할 것이다. 다음 명령어로 앞서 했던 것처럼 트래픽을 만들 수 있다.

```
$ for i in {1..100}; do curl http://localhost/items \
-H "Host: catalog.istioinaction.io" \
-w "\nStatus Code %{http_code}\n"; sleep .5s;  done
```

이제 그라파나 대시보드를 열어보자.

```
$ kubectl -n prometheus port-forward svc/prom-grafana 3000:80
```

다음 정보로 로그인하자.

```
Username: admin
Password: prom-operator
```

Istio Service Dashboard로 이동해 서비스를 `catalog.istioinaction.svc.cluster.local`로 지정하고 General 패널을 열자. 여기서 Client Success Rate (non−5xx responses)라는 다이어그램을 확인하자. 그림 10.14에 표시된 것과 비슷한 성공률을 볼 수 있다. Istio Service Dashboard가 보이지 않으면, 7장으로 돌아가 프로메테우스와 그라파나를 설치하고 8장을 참조해 대시보드를 설정하자.

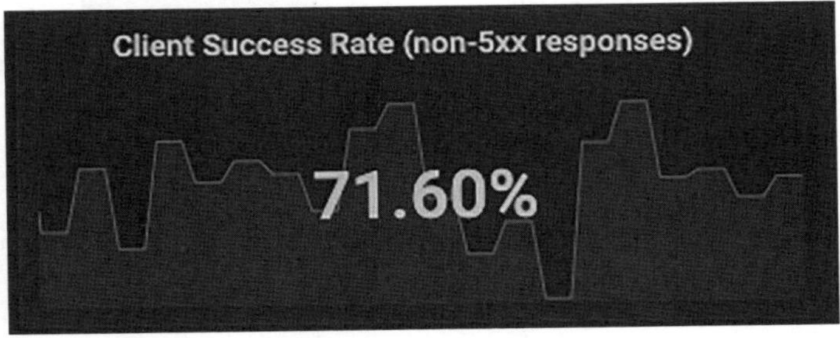

▲ **그림 10.14** 클라이언트 성공률은 요청 중 대략 30%가 실패하고 있음을 보여준다.

서버 성공률(그림 10.15 참조)과 비교하면 차이를 알 수 있다. 서버는 성공률이 100%라고 보고하고 있다. 엔보이 프록시가 다운스트림 종료 요청에 대한 응답 코드를 0으로 표시하기 때문인데, 이는 5xx 응답이 아니라서 실패율에 포함되지 않는다. 반면 클라이언트는 상태 코드 504('Gateway timeout')로 올바르게 표시하기 때문에 클라이언트 측에서는 실패율에 산입된다(그림 10.16 참조).

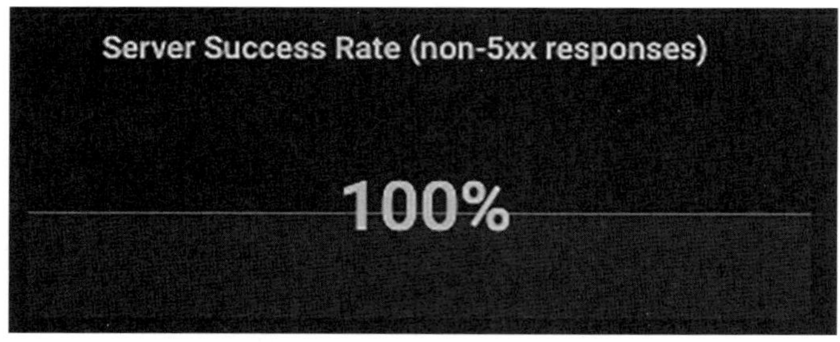

▲ **그림 10.15** 서버는 문제를 인지하지 못한다.

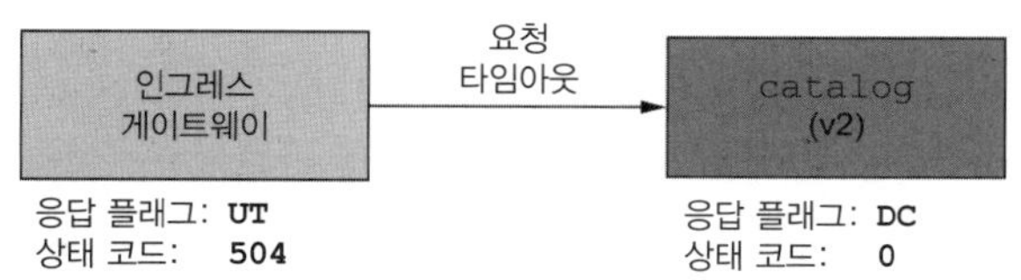

▲ **그림 10.16** 클라이언트와 서버가 설정한 응답 플래그와 응답 코드의 차이점

정리하면, 올바른 값은 클라이언트가 보고하는 성공률이라는 것을 알 수 있다. 실패율이 20~30%이면 즉시 주의를 기울여야 한다! 그러나 그라파나는 `catalog` 서비스에 속한 모든 워크로드의 성공률을 보여준다. 문제가 있는 단일 인스턴스를 식별하려면 좀 더 상세한 출력이 필요하다.

10.4.2 프로메테우스를 사용해 영향받는 파드 쿼리하기

그라파나 대시보드의 정보가 부족하면 프로메테우스에 직접 쿼리할 수 있다. 예를 들어 파드별 실패율을 쿼리해보자. 이는 불안정한 애플리케이션을 격리하는 데 도움이 될 것이다.

프로메테우스 대시보드를 열자.

```
$ kubectl -n prometheus port-forward \
svc/prom-kube-prometheus-stack-prometheus 9090
```

이제, 다음 기준을 충족하는 메트릭을 쿼리해보자.

- destination이 보고한 요청
- destination 서비스가 catalog인 요청
- 응답 플래그가 DC(다운스트림 커넥션 종료)인 요청

```
sort_desc(sum(irate(
    istio_requests_total{
      reporter="destination",                                            ❶
      destination_service=~"catalog.istioinaction.svc.cluster.local",    ❷
      response_flags="DC"}[5m]))                                         ❸
by (response_code, kubernetes_pod_name, version))
```

❶ destination이 보고한 메트릭만 필터링
❷ catalog가 destination인 메트릭만 필터링
❸ 다운스트림 커넥션 종료로 끝난 메트릭만 필터링

이 쿼리를 실행한 후 Graph 화면으로 이동한다. 여기서는 실패율이 시각적으로 표시된다(그림 10.17 참조). 그래프는 오직 워크로드 하나만 실패를 보고하고 있음을 보여준다. 이 정보는 중요한데, 디플로이먼트 version-v2 자체에 결함이 있다는 의심을 줄여주기 때문이다. 그러나 가능성을 완전히 배제하는 것은 아니다. 그러려면 더 많은 조사가 필요할 것이다.

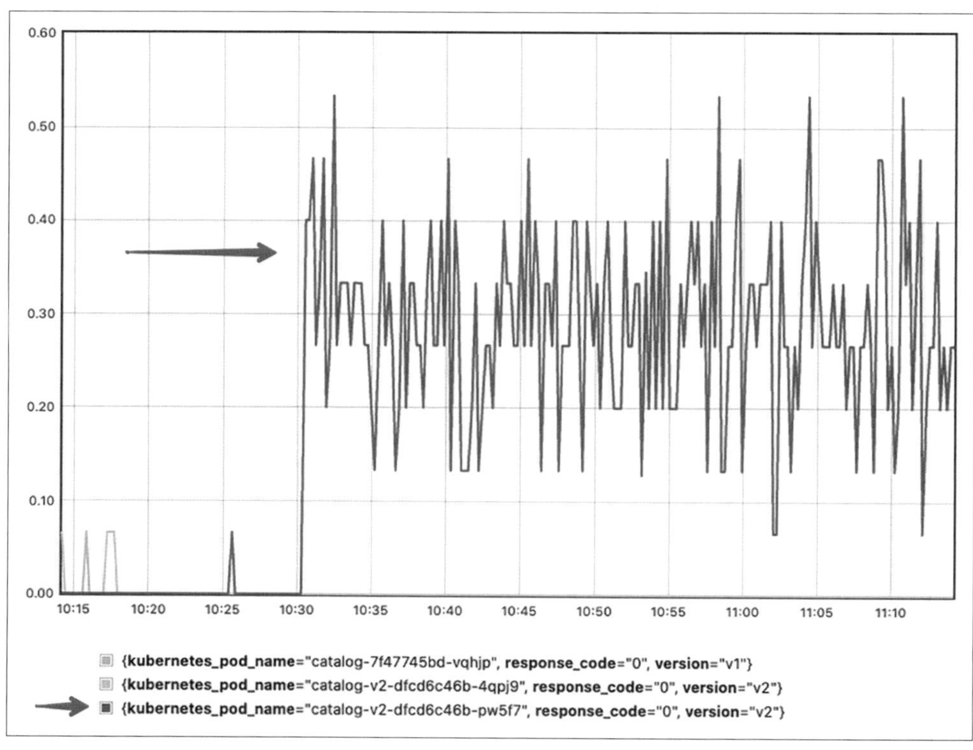

▲ **그림 10.17** version-v2 인스턴스 2개 중 한 워크로드만 실패율을 보고한다.

> **|노트|** 파드를 삭제하기보다는 파드의 레이블을 지워 쿠버네티스 서비스 레이블 셀렉터와 일치하지 않도록 하는 것을 추천한다(이 예제에서는 app: catalog 레이블을 지워야 한다). 이렇게 하면 쿠버네티스 서비스 엔드포인트에서 파드 IP 주소가 제거되며, 이 변경 사항을 istiod가 데이터 플레인으로 전파한다.

이스티오 표준 메트릭에 필요한 정보가 없으면, 7장의 7.4절에서 소개한 방법처럼 커스텀 메트릭을 추가할 수 있다. 또한 프로메테우스 클라이언트 라이브러리를 사용해 애플리케이션에 모니터링을 원하는 대로 설정할 수도 있다.

이것으로 데이터 플레인을 트러블슈팅하는 데 흔히 사용하는 도구 탐색을 마치겠다. 다양한 데이터 플레인 문제가 이전에는 블랙박스처럼 보였을 수 있다. 하지만 지금부터는 이런 문제와 마주했을 때 자신감을 갖고 명확한 출발점을 찾을 수 있어야 한다. 이스티오 작동 방식을 깊이 이해하고 적절한 도구가 있다면, 데이터 플레인 문제 디버깅이 훨씬 쉬워진다(단, 결코 쉬운 일은 아니다).

다음 장에서는 컨트롤 플레인에서 일어나는 문제를 해결하는 방법을 알아본다. 서비스 메시 내 워크로드 개수가 늘어나면 컨트롤 플레인이 따라서 확장될 수 있도록 함으로써, 컨트롤 플레인 성능을 개선하는 방법을 알아본다.

요약

- `istioctl` 명령어를 사용해 서비스 메시와 서비스 프록시에 대한 통찰력을 얻는다.
  - `proxy-status`는 데이터 플레인 동기화 상태의 개요를 보여준다.
  - `analyze`는 서비스 메시 설정을 분석한다.
  - `describe`는 요약을 가져오고 서비스 프록시 설정을 검증한다.
  - `proxy-config`는 서비스 프록시 설정을 쿼리하고 수정한다.
- `istioctl analyze` 명령을 사용해 클러스터에 적용하기 전에 설정을 검증할 수 있다.
- 키알리와 그 검증 기능을 사용해 일반적인 설정 실수를 잡아낼 수 있다.
- 장애 상황을 살펴보려면 프로메테우스와 수집한 메트릭을 사용하자.
- ksniff를 사용해 영향을 받는 파드의 네트워크 트래픽을 캡처할 수 있다.
- `istioctl proxy-config log` 명령어를 사용해 엔보이 프록시의 로깅 수준을 높일 수 있다.

11

컨트롤 플레인 성능 튜닝하기

11장에서 다루는 내용

- 컨트롤 플레인 성능에 영향을 미치는 요소 이해하기
- 성능 모니터링 방법 알아보기
- 주요 성능 메트릭 알아보기
- 성능 최적화 방법 이해하기

데이터 플레인 문제 해결을 다룬 앞 장에서는 프록시 설정 및 동작 문제를 진단하는 데 사용할 수 있는 디버깅 도구를 자세히 살펴봤다. 서비스 프록시 설정을 이해하면 동작이 예상과 다를 때 문제를 해결하는 것이 간단해진다.

이번 장에서는 컨트롤 플레인 성능 최적화에 초점을 맞춘다. 컨트롤 플레인이 어떻게 서비스 프록시를 설정하는지, 이 과정을 느리게 만드는 요인은 무엇인지, 이 과정을 어떻게 모니터링하는지, 성능을 향상시키기 위해 조정할 수 있는 변수는 무엇인지 등을 알아본다.

11.1 컨트롤 플레인의 주요 목표

이전 장에서 컨트롤 플레인은 서비스 메시의 두뇌이며 서비스 메시 운영자를 위해 API를 노출한다고 했었다. 이 API를 사용하면, 메시의 동작을 조작하고 각 워크로드 인스턴스에 함께 배포된 서비스 프록시를 설정할 수 있다. 간결함을 위해 앞서 생략했던 내용이 있는데, 서비스 메시 운영자(즉, 우리)가 이 API에 요청을 하는 것이 메시의 동작과 설정에 영향을 미치는 유일한 방법은 아니라는 점이다. 좀 더 일반적으로 말하면 컨트롤 플레인은 런타임 환경의 세부적인 내용들을 추상화하는데, 어떤 서비스가 존재하는지(서비스 디스커버리), 어떤 서비스가 정상인지와 오토스케일링 이벤트 등이 해당된다.

이스티오의 컨트롤 플레인은 쿠버네티스의 이벤트를 수신하고, 원하는 새 상태를 반영하고자 설정을 업데이트한다. 이 상태 조정 절차는 올바르게 동작하는 메시를 유지하기 위해 계속되며, 시기적절하게 일어나는 것이 중요하다. 컨트롤 플레인이 상태 조정 절차를 적시에 하지 못할 때마다 예기치 못한 결과로 이어지는데, 워크로드는 이미 바뀐 상태로 설정돼 있기 때문이다.

성능이 저하될 때 발생하는 흔한 증상을 '유령 워크로드phantom workload'라고 하는데, 이미 사라진 엔드포인트로 트래픽을 라우팅하도록 서비스가 설정돼 있으므로 요청이 실패한다. 그림 11.1은 유령 워크로드의 개념을 보여준다.

1. 비정상이 된 워크로드가 이벤트를 트리거한다.
2. 업데이트가 지연되면 서비스가 낡은 설정을 지니게 된다.
3. 낡은 설정 때문에 서비스가 트래픽을 존재하지 않는 워크로드로 라우팅한다.

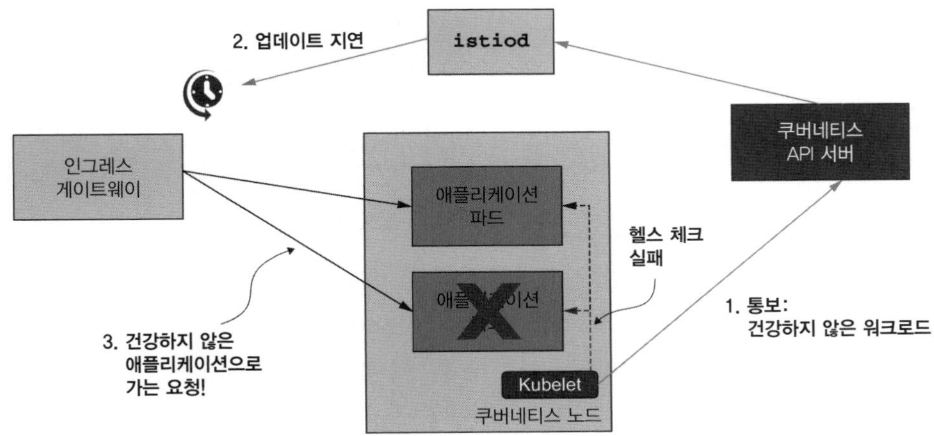

▲ **그림 11.1** 낡은 설정 때문에 트래픽을 유령 워크로드로 라우팅

데이터 플레인의 궁극적 일관성eventually consistent 성질 덕분에 설정이 잠깐 낡은 것은 그리 문제가 되지 않는다. 다른 보호 기제를 사용할 수 있기 때문이다. 예를 들어 네트워크 문제로 요청이 실패하면 요청은 기본적으로 두 번 재시도되므로, 아마도 다른 정상 엔드포인트가 처리할 것이다.

또 다른 교정 방법으로는 이상값 감지가 있는데, 엔드포인트로 보낸 요청이 실패했을 때 클러스터에서 엔드포인트를 배제하는 것이다. 그러나 지연이 몇 초를 넘어가면 최종 사용자에게 부정적인 영향을 미칠 수 있으므로 반드시 피해야 한다. 이 장에서는 바로 이 내용을 주로 다룬다.

11.1.1 데이터 플레인 동기화 단계 이해하기

데이터 플레인을 원하는 상태로 동기화하는 과정은 여러 단계로 수행된다. 컨트롤 플레인은 쿠버네티스에서 이벤트를 수신한다. 이벤트는 엔보이 설정으로 변환돼 데이터 플레인의 서비스 프록시로 푸시된다. 이 과정을 이해하면 컨트롤 플레인 성능을 미세 조정하고 최적화할 때 이뤄지는 의사결정에 도움이 된다.

그림 11.2는 들어오는 변경 사항에 맞춰 데이터 플레인을 동기화하는 단계를 순서대로 보여준다.

1. 들어오는 이벤트가 동기화 과정을 시작시킨다.
2. `istiod`의 `DiscoveryServer` 구성 요소가 이 이벤트들을 수신한다. 성능을 향상시키기 위해, 푸시 대기열에 이벤트를 추가하는 작업을 일정 시간 미루고 그동안의 후속 이벤트를 병합해 일괄 처리한다. 이를 '디바운스debounce한다'고 말하는데, 디바운스는 시간을 잡아먹는 작업이 너무 자주 실행되지 않도록 해준다.
3. 지연 시간이 만료되면, `DiscoveryServer`가 병합된 이벤트를 푸시 대기열에 추가한다. 푸시 대기열은 처리 대기 중인 푸시 목록을 유지 관리한다.
4. `istiod` 서버는 동시에 처리되는 푸시 요청 개수를 제한throttle하는데, 이는 처리 중인 항목이 더 빨리 처리되도록 보장하고 CPU 시간이 작업 간 콘텍스트 스위칭에 낭비되는 것을 방지한다.
5. 처리된 항목은 엔보이 설정으로 변환돼 워크로드로 푸시된다.

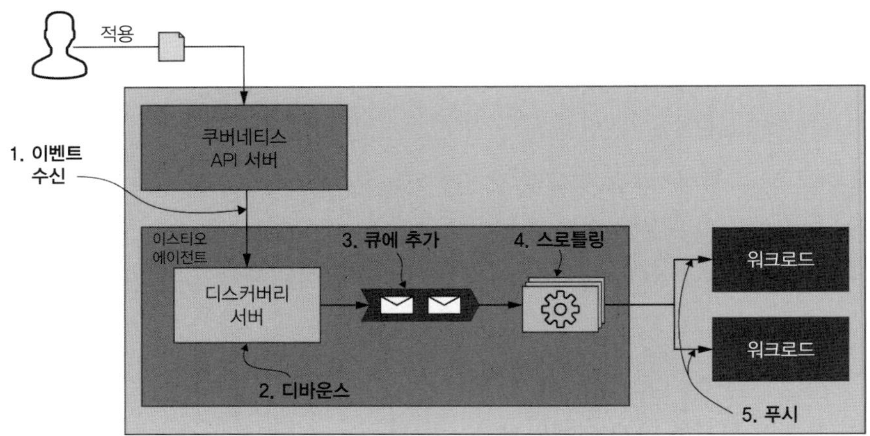

▲ **그림 11.2** 최신 설정을 워크로드에 푸시하는 작업의 순서

여기서는 이스티오가 디바운스(디바운싱debouncing)와 스로틀링throttling이라는 두 가지 방법을 사용해 과부하되지 않도록 스스로를 보호하는 방법을 다룬다. 추후 살펴보겠지만, 디바운스와 스로틀링은 성능을 향상시키기 위해 설정할 수 있는 것이다.

11.1.2 성능을 결정짓는 요소

동기화 프로세스를 잘 이해하면, 컨트롤 플레인의 성능에 영향을 미치는 요소를 자세히 설명할 수 있다(그림 11.3 참조).

- **변경 속도**: 변경 속도가 빠를수록 데이터 플레인을 동기화 상태로 유지하는 데 더 많은 처리가 필요하다.
- **할당된 리소스**: 수요가 istiod에 할당된 리소스를 넘어서면 작업을 대기열에 넣어야 하므로 업데이트 배포가 느려진다.
- **업데이트할 워크로드 개수**: 더 많은 워크로드에 업데이트를 배포하려면 네트워크 대역폭과 처리 능력이 더 많이 필요하다.
- **설정 크기**: 더 큰 엔보이 구성을 배포하려면 처리 능력과 네트워크 대역폭이 더 많이 필요하다.

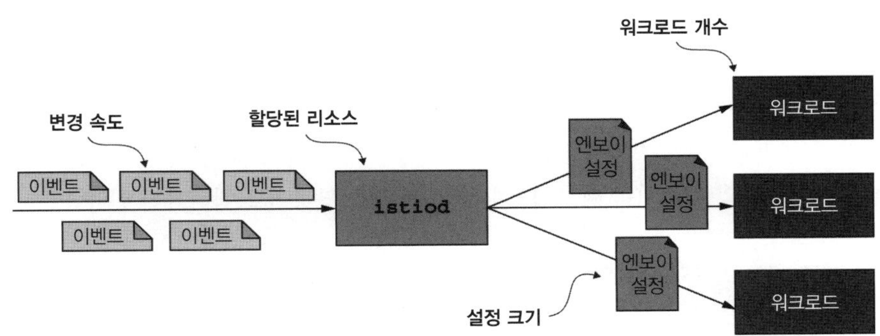

▲ **그림 11.3** 컨트롤 플레인 성능에 영향을 주는 속성들

이 요소들에 맞게 성능을 최적화하는 방법을 다룰 것이다. 그러나 그 전에 프로메테우스가 istiod에서 수집한 메트릭을 시각화한 그라파나 대시보드(8장에서 준비함)를 사용해 병목 지점을 판단하는 방법을 배워보자.

11.2 컨트롤 플레인 모니터링하기

istiod는 핵심 성능 지표의 지속 시간 및 빈도를 측정하는 메트릭을 노출하는데, 여기에는 리소스 사용률, 수신 또는 발신 트래픽으로 인한 부하, 오류 비율 등이 있다. 이런 지표들은 제어 평면의 성능이 어떤지, 어떤 것이 곧 문제를 일으킬지, 이미 올바르게 동작하지 않는 것을 어떻게 트러블슈팅해야 하는지를 밝히는 데 도움을 준다.

노출하는 메트릭들은 이스티오 공식 문서(http://mng.bz/y44q)에 기술돼 있는데, 메트릭 개수는 방대하다. 여기서는 주목해야 할 핵심 메트릭을 식별하고, 네 가지 황금 신호에 대략 맞도록 메트릭을 정리해볼 것이다.

11.2.1 컨트롤 플레인의 네 가지 황금 신호

구글 SRE 책(https://sre.google/sre-book/table-of-contents)에서 정의한 네 가지 황금 신호란 서비스가 어떻게 동작하는지에 대한 외부의 시각을 이해하기 위해 모니터링해야 하는 네 가지 주요 메트릭을 말한다. 특정 서비스가 자신의 서비스 수준 목표[SLO]에서 벗어난 경우, 황금 메트릭을 통해 원인을 분석하는 통찰력을 얻을 수 있다. 네 가지 신호는 지연 시간, 포화도, 오류, 트래픽이다.

컨트롤 플레인의 메트릭을 빠르게 살펴보려면 다음 명령어로 쿼리하면 된다.

```
kubectl exec -it -n istio-system deploy/istiod -- curl localhost:15014/metrics
```

이 장의 나머지 부분에서는 그라파나 대시보드로 이 메트릭들을 조사한다.

지연 시간: 데이터 플레인을 업데이트하는 데 필요한 시간

지연 시간 신호를 사용하면 서비스가 어떻게 동작하는지를 서비스 외부의 최종 사용자 관점으로 알 수 있다. 지연 시간이 증가하면 서비스의 성능이 저하된 것이다. 그러나 성능 저하의 원인이 무엇인지는 알 수 없다. 원인을 알려면 다른 신호를 조사해야 한다.

이스티오 컨트롤 플레인에서 지연 시간은 컨트롤 플레인이 데이터 플레인에 업데이트를 얼마나 빨리 배포하는지로 측정한다. 지연 시간을 측정하는 주요 메트릭은 pilot_proxy_ convergence_time이다. 그러나 동기화 절차 중 대부분의 시간을 소비하는 단계의 이해를 돕는 보조 메트릭도 두 가지 있는데, 하나는 pilot_proxy_queue_time이고 다른 하나는 pilot_xds_push_time이다. 그림 11.4는 동기화 단계 중 이 메트릭이 다루는 부분을 보여준다.

1. pilot_proxy_convergence_time은 프록시 푸시 요청이 대기열에 안착한 순간부터 워크로드에 배포되기까지 전체 과정의 지속 시간을 측정한다.
2. pilot_proxy_queue_time은 워커가 처리할 때까지 푸시 요청이 대기열에서 기다린 시간을 측정한다. 푸시 대기열에서 상당한 시간이 걸리는 경우, istiod를 수직으로 확장해 동시 처리 능력을 높일 수 있다.
3. pilot_xds_push_time은 엔보이 설정을 워크로드로 푸시하는 데 필요한 시간을 측정한다. 시간이 늘어나면, 전송되는 데이터양 때문에 네트워크 대역폭이 과부하된 것이다. 설정 업데이트 크기와 프록시별 변화 빈도를 줄임으로써 이 상황을 상당히 개선할 수 있는 방법을 뒷부분에서 살펴본다.

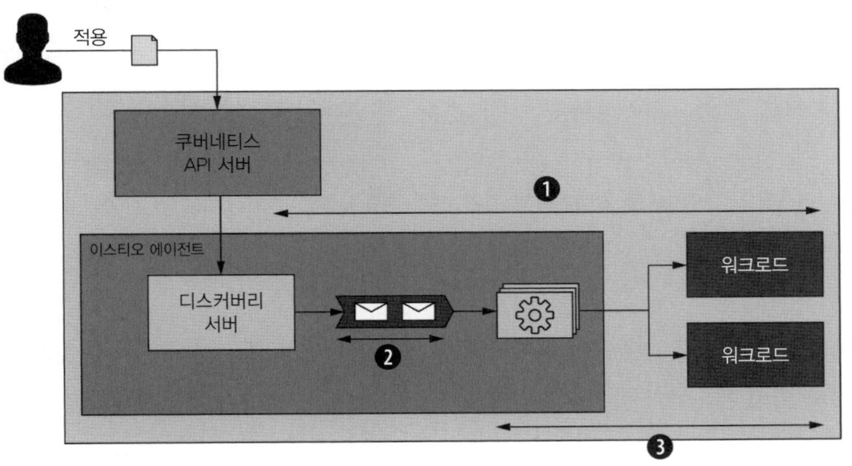

▲ **그림 11.4** 전체 지연 시간 중 각 메트릭이 다루는 부분들

`pilot_proxy_convergence_time`은 그라파나 대시보드에서 시각화하고 있는데, Istio Control Plane 대시보드의 Proxy Push Time이라는 Pilot Push 정보 부분에 있다(그림 11.5 참조).

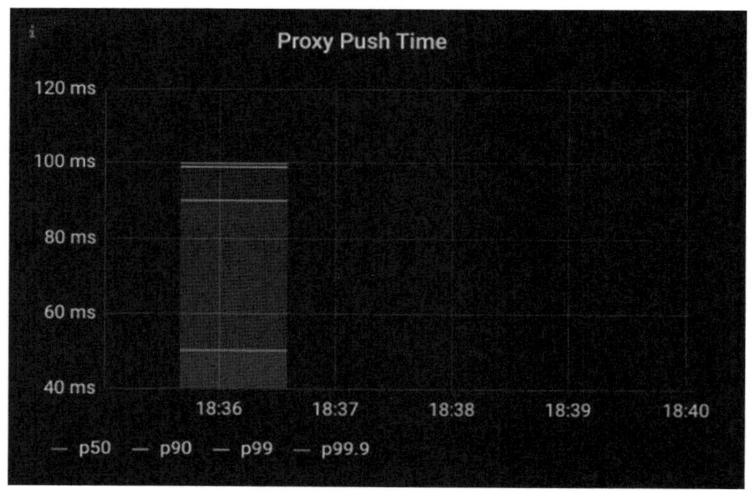

▲ **그림 11.5** 이 그래프는 푸시의 99.9%는 워크로드에 배포되는 데 걸리는 시간이 100ms 미만임을 보여준다. 이상적이다!

> **|팁|** 이스티오 대시보드를 업데이트해 지연 시간 메트릭 pilot_proxy_queue_time과 pilot_xds_push_time을 표시하자.

메시에 워크로드를 추가하면 이런 다양한 메트릭에서 지연 시간이 서서히 증가한다. 이는 당연한 일이므로 약간 증가하는 것은 걱정하지 않아도 된다. 다만, 허용할 수 있는 임계값은 정의하고 지연 시간이 허용할 수 있는 한계를 넘어가면 얼럿을 트리거해야 한다.

다음 기준으로 임계값을 고려하는 것을 권장한다.

- **Warning 심각도**: 10초 이상 동안 지연 시간이 1초를 초과하는 경우
- **Critical 심각도**: 10초 이상 동안 지연 시간이 2초를 초과하는 경우

첫 번째 얼럿을 받았을 때는 겁 먹을 필요 없다. 단지 서비스 지연 시간이 증가했고 성능 최적화가 필요하다는 조치 요청일 뿐이다. 그러나 확인하지 않고 방치하면 성능이 더 저하돼 최종 사용자에게 영향을 미칠 것이다.

지연 시간이 늘어났다는 것은 컨트롤 플레인 성능이 저하됐음을 알리는 가장 좋은 지표이지만, 성능 저하 원인에 대한 정보를 더 주지는 않는다. 저하 원인을 알아보려면 다른 메트릭을 더 깊이 파고들어야 한다.

포화도: 컨트롤 플레인이 얼마나 가득 차 있는가?

포화도 메트릭은 리소스 사용량을 보여준다. 사용률이 90% 이상이면 서비스는 포화된 것이거나 곧 포화된다. istiod가 포화되면 배포 업데이트가 느려진다. 푸시 요청이 대기열에서 더 오래 처리를 기다리기 때문이다.

포화는 보통 가장 제한적인 리소스 때문에 일어난다. istiod는 CPU 집중적이므로, 보통은 CPU가 가장 먼저 포화된다. CPU 사용률을 측정하는 메트릭은 다음과 같다.

- container_cpu_usage_seconds_total은 쿠버네티스 컨테이너가 보고하는 CPU 사용률을 측정한다.
- process_cpu_seconds_total은 istiod 계측이 보고하는 CPU 사용률을 측정한다.

그림 11.6은 CPU 사용률 메트릭을 시각화하는 그래프를 보여준다. 이 그래프는 istiod에서 가장 일반적인 사용 패턴을 나타내는데, 대부분의 시간이 유휴[idle] 시간이다. 서비스가 배포될 때 컴퓨팅 요청이 급증하는데, istiod가 엔보이 설정을 생성해 모든 워크로드로 푸시하기 때문이다.

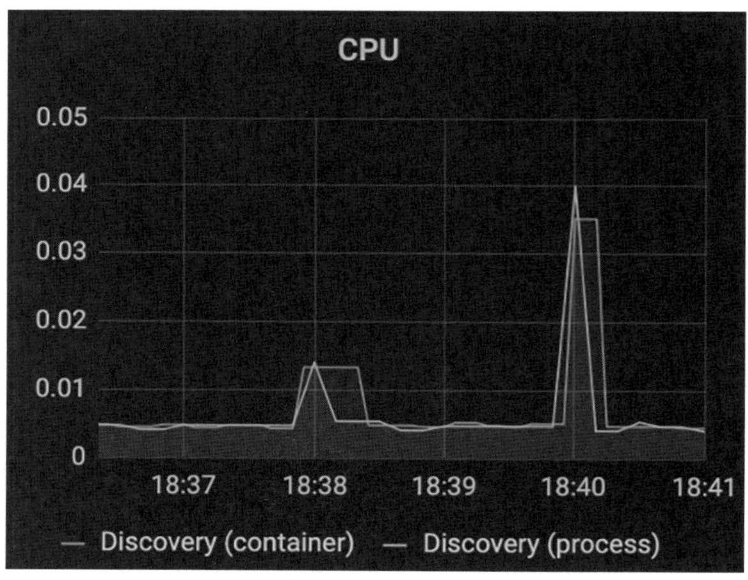

▲ **그림 11.6** Istio Control Plane 대시보드의 Resource Usage 부분에 있는 CPU 사용률 그래프

컨트롤 플레인이 포화되면 리소스가 부족한 것이므로, 할당량을 다시 생각해야 한다. 컨트롤 플레인 동작을 최적화하기 위해 다른 접근법을 시도했었다면, 리소스를 늘리는 것이 최선의 선택일 것이다.

트래픽: 컨트롤 플레인의 부하는 어느 정도인가?

트래픽은 시스템이 겪는 부하를 측정한다. 예를 들어, 웹 애플리케이션에서 부하는 초당 요청 수로 정의된다. 한편, 이스티오의 컨트롤 플레인에는 수신 트래픽(설정 변경 형태)과 송신 트래픽(데이터 플레인으로 변경 푸시)이 있다. 성능을 제한하는 요인을 찾으려면 양방향 트래픽을 모두 측정해야 한다. 그리고 그 측정치에 기반해 성능을 개선하는 데 여러 접근 방식을 취할 수 있다.

수신 트래픽에 대한 메트릭은 다음과 같다.

- `pilot_inbound_updates`는 각 `istiod` 인스턴스가 설정 변경 수신 횟수를 보여준다.
- `pilot_push_triggers`는 푸시를 유발한 전체 이벤트 횟수다. 푸시 원인은 서비스, 엔

드포인트, 설정 중 하나다. 여기서 설정이란 `Gateway`나 `VirtualService` 같은 이스티오 커스텀 리소스를 말한다.

- `pilot_services`는 파일럿이 인지하고 있는 서비스 개수를 측정한다. 파일럿이 인지하는 서비스 개수가 늘어날수록, 이벤트를 수신할 때 엔보이 설정을 만들어내는 데 필요한 처리가 더 많아진다. 따라서 이 수치는 `istiod`가 수신 트래픽 때문에 받는 부하량이 결정되는 데 중요한 역할을 한다.

발신 트래픽에 대한 메트릭은 다음과 같다.

- `pilot_xds_pushes`는 리스너, 루트, 클러스터, 엔드포인트 업데이트와 같이 컨트롤 플레인이 수행하는 모든 유형의 푸시를 측정한다. 이 메트릭은 Istio Control Plane 대시보드에서 Pilot Pushes라는 이름의 그래프로 표시된다(그림 11.7 참조).
- `pilot_xds`는 워크로드로의 전체 커넥션 개수를 파일럿 인스턴스별로 보여준다. 이 메트릭은 Istio Control Plane 대시보드에서 ADS Monitoring이라는 이름의 그래프로 표시된다.
- `envoy_cluster_upstream_cx_tx_bytes_total`은 네트워크로 전송된 설정 크기를 측정한다.

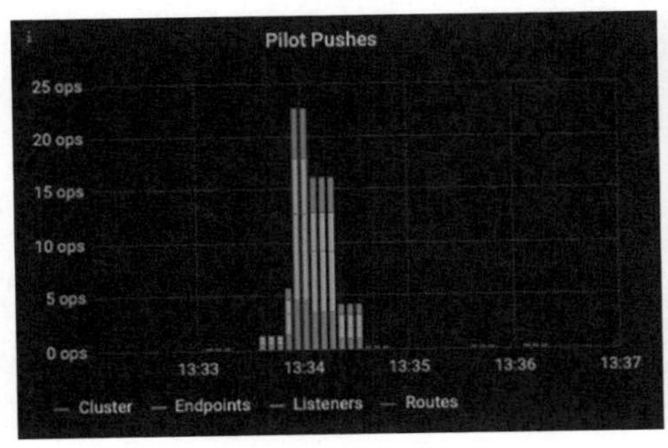

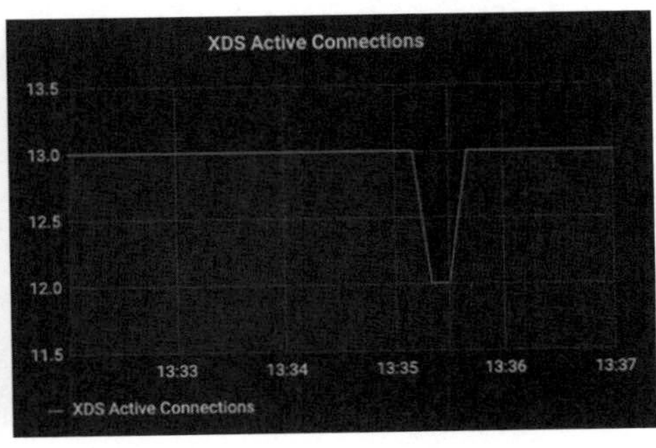

▲ **그림 11.7** Pilot Pushes는 푸시 빈도를 보여준다. XDS Active Connections 그래프는 컨트롤 플레인이 관리하는 엔드포인트 개수를 보여준다.

수신 트래픽과 송신 트래픽을 구분하면 포화의 원인과 사용할 수 있는 완화책이 명확해진다. 포화가 수신 트래픽 때문에 생기는 것이면 성능 병목은 변화율 때문이며, 해결책은 이벤트 배치 처리를 늘리거나 스케일 업하는 것이다. 만약 포화가 송신 트래픽과 관련 있으면, 해결책은 각 파일럿이 관리하는 인스턴스가 줄어들 수 있도록 컨트롤 플레인을 스케일 아웃하거나 모든 워크로드에 대해 사이드카 리소스를 정의하는 것이다(이후 절들에서 설명한다).

오류: 컨트롤 플레인의 실패율은 어떻게 되는가?

오류는 istiod의 실패율을 나타내며, 보통은 서비스가 포화 상태에 이르러 성능이 저하됐을 때 발생한다. 가장 중요한 오류 메트릭들을 표 11.1에 나열했는데, 이들은 Pilot Errors 라는 이름으로 Istio Control Plane 대시보드에 시각화돼 있다.

▼ **표 11.1** 가장 중요한 오류 메트릭

메트릭	설명
pilot_total_xds_rejects	설정 푸시 거부 횟수
pilot_xds_eds_reject, pilot_xds_lds_reject, pilot_xds_rds_reject, pilot_xds_cds_reject	pilot_total_xds_rejects 메트릭의 부분집합. 어느 API 푸시가 거부됐는지 수사망을 좁히는 데 유용함
pilot_xds_write_timeout	push를 시작할 때 발생한 오류와 타임아웃의 합계
pilot_xds_push_context_errors	엔보이 설정을 생성하는 동안 발생한 이스티오 파일럿 오류 횟수. 주로 이스티오 파일럿의 버그

표에는 가장 중요한 메트릭들이 포함돼 있다. 이 메트릭들은 컨트롤 플레인 상태는 어떤지, 컨트롤 플레인이 어떻게 동작하는지를 알려줘 성능 병목을 밝혀내는 데 도움이 된다.

11.3 성능 튜닝하기

컨트롤 플레인의 성능 요인은 클러스터/환경의 변화 속도, 리소스 할당량, 관리하는 워크로드 개수, 그 워크로드로 푸시하는 설정 크기라는 점을 돌이켜보자. 이들 중 하나라도 병목이 되면, 성능을 개선할 수 있는 방법은 그림 11.8처럼 여러 가지가 있다.

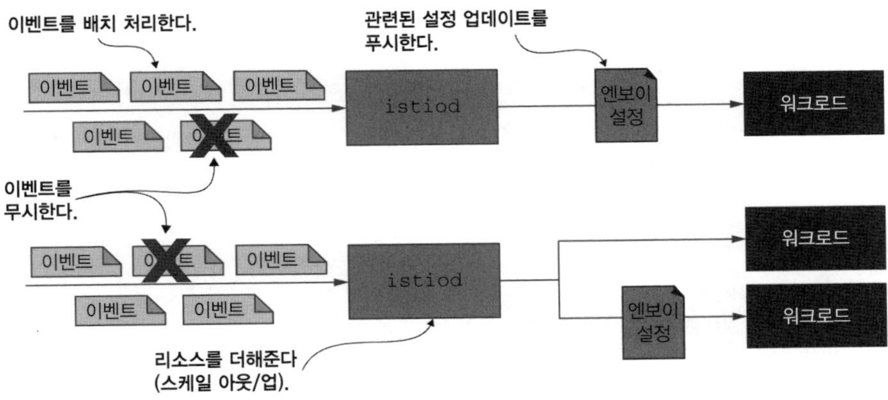

▲ **그림 11.8** 컨트롤 플레인 성능을 개선할 수 있는 방법들

컨트롤 플레인 성능의 변수는 다음과 같다.

- 서비스 메시와 관련 없는 이벤트 무시하기
- 이벤트 배치 처리 기간을 좀 더 늘려 데이터 플레인 업데이트에 필요한 푸시 횟수 줄이기
- 다음 방법으로 리소스 추가 할당
  - istiod 디플로이먼트 스케일 아웃하기. 관리하는 워크로드를 파일럿 인스턴스들에 나눠 부하를 경감
  - istiod 디플로이먼트 스케일 업하기. 엔보이 설정 생성 속도를 높이고 더 많은 푸시 요청을 동시에 처리
- 워크로드가 관련 있는 설정을 컨트롤 플레인에게 알리는 사이드카 설정을 정의해 관련 있는 업데이트만 워크로드로 푸시하기. 여기에는 두 가지 이점이 있다.
  - 해당 프로세스에 필요한 최소한의 요청만을 보냄으로써 서비스 프록시에 보내는 설정 크기를 줄인다.
  - 이벤트 하나로 업데이트되는 프록시 개수를 줄인다.

이런 방법으로 어떻게 성능을 개선하는지 보여줄 수 있도록 클러스터에 서비스를 준비하고 성능 테스트를 정의해보자.

11.3.1 워크스페이스 준비하기

먼저, 이스티오는 배포했지만 다른 애플리케이션 구성 요소는 배포하지 않았다고 해보자. 앞 장들부터 계속해오고 있다면, 남아 있는 Deployment, Service, Gateway, VirtualService를 정리해야 할 것이다.

```
$ kubectl config set-context $(kubectl config current-context) \
 --namespace=istioinaction
$ kubectl delete virtualservice,deployment,service,\
destinationrule,gateway --all
```

istiod에게 관리할 워크로드를 주기 위해 catalog 워크로드와 더미 워크로드 10개를 만들어보자.

```
$ kubectl -n istioinaction apply -f services/catalog/kubernetes/catalog.yaml
$ kubectl -n istioinaction apply -f ch11/catalog-virtualservice.yaml
$ kubectl -n istioinaction apply -f ch11/catalog-gateway.yaml
$ kubectl -n istioinaction apply -f ch11/sleep-dummy-workloads.yaml
```

이 정도는 파일럿에게 아직도 너무 쉽다. 몇 가지 더미 서비스로 엔보이 설정을 부풀려 상황을 악화시켜보자.

```
$ kubectl -n istioinaction apply -f ./ch11/resources-600.yaml
```

그래서 이제 istiod 인스턴스 하나가 인그레스 및 이그레스 게이트웨이를 포함해 워크로드를 13개 관리하며, 서비스는 총 600개 인지하고 있다. 서비스 개수는 엔보이 설정을 만드는 데 필요한 처리량을 늘리고, 워크로드로 보내야 하는 설정을 부풀린다.

11.3.2 최적화 전 성능 측정하기

이제 테스트로 컨트롤 플레인 성능을 판단할 것이다. 테스트는 서비스를 반복적으로 만들어 부하를 생성하고, 프록시에 설정을 업데이트하는 데 걸리는 지연 시간의 P99 값과 푸시 개수를 측정한다.

P99 이해하기

P99(또는 백분위 99)는 업데이트 전파 중 가장 빠른 99%의 최대 지연 시간을 측정한다. 예를 들어, 'P99 지연 시간이 80ms이다'는 요청 중 99%가 80ms보다 빠르게 전파됐음을 말한다! 각 요청이 정확히 어떻게 분포하는지는 알지 못하며, 대부분은 수 ms 범위일 수 있다. 그러나 가장 빠른 99%만을 고려할 때 가장 느린 요청도 80ms 안에 처리됐음을 알 수 있다.

테스트를 10회 반복하되, 반복 사이에 2.5초 간격을 두자. 이는 변경을 흩뿌려 배치 처리되는 상황을 피하려는 것이다.

```
$  ./bin/performance-test.sh --reps 10 --delay 2.5

gateway.networking.istio.io/service-003c-0 created
service/service-003c-0 created
virtualservice.networking.istio.io/service-003c-0 created
<생략>
==============
Push count: 700                           ❶
Latency in the last minute: 0.49 ms       ❷
```

❶ 변경 사항을 적용하기 위한 푸시 횟수
❷ 마지막 1분 동안의 지연 시간

테스트에 따르면, 현재 설정으로는 700회의 푸시가 P99 지연 시간 0.49ms로 수행됐다. 서비스 간의 간격을 없애면, 푸시 횟수와 지연 시간 모두 떨어지는 것을 볼 수 있다. 이는 이벤트가 배치 처리돼서 더 적은 작업량으로 처리되기 때문이다(나중에 배치를 설정하는 방법을 살펴본다). 당신의 측정값은 다를 수 있지만, 괜찮다. 이 테스트의 목표는 후속 절들에서 최적화를 실행한 후의 성능 향상을 검증할 수 있는 '충분히 좋은' 측정을 하는 것이다.

사이드카를 사용해 푸시 횟수 및 설정 크기 줄이기

마이크로서비스 환경에서 한 서비스가 다른 서비스에 의존하는 것은 흔한 일이다. 그러나 한 서비스가 다른 모든 가용 서비스에 접근해야 하는 것은 드문 일이다(아니면 적어도 이런 상황을 피하려고는 한다). 기본적으로 이스티오는 각 서비스가 어떤 접근이 필요한지 알 수 없으므로, 기본값은 모든 서비스 프록시가 메시의 모든 워크로드를 알도록 한다. 이로 인해 프록시의 설정이 쓸데없이 부풀려진다는 점은 쉽게 알 수 있을 것이다. 예를 들어 catalog 워크로드의 설정 크기를 계산해보자.

```
$ CATALOG_POD=$(kubectl -n istioinaction get pod -l app=catalog \
   -o jsonpath={.items..metadata.name} | cut -d ' ' -f 1)

$ kubectl -n istioinaction exec -ti $CATALOG_POD -c catalog \
   -- curl -s localhost:15000/config_dump > /tmp/config_dump

$ du -sh /tmp/config_dump
2M     /tmp/config_dump
```

지금 설정 크기가 2MB인데, 이는 엄청 많은 것이다! 워크로드가 200개인 중간 클러스터만 돼도 엔보이 설정이 400MB로 늘어나며, 이로 인해 연산 성능, 네트워크 대역폭, 메모리가 더 많이 필요하다. 이 설정이 모든 사이드카 프록시에 저장되기 때문이다.

Sidecar 리소스

이런 문제를 해결하기 위해 Sidecar 리소스를 사용해 사이드카 프록시에 드나드는 트래픽의 설정을 세밀하게 조정할 수 있다. 이 작업을 수행하는 방법을 이해하기 위해 예시 Sidecar 리소스를 살펴보자.

```
apiVersion: networking.istio.io/v1beta1
kind: Sidecar
metadata:
  name: default
  namespace: istioinaction
spec:
  workloadSelector:
    labels:
      app: foo
  egress:
  - hosts:
```

```
- "./bar.istioinaction.svc.cluster.local"
- "istio-system/*"
```

설정할 수 있는 필드는 다음과 같다.

- workloadSelector 필드는 사이드카 설정을 적용할 워크로드를 제한한다.
- ingress 필드는 애플리케이션에 들어오는 트래픽 처리를 지정한다. 생략하면, 이스티오는 파드 정의를 조회해 서비스 프록시를 자동으로 설정한다.
- egress 필드는 사이드카를 거치는 외부 서비스로의 송신 트래픽 처리를 지정한다. 생략되면, 설정은 좀 더 일반적인 사이드카에서 egress 설정을 상속한다(있는 경우). 없으면, 다른 모든 서비스에 접근할 수 있도록 설정하는 기본 동작으로 대체된다.
- outboundTrafficPolicy 필드는 송신 트래픽 처리 시 모드를 지정한다. 다음 둘 중 하나로 설정할 수 있다.
  - REGISTRY_ONLY 모드. 워크로드가 설정한 서비스에만 트래픽을 보낼 수 있게 한다.
  - ALLOW_ANY 모드. 어디로든 트래픽 송신을 허용한다.

Sidecar 리소스를 워크로드에 적용하면, 컨트롤 플레인은 egress 필드를 사용해 워크로드가 어떤 서비스들에 접근해야 하는지 판단한다. 덕분에 컨트롤 플레인은 관련 있는 설정과 업데이트를 파악하고 해당 프록시로만 보낼 수 있다. 그 결과, 다른 모든 서비스에 도달하는 방법에 대한 설정을 모두 생성하고 배포하는 일을 방지해 CPU, 메모리, 네트워크 대역폭 소모를 줄일 수 있다.

메시 범위 사이드카 설정으로 더 나은 기본값 정의하기

모든 서비스 프록시로 전송되는 엔보이 설정을 줄여 컨트롤 플레인 성능을 개선할 수 있는 가장 쉬운 방법은 트래픽 송신을 istio-system 네임스페이스의 서비스로만 허용하는 사이드카 설정을 메시 범위로 정의하는 것이다. 기본값을 이렇게 정의하면, 최소 설정으로 메시 내 모든 프록시가 컨트롤 플레인에만 연결하도록 하고 다른 서비스로의 연결 설정은 모두 삭제할 수 있다. 이 방식은 서비스 소유자를 올바른 길로 유도하는데, 워크로드용 사이드카 정의를 좀 더 구체적으로 정의하고 서비스에 필요한 트래픽 송신을 모두 명시적으로 기술하게 함으로써 워크로드가 프로세스에 필요한 관련 설정을 최소한으로 수신할 수 있게 한다.

다음 사이드카 정의를 사용하면, 메시 내 모든 서비스 사이드카가 istio-system 네임스페이스에 있는 이스티오 서비스로만 연결하도록 설정할 수 있다(메트릭을 수집할 수 있도록 프로메테우스 네임스페이스도 연결한다).

```
apiVersion: networking.istio.io/v1beta1
kind: Sidecar
metadata:
  name: default                    ❶
  namespace: istio-system          ❶
spec:
  egress:
  - hosts:
    - "istio-system/*"             ❷
    - "prometheus/*"
  outboundTrafficPolicy:
    mode: REGISTRY_ONLY            ❸
```

❶ istio-system 네임스페이스의 사이드카는 메시 전체에 적용된다.
❷ istio-system 네임스페이스의 워크로드로만 트래픽 송신을 할 수 있게 설정한다.
❸ REGISTRY_ONLY 모드는 사이드카에 설정한 서비스로만 트래픽 송신을 허용한다.

이것을 클러스터에 적용해보자.

```
$  kubectl apply -f ch11/sidecar-mesh-wide.yaml

sidecar.networking.istio.io/default created
```

이제 컨트롤 플레인은 서비스 프록시가 istio-system 네임스페이스의 서비스로 연결할 수 있는 최소한의 설정만 갖도록 업데이트한다. 우리의 가설이 맞다면, catalog 워크로드의 엔보이 설정 크기는 현저히 줄어야 한다. 확인해보자.

```
$ kubectl -n istioinaction exec -ti $CATALOG_POD -c catalog \
    -- curl -s localhost:15000/config_dump > /tmp/config_dump

$ du -sh /tmp/config_dump
644K    /tmp/config_dump
```

설정 크기가 2MB에서 600KB로 대폭 줄었다. 게다가 이점은 그것만이 아니다. 이제부터 컨트롤 플레인은 푸시를 더 적게 할 것이다. 어느 워크로드는 업데이트가 필요하고, 어느 워크로드는 그렇지 않은지 판단하기 때문이다. 성능 테스트로 확인해보자.

```
$ ./bin/performance-test.sh --reps 10 --delay 2.5

<생략>
==============
Push count: 135
Latency in the last minute: 0.10 seconds
```

예상대로 푸시 횟수와 지연 시간 모두 줄어들었다. 이 성능 향상은 메시 범위 Sidecar 리소스를 정의하는 것이 얼마나 중요한지 보여준다. 이렇게 하면 메시의 운영 비용을 절감하고, 성능을 개선하고, 플랫폼의 사용자(테넌트tenant)들에게 워크로드에 송신 트래픽을 명시적으로 정의하는 좋은 습관을 심어줄 수 있다.

기존 클러스터에서는 서비스 중단을 방지하기 위해 플랫폼의 사용자들과 신중히 협의해야 하는데, 구체적으로는 그들이 좀 더 구체적인 Sidecar 리소스로 워크로드의 송신 트래픽을 먼저 정의하도록 해야 한다. 그러고 나서야 메시 범위에 디폴트 사이드카 설정을 적용할 수 있다. 항상 스테이징 환경에서 변경 사항을 테스트해야 한다.

사이드카 설정 범위

사이드카 설정은 PeerAuthentication 리소스와 비슷하게 다양한 범위에서 적용할 수 있다.

- 메시 범위 사이드카는 메시 내 모든 워크로드에 적용돼 기본값을 정의할 수 있다. 다른 규칙을 명시적으로 지정하지 않는 한 트래픽 송신을 제한하는 식이다. 메시 범위 사이드카 설정을 만들려면, 이스티오를 설치한 네임스페이스(우리의 경우 istio-system)에 적용하면 된다. 메시 범위 사이드카의 이름 컨벤션은 default이다.

- 네임스페이스 범위 사이드카 설정은 좀 더 구체적이며 메시 범위 설정을 덮어 쓴다. 네임스페이스 범위 사이드카 설정을 만들려면, workloadSelector 필드를 정의하지 않고 원하는 네임스페이스에 적용하자. 네임스페이스 범위 사이드카의 이름 컨벤션은 default이다.
- 워크로드별 사이드카 설정은 workloadSelector 속성에 부합하는 특정 워크로드를 목표로 한다. 가장 구체적인 설정으로, 메시 범위와 네임스페이스 범위 설정 모두를 덮어 쓴다.

이 책을 저술하는 시점에서는 동일 범위에서 여러 사이드카 설정을 정의하는 것이 지원되지 않으며, 그렇게 할 때 예상되는 동작은 문서화되지 않았다.

11.3.3 이벤트 무시하기: 디스커버리 셀렉터로 디스커버리 범위 줄이기

이스티오 컨트롤 플레인이 기본적으로 모든 네임스페이스의 파드, 서비스와 기타 리소스의 생성 이벤트를 감시한다는 것은 놀라운 일이다! 대규모 클러스터에서 이런 동작은 컨트롤 플레인에 부담을 줄 수 있다. 데이터 플레인을 최신 상태로 유지하기 위해 모든 이벤트마다 엔보이 설정을 처리하고 생성하기 때문이다.

이러한 부담을 줄이기 위해 Istio 1.10에는 네임스페이스 디스커버리 셀렉터discovery selector라는 기능이 새로이 추가돼 컨트롤 플레인이 감시할 이벤트를 세밀하게 조정할 수 있다. 이 기능을 사용하면 워크로드와 엔드포인트를 감시할 네임스페이스를 명시적으로 지정할 수 있다. 네임스페이스 셀렉터 접근법을 사용하면 동적으로 네임스페이스와 해당 네임스페이스의 각 워크로드를 포함하거나, 메시에서 처리하지 않도록 제외할 수 있다. 클러스터에 메시 내 워크로드가 절대 라우팅하지 않을 워크로드가 많거나, 계속 변하는 워크로드가 있는 경우(스파크 잡Spark job이 계속 생성되고 종료되는 등) 특히 유용하다. 이 경우 컨트롤 플레인이 이 워크로드들에서 만들어지는 이벤트를 무시하게 만들고 싶을 것이다.

다음과 같이 IstioOperator 파일을 사용해 시작 시 디스커버리 셀렉터 기능을 활성화할 수 있다.

```
apiVersion: install.istio.io/v1alpha1
kind: IstioOperator
metadata:
  namespace: istio-system
```

```
spec:
  meshConfig:
    discoverySelectors:          ❶
      - matchLabels:
          istio-discovery: enabled   ❷
```

❶ 디스커버리 셀렉터 활성화
❷ 사용할 레이블 지정

여기서는 컨트롤 플레인이 처리할 네임스페이스를 `istio-discovery: enabled` 레이블이 달린 것으로 한정한다. 네임스페이스에 이 레이블이 없으면 무시한다.

네임스페이스 대부분을 포함하고 소규모만 제외하려는 경우에는 레이블 비교 표현식을 사용해 어떤 네임스페이스를 포함하지 않을지 지정할 수 있다. 예를 들어 다음과 같이 사용할 수 있다.

```
apiVersion: install.istio.io/v1alpha1
kind: IstioOperator
metadata:
  namespace: istio-system
spec:
  meshConfig:
    discoverySelectors:
      - matchExpressions:
        - key: istio-exclude
          operator: NotIn
          values:
            - "true"
```

모든 항목을 살피는 기존 동작을 방해하지 않고 `istio-exclude:true` 레이블이 있는 인스턴스만 제외하도록 다음과 같이 업데이트할 수 있다.

```
$ istioctl install -y -f ch11/istio-discovery-selector.yaml
```

그런 다음, 새 워크로드가 있는 새 네임스페이스를 만들 수 있다. 다음과 같이 이 새 네임스페이스에 레이블을 달아보자.

```
$ kubectl label ns new-namespace istio-exclude=true
```

이 네임스페이스에 새 워크로드를 배포하면, istioinaction 네임스페이스의 워크로드에는 그 엔드포인트가 보이지 않는다. 이는 독자가 스스로 확인할 연습 과제로 남겨두겠다.

discoverySelectors를 사용해 디스커버리 범위를 관련 있는 네임스페이스로 줄였는데도 컨트롤 플레인이 여전히 포화 상태인 경우, 다음으로 고려해볼 방법은 각 이벤트를 개별적으로 해결하는 대신 이벤트를 배치 처리해 묶음으로 해결하는 것이다.

11.3.4 이벤트 배치 처리 및 푸시 스로틀링 속성

데이터 플레인 설정을 바꾸는 런타임 환경 이벤트는 보통 운영자가 제어할 수 없는 것이다. 새로운 서비스가 온라인 상태가 되는 것, 복제본 스케일 아웃, 서비스가 비정상이 되는 것 같은 이벤트들은 모두 컨트롤 플레인이 감지해 데이터 플레인 프록시를 조정한다. 그래도 업데이트를 얼마나 지연해서 배치 처리할지 정도는 어느 정도 제어할 수 있다. 배치 처리하면, 이벤트를 한 묶음으로 처리함으로써 엔보이 설정을 한 번만 만들어 데이터 플레인 프록시로 한 번에 푸시할 수 있다는 이점이 있다.

그림 11.9의 순서도는 이벤트 수신이 서비스 프록시로 변경 사항을 푸시하는 작업을 어떻게 지연시키는지(디바운스)를 보여준다. 디바운스 기간을 더 늘리면, 지연 기간에서 제외됐던 마지막 이벤트도 배치에 포함시켜 모든 이벤트를 하나의 배치로 합침으로써 하나의 요청으로 푸시할 수 있게 된다. 그러나 푸시를 너무 미루면 데이터 플레인 설정이 오래돼 최신 상태가 아니게 될 수 있는데, 상술한 것처럼 이런 상황 역시 원하는 바가 아니다.

한편, 반대로 기간을 줄이면 업데이트가 더 빠르게 수행되는 것이 보장된다. 그러나 그렇게 하면 컨트롤 플레인이 미처 배포할 수 없을 정도로 푸시 요청이 많아진다. 이런 요청들은 푸시 대기열에서 스로틀링돼 대기 시간 증가로 이어지게 될 것이다.

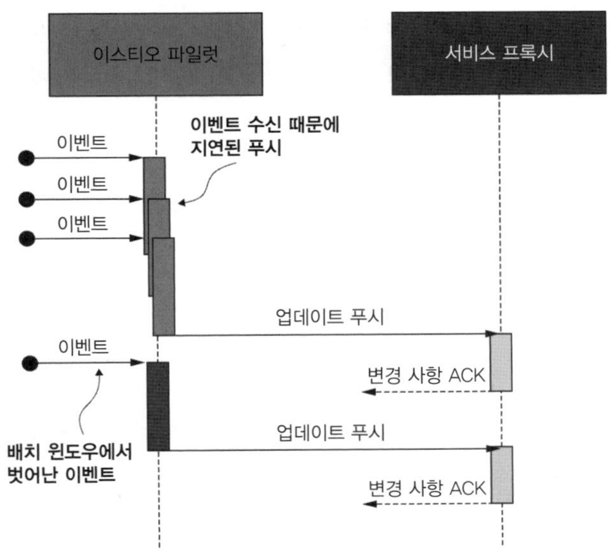

▲ **그림 11.9** 이벤트가 어떻게 병합돼 푸시되는지를 보여주는 순서도

배치 기간과 푸시 스로틀링을 정의하는 환경 변수

배치 기간을 정의하는 환경 변수는 다음과 같다.

- **PILOT_DEBOUNCE_AFTER**: 이벤트를 푸시 대기열에 추가하는 디바운스할 시간을 지정한다. 기본값은 100ms인데, 그 의미는 컨트롤 플레인이 이벤트를 받았을 때 푸시 대기열에 추가하는 행동을 100ms 디바운스한다는 것이다. 이 기간 동안에 추가로 발생하는 이벤트는 앞서 발생한 이벤트에 통합돼 작업을 다시 디바운스한다. 이 기간 동안 이벤트가 발생하지 않으면, 결과 배치가 푸시 대기열에 추가돼 처리할 준비가 된다.
- **PILOT_DEBOUNCE_MAX**: 이벤트 디바운스를 허용할 최대 시간을 지정한다. 이 시간이 지나면 현재 병합된 이벤트가 푸시 대기열에 추가된다. 이 변수의 기본값은 10초다.
- **PILOT_ENABLE_EDS_DEBOUNCE**: 엔드포인트 업데이트가 디바운스 규칙을 준수할지, 우선권을 줘 푸시 대기열에 즉시 배치할지를 지정한다. 이 변수의 기본값은 `true`이며, 엔드포인트 업데이트도 디바운스된다는 의미다.

- **PILOT_PUSH_THROTTLE**: istiod가 동시에 처리하는 푸시 요청 개수를 지정한다. 이 변수의 기본값은 100개의 동시 푸시다. CPU 사용률이 낮은 경우, 스로틀 값을 높여서 업데이트를 더 빠르게 할 수 있다.

다음은 이런 설정 옵션을 사용할 때의 일반적인 지침이다.

- 컨트롤 플레인이 포화 상태이고 수신 트래픽이 성능 병목을 야기하는 경우 이벤트 배치 처리를 늘린다.
- 목표가 업데이트 전파를 더 빠르게 하는 것이면 이벤트 배치 처리를 줄이고 동시에 푸시하는 개수를 늘린다. 단, 이 방식은 컨트롤 플레인이 포화 상태가 아닐 때만 권장한다.
- 컨트롤 플레인이 포화 상태이고 송신 트래픽이 성능 병목인 경우 동시에 푸시하는 개수를 줄인다.
- 컨트롤 플레인이 포화 상태가 아니거나, 스케일 업을 했고 빠른 업데이트를 원하는 경우 동시에 푸시하는 개수를 늘린다.

배치 기간 늘리기

배치의 효과를 보여주기 위해 PILOT_DEBOUNCE_AFTER 값을 말도 안 되게 높은 값인 2.5초로 지정하자. 여기서 '말도 안 되게'라는 수식어는 운영 환경에서 이렇게 하면 안 된다는 것을 나타내는 좋은 지표다! 이는 이벤트 배치 처리를 보여주려는 의도일 뿐이다.

```
$ istioctl install --set profile=demo \
    --set values.pilot.env.PILOT_DEBOUNCE_AFTER="2500ms"
```

PILOT_DEBOUNCE_MAX로 정의한 한계값을 넘지 않는 한 모든 이벤트는 병합돼 푸시 큐에 더해지는데, 덕분에 푸시 횟수가 현저히 줄어든다. 성능 테스트를 실행해 확인해보자.

```
$ ./bin/performance-test.sh --reps 10 --delay 2.5

<생략>
==============
```

```
Push count: 27
Latency in the last minute: 0.10 seconds
```

푸시 횟수가 겨우 27회로 줄었다! 엔보이 설정을 만들고 워크로드로 푸시하는 추가 작업을 모두 피해 CPU 사용률과 네트워크 대역폭 소모가 줄어든다. 이 예제는 이벤트 디바운스 효과를 설명하기 위한 것이지 일반적으로 사용할 수 있는 istiod 설정이 아니라는 점을 명심하자. 이스티오 컨트롤 플레인 설정은 관찰한 메트릭과 환경에 맞춰 조정할 것을 권장한다. 그리고 설정을 변경할 때는 컨트롤 플레인의 성능에 부정적인 영향을 줄 수 있는 큰 변화 대신에 조금씩 조절하는 것이 더 안전하다는 점을 기억하자.

지연 시간 메트릭은 디바운스 기간을 고려하지 않는다!

디바운스 기간을 늘린 후 지연 시간 메트릭에 푸시 배포가 10ms 걸린 것으로 나타났지만, 사실은 그렇지 않다. 지연 시간 메트릭이 측정하는 기간은 푸시 요청이 푸시 대기열에 추가된 시점부터 시작됨을 기억하자(그림 11.4 참조). 즉, 이벤트들이 디바운스되는 동안 업데이트는 전달되지 않았다. 따라서 업데이트를 푸시하는 시간은 늘어났지만, 이는 지연 시간 메트릭에서 나타나지 않는다!

이렇게 이벤트를 너무 오래 디바운스해 지연 시간이 늘어나면 성능이 낮을 때와 마찬가지로 설정이 낡게 된다. 따라서 배치 속성을 조정할 때는 한 번에 너무 크게 변경하는 것보다는 조금씩 변경하는 것이 좋다.

> **|노트|** 데이터 플레인은 보통 늦은 엔드포인트 업데이트에 영향을 받는다. 환경 변수 PILOT_ENABLE_EDS_DEBOUNCE를 false로 설정하면 엔드포인트 업데이트가 디바운스 기간을 건너뛰어 지연되지 않음을 보장할 수 있다.

컨트롤 플레인에 리소스 추가 할당하기

Sidecar 리소스를 정의하고 discoverySelectors를 사용하고 배치를 설정한 후, 성능을 향상시킬 수 있는 유일한 방법은 컨트롤 플레인에 리소스를 더 할당하는 것이다. 리소스를 더 할당할 때는 istiod 인스턴스를 추가해 스케일 아웃하거나, 모든 인스턴스에 리소스를 추가로 제공해 스케일 업할 수 있다.

스케일 아웃을 할지 스케일 업을 할지는 성능 병목 원인에 따라 결정된다.

- 송신 트래픽이 병목일 때는 스케일 아웃하자. 이는 istiod 인스턴스당 관리하는 워크로드가 많을 때만 일어난다. 스케일 아웃은 istiod 인스턴스가 관리하는 워크로드 개수를 줄인다.
- 수신 트래픽이 병목일 때는 스케일 업하자. 이는 엔보이 설정을 생성하는 데 리소스(Service, VirtualService, DestinationRule 등)를 많이 처리할 때만 일어난다. 스케일 업하면 istiod 인스턴스에 처리 능력을 더 제공한다.

다음 명령어는 복제본 개수를 3으로 설정해 istiod를 스케일 아웃하고 각 istiod 인스턴스에 할당된 리소스를 스케일 업한다.

```
$ istioctl install --set profile=demo \
    --set values.pilot.resources.requests.cpu=2 \           ❶
    --set values.pilot.resources.requests.memory=4Gi \      ❷
    --set values.pilot.replicaCount=3                       ❸
```

❶ CPU 요청을 2 가상 코어로 설정한다.
❷ 메모리 요청을 4GB로 설정한다.
❸ 디플로이먼트를 스케일할 복제본 개수

CPU 및 메모리 요청을 설정해 kubelet(노드에서 컨테이너를 실행하는 쿠버네티스 구성 요소)에게 해당 리소스를 istiod 인스턴스에 예약하도록 알린다. 동시에 복제본 개수를 늘려 디플로이먼트에 워크로드 관리가 분할되는 3개의 복제본이 있게 된다.

istiod 디플로이먼트 오토스케일링

오토스케일링은 일반적으로 리소스 소모를 최적화할 수 있는 좋은 아이디어다. 이스티오 컨트롤 플레인과 같이 부하가 급증할 수 있는 워크로드의 경우에는 특히 그렇다. 그러나 현재로서는 istiod에 효과적이지 않은데, istiod가 워크로드와 30분 커넥션을 시작하기 때문이다. 이 커넥션은 ADS(Aggregated Discovery Service)로 프록시를 설정하고 업데이트하는 데 사용하는 것이다.

따라서 새로이 생성된 istiod 복제본은 서비스 프록시와 종전 파일럿 사이의 커넥션이 만료될 때까지는 아무런 부하를 받지 않는다. 아무런 부하를 받지 않으니 새 istiod 복제본은 축소된다. 이로 인해 다음 그림과 같이 디플로이먼트가 반복적으로 확장됐다가 축소되는 퍼덕거림(flapping)이 일어나게 된다.

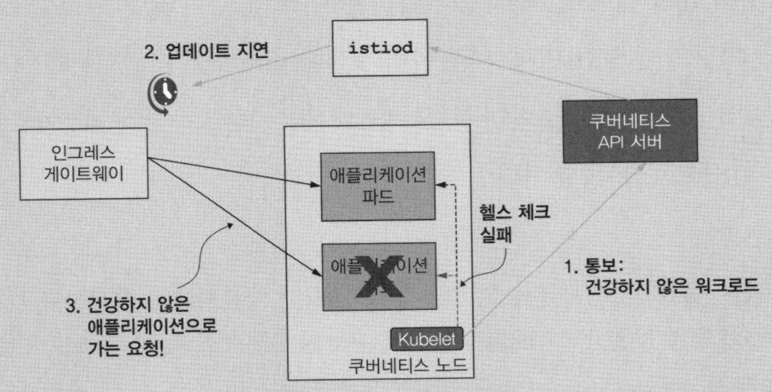

현재로서 오토스케일링을 구성하는 가장 좋은 방법은 점진적인 부하 증가에 맞추는 것이다. 며칠, 몇 주, 심지어는 몇 달 단위에 걸쳐서 말이다. 이렇게 하면 성능을 지속적으로 모니터링하고 디플로이먼트 스케일링 결정을 내려야 하는 인적 자원의 부담을 줄일 수 있다.

컨트롤 플레인 성능 최적화의 요점은 다음과 같다.

- 항상 워크로드에 사이드카 설정을 정의하자. 이것만으로도 대부분의 이점을 얻을 수 있다.
- 컨트롤 플레인이 포화 상태인데 이미 리소스를 많이 할당한 경우에만 이벤트 배치를 수정하자.
- 병목이 송신 트래픽일 때 스케일 아웃하자.
- 병목이 수신 트래픽일 때 스케일 업하자.

11.4 성능 튜닝 가이드라인

성능을 튜닝하기 전에 이스티오는 성능이 정말 좋다는 것을 명심하자. 이스티오 팀은 다음과 같은 파라미터로 모든 릴리스를 테스트한다.

- 엔보이 설정을 부풀리는 쿠버네티스 서비스 1,000개
- 동기화해야 하는 워크로드 2,000개
- 서비스 메시 전체에서 초당 요청 70,000개

이 정도 부하로도 메시 전체를 동기화하는 이스티오 파일럿 인스턴스 하나가 겨우 가상 코어 하나와 메모리 1.5GB만을 사용한다(성능은 이스티오가 측정해 웹 사이트(http://mng.bz/g4xl)에 게시한다). 대부분의 운영 환경 클러스터에는 복제본 셋에 vCPU 2개와 2GB 정도쯤 되는 적당한 할당으로도 충분하다.

> **|노트|** 성능은 이스티오에서 중요한 요소다. 이스티오 사용자에게 확장성을 보장한다는 것 외에 Knative, Kyma 등과 같은 이스티오를 기반으로 구축된 오픈소스 프로젝트에도 도움이 된다.

다음은 컨트롤 플레인 성능 튜닝을 위한 몇 가지 가이드라인이다.

- 이것이 성능 문제인지 확인하자. 다음과 같은 질문에 답하자.
  - 데이터 플레인에서 컨트롤 플레인으로 연결이 제대로 이뤄지고 있는가?
  - 플랫폼 문제인가? 이를테면 쿠버네티스에서 API 서버가 정상인가?
  - 변경 범위를 지정하도록 `Sidecar` 리소스를 정의했는가?
- 성능 병목 지점을 파악하자. 수집된 지연 시간, 포화도, 트래픽에 대한 메트릭을 사용해 튜닝 결정을 내리자. 예를 들면 다음과 같다.
  - 컨트롤 플레인이 포화 상태도 아닌데 지연 시간이 증가하면 리소스가 최적으로 활용되지 않고 있다는 것을 나타낸다. 더 많은 푸시가 동시에 처리되도록 동시 푸시 임계값을 늘릴 수 있다.
  - 사용률은 낮지만 부하가 걸렸을 때 빠르게 포화 상태가 되면 변경 사항이 매우

폭발적임을 나타낸다. 즉, 변경 사항이 없는 기간이 길다가 짧은 시간에 이벤트가 급증하는 것이다. 이스티오 파일럿의 복제본 수를 늘리거나, 업데이트를 미룰 여지가 있는 경우 배치 속성을 조정한다.

- 변경은 점진적으로 수행하자. 병목을 파악한 후 점진적으로 변경하자. 예를 들어, 컨트롤 플레인이 긴 시간 동안 계속해서 이벤트를 받는 경우에는 디바운스 기간을 두 배, 심지어는 네 배로 늘리고 싶은 유혹이 있을 수 있다. 하지만 그렇게 하면 데이터 플레인이 낡기 쉽다. 대신 설정을 10~30% 범위에서 늘리거나 줄이는 등 조금만 바꾸자. 그런 다음, 며칠 동안 이점(또는 성능 저하)을 지켜보고 새로운 데이터를 바탕으로 결정을 내리자.
- 안전을 최우선으로 생각하자. 이스티오 파일럿은 메시 전체의 네트워크를 관리하므로, 다운타임은 중단으로 이어지기 십상이다. 컨트롤 플레인에 할당하는 리소스는 항상 관대하게 잡고, 복제본을 절대 2개 밑으로 내리지 말자. 또한 안전을 최우선으로 생각하자.
- 버스트 가능한burstable 가상머신을 사용하는 것을 고려하자. 이스티오 파일럿은 CPU 리소스가 계속 필요하지 않으므로 버스트성 성능 요구 사항이 있다.

마무리하기 전에 앞서 생성한 `Sidecar` 리소스를 제거하자. 이후 장들에서 의도치 않은 연결 문제를 만들 수 있기 때문이다.

```
$ kubectl delete -f ch11/sidecar-mesh-wide.yaml
```

다음 장에서는 조직에서 이스티오를 확장하는 방법을 배운다. 게이트웨이 여러 대 사용하기, 쿠버네티스가 아닌 워크로드 지원하기, 기존 인증 기관 사용하기, 서비스 메시 내에서 컨트롤 플레인 가용성 패턴 구현하기 등을 다룬다.

요약

- 컨트롤 플레인의 주요 목표는 데이터 플레인을 원하는 상태로 동기화하는 것이다.
- 이스티오 파일럿 성능에 영향을 주는 요소에는 변경 속도, 파일럿에 할당한 리소스 양, 파일럿이 관리하는 워크로드 개수, 설정 크기가 있다.
- 기반 플랫폼에서 받는 변경 속도는 우리가 제어할 수 없다. 그러나 이벤트를 배치 처리할 기간을 정의해 데이터 플레인을 업데이트할 작업량을 줄일 수는 있다.
- `istiod`에는 리소스를 관대하게 할당하자. `default` 운영 환경 프로필은 좋은 출발점이다.
- 항상 `Sidecar` 커스텀 리소스를 사용해 변경 범위를 지정하자. 그렇게 하면 다음과 같은 효과를 얻는다.
  - 한 이벤트에서 업데이트하는 워크로드가 적어진다.
  - 관련 설정만 보내기 때문에 엔보이 설정 크기가 줄어든다.
- `discoverySelectors`를 사용해 메시와 상관없는 네임스페이스의 이벤트는 무시하자.
- 컨트롤 플레인 튜닝 방법을 결정하는 데 그라파나의 Istio Control Plane 대시보드를 사용하자.

Part 4

조직에서의 이스티오

앞선 장들에서는 서비스 아키텍처에 맞춰 이스티오의 강력한 기능을 설정하고 적용하는 방법을 살펴봤다. 12~14장에서는 자신의 조직에서 이스티오를 운영하는 현실을 다룬다. 먼저 대규모로 이스티오를 운영할 때 어떻게 확장하고, 문제를 해결하고, 튜닝할 수 있는지 알아본다. 이어서 여러 클러스터, 가상머신 등의 환경 제약을 어떻게 처리하는지 살펴본다. 마지막으로는 웹어셈블리 등의 기술을 활용해 서비스 메시의 동작을 사례에 맞게 커스터마이징하는 방법을 다룬다.

12

조직 내에서 이스티오 스케일링하기

12장에서 다루는 내용

- 여러 클러스터에서 서비스 메시 스케일링하기
- 두 클러스터를 합치기 위한 전제 조건 해결하기
- 여러 클러스터의 워크로드 간에 공통 신뢰(common trust) 설정하기
- 클러스터 간 워크로드 찾기
- east-west 트래픽을 위한 이스티오 인그레스 게이트웨이 설정하기

지금까지는 단일 클러스터의 메시 내에서 활성화하는 이스티오의 여러 기능을 살펴봤다. 그러나 서비스 메시는 단일 클러스터에 종속되지 않는다. 서비스 메시는 여러 클러스터에 걸쳐 있을 수 있으며, 클러스터 모두에 동일한 기능을 제공할 수 있다. 사실 메시의 가치는 워크로드가 많아질수록 증가한다.

그런데 우리는 언제 서비스 메시가 여러 클러스터에 걸쳐 있길 원하는가? 단일 클러스터와 비교할 때 다중 클러스터 서비스 메시는 어떤 이점을 갖는가? 이와 같은 질문에 답하기 위해 가상의 ACME사를 다시 살펴보자. 이 회사는 클라우드 플랫폼으로 이전했고, 마이크로서비스 아키텍처 때문에 늘어난 네트워크 복잡성을 모두 경험했다.

12.1 다중 클러스터 서비스 메시의 이점

클라우드 마이그레이션 초기에 ACME는 클러스터의 규모를 어떻게 조정할지에 대한 딜레마에 직면했다. 이 회사는 거대한 단일 클러스터로 시작했지만 그 결정을 신속하게 바꿨다. ACME는 다음과 같은 이점 때문에 작은 클러스터 여럿을 쓰기로 결정했다.

- **격리성 강화**: 한 팀의 사고가 다른 팀에 영향을 미치지 않게 한다.
- **장애 경계**: 클러스터 전체에 영향을 미칠 수 있는 설정이나 운영에 경계선을 설정해 클러스터가 다운될 때 아키텍처의 다른 부분에 미치는 영향을 줄인다.
- **규정 준수**: 아키텍처의 다른 부분에서 민감 데이터로 접근하는 서비스를 제한한다.
- **가용성 및 성능 향상**: 가용성을 늘리기 위해 여러 리전에서 클러스터를 운영하고, 가장 가까운 클러스터로 트래픽을 라우팅해 지연 시간을 줄인다.
- **다중 및 하이브리드 클라우드**: 서로 다른 클라우드 프로바이더 또는 하이브리드 클라우드와 같이 다양한 환경에서 워크로드를 실행할 수 있게 한다.

초기 평가에서 ACME가 서비스 메시를 채택하는 데 주요 동기로 삼았던 것은 여러 클러스터 간에 서비스 메시를 확장할 수 있는 기능과, 클러스터 간에 트래픽 관리, 관찰 가능성, 보안을 지원하는 기능이었다. 다중 클러스터 작업을 지원하고자 회사는 두 가지 접근법을 고려했다.

- **다중 클러스터 서비스 메시**: 여러 클러스터에 걸쳐 있고 워크로드가 클러스터 간에 트래픽을 라우팅하도록 설정하는 메시 하나. 이 모든 것은 `VirtualService`, `DestinationRule`, `Sidecar` 등 적용된 이스티오 설정을 따른다.
- **메시 연합**(다중 메시): 개별 서비스 메시 2개의 워크로드 간 통신을 노출하고 활성화한다. 이 선택지는 덜 자동화돼 있어서 서비스 간 트래픽을 설정하려면 두 메시 모두에서 수동 설정이 필요하다. 그러나 서로 다른 팀에서 두 메시를 운영하거나 보안 격리 요구 사항이 엄격한 경우 좋은 선택지다.

이 책에서 다루는 선택지는 다중 클러스터 서비스 메시다. 메시 연합 같은 경우에는 웹사이트(http://mng.bz/enMz)에서 이스티오 문서를 볼 수 있다.

12.2 다중 클러스터 서비스 메시 개요

다중 클러스터 서비스 메시는 앱에는 완전히 투명한 방식으로 클러스터 간에 서비스를 연결하면서, 클러스터 간 통신을 위한 서비스 메시의 기능(세밀한 트래픽 제어, 복원력, 관찰 가능성, 보안 등)은 모두 유지한다. 이스티오가 다중 클러스터 서비스 메시를 구현하는 방법은 모든 클러스터의 서비스를 쿼리한 다음 이 정보로 서비스 프록시에 클러스터 사이에서 서비스 간 트래픽을 라우팅하는 방법을 설정하는 것이다.

그림 12.1은 클러스터들을 하나의 메시로 결합하는 데 필요한 것을 보여준다.

- **클러스터 간 워크로드 디스커버리**: 컨트롤 플레인은 서비스 프록시를 설정하기 위해 동료 클러스터의 워크로드를 찾아야 한다(클러스터 API 서버를 상대편 클러스터의 이스티오 컨트롤 플레인에서 접근할 수 있어야 한다).
- **클러스터 간 워크로드 연결성**: 워크로드는 서로 연결돼 있어야 한다. 워크로드 엔드포인트를 인지하고 있어도 커넥션을 시작할 수 없다면 쓸모가 없다.
- **클러스터 간 공통 신뢰**: 이스티오의 보안 기능을 활성화하려면 클러스터 간 워크로드가 서로 인증해야 한다.

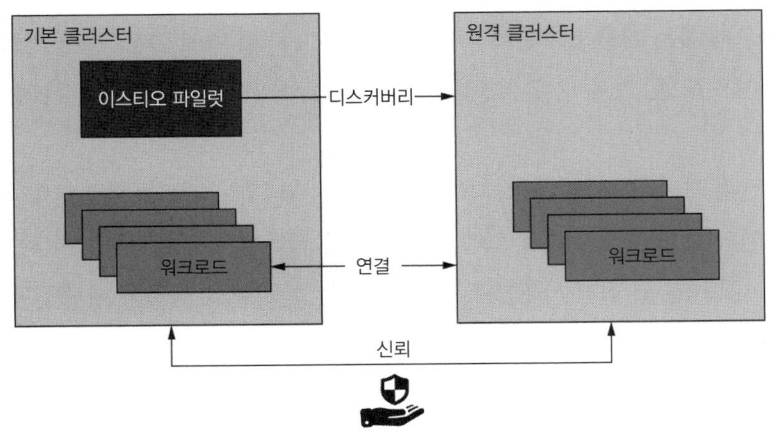

▲ **그림 12.1** 다중 클러스터 서비스 메시는 클러스터 간 디스커버리, 연결성, 공통 신뢰가 필요하다.

이 기준들을 충족하면 클러스터가 다른 클러스터에서 실행 중인 워크로드를 인지할 수 있고, 워크로드가 서로 연결될 수 있으며, 워크로드가 이스티오 정책을 사용해 인증하고 인가할 수 있다. 이들 모두가 다중 클러스터 서비스 메시를 설정하기 위한 전제 조건이다.

다중 클러스터 연결성과 보안

상술했듯이, 이스티오가 클러스터 간에 다중 클러스터 연결을 수립하려면 워크로드는 동료 클러스터의 쿠버네티스 API에 접근하는 방법으로만 찾을 수 있다. 어떤 조직에서는 이것이 바람직하지 않은 보안 태세일 수 있다. 각 클러스터가 다른 클러스터의 API 모두에 접근할 수 있기 때문이다. 이 경우에는 메시 연합이 더 나은 방식이다. Gloo Mesh(https://docs.solo.io/gloo-mesh/latest) 같은 프로젝트가 자동화와 보안 태세 모두에 도움이 될 수 있다.

12.2.1 이스티오 다중 클러스터 배포 모델

다중 클러스터 서비스 메시에서는 클러스터 유형을 두 가지로 구분한다.

- **기본 클러스터**primary cluster: 이스티오의 컨트롤 플레인이 설치된 클러스터
- **원격 클러스터**remote cluster: 설치된 컨트롤 플레인과 떨어져 있는 클러스터

달성하고자 하는 가용성 수준에 따라 배포 모델이 여러 가지인데, 기본-원격(컨트롤 플레인 공유) 배포 모델, 기본-기본(복제된 컨트롤 플레인) 배포 모델, 외부 컨트롤 플레인 배포 모델이 있다.

기본-원격 배포 모델(그림 12.2 참조)에는 메시를 관리하는 컨트롤 플레인이 하나다. 이 때문에 단일 컨트롤 플레인 배포 모델 혹은 컨트롤 플레인 공유 배포 모델이라고도 한다. 이 모델은 리소스를 더 적게 사용한다. 그러나 기본 클러스터의 중단은 메시 전체에 영향을 준다. 따라서 가용성이 낮다.

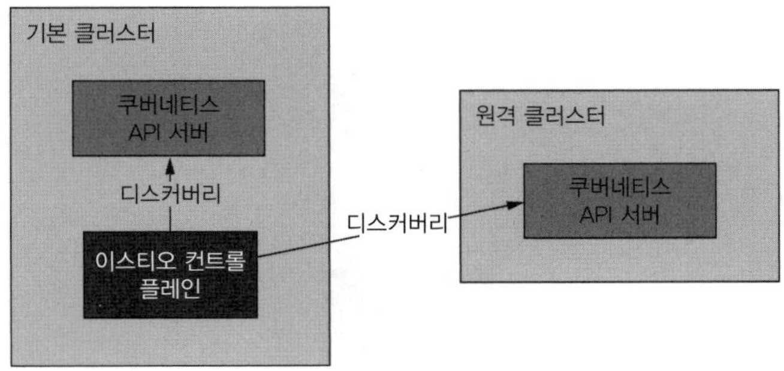

▲ **그림 12.2** 기본-원격 배포 모델

기본-기본 배포 모델(그림 12.3 참조)에는 컨트롤 플레인이 여럿이므로 가용성이 높지만, 트레이드오프로 리소스가 더 많이 필요하다. 이렇게 되면 가용성이 향상되는데, 중단 범위가 중단이 발생한 클러스터로 국한되기 때문이다. 이 모델을 복제된 컨트롤 플레인 배포 모델이라고 부른다.

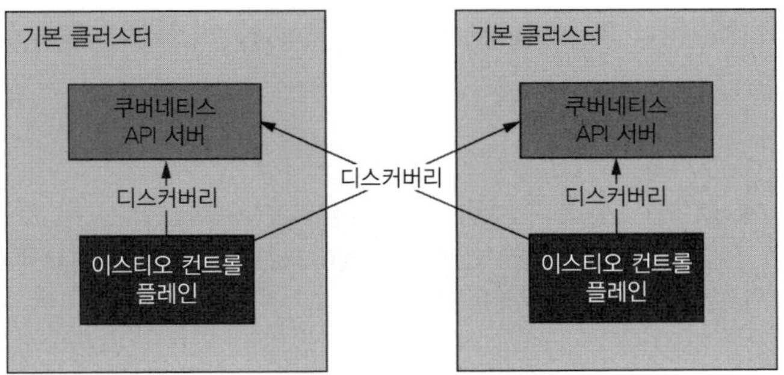

▲ **그림 12.3** 기본-기본 배포 모델

외부 컨트롤 플레인(그림 12.4 참조)은 모든 클러스터가 컨트롤 플레인과 떨어져 있는 배포 모델이다. 이 배포 모델로 클라우드 프로바이더가 이스티오를 관리형 서비스로 제공할 수 있다.

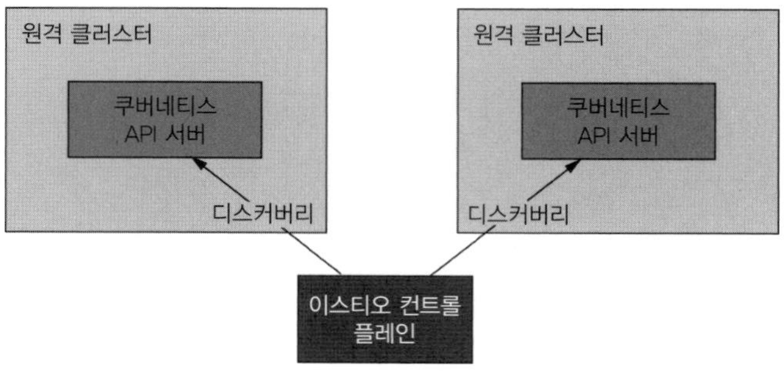

▲ **그림 12.4** 외부 컨트롤 플레인 배포 모델

12.2.2 다중 클러스터 배포에서 워크로드는 어떻게 찾는가?

이스티오의 컨트롤 플레인은 쿠버네티스 API 서버와 통신해 서비스 뒤의 서비스와 엔드포인트 같은 서비스 프록시 설정 관련 정보를 수집해야 한다. 쿠버네티스 API 서버에 요청하는 것은 막강한 일종의 권력인데, 리소스 세부 정보를 조회하고, 민감 정보를 쿼리할 수 있으며, 클러스터를 불량하고 되돌이킬 수 없는 상태로 만들 수 있는 정도로 리소스를 업데이트하거나 지울 수 있기 때문이다.

> **|노트|** 토큰과 RBAC(역할 기반 접근 제어)으로 원격 쿠버네티스 API로의 접근을 보안 처리하는 방법을 다루겠지만, 통찰력 있는 독자는 이 접근법의 트레이드오프를 고려해야 한다. 메시 연합이 어떻게 이 위험성을 완화할 수 있는지는 앞 절을 참조하자.

쿠버네티스는 RBAC을 사용해 API 서버로의 접근을 보호한다. 쿠버네티스 RBAC은 광범위한 주제로, 이 책의 범위를 벗어난다. 그러나 클러스터 간 디스커버리를 용이하게 하는 데 사용하는 개념 일부를 잠시 언급할 수는 있다.

- 서비스 어카운트는 기계나 서비스 등 사람이 아닌 클라이언트에 ID를 제공한다.
- 서비스 어카운트 토큰은 서비스 어카운트마다 자동으로 생성돼 해당 ID 클레임을 나타낸다. 토큰은 JWT 형식이며 쿠버네티스가 파드로 주입한다. 파드는 이 토큰을 사용해 API 서버에게 인증할 수 있다.

- 롤role과 클러스터롤clusterrole은 서비스 어카운트나 일반 사용자 같은 ID에 대한 권한 집합을 정의한다.

그림 12.5는 `istiod`에 인증과 인가를 제공하는 쿠버네티스 리소스를 시각화한다.

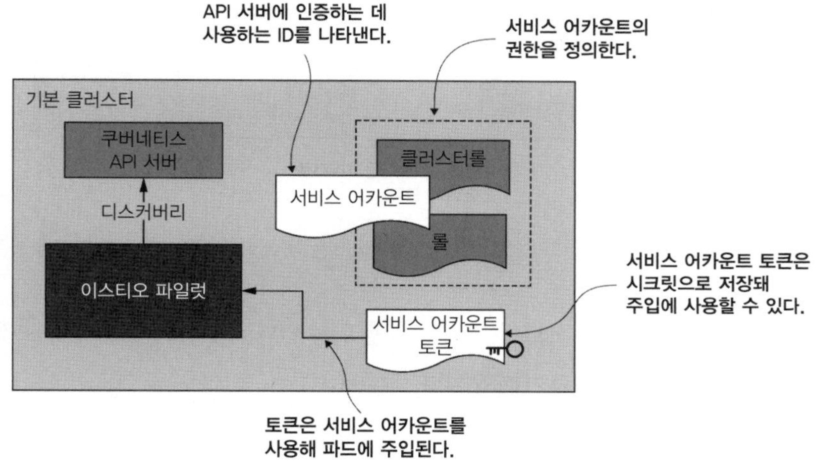

▲ **그림 12.5** istiod의 ID와 접근을 설정하는 리소스

클러스터 간 워크로드 디스커버리는 기술적으로 동일하다. 그러나 그림 12.6과 같이 `istiod`에 원격 클러스터의 서비스 어카운트 토큰을 제공해야 한다(구체적인 예제에서 볼 수 있듯이 API 서버로 보안 통신을 시작할 수 있는 인증서와 함께). `istiod`는 토큰을 사용해 원격 클러스터에 인증하고, 클러스터에서 실행 중인 워크로드를 찾는다.

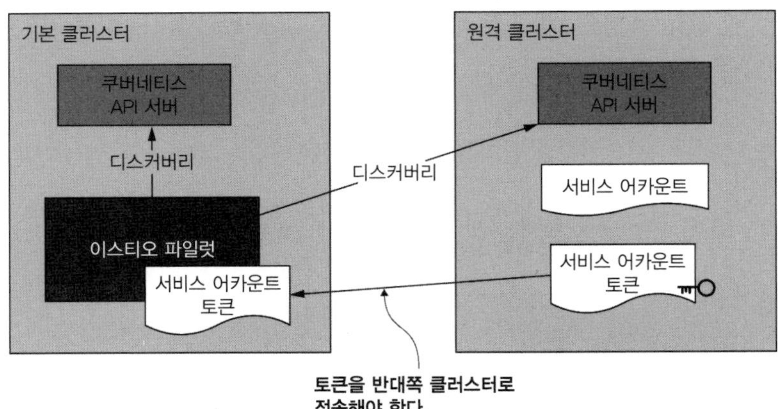

▲ **그림 12.6** istiod는 두 번째 클러스터의 워크로드 정보를 쿼리하는 데 서비스 어카운트 자격 증명을 사용한다.

험난한 과정처럼 들릴지도 모르지만 걱정할 필요는 없다. 이 장 뒷부분에서 보겠지만, `istioctl`이 이 과정을 자동화해주기 때문이다.

12.2.3 클러스터 간 워크로드 연결

다른 전제 조건은 워크로드가 클러스터를 건너 연결할 수 있어야 한다는 것이다. 클러스터가 플랫 네트워크flat network에 있다면, 그러니까 단일 네트워크를 공유하거나(아마존 VPC처럼) 네트워크가 네트워크 피어링network peering으로 연결된 경우 등에서는 워크로드가 IP 주소로 연결할 수 있으므로 조건은 이미 충족됐다! 그러나 클러스터가 서로 다른 네트워크에 있다면 네트워크의 에지에 위치해 클러스터 간 트래픽을 프록시해주는 특수한 이스티오 인그레스 게이트웨이를 사용해야 한다. 다중 네트워크 메시에서 클러스터를 잇는 인그레스 게이트웨이를 east-west 게이트웨이라고 부른다(그림 12.7 참조). east-west 게이트웨이는 이 장 뒷부분에서 자세히 설명할 것이다.

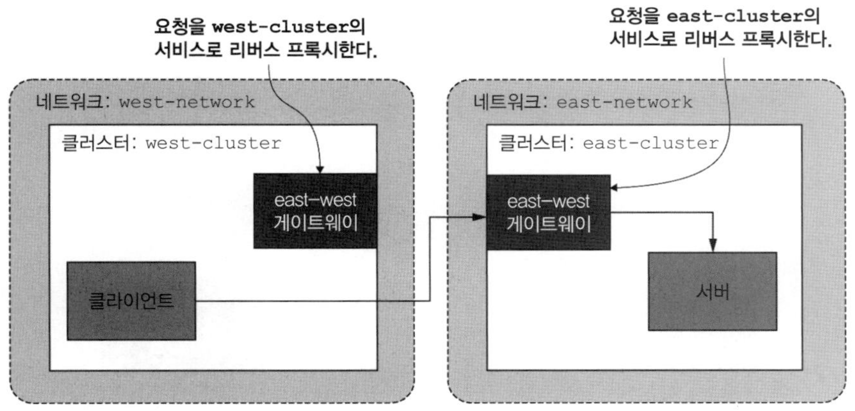

▲ **그림 12.7** east-west 게이트웨이는 요청을 각자 클러스터의 워크로드로 리버스 프록시한다.

12.2.4 클러스터 간 공통 신뢰

우리가 해결해야 하는 마지막 요소는 다중 클러스터 서비스 메시 내 클러스터들이 공통된 신뢰를 가져야 한다는 것이다. 공통 신뢰를 가지면 반대편 클러스터의 워크로드들이 상호 인증할 수 있게 된다. 반대편 클러스터의 워크로드들 사이에 공통 신뢰를 달성하는 방법에는 두 가지가 있다. 첫 번째 방법은 플러그인 CA 인증서라고 부르는, 공통된 루트 CA가 발급한 사용자 정의 인증서를 사용한다. 두 번째 방법은 두 클러스터가 인증서를 서명하는 데 사용하는 외부 CA를 통합한다.

플러그인 CA 인증서

플러그인 중간 CA 인증서를 사용하는 것은 쉽다! 중간 CA를 이스티오가 만들게 하는 대신에 사용할 인증서를 지정하면 된다. 이 인증서는 이스티오를 설치한 네임스페이스에 시크릿으로 제공한다. 두 클러스터 모두에서 그렇게 함으로써 같은 루트 CA가 서명한 중간 CA를 사용한다. 이 접근법은 그림 12.8에 시각화돼 있다.

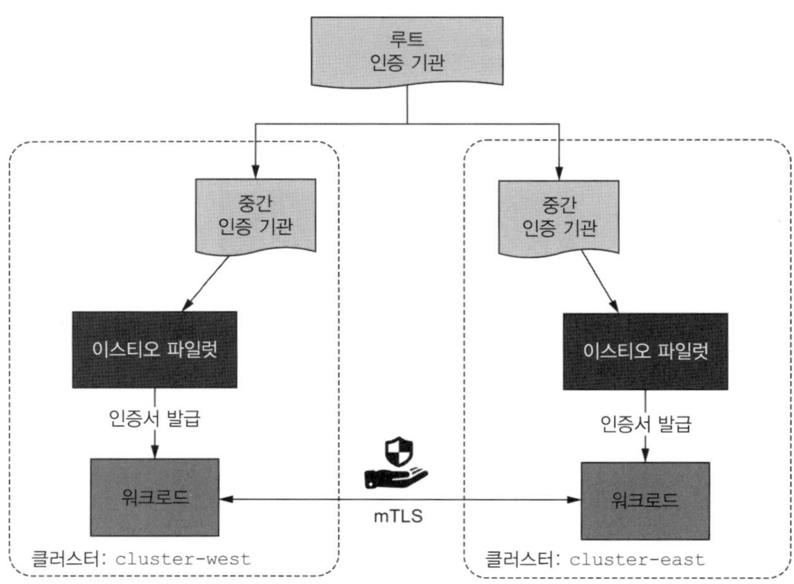

▲ **그림 12.8** 같은 루트가 서명한 중간 CA 인증서 사용하기

이 방법은 간단해서 좋다. 그러나 중간 CA가 노출될 경우 보안 위험이 있다. 노출을 감지해 중간 CA의 인증서를 취소할 때까지 공격자들은 중간 CA로 신뢰받는 인증서를 서명할 수 있다. 이런 이유로 조직은 중간 CA를 양도하는 것을 꺼린다. 노출 위험은 중간 CA를 메모리에만 올리고 `etcd`(시크릿 같은 쿠버네티스 리소스를 저장하는 저장소)에 쿠버네티스 시크릿으로 유지하지 않음으로써 줄일 수 있다. 더 안전한 대안은 인증서에 서명하는 외부 CA를 통합하는 것이다.

외부 인증 기관 통합

이 방법에서 `istiod`는 쿠버네티스 CSR로 저장된 인증서 서명 요청CSR을 검증하고 승인하는 등록 기관 역할을 한다. 승인된 쿠버네티스 CSR은 다음 방법 중 하나로 외부 CA에 제출된다.

- **cert-manager 사용하기**: cert-manager가 우리의 외부 CA를 지원할 때만 가능하다 (지원하는 외부 발급자는 웹 사이트(https://cert-manager.io/docs/configuration/external)를

참조하자). 지원하는 경우, cert-manager의 istio-csr로 쿠버네티스 CSR을 지켜보고 서명을 위해 외부 CA에 제출할 수 있다. 이에 대해서는 Jetstack의 블로그 게시물(www.jetstack.io/blog/cert-manager-istio-integration)에서 자세히 설명한다.

- **맞춤 개발**: 승인된 쿠버네티스 CSR을 지켜보고 이를 서명을 위해 외부 CA에 제출하는 쿠버네티스 컨트롤러를 만든다. 커스텀 CA에 대한 이스티오의 문서(http://mng.bz/p2JG)를 시작점으로 사용할 수 있다. 그러나 로컬 키가 있는 자체 서명 인증서 대신 외부 CA를 사용하도록 솔루션을 조정해야 한다. 외부 CA가 인증서를 서명한 후에는 쿠버네티스 CSR에 저장하는데, `istiod`가 SDS^Secret Discovery Service^를 사용해 이를 워크로드에 전달한다.

이 장에서는 플러그인 CA 인증서를 사용해 클러스터 사이에 공통 신뢰를 설정한다. 그러면 좀 더 간단하고 다중 클러스터 서비스 메시에 초점을 유지하기 때문이다. 이제 다중 클러스터 서비스 메시를 구축하는 데 필요한 조건 모두를 고수준으로 다뤘다.

12.3 다중 클러스터, 다중 네트워크, 다중 컨트롤 플레인 서비스 메시 개요

실세계 엔터프라이즈 서비스를 모방하는 인프라를 준비해보자. 이 서비스는 여러 클러스터에서 실행되고, 여러 리전에 걸쳐 배포되며, 서로 다른 네트워크에 위치한다. 인프라는 다음과 같이 구성된다(그림 12.9 참조).

- `west-cluster`: 사설 네트워크가 us-west 리전에 있는 쿠버네티스 클러스터
- `east-cluster`: 사설 네트워크가 us-east 리전에 있는 쿠버네티스 클러스터. 여기서 `catalog` 서비스를 실행할 것이다.

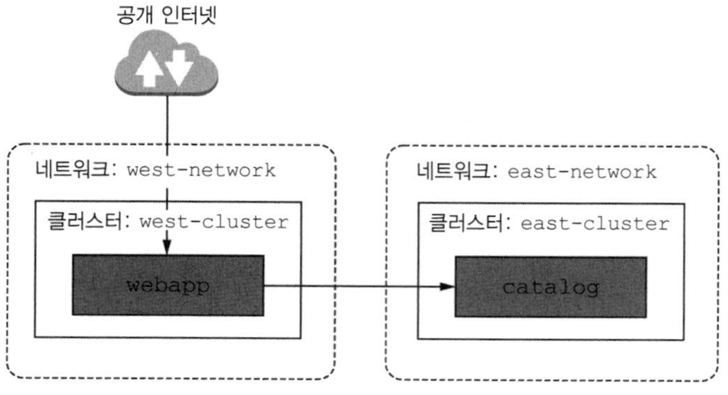

▲ **그림 12.9** 다중 클러스터 서비스 메시 다이어그램

클러스터를 2개의 서로 다른 리전에 두면, 둘 중 하나에 재난이 일어난 경우의 서비스 중단으로부터 우리를 보호할 수 있다. webapp과 catalog 워크로드가 별개의 클러스터에 있어야 하는 기술적인 이유는 없으며, 단지 시연하려는 것뿐이다. '수다스러운' 워크로드는 지연 시간을 줄이기 위해 가능하면 가까이 있어야 한다.

12.3.1 다중 클러스터 배포 모델 선택하기

다중 네트워크 인프라는 클러스터 사이를 연결할 수 있게 네트워크를 잇는 east-west 게이트웨이를 사용해야 하지만, 복제 컨트롤 플레인 배포 모델을 사용할지, 단일 컨트롤 플레인을 사용할지 여부는 정해져 있지 않다. 결정은 비즈니스 요구 사항에 달려 있다. ACME의 경우에는 온라인 상점이 아주 인기가 많으며, 서비스가 중단되는 1분마다 수백만 달러의 비용이 발생한다. 정말 그렇다! 따라서 고가용성이 최우선 과제이므로, 이스티오 컨트롤 플레인이 각 클러스터에 배포되는 기본-기본 배포 모델을 사용할 것이다. 이 모든 것을 종합하면, 우리는 네트워크를 잇는 east-west 게이트웨이를 사용해 다중 클러스터, 다중 네트워크, 다중 컨트롤 플레인 서비스 메시를 구축할 것이고, 기본-기본 배포 모델을 사용할 것이다. 그럼 시작해보자!

12.3.2 클라우드 인프라 준비하기

다중 클러스터에서는 로컬 환경만으로는 충분하지 않으며 클라우드 프로바이더를 사용해야 한다. 다음 예제에서는 애저Azure를 사용한다. 하지만 어느 클라우드 프로바이더든 분리된 네트워크에 쿠버네티스 클러스터를 2개 준비하기만 하면 따라 할 수 있다.

애저에 클러스터 만들기

인프라는 각각 서로 다른 네트워크에 위치한 2개의 쿠버네티스 클러스터로 구성된다(그림 12.9 참조). 생성은 다음 스크립트로 자동화된다. 스크립트를 실행하려면 애저 CLI를 설치하고(http://mng.bz/OG1n 참조), 서브스크립션subscription에 접근할 수 있게 로그인해야 한다(http://mng.bz/YgAN 참조). 전제 조건을 완료한 후, 스크립트를 실행해 인프라를 만들자.

```
$  sh ch12/scripts/create-clusters-in-azure.sh

== Creating clusters ==
Done

== Configuring access to the clusters for `kubectl` ==
Merged "west-cluster" as current context in ~/.kube/config
Merged "east-cluster" as current context in ~/.kube/config
```

이 스크립트는 클러스터를 만들고 kubectl 명령줄 도구를 2개의 콘텍스트, west-cluster와 east-cluster로 설정한다. kubectl 명령어를 실행할 때 콘텍스트를 지정할 수 있다.

```
$  kubectl --context="west-cluster" get pods -n kube-system
$  kubectl --context="east-cluster" get pods -n kube-system
```

두 명령어는 각 클러스터에 실행 중인 파드 목록을 출력해 클러스터가 올바르게 구축됐는지 확인한다. 항상 콘텍스트를 입력하지 않아도 되도록 앨리어스alias 몇 가지를 만들어 보자.

```
$  alias kwest='kubectl --context="west-cluster"'
$  alias keast='kubectl --context="east-cluster"'
```

앨리어스 kwest와 keast를 사용하면, 위 명령어는 다음과 같이 줄어든다.

```
kwest get pods -n kube-system
keast get pods -n kube-system
```

훨씬 깔끔하다! 인프라를 만들었으면, 다음 단계는 중간 인증서를 준비하고 클러스터 사이에 공통 신뢰를 구축하는 것이다.

12.3.3 플러그인 CA 인증서 설정하기

9장에서 워크로드 ID의 부트스트래핑(워크로드가 자신의 정체를 입증하는 서명된 인증서를 받는 방법)을 다룰 때는 설치할 때 인증서에 서명할 CA를 생성한다는 사실을 생략했다. 이렇게 만들어진 CA는 이스티오를 설치한 네임스페이스에 istio-ca-secret이라는 시크릿으로 저장되고, istiod 복제본들에게 공유된다. 이 기본 동작은 우리의 자체 CA를 사용하도록 변경할 수 있는데, 그러면 이스티오 CA가 CA를 새로 만드는 대신 이 CA를 사용하게 된다. 그렇게 하려면 CA 인증서를 이스티오를 설치하는 네임스페이스인 istio-system에 cacerts라는 시크릿으로 저장해야 하며, 다음과 같은 데이터를 포함해야 한다(그림 12.10 참조).

- **ca-cert.pem**: 중간 CA의 인증서
- **ca-key.pem**: 중간 CA의 개인 키
- **root-cert.pem**: 중간 CA를 발급한 루트 CA의 인증서. 루트 CA는 중간 CA들의 인증서를 검증하며, 이것이 클러스터 간 상호 신뢰의 핵심이다.
- **cert-chain.pem**: 중간 CA의 인증서와 루트 CA 인증서를 이어 붙인 신뢰 체인

독자의 편의를 위해 중간 CA와 루트 CA는 ./ch12/certs 디렉터리에 만들어진다. 이들은 스크립트 ./ch12/scripts/generate-certificates.sh를 사용해 만들어진다. 이 스크립트는 루트 CA를 만들고, 이 CA를 사용해 중간 CA 2개에 서명한다. 그 결과 신뢰가 같은 중간 CA 2개가 만들어진다.

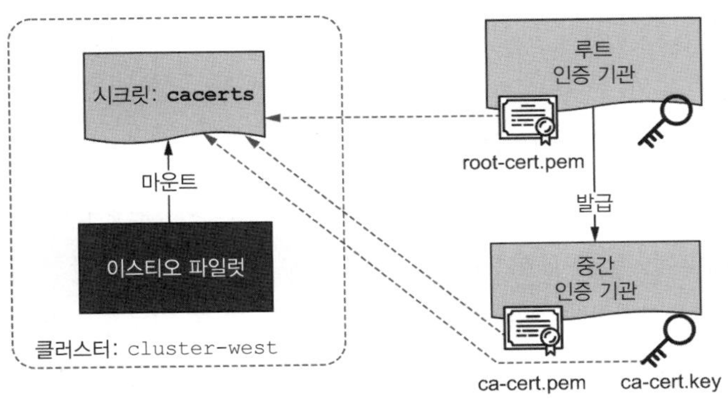

▲ **그림 12.10** cacerts 시크릿은 루트 CA의 공개 키와 중간 CA의 공개 및 비밀 키로 구성된다. 루트 CA의 비밀 키는 클러스터 외부에 안전하게 저장된다.

플러그인 CA 인증서 적용하기

istio-system 네임스페이스를 만든 후 인증서를 cacerts라는 시크릿으로 적용해 각 클러스터에 중간 CA를 설정하자.

```
$  kwest create namespace istio-system                          ❶
$  kwest create secret generic cacerts -n istio-system \        ❶
      --from-file=ch12/certs/west-cluster/ca-cert.pem \         ❶
      --from-file=ch12/certs/west-cluster/ca-key.pem \          ❶
      --from-file=ch12/certs/root-cert.pem \                    ❶
      --from-file=ch12/certs/west-cluster/cert-chain.pem        ❶

$  keast create namespace istio-system                          ❷
$  keast create secret generic cacerts -n istio-system \        ❷
      --from-file=ch12/certs/east-cluster/ca-cert.pem \         ❷
      --from-file=ch12/certs/east-cluster/ca-key.pem \          ❷
      --from-file=ch12/certs/root-cert.pem \                    ❷
      --from-file=ch12/certs/east-cluster/cert-chain.pem        ❷
```

❶ west-cluster용 인증서 설정하기
❷ east-cluster용 인증서 설정하기

플러그인 인증서가 설정되면 이스티오 컨트롤 플레인을 설치할 수 있다. 컨트롤 플레인은 플러그인 CA 인증서(사용자가 정의한 중간 인증서)를 갖고 워크로드 인증서에 서명한다.

12.3.4 각 클러스터에 컨트롤 플레인 설치하기

이스티오의 컨트롤 플레인을 설치하기에 앞서, 각 클러스터에 네트워크 메타데이터를 더하자. 네트워크 메타데이터를 통해 이스티오는 토폴로지 정보를 사용할 수 있고, 그 정보에 기반해 워크로드를 설정할 수 있다. 따라서 워크로드는 지역 정보를 사용해 트래픽을 라우팅할 때 가까운 워크로드를 우선할 수 있다. 이스티오가 네트워크 토폴로지를 이해할 때 얻는 또 다른 이점은 워크로드가 다른 네트워크에 있는 원격 클러스터의 워크로드로 트래픽을 라우팅할 때 east-west 게이트웨이를 사용하도록 설정한다는 것이다.

클러스터 간 연결을 위해 네트워크에 레이블 붙이기

네트워크 토폴로지는 이스티오를 설치할 때 MeshNetwork 설정을 사용해 설정할 수 있다(http://mng.bz/GG6q). 그러나 이것은 드문 고급 사용 사례에서나 유지하는 레거시 설정이며, 더 간단한 방법은 이스티오를 설치한 네임스페이스에 네트워크 토폴로지 정보를 레이블로 붙이는 것이다. 우리의 경우 이스티오를 설치한 네임스페이스는 istio-system이고, west-cluster의 네트워크는 west-network이다. 그러므로 west-cluster의 istio-system에 topology.istio.io/network=west-network 레이블을 붙인다.

```
$ kwest label namespace istio-system \
    topology.istio.io/network=west-network
```

east-cluster는 네트워크 토폴로지 레이블을 east-network로 설정한다.

```
$ keast label namespace istio-system \
    topology.istio.io/network=east-network
```

이 레이블들을 사용해 이스티오는 네트워크 토폴로지를 이해하고, 그 이해를 바탕으로 워크로드 설정법을 결정한다.

IstioOperator 리소스를 사용해 컨트롤 플레인 설치하기

많이 수정해야 하므로, IstioOperator 리소스를 사용해 west-cluster의 이스티오 설치를 정의할 것이다.

```
apiVersion: install.istio.io/v1alpha1
metadata:
  name: istio-controlplane
  namespace: istio-system
kind: IstioOperator
spec:
  profile: demo
  components:
    egressGateways:                  ❶
    - name: istio-egressgateway
      enabled: false
  values:
    global:
      meshID: usmesh                 ❷
      multiCluster:
        clusterName: west-cluster    ❸
      network: west-network          ❹
```

❶ 이그레스 게이트웨이 비활성화
❷ 메시 이름
❸ 멀티 클러스터 메시 내부의 클러스터 식별자
❹ 이 설치가 이뤄지는 네트워크

> |**노트**| 쿠버네티스 클러스터에는 여러 테넌트가 있을 수 있고, 여러 팀에 걸쳐 있을 수 있다. 이스티오에는 한 클러스터 내에 여러 메시를 설치할 수 있는 방법이 있으므로, 각 팀이 자신의 메시 운영을 개별적으로 관리할 수 있다. 또한 meshID 속성을 사용하면 설치가 속한 메시를 식별할 수 있다.

위 정의는 ch12/controlplanes/cluster-west.yaml에 저장돼 있고, istioctl을 사용해 해당 설정으로 이스티오를 설치할 수 있다.

```
$ istioctl --context="west-cluster" install -y \
    -f ch12/controlplanes/cluster-west.yaml

✓ Istio core installed
✓ Istiod installed
✓ Ingress gateways installed
✓ Installation complete
```

west-cluster를 성공적으로 설치한 후, east-cluster에 복제한 컨트롤 플레인을 설치할 수 있다. east-cluster용 IstioOperator 정의는 west-cluster용과 비교했을 때 클러스터 이름과 네트워크만 다르다. 그리고 우리는 두 컨트롤 플레인이 동일한 메시를 형성하길 원하므로, west-cluster를 설치할 때 사용했던 meshID를 그대로 지정한다.

```
apiVersion: install.istio.io/v1alpha1
metadata:
  name: istio-controlplane
  namespace: istio-system
kind: IstioOperator
spec:
  profile: demo
  components:
    egressGateways:
    - name: istio-egressgateway
      enabled: false
  values:
    global:
      meshID: usmesh
      multiCluster:
        clusterName: east-cluster
      network: east-network
```

이어서 east-cluster에 컨트롤 플레인을 설치한다.

```
$ istioctl --context="east-cluster" install -y \
    -f ch12/controlplanes/cluster-east.yaml

✓ Istio core installed
```

```
✓ Istiod installed
✓ Ingress gateways installed
✓ Installation complete
```

다음으로 넘어가기 전에 앞서 kubectl에서 했던 것처럼 istioctl에도 두 클러스터 콘텍스트에 대한 앨리어스를 만들자.

```
$  alias iwest='istioctl --context="west-cluster"'
$  alias ieast='istioctl --context="east-cluster"'
```

두 클러스터 모두에 컨트롤 플레인을 설치하면 개별 메시 2개를 갖게 되는데, 각자 로컬 서비스만 찾는 istiod 복제본 하나와 수신 트래픽용 게이트웨이 하나를 실행한다(그림 12.11 참조).

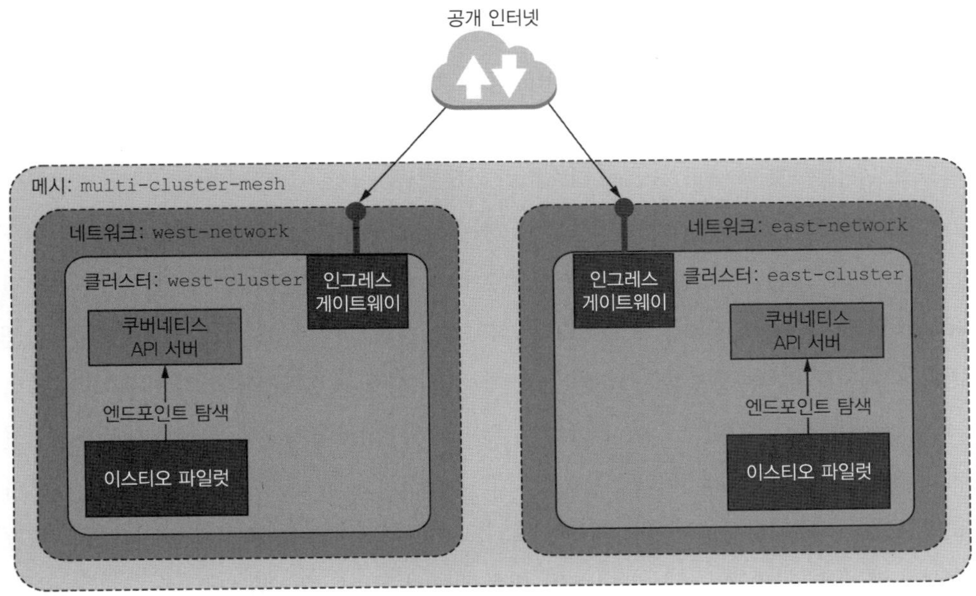

▲ **그림 12.11** 메시의 현재 설정

메시에는 다음 절에서 설정할 클러스터 간 워크로드 디스커버리 및 연결이 없다. 그러나 더 진행하기 전에 각 클러스터에 일부 워크로드를 실행해보자. 이 워크로드는 클러스터 간 디스커버리와 연결성이 올바르게 준비됐는지 확인하는 데 유용할 것이다.

두 클러스터 모두에 워크로드 실행하기

컨트롤 플레인을 설치했으니 몇 가지 워크로드를 실행해보자. `west-cluster`에서는 `webapp`을 배포한다.

```
$ kwest create ns istioinaction
$ kwest label namespace istioinaction istio-injection=enabled
$ kwest -n istioinaction apply -f ch12/webapp-deployment-svc.yaml
$ kwest -n istioinaction apply -f ch12/webapp-gw-vs.yaml
$ kwest -n istioinaction apply -f ch12/catalog-svc.yaml       ❶
```

❶ webapp이 요청하는 스텁 catalog 서비스

이 명령어들은 대부분 이해된다. 예를 들어, 우리는 네임스페이스를 만들고 워크로드에 사이드카 프록시가 주입되도록 auto-injection 레이블을 붙인다. 그리고 서비스를 포함해 `webapp`을 배포하는데, 이 서비스를 인그레스 게이트웨이에서 노출한다. 트래픽을 `Gateway` 리소스로 허용하고 `VirtualService` 리소스로 라우팅한다.

그런데 `east-cluster`에서만 실행하려고 하는 `catalog` 워크로드용 서비스가 필요한 이유는 무엇일까? 또한 이 스텁stub 서비스를 추가하는 이유는 무엇일까? 이 서비스가 없으면 `webapp` 컨테이너가 FQDN을 IP 주소로 해석할 수 없고, 따라서 트래픽이 애플리케이션을 떠나 프록시로 리다이렉트되는 지점에 도달하기도 전에 요청이 실패하기 때문이다. 스텁 `catalog` 서비스를 추가함으로써, FQDN은 서비스 클러스터 IP로 해석되고, 애플리케이션이 트래픽을 시작해 실제 엔보이 설정을 갖고 클러스터 사이의 라우팅을 처리하는 엔보이 프록시로 리다이렉트될 수 있다. 이는 이스티오 커뮤니티가 향후 버전에서 DNS 프록시를 개선할 때 해결할 예정인 에지 케이스로, 다음 장에서 살펴볼 주제다.

이제 `east-cluster`에 `catalog` 서비스를 설치해보자.

```
$ keast create ns istioinaction
$ keast label namespace istioinaction istio-injection=enabled
$ keast -n istioinaction apply -f ch12/catalog.yaml
```

클러스터 2개에 각자 연결해야 하는 워크로드가 있는 지금을 시작점이라고 해보자. 그러나 클러스터 간 워크로드 디스커버리 없이는 사이드카 프록시에 반대 클러스터의 워크로드가 설정되지 않는다. 그러므로 다음 단계는 클러스터 간 디스커버리를 활성화하는 것이다.

12.3.5 클러스터 간 워크로드 디스커버리 활성화하기

이스티오가 원격 클러스터에서 정보를 쿼리하기 위해 인증하려면, ID를 정의하는 서비스 어카운트와 권한에 대한 롤 바인딩role binding이 필요하다. 이런 이유로 이스티오는 설치 시 `istio-reader-service-account`라는 서비스 어카운트를 최소 권한으로 생성한다. 이 서비스 어카운트는 다른 컨트롤 플레인이 자신을 인증하고 서비스나 엔드포인트 같은 워크로드 관련 정보를 조회하는 데 사용할 수 있다. 그러나 서비스 어카운트 토큰과 원격 클러스터로 보안 커넥션을 시작할 인증서를 상대 클러스터가 사용할 수 있게 해야 한다.

원격 클러스터 접근용 시크릿 만들기

`istioctl`에는 `create-remote-secret` 명령어가 있는데, 기본 `istio-reader-service-account` 서비스 어카운트를 사용해 원격 클러스터 접근용으로 시크릿을 만드는 것이다. 시크릿을 만들 때는 이스티오를 설치할 때 `IstioOperator`에서 사용한 클러스터 이름을 지정하는 것이 중요하다(`east-cluster` 및 `west-cluster` 값은 앞서 'IstioOperator 리소스를 사용해 컨트롤 플레인 설치하기' 절 참조). 원격 클러스터에 접근하기 위한 설정의 식별자로 클러스터 이름이 어떻게 사용되는지에는 주의를 기울이자.

```
$  ieast x create-remote-secret --name="east-cluster"

# This file is autogenerated, do not edit.
apiVersion: v1
kind: Secret
metadata:
  annotations:
    networking.istio.io/cluster: east-cluster
  labels:
    istio/multiCluster: "true"                          ❶
```

```
  name: istio-remote-secret-east-cluster
  namespace: istio-system
stringData:
  east-cluster: |
    apiVersion: v1
    kind: Config
    preferences: {}
    clusters:
    - cluster:
        certificate-authority-data: <생략>          ❷
        server: https://east-clust-dkjqiu.hcp.eastus.azmk8s.io:443
      name: east-cluster
    users:
    - name: east-cluster
      user:
        token: <생략>                               ❸
    contexts:
    - context:
        cluster: east-cluster
        user: east-cluster
      name: east-cluster
    current-context: east-cluster
```

❶ 이 레이블이 true로 설정된 시크릿은 이스티오의 컨트롤 플레인이 새 클러스터를 등록하기 위해 감시한다.
❷ 이 클러스터에 보안 커넥션을 시작하는 데 사용하는 CA
❸ 서비스 어카운트의 ID를 나타내는 토큰

kubectl이 쿠버네티스 API 서버와 통신하는 방법

API 서버와 통신하도록 kubectl을 설정하는 방법을 확인했다면, 위 데이터가 친숙해 보일 것이다. 이는 kubeconfig 파일 형식으로, 다음 데이터를 포함하고 있다.

- clusters: 클러스터 주소와 API 서버가 제공하는 커넥션 검증용 CA 데이터를 포함하고 있는 클러스터 목록
- users: API 서버에 인증하기 위한 토큰을 포함하는 사용자를 정의한 목록
- contexts: 콘텍스트 목록. 콘텍스트란 각각이 사용자와 클러스터를 묶은 것으로, 클러스터 전환을 단순화한다(우리 경우와는 무관함).

이것이 kubectl이 쿠버네티스 API 서버와 보안 통신을 시작하고 인증하는 데 필요한 전부다. istiod는 동일한 방식으로 원격 클러스터에 안전하게 쿼리한다.

시크릿을 출력하는 대신, kubectl 명령어에 파이프해 west-cluster에 적용하자.

```
$ ieast x create-remote-secret --name="east-cluster" \
  | kwest apply -f -

secret/istio-remote-secret-east-cluster created
```

시크릿이 생성되면, 바로 istiod가 이 시크릿을 갖고 새로 추가된 원격 클러스터에 워크로드를 쿼리한다. 이는 istiod에 기록되며, 로그로 볼 수 있다.

```
$ kwest logs deploy/istiod -n istio-system | grep 'Adding cluster'

2021-04-08T08:47:32.408052Z     info
➥Adding cluster_id=east-cluster from
➥secret=istio-system/istio-remote-secret-east-cluster
```

로그에서는 클러스터가 초기화되는지, west-cluster 컨트롤 플레인이 east-cluster의 워크로드를 찾을 수 있는지를 확인하고 있다. 기본–기본 배포에서는 반대로도 수행해야 하는데, east-cluster가 west-cluster가 쿼리하도록 설정하는 것이다.

```
$ iwest x create-remote-secret --name="west-cluster" \
  | keast apply -f -

secret/istio-remote-secret-west-cluster created
```

이제 컨트롤 플레인이 상대 클러스터의 워크로드를 쿼리할 수 있다. 그럼 다 된 것일까? 아직이다! 그러나 한 발짝 가까워졌다. 다음으로는 클러스터 간 연결을 설정해보자.

12.3.6 클러스터 간 연결 설정하기

4장에서는 이스티오의 인그레스 게이트웨이를 다루면서 엔보이 프록시 기반이라는 것을 살펴봤다. 인그레스 게이트웨이는 퍼블릭 네트워크에서 시작한 트래픽의 진입점으로, 트래픽을 조직의 내부 네트워크로 보낸다. 이런 유형의 트래픽을 north–south 트래픽이라고도 한다. 한편 서로 다른 내부 네트워크(여기서는 클러스터의 네트워크) 간의 트래픽은 east–west 트래픽이라고 한다(그림 12.12 참조).

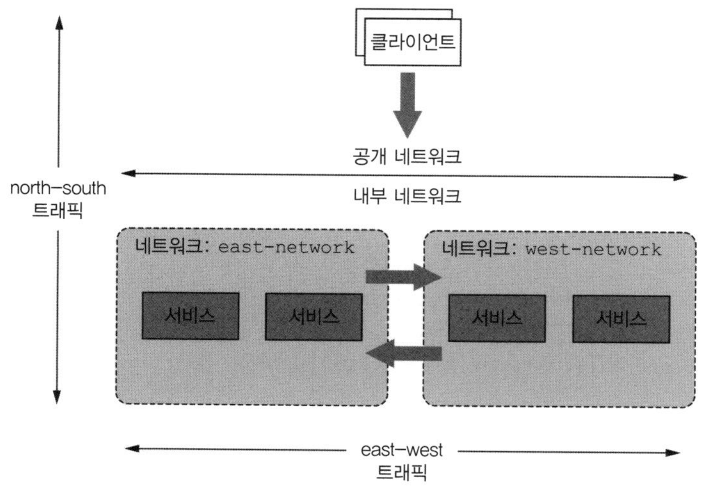

▲ **그림 12.12** north–south와 east–west 트래픽

east–west 트래픽을 단순화하기 위해, 대부분의 클라우드 프로바이더들은 네트워크 주소 공간이 겹치지 않는다면 가상 네트워크의 피어링을 활성화한다. 피어링된 가상 네트워크의 서비스들은 IPv4 및 IPv6 주소로 직접 커넥션을 시작한다. 그러나 네트워크 피어링은 클라우드 전용 기능이다. 네트워크 피어링이 불가능한, 다른 클라우드 프로바이더나 온프레미스에 있는 클러스터에 연결하고 싶을 때 이스티오가 제공하는 선택지가 east–west 게이트웨이다. 게이트웨이는 반대편 클러스터의 워크로드에 접근할 수 있는 로드 밸런서로 노출돼야 한다.

이 절에서는 클러스터 간 연결을 설정하고, 내부적으로 어떻게 동작하는지 보여준다.

복잡해 보일 수는 있지만, 이것을 그냥 동작하게 만드는 것보다는 어떻게 동작하는지를 이해하는 것이 더 중요하다고 믿는다. 따라서 문제가 생기면 문제를 해결하고 연결을 복원할 수 있는 지식과 능력을 갖춰야 한다.

이스티오의 east-west 게이트웨이

east-west 게이트웨이의 목적은 클러스터 간 east-west 트래픽의 진입점 역할을 하는 것뿐 아니라, 이 과정을 서비스 운영 팀에게 투명하게 만드는 것이다. 이 목표를 달성하려면 게이트웨이는 반드시 다음을 수행해야 한다.

- 클러스터 사이의 정밀한 트래픽 관리
- 암호화된 트래픽 라우팅. 암호화된 상태로 라우팅해야 워크로드 간 상호 인증이 가능하다.

그리고 서비스 메시 운영자는 어떤 추가 리소스도 구성할 필요가 없어야 한다! 즉, 어떤 이스티오 리소스도 추가 구성할 필요가 없어야 한다! 이렇게 하면, 트래픽을 클러스터 내에서 라우팅할 때나 클러스터 간에 라우팅할 때 차이가 없다. 두 시나리오 모두에서 워크로드는 서비스를 세밀하게 겨냥할 수 있고 상호 인증된 커넥션을 시작할 수 있다(미묘한 차이가 하나 있는데, 클러스터 경계를 넘을 때의 로드 밸런싱이 조금 다르다. 이 부분은 다음 절에서 살펴본다). 이것이 어떻게 구현되는지 이해하려면, 이스티오의 두 기능인 SNI 클러스터와 SNI 자동 통과를 소개하고 이들이 게이트웨이의 동작을 어떻게 바꾸는지 살펴봐야 한다.

SNI 클러스터로 east-west 게이트웨이 설정하기

east-west 게이트웨이는 SNI 클러스터를 모든 서비스에 추가 설정한 인그레스 게이트웨이다. 그럼 SNI 클러스터란 무엇일까? SNI 클러스터는 단순히 보통의 엔보이 클러스터 같은 것으로(10장 10.3.2절의 '엔보이 클러스터 설정 쿼리하기' 절 참조), 트래픽이 라우팅될 수 있는 유사 워크로드 집합을 묶는 속성인 방향, 부분집합, 포트, FQDN을 포함한다. 그러나 SNI 클러스터에는 한 가지 주요 차이점이 있다. SNI 클러스터는 모든 엔보이 클러스터 정보를 SNI에 인코딩한다. 이 덕분에 east-west 게이트웨이는 클러스터가 SNI 안에 지정한 클러스터로 암호화된 트래픽을 라우팅할 수 있는 것이다. 구체적인 예를 들면, 클라이언트(webapp 같은)가 원격 클러스터의 워크로드(catalog 같은)로 커넥션을 시작할 때 그림 12.13처럼 겨냥하는 클러스터를 SNI에 인코딩한다.

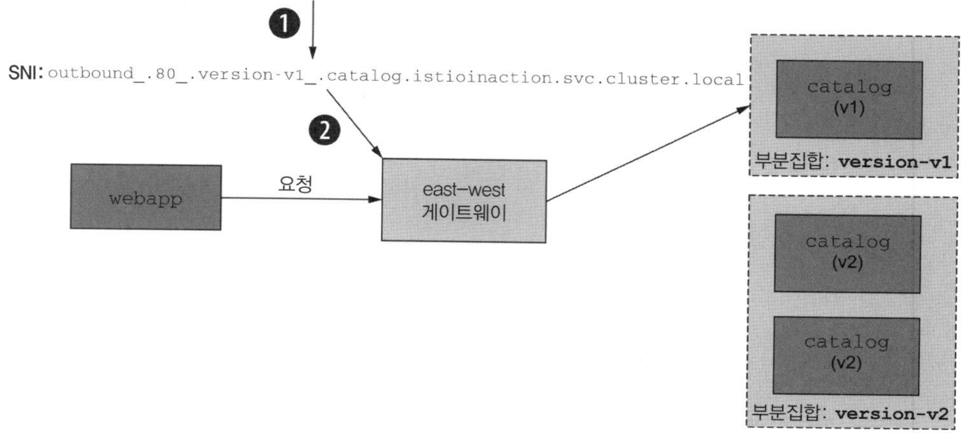

▲ **그림 12.13** (1) 클러스터 정보는 SNI에 인코딩된다. (2) SNI에는 라우팅 결정을 지시하는 방향, 포트, 버전, 서비스 이름이 포함된다.

그러므로 클라이언트는 세밀한 라우팅 결정을 내릴 수 있으며, 게이트웨이는 SNI 헤더에서 클러스터 정보를 읽어 트래픽을 클라이언트가 의도한 워크로드로 프록시할 수 있다. 이 모든 작업이 안전하고 상호 인증한 커넥션을 워크로드 사이에 유지하는 중에 일어난다.

SNI 클러스터가 있는 east-west 게이트웨이 설치하기

SNI 클러스터 설정은 옵트인 기능으로, 다음 `IstioOperator` 정의처럼 환경 변수 `ISTIO_META_ROUTER_MODE`로 게이트웨이 라우터 모드를 `sni-dnat`으로 설정해서 활성화할 수 있다.

```
apiVersion: install.istio.io/v1alpha1
kind: IstioOperator
metadata:
  name: istio-eastwestgateway                    ❶
  namespace: istio-system
spec:
```

```
profile: empty                                       ❷
components:
  ingressGateways:
  - name: istio-eastwestgateway                      ❸
    label:
      istio: eastwestgateway
      app: istio-eastwestgateway
    enabled: true
    k8s:
      env:
        - name: ISTIO_META_ROUTER_MODE               ❹
          value: "sni-dnat"                          ❹
        - name: ISTIO_META_REQUESTED_NETWORK_VIEW    ❺
          value: east-network                        ❺
      service:
        ports:
          # 간결함을 위해 생략
values:
  global:
    meshID: usmesh                                   ❻
    multiCluster:                                    ❻
      clusterName: east-cluster                      ❻
    network: east-network                            ❻
```

❶ IstioOperator 이름은 앞선 이스티오 설치와 겹치지 않아야 한다.
❷ empty 프로필은 추가 이스티오 구성 요소를 설치하지 않는다.
❸ 게이트웨이의 이름
❹ sni-dnat 모드는 트래픽을 프록시하는 데 필요한 SNI 클러스터를 추가한다.
❺ 게이트웨이가 트래픽을 라우팅하는 네트워크
❻ 메시, 클러스터, 네트워크 식별 정보

이 정의에는 해석해야 할 내용이 상당히 많다.

- IstioOperator 리소스의 이름은 처음에 컨트롤 플레인을 설치하는 데 사용한 리소스와 같아서는 안 된다. 같은 이름을 사용하면 앞서 설치한 것을 덮어 쓸 것이다.
- ISTIO_META_ROUTER_MODE를 sni-dnat으로 설정하면 SNI 클러스터를 자동으로 구성한다. 지정하지 않으면 standard 모드로 돌아가며, 이는 SNI 클러스터를 설정하지 않는다.

- ISTIO_META_REQUESTED_NETWORK_VIEW는 네트워크 트래픽이 프록시되는 곳을 정의한다.

위의 IstioOperator로 east-west 게이트웨이를 설치하자. 이 파일은 ch12/gateways/cluster-east-eastwest-gateway.yaml에 있다.

```
$  ieast install -y -f ch12/gateways/cluster-east-eastwest-gateway.yaml

✓ Ingress gateways installed
✓ Installation complete
```

east-west 게이트웨이를 설치하고 라우터 모드를 sni-dnat으로 설정했으면, 다음 단계는 SNI 자동 통과 모드를 사용해 east-west 게이트웨이에서 다중 클러스터 상호 TLS 포트를 노출하는 것이다. 이스티오는 영리해서 딱 그때만 게이트웨이에 SNI 클러스터를 설정한다.

SNI 자동 통과로 클러스터 간 트래픽 라우팅하기

SNI 자동 통과[auto passthrough]를 이해하기 위해, 수동 SNI 통과가 SNI 헤더에 기반해 트래픽을 허용하도록 인그레스 게이트웨이를 설정한다는 것을 떠올려보자(4장의 4.4.2절 참조). 이는 허용된 트래픽을 라우팅하려면 서비스 운영자가 수작업으로 VirtualService 리소스를 정의해야 함을 보여준다(그림 12.14 참조). SNI 자동 통과는 그 이름에서 짐작할 수 있듯이, 허용된 트래픽을 라우팅하자고 VirtualService를 수작업으로 만들 필요가 없다. 라우팅은 SNI 클러스터를 사용해 수행할 수 있는데, SNI 클러스터는 라우터 모드가 sni-dnat일 때 east-west 게이트웨이에서 자동으로 설정된다(그림 12.15 참조).

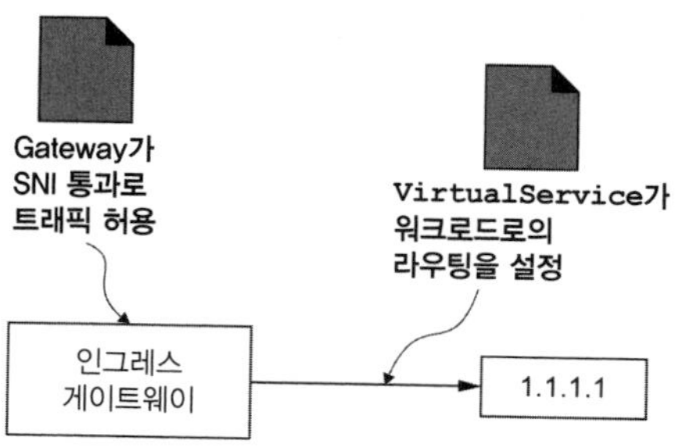

▲ **그림 12.14** SNI 통과로 트래픽을 라우팅할 때는 VirtualService 리소스를 정의해야 한다.

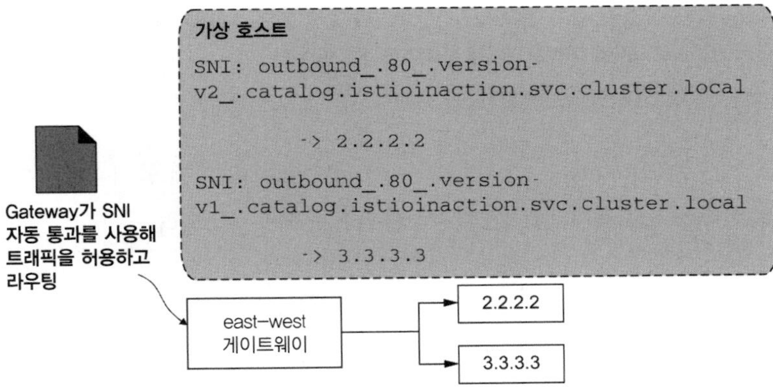

▲ **그림 12.15** SNI 자동 통과로 트래픽을 라우팅할 때는 sni-dnat 라우터 모드에서 초기화된 SNI 클러스터를 사용한다.

SNI 자동 통과는 이스티오 `Gateway` 리소스로 설정할 수 있다. 다음 정의에서는 SNI 헤더의 값이 `*.local`인 모든 트래픽에 대해 SNI 자동 통과를 사용하는데, 이는 모든 쿠버네티스 서비스에 해당한다.

```
apiVersion: networking.istio.io/v1alpha3
kind: Gateway
metadata:
  name: cross-network-gateway
  namespace: istio-system
spec:
  selector:
    istio: eastwestgateway          ❶
  servers:
    - port:
        number: 15443               ❷
        name: tls
        protocol: TLS
      tls:
        mode: AUTO_PASSTHROUGH      ❸
      hosts:
        - "*.local"                 ❹
```

❶ 셀렉터와 일치하는 게이트웨이에만 설정이 적용된다.

❷ 이스티오에서 15443 포트는 멀티 클러스터 상호 TLS 트래픽 용도로 지정된 특수 포트다.
❸ SNI 헤더를 사용해 목적지를 해석하고 SNI 클러스터를 사용한다.
❹ 정규식 *.local과 일치하는 SNI에 대해서만 트래픽을 허용한다.

이 리소스는 ch12/gateways/expose-services.yaml 파일에 들어 있다. 이를 클러스터에 적용하면 east-cluster의 워크로드를 west-cluster에 노출한다.

```
$ keast apply -n istio-system -f ch12/gateways/expose-services.yaml

gateway.networking.istio.io/cross-network-gateway created
```

계속 진행하기 전에 그 반대 작업도 수행하자. west-cluster에 east-west 게이트웨이를 만들고 그 서비스를 east-cluster의 워크로드에 노출하자.

```
$ iwest install -y -f ch12/gateways/cluster-west-eastwest-gateway.yaml
$ kwest apply -n istio-system -f ch12/gateways/expose-services.yaml
```

이제 east-west 게이트웨이의 클러스터 프록시 설정을 쿼리하고 catalog 단어를 포함한 줄만 걸러내어 SNI 클러스터가 설정됐는지 확인해본다.

```
$ ieast pc clusters deploy/istio-eastwestgateway.istio-system  \
   | grep catalog | awk '{printf "CLUSTER: %s\n", $1}'

CLUSTER: catalog.istioinaction.svc.cluster.local
CLUSTER: outbound_.80_._.catalog.istioinaction.svc.cluster.local     ❶
```

❶ catalog 서비스용 SNI 클러스터

출력은 catalog 워크로드에 SNI 클러스터가 정의됐음을 보여준다! 그리고 SNI 자동 통과로 게이트웨이를 설정했으므로, 게이트웨이에 들어오는 트래픽은 SNI 클러스터를 사용해 의도한 워크로드로 라우팅한다. 이스티오의 컨트롤 플레인은 이 리소스들의 생성을 지켜보고 있다가, 이제 클러스터 간 트래픽을 라우팅할 수 있는 경로가 존재함을 발견한다. 따라서 컨트롤 플레인은 원격 클러스터에서 새로 발견한 엔드포인트로 모든 워크로드를 설정한다.

클러스터 간 워크로드 디스커버리 검증하기

이제 east-cluster의 워크로드가 west-cluster에 노출됐으므로, webapp 엔보이 클러스터가 catalog 워크로드로 향하는 엔드포인트를 갖고 있으리라 기대된다. 이 엔드포인트는 네트워크의 catalog에 대한 요청을 프록시하는 east-west 게이트웨이의 주소를 가리켜야 한다. 이를 확인하기 위해 east-cluster의 east-west 게이트웨이 주소를 알아보자.

```
$ keast -n istio-system get svc istio-eastwestgateway \
    -o jsonpath='{.status.loadBalancer.ingress[0].ip}'

40.114.190.251
```

이제 이 값을 west-cluster의 워크로드가 클러스터 간 트래픽을 라우팅할 때 사용하는 주소와 비교해보자.

```
$ iwest pc endpoints deploy/webapp.istioinaction | grep catalog
```

그림 12.16은 위 명령어의 출력을 보여준다.

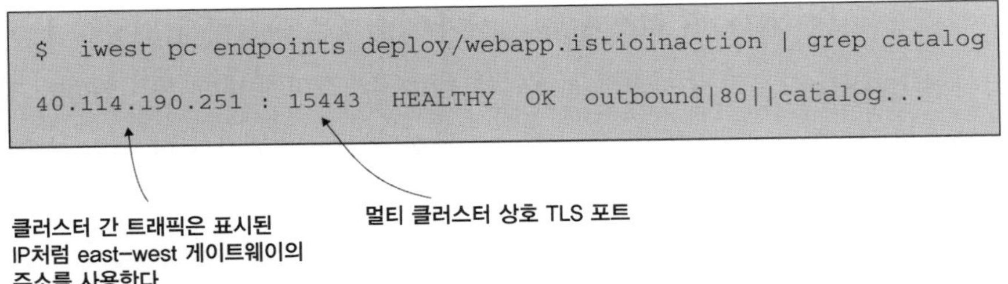
$ iwest pc endpoints deploy/webapp.istioinaction | grep catalog
40.114.190.251 : 15443 HEALTHY OK outbound|80||catalog...
클러스터 간 트래픽은 표시된 IP처럼 east-west 게이트웨이의 주소를 사용한다.
멀티 클러스터 상호 TLS 포트

▲ **그림 12.16** catalog 엔드포인트는 east-west 게이트웨이의 다중 클러스터 포트를 가리킨다.

catalog 리소스의 엔드포인트가 east-west 게이트웨이의 주소와 일치하면, 워크로드를 찾을 수 있고 클러스터 간 트래픽이 가능하다. 프록시 설정을 고려하면 모든 것이 올바르게 설정됐다. 직접 요청을 트리거해 마지막으로 확인해보자.

```
$ EXT_IP=$(kwest -n istio-system get svc istio-ingressgateway \
    -o jsonpath='{.status.loadBalancer.ingress[0].ip}')
```

```
$ curl http://$EXT_IP/api/catalog -H "Host: webapp.istioinaction.io"

[
  {
    "id": 0,
    "color": "teal",
    "department": "Clothing",
    "name": "Small Metal Shoes",
    "price": "232.00"
  }
]
```

만세! 인그레스 게이트웨이에 요청을 트리거하면 요청이 west-cluster의 webapp으로 라우팅됨을 알 수 있다. 그런 다음, 요청을 처리하는 east-cluster의 catalog 워크로드로 해석된다. 이로써 다중 클러스터, 다중 네트워크, 다중 컨트롤 플레인 서비스 메시가 설정됐고 두 클러스터가 서로의 워크로드를 찾을 수 있음을 확인했다. 워크로드들은 east-west 게이트웨이를 통과 지점으로 사용해 상호 인증 커넥션을 시작한다.

다중 클러스터 서비스 메시를 설정하는 데 필요한 것들을 요약해보자.

1. 클러스터 간 워크로드 디스커버리. 서비스 어카운트 토큰과 인증서가 포함된 kubeconfig를 사용해 각 컨트롤 플레인에 동료 클러스터에 대한 접근 권한을 제공함으로써 구현한다. 이 과정은 istioctl을 사용해 쉽게 진행했고, east-cluster에만 적용했다.
2. 클러스터 간 워크로드 연결. 다른 클러스터의 워크로드(다른 네트워크에 위치) 간에 트래픽을 라우팅하도록 east-west 게이트웨이를 설정하고, 이스티오가 워크로드가 위치한 네트워크를 알 수 있도록 각 클러스터에 네트워크 정보 레이블을 지정해 구현한다.
3. 클러스터 간 신뢰 설정. 상대 클러스터와 동일한 루트 신뢰로 중간 인증서를 발급함으로써 설정한다.

겨우 몇 단계 정도이며, 대부분 자동화돼 다중 클러스터 서비스 메시를 설정한다. 다음 절에서는 클러스터 간의 서비스 메시 동작을 몇 가지 확인해본다.

12.3.7 클러스터 간 로드 밸런싱

6장에서는 클러스터 간 지역 인식 로드 밸런싱을 살펴보겠다고 약속했다. 그리고 이제 다중 클러스터 서비스 메시가 있으니 그럴 준비가 됐다. 이를 시연하기 위해 2개의 샘플 서비스를 배포할 것이다. 이 서비스들은 워크로드가 실행 중인 클러스터의 이름을 반환하도록 설정돼 있다. 그러므로 요청을 처리하는 워크로드의 위치를 쉽게 확인할 수 있다.

west-cluster에 첫 번째 서비스를 배포해보자.

```
$ kwest apply -f \
ch12/locality-aware/west/simple-backend-deployment.yaml     ❶

$ kwest apply -f \
ch12/locality-aware/west/simple-backend-svc.yaml            ❷

$ kwest apply -f \
ch12/locality-aware/west/simple-backend-gw.yaml             ❸

$ kwest apply -f \
ch12/locality-aware/west/simple-backend-vs.yaml             ❹
```

❶ west-cluster에 간단한 백엔드 디플로이먼트를 배포한다.
❷ 간단한 백엔드 디플로이먼트용 쿠버네티스 서비스
❸ 트래픽을 허용하기 위해 Gateway 리소스를 적용한다.
❹ 게이트웨이에서 간단한 백엔드 워크로드로 트래픽을 라우팅하기 위해 VirtualService 리소스를 적용한다.

리소스가 만들어지는 즉시 west-cluster의 서비스로 요청하고 클러스터 이름을 반환하는지 확인한다.

```
$ curl -s $EXT_IP -H "Host: simple-backend.istioinaction.io" | jq ".body"

"Hello from WEST"
```

이제 east-cluster에 서비스를 배포할 수 있다.

```
$ keast apply -f ch12/locality-aware/east/simple-backend-deployment.yaml
$ keast apply -f ch12/locality-aware/east/simple-backend-svc.yaml
```

양쪽 클러스터에서 서비스가 실행되면서 인그레스 게이트웨이에 엔드포인트가 설정돼 요청이 양쪽으로 분산된다(그림 12.17 참조).

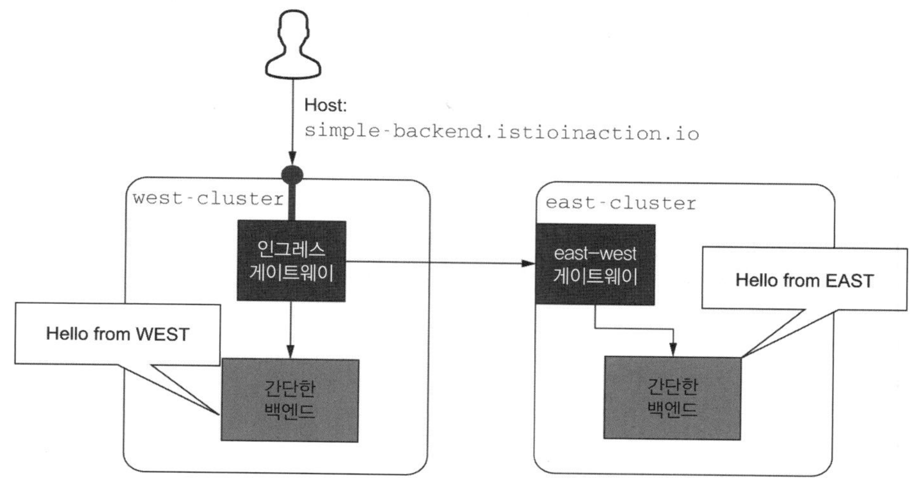

▲ **그림 12.17** 클러스터 간 로드 밸런싱

기본적으로, 이스티오는 라운드 로빈 알고리듬으로 워크로드 간에 로드 밸런싱한다. 그러므로 트래픽은 고르게 분산된다.

```
$  for i in {1..10}; do curl --max-time 5 -s $EXT_IP \
    -H "Host: simple-backend.istioinaction.io" | jq .body; done

"Hello from EAST"
"Hello from WEST"
<...>
```

좋다! 그러나 워크로드가 트래픽을 라우팅할 때 자신의 지역 내 워크로드를 우선하도록 지역 인식 로드 밸런싱을 사용하면 성능을 더 개선할 수 있다. 앞선 장들에서 클라우드 프로바이더가 지역성 정보를 노드에 레이블로 추가한다는 점을 언급한 바 있다. 이스티오는 레이블에서 추출한 이 정보를 사용해 워크로드의 지역을 설정한다.

클러스터 간 지역 인식 라우팅 검증하기

다중 클러스터 메시를 애저에 만들었으므로, 다음 출력과 같이 노드에 클라우드 프로바이더의 지역성 정보 레이블이 달려 있다.

```
$ kwest get nodes -o custom-columns="\
NAME:{.metadata.name},\
REGION:{.metadata.labels.topology\.kubernetes\.io/region},\
ZONE:{metadata.labels.topology\.kubernetes\.io/zone}"        ❶

NAME                               REGION   ZONE
aks-nodepool1-31209271-vmss000003  westus   0
```

❶ 노드 이름, 리전, 영역을 표시하도록 출력 형식을 지정한다.

예상대로 west-cluster의 노드에는 westus 리전 레이블이 붙어 있다. east-cluster를 확인하면 eastus 리전이 보인다. istiod가 이 정보를 선택해 엔드포인트를 설정할 때 워크로드로 전파한다.

```
$ iwest pc endpoints deploy/istio-ingressgateway.istio-system \
   --cluster \
   'outbound|80||simple-backend.istioinaction.svc.cluster.local' \
   -o json

[{
  "name": "outbound|80||simple-backend.istioinaction.svc.cluster.local",
  "addedViaApi": true,
  "hostStatuses": [
     {
         "address": <생략>,
         "stats": <생략>,
         "healthStatus": {
             "edsHealthStatus": "HEALTHY"
         },
         "weight": 1,
         "locality": {
             "region": "westus",    ❶
             "zone": "0"            ❶
```

```
            }
        },
        {
            "address": <생략>,
            "stats": <생략>,
            "healthStatus": {
                "edsHealthStatus": "HEALTHY"
            },
            "weight": 1,
            "locality": {
                "region": "eastus",     ❷
                "zone": "0"             ❷
            }
        }
    ],
    "circuitBreakers": <생략>
}]
```

❶ west-cluster에 있는 워크로드의 위치 정보
❷ east-cluster에 있는 워크로드의 위치 정보

출력을 보면 두 엔드포인트 모두 지역성 정보가 있다. 6장에서 이스티오가 지역성 정보를 사용하려면 수동적passive 헬스 체크가 필수라고 했던 것을 기억하자. 엔드포인트 상태를 수동적으로 확인하도록, 이상값 감지를 사용하는 DestinationRule을 적용해보자.

```
$ kwest apply -f ch12/locality-aware/west/simple-backend-dr.yaml
```

몇 초 정도 걸려 설정이 전파되면, 요청이 지역 정보를 사용해 동일 클러스터 안에서 라우팅되는 것을 확인할 수 있다.

```
$ for i in {1..10}; do curl --max-time 5 -s $EXT_IP \
     -H "Host: simple-backend.istioinaction.io" | jq .body; done

"Hello from WEST"
"Hello from WEST"
"Hello from WEST"
<...>
```

기대한 대로 모든 요청은 west-cluster 내에서 라우팅되는데, 트래픽을 라우팅하는 인그레스 게이트웨이에서 가장 가깝기 때문이다. 또한 모든 라우팅 결정을 엔보이 프록시가 내리므로, 컨트롤 플레인이 엔보이 프록시의 설정을 수정했으리라고 결론지을 수 있다. 그래야 동작이 달라진 것이 설명되기 때문이다. 설정을 다시 출력해 어떻게 달라졌는지 살펴보자.

```
$  iwest pc endpoints deploy/istio-ingressgateway.istio-system \
      --cluster \
      'outbound|80||simple-backend.istioinaction.svc.cluster.local' \
      -o json

[{
  "name": "outbound|80||simple-backend.istioinaction.svc.cluster.local",
  "addedViaApi": true,
  "hostStatuses": [
      {
          <생략>
          "weight": 1,
          "locality": {
              "region": "westus",
              "zone": "0"
          }
      },
      {
          <생략>
          "weight": 1,
          "priority": 1,     ❶
          "locality": {
              "region": "eastus",
              "zone": "0"
          }
      }
   ],
   "circuitBreakers": <생략>
}]
```

❶ 두 번째 호스트의 우선순위인 1

이제 트래픽이 이 호스트로 라우팅될 우선순위를 지정하는 priority 필드를 볼 수 있다. 우선순위가 가장 높은 값은 0이다(지정하지 않았을 경우의 기본값). 그렇기 때문에 우선순위가 가장 높은 westus의 호스트에서 이 필드가 생략된 것이다. 값 1은 0보다 우선순위가 낮은 식이다. 우선순위가 가장 높은 호스트가 사용할 수 없는 상태가 되면, 트래픽은 우선순위가 낮은 호스트로 라우팅된다. 이를 확인해보자.

클러스터 간 장애 극복 확인하기

간단한 백엔드 디플로이먼트가 실패하는 상황을 시뮬레이션하려면, 환경 변수 ERROR_RATE 값을 1로 설정해 요청이 실패하게 만들면 된다. west-cluster의 워크로드에 그렇게 해보자.

```
$ kwest -n istioinaction set env \
    deploy simple-backend-west ERROR_RATE='1'
```

시간이 조금 지나면, 이상값 감지가 호스트가 비정상임을 감지하고 트래픽을 우선순위가 두 번째인 east-cluster의 워크로드로 라우팅한다.

```
$ for i in {1..10}; do curl --max-time 5 -s $EXT_IP \
    -H "Host: simple-backend.istioinaction.io" | jq .body; done

"Hello from EAST"
"Hello from EAST"
"Hello from EAST"
<...>
```

이 결과는 클러스터 간 장애 극복이 작동함을 보여준다. 우선순위가 가장 높은 워크로드가 수동적 헬스 체크에 실패했기 때문에 트래픽이 east-cluster로 라우팅됐다.

|**노트**| 이 상세한 설명에서 볼 수 있듯이, 클러스터 간 트래픽은 상대 클러스터의 east-west 게이트웨이를 통과하며 SNI 통과로 처리된다는 것을 알 수 있다. 이는 원격 클러스터에 도달한 트래픽의 로드 밸런싱에 영향을 미친다. 이 호출은 SNI/TCP 커넥션이라 게이트웨이가 TLS 커넥션을 종료하지 않으므로, east-west 게이트웨이는 커넥션을 그대로 백엔드 서비스에 전달할 수밖에 없다. 이렇게 되면 커넥션이 east-west 게이트웨이에서 백엔드 서비스까지 이어지기 때문에 요청 단위로 로드 밸런싱되지 않는다. 그러므로 클러스터 사이의 장애 극복이나 로드 밸런싱에서, 클라이언트의 관점으로는 부하 분산이나 장애 극복이 수행되지만 트래픽이 원격 클러스터의 모든 인스턴스 사이에서 반드시 균등하게 분산되는 것은 아니다.

인가 정책을 사용해 클러스터 간 접근 제어 확인하기

마지막으로 확인할 기능은 클러스터 사이의 접근 제어다. 접근 제어를 하려면 워크로드가 트래픽을 서로 인증해, 트래픽을 승인하거나 거부하는 결정을 내리는 데 사용 가능한 믿을 수 있는 메타데이터를 만들어야 한다는 점을 기억하자. 이를 시연하기 위해 시나리오를 생각해보자. 트래픽 출처가 인그레스 게이트웨이인 경우에만 서비스로의 트래픽을 허용하고 싶다고 해보자. 출처가 다르면 거절한다. 그렇게 하기 위한 정책을 정의해 ch12/security/only-ingress-policy.yaml 파일에 저장해뒀다. 이를 `east-cluster`에 적용하자.

```
$  keast apply -f ch12/security/allow-only-ingress-policy.yaml

authorizationpolicy.security.istio.io/allow-only-ingress created
```

요청하기 전에 `west-cluster`에서 서비스를 청소해 `east-cluster`의 인스턴스만 트래픽을 처리하게 하자.

```
$  kwest delete deploy simple-backend-west -n istioinaction

deployment.apps "simple-backend-west" deleted
```

업데이트가 전파되고 나면, `west-cluster`의 워크로드에서 요청을 만들어 정책을 시험해 볼 수 있다. 이를 위해 임시 파드를 실행할 것이다.

```
$ kubectl run -i --rm --restart=Never sleep --image=curlimages/curl \
--command -- curl -s simple-backend.istioinaction.svc.cluster.local

RBAC: access denied
```

기대한 대로 요청은 거부된다. 한편, 인그레스 게이트웨이로 요청하면 요청이 게이트웨이에서 라우팅돼 응답이 성공한다.

```
$ curl --max-time 5 -s $EXT_IP \
   -H "Host: simple-backend.istioinaction.io" | jq .body

"Hello from EAST"
```

정책이 인그레스 게이트웨이에서 들어온 트래픽을 허용한 것을 볼 수 있다. 이는 워크로드가 클러스터 간에 상호 인증해서 정책이 ID 인증서에 인코딩된 인증 데이터를 접근 제어에 사용할 수 있음을 보여준다.

로드 밸런싱, 지역 인식 라우팅, 클러스터 간 장애 극복, 상호 인증 트래픽, 접근 제어에 대한 우리의 모든 예제는 다중 클러스터 서비스 메시에서의 워크로드가 실행 중인 클러스터가 어디든 상관없이 이스티오의 모든 기능을 사용할 수 있음을 보여준다. 그리고 설정을 따로 더 하지 않아도 그럴 수 있다.

|**노트**| 클라우드 프로바이더에서 리소스를 정리해야 한다. 애저를 사용하는 경우 다음과 같은 스크립트를 실행하면 된다.

```
$ sh ch12/scripts/cleanup-azure-resources.sh
```

바라건대, 이번 장이 이스티오가 조직 내에서 어떻게 확장하는지, 어떻게 여러 클러스터를 단일 메시로 통합하는지, 여러 조직에게 그것이 왜 중요한지를 충분히 보여줬길 바란다. 다음 장에서는 가상머신을 서비스 메시로 통합해본다. 이는 레거시 워크로드를 운영해야 하는 성숙한 기업에게 아주 가치 있는 기능이다.

요약

- 이스티오는 단일 컨트롤 플레인(기본-원격), 복제된 컨트롤 플레인(기본-기본), 외부 컨트롤 플레인이라는 세 가지 다중 서비스 메시 배포 모델을 지원한다.
- `istio-system` 네임스페이스에 중간 인증서를 설치해 플러그인 CA 인증서를 사용하면 클러스터 간에 공통 신뢰를 구축할 수 있다.
- 복제된 컨트롤 플레인 배포 모델에서 클러스터 간 워크로드를 찾는 방법은 원격 클러스터의 서비스 어카운트를 ID로 사용하고 시크릿으로 서비스 어카운트 토큰을 상대편 클러스터에서 사용할 수 있게 하는 것이다.
- east-west 게이트웨이를 사용해 다중 네트워크 서비스 메시의 네트워크를 연결할 수 있다. `sni-dnat` 라우터 모드는 클러스터 간 트래픽을 세밀한 방식으로 라우팅하도록 SNI 클러스터를 설정한다.
- east-west 게이트웨이는 트래픽을 자동으로 통과시키고 자동으로 설정된 SNI 클러스터를 바탕으로 라우팅하도록 설정할 수 있다.
- 이스티오의 기능은 클러스터 간에도 단일 클러스터일 때와 같은 방식으로 동작한다.

13
가상머신 워크로드를 메시에 통합하기

13장에서 다루는 내용

- 레거시 워크로드를 이스티오 서비스 메시에 통합하기
- 가상머신에 istio-agent 설치 및 설정하기
- 가상머신에 ID 프로비저닝하기
- 클러스터 서비스와 가상머신 서비스를 서로 노출하기
- 로컬 DNS 프록시를 사용해 클러스터 서비스의 FQDN 해석하기

지금까지는 이스티오 서비스 메시를 컨테이너 및 쿠버네티스 관점에서 다뤘다. 그러나 실제 워크로드는 자주 가상머신이나 물리 머신에서 실행된다. 컨테이너와 쿠버네티스는 종종 기술 스택을 현대화하려는 노력의 일환으로 사용하며, 이번 장은 이 두 세계를 애플리케이션 네트워킹 계층에서 이스티오로 연결하는 방법을 보여준다. 왜 단순히 레거시 워크로드를 현대화해서 쿠버네티스 클러스터에서 실행하는 것이 아니라 가상머신을 메시로 통합하는 것인지 궁금할 수 있다. 우리도 가능하면 그 접근법을 추천하지만, 몇몇 경우에는 그런 접근법이 불가능하거나 최소한 비용을 고려했을 때 불가능에 가까울 수 있다.

- 엔터프라이즈는 규제 준수 때문에 워크로드를 쿠버네티스 클러스터를 설정하고 운

영할 전문 지식이 부족한 온프레미스에서 실행해야 할 수 있다.

- 애플리케이션을 컨테이너화하는 것은 그리 간단하지 않다. 어떤 애플리케이션은 다시 설계해야 할 수 있다. 어떤 애플리케이션에는 업데이트해야 하지만 다른 의존성과 충돌하는 의존성이 있을 수 있다. 즉, 의존성 지옥이다.
- 어떤 것들은 실행 중인 가상머신에 고유한 의존성이 있다.

이번 장에서는 사이드카 프록시를 설치하고 설정함으로써 어떤 워크로드든 메시의 일부로 삼을 수 있는 방법을 보여준다. 이 접근법은 레거시 워크로드가 있으며, 이 레거시 워크로드를 복원력 있고 안전하고 고가용적인 방식으로 메시로 통합하길 원하는 엔터프라이즈에게 흥미로운 기능을 제공한다.

13.1 이스티오의 가상머신 지원

가상머신을 메시에 통합하는 것은 이스티오 초기부터 지원됐지만, 수많은 컨트롤 플레인 외부의 차선책과 자동화가 필요했다. 이스티오의 가상머신 지원은 1.9.0에서 핵심 기능 일부가 구현되고 API가 적절한 접근법으로 결정되면서 베타[beta]로 승격됐다. 이때의 핵심 기능들이란 다음과 같다.

- 가상머신에서의 사이드카 프록시 설치 및 설정. `istioctl`로 간소화됐다.
- 가상머신의 고가용성. 이스티오의 두 가지 새 리소스인 `WorkloadGroup`과 `WorkloadEntry`를 도입하면서 달성됐다.
- 가상머신에서 메시 내 서비스의 DNS 해석. 이스티오의 사이드카와 함께 설정되는 로컬 DNS 프록시를 사용해서 가능해졌다.

이번 장에서는 다룰 정보가 많으므로 이런 새 기능들을 고수준에서 다루는 것부터 시작한다. 그런 다음, 가상머신을 메시에 통합해 구체적인 예제로 작동시킬 것이다.

13.1.1 가상머신에서의 사이드카 프록시 설치 및 설정 단순화하기

가상머신이 메시의 일부가 되려면 다음을 해야 한다.

- 네트워크 트래픽을 관리할 사이드카 프록시 설치
- 프록시가 istiod에 연결해 메시 설정을 받도록 설정
- istiod에 인증하는 데 사용할 ID 토큰을 가상머신에 제공

그림 13.1은 워크로드가 메시의 일부가 되는 데 필요한 전제 조건을 보여준다. 쿠버네티스에서 실행되는 워크로드에도 같은 작업이 필요하다.

- 웹훅webhook이나 istioctl을 사용해 사이드카를 자동으로 설치하고 설정한다.
- ID 토큰을 소유한다. 쿠버네티스가 파드에 자동으로 주입한다.

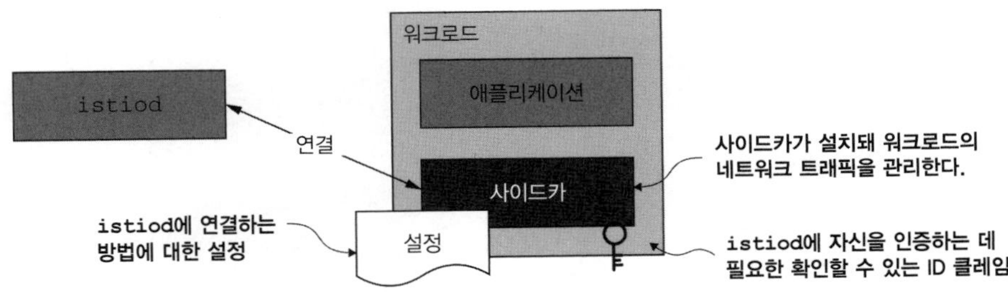

▲ **그림 13.1** 워크로드가 메시의 일부가 되려면 필요한 것

이런 편의성은 쿠버네티스 외부의 워크로드로 확장되지 않는다. 그러므로 가상머신 소유자는 프록시를 설치하고 설정해야 하며, 워크로드 ID용 부트스트랩 토큰을 제공해야 한다. 그러고 나서야 워크로드가 메시의 일부가 될 수 있다.

가상머신의 프로비저닝 ID 자세히 살펴보기

이스티오는 가상머신에 ID를 제공하는 신뢰의 원천으로 쿠버네티스를 사용한다. 이는 쿠버네티스에서 토큰을 만들고 머신에 전달하면서 동작한다. 이 토큰은 머신에 설치된 istio-agent가 가져가 istiod에 인증하는 데 사용한다. 그림 13.2와 13.3은 클러스터 워크로드와

가상머신 워크로드에서 ID가 제공되는 방식의 차이를 보여준다.

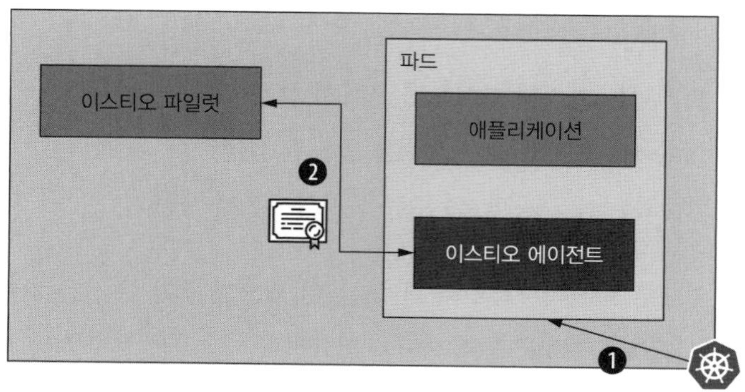

▲ **그림 13.2** 클러스터의 워크로드는 (1) 서비스 어카운트 토큰을 파드에 주입받으며 (2) 그 토큰을 사용해 인증하고 SVID를 가져온다.

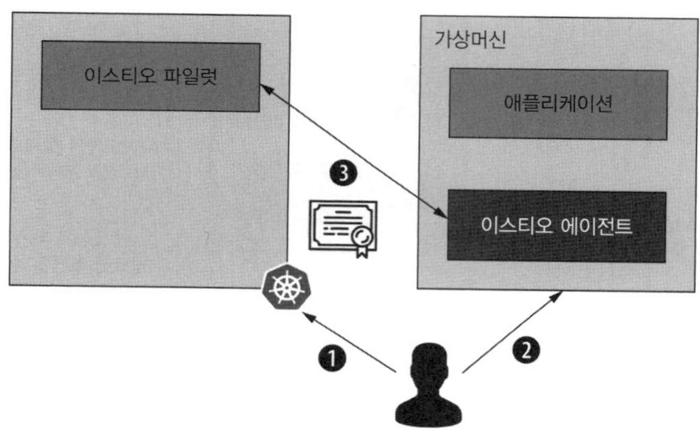

▲ **그림 13.3** 가상머신은 외부이기 때문에 수작업이 필요하다. (1) 서비스 어카운트를 만들고, (2) 그 토큰을 가상머신에 전달하며, (3) 그 토큰을 사용해 인증하고 SVID를 받는다.

쿠버네티스가 토큰을 자동으로 파드에 주입한다는 점만 빼면 접근법은 비슷하다. 반면 가상머신에서는 서비스 메시 운영자가 이 작업을 수행해야 하는데, 수작업으로 토큰을 안전하게 가상머신으로 전달해야 한다. `istio-agent`는 이 토큰을 사용해 `istiod`에 인증하고, 그 결과 `istiod`가 SVID 형태로 그 ID를 발급한다.

이 방법의 단점은 서비스 메시 운영자가 쿠버네티스에 토큰을 만들고 가상머신에 안전하게 전달하는 작업을 자동화해야 한다는 것이다. 이 작업에 수고가 많이 필요하지 않을 수는 있지만, 조직이 다중 클라우드 전략을 따르면(그리고 대부분은 따른다) 들여야 하는 공이 빠르게 늘어난다.

플랫폼이 할당한 ID

이스티오 커뮤니티에서는 서로 다른 클라우드 프로바이더의 머신에 워크로드 ID를 자동으로 제공하는 해결책을 개발 중이다. 이 방법은 가상머신의 플랫폼이 부여한 ID를 신뢰의 근원으로 사용하며, istio-agent가 이를 갖고 istiod에게 인증하는 데 사용한다. 당연히 이스티오는 토큰 검증을 설정하는 API를 클라우드 프로바이더에 노출할 것이다. 전체 과정은 다음과 같이 시각화돼 있다.

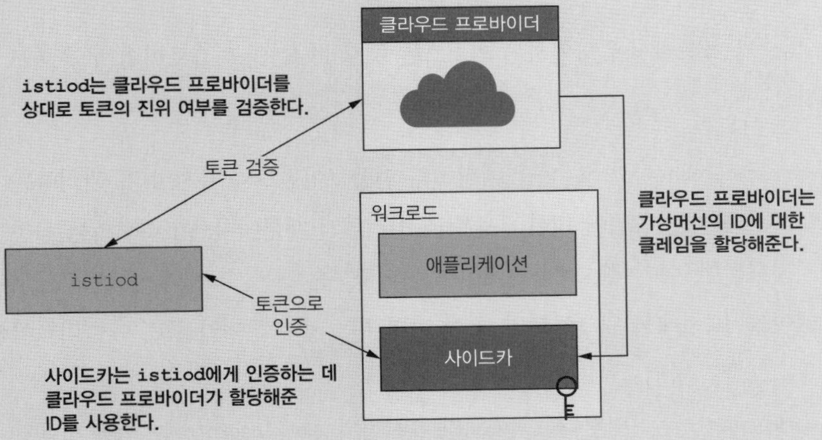

▲ 워크로드를 인증하는 데 플랫폼이 부여한 ID를 사용하는 방법

이 방법은 아직 개발되지 않았지만 ID 공급자 설계 문서(http://mng.bz/zQGa)에서 자세한 내용을 확인할 수 있다.

다음 예제에서는 머신 ID를 프로비저닝하기 위한 신뢰의 원천으로 쿠버네티스를 사용한다. 이번 장을 간결하게 하기 위해 토큰은 수작업으로 가상머신에 전달할 것이다.

13.1.2 가상머신 고가용성

가상머신에서 고가용성을 달성하고자 이스티오는 쿠버네티스가 컨테이너화된 워크로드에서 취하는 접근법을 매우 흡사하게 모방한다. 기본적으로 쿠버네티스는 다음 리소스로 고가용성을 달성한다.

- 디플로이먼트Deployment. 고수준 리소스로, 복제본이 어떻게 만들어져야 하는지에 대한 설정을 담고 있다.
- 파드Pod. 그 설정으로 만든 복제본이다. 이렇게 하면 파드에 고유한 부분이 없다는 것이 보장되므로 파드가 정상이 아닐 때마다 폐기하고 갈아치울 수 있다(혹은 불필요할 때 줄일 수 있다). 그렇게 서비스 고가용성을 유지 가능하다.

이스티오가 가상머신에 도입하는 리소스는 쿠버네티스의 디플로이먼트 및 파드 개념과 흡사하다.

- `WorkloadGroup` 리소스는 쿠버네티스의 디플로이먼트와 유사하다. 관리하는 워크로드를 설정하는 방법에 대한 템플릿을 정의하기 때문이다. 이 리소스는 공통 속성을 지정하는데, 여기에는 애플리케이션을 노출하는 포트, 그룹의 인스턴스에 부여하는 레이블, 메시에서 워크로드의 ID를 나타내는 서비스 어카운트, 애플리케이션 상태 프로브probe 방법 등이 있다.
- `WorkloadEntry`는 쿠버네티스 파드와 유사하다. `WorkloadEntry`는 최종 사용자 트래픽을 처리하는 개별 가상머신을 나타낸다. `WorkloadEntry`는 `WorkloadGroup`에서 정의한 공통 속성 외에 인스턴스의 상태와 주소 등과 같은 고유한 속성도 갖고 있다.

`WorkloadEntry`는 수동으로 생성할 수 있다. 그러나 권장하는 방식은 새로 뜬 워크로드가 메시에 자동으로 참가하는 워크로드 자동 등록을 이용하는 것이다.

워크로드 자동 등록 이해하기

워크로드를 자동 등록하는 동안, 워크로드는 제공받은 설정을 사용해 컨트롤 플레인에 연결하고 ID 토큰으로 자신이 WorkloadGroup의 일원임을 인증한다. 이 작업이 성공하면 컨트롤 플레인은 메시에서 가상머신을 나타내는 WorkloadEntry를 생성한다(그림 13.4 참조).

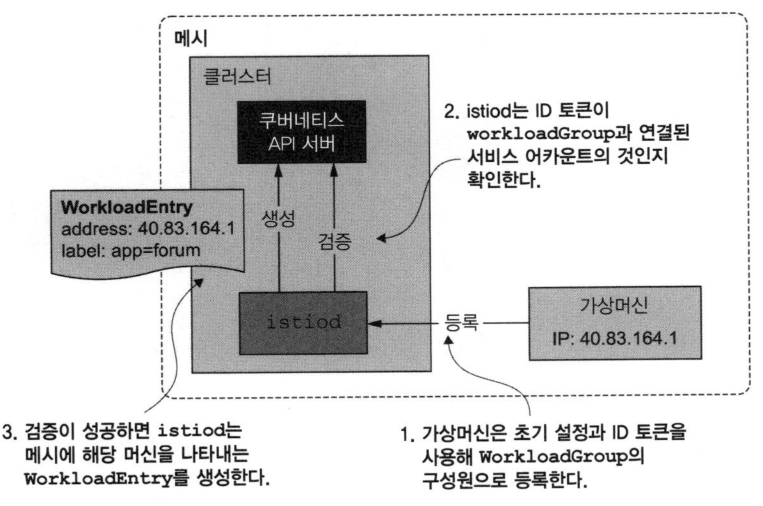

▲ **그림 13.4** 워크로드 자동 등록 과정

메시 내의 가상머신을 WorkloadEntry로 표현하는 것은 여러 이유로 중요하다. 특히 쿠버네티스 서비스나 이스티오 ServiceEntry 리소스가 레이블 셀렉터로 워크로드를 선택해 트래픽을 라우팅할 백엔드로 사용할 수 있다. 실제 주소가 아니라 쿠버네티스 서비스(즉, 클러스터 내의 FQDN)로 워크로드를 선택하면, 클라이언트 측에 대한 별다른 지식이나 영향 없이도 정상적이지 않은 워크로드를 폐기하거나 늘어난 수요에 맞추기 위해 새 워크로드를 쉽게 띄울 수 있다.

그림 13.5는 어떻게 서비스를 사용해 WorkloadEntry와 파드를 겨냥할 수 있는지 보여준다. 예를 들어, 가상머신에서 실행하는 레거시 워크로드를 쿠버네티스에서 실행하는 현대화 워크로드로 이전할 때 위험을 줄이려는 경우가 여기에 해당할 수 있다. 워크로드를 병렬로 실행한 다음, 서비스 메시의 트래픽 전환 기능을 사용해(5장에서 설명) 모든 트래픽을 가상머신에서 파드로 점차 옮긴다. 이 과정에서 오류가 늘어나면 트래픽을 가상머신으로 되돌릴 수 있는 선택지도 갖고 있는 것이다.

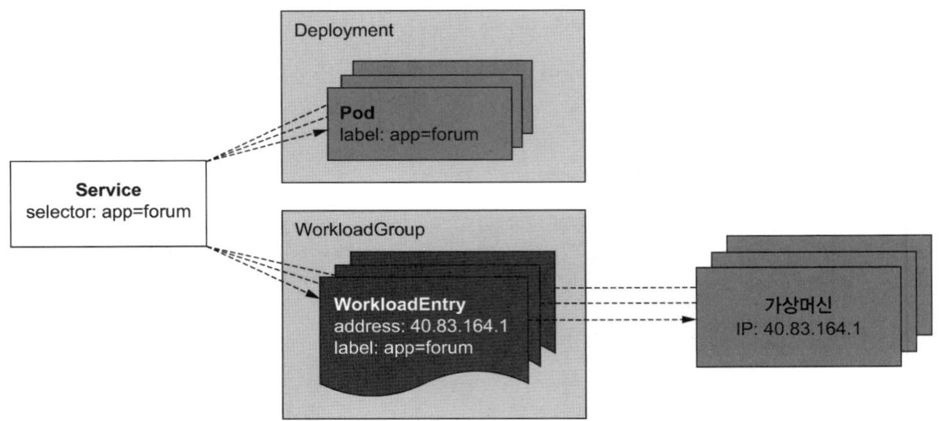

▲ **그림 13.5** Deployment와 Pod에 대비한 WorkloadGroup과 WorkloadEntry의 관계

이스티오가 수행하는 헬스 체크 이해하기

워크로드가 서비스 메시의 일부가 되고 나면, 트래픽을 받을 준비가 돼야 하며 헬스 체크로 검사받는다. 서비스의 고가용성을 유지하려면 두 가지 헬스 체크가 필요하다(쿠버네티스가 헬스 체크하는 방식과 비슷하다).

- readiness 프로브는 워크로드가 시작된 후 트래픽을 수신할 준비가 됐는지 확인한다.
- liveness 프로브는 애플리케이션이 실행 중일 때 정상인지 확인한다. 정상이 아니면 재시작해야 한다.

liveness 프로브는 서비스 메시의 관심사가 아니다! 워크로드가 살아 있는지 확인하는 것은 워크로드가 실행 중인 플랫폼의 기능이다. 예를 들어, 플랫폼인 쿠버네티스가 `Deployment` 설정에서 정의한 프로브로 liveness를 검사한다. 마찬가지로 워크로드를 클라우드의 가상머신에서 실행할 때는 클라우드의 기능을 사용해 liveness 프로브를 구현하고, 프로브가 실패하면 새 인스턴스를 띄우는 등 복구하기 위한 수정 조치를 취해야 한다.

다음은 가장 인기 있는 세 클라우드 프로바이더의 liveness 검사 및 자동 복구에 대한 문서다.

- 애저는 가상머신 스케일 셋VM scale set에 대한 자동 인스턴스 복구를 구현한다(http://mng.bz/0wrx).
- 아마존 웹 서비스Amazon Web Services는 오토스케일링 그룹autoscaling group 인스턴스에 대한 헬스 체크를 구현한다(http://mng.bz/KB4K).
- 구글 클라우드 플랫폼Google Cloud Platform은 관리형 인스턴스 그룹managed instance group에 헬스 체크 및 자동 복구를 구현한다(http://mng.bz/9KNl).

이스티오가 가상머신에서 readiness 프로브를 구현하는 방법

애플리케이션이 트래픽을 받을 준비가 됐는지는 `WorkloadGroup` 정의에 명세된 바에 따라 `istio-agent`가 주기적으로 검사한다. 에이전트는 애플리케이션의 상태를 `istiod`에 보고하는데, 상태가 정상에서 비정상으로, 혹은 비정상에서 정상으로 바뀔 때 등이다(그림 13.6 참조).

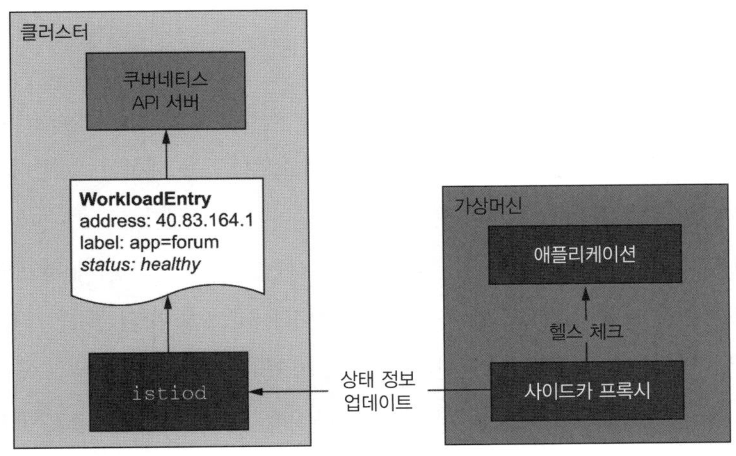

▲ **그림 13.6** 사이드카 프록시는 istiod를 애플리케이션 상태 정보로 업데이트한다.

컨트롤 플레인은 상태를 사용해 트래픽을 그 워크로드로 라우팅할지 여부를 결정한다. 예를 들어 애플리케이션이 정상이면 데이터 플레인에 애플리케이션을 호스팅하는 가상머신의 엔드포인트를 설정한다. 그리고 그 반대도 마찬가지다. 애플리케이션이 비정상일 때

데이터 플레인에서 엔드포인트를 제거한다.

서비스 메시 운영자는 `WorkloadGroup`에 애플리케이션 readiness 검사를 설정하고, 클라우드 프로바이더가 권장하는 방법에 따라 인프라 계층에 liveness 검사를 만들어야 한다. liveness와 readiness 프로브에는 다른 설정을 사용하는 것을 추천한다.

- `istio-agent`가 수행하는 readiness 프로브는 공격적이어야 하며 트래픽이 오류를 반환하는 인스턴스로 라우팅되는 것을 방지해야 한다.
- 클라우드 프로바이더가 수행하는 liveness 프로브는 좀 더 보수적이어야 하며 가상머신이 복구할 시간을 줘야 한다.

인스턴스를 너무 경솔하게 죽이지 않도록 하자. 인스턴스를 죽이면 유예 기간grace period 없이 진행 중인 요청을 종료해 최종 사용자에게 실패를 보여주기 때문이다. 경험상 좋은 방법은 liveness 프로브보다 readiness 프로브가 항상 먼저 실패하는 것이다.

13.1.3 메시 내 서비스의 DNS 해석

가상머신은 쿠버네티스 클러스터 외부에 있으므로 쿠버네티스 내부 DNS 서버에 접근할 수 없다. 그 결과 가상머신은 클러스터 서비스의 호스트네임을 해석할 수 없다. 이를 해결하는 것이 가상머신을 서비스 메시에 통합하기 위한 마지막 단계다.

먼저 왜 DNS 해석이 필요한지 궁금할 수 있다. 애플리케이션과 함께 배포되는 서비스 프록시는 트래픽을 모든 워크로드로 라우팅하는 설정을 갖고 있지 않은가? 그렇다. 프록시는 트래픽을 어떻게 라우팅할지에 관한 설정을 갖고 있다. 그러나 문제는 트래픽을 애플리케이션에서 꺼내 프록시로 가져오는 데 있다. 이를 위한 전제 조건은 호스트네임이 해석되는 것이다. 그렇지 않으면, 트래픽은 절대 애플리케이션을 떠나지 않으므로 엔보이 프록시로 리다이렉트될 수 없다. 이 문제는 그림 13.7에 시각화돼 있다.

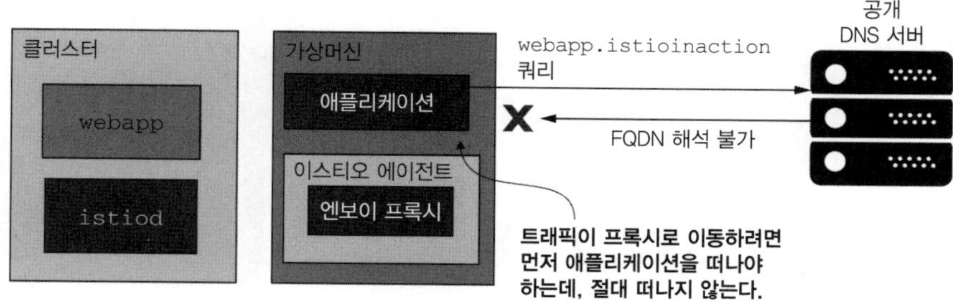

▲ **그림 13.7** DNS 해석이 실패하므로 아웃바운드 트래픽은 절대 엔보이 프록시에 도달하지 않는다.

앞서, 클러스터 호스트네임은 보통 모든 쿠버네티스 서비스를 설정해둔 프라이빗private DNS 서버를 사용해 해석했다. 가상머신은 DNS 쿼리를 보내는 네임서버로 이 프라이빗 DNS 서버를 사용하도록 설정돼 있다. 쿠버네티스 내 워크로드의 동적인 성질 때문에 프라이빗 DNS 서버를 설정하는 과정은, 이런 변경 사항을 수신하고 DNS 서버를 동기화 상태로 유지하는 쿠버네티스 컨트롤러를 사용해 자동화돼야 했다. `external-dns`가 정확히 그 작업을 수행하는 오픈소스 솔루션이다(https://github.com/kubernetes-sigs/external-dns).

그러나 이는 차선책이지 서비스 메시 사용자가 원하는 통합 솔루션은 아니다. 이스티오 후속 버전(1.8 이상)은 `istio-agent` 사이드카에 로컬 DNS 프록시를 도입했는데, `istiod`가 이 프록시에 메시 내 서비스를 모두 설정해둔다(그림 13.8 참조). DNS 프록시는 엔보이 프록시와 함께 이스티오 사이드카로 동작하며 애플리케이션의 DNS 쿼리를 처리하는데, 이 DNS 쿼리는 이스티오에서 일반적으로 트래픽을 포착하는 방법인 Iptable 규칙을 사용해 DNS 프록시로 리다이렉트된다. `istio-cni`를 사용할 때는 이 과정이 살짝 다르다.

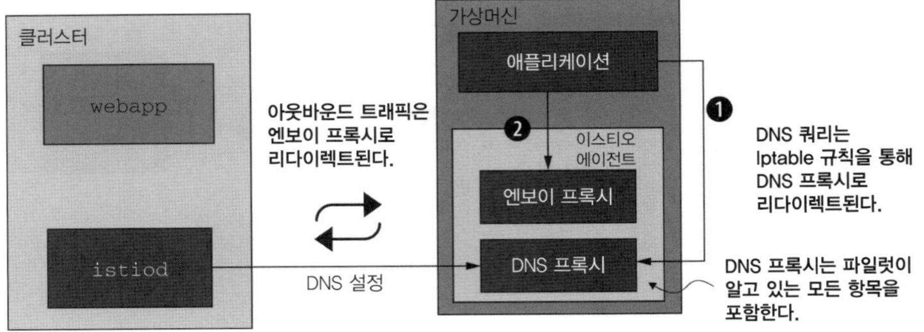

▲ **그림 13.8** DNS 쿼리는 해석을 위해 DNS 프록시로 리다이렉트되는데, DNS 프록시에는 istiod가 클러스터 내 서비스를 설정해둔다.

DNS 프록시를 지속적으로 업데이트하고자 이스티오는 NDS(Name Discovery Service)라는 새 API를 도입했다. NDS를 사용하면, 메시에 쿠버네티스 서비스나 이스티오 `ServiceEntry`가 추가될 때마다 컨트롤 플레인이 데이터 플레인에 새 DNS 항목을 동기화한다. 그러나 DNS 프록시는 가상머신에 국한되지 않는다. DNS 프록시를 사용하면 이스티오 공식 블로그 게시물에서 설명하는 대로 여러 추가 기능을 사용할 수 있다(https://istio.io/latest/blog/2020/dns-proxy).

지금까지 고수준 개념과 그 개념의 목표를 살펴봤다. 다음으로는 가상머신을 서비스 메시에 통합하면서 실제로 실행해보자.

13.2 인프라 준비하기

메시 확장을 보여주고자 설정할 인프라는 그림 13.9와 같다. 우리의 cool-store 애플리케이션을 호스팅할 쿠버네티스 클러스터와 가상머신을 만들 것이다.

- `webapp`과 `catalog` 서비스는 쿠버네티스 클러스터에 배포한다.
- `forum` 서비스는 가상머신에 배포한다.

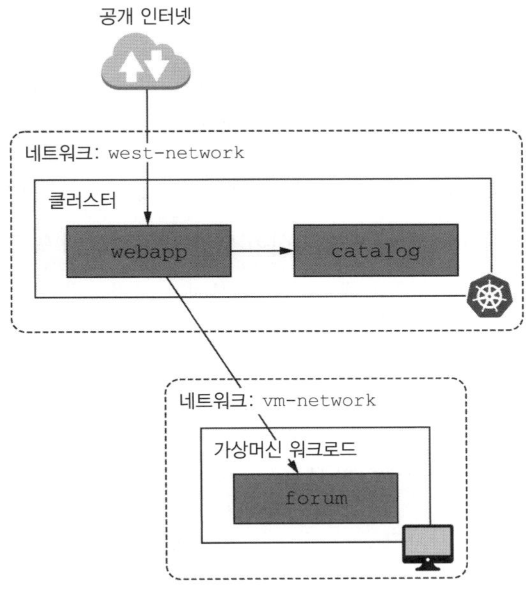

▲ **그림 13.9** 서비스 메시에 가상머신 통합

클러스터와 가상머신이 다른 네트워크에 있다는 것은 주목할 만하다. 가상머신에서 클러스터 서비스로 향하는 트래픽을 리버스 프록시할 east-west 게이트웨이가 필요하기 때문이다.

13.2.1 서비스 메시 준비하기

이번 장에서는 애저에 인프라를 만든다. 그렇지만 다른 클라우드 프로바이더를 사용해도 괜찮다. 인프라 준비만 끝나면 다른 모든 단계는 똑같다. 게다가 이 인프라 준비는 클라우드 프로바이더의 프리 티어free tier를 초과할 수 있으므로, 반드시 직접 단계를 수행하지 않아도 따라가기만 하면 과정을 이해할 수 있도록 이번 장을 구성했다.

먼저 쿠버네티스 클러스터를 만든다.

```
$ sh ch13/scripts/create-cluster-in-azure.sh

== Create cluster ==
```

```
Cluster created

== Configure access to the cluster for kubectl ==
Merged "west-cluster" as current context in ~/.kube/config
```

클러스터가 생성되고 클러스터에 접근할 수 있도록 kubectl을 설정했으므로, 이스티오를 배포할 준비가 됐다. 클러스터와 가상머신이 다른 네트워크에 있으므로, 이스티오를 설치한 네임스페이스에 네트워크 정보 레이블을 지정해야 한다.

```
$ kubectl create namespace istio-system

$ kubectl label namespace istio-system \
    topology.istio.io/network=west-network
```

이제 컨트롤 플레인을 설치하고 west 네트워크를 지정한다.

```
$ istioctl install -y -f ch13/controlplane/cluster-in-west-network.yaml
```

컨트롤 플레인을 설치하고 나면 cool-store 서비스를 배포한다.

```
$ kubectl create ns istioinaction                ❶
$ kubectl label namespace istioinaction \        ❶
     istio-injection=enabled                     ❶

$ kubectl -n istioinaction apply \               ❷
    -f ch12/webapp-deployment-svc.yaml           ❷
$ kubectl -n istioinaction apply \               ❸
    -f ch12/webapp-gw-vs.yaml                    ❸

$ kubectl -n istioinaction apply \               ❸
    -f ch12/catalog.yaml                         ❸
```

❶ 네임스페이스를 만들고 레이블을 지정한다.
❷ webapp을 배포하고 서비스를 생성한다.
❸ catalog를 배포하고 서비스를 생성한다.

워크로드를 배포하고 이스티오의 인그레스 게이트웨이로 노출했다. 설정을 확인하기 위해 HTTP 요청을 보내보자.

```
$  EXT_IP=$(kubectl -n istio-system get svc istio-ingressgateway -o \
       jsonpath='{.status.loadBalancer.ingress[0].ip}')

$  curl -H "Host: webapp.istioinaction.io" \
      http://$EXT_IP/api/catalog/items/1

{
  "id": 1,
  "color": "amber",
  "department": "Eyewear",
  "name": "Elinor Glasses",
  "price": "282.00"
}
```

결과가 다르면, 이 작업을 너무 빨리 수행해서 워크로드가 트래픽을 수신할 준비가 되지 않은 것일 수 있다. 워크로드가 준비됐는지 확인하고 다시 시도하자. 성공적인 응답이 오면 다음 절로 이동할 준비가 된 것이다.

13.2.2 가상머신 프로비저닝

이 장의 핵심인 가상머신에 점점 가까워지고 있다. 다음 속성을 사용해 가상머신을 애저의 프라이빗 네트워크에 띄운다(속성이 꼭 동일할 필요는 없지만, 동일하지 않으면 여기에 표시된 스크립트와 명령어가 작동하지 않을 수 있다).

- 가상머신의 운영체제는 우분투 18.04이다. 이스티오는 데비안 및 레드햇 배포판용 바이너리만 내놓는다. 다른 배포판에서는 소스 코드에서 직접 `istio-agent` 바이너리를 빌드해야 한다.
- 가상머신에는 공인 IP 주소가 있어 클러스터가 접근할 수 있다. 이는 단지 시연용이라는 점에 주의하자. 실제 시나리오에서는 가상머신과 클러스터가 프라이빗 커넥션으로 연결할 수 있도록 네트워크를 피어링할 수 있다.
- 가상머신은 SSH[Secure Shell] 커넥션으로 접근할 수 있다. 가상머신 생성 시 스크립트

와 명령어가 원격 접근을 설정하는 데 사용할 수 있도록 ch13/keys/ 디렉터리에 SSH 키를 준비해뒀다.

- 애플리케이션 포트 8080을 노출한다. 해당 포트를 리스닝하고 있는 `forum` 애플리케이션에 클러스터 서비스가 접근할 수 있도록 하기 위해서다.

> **|노트|** 독자의 가상머신은 속성 집합이 다를 수 있다(상술한 속성은 이 장의 시연용일 뿐이다). 예를 들어 가상머신은 클러스터의 프라이빗 네트워크에 있을 수 있고 공개적으로 접근 가능한 IP 주소가 없을 수 있는데, 가상머신과 컨트롤 플레인 사이에 커넥션이 있는 한 여전히 동작할 것이다.

다음 스크립트는 속성이 위와 같은 가상머신을 만들고, 애플리케이션 포트를 노출하며, 원격 접근을 설정한다.

```
$ sh ch13/scripts/create-vm-in-azure.sh
```

머신이 뜨고 실행될 때까지 시간이 약간 걸린다. 실행되면 원격 접근이 가능한지 확인하자. 확인하는 간단한 방법은 가상머신의 파일을 나열하는 것이다. 가상머신 IP 주소를 가져오는 것부터 시작하자.

```
$ VM_IP=$(az vm show -d --resource-group west-cluster-rg \
   --name forum-vm | jq .publicIps -r)
```

그리고 다음 명령어를 실행하자.

```
$ ssh -i ch13/keys/id_rsa azureuser@$VM_IP -- ls -la
```

명령어가 디렉터리를 나열하면 가상머신에 접근할 수 있으며 원격 셸 커넥션이 가능한 것이다. 고생을 덜어줄 수 있도록 확인할 내용이 하나 더 있는데, 클러스터의 워크로드가 애플리케이션에 TCP 커넥션을 시작할 수 있도록 인프라 계층에서 8080 포트(애플리케이션 포트)를 열었는지 확인하는 것이다. Nmap 유틸리티로 이를 확인할 수 있다. Nmap은 오픈 소스 명령줄 도구로, 네트워크를 살펴보는 데 사용한다(가상머신에서 열려 있는 포트 스캔 등).

대부분의 운영체제에서, 대부분의 패키지 매니저에서 Nmap을 사용할 수 있다(apt, yum, Homebrew, Chocolatey). 설치한 후 다음 명령어로 8080 포트에 접근할 수 있는지 확인하자.

```
$ nmap -Pn -p 8080 $VM_IP
```

출력은 그림 13.10에서 볼 수 있다. 출력이 일치하면 포트에 접근할 수 있는 것이다! 그렇지 않으면, 포트를 노출하도록 인프라를 설정해야 한다. 포트 상태가 closed라는 것에 유의하자. 현재 해당 포트에서 패킷을 리스닝하고 있는 애플리케이션이 없다는 의미다. 추후에 애플리케이션을 실행하면 바뀐다. 일단은 워크로드를 메시에 통합할 모든 준비가 됐다.

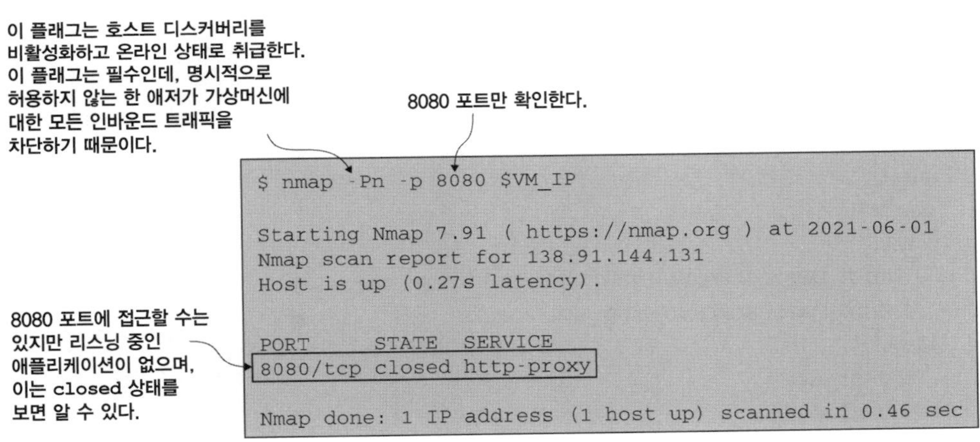

▲ **그림 13.10** Nmap 유틸리티를 사용해 포트 8080에 접근할 수 있는지 확인하기

13.3 가상머신까지 메시 확장

가상머신 통합 기능은 베타 단계[1]이며 기본적으로 활성화돼 있지 않다. 그러므로 다음 IstioOperator 정의를 사용해 이스티오 설치를 업데이트해야 한다. 이 IstioOperator 정의는 워크로드 자동 등록, 헬스 체크, DNS 쿼리를 캡처해 DNS 프록시로 리다이렉트하는 기

1 이스티오의 기능 단계에 대한 자세한 내용은 문서를 참고하자(https://istio.io/latest/docs/releases/feature-stages/).

능을 활성화한다. 이 장 앞부분에서 다뤘듯이 이 기능들은 가상머신을 메시로 통합하는 데 필요하다.

```
apiVersion: install.istio.io/v1alpha1
metadata:
  name: istio-controlplane
  namespace: istio-system
kind: IstioOperator
spec:
  profile: demo
  components:
    egressGateways:
    - name: istio-egressgateway
      enabled: false
  meshConfig:
    defaultConfig:
      proxyMetadata:
        ISTIO_META_DNS_CAPTURE: "true"                          ❶
  values:
    pilot:
      env:
        PILOT_ENABLE_WORKLOAD_ENTRY_AUTOREGISTRATION: true      ❷
        PILOT_ENABLE_WORKLOAD_ENTRY_HEALTHCHECKS: true          ❸
    global:
      meshID: usmesh
      multiCluster:
        clusterName: west-cluster
      network: west-network
```

❶ DNS 쿼리가 캡처돼 DNS 프록시로 리다이렉트된다.
❷ 워크로드를 컨트롤 플레인에 자동 등록할 수 있다.
❸ 가상머신 워크로드의 상태를 검사한다.

다음 명령어를 실행해 컨트롤 플레인 설치를 업데이트하고 이 기능들을 활성화하자.

```
$ istioctl install -y -f \
    ch13/controlplane/cluster-in-west-network-with-vm-features.yaml
```

업데이트된 컨트롤 플레인은 해석을 위해 서비스 프록시가 DNS 쿼리를 포착해서 사이드카에 있는 로컬 DNS 프록시로 리다이렉트하도록 설정한다. 게다가 워크로드는 자동으로 등록할 수 있고 헬스 체크를 수행해 `istiod`에 보고할 수 있다. 이 기능들을 사용하려면 한 가지 조건이 더 있다. 가상머신은 `istiod`에 연결해 설정과 ID를 받아올 수 있어야 한다. 이것이 다음 내용이다!

13.3.1 istiod와 클러스터 서비스들을 가상머신에 노출하기

가상머신이 메시의 일부분이 되려면 `istiod`에 통신을 하고 클러스터 서비스들과 커넥션을 시작할 수 있어야 한다. 가상머신과 클러스터가 같은 네트워크에 있을 때는 기본적으로 동작한다. 그렇지만 우리의 경우에는 별개의 네트워크에 있으므로 트래픽을 이스티오의 컨트롤 플레인이나 워크로드로 프록시해줄 east-west 게이트웨이가 필요하다.

앞 장에서 했던 것처럼 east-west 게이트웨이를 설치해보자.

```
$  istioctl install -y -f ch13/gateways/cluster-east-west-gw.yaml

✓ Ingress gateways installed
✓ Installation complete
```

게이트웨이를 설치하면 가상머신이 클러스터 서비스와 `istiod`에 접근하는 데 필요한 포트를 노출할 수 있다. 그림 13.11은 가상머신이 `istiod`와 클러스터 서비스들에 연결할 수 있도록 노출된 포트를 보여준다. 먼저 가상머신에서 메시 내 서비스로 향하는 요청을 리버스 프록시해주는 다중 클러스터 상호 TLS 포트(15443)를 노출해보자.

```
$  kubectl apply -f ch13/expose-services.yaml

gateway.networking.istio.io/cross-network-gateway created
```

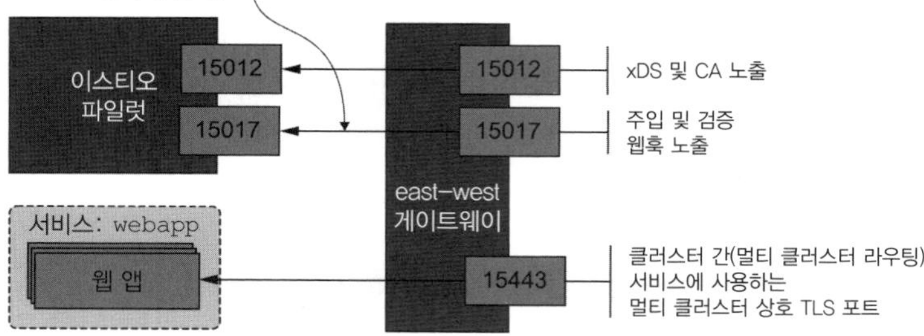

▲ **그림 13.11** istiod와 클러스터 서비스들을 가상머신에 노출하는 포트들

다음으로는 트래픽을 허용하고 istiod로 라우팅하도록 Gateway 리소스와 VirtualService 리소스를 적용해 istiod 포트를 노출한다. 다음 파일을 적용해 그 두 가지를 설정한다.

```
$ kubectl apply -f ch13/expose-istiod.yaml

gateway.networking.istio.io/istiod-gateway created
virtualservice.networking.istio.io/istiod-vs created
```

인프라를 만들고, 컨트롤 플레인을 업데이트하고, 프록시가 컨트롤 플레인에 통신할 수 있도록 준비하면서 가상머신을 서비스 메시에 통합하기 위해 먼 길을 걸어왔다. 이제 가상머신이 속해 있는 워크로드 그룹을 나타내는 WorkloadGroup을 만드는 것만 남았다.

13.3.2 WorkloadGroup으로 워크로드 그룹 나타내기

WorkloadGroup은 구성원인 가상머신들의 공통 속성을 정의하는데, 여기에는 노출할 포트, 애플리케이션이 트래픽을 받을 준비가 됐는지 테스트할 방법 같은 애플리케이션 전용 정보 등이 있다. 예를 들어 forum 워크로드의 공통 속성은 다음 WorkloadGroup에서 정의한다.

```
apiVersion: networking.istio.io/v1alpha3
kind: WorkloadGroup
metadata:
  name: forum
```

```
  namespace: forum-services
spec:
  metadata:
    annotations: {}
    labels:
      app: forum                    ❶
  template:
    ports:
      http: 8080
    serviceAccount: forum-sa        ❷
    network: vm-network             ❸
  probe:                            ❹
    periodSeconds: 5
    initialDelaySeconds: 1
    httpGet:
      port: 8080
      path: /api/healthz
```

❶ 서비스는 레이블을 사용해 이 그룹의 워크로드를 대상으로 삼을 수 있다.
❷ 워크로드가 이 워크로드 그룹에 등록하려면 forum-sa의 인증 토큰을 보유하고 있어야 한다.
❸ 이스티오가 동일한 네트워크에 있는 워크로드 사이의 직접 접근을 설정할 수 있도록 한다.
❹ 이 워크로드 그룹의 인스턴스에서 실행되는 istio-agent는 HTTP GET 요청을 8080 포트의 /api/healthz 경로로 보내 앱의 준비 상태를 확인한다.

가상머신을 서비스 메시에 통합하기 위한 관련 속성 일부는 다음과 같다.

- **labels**: 쿠버네티스 서비스들이 이 워크로드 그룹으로 등록된 워크로드 엔트리를 선택할 수 있게 해준다.
- **network**: 컨트롤 플레인이 이 속성을 사용해 트래픽을 가상머신으로 라우팅하도록 서비스 프록시를 설정한다. 같은 네트워크에 있으면 IP 주소를 사용한다. 다른 네트워크라면 그 네트워크에 배포된 east-west 게이트웨이를 사용한다.
- **serviceAccount**: 워크로드의 ID를 나타낸다. 워크로드가 이 그룹의 멤버로 등록하려면, 이 서비스 어카운트 ID용 클레임을 제시해야 한다.

네임스페이스와 서비스 어카운트를 만들고 WorkloadGroup 설정을 클러스터에 적용해보자.

```
$ kubectl create namespace forum-services
$ kubectl create serviceaccount forum-sa -n forum-services
$ kubectl apply -f ch13/workloadgroup.yaml
```

WorkloadGroup을 적용하고 나서 무슨 일이 일어날까? 이제 클러스터는 WorkloadGroup에 명세된 forum-sa 서비스 어카운트의 유효한 토큰을 제시할 수 있는 워크로드를 자동으로 등록하도록 설정된다.

가상머신의 사이드카용 설정 생성하기

WorkloadGroup은 워크로드 자동 등록을 가능하게 하는 것 외에, 이 그룹에 있는 가상머신을 위한 공통 설정을 생성하는 데도 사용할 수 있다. istioctl을 사용하면 가상머신 설정을 만드는 것이 매우 간단하다. istioctl은 WorkloadGroup 안의 정보를 사용하고, WorkloadGroup 인스턴스용 설정을 생성하는 데 필요한 추가 정보는 쿠버네티스 클러스터에 쿼리한다. 예를 들어 다음 명령어는 forum 워크로드를 호스팅하는 머신용 설정을 생성한다.

```
$ istioctl x workload entry configure \
    --name forum \                          ❶
    --namespace forum-services \            ❶
    --clusterID "west-cluster" \            ❷
    --externalIP $VM_IP \                   ❸
    --autoregister \                        ❹
    -o ./ch13/workload-files/               ❺

Warning: a security token for namespace "forum-services" and
service account "forum-sa" has been generated and stored at
"ch13/workload-files/istio-token"

configuration generation into directory ./ch13/workload-files/
was successful
```

❶ forum-services 네임스페이스에 있는 forum WorkloadGroup을 읽고 워크로드 설정을 생성한다.
❷ 반드시 이스티오 설치 시 지정한 클러스터 이름으로 설정해야 한다.
❸ 워크로드가 클러스터와 동일한 네트워크에 있지 않은 경우 workloadIP 파라미터가 필요하다. 디폴트 설정에 의하면, 정의하지 않은 경우 네트워크에서 할당된 사설 IP를 사용한다.

❹ 워크로드를 자동으로 등록하도록 설정한다.
❺ 설정 파일을 저장할 디렉터리 위치를 명령 실행 위치에 대한 상대 경로로 지정한다.

정말 쉽다! 생성된 설정을 살펴보면 다양한 구성 요소가 동작 중임을 확인할 수 있다. 이 모든 것을 완벽히 이해할 필요는 없다. 그렇지만 이해하고 있다면, 마주칠 문제를 해결하는 데 도움이 될 것이다. 그런 이유로 부록 E에서 이 설정을 자세히 설명한다.

고수준에서 알아야 할 중요한 사실은 파일에 다음이 포함돼 있다는 점이다.

- east-west 게이트웨이 IP 주소. 여기를 통해 istiod가 노출된다.
- 루트 인증서. istiod가 제시한 인증서의 진위를 검증하는 데 사용한다. 인증서 검증은 서비스 프록시와 istiod 사이의 보안 커넥션을 시작하기 전에 수행해야 하는 선행 작업이다.
- 서비스 어카운트 토큰. istiod에게 forum WorkloadGroup의 구성원임을 인증하는 데 사용한다.
- 서비스 메시, 네트워크, 공통 속성에 대한 설정. WorkloadGroup에 정의된 대로다.

이 설정이 있으면 서비스 프록시는 컨트롤 플레인에 보안 커넥션을 시작하고, 자신의 SVID를 가져오고, xDS로 엔보이 설정을 수신해 메시의 구성원이 될 수 있다.

생성된 파일을 가상머신으로 전송하기

설정 파일에는 민감 정보(구체적으로는 서비스 어카운트 토큰)가 포함돼 있으므로 가상머신으로 안전하게 전송해야 한다. 시연을 위해 공수가 제일 적은 방법을 사용해 파일을 SSH를 통한 rsync로 복사할 것이다. 이 방법은 안전하지만, 운영 환경에서는 당연히 이 과정이 자동화돼 수작업이 필요 없어야 한다.

```
$ rsync -e "ssh -i ch13/keys/id_rsa" \
    -avz ch13/workload-files/ azureuser@$VM_IP:~/
```

이제 파일이 가상머신으로 복사됐으므로, 사이드카가 서비스 메시에 참가하도록 설치하고 설정할 준비가 됐다.

13.3.3 가상머신에 istio-agent 설치 및 설정하기

SSH 클라이언트로 머신에 원격 셸 세션을 열자.

```
$ ssh -i ch13/keys/id_rsa azureuser@$VM_IP
```

> **|노트|** 지금부터 가상머신에서 실행하는 명령어는 배시(bash) 프롬프트를 azureuser@forum-vm:~$로 표현한다. 로컬 컴퓨터에서 실행하는 명령어는 이전처럼 달러 기호($)만 사용한다.

가상머신에 istio-agent를 다운로드하고 설치해야 한다. 문제는 프록시를 어떤 옵션으로 설치해야 하는지다. 이스티오는 istio-agent를 다음 패키지 형식으로 릴리스한다.

- **데비안 소프트웨어 패키지**(.deb): 우분투Ubuntu, 리눅스 민트Linux Mint 같은 데비안 기반 리눅스 배포판에 에이전트를 설치하는 데 사용할 수 있다.
- **레드햇 패키지 매니저**(.rpm): 페도라Fedora, RHEL, CentOS 같은 레드햇 기반 리눅스 배포판에 에이전트를 설치하는 데 사용할 수 있다.

우리 가상머신의 운영체제는 데비안 기반이므로, istio-agent를 데비안 패키지 형식으로 다운로드해 설치한다.

```
azureuser@forum-vm:~$
 curl -LO https://storage.googleapis.com/\
istio-release/releases/1.13.0/deb/istio-sidecar.deb
azureuser@forum-vm:~$
 sudo dpkg -i istio-sidecar.deb
```

istio-agent는 특정 위치에서 설정 파일을 읽으므로, 파일을 그곳으로 옮겨보자.

```
azureuser@forum-vm:~$
  sudo mkdir -p /etc/certs                              ❶
azureuser@forum-vm:~$                                   ❶
  sudo cp \                                             ❶
    "${HOME}"/root-cert.pem /etc/certs/root-cert.pem    ❶
```

```
azureuser@forum-vm:~$
  sudo  mkdir -p /var/run/secrets/tokens
azureuser@forum-vm:~$
  sudo cp "${HOME}"/istio-token \
    /var/run/secrets/tokens/istio-token                     ❷
azureuser@forum-vm:~$
  sudo cp "${HOME}"/cluster.env \                           ❸
    /var/lib/istio/envoy/cluster.env                        ❸
azureuser@forum-vm:~$                                       ❸
  sudo cp \                                                 ❸
    "${HOME}"/mesh.yaml /etc/istio/config/mesh              ❸
```

❶ 루트 인증서는 /etc/certs/ 디렉터리에 있어야 한다.
❷ 서비스 어카운트 토큰은 파드와 동일한 디렉터리를 사용한다.
❸ 설정은 읽힐 디렉터리로 이동해야 한다.

거의 다 됐다! 다음으로는 시스템 호스트 파일에 항목을 추가해, 호스트네임 `istiod.istio-system.svc`를 요청을 `istiod` 인스턴스로 프록시하는 east-west 게이트웨이 IP 주소로 정적으로 해석하도록 한다. 이는 이전 `istioctl` 명령어로 생성됐고, hosts라는 파일에 저장됐다. 이 파일은 이미 가상머신에 복사했다. 이어서 hosts 파일 내용을 시스템 hosts 파일에 연결한다.

```
azureuser@forum-vm:~$
  cat "${HOME}"/hosts | \
    sudo sh -c 'cat >> /etc/hosts'
```

DNS 프록시가 클러스터 내 호스트네임을 해석해야 하는 것 아닌가?

그렇다. 하지만 이 시점에서 사이드카가 아직 컨트롤 플레인에 연결되지 않았다면 파일럿이 알고 있는 DNS 항목이 없을 것이다.

또한 /etc/hosts에 east-west 게이트웨이 호스트네임을 정적으로 정의하는 것이 독자의 환경에 적합하지 않다면, east-west 게이트웨이를 가리키는 네트워크 로드 밸런서를 설치할 수 있다. 네트워크 로드 밸런서를 설정하고 노출하는 방법은 자신의 클라우드 혹은 온프레미스 환경에 따라 참조하길 바란다.

그다음, istio-agent가 호스트네임 해석을 방해하지 않도록 hosts 파일에 머신의 호스트네임을 하드코딩하자.

```
$  echo "$(hostname --all-ip-addresses | cut -d ' ' -f 1) $(hostname)" | \
 sudo sh -c 'cat >> /etc/hosts'
```

에이전트를 시작하기 전 마지막 단계는 에이전트가 읽고 쓸 디렉터리에 소유자 권한을 부여하는 것이다.

```
azureuser@forum-vm:~$
  sudo mkdir -p /etc/istio/proxy
azureuser@forum-vm:~$
  sudo chown -R istio-proxy /var/lib/istio \
    /etc/certs /etc/istio/proxy /etc/istio/config \
    /var/run/secrets /etc/certs/root-cert.pem
```

마지막으로, istio-agent를 시스템 서비스로 시작하자.

```
azureuser@forum-vm:~$
  sudo systemctl start istio
```

서비스가 실행 중인지 확인하기 위해 서비스 상태를 확인하자.

```
azureuser@forum-vm:~$
  sudo systemctl status istio

● istio.service - istio-sidecar: The Istio sidecar
   Loaded: loaded (/lib/systemd/system/istio.service; disabled;
   ➥vendor preset: enabled)
   Active: active (running) since Tue 2021-06-01 12:02:40 UTC; 4s ago
     Docs: http://istio.io/
 Main PID: 2826 (su)
    Tasks: 0 (limit: 4074)
   CGroup: /system.slice/istio.service
           ➥2826 su -s /bin/bash -c INSTANCE_IP=138.91.144.131
           ➥POD_NAME=forum-vm POD_NAMESPACE=forum-services
           ➥exec /usr/local/bin/pilot-agent proxy  2> /var/log/ist...
```

활성 상태이며 실행 중임을 보여준다! 다음으로는 에이전트 로그를 확인해 컨트롤 플레인에 연결됐는지 확인해보자.

에이전트 로그 확인하기

이스티오의 에이전트 로그는 다음 두 위치에 기록된다.

- 표준 출력 채널은 /var/log/istio/istio.log 파일에 쓰여진다.
- 표준 오류 채널은 /var/log/istio/istio.err 파일에 쓰여진다.

표준 출력 로그를 확인하면 이스티오 컨트롤 플레인으로의 연결이 성공했는지 알 수 있다.

```
azureuser@forum-vm:~$
  cat /var/log/istio/istio.log | grep xdsproxy

2021-07-15T12:25:20.229041Z     info    xdsproxy
➥Initializing with upstream address "istiod.istio-system.svc:15012"
➥and cluster "west-cluster"

2021-07-15T12:25:21.405275Z     info    xdsproxy connected to
➥upstream XDS server: istiod.istio-system.svc:15012         ❶
```

❶ istio-agent가 istiod에 연결됐다.

로그가 동일하지 않을 수는 있지만 `xdsproxy` 범위의 로그를 찾아보면, 업스트림으로의 연결에 성공했음을 보여주는 항목을 볼 수 있을 것이다. 하지만 로그 파일이 생성되지 않았다면? 서비스 시작이 실패한 경우에만 그럴 수 있다. 로그 파일이 생성되지 않았다면 다음 명령어처럼 `journalctl`로 `systemd` 로그를 확인하자(이 명령어는 서비스 시작을 방해한 오류를 모두 표시한다).

```
journalctl -f -u istio
```

그러나 지금은 연결에 성공했으므로 그럴 필요가 없다.

워크로드가 메시에 등록됐는지 확인하기

워크로드 자동 등록이 활성화돼 있으면, 머신의 istio-agent가 istiod에 연결되자마자 WorkloadEntry가 생성된다. forum-services 네임스페이스의 WorkloadEntry를 나열해서 확인해보자.

```
$ kubectl get workloadentry -n forum-services

NAME                         AGE   ADDRESS
forum-40.83.164.1-vm-network 17s   40.83.164.1
```

예상대로 가상머신의 WorkloadEntry가 등록됐음을 확인할 수 있다. 또한 커넥션을 맺을 수 있는 주소도 표시된다. 이것들은 이 항목이 나타내는 가상머신만의 고유한 속성이다. 다음으로는 트래픽이 어떻게 클러스터 내 서비스로 라우팅되는지(그리고 그 반대도)를 살펴보자.

13.3.4 클러스터 서비스로 트래픽 라우팅하기

트래픽이 클러스터 서비스로 라우팅되는지 확인하기 위해 가상머신에서 webapp 워크로드로 curl 요청을 보내보자.

```
azureuser@forum-vm:~$
  curl webapp.istioinaction/api/catalog/items/1

{
  "id": 1,
  "color": "amber",
  "department": "Eyewear",
  "name": "Elinor Glasses",
  "price": "282.00"
}
```

응답이 성공했다는 건 가상머신에서 클러스터 워크로드로 트래픽이 라우팅됐다는 것이다. 그렇지만 요청이 처리되기까지 일어난 일들을 자세히 살펴보자(그림 13.12 참조).

1. 트래픽이 애플리케이션을 떠나려면 먼저 그 호스트네임을 해석해야 한다. 그렇게

하려면 DNS 쿼리가 DNS 프록시로 리다이렉트돼야 한다.

2. 이름이 IP 주소로 해석되면 애플리케이션은 아웃바운드 요청을 일으킬 수 있다. 이 요청은 Iptable 규칙이 엔보이 프록시로 리다이렉트한다.
3. 엔보이 프록시는 트래픽을 east-west 게이트웨이로 라우팅한다.
4. east-west 게이트웨이는 요청을 `webapp`으로 프록시하고, `webapp`은 `catalog` 서비스에 아이템을 쿼리한다.

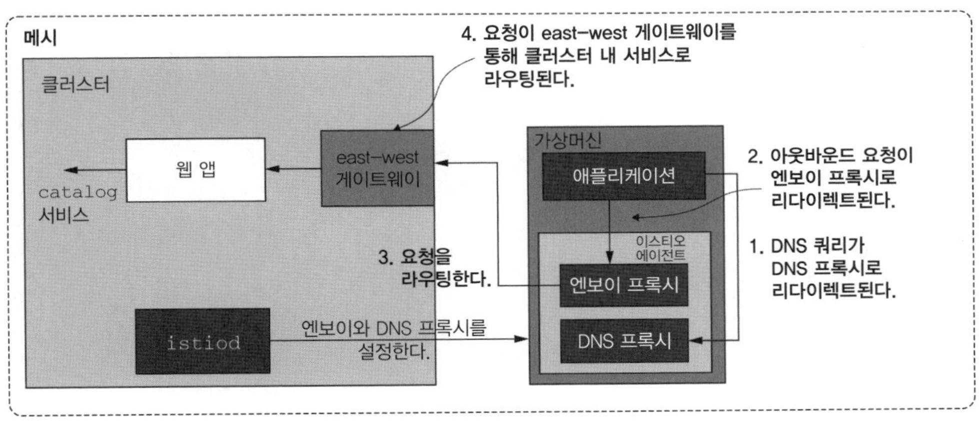

▲ **그림 13.12** 트래픽이 클러스터 서비스에 도달하는 방법

이 과정을 고수준에서 살펴보면 'DNS 프록시는 어떻게 설정되는가?'와 '애플리케이션은 DNS 프록시와 어떻게 상호작용하는가?' 같은 질문에 답할 수 있으며, 트래픽을 가상머신 워크로드에서 클러스터 서비스로 라우팅하는 전체 과정과 어떻게 연관되는지 이해할 수 있다. 서비스 메시 사용자로서는 이만하면 충분하지만, 궁금하다면 13.4절에서 자세한 정보를 찾아볼 수 있다.

13.3.5 트래픽을 WorkloadEntry로 라우팅하기

앞 절에서는 머신에서 클러스터 내부/메시 내부 서비스로의 라우팅을 확인해봤다. 이제 그 반대로 라우팅하는 것을 확인해보자. 즉, 클러스터 안에서 가상머신 워크로드로 라우팅할 것이다.

가상머신에서 실행 중인 서비스로 도달하려면 어떻게 요청을 보내야 할까? WorkloadEntry에서 본 IP 주소를 써야 할까? 당연히 아니다. 쿠버네티스에서 파드의 IP 주소를 사용하지 않는 것처럼, 플랫폼을 유연하게 유지하고 인스턴스를 교체할 수 있게 하기 위함이다.

앞서 간단히 언급했듯이 쿠버네티스 서비스를 만들어야 한다. 쿠버네티스 서비스는 인스턴스를 레이블로 고르며, 이스티오가 모든 서비스를 올바른 IP 주소로 동적으로 설정할 수 있다. 예를 들어 forum WorkloadEntry를 고르려면 다음과 같은 쿠버네티스 서비스를 사용한다.

```
apiVersion: v1
kind: Service
metadata:
  labels:
    app: forum
  name: forum
spec:
  ports:
  - name: http
    port: 80
    protocol: TCP
    targetPort: 8080
  selector:
    app: forum
```

이 서비스 정의는 레이블 셀렉터 app: forum에 일치하는 워크로드 전부(파드와 WorkloadEntry)의 엔드포인트를 골라낸다. 따라서 forum 서비스의 WorkloadEntry를 고른다.

다음 명령어로 이 서비스를 클러스터에 적용해보자.

```
$ kubectl apply -f services/forum/kubernetes/forum-svc.yaml \
    -n forum-services
```

서비스가 만들어지면 WorkloadEntry 엔드포인트가 선택되고, 이를 사용해 istiod가 데이터 플레인을 설정한다. forum 서비스에 요청하면 쉽게 확인할 수 있다.

```
$  EXT_IP=$(kubectl -n istio-system get svc istio-ingressgateway -o \
     jsonpath='{.status.loadBalancer.ingress[0].ip}')
$  curl -is -H "Host: webapp.istioinaction.io" \
     http://$EXT_IP/api/users | grep HTTP

HTTP/1.1 500 Internal Server Error
```

요청이 실패했다. 우리가 뭔가 잘못했다는 의미일까? 트러블슈팅을 해서 근본 원인을 찾을 때까지는 정확히 알 수 없다! 이 훈련의 목표는 계획대로 돌아가지 않을 때를 대비한 연습을 시켜주는 것이다. 오류를 반환한 webapp 워크로드부터 시작해본다. 우선 액세스 로그부터 살펴보자.

```
$  kubectl -n istioinaction logs deploy/webapp -c istio-proxy | tail -2
```

그림 13.13은 이 명령어의 출력을 보여준다. 10장에서 다룬 대로 UH 응답 플래그는 '정상 업스트림 없음'을 나타내는 것으로, 클러스터에 트래픽을 라우팅할 수 있는 정상 엔드포인트가 없는 경우에만 나타난다. 그 경우라면 webapp에는 forum 서비스의 엔드포인트가 없어야 한다.

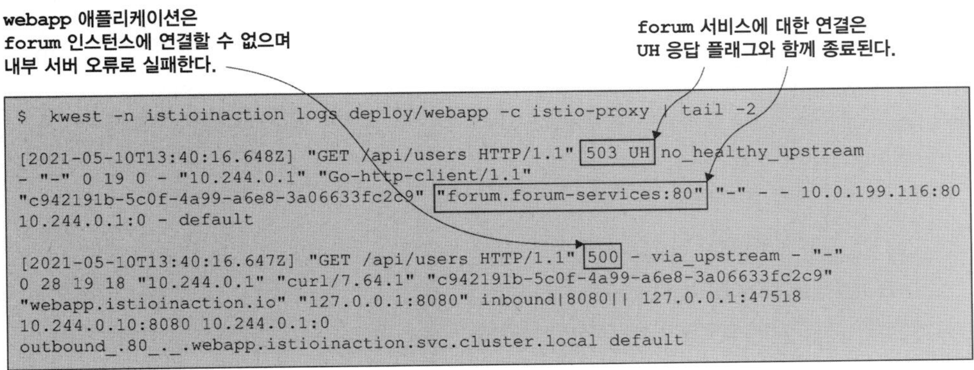

▲ **그림 13.13** webapp 서비스의 엔보이 액세스 로그

> **|노트|** 엔보이 응답 플래그는 엔보이 액세스 로그에 문서화돼 있다(http://mng.bz/jyBx).

istioctl 명령어로 그런지 확인해보자.

```
$ istioctl proxy-config endpoints deploy/webapp.istioinaction | \
    grep forum

<empty>
```

확실히 엔드포인트가 없다! WorkloadEntry가 등록됐음은 알고 있고 확인했지만, 헬스 체크를 통과했는지는 확인하지 않았다.

forum 워크로드 상태 확인하기

WorkloadEntry의 상태, 좀 더 정확히는 트래픽을 수신할 준비 상태[readiness]는 정의를 자세한 YAML 형식으로 출력하면 보인다.

```
$ WE_NAME=$(kubectl get workloadentry -n "forum-services" \
    -o jsonpath='{.items..metadata.name}')        ❶

$ kubectl get workloadentry $WE_NAME \           ❷
    -n forum-services -o yaml                    ❷
```


```yaml
apiVersion: networking.istio.io/v1beta1
kind: WorkloadEntry
metadata:
  name: forum-10.0.0.4
  namespace: forum-services
  labels:
    app: forum
    service.istio.io/canonical-name: forum
    service.istio.io/canonical-version: latest
spec:
  address: 138.91.249.118
  labels:
    app: forum
    service.istio.io/canonical-name: forum
    service.istio.io/canonical-version: latest
  network: vm-network
```

```
  serviceAccount: forum-sa
status:
  conditions:
  - lastProbeTime: "2021-07-29T09:33:50.281295466Z"
    lastTransitionTime: "2021-07-29T09:33:50.281296166Z"
    message: 'Get "http://40.85.149.87:8080/api/healthz":
    ➥dial tcp 127.0.0.6:0->40.85.149.87:8080:
      connect: connection refused'
    status: "False"                              ❸
    type: Healthy                                ❸
```

❶ WorkloadEntry의 이름을 가져온다.
❷ WorkloadEntry의 YAML 정의를 출력한다.
❸ False는 워크로드의 상태가 비정상임을 나타낸다.

`status: "False"`를 보니 WorkloadEntry는 헬스 체크에 실패했다. 왜 그럴까? 아차! Nmap으로 머신의 포트를 확인했을 때 8080 포트가 닫혀 있던 것을 떠올려보자. 이는 해당 포트에서 패킷을 수신 중인 애플리케이션이 없다는 말이다. 그러니까 우리는 가상머신에서 애플리케이션을 아직 시작하지도 않은 것이다! 이것이 애플리케이션 헬스 체크가 실패하는 이유다. 이제 애플리케이션을 시작해보자.

가상머신에서 forum 애플리케이션 시작하기

애플리케이션을 시작하려면 forum 바이너리를 다운로드하고, 바이너리에 정확한 권한을 주고, 8080 포트에서 트래픽을 수신하도록 바이너리를 시작해야 한다. 그 모든 작업이 여기서 수행된다.

```
azureuser@forum-vm:~$
 wget -O forum https://git.io/J3QrT
azureuser@forum-vm:~$
 chmod +x forum
azureuser@forum-vm:~$
 ./forum
Server is listening on port:8080
```

애플리케이션을 시작한 후, 헬스 체크가 성공하고 istio-agent가 워크로드의 상태가 정상임을 istiod에게 보고할 때까지 기다리자. 이는 보통 몇 초 정도밖에 걸리지 않는다. 자세한 YAML 형식에서 업데이트된 상태를 확인할 수 있다.

```
$  kubectl get workloadentry $WE_NAME -n forum-services -o yaml

apiVersion: networking.istio.io/v1beta1
kind: WorkloadEntry
metadata:
  name: forum-138.91.249.118-vm-network
  namespace: forum-services
spec: <생략>
status:
  conditions:
  - lastProbeTime: "2021-05-05T12:06:45.474329543Z"
    lastTransitionTime: "2021-05-05T12:06:45.474330043Z"
    status: "True"      ❶
    type: Healthy       ❶
```

❶ 조건의 유형(type)은 정상(Healthy)이며, 상태(status)는 True로 설정된다.

이제 WorkloadEntry가 정상이다! 따라서 istiod는 데이터 플레인에 이 엔드포인트를 설정하며, webapp 엔드포인트를 다시 출력하면 보인다.

```
$  istioctl proxy-config endpoints deploy/webapp.istioinaction |\
      grep forum

52.160.67.232:8080  HEALTHY  OK  outbound|80||
forum.forum-services.svc.cluster.local
```

이 문제가 해결되면 트래픽이 가상머신의 forum 워크로드로 라우팅돼야 한다. 다시 요청해보자.

```
$  curl -is -H "Host: webapp.istioinaction.io" \
      http://$EXT_IP/api/users | grep HTTP

HTTP/1.1 200 OK
```

성공적인 응답을 받았으면, 트래픽이 클러스터에서 forum 워크로드로 라우팅됐다는 의미다.

이렇게 클러스터 서비스에서 WorkloadEntry로의 트래픽 흐름을 검증했다. 또한 이스티오가 어떻게 트래픽을 받을 준비가 되지 않은 워크로드로 트래픽을 보내지 않는지도 보여줬다. 단순히 데이터 플레인에 그 엔드포인트를 설정하지 않는 것이다. 이 예제에서는 그 이점이 잘 드러나지 않았을 수도 있지만, 운영 환경 클러스터에서는 이런 방식이 클라이언트가 오류를 반환하는 인스턴스로 트래픽을 보내는 것을 방지하고 그 대신에 정상 인스턴스로만 라우팅하게 된다.

13.3.6 컨트롤 플레인이 가상머신 설정: 상호 인증 강제

가상머신이 메시에 통합돼 사이드카 프록시가 네트워크 트래픽을 관리하므로, 이스티오의 풍부한 기능을 가상머신에 적용할 수 있다. 이를 시연하기 위해, 트래픽 상호 인증을 강제하는 PeerAuthentication을 만들어 보안을 강화해보자. 지금은 가상머신의 8080 포트를 노출해뒀기 때문에 연결할 수 있는 사람은 누구나 요청을 처리할 수 있다. 누구나, 심지어 권한이 없는 사용자도! 메시에 통합되지 않은 로컬 컴퓨터에서 가상머신으로 요청을 보내 이를 확인해볼 수 있다.

```
$  curl -is $VM_IP:8080/api/users | grep HTTP

HTTP/1.1 200 OK
```

요청이 처리됐다. 예상한 바이지만, 앞으로는 금지할 것이다. 그러기 위해 서비스 메시에 상호 인증 트래픽만 처리하는 메시 범위 정책을 설정할 것이고, 그 결과로 서비스를 무단 접근으로부터 보호할 것이다.

```
$  kubectl apply -f ch13/strict-peer-auth.yaml
```

정책이 데이터 플레인에 배포될 때까지 잠시 기다리자. 그런 다음, 상호 인증되지 않은 트래픽이 금지됐는지 확인한다.

```
$ curl $VM_IP:8080/api/users

curl: (56) Recv failure: Connection reset by peer
```

요청이 거부됐다! 이제 서비스 간 트래픽은 그대로 작동 중인지 확인하자. 안 될 이유는 없지만, 마음의 평화를 위해 확인하겠다.

```
$ curl -is -H "Host: webapp.istioinaction.io" \
    http://$EXT_IP/api/users | grep HTTP

HTTP/1.1 200 OK
```

출력을 보면 webapp의 요청이 처리됐는데, 이는 가상머신이 컨트롤 플레인이 적용한 설정을 준수함을 보여준다. PeerAuthentication 정책은 하나의 예시일 뿐이다. 비슷하게 모든 이스티오 API를 사용해 가상머신의 프록시를 설정할 수 있다.

13.4 DNS 프록시 이해하기

DNS 프록시는 이스티오 사이드카의 새 구성 요소로, 몇 가지 궁금증을 불러일으킨다. 내부를 자세히 살펴보면서 수수께끼를 풀어보자. 이 절의 목표는 DNS 프록시가 클러스터 내 서비스의 호스트네임을 해석하는 방법을 이해시키는 것이지만, 단순히 호기심을 충족시키기 위한 것이다. 구체적인 세부 사항은 몰라도 괜찮다.

13.4.1 DNS 프록시가 클러스터 호스트네임을 해석하는 방법

클러스터 내 호스트네임을 해석하는 데 관련된 단계를 모두 이해하기 위해 webapp.istioinaction 호스트네임이 해석되는 구체적인 과정을 따라가볼 것이다. 단계는 그림 13.14에 표시돼 있다.

1. 클라이언트는 webapp.istioinaction을 해석하기 위해 DNS 쿼리를 만든다.
2. 운영체제가 DNS 해석을 처리한다. 운영체제는 먼저 hosts 파일에 정의된 항목 중

에 호스트네임과 일치하는 것이 있는지 확인한다. 일치하는 항목이 없으면 요청을 기본 DNS 해석기resolver로 전달한다.

3. 우분투의 기본 DNS 해석기는 `systemd-resolved`(로컬 애플리케이션에 호스트네임 해석을 제공하는 시스템 서비스)이며, 루프백 주소 127.0.0.53에서 53 포트를 리스닝한다. 그러나 요청은 절대로 거기에 도달하지 않는데, 요청을 DNS 프록시로 리다이렉트하도록 `istio-agent`가 Iptable 규칙을 설정하기 때문이다.

4. DNS 프록시에는 서비스 메시 내에서 알려진 서비스를 해석하기 위한 항목들이 포함돼 있다. 호스트네임이 일치하면 해석되며, `webapp.istioinaction`이 그런 경우다. 컨트롤 플레인이 NDS로 설정하기 때문이다.

5. 그렇지 않고 클러스터 서비스가 아니면 DNS 프록시가 물러나 resolv.conf 파일에 명시된 네임서버로 넘기며, 호스트네임은 여기서 해석되거나 해석하는 데 실패한다.

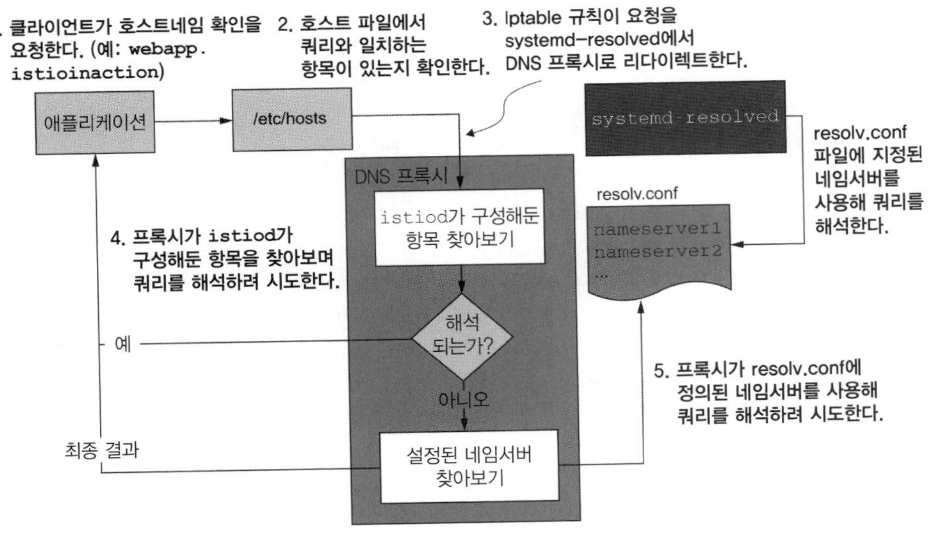

▲ 그림 13.14 클러스터 서비스 호스트네임 해석의 흐름

우리는 개념을 이론적으로 이해하는 것보다 각 단계를 검증하는 것을 선호한다. `systemd-resolved`(127.0.0.53에서 수신 중인)로 향하는 쿼리를 Iptable 규칙이 로컬호스트의 포트 15053에서 UDP 및 TCP 패킷을 수신 중인 DNS 프록시로 리다이렉트하는 것부터 확

인해보자. 그렇게 하기 위해 Iptable 규칙을 출력하고 15053 포트로 라우팅되는 트래픽을 grep해본다.

```
azureuser@forum-vm:~$
 sudo iptables-save | grep 'to-ports 15053'

-A OUTPUT -d 127.0.0.53/32 -p udp -m udp --dport 53
  ➥-j REDIRECT --to-ports 15053
-A ISTIO_OUTPUT -d 127.0.0.53/32 -p tcp -m tcp --dport 53
  ➥-j REDIRECT --to-ports 15053
```

출력에서 트래픽이 DNS 프록시 포트로 리다이렉트되는 것을 볼 수 있다. 다시 한번 프로세스와 프로세스가 사용하는 포트를 인쇄해 이스티오 에이전트가 DNS 프록시를 시작하고 해당 포트에서 수신 대기 중인지 확인함으로써 전체 과정을 검증해보자.

```
azureuser@forum-vm:~$
 sudo netstat -ltunp

Active Internet connections (only servers)
Proto Recv-Q Send-Q Local Address      State     PID/Program name
tcp        0      0 0.0.0.0:15021      LISTEN    1553/envoy
tcp        0      0 127.0.0.1:15053    LISTEN    1544/pilot-agent        ❶
tcp        0      0 0.0.0.0:15090      LISTEN    1553/envoy
tcp        0      0 127.0.0.53:53      LISTEN    850/systemd-resolve
tcp        0      0 127.0.0.1:15000    LISTEN    1553/envoy
tcp        0      0 0.0.0.0:15001      LISTEN    1553/envoy
tcp        0      0 0.0.0.0:15006      LISTEN    1553/envoy
tcp6       0      0 :::15020           LISTEN    1544/pilot-agent
udp        0      0 127.0.0.53:53                850/systemd-resolve
udp        0      0 10.0.0.4:68                  828/systemd-network
udp        0      0 127.0.0.1:15053              1544/pilot-agent        ❷
```

❶ istio-agent가 15053 포트에서 TCP 커넥션을 리스닝하고 있다.
❷ istio-agent가 15053 포트에서 UDP 커넥션을 리스닝하고 있다.

출력은 pilot-agent(istio-agent의 다른 이름)가 DNS 쿼리를 해석하기 위해 15053 포트에서 수신 중임을 보여준다. 그런 경우, 클러스터 내 호스트네임을 확인하는 임시 요청을 수

작업으로(dig 유틸리티를 사용해) 만들 수도 있다.

```
azureuser@forum-vm:~$
 dig +short @localhost -p 15053 webapp.istioinaction
10.0.183.159
```

예상대로 15053 포트에서 수신 중인 pilot-agent가 FQDN을 해석한다. 우리 예제에서는 요청을 해석하기 위해 DNS 서버를 직접 지정했는데, 그럴 필요가 없다. 애플리케이션이 호스트네임을 해석할 때는 Iptable 규칙에 따라 요청이 자동으로 이 포트로 리다이렉트된다. 다음으로는 컨트롤 플레인이 DNS 프록시에 어떤 항목을 설정했는지 알아보자.

13.4.2 DNS 프록시가 인식하는 호스트네임은 무엇인가?

DNS 프록시가 인식하는 항목을 모두 찾으려면 istiod의 디버그 엔드포인트를 사용해야 한다(자세한 내용은 부록 D 참조). 디버그 엔드포인트를 사용하면 모든 워크로드의 사이드카에 대한 NDS 설정을 쿼리할 수 있다.

우리가 관심 있는 워크로드 이름인 forum-vm부터 선택해보자.

```
$  iwest proxy-status  | awk '{print $1}'

NAME
webapp-644c89c6bc-c47l2.istioinaction
istio-eastwestgateway-8696b67f7f-d4xqf.istio-system
istio-ingressgateway-f7dff857c-f8zgd.istio-system
forum-vm.forum-services                           ❶
```

❶ 우리가 관심 있는 워크로드 이름

NDS 설정을 가져올 때 proxyID 파라미터에 이름을 사용한다. 이 명령은 로컬 컴퓨터에서 실행해야 한다.

```
$  kubectl -n istio-system exec deploy/istiod \
     -- curl -Ls \
     "localhost:8080/debug/ndsz?proxyID=forum-vm.forum-services"
```

```
...
"webapp.istioinaction.svc.cluster.local": {
  "ips": [
    "10.0.183.159"
  ],
  "registry": "Kubernetes",
  "shortname": "webapp",
  "namespace": "istioinaction"
},
...
```

요약된 출력은 webapp 서비스를 보여주는데, webapp.istioinaction.svc.cluster.local이라는 이름에 매핑된 IP 주소 목록을 포함하고 있다. 출력을 살펴보면 webapp.istioinaction 같은 짧은 변형variation이 없다는 것을 확인할 수 있다. 그럼 어떻게 해석이 작동했는가? 아주 간단하다. istio-agent가 NDS 설정을 받을 때, 다음과 같이 쿠버네티스 클러스터에서 설정될 모든 변형을 만들어낸다.

- webapp.istioinaction
- webapp.istioinaction.svc
- webapp.istioinaction.svc.cluster

그리고 모두 동일한 IP 주소 목록, 즉 앞선 목록에서 봤던 10.0.183.159로 해석된다. 핵심은 다음과 같다.

- DNS 프록시는 istiod가 알고 있는 서비스들로 설정된다.
- istio-agent는 호스트네임의 더 짧은 변형들을 생성한다(쿠버네티스 내의 경험과 일치시키기 위함이다).
- 이런 DNS 프록시 내의 레코드는 클러스터 내 서비스 호스트네임을 해석하는 데 사용된다.
- 클러스터가 아닌 호스트네임(퍼블릭 도메인 같은) 쿼리는 머신에서 처음 설정한 네임서버로 넘어간다.

13.5 에이전트 동작 커스터마이징하기

에이전트에는 로그 내용, 로그 형식, 에이전트가 인증서를 발급받기 위해 요청할 인증서 수명 설정 같은 동작 등 다양한 설정 선택지가 있다. 예를 들어 다음 두 가지 수정을 하길 원한다고 해보자.

- DNS 프록시의 로깅 수준을 debug로 올린다.
- 인증서 수명을 12시간으로 줄인다.

사이드카용 설정 파일인 /var/lib/istio/envoy/sidecar.env를 업데이트하면 된다.

```
ISTIO_AGENT_FLAGS="--log_output_level=dns:debug"
SECRET_TTL="12h0m0s"
```

변경 사항이 적용되도록 이스티오 서비스를 재시작하자.

```
sudo systemctl restart istio
```

DNS 프록시에 대한 디버그 로그를 볼 수 있다. 인증서가 로테이션되면 /etc/certs/cert-chain.pem 파일에 저장된 새 인증서의 만료 시간을 검사할 수도 있다. 모든 설정 옵션 목록은 이스티오의 pilot-agent 문서를 참조하자(https://istio.io/latest/docs/reference/commands/pilot-agent).

13.6 메시에서 WorkloadEntry 제거하기

가상머신이 메시에 자동 등록되던 것처럼, 삭제되면 정리된다. 시도해보자.

```
$ az vm delete \
    --resource-group west-cluster-rg \
    --name forum-vm -y
```

시간이 조금 지난 후, WorkloadEntry가 정리됐는지 확인하자.

```
$ kubectl get workloadentries -n forum-services

No resources found in forum-services namespace.
```

클라우드 네이티브 워크로드의 일시성을 지원하려면 워크로드 항목을 자동으로 정리하는 것이 자동 등록만큼 중요하다.

그리고 이것으로 이 장을 마치겠다. 너무 많은 내용을 다뤘으므로, 표 13.1에 쿠버네티스 파드와 가상머신을 메시에 통합하는 방법 간의 차이를 나열했다.

▼ **표 13.1** 쿠버네티스의 워크로드와 가상머신의 워크로드가 메시에 통합되는 방식의 차이점

기능	쿠버네티스 구현	가상머신 구현
프록시 설치	`istioctl`로 직접 주입하거나 웹훅으로 자동 주입	직접 다운로드해 설치
프록시 설정	사이드카 주입 중 완료	`istioctl`을 사용해 `WorkloadGroup`에서 설정을 생성하고 프록시가 있는 가상머신으로 전송
워크로드 ID 부트스트랩	서비스 어카운트 토큰이 쿠버네티스 메커니즘에 의해 파드로 주입	서비스 어카운트 토큰을 가상머신으로 수작업으로 전송
헬스 체크	쿠버네티스가 Readiness 및 liveness 프로브 수행	`WorkloadGroup`에 Readiness 프로브 설정
등록	쿠버네티스가 처리	`WorkloadGroup`의 구성원으로 가상머신 자동 등록
DNS 해석	클러스터 내 FQDN을 해석하는 데 DNS 서버 사용. DNS 프록시를 사용할지는 선택 가능	`istiod`가 DNS 프록시를 설정해 FQDN을 해석

여기서 한 가지 유의 사항을 강조하고 싶다. 간단히 말하면, 우리는 프록시를 수작업으로 설치하고 구성했으며, 이 방식은 워크로드를 메시에 통합하는 방법을 구석구석 모두 보여주는 데 도움이 됐다. 그러나 실제 프로젝트에서는 이 과정을 자동화해야 한다. 가상머신을 메시에 수작업으로 추가하면 메시가 아주 취약해진다. 따라서 그럴 경우, 서비스를 복구하기 위해 새벽 3시에 가상머신을 수작업으로 재구성하고 메시에 등록할 것을 요구받는 불상사가 일어날 수 있다.

자동화라는 단어가 벅차게 들릴 수 있다. 그러나 실제로 오늘날의 프로젝트들은 좋은 관행들을 따라 가상머신을 구축 및 배포하는 자동화를 갖추고 있어 보통 패커(packer.io), 앤서블(ansible.com), 테라폼(terraform.io) 같은 도구를 사용한다. 그리고 기존 자동화가 있으면 일거리가 줄어들므로, 애플리케이션에 이스티오의 사이드카를 설치하고 설정과 토큰을 제공하도록 스크립트를 업데이트하기만 하면 된다. 그러면 마침내 가상머신이 메시에 통합된다!

> **|노트|** 클라우드 프로바이더에서 리소스를 정리하는 것을 잊지 말자. 애저를 사용 중이면 스크립트를 사용해도 된다.
>
> ```
> $  az group delete --resource-group west-cluster-rg -y.
> ```

요약

- 가상머신은 이스티오 v1.9에서 베타로 승격됐다. 앞으로도 더 많은 개선이 기대되며, 향후 몇 달 동안 흥미로운 개발 영역이 될 것이다. 동시에 이미 성숙한 상태이므로, 여기서 다룬 내용은 바뀌지 않을 것으로 예상한다.
- `WorkloadGroup` 및 `WorkloadEntry`를 사용하면 가상머신을 메시에 자동 등록할 수 있다.
- 자동 등록은 가상머신에서 워크로드의 고가용성을 달성하는 데 중요하다.
- `istioctl`은 가상머신을 `istiod`에 연결하는 데 필요한 가상머신 설정을 생성할 수 있다.
- east-west 게이트웨이는 가상머신이 연결할 수 있도록 `istiod`를 노출한다.
- DNS 프록시는 클러스터 내부의 호스트네임을 해석하며 `istiod`가 NDS API로 설정한다.
- 가상머신 사이드카는 다른 워크로드와 마찬가지로 이스티오 설정을 준수한다.

14

이스티오의 요청 처리 기능 확장하기

14장에서 다루는 내용

- 엔보이 필터 이해하기
- 이스티오의 EnvoyFilter 리소스를 사용해 엔보이 직접 설정하기
- 루아를 사용해 요청 경로 커스터마이징하기
- 웹어셈블리를 사용해 요청 경로 커스터마이징하기

지금까지 살펴본 것처럼, 이스티오는 애플리케이션 네트워킹 기능으로 조직에 많은 가치를 제공할 수 있다. 그렇지만 이스티오를 채택하는 조직에는 이스티오의 기본 버전이 충족하지 못하는 제약이나 가정이 있을 가능성이 높다. 따라서 이런 제약을 잘 충족시키도록 이스티오 기능의 확장이 필요할 것이다.

3장에서 살펴봤고 이 책에서 내내 강조했듯이, 엔보이 프록시는 이스티오 서비스 메시의 기본 구성 요소다. 엔보이는 메시 내부 서비스 사이의 요청 경로에서 애플리케이션 인스턴스와 함께 있는 서비스 프록시다. 엔보이에 서비스의 애플리케이션 네트워킹을 간단하게 만들어줄 수 있는 중요한 기능 집합이 있기는 하지만, 맞춤형 통합 혹은 통합 최종 단계를 위해서는 엔보이를 강화해야 하는 상황에 직면할 수 있다. 다음은 그 확장의 예시들이다.

- 속도 제한rate limiting 혹은 외부 인가 서비스와 통합
- 헤더 추가, 제거, 수정
- 요청 페이로드를 보강하기 위해 다른 서비스 호출
- HMAC 서명/검증 같은 사용자 정의 프로토콜 구현
- 비표준 보안 토큰 처리

엔보이는 사용자에게 필요한 거의 모든 것을 제공할 수 있지만, 결국은 사용자의 특정 사용 사례에 맞게 맞춤 조정해야 한다. 이번 장에서는 요청 경로에서 이스티오를 확장하는 것을 다루는데, 이는 필연적으로 엔보이 확장을 의미하게 된다.

14.1 엔보이의 확장 기능

엔보이 프록시의 강점 중 하나는 확장할 수 있게 만들어졌다는 점이다. 엔보이의 API를 설계하는 데 많은 고민과 주의가 반영됐으며, 다른 사람들이 작성한 확장 기능도 인기를 얻게 해준 큰 이유 중 하나다. 엔보이를 확장할 수 있는 주요 방법은 필터 확장이다. 엔보이를 확장할 수 있는 지점이 어디인지, 무엇이 애플리케이션에 가장 큰 이점을 주는지 이해하려면 먼저 엔보이의 아키텍처를 이해해야 한다.

14.1.1 엔보이의 필터 체인 이해하기

3장에서는 그림 14.1과 같이 엔보이의 개념인 리스너, 루트, 클러스터를 소개했다. 이것들이 고수준 개념임을 강조했지만, 이번 장에서 더 자세히 다루기로 약속한 바 있다. 여기서는 리스너와, 필터 및 필터 체인을 사용해 리스너 모델을 확장하는 방법에 중점을 둔다.

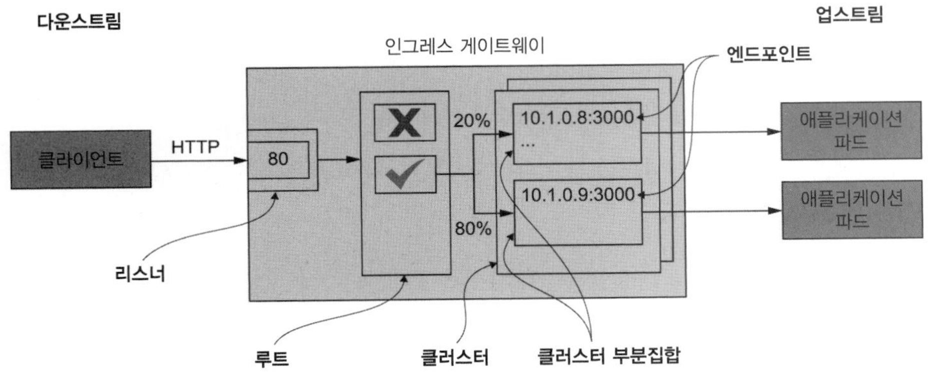

▲ **그림 14.1** 요청은 리스너를 통해 다운스트림 시스템에서 들어온 다음, 라우팅 규칙을 거쳐, 업스트림 서비스로 보내는 클러스터로 이동한다.

엔보이의 리스너는 네트워킹 인터페이스에 포트를 열고 들어오는 트래픽 수신을 시작하는 방법이다. 궁극적으로 엔보이는 네트워크 커넥션에서 바이트를 가져와 어떤 방식으로 처리하는 3계층과 4계층(L3/L4) 프록시다. 이것이 아키텍처의 첫 번째 중요 부분인 필터로 이어진다. 리스너는 네트워크 스트림에서 바이트를 읽어들인 후 그림 14.2와 같이 다양한 필터 혹은 기능 단계들을 거쳐 처리한다.

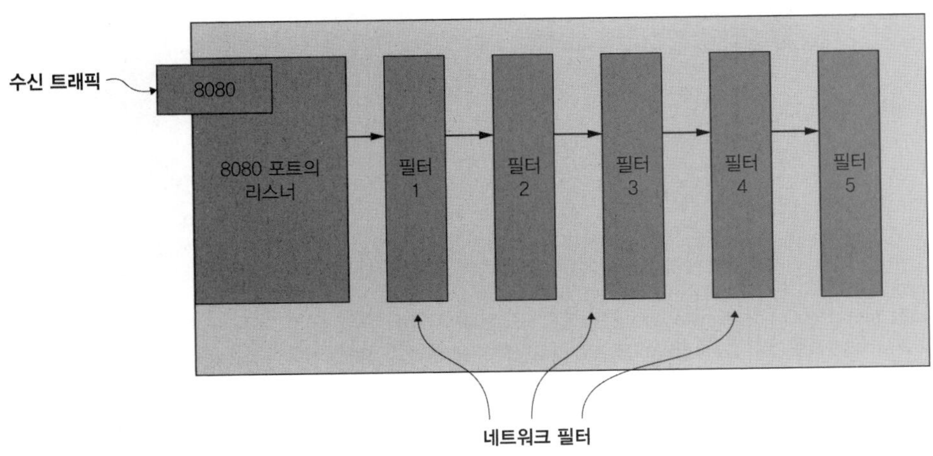

▲ **그림 14.2** 바이트는 리스너를 통해 네트워크에서 들어오고, 리스너는 네트워크 필터를 통해 바이트를 처리한다.

엔보이에서 가장 기본적인 필터는 네트워크 필터로, 바이트 스트림에서 인코딩/디코딩 작업을 한다. 스트림에서 필터가 둘 이상 순서대로 동작하도록 설정할 수 있는데, 이를 필터 체인이라고 부른다. 필터 체인을 사용하면 프록시의 기능을 구현할 수 있다.

예를 들어, 엔보이에는 대표적으로 다음과 같은 프로토콜용 네트워크 필터가 있다.

- MongoDB
- 레디스Redis
- 스리프트Thrift
- 카프카Kafka
- HTTP 커넥션 매니저HTTP Connection Manager

가장 많이 사용하는 네트워크 필터 중 하나가 `HttpConnectionManager`이다. 이 필터는 바이트 스트림을 HTTP 기반 프로토콜(즉, HTTP 1.1, HTTP 2, gRPC, 최근에는 HTTP 3 등)의 HTTP 헤더, 바디, 트레일러로 변환하는 것에 관한 세부 사항을 추상화하는 역할을 하며, 그림 14.3에서 볼 수 있다.

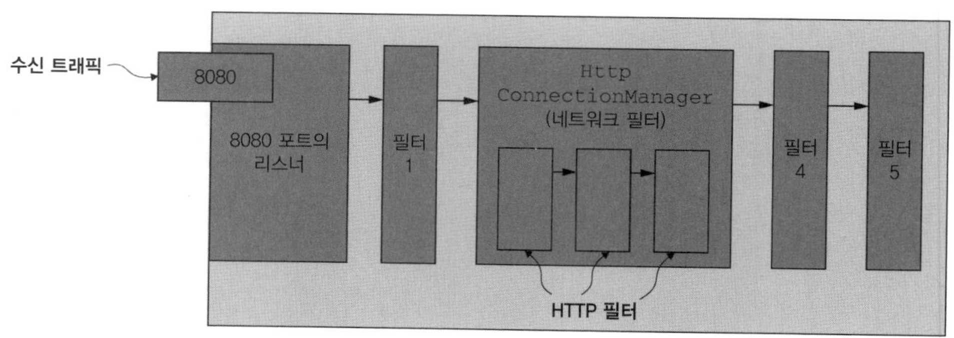

▲ **그림 14.3** HttpConnectionManager는 바이트 스트림을 HTTP(HTTP/1, HTTP/2 등) 요청으로 변환하고, 이를 헤더나 바디 세부 정보 같은 L7 속성을 바탕으로 라우팅하는 데 널리 사용하는 유용한 네트워크 필터다.

`HttpConnectionManager`(HCM이라고도 함)는 HTTP 요청을 처리할 뿐 아니라 헤더, 경로 접두사path prefix 등 요청 속성을 바탕으로 한 요청 라우팅, 액세스 로깅, 요청 재시도, 헤더 조작도 처리한다. 또 HCM에는 필터 기반 아키텍처가 있어 HTTP 요청에서 동작하는

HTTP 필터를 순서대로 또는 연쇄로 설정하거나 구축할 수 있다. 기본 HTTP 필터의 예시는 다음과 같다.

- CORS[Cross-Origin Resource Sharing]
- CSRF[Cross-Site Request Forgery] 방지
- 외부 인증(ExternalAuth)
- 속도 제한(RateLimit)
- 결함 주입[fault injection]
- gRPC/JSON 트랜스코딩
- Gzip
- 루아[Lua]
- 역할 기반 접근 제어[RBAC, Role-Based Access Control]
- Tap
- 라우터
- 웹어셈블리

HTTP 필터의 전체 목록은 웹 사이트(http://mng.bz/BxKJ)에서 찾을 수 있다.

HTTP 요청 하나에서 HTTP 필터가 순서대로 동작하도록 설정할 수 있다. HTTP 필터들은 요청을 업스트림 클러스터로 보내는 터미널 필터로 끝나야 한다. 이를 담당하는 HTTP 필터는 라우터 필터로 그림 14.4에 표시돼 있다. 라우터 필터는 요청을 적절한 업스트림 클러스터를 찾아 전달하며, 이때 타임아웃과 재시도 파라미터를 설정할 수 있다. 이 기능에 대한 자세한 내용은 6장과 엔보이 문서(http://mng.bz/domQ)를 참조하자.

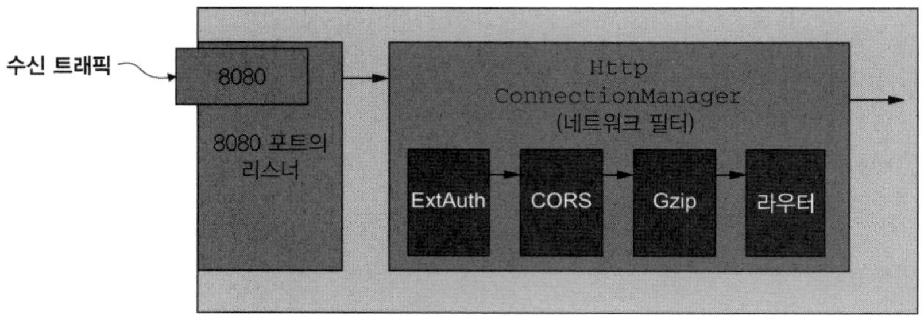

▲ **그림 14.4** HttpConnection-Manager에는 HTTP 요청을 처리하는 필터 체인이 있으며, 라우팅 필터로 끝난다.

또한 사용자는 엔보이의 핵심 코드를 변경하지 않고도 자신만의 필터를 직접 작성하고 프록시 위에 얹어 계층화할 수 있다. 예를 들어, 이스티오의 프록시(https://github.com/istio/proxy)는 데이터 플레인용으로 엔보이 위에 필터를 추가해 커스텀 엔보이를 빌드한다. Gloo Edge(http://github.com/solo-io/gloo)와 같은 다른 오픈소스 프로젝트도 같은 접근법을 따른다. 그렇지만 이렇게 커스텀 엔보이 프록시 빌드를 도입하면, 유지 보수할 것이 많아질 수 있고 개발자가 C++를 사용해야 한다.

14.1.2 확장용 필터

자신만의 필터를 C++로 작성해 프록시에 내장할 수 있지만, 이와 관련된 내용은 이 책의 범위를 벗어난다. 필터 작성 등과 같이 엔보이 바이너리 자체에 변경 사항을 컴파일하지 않고도 엔보이의 HTTP 기능을 확장하는 방법이 있는데, 이 경우 다음 HTTP 필터들을 사용한다.

- 외부 처리external processing
- 루아
- 웹어셈블리

이런 필터를 사용하면 외부 서비스를 호출하도록 설정하거나, 루아 스크립트를 실행하거나, 커스텀 코드를 실행해 HTTP 요청이나 응답을 처리할 때 HCM의 기능을 강화할 수 있다. 외부 서비스를 호출해 처리하는 부분에 대해 이야기할 때는 속도 제한 필터에 중점을 두겠다. 또한 9장에서 다룬 것처럼 외부 인가를 요청할 수도 있다.

> **|노트|** 엔보이에는 범용 처리 목적으로 외부 서비스를 호출하기 위한 외부 처리 필터가 있다. 이 필터는 코드베이스에 존재하기는 하지만, 저술 시점에는 아무것도 하지 않는다. 우리는 전역 속도 제한 필터를 사용하는 등 외부 서비스를 호출하는 다른 방법에 초점을 맞춘다.

14.1.3 이스티오의 데이터 플레인 커스터마이징하기

엔보이의 필터 아키텍처를 깊이 있게 이해한 것을 바탕으로, 이후 절들에서 다음 방법 중 하나를 사용해 엔보이 데이터 플레인의 기능을 확장한다.

- 엔보이 HTTP 필터를 이스티오 API에서 `EnvoyFilter` 리소스로 설정하기
- 속도 제한 서버RLS, Rate-Limit Server 호출하기
- 루아 스크립트를 구현해 루아 HTTP 필터에 불러오기
- 웹어셈블리 HTTP 필터용 웹어셈블리 모듈(Wasm 모듈) 구현하기

엔보이의 필터를 직접 설정하는 방법을 이해해야 하며, 이를 위해 이스티오의 `EnvoyFilter` 리소스를 사용할 것이다. 이전 장들에서 이미 사용해봤지만, 여기서 더 자세히 살펴본다.

14.2 EnvoyFilter 리소스로 엔보이 필터 설정하기

이스티오의 데이터 플레인을 확장하는 첫 번째 단계는 엔보이의 기존 필터가 우리가 찾고 있는 확장 유형을 달성하는 데 충분한지 파악하는 것이다. 필터가 존재하는 경우, `EnvoyFilter` 리소스를 사용해 이스티오의 데이터 플레인을 직접 설정할 수 있다.

이스티오의 API는 일반적으로 특정 네트워크나 보안 시나리오에 초점을 맞춰 기저 엔보이의 설정을 추상화한다. `VirtualService`, `DestinationRule`, `AuthorizationPolicy` 같은 리소스는 모두 결국 엔보이 설정으로 변환되며, 필터 체인에서 특정 HTTP 필터를 설정하기도 한다. 이스티오는 기저 엔보이에서 할 수 있는 모든 필터나 설정을 노출하려고 시도하지

않으며, 따라서 엔보이를 직접 설정해야 하는 상황이 있을 수 있다. 이스티오의 EnvoyFilter 리소스는 이스티오의 고수준 API에서 노출하지 않는 엔보이의 일부를 설정하거나 조정해야 하는 고급 사용 사례를 위한 것이다. 이 리소스는 엔보이의 거의 모든 것을 설정할 수 있으며(일부 제한 있음) 리스너, 루트, 클러스터, 필터가 포함된다.

EnvoyFilter 리소스는 이스티오의 고급 사용자용이며 비상 수단이다. 기저 엔보이 API는 이스티오 버전 간에 언제든 달라질 수 있으니, 배포하는 모든 EnvoyFilter의 유효성을 반드시 확인해야 한다. 이전 버전과의 호환성은 어떤 것도 가정해서는 안 된다. 이 API를 잘못 설정하면 이스티오 데이터 플레인 전체가 멈출 수도 있다.

예제를 보고 어떻게 작동하는지 이해해보자. 이전 장부터 계속해오고 있는 중이라면 처음부터 시작하도록 작업 공간을 재설정하자.

```
$ kubectl config set-context $(kubectl config current-context) \
 --namespace=istioinaction
$ kubectl delete virtualservice,deployment,service,\
destinationrule,gateway,authorizationpolicy,envoyfilter --all
```

이 장에서 사용할 서비스를 배포해보자.

```
$ kubectl apply -f services/catalog/kubernetes/catalog.yaml
$ kubectl apply -f services/webapp/kubernetes/webapp.yaml
$ kubectl apply -f services/webapp/istio/webapp-catalog-gw-vs.yaml
$ kubectl apply -f ch9/sleep.yaml
$ kubectl delete sidecar --all -n istio-system
```

webapp 서비스를 거쳐 흐르는 특정 요청을 디버깅할 도구로 데이터 플레인을 확장하고 싶다고 해보자. 엔보이를 커스텀 필터로 확장할 수도 있지만, 충분히 살펴보니 이런 기능을 위한 tap 필터가 있음을 발견했다. 이스티오의 API가 이 필터를 노출하고 있지는 않으므로, webapp 서비스에 이 필터를 설정하려면 EnvoyFilter 리소스를 사용하면 된다.

EnvoyFilter 리소스에 대해 알아야 할 첫 번째 사항은, 달리 지정하지 않는 한 선언한 네임스페이스의 모든 워크로드에 적용된다는 것이다. istio-system 네임스페이스에 EnvoyFilter 리소스를 만들었다면 메시의 모든 워크로드에 적용된다. 네임스페이스 내에서 커스텀

EnvoyFilter 설정을 적용할 워크로드를 좀 더 특정하고 싶다면, 예제에서 보겠지만 workloadSelector를 사용하면 된다.

EnvoyFilter 리소스에 대해 알아야 할 두 번째 사항은 다른 이스티오 리소스가 모두 변환되고 설정된 후에야 적용된다는 것이다. 예를 들어 VirtualService나 DestinationRule 리소스가 있다면, 이 설정들이 먼저 데이터 플레인에 적용된다.

마지막으로, EnvoyFilter 리소스로 워크로드를 설정할 때 각별히 주의해야 한다. 따라서 엔보이 명명 규칙과 설정 세부 사항을 잘 알아두자. 이는 정말 이스티오 API의 고급 사용법으로, 잘못 설정하면 메시를 마비시킬 수 있다.

이 예제에서는 그림 14.5와 같이 webapp 워크로드의 데이터 플레인을 거치는 메시지를 샘플링하도록 엔보이의 tap 필터를 설정하려고 한다. 요청이나 응답이 tap 필터를 지나 흐를 때마다 tap 필터는 그 요청/응답을 어떤 수신 에이전트로 스트리밍한다. 이 예제에서는 콘솔/CLI로 스트리밍한다.

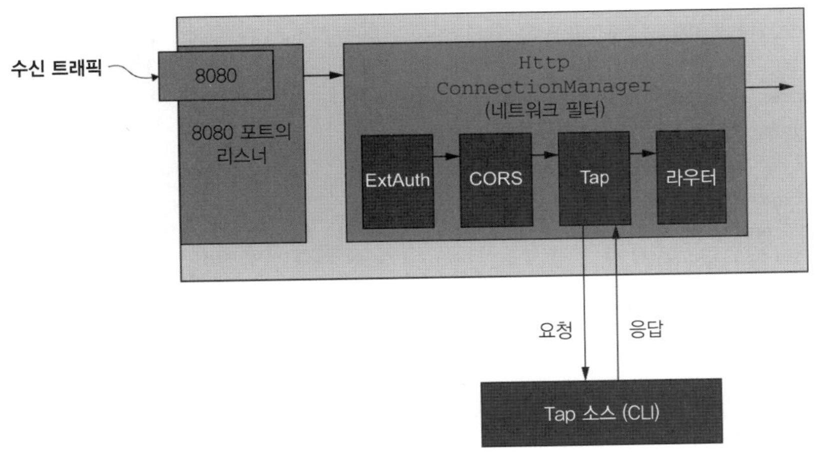

▲ **그림 14.5** 엔보이 HTTP tap 필터를 사용하면, 데이터 플레인을 디버그/검사하는 방법으로서 클라이언트나 업스트림에 영향을 주지 않으면서 수정하지 않은 원본 요청과 응답을 스트리밍할 수 있다.

EnvoyFilter 리소스는 다음과 같이 구성한다.

```
apiVersion: networking.istio.io/v1alpha3
kind: EnvoyFilter
```

```
metadata:
  name: tap-filter
  namespace: istioinaction
spec:
  workloadSelector:
    labels:
      app: webapp                                    ❶
  configPatches:
  - applyTo: HTTP_FILTER                             ❷
    match:
      context: SIDECAR_INBOUND
      listener:
        portNumber: 8080
        filterChain:
          filter:
            name: "envoy.filters.network.http_connection_manager"
            subFilter:
              name: "envoy.filters.http.router"
    patch:                                           ❸
      operation: INSERT_BEFORE
      value:
       name: envoy.filters.http.tap
       typed_config:
          "@type": "type.googleapis.com/
envoy.extensions.filters.http.tap.v3.Tap"
          commonConfig:
            adminConfig:
              configId: tap_config
```

❶ 워크로드 셀렉터
❷ 설정할 위치
❸ 엔보이 설정 패치

세부 사항을 이해했는지 확인하기 위해 부분별로 살펴보자. 가장 먼저 주목해야 할 점은 이 EnvoyFilter를 istioinaction 네임스페이스에 배포했다는 것이다. 앞서 언급한 것처럼 EnvoyFilter는 해당 네임스페이스의 모든 워크로드에 적용되지만, 우리는 workloadSelector를 사용해 이 설정을 적용할 워크로드를 구체적으로 지정했다.

다음으로, 엔보이 설정에서 설정을 패치할 위치를 지정해야 한다. 이 예제에서는 인바운드 리스너(SIDECAR_INBOUND)의 HTTP_FILTER가 되도록 지정했다. 앞서 언급한 바와 같이 리스너를 위한 네트워크 필터들이 있으며, 그중 하나가 HCM이다. HCM에도 HTTP 요청을 처리하는 HTTP용 필터 체인이 있다. 또한 이 예제에서는 특정 리스너도 지정했는데, HCM을 8080 포트에 바인딩된 리스너에 지정했다. 마지막으로, 이 HCM HTTP 필터 체인에서 envoy.filters.http.router HTTP 필터를 골랐다. 이 필터를 고른 이유는, 다음 절에서 보겠지만 새로운 tap 필터를 이 router 필터 바로 앞에 배치할 것이기 때문이다.

이 EnvoyFilter 리소스의 patch 부분에서 설정을 어떻게 패치할지 지정한다. 여기서는 앞서 설정 부분에서 선택한 필터 앞에 설정을 병합한다. 추가하는 필터인 envoy.filters.http.tap은 HCM 필터 체인에서 http.filters.http.router 앞에 위치한다. tap 필터 설정의 구조를 명확하게 해야 하므로 명시적인 타입을 지정한다. tap 설정 형식에 대한 자세한 내용은 엔보이 설명서(http://mng.bz/VlG5)를 참조한다.

이 EnvoyFilter를 istioinaction 네임스페이스의 webapp 워크로드에 적용하자.

```
$ kubectl apply -f ch14/tap-envoy-filter.yaml
```

다음 명령으로 webapp 사이드카 프록시의 엔보이 설정을 확인할 수 있다. HCM의 HTTP 필터 중에서 새 tap 필터 설정을 찾아보자.

```
$ istioctl pc listener deploy/webapp.istioinaction \
--port 15006 --address 0.0.0.0 -o yaml
```

우리가 지금 15006 포트의 리스너를 검토하고 있다는 점에 유의하자. 이것이 사이드카 프록시의 기본 수신 포트이기 때문이다. 다른 모든 포트는 이 리스너로 다시 라우팅된다.

위 명령을 실행하면 다음과 비슷한 내용이 보일 것이다.

```
- name: envoy.filters.http.tap
    typedConfig:
    '@type': type.googleapis.com/envoy.extensions.filters
.http.tap.v3.Tap
    commonConfig:
```

```
        adminConfig:
        configId: tap_config
- name: envoy.filters.http.router
    typedConfig:
    '@type': type.googleapis.com/envoy.extensions.filters
.http.router.v3.Router
```

tap 기능이 작동하는지 확인해보자. 그러려면 2개의 터미널 창이 필요하다. 창 하나에서는 curl로 tap 설정을 전달해 webapp 워크로드에서 tap을 시작하자.

```
{
  "config_id": "tap_config",
  "tap_config": {
     "match_config": {
        "http_request_headers_match": {
          "headers": [
              {
                "name": "x-app-tap",
                "exact_match": "true"
              }
          ]
        }
     },
     "output_config": {
        "sinks": [
           {
              "streaming_admin": {}
           }
        ]
     }
  }
}
```

이 설정은 tap 필터에게 들어오는 HTTP 요청 중 x-app-tap 헤더가 true인 것을 골라내라고 지시한다. 그런 요청을 찾으면 tap 필터는 그 요청을 tap 핸들러로 보내는데, 여기서 핸들러는 curl이다(요청은 stdout으로 자동 전송됨). 관리자 tap 엔드포인트에 도달하려면 먼저 첫 번째 창에서 엔드포인트를 로컬호스트로 포트포워딩해야 한다.

```
$ kubectl port-forward -n istioinaction deploy/webapp 15000
```

두 번째 창에서 탭을 시작하자.

```
$ curl -X POST -d @./ch14/tap-config.json localhost:15000/tap
```

두 번째 창에서 이렇게 서비스를 호출하자.

```
$ curl -H "Host: webapp.istioinaction.io" -H "x-app-tap: true" \
http://localhost/api/catalog
```

tap을 시작한 창에 tap 출력이 표시돼야 한다. 이 출력은 헤더, 바디, 트레일러 등 요청에 대한 모든 정보를 준다. 엔보이 tap 필터와 이 필터를 이스티오에서 사용해 네트워크 전반의 요청을 디버깅하는 방법을 계속해서 알아보자.

14.3 외부 호출로 요청 속도 제한하기

앞 절에서는 기본 HTTP 필터에 있는 기능으로 이스티오 데이터 플레인을 확장해봤는데, 외부 호출 기능으로 데이터 플레인을 확장하는 기본 필터들도 있다. 우리는 이 필터들을 사용해 외부 서비스를 호출하고, 요청을 계속할지 여부나 방법을 결정할 수 있는 어떤 기능을 수행하게 해본다. 이번 절에서는 특정 워크로드에서 서비스 측 속도 제한을 적용하기 위해 속도 제한 서비스를 호출하도록 이스티오 데이터 플레인을 설정하는 방법을 살펴본다(그림 14.6 참조).

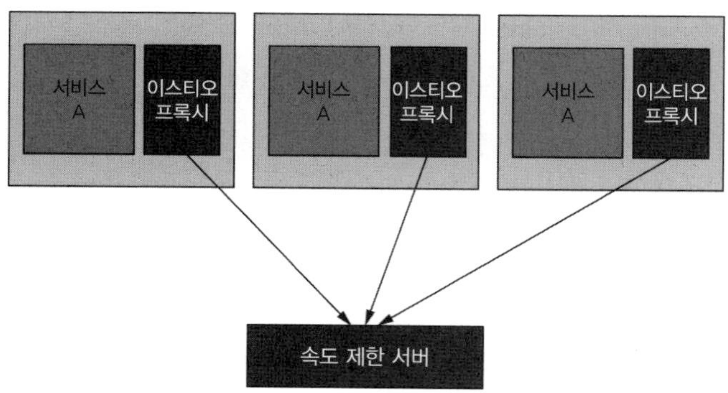

▲ **그림 14.6** 동일한 서비스의 여러 복제본은 특정 서비스에 대한 글로벌 제한 속도를 받기 위해 동일한 속도 제한 서비스를 호출한다.

이스티오가 데이터 플레인에 엔보이를 사용하는 것처럼, 속도 제한에 대한 특정 호출은 엔보이 HTTP 필터에서 나온다. 엔보이에서 속도 제한을 하는 방법은 여러 가지가 있지만 (네트워크 필터, 로컬 속도 제한, 글로벌 속도 제한), 우리는 특히 글로벌 속도 제한 기능을 살펴본다. 글로벌 속도 제한을 사용하면 특정 워크로드의 모든 엔보이 프록시가 동일한 속도 제한 서비스를 호출하며, 이 속도 제한 서비스는 백엔드 글로벌 키-값 저장소를 호출한다(그림 14.7 참조). 이 아키텍처를 사용하면 서비스의 복제본 개수에 상관없이 속도 제한이 적용되도록 할 수 있다.

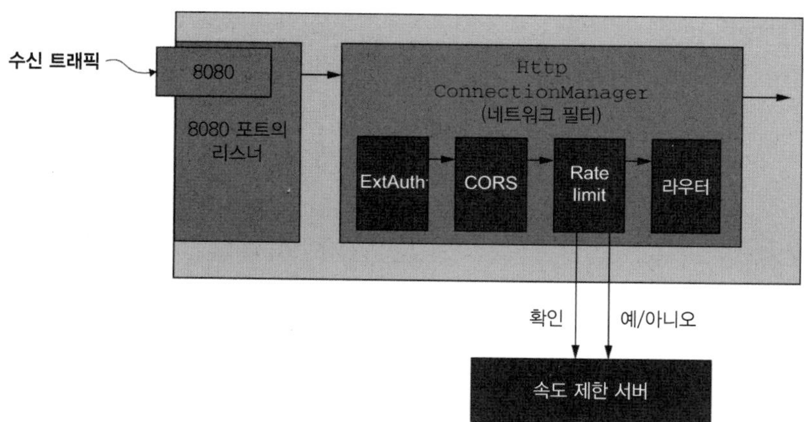

▲ **그림 14.7** 엔보이 전역 속도 제한을 사용하면 속도 제한 서버를 호출해 특정 요청에 속도 제한을 적용해야 하는지 여부를 결정할 수 있다. 결정을 내리고자 요청 속성을 속도 제한 서버로 전송한다.

속도 제한을 설정하려면 엔보이 커뮤니티에서 제공하는 속도 제한 서버(https://github.com/envoyproxy/ratelimit 참조)를 배포하거나, 더 정확히는 엔보이 속도 제한 API(http://mng.bz/xvXB)를 구현하는 속도 제한 서버를 배포해야 한다. 이 서버는 백엔드 레디스 캐시와 통신하도록 설정돼 있으며, 레디스에 속도 제한 카운터를 저장한다(원한다면 멤캐시드 Memcached를 사용할 수도 있다). 따라서 속도 제한 서버를 배포하기 전에 기대하는 속도 제한 동작으로 설정해야 한다.

14.3.1 엔보이 속도 제한 이해하기

엔보이 속도 제한 서버를 구성하기 전에 속도 제한이 어떻게 작동하는지 이해해야 한다. 특히 엔보이의 HTTP 전역 속도 제한을 살펴볼 것인데, 이 속도 제한은 HTTP 필터로 존재하고 HCM에서 HTTP 필터 체인으로 설정해야 한다. 속도 제한 필터는 HTTP 요청을 처리할 때 요청에서 특정 속성을 가져오고 RLS로 보내 평가를 받는다. 엔보이 속도 제한에서 이런 속성들 혹은 속성 그룹들을 가리켜 디스크립터descriptor라고 한다. 요청의 디스크립터 또는 속성은 원격 주소일 수도, 요청 헤더일 수도, 목적지일 수도, 혹은 요청의 어떤 일반 속성 같은 것일 수도 있다.

속도 제한 서버는 그림 14.8처럼 전송된 요청의 속성을 미리 정의한 속성 집합과 비교해 일치하는 속성의 카운터를 늘린다. 카운트할 속성은 트리 형태로 그룹화하거나 정의해 결정할 수 있다. 속성 또는 속성 집합이 속도 제한 서버 정의와 일치하면 해당 제한의 횟수를 늘린다. 횟수가 임계값을 초과하면 해당 요청에는 속도 제한이 적용된다.

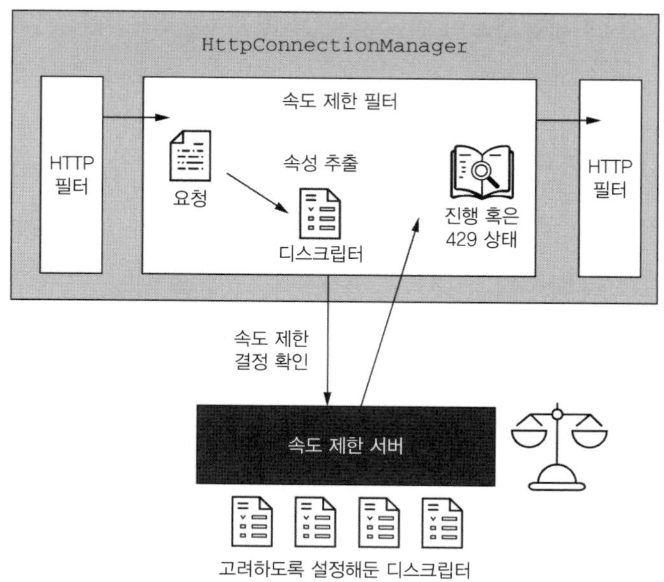

▲ **그림 14.8** 원격 주소, 요청 헤더, 클라이언트 ID 같은 요청 속성(엔보이 용어로 디스크립터라고도 함)은 속도 제한 서버로 전송되며, 속도 제한 서버는 미리 설정한 디스크립터 집합과 비교해 속도 제한 결정을 내린다.

엔보이 속도 제한 서버 설정하기

속성 카운터와 한도가 포함된 속도 제한 서버 설정을 만들어보자. 우리 예제에서는 예제 조직에서 보유한 로열티 등급에 따라 특정 사용자 집단을 제한하고자 한다. 요청의 로열티 등급은 `x-loyalty` 헤더를 검사해 판단할 수 있다.

골드 등급(`x-loyalty:gold`)의 사용자 그룹에는 요청을 분당 10개까지 허용하고, 실버 등급(`x-loyalty:silver`)에는 요청을 분당 5개까지 허용한다. 또한 브론즈 등급(`x-loyalty:bronze`)에는 요청을 분당 3개까지 허용한다. 식별할 수 없는 로열티 등급의 경우, 분당 요청이 하나를 넘어가면 속도 제한이 처리를 제한한다.

요청의 디스크립터를 포착하는 속도 제한 서버 설정은 다음과 같이 표현할 수 있다.

```
apiVersion: v1
kind: ConfigMap
metadata:
  name: catalog-ratelimit-config
```

```
  namespace: istioinaction
data:
  config.yaml: |
    domain: catalog-ratelimit
    descriptors:
      - key: header_match
        value: no_loyalty
        rate_limit:
          unit: MINUTE
          requests_per_unit: 1
      - key: header_match
        value: gold_request
        rate_limit:
          unit: MINUTE
          requests_per_unit: 10
      - key: header_match
        value: silver_request
        rate_limit:
          unit: MINUTE
          requests_per_unit: 5
      - key: header_match
        value: bronze_request
        rate_limit:
          unit: MINUTE
          requests_per_unit: 3
```

실제 요청 헤더를 직접 다루지 않고, 요청의 일부로 전송된 속성만 다루고 있음을 유의하자. 다음 절에서는 이 속성들을 정의하는 방법을 살펴볼 것이다. 앞서 언급했듯이, 속도 제한 서버 설정은 속도를 제한하기 위해 따라야 하는 규칙을 정의한다. 이스티오 데이터 플레인을 거쳐 요청이 처리될 때 속성들이 속도 제한 서버로 보내진다. 속성이 규칙 조건에 일치하면 그에 따라 처리를 제한한다.

요청 경로에 속도 제한 걸기

속도 제한 서버 설정을 만들고 나면, 특정 요청에 대해 어떤 속성을 전송할 것인지 엔보이를 설정해야 한다. 엔보이 용어로는 이 설정을 특정 요청 경로에 취하는 속도 제한 조치ratelimit action라고 부른다. 예를 들어, catalog 서비스를 /items 경로로 호출하면 요청에 x-loyalty 헤더가 있는지와 어느 그룹에 속하는지를 포착하려고 한다.

적절한 속성(action)을 속도 제한 서버로 보내도록 설정하려면 특정 엔보이 루트 설정에 rate_limit 설정을 지정해야 한다. 이스티오에는 아직 전용 API가 없으므로(이 책을 저술하는 시점에는) EnvoyFilter 리소스를 사용해야 한다. catalog 서비스의 모든 경로에 속도 제한 조치를 지정하는 방법은 다음과 같다.

```
apiVersion: networking.istio.io/v1alpha3
kind: EnvoyFilter
metadata:
  name: catalog-ratelimit-actions
  namespace: istioinaction
spec:
  workloadSelector:
    labels:
      app: catalog
  configPatches:
    - applyTo: VIRTUAL_HOST
      match:
        context: SIDECAR_INBOUND
        routeConfiguration:
          vhost:
            route:
              action: ANY
      patch:
        operation: MERGE

        value:
          rate_limits:      ❶
            - actions:
              - header_value_match:
                  descriptor_value: no_loyalty
                  expect_match: false
                  headers:
                  - name: "x-loyalty"
            - actions:
              - header_value_match:
```

```
            descriptor_value: bronze_request
            headers:
            - name: "x-loyalty"
              exact_match: bronze
      - actions:
        - header_value_match:
            descriptor_value: silver_request
            headers:
            - name: "x-loyalty"
              exact_match: silver
      - actions:
        - header_value_match:
            descriptor_value: gold_request
            headers:
            - name: "x-loyalty"
              exact_match: gold
```

❶ 속도 제한 조치

이제 이 규칙들을 속도 제한 서버와 함께 배포하고 데이터 플레인을 설정하는 방법을 살펴보자.

다음 명령어를 실행해 이 규칙들을 쿠버네티스 configmap으로 배포한 다음, 속도 제한 서버를 레디스 백엔드와 함께 배포하자.

```
$ kubectl apply -f ch14/rate-limit/rlsconfig.yaml
$ kubectl apply -f ch14/rate-limit/rls.yaml
```

istioinaction 네임스페이스의 파드를 나열하면 새 속도 제한 서버가 보인다.

```
NAME                           READY   STATUS    RESTARTS   AGE
webapp-f7bdbcbb5-qk8fx         2/2     Running   0          24h
catalog-68666d4988-qg6v5       2/2     Running   0          24h
ratelimit-7df4b47668-4x2q9     1/1     Running   1          24s
redis-7d757c948f-c84dk         1/1     Running   0          2m26s
```

지금까지는 속도 제한 서버를 설정하고 배포하기만 했으니 엔보이가 속성을 속도 제한 서버로 보내게 설정해야 한다. 그래야 속도 제한 서버가 개수를 세어 속도 제한을 처리할 수 있기 때문이다. 이를 위해 그 역할을 하는 EnvoyFilter 리소스를 적용해보자.

```
$ kubectl apply -f ch14/rate-limit/catalog-ratelimit.yaml
$ kubectl apply -f ch14/rate-limit/catalog-ratelimit-actions.yaml
```

속도 제한 기능을 시험해보기 위해 istioinaction 네임스페이스에 sleep 앱을 배포하고 catalog 서비스를 호출하는 클라이언트를 시뮬레이션해보자. 이 장에서 앞서 sleep 앱을 설치하지 않았다면 다음 명령을 실행하자.

```
$ kubectl apply -f ch9/sleep.yaml
```

파드가 성공적으로 뜨면, 다음 예제와 같이 catalog 서비스를 호출해보자.

```
$ kubectl exec -it deploy/sleep -c sleep -- \
curl http://catalog/items
```

이 명령은 대략 1분에 한 번 정도만 실행할 수 있다. 이는 x-loyalty 헤더가 없는 요청에 걸어둔 속도 제한과 일치한다. 요청에 x-loyalty 헤더를 더하면, 분당 요청이 더 많이 허용된다. 다음 예시처럼 x-loyalty 헤더에 다른 값을 전달해 속도 제한 적용을 실험해보자.

```
kubectl exec -it deploy/sleep -c sleep -- \
curl -H "x-loyalty: silver" http://catalog/items
```

속도 제한이 적용되지 않고 있다면, EnvoyFilter 리소스가 모두 올바르게 적용됐는지, 속도 제한 서버가 오류 로그 없이 정상적으로 실행 중인지 확인해볼 수 있다. 데이터 플레인 엔보이에 속도 제한 action 설정이 올바르게 돼 있는지 다시 한번 확인해보려면 istioctl로 catalog 서비스의 기본 루트를 가져와볼 수 있다.

```
$ istioctl proxy-config routes deploy/catalog.istioinaction -o json \
| grep actions
```

actions라는 단어가 포함된 출력이 여러 줄 표시돼야 한다. 그렇지 않으면, 무언가 설정이 잘못된 것이므로 모두 제대로 적용됐는지 확인해야 한다.

14.4 루아로 이스티오의 데이터 플레인 확장하기

이미 존재하는 엔보이 필터를 설정해 이스티오의 데이터 플레인을 확장하는 것은 편리하지만, 추가하려는 기능이 기본 엔보이 필터에 없는 경우에는 어떻게 해야 할까? 요청 경로에 어떤 커스텀 로직을 구현하고 싶다면 어떻게 해야 할까? 이 절에서는 자체 커스텀 로직으로 데이터 플레인 동작을 확장하는 방법을 살펴본다.

이전 절에서 엔보이에는 데이터 플레인 동작을 강화하기 위해 필터 체인에 추가할 수 있는 기본 필터가 많이 있음을 확인했다. 그중 하나가 루아 필터로, 루아 필터를 사용하면 루아 스크립트를 작성해 프록시에 주입함으로써 요청/응답 경로의 동작을 커스텀할 수 있다(그림 14.9 참조). 이런 스크립트는 요청이나 응답의 헤더를 조작하고 바디를 조사하는 데 사용할 수 있다. 계속해서 루아 스크립트를 주입해 요청 경로의 처리를 변경하도록 `EnvoyFilter` 리소스를 사용해 데이터 플레인을 설정할 것이다.

> **루아 프로그래밍 언어**
>
> 루아는 시스템 기능을 강화할 수 있는 강력하면서도 내장 가능한 스크립트 언어다. 루아는 동적 타입의 인터프리터 언어로, 루아 가상머신이 제공하는 메모리 자동 관리 기능을 갖추고 있다(엔보이에서는 LuaJIT이다). 자세한 내용은 웹 사이트(https://lua.org와 https://luajit.org)를 참조하자.

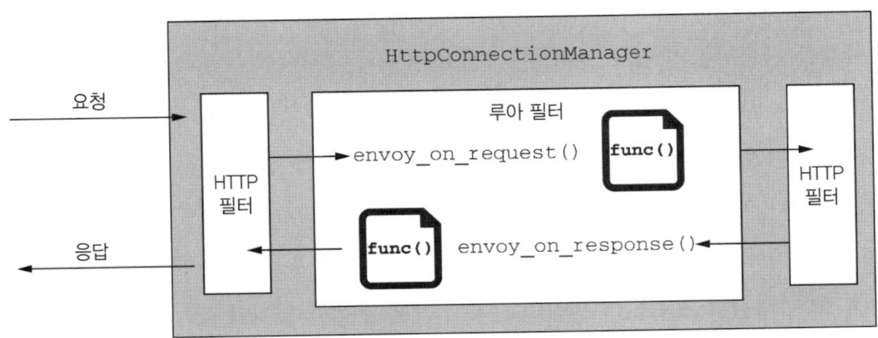

▲ **그림 14.9** 루아 스크립트 언어로 요청 경로 기능 확장하기

|**노트**| 요청 바디를 검사하면 프록시에서 스트림을 처리하는 방식에 영향을 줄 수 있다. 예를 들어 바디 전체를 메모리에 적재하는 작업을 수행할 수도 있는데, 이는 성능에 영향을 줄 수 있다. 루아 필터에 대한 엔보이 프록시 문서를 참조하자(http://mng.bz/AxOW).

요청 경로의 동작을 커스텀하는 일반적인 예를 들어본다. 들어오는 요청 모두를 A/B 테스트 그룹의 일부로 처리하고 싶다고 해보자. 어떤 그룹인지는 요청의 속성을 기반으로 런타임에만 판단할 수 있다. 특정 요청이 어느 그룹에 속했는지 판단하려면 A/B 테스트 엔진을 호출해야 한다. 이 호출의 응답은 요청의 헤더로 추가해야 하며, 업스트림 서비스는 이 헤더를 사용해 A/B 테스트 목적에 맞는 라우팅 결정을 내릴 수 있다.

시작하기 전에 앞 절의 설정을 제거해보자.

```
$ kubectl delete envoyfilter -n istioinaction --all
```

이 예제를 위해 몇 가지 보조 서비스를 배포해보자. 받은 요청의 헤더를 되돌려 보내는 샘플 `httpbin` 서비스를 배포할 것이다. 또한 샘플 A/B 테스트 버켓 서비스도 배포해보겠다. 이 서비스는 요청의 헤더를 평가해 요청이 속해야 하는 그룹을 나타내는 문자열을 반환한다.

```
$ kubectl apply -f ch14/httpbin.yaml
$ kubectl apply -f ch14/bucket-tester-service.yaml
```

요청이나 응답 헤더를 조작하는 용도로 작성할 수 있는 루아 스크립트를 살펴보고, 이 사용 사례를 구현하는 방법도 살펴보자. 엔보이에서는 루아 함수 `envoy_on_request()` 혹은 `envoy_on_response()`를 구현해 요청과 응답 각각을 확인하고 조작할 수 있다. 루아 내에서 다른 서비스를 호출해야 한다면 엔보이가 제공하는 함수를 사용해야 한다(RPC 호출을 하는 데 범용 루아 라이브러리를 사용하면 안 된다. 우리는 엔보이가 자체 논블로킹non-blocking 스레딩 아키텍처로 호출을 올바르게 관리하길 원하기 때문이다). `httpCall()` 함수를 사용하면 외부 서비스와 통신할 수 있다. 다음 스크립트는 우리의 사용 사례를 구현한 것이다.

```
function envoy_on_request(request_handle)
  local headers, test_bucket = request_handle:httpCall(
  "bucket_tester",
  {
    [":method"] = "GET",
    [":path"] = "/",
    [":scheme"] = "http",
    [":authority"] = "bucket-tester.istioinaction.svc.cluster.local",
    ["accept"] = "*/*"
  }, "", 5000)

  request_handle:headers():add("x-test-cohort", test_bucket)
end
```

envoy_on_request() 함수를 구현하고, httpCall() 내장 함수를 사용해 외부 서비스와 통신하고 있다. 또한 응답을 받아 x-test-cohort라는 헤더에 추가하고 있다. httpCall()을 포함한 내장 함수를 더 자세히 알고 싶다면 엔보이 설명서를 참조하자(http://mng.bz/mx2r).

앞 절에서 했던 것처럼 이 스크립트를 EnvoyFilter 리소스에 추가할 수 있다.

```
apiVersion: networking.istio.io/v1alpha3
kind: EnvoyFilter
metadata:
  name: webapp-lua-extension
  namespace: istioinaction
spec:
  workloadSelector:
    labels:
      app: httpbin
  configPatches:
  - applyTo: HTTP_FILTER
    match:
      context: SIDECAR_INBOUND
      listener:
        portNumber: 80
        filterChain:
          filter:
            name: "envoy.filters.network.http_connection_manager"
            subFilter:
```

```
            name: "envoy.filters.http.router"
    patch:
      operation: INSERT_BEFORE
      value:
       name: envoy.lua
       typed_config:
          "@type": "type.googleapis.com/
envoy.extensions.filters.http.lua.v3.Lua"
          inlineCode: |
            function envoy_on_request(request_handle)
              -- 여기에 코드 입력
            end
            function envoy_on_response(response_handle)
              -- 여기에 코드 입력
            end
```

workloadSelector에 정의한 대로 이 필터를 httpbin 워크로드에 적용한다.

```
$ kubectl apply -f ch14/lua-filter.yaml
```

httpbin 서비스를 호출하면 A/B 테스트 서비스를 호출할 때 덧붙이는 새 헤더 x-test-cohort가 보인다.

```
$ kubectl exec -it deploy/sleep  \
-- curl httpbin.istioinaction:8000/headers

{
  "headers": {
    "Accept": "*/*",
    "Content-Length": "0",
    "Host": "httpbin.istioinaction:8000",
    "User-Agent": "curl/7.69.1",
    "X-B3-Sampled": "1",
    "X-B3-Spanid": "1d066f4b17ee147b",
    "X-B3-Traceid": "1ec27110e4141e131d066f4b17ee147b",
    "X-Test-Cohort": "dark-launch-7"
  }
}
```

자세한 내용은 이 책 소스 코드에 있는 ch14/lua-filter.yaml 파일에서 살펴볼 수 있다. 이 예제에서는 데이터 플레인의 기능을 확장하기 위해 의도적으로 구축한 필터를 사용하는 방법을 살펴봤다. 루아 스크립트 언어를 사용해 이 기능을 구현했으며, 내장 함수를 사용해 다른 함수를 호출했다. 다음 절에서는 웹어셈블리를 사용해 다른 언어로 우리의 커스텀 기능을 구현하는 방법을 다룬다.

14.5 웹어셈블리로 이스티오의 데이터 플레인 확장하기

이 장에서 살펴보는, 요청 경로상에서 이스티오를 확장하는 마지막 방법은 웹어셈블리로 새 엔보이 필터를 작성하는 것이다. 앞 절에서는 기존 엔보이 필터를 재사용하고 설정해 기본 이스티오 기능을 확장해봤으며, 요청 경로를 조작하는 우리의 자체 커스텀 스크립트를 주입하기도 했다. 이번 절에서는 우리의 자체 엔보이 필터를 구축하는 방법과 이스티오 데이터 플레인에 배포하는 방법을 살펴본다.

14.5.1 웹어셈블리 소개

웹어셈블리Wasm, WebAssembly란 바이너리 명령 형식으로, 여러 가지 환경 간에 이식할 수 있는 것을 목표로 했으며 여러 프로그래밍 언어로 컴파일해 가상머신에서 실행할 수 있다. 본래 웹어셈블리는 브라우저의 웹 애플리케이션에서 CPU 집약적인 작업의 실행 속도를 높이고, 브라우저 기반 애플리케이션 지원을 자바스크립트 외의 언어로도 확장하기 위해 개발됐다(그림 14.10 참조). 웹어셈블리는 2019년에 W3C 권고 사항이 됐으며 모든 주요 브라우저에서 지원하고 있다.

웹어셈블리는 저장 공간과 메모리를 적게 차지하고 거의 네이티브에 가까운 속도로 실행되도록 설계됐다. 또한 호스트 애플리케이션(즉, 브라우저)에 내장돼도 안전한데, 메모리 안전memory safe하고 격리된sandboxed 실행 환경(가상머신)에서 실행되기 때문이다. 웹어셈블리 모듈은 호스트 시스템이 허용하는 메모리와 기능에만 접근할 수 있다.

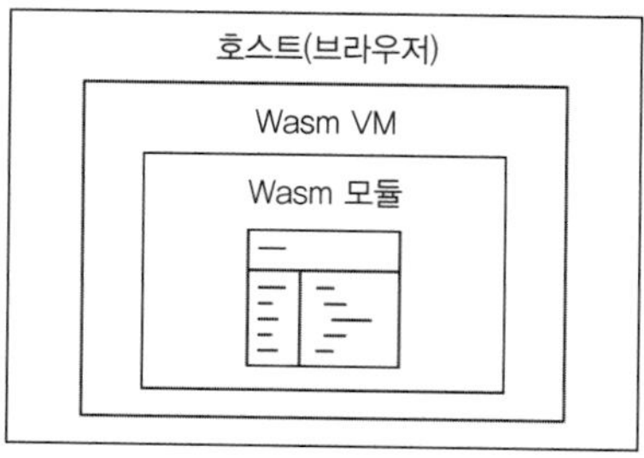

▲ **그림 14.10** 웹어셈블리는 모듈로 패키징된 커스텀 코드로, 웹 브라우저 같은 대상 호스트 안의 격리된 가상머신에서 안전하게 실행할 수 있다.

14.5.2 왜 엔보이에 웹어셈블리를 사용하는가?

네이티브 엔보이 필터를 직접 작성하는 데는 크게 두 가지 단점이 있다.

- C++여야 한다.
- 변경 사항을 엔보이의 새 바이너리로 정적으로 빌드해야 하는데, 이는 사실상 엔보이의 '커스텀' 빌드다.

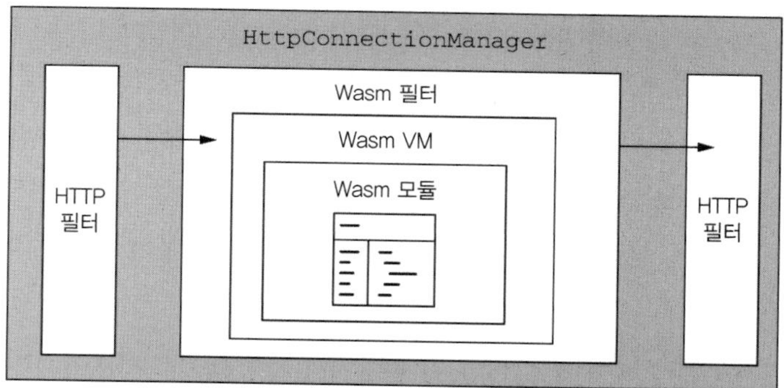

▲ **그림 14.11** 웹어셈블리(Wasm) 모듈을 패키징해 웹어셈블리 HTTP 필터 내에서 실행할 수 있다.

엔보이는 웹어셈블리 실행 엔진을 내장하고 있으므로, HTTP 필터를 포함해 엔보이의 다양한 영역을 커스터마이징하고 확장하는 데 사용할 수 있다. 웹어셈블리가 지원하는 언어라면 어느 것으로든 엔보이 필터를 작성해 그림 14.11처럼 런타임에 프록시로 동적으로 불러올 수 있다. 즉, 이스티오에서 기본 엔보이 프록시를 계속 사용하면서 커스텀 필터를 런타임에 동적으로 불러올 수 있다는 것이다.

14.5.3 웹어셈블리로 새로운 엔보이 필터 만들기

웹어셈블리로 엔보이 필터를 빌드하려면 어떤 언어를 사용하고 싶은지, 어떤 엔보이 버전을 사용 중인지, 그 버전에서 어떤 엔보이 ABI[Abstract Binary Interface]를 지원하는지 등을 알아야 한다. 그러고 나서 적절한 언어 SDK를 골라 빌드 및 종속성 도구를 제대로 준비해야 한다. 이 절에서는 Solo.io의 `wasme`라는 오픈소스 개발자 도구를 사용해 엔보이용 웹어셈블리 필터를 만들고 빌드해본다. `wasme`를 사용하면 엔보이 프로젝트용 웹어셈블리를 빠르게 부트스트랩하고 보일러플레이트 생성[boilerplate scaffolding]을 모두 자동화해준다. 그럼 웹어셈블리로 엔보이 필터 빌드를 시작하는 방법을 살펴보자.

이 책을 저술하는 시점에 엔보이 웹어셈블리 SDK가 있는 프로그래밍 언어는 다음 네 가지다.

- C++
- 러스트[Rust]
- 어셈블리스크립트[AssemblyScript](타입스크립트[TypeScript])
- TinyGo

이 절에서는 어셈블리스크립트(www.assemblyscript.org)를 사용해 웹어셈블리로 새 엔보이 필터를 빌드해본다. 어셈블리스크립트는 타입스크립트의 변형이므로 자바스크립트 개발자라면 익숙할 것이다. 어셈블리스크립트는 엔보이 필터를 구축하는 데 있어 C++의 훌륭한 대체재다.

> **|노트|** 엔보이의 웹어셈블리 지원은 실험적인 것으로 간주되므로 바뀔 수 있다. 따라서 직접 만들어 엔보이에 배포하는 웹어셈블리 모듈은 운영 환경에 들어가기 전에 모두 철저히 테스트해볼 것을 권장한다.

14.5.4 meshctl로 새 엔보이 필터 빌드하기

meshctl은 웹어셈블리 모듈을 생성, 빌드, 게시, 배포하기 위한 도커Docker류 도구로, 엔보이용 웹어셈블리 필터 빌드를 용이하게 해준다. 먼저 meshctl을 다운로드하고 시스템 경로에 넣자.

```
curl -sL https://run.solo.io/meshctl/install | sh
export PATH=$HOME/.gloo-mesh/bin:$PATH
```

이어서 새 wasm 프로젝트를 부트스트랩할 폴더를 고르고, 다음 명령어를 실행한다.

```
$  meshctl wasm init ./hello-wasm --language=assemblyscript
```

이렇게 하면 hello-wasm이라는 새 폴더, 모든 종속성 파일, 심지어는 필터 뼈대까지 구현된 index.ts 파일도 생긴다. 이 구현 뼈대는 HTTP 응답에 헤더를 더하는 방법을 보여준다. ./hello-wasm/assembly/index.ts를 살펴보면 타입스크립트 클래스가 2개 만들어져 있는 것을 볼 수 있다. 첫 번째 클래스 AddHeaderRoot는 웹어셈블리 모듈용 커스텀 설정을 준비한다. 두 번째 클래스 AddHeader에는 요청 경로 처리를 끝내는 콜백 함수 구현의 골자가 담겨 있다. 이 예제에서는 다음과 같이 AddHeader 클래스의 onResponseHeaders 함수를 구현한다.

```
class AddHeader extends Context {
  root_context : AddHeaderRoot;
  constructor(root_context:AddHeaderRoot){
    super();
    this.root_context = root_context;
  }
  onResponseHeaders(a: u32): FilterHeadersStatusValues {
    const root_context = this.root_context;
    if (root_context.configuration == "") {
      stream_context.headers.response.add("hello", "world!");
    } else {
      stream_context.headers.response.add("hello",
        root_context.configuration);
    }
```

```
    return FilterHeadersStatusValues.Continue;
  }
}
```

요청이나 응답을 조작하는 데 유용한 함수에는 다른 것들도 있다.

- onRequestHeaders
- onRequestBody
- onResponseHeaders
- onResponseBody

hello-wasm 폴더로 이동하면 meshctl wasm으로 다음과 같이 웹어셈블리 모듈을 빌드할 수 있다.

```
$ meshctl wasm build assemblyscript ./hello-wasm/ \
 -t webassemblyhub.io/ceposta/istioinaction-demo:0.1
```

meshctl wasm은 보일러플레이트 툴체인 설정을 모두 처리하고, 선택했던 언어에 알맞은 빌드를 시작한다. 빌드 과정의 결과물은 OCI Open Container Initiative 호환 이미지를 생성하는데, 그 이미지의 레이어 중 하나에 .wasm 모듈을 패키징한다.

meshctl wasm으로 로컬에 있는 모듈을 확인할 수 있다.

```
$ meshctl wasm list
NAME                                           TAG SIZE    SHA
webasseblyhub.io/ceposta/cache-example         1.0 12.6 kB 10addc6d
webassemblyhub.io/ceposta/demo-filter          1.0 12.6 kB a515a5d2
webassemblyhub.io/ceposta/istioinaction-demo   0.1 12.6 kB a515a5d2
```

이 모듈을 OCI 이미지를 저장 가능한 저장소에 게시할 수 있다. 예를 들어 무료 저장소 webassemblyhub.io를 사용하려면 이렇게 모듈을 게시할 수 있다.

```
$ meshctl wasm push webassemblyhub.io/ceposta/istioinaction-demo:1.0
```

웹어셈블리 허브

웹어셈블리 허브(webassemblyhub.io)는 엔보이 프록시나 이스티오에 배포할 수 있는 웹어셈블리 필터를 저장하기 위한 무료 공개 커뮤니티 저장소다. 자세한 내용은 웹어셈블리 허브의 최신 문서(https://docs.solo.io/web-assembly-hub/latest)를 참조하자.

특정 OCI 이미지의 세부 정보를 보려면 ~/.gloo-mesh/wasm/store 폴더에서 방금 빌드한 이미지를 찾으면 된다. 예를 들어보자.

```
$ ls -l ~/.gloo-mesh/wasm/store/bc234119a3962de1907a394c186bc486/

total 28
-rw-r--r-- 1 solo solo   224 Jul  2 19:04 descriptor.json
-rw-rw-r-- 1 solo solo 12553 Jul  2 19:04 filter.wasm
-rw-r--r-- 1 solo solo    43 Jul  2 19:04 image_ref
-rw-r--r-- 1 solo solo   221 Jul  2 19:04 runtime-config.json
```

여기서 filter.wasm 바이너리와 메타데이터 파일들을 볼 수 있다. 메타데이터 파일들은 필터와 호환되는 엔보이(그리고 관련 ABI) 버전과 OCI 이미지를 설명하는 것이다. 이미지 기반 패키징을 사용하는 이유는 기존 OCI 저장소에 저장하고 OCI 이미지를 지원하는 도구를 구축하기 위해서다.

웹어셈블리 모듈 패키징

이스티오 커뮤니티는 OCI 이미지로 패키징하는 웹어셈블리 모듈 사양을 작업하고 있다. 이는 Solo.io가 기여한 작업(https://github.com/solo-io/wasm/tree/master/spec)을 기반으로 하며, meshctl wasm에서 사용한다. 이 영역은 계속 발전하고 있으며 이 책을 쓰는 시점에서도 매우 유동적이다.

14.5.5 새로운 웹어셈블리 엔보이 필터 배포하기

시작하기 전에 이전 절의 설정(또는 웹어셈블리 필터를 배포하려는 시도는 어떤 것이든)을 제거하자.

```
$ kubectl delete envoyfilter,wasmplugin -n istioinaction --all
```

이 예제용 보조 서비스를 배포해보자. 받은 요청 헤더를 되돌려보내는 샘플 `httpbin` 서비스를 배포할 것이다.

```
$ kubectl apply -f ch14/httpbin.yaml
```

앞 절에서는 새로운 웹어셈블리 모듈을 맨 처음부터 만들었으며, 빌드하고 패키징한 후 웹어셈블리 저장소에 게시했다. 이번 절에서는 이스티오의 `WasmPlugin` 리소스로 서비스 메시에서 실행 중인 워크로드에 웹어셈블리 필터를 배포해 요청/응답 경로의 기능을 강화해 본다.

다음은 `httpbin` 워크로드를 선택하고, 모듈 URL(oci, 파일 또는 https)을 지정해 웹어셈블리 필터를 이스티오 데이터 플레인에 불러오는 간단한 `WasmPlugin` 리소스다.

```
apiVersion: extensions.istio.io/v1alpha1
kind: WasmPlugin
metadata:
  name: httpbin-wasm-filter
  namespace: istioinaction
spec:
  selector:
    matchLabels:
      app: httpbin                                          ❶
  pluginName: add_header
  url: oci://webassemblyhub.io/ceposta/istioinaction-demo:1.0  ❷
```

❶ 워크로드 셀렉터
❷ 모듈 URL

이 예제에서는 OCI 호환 저장소에서 모듈을 직접 가져온다. 앞 절에서는 이미 웹어셈블리 모듈을 `webasseblyhub.io` 저장소에 게시해뒀고, 이 설정에서는 그 모듈을 직접 저장소에서 프록시로 가져온다.

웹어셈블리 필터를 적용해보자.

```
$ kubectl apply -f ch14/wasm/httpbin-wasm-filter.yaml
```

이제 httpbin 서비스를 호출했을 때 결과가 예상대로인지 확인할 수 있다. 여기서는 값이 'world!'인 'hello' 헤더를 응답에서 보일 것으로 예상한다.

```
$ kubectl exec -it deploy/sleep -c sleep -- \
curl -v httpbin:8000/status/200

*   Trying 10.102.125.217:8000...
* Connected to httpbin (10.102.125.217) port 8000 (#0)
> GET /status/200 HTTP/1.1
> Host: httpbin:8000
> User-Agent: curl/7.79.1
> Accept: */*
>
* Mark bundle as not supporting multiuse
< HTTP/1.1 200 OK
< server: envoy
< date: Mon, 06 Dec 2021 16:02:37 GMT
< content-type: text/html; charset=utf-8
< access-control-allow-origin: *
< access-control-allow-credentials: true
< content-length: 0
< x-envoy-upstream-service-time: 3
< hello: world!                     ❶
<
* Connection #0 to host httpbin left intact
```

❶ 예상 응답 헤더

이 예제는 간단했지만, 더 복잡한 처리와 로직을 필터에 내장할 수 있다. 웹어셈블리를 사용하면 엔보이 프록시를 확장할 언어를 원하는 대로 고를 수 있고, 모듈을 런타임에 동적으로 불러올 수 있다. 이스티오에서 WasmPlugin은 웹어셈블리 모듈을 선언적으로 불러오는 데 사용한다.

요약

- 엔보이의 내부 아키텍처는 리스너와 필터를 중심으로 구축됐다.
- 즉시 사용할 수 있는 엔보이 필터가 많다.
- 이스티오의 데이터 플레인(엔보이 프록시)을 확장할 수 있다.
- 이스티오의 `EnvoyFilter` 리소스를 사용해 엔보이의 HTTP 필터 구조를 직접 구성하면 더 세밀한 설정이 가능하며, 이스티오의 API로는 노출되지 않는 엔보이의 부분들도 설정할 수 있다.
- 속도 제한이나 `tap` 필터 같은 기능으로 서비스 간 통신에서 엔보이의 요청 경로를 확장할 수 있다.
- 루아와 웹어셈블리를 사용하면 엔보이를 다시 빌드하지 않고도 데이터 플레인을 고급 수준에서 커스터마이징할 수 있다.

부록 A

이스티오 설치 커스터마이징

이스티오 설치를 처음에 다루지 않고 이스티오 설치 커스터마이징을 다루는 것이 다소 놀라울지도 모르겠다. 그러나 이스티오를 설치하는 것은 매우 쉽다. 이스티오 리소스를 쿠버네티스 클러스터에 적용하면 된다.

이스티오 리소스를 클러스터에 적용하는 방법은 여러 가지가 있다.

- **helm**: 쿠버네티스 패키지 관리 CLI로, 이스티오 리소스를 생성하고 클러스터에 적용하는 데 사용할 수 있다. 이스티오를 설치할 때의 커스텀 기능은 모두 헬름 템플릿을 활용한다.
- **istioctl**: 이스티오를 설치하고 커스텀하는 용도로, `IstioOperator` CRD Custom Resource Definition를 사용해 더 간단하고 안전한 API를 노출한다. 이스티오 리소스를 만드는 데 내부적으로는 헬름을 사용한다.
- **istio-operator**[1]: 클러스터 측에서 실행되는 오퍼레이터로, `IstioOperator` API를 사용해 설치된 이스티오를 관리한다.

1 istio-operator는 1.23 버전부터 지원되지 않는다. 새로이 이스티오를 도입하는 독자들은 helm이나 istioctl을 사용하는 것을 추천한다. – 옮긴이

- `kubectl`: 쿠버네티스 리소스를 클러스터에 적용하는 도구(ArgoCD, Flux 등)는 무엇이든 사용할 수 있다.

이스티오를 여러 클라우드 프로바이더나 네트워크 토폴로지 같은 여러 환경에서 실행되도록, 여러 애플리케이션 및 보안 요구 사항을 충족하도록 설정하는 것은 꽤 복잡하다! 초기에는 헬름이 주요 설치 도구였다. 그러나 설정 옵션의 가짓수가 늘어나면서, 헬름의 사용자 입력 검증이 부족해 너무 많은 오류가 발생한다는 것이 명백해졌다. 운이 좋다면 처리하기가 귀찮은 정도이지만, 최악의 경우 들여쓰기 오류로 운영 환경이 중단될 수 있다.

A.1 IstioOperator API

`IstioOperator` API(http://mng.bz/PWXP)는 이스티오 설치의 원하는 상태를 지정하는 쿠버네티스 CRD이다. 사용자는 원하는 상태를 정의해야 한다. 그러면 그 정의를 사용해 현재 상태에서 새로운 원하는 상태로 도달하는 방법을 알아내는 것은 도구(`istioctl`, `istio-operator` 등)가 알아서 할 것이다.

`IstioOperator` API의 장점은 크게 두 가지다. 첫 번째는 사용자 입력 검증으로, 이 장점은 매우 크다! 이전에는 설정이 작동하지 않으면, 문제가 오타나 들여쓰기 오류 때문인지 알아내기 위해 소스 코드를 파헤치고 설정 기능을 리버스 엔지니어링해야 했다. 두 번째 장점은 잘 정의된 API를 사용하면 문서를 보고 이스티오의 모든 설정 가능성을 발견할 수 있어 원하는 설정을 손쉽게 얻어낼 수 있다는 것이다.

이 API는 큰 개선이었지만, 이스티오를 실행하려면 여전히 많은 설정이 필요하다. 이스티오는 이 문제도 바로 사용할 수 있는 설치 프로필로 해결한다.

A.2 이스티오 설치 프로필

설치 프로필은 클러스터에 이스티오를 설치하는 과정에서 시작점 역할을 하는 미리 정의된 설정이다. 이 책 전체에서 데모 설치 프로필을 사용했음을 기억하자. 이 프로필에는 컨트롤 플레인과 인그레스 및 이그레스 게이트웨이가 들어 있다.

다음 목록에서는 istioctl로 모든 내장 프로필을 출력한다. 각 프로필을 설명하는 코드 주석을 추가했다.

```
$ istioctl profile list

Istio configuration profiles:

    default        ❶

    demo           ❷

    empty          ❸

    external       ❹

    minimal        ❺

    openshift      ❻

    preview        ❼

    remote         ❽
```

❶ 운영 환경 배포를 위한 시작점이다. 오토스케일링이 활성화되고 istiod, 게이트웨이, 프록시에서 리소스를 더 많이 사용할 수 있다.
❷ 검증용으로 사용한다. 로컬에서 실행할 때 리소스를 적게 사용하도록 리소스를 최대한 줄인다.
❸ 모든 것을 끈다. 다른 프로필을 시작점으로 사용하지 않는 커스텀 설정의 시작점으로 쓰기 위한 것이다.
❹ 관리하는 클러스터(데이터 플레인) 외부에 컨트롤 플레인을 설치하는 데 사용한다. 이 배포 모델에 대해 알아보려면 12장을 확인하자.
❺ default 프로필과 동일하지만 인그레스 게이트웨이가 없다.
❻ default 프로필과 동일하지만, 오픈시프트의 요구 사항인 Istio CNI 플러그인이 활성화돼 있다.
❼ default 프로필과 동일하지만, 실험적인 기능들이 활성화돼 있다.
❽ 현재로서는 default 프로필과 동일하다. 원격 클러스터의 설정이 default 설치와 다를 때를 대비해 미리 만들어뒀다(플레이스홀더).

각 프로필의 정의는 istioctl profile dump 명령어로 볼 수 있다.

```
$ istioctl profile dump demo

apiVersion: install.istio.io/v1alpha1
kind: IstioOperator
spec:
  components:
    egressGateways:                 ❶
    - enabled: true                 ❷
      name: istio-egressgateway     ❷
    ingressGateways:                ❸
    - enabled: true                 ❹
      name: istio-ingressgateway    ❹
      #...
    istiodRemote: {...}             ❺
    pilot: {...}                    ❺
    #...                            ❺
  meshConfig: {...}                 ❺
  values: {...}                     ❺
```

❶ 이그레스 게이트웨이 목록
❷ demo 프로필에는 이그레스 게이트웨이가 하나 들어 있다.
❸ 인그레스 게이트웨이 목록
❹ demo 프로필에는 인그레스 게이트웨이가 하나 들어 있다.
❺ 이 내용물은 접어뒀다.

이 책 전체에서 이스티오를 설치할 때 데모 설정(목록에 표시됨)을 사용했다는 사실을 알아두는 것이 중요하다. 다음으로는 `IstioOperator` API를 사용해 프로필을 커스텀하는 방법을 살펴보자. 좋은 예제는 데이터 플레인의 수명주기를 컨트롤 플레인의 수명주기와 분리하는 것이다. 이는 설치를 단순하게 만들고, 컨트롤 플레인 업그레이드를 데이터 플레인에 투명하게 만든다(권장 모범 사례임).

A.3 istioctl을 사용해 이스티오를 설치하고 커스텀하기

컨트롤 플레인과 데이터 플레인의 설치를 분리하려면, 별개의 `IstioOperator` 커스텀 리소스가 2개 필요하다. 첫 번째 리소스는 컨트롤 플레인 구성 요소를 다루고, 두 번째는 데이터 플레인 구성 요소를 다룬다.

게이트웨이 없이 컨트롤 플레인을 설치하기 위해 시작점으로 demo 프로필을 사용할 것이다. 그런 다음, 게이트웨이 구성 요소를 비활성화할 것이다. 다음 IstioOperator 정의를 사용하면 된다.

```
apiVersion: install.istio.io/v1alpha1
kind: IstioOperator
metadata:
  name: control-plane
spec:
  profile: demo                      ❶
  components:
    egressGateways:
    - name: istio-egressgateway      ❷
      enabled: false                 ❷
    ingressGateways:
    - name: istio-ingressgateway     ❸
      enabled: false                 ❸
```

❶ demo 프로필을 토대로 사용한다.
❷ demo 프로필에 정의한 이그레스 게이트웨이를 false로 설정한다.
❸ demo 프로필에 정의한 인그레스 게이트웨이를 false로 설정한다.

이 파일은 appendices/demo-profile-without-gateways.yaml에 저장돼 있다. 다음 명령어로 클러스터에 적용하자.

```
$ istioctl install -f appendices/demo-profile-without-gateways.yaml
```

이스티오를 설치한 네임스페이스에 파드를 쿼리해 컨트롤 플레인이 게이트웨이 없이 설치됐음을 확인할 수 있다.

첫 번째 단계가 완료됐으니 게이트웨이를 별도로 설치할 준비가 됐다. 이를 위해 인그레스 게이트웨이를 딱 하나 정의하는 또 다른 IstioOperator 정의를 생성해보자. 그런데 어떤 프로필을 시작점으로 사용해야 할까? demo 프로필을 사용한다면 롤role, 롤 바인딩role binding, CRD, 설정 등 앞서 적용했던 리소스를 모두 다시 설치해 이전 설치와 간섭이 일어날 것이다. 설정 프로필 목록에서 언급했듯이 empty 프로필은 모든 것을 끈다. 그러면 인그레스 게이트웨이만 골라 활성화할 수 있다.

```
apiVersion: install.istio.io/v1alpha1
kind: IstioOperator
metadata:
  name: ingress-gateway      ❶
spec:
  profile: empty
  components:
    ingressGateways:
    - name: ingressgateway
      namespace: istio-system
      enabled: true
      label:
        istio: ingressgateway
      k8s:
        resources:
          requests:
            cpu: 100m
            memory: 160Mi
```

❶ 이름은 이전 설치와 달라야 한다. 그렇지 않으면 설치를 덮어 써 컨트롤 플레인 구성 요소가 지워질 것이다.

클러스터에 적용하자.

```
$  istioctl install -f appendices/ingress-gateway.yaml
```

이스티오를 설치한 네임스페이스를 쿼리해 게이트웨이가 만들어졌는지 확인하자. 여기서는 컨트롤 플레인의 관리를 인그레스 게이트웨이 관리와 분리한다. 컨트롤 플레인을 게이트웨이와 분리하는 것이 게이트웨이를 관리하고 업그레이드할 때의 제어력을 강화하는 첫 단계다.

> |노트| 공식 문서(http://mng.bz/J16v)에서 게이트웨이 관리 및 업그레이드에 대해 자세히 알아볼 수 있다.

istio-operator로 동일한 것을 보여줄 때 백지 상태에서 시작할 수 있도록 환경을 정리하자.

```
$ kubectl delete namespace istio-system
```

A.4 istio-operator를 사용해 이스티오를 설치하고 커스텀하기

쿠버네티스 오퍼레이터는 특정 소프트웨어에 대한 운영 지식을 담고 있는 쿠버네티스 컨트롤러의 한 유형으로, 쿠버네티스의 사용자 정의 리소스를 이용해 그 소프트웨어를 관리하는 기능을 제공한다. 같은 맥락에서 istio-operator는 클러스터의 이스티오 설치를 관리하고 IstioOperator API로 설치를 커스텀할 수 있게 한다.

istio-operator가 그 역할을 다 하려면 (다른 오퍼레이터와 마찬가지로) 쿠버네티스 API 서버와 통신할 수 있어야 한다. 가장 간단한 접근법은 클러스터 자체에 오퍼레이터를 설치하는 것이다. 클러스터 내의 오퍼레이터는 쿠버네티스 RBAC을 사용해 API 서버에 인증하고 IstioOperator 리소스 이벤트를 관찰한다. 새 IstioOperator 리소스가 만들어지면 오퍼레이터가 해당 정의에 따라 이스티오를 설치한다. 만약 기존 IstioOperator 리소스가 업데이트되면 오퍼레이터가 새 IstioOperator 정의와 일치하도록 기존 이스티오 설치를 업데이트한다(그림 A.1 참조).

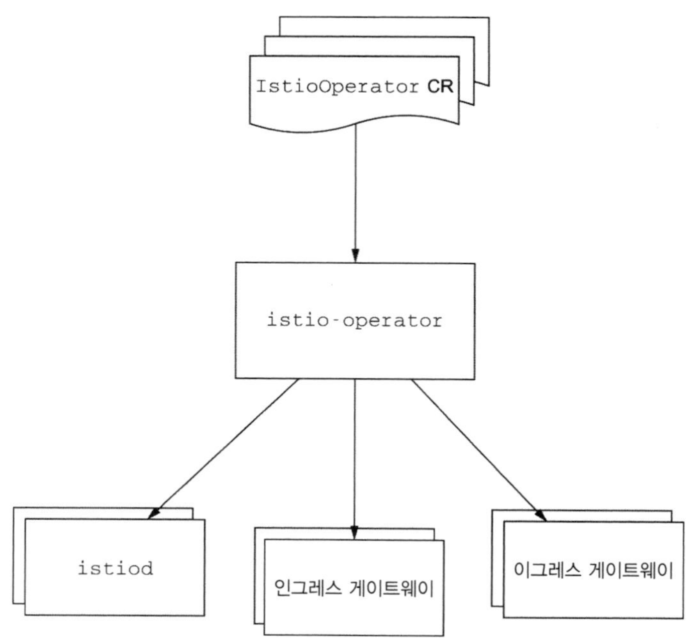

▲ **그림 A.1** istio-operator는 클러스터의 이스티오 설치를 관리한다.

또 다른 구성 요소를 도입하면 복잡성이 늘어날 것으로 우려할지 모른다. 유지 보수가 필요하고 버그가 숨을 수 있는 장소가 또 하나 생기기 때문이다. 그리고 솔직히 말해, 그 말이 맞다! 하지만 오퍼레이터는 그런 단점보다 이점이 클 것이라고 소개한다. 깃옵스GitOps 같은 패턴을 적용하면, 깃Git에 커밋된 변경 사항이 CD 파이프라인을 통해 클러스터에 전파되고, 오퍼레이터는 이스티오 설치 상태를 원하는 상태에 맞게 새로이 업데이트한다.

A.4.1 istio-operator 설치하기

`istioctl`로 `istio-operator`를 설치할 수 있다.

```
$ istioctl operator init

✓ Istio operator installed
✓ Installation complete
```

오퍼레이터가 설치되면 IstioOperator 리소스를 적용해 시작할 수 있다. IstioOperator 정의가 둘인 예제를 동일하게 사용하자. 여기서 하나는 컨트롤 플레인용이고, 다른 하나는 데이터 플레인용이다.

```
$ kubectl apply -f appendices/demo-profile-without-gateways.yaml \
    -n istio-system

istiooperator.install.istio.io/control-plane created
```

오퍼레이터가 IstioOperator 리소스가 생성됐다는 이벤트를 수신하면, 이벤트 내용을 읽고 그에 따라 구성 요소를 설치한다. 지금은 컨트롤 플레인이다. 다음 단계는 인그레스 게이트웨이를 설치하는 것이며, 이 역시 앞서 istioctl과 동일한 IstioOperator 정의를 적용하면 된다.

```
$ kubectl apply -f appendices/ingress-gateway.yaml -n istio-system

istiooperator.install.istio.io/ingress-gateway created
```

이제 끝났다!

A.4.2 메시 설치 업데이트하기

오퍼레이터가 실행하고 있는 접근법을 어떻게 가능하게 하는지를 살펴보자. 이 접근법은 사용자가 설정을 바꾸고 오퍼레이터가 설치를 바꿔 원하는 상태로 맞추는 실제 작업을 하게 하는 것이다. 예를 들어, 액세스 로그를 JSON 형식으로 출력하게끔 앞선 컨트롤 플레인 설치를 업데이트하겠다.

```
apiVersion: install.istio.io/v1alpha1
kind: IstioOperator
metadata:
  name: control-plane           ❶
spec:
  profile: demo
  meshConfig:
```

```
    accessLogEncoding: JSON    ❷
  components:
    egressGateways:
    - name: istio-egressgateway
      enabled: false
    ingressGateways:
    - name: istio-ingressgateway
      enabled: false
```

❶ 업데이트해야 하는 설치의 이름과 같아야 한다.
❷ 액세스 로그는 JSON 형식이다.

IstioOperator 리소스의 이름이 업데이트하려는 설치 이름과 일치한다는 것이 중요하다. 이름이 일치하지 않으면 오퍼레이터는 두 번째 컨트롤 플레인을 보유하려는 의도라고 추정하는데, 멀티테넌트나 카나리 업그레이드 등으로 사용할 수 있기 때문이다. 업데이트한 정의를 클러스터에 적용하자.

```
$ kubectl apply -f appendices/demo-profile-without-gateways-json.yaml \
    -n istio-system

istiooperator.install.istio.io/control-plane configured
```

오퍼레이터는 새 설정을 데이터 플레인에 배포한다. 그동안 당신은 커피를 마셔도 되고, 담배를 피워도 된다(건강을 위해 실제로 하지는 말자!). 혹 통제욕에 불타고 있다면, 변경 사항이 전파되는지 확인하면서 실행하고 잊는 과정을 '실행하고 철저히 확인하는' 과정으로 바꿔도 된다.

선택지가 너무 많아서 이스티오를 설치하는 올바른 방법이 무엇인지 궁금해할 수도 있다. 추천하는 방법은 istio-operator나 istioctl을 사용하는 것이다. 이 둘은 IstioOperator API를 사용하는데, 이 API는 사용자 입력 유효성 검증 기능으로 안전성을 한층 높여준다. 엔터프라이즈enterprise들은 istio-operator를 선호하는 경향이 있다. 깃옵스 접근법이고 그들의 사상에 더 적합하기 때문이다. 그러나 실제로 오퍼레이터는 복잡성을 키우고 유지 보수가 필요하다. 더욱이, istioctl을 사용해서도 깃옵스 접근법을 지킬 수 있다. 정의를 실용적인 관점으로 보면, 깃옵스는 기본적으로 서비스의 운영과 설정이 깃 저장소를 기반으로 한다는 것을 의미한다. 설정을 사용하는 도구는 중요하지 않다. istioctl이든, 앤서블이든, 혹은 어떤 다른 도구든 말이다.

부록 B

이스티오의 사이드카와 그 주입 옵션

이 책과 더 넓은 이스티오 커뮤니티에서는 이스티오의 사이드카를 서비스 프록시 또는 엔보이 프록시라고 부르곤 하는데, 이는 상징적인 표현이다. 프록시가 이스티오 기능 대부분에서 어려운 작업을 담당하기 때문에 자연스러운 일이기는 하지만, '원맨쇼'는 아니다. 예를 들어 보조 요소들이 없으면 프록시는 앱으로 향하는 트래픽의 요청 경로에 자신을 배치할 수 없다(배치하는 방법은 곧 설명하겠다). 그 외에도 ID 부트스트랩이나 인증서 로테이션 등 다양한 작업을 엔보이 혼자서 처리할 수는 없다.

사이드카에는 다음과 같은 구성 요소가 있다.

- 이스티오 에이전트는 파일럿 에이전트라고도 하며, 사이드카 컨테이너 내에서 엔보이 프록시를 시작하고 ID를 부트스트래핑하는 등 중요한 역할을 한다. 그런 다음, 컨트롤 플레인과 양방향 연결을 유지하면서 최신 메시 설정을 받아 엔보이 프록시에 적용한다.
- 로컬 DNS 프록시는 최근에 이스티오 에이전트에 추가됐다. 가상머신을 메시에 통합할 때나 여러 클러스터를 단일 메시로 묶을 때 클러스터 호스트네임을 해석한다. DNS 프록시는 기본적으로는 꺼져 있지만, 이스티오를 설치할 때 켤 수 있다.

- 엔보이 프록시는 사이드카 컨테이너 안에서 이스티오 에이전트가 프로세스로 시작시키고 설정한다.

워크로드의 또 다른 필수 구성 요소는 istio-init 컨테이너로, 인바운드 및 아웃바운드 트래픽을 애플리케이션에서 서비스 프록시로 리다이렉트하도록 파드 환경을 설정한다. 이 컨테이너는 init 컨테이너라는 쿠버네티스 기능(http://mng.bz/7WWm)을 사용해 다른 어떤 컨테이너보다도 먼저 실행되며, 그 결과 트래픽이 애플리케이션에 도달하기 전에 Iptable 규칙을 설정해 엔보이 프록시를 애플리케이션의 요청 경로에 끼워넣는다.

그림 B.1은 데이터 플레인 구성 요소 간의 관계를 나타내고 워크로드 ID 및 설정을 프록시로 가져오기 위해 어떻게 협동하는지, Iptable 규칙이 어떻게 트래픽을 리다이렉트해 프록시를 통과하게 하는지를 보여준다. 다음으로는 데이터 플레인 구성 요소를 쿠버네티스 워크로드에 주입하는 옵션을 자세히 살펴보자.

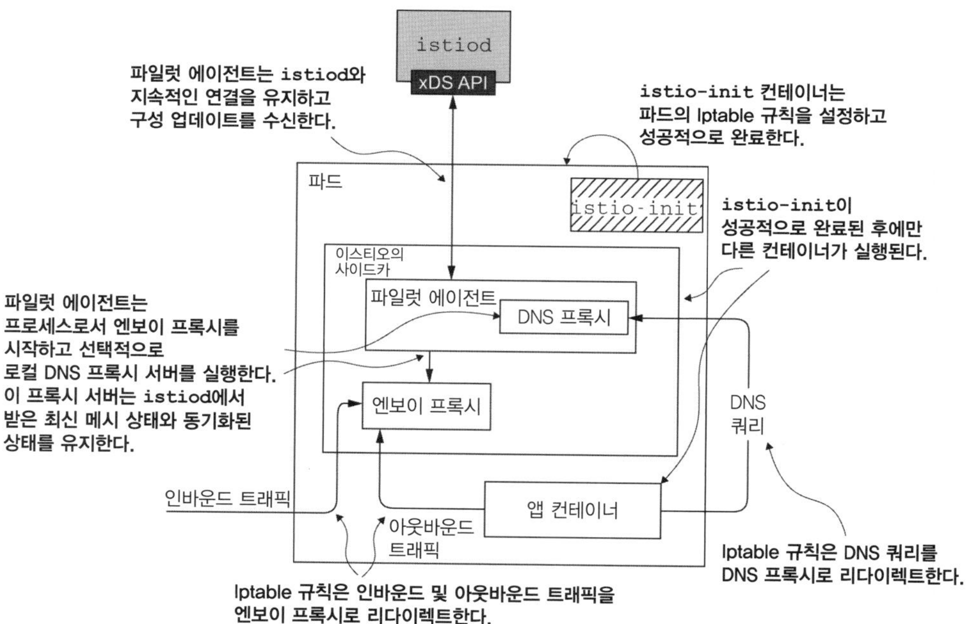

▲ **그림 B.1** 이스티오의 데이터 플레인 구성 요소

B.1 사이드카 주입

사이드카 주입은 데이터 플레인 구성 요소를 포함하도록 YAML로 작성된 쿠버네티스 애플리케이션 명세를 업데이트하는 절차를 말한다. 예를 들어, 그런 구성 요소가 없는 표준 쿠버네티스 앱 정의는 다음과 같다.

```
apiVersion: apps/v1
kind: Deployment
metadata:
  name: httpbin
spec:
  selector:
    matchLabels:
      app: httpbin
  template:
    metadata:
      labels:
        app: httpbin
    spec:
      containers:
      - image: docker.io/kennethreitz/httpbin
        name: httpbin
        ports:
        - containerPort: 80
```

이 정의를 수동으로 편집해 컨테이너를 추가할 수 있다. 그러나 YAML을 업데이트하는 것은 오류가 쉽게 발생하기로 악명이 높으며, 이스티오는 더 간단한 옵션을 제공한다.

B.1.1 수동 사이드카 주입

수동 사이드카 주입 방식에서는 istioctl에 앱 정의를 넣어 데이터 플레인 구성 요소를 추가하게 한다. 다시 생각해보면, 이 과정은 어쨌든 그리 수작업은 아닌 셈이다! 여기서 앞선 디플로이먼트에 구성 요소를 주입한다.

```
$ istioctl kube-inject -f deployment.yaml
```

그림 B.2는 데이터 플레인 구성 요소를 디플로이먼트에 주입한 후의 결과물을 보여준다. 시험해보는 동안 위 명령의 출력을 `kubectl apply`로 파이프해(이 책 전체에서 그런 것처럼) 클러스터에 적용할 수 있다. 실제 운영 환경 클러스터에서는 모든 서비스를 수작업으로 업데이트하고, 변경 사항을 CD 파이프라인이 사용하는 깃 저장소에 저장해 클러스터에 적용한다.

```
$ istioctl kube-inject -f deployment.yaml

apiVersion: apps/v1
kind: Deployment
metadata:
  name: httpbin
spec:
  template:
    spec:
      containers:
      - image: docker.io/kennethreitz/httpbin
        name: httpbin
        ports:
        - containerPort: 80
      - args:
        - proxy
        - sidecar
        # ... more arguments
        image: docker.io/istio/proxyv2:1.11.0
        name: istio-proxy
      initContainers:
      - args:
        - istio-iptables
        # ... even more arguments
        image: docker.io/istio/proxyv2:1.11.0
        name: istio-init
        securityContext:
          capabilities:
            add:
            - NET_ADMIN
            - NET_RAW
            drop:
            - ALL
```

앱 컨테이너

주입된 사이드카 컨테이너

주입된 istio-init 초기화 컨테이너

istio-init 컨테이너는 특권(privileged capability)이 필요한데, 잘못 사용하면 보안 위협이 될 수 있다!

▲ **그림 B.2** 데이터 플레인 구성 요소를 디플로이먼트에 주입하기

자동 사이드카 주입을 사용하면 수작업 단계가 필요 없다. 한번 살펴보자.

B.1.2 자동 사이드카 주입

자동 사이드카 주입은 쿠버네티스 mutating admission 웹훅을 사용해서 파드 정의가 쿠버네티스 데이터 저장소에 적용되기 전에 데이터 플레인 구성 요소를 주입한다(그림 B.3 참조). 수정 사항은 istioctl을 사용할 때와 동일하다. 그렇지만 앱 정의는 있는 그대로 적용할 수 있으며 구성 요소는 웹훅이 자동으로 주입한다.

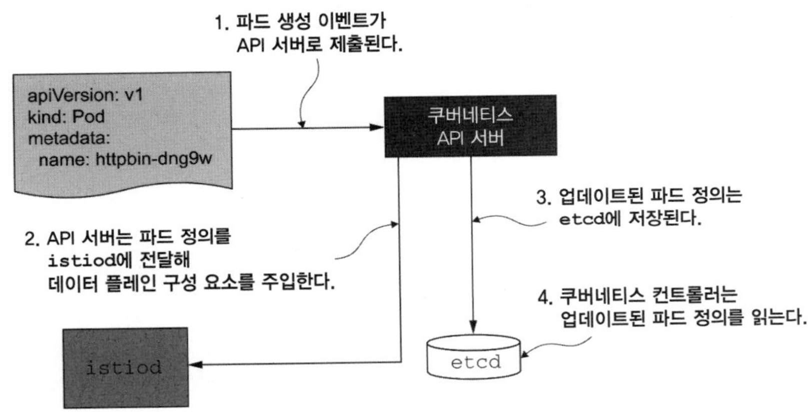

▲ **그림 B.3** mutating admission 웹훅을 사용한 자동 사이드카 주입

자동 사이드카 주입은 동의했을 때만 활성화되는 네임스페이스별 기능이다. 활성화하려면 네임스페이스에 istio-injection=enabled 레이블을 달면 된다. 자동 주입을 보기 위해 네임스페이스를 만들고 레이블을 달아보자.

```
$ kubectl create namespace istioinaction
$ kubectl label namespace istioinaction istio-injection=enabled
```

이제 새로 만든 네임스페이스로 전환하자.

```
$ kubectl config set-context $(kubectl config current-context) \
--namespace=istioinaction
```

이제부터 이 네임스페이스에 만들어진 파드에는 데이터 플레인 구성 요소가 주입될 것이다. 이를 확인하기 위해 디플로이먼트를 만들어보자. 이 디플로이먼트는 파드를 만들 것이고, 그 파드는 가로채져 업데이트될 것이다.

```
$ kubectl apply -f services/catalog/kubernetes/catalog.yaml
```

파드 정의가 업데이트됐는지 확인해보자.

```
$ POD_NAME=$(kubectl get pod -o jsonpath={.items..metadata.name})
$ kubectl get pod $POD_NAME -o yaml

apiVersion: v1
kind: Pod
metadata:
  name: catalog-68666d4988-mfszp
  namespace: istioinaction
spec:
  containers:
  - image: istioinaction/catalog:latest      ❶
    name: catalog                            ❶
  - args:                                    ❷
    - proxy                                  ❷
    - sidecar                                ❷
    # ... 많은 인자                           ❷
    image: docker.io/istio/proxyv2:1.13.0    ❷
    name: istio-proxy                        ❷
  initContainers:
  - args:                                    ❸
    - istio-iptables                         ❸
    # ... 더 많은 인자                        ❸
    image: docker.io/istio/proxyv2:1.13.0    ❸
    name: istio-init                         ❸
```

❶ 애플리케이션
❷ 사이드카
❸ istio-init 컨테이너

출력은 웹훅이 바꾼 것이 `istioctl`과 동일함을 보여준다(그림 B.2의 출력에 표시됨).

쿠버네티스는 어떻게 설정돼 있어 파드 생성 이벤트를 수정을 위해 컨트롤 플레인으로 라우팅하는가?

쿠버네티스 API 서버는 MutatingWebhookConfiguration 리소스로 설정돼 있어 조건에 맞는 이벤트를 수정을 위해 외부 서비스로 라우팅한다. 사이드카를 주입하는 mutating 웹훅 설정을 나열하려면 다음 명령어를 실행하자.

```
$ kubectl get MutatingWebhookConfiguration

NAME                     WEBHOOKS   AGE
istio-sidecar-injector   4          4d3h
```

세부 내용을 보려면 설정을 상세한 YAML 형식으로 출력하자. 요청이 Istiod로 전송되기 위해 일치해야 하는 리소스 및 작업을 확인할 수 있다.

조직에 더 적합한 방식(수동 또는 자동)을 자유롭게 선택하자. 자동 사이드카 주입을 선택하는 경우가 많은데, 이 방법이 더 쉽고 모든 서비스 정의를 수작업으로 업데이트할 필요가 없기 때문이다. 그러나 수동 주입을 선호하는 경우도 많다. 무엇을 배포할지 완벽히 제어할 수 있기 때문이다.

B.2 istio-init의 보안 문제

istio-init 컨테이너는 엔보이 프록시로 트래픽 리다이렉트를 설정하기 위해 권한 상승이 필요하다. 어떤 조직에서 이 요구 사항은 보안 표준에 위배된다. 여러 테넌트가 큰 클러스터를 공유하는 조직이 곧잘 해당된다. 그런 거대 클러스터에서, 그리고 일반적으로 모든 멀티테넌트 환경에서 중요한 보안 표준은 테넌트가 다른 테넌트에 해를 끼칠 수 없어야 한다는 것이다. 그러나 특권 컨테이너privileged container를 실행할 권한이 없으면, 애플리케이션 팀은 istio-init 컨테이너가 포함된 워크로드를 실행할 수 없다. 다른 한편으로, 특권 컨테이너를 실행할 권한이 애플리케이션 팀에 부여되면 그 권한이 남용돼 다른 테넌트에 해를 끼칠 수 있다.

이 문제를 해결하기 위해 이스티오 컨테이너 네트워크 인터페이스CNI 플러그인이 도입됐다. 이 플러그인은 istio-init 컨테이너 기능을 중앙화된 파드로 이관한다. 이 파드는 모든 노드node에서 실행되며, 모든 파드에 트래픽 리다이렉션 규칙을 설정한다. 따라서 `istio-init` 컨테이너가 필요 없으며, 컨테이너를 실행하는 데 필요했던 권한 상승 역시 필요 없다. 이에 대해 자세히 알아보려면 이스티오 문서를 확인하자(https://istio.io/latest/docs/setup/additional-setup/cni).

부록 C

이스티오 보안: SPIFFE

C.1 PKI를 사용한 인증

월드 와이드 웹에서 통신 당사자는 PKI Public Key Infrastructure(공개 키 인프라) 규격을 따라 발급한 디지털 서명 인증서를 사용해 인증한다. PKI는 절차를 정의하는 프레임워크인데, 이 절차는 서버(웹 앱 등)에는 자신의 정체를 증명할 수 있는 디지털 인증서를 제공하고 클라이언트에는 디지털 인증서의 유효성을 검증할 수 있는 수단을 제공한다. PKI 작동 방식을 자세히 알아보려면 웹 사이트(https://www.securew2.com/blog/public-key-infrastructure-explained)를 확인하자.

PKI에서 제공하는 인증서에는 공개 키와 개인 키가 있다. 클라이언트에게 인증서를 인증 수단으로 제시하는데, 공개 키는 이 인증서 안에 포함된다. 클라이언트는 공개된 네트워크에서 서버로 데이터를 전송하기 전에 공개 키를 사용해 데이터를 암호화하며, 개인 키를 가진 서버만이 데이터를 복호화할 수 있다. 이런 방식으로 데이터는 전송 중에 안전하게 보호된다.

> **|노트|** 공개 키 인증서의 표준 형식을 X.509 인증서라고 한다. 이 책에서는 X.509 인증서라는 용어와 디지털 인증서라는 용어를 같은 뜻으로 사용한다.

국제 인터넷 표준화 기구Internet Engineering Task Force는 전송 계층 보안TLS, Transport Layer Security 프로토콜(PKI를 사용하기는 하지만 PKI만 사용해야 하는 것은 아님)을 정의하고, X.509 인증서를 공급해 트래픽 인증 및 암호화를 용이하게 했다.

C.1.1 TLS 및 최종 사용자 인증을 통한 트래픽 암호화

TLS 프로토콜은 TLS 핸드셰이크 절차에서 서버의 유효성을 인증하고 트래픽 대칭 키 암호화용 키를 안전하게 교환하는 데 X.509 인증서를 기본 메커니즘으로 사용한다(그림 C.1 참조).

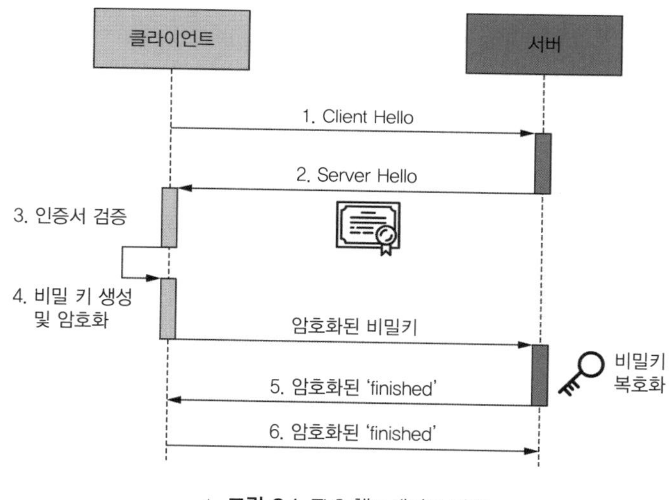

▲ **그림 C.1** TLS 핸드셰이크 단계

그림의 각 단계를 살펴보자.

1. 클라이언트가 자신이 지원하는 TLS 버전과 암호화 수단을 포함한 `ClientHello`로 핸드셰이크를 시작한다.

2. 서버는 ServerHello와 자신의 X.509 인증서로 응답한다. 인증서에는 서버의 ID 정보와 공개 키가 포함돼 있다.
3. 클라이언트는 서버의 인증서 데이터가 변조되지 않았음을 확인하고 신뢰 체인을 검증한다.
4. 검증에 성공하면, 클라이언트는 서버에 비밀 키를 보낸다. 이 키는 임의로 생성한 문자열을 서버의 공개 키로 암호화한 것이다.
5. 서버는 자신의 개인 키로 비밀 키를 복호화하고, 복호화된 비밀 키로 'finished' 메시지를 암호화해 클라이언트로 보낸다.
6. 클라이언트도 비밀 키로 암호화한 'finished' 메시지를 서버에 보내면 TLS 핸드셰이크가 완료된다.

TLS 핸드셰이크의 결실은 클라이언트가 서버를 인증했고 대칭 키를 안전하게 교환했다는 것이다. 이 대칭 키는 이 커넥션에서 클라이언트와 서버를 오가는 트래픽을 암호화하는 데 사용한다. 이런 방식이 비대칭 암호화보다 성능이 더 좋기 때문이다. 최종 사용자에게 이런 절차는 브라우저가 투명하게 수행하는 것으로, 주소 표시줄에 녹색 자물쇠로 표시돼 수신자가 인증됐고 트래픽이 암호화돼 수신자만 복호화할 수 있다는 것을 확인해준다.

서버에서 최종 사용자를 인증하는 것은 구현하기 나름이다. 여러 가지 방법이 있지만, 그 모든 방법의 핵심은 비밀번호를 알고 있는 사용자가 세션 쿠키나 JWT(JSON 웹 토큰)를 받는 것이다. 이때 JWT는 수명이 짧고 사용자의 후속 요청을 서버에 인증하기 위한 정보를 포함하는 것이 이상적이다. 이스티오는 JWT를 사용하는 최종 사용자 인증을 지원한다. 실제로 동작하는 모습은 9.4절에서 살펴봤다.

C.2 SPIFFE: 모든 이를 위한 안전한 운영 환경 ID 프레임워크

SPIFFE^Secure Production Identity Framework for Everyone^는 고도로 동적이며 이질적인 환경에서 워크로드에 ID를 제공하기 위한 오픈소스 표준 집합이다. ID를 발급하고 부트스트랩하기 위해 SPIFFE는 다음 사양을 정의한다.

- **SPIFFE ID**: 신뢰 도메인 내에서 서비스를 고유하게 구별한다.
- **워크로드 엔드포인트**: 워크로드의 ID를 부트스트랩한다.
- **워크로드 API**: SPIFFE ID가 포함된 인증서를 서명하고 발급한다.
- **SVID**: 워크로드 API가 발급한 인증서로 표현된다.

SPIFFE 사양은 SPIFFE ID 형식으로 워크로드에 ID를 발급하고 이를 SVID에 인코딩하는 절차를 정의할 뿐 아니라, 컨트롤 플레인 구성 요소(워크로드 API)와 데이터 플레인 구성 요소(워크로드 엔드포인트)가 워크로드의 ID를 검증하고 할당하고 형식의 유효성을 검사하기 위해 협동하는 방법도 정의한다. 이스티오가 이런 사양을 구현하므로 이에 대한 더 깊은 이해가 필요하다.

C.2.1 SPIFFE ID: 워크로드 ID

SPIFFE ID는 RFC 3986 호환 URI로, spiffe://trust-domain/path 형식을 따른다. 여기서 두 변수는 다음과 같다.

- trust-domain은 개인이나 조직 같은 ID 발급자를 나타낸다.
- path는 trust-domain 내에서 워크로드를 고유하게 식별한다.

경로로 워크로드를 식별하는 방법의 세부 사항에는 제약이 없으며 SPIFFE 사양 구현자가 결정할 수 있다. 이 부록에서는 이스티오가 쿠버네티스 서비스 어카운트를 사용해 워크로드를 식별하는 경로를 정의하는 방법을 살펴본다.

C.2.2 워크로드 API

워크로드 API는 SPIFFE 사양에서 컨트롤 플레인 구성 요소를 나타내며, 워크로드가 자신의 ID를 정의하는 SVID 형식 디지털 인증서를 가져갈 수 있도록 엔드포인트를 노출한다.

워크로드 API의 두 가지 주요 기능은 다음과 같다.

- 워크로드가 제출한 인증서 서명 요청[CSR]에 인증 기관[CA] 개인 키로 서명함으로써 워

크로드에 인증서 발급
- 워크로드 엔드포인트에서 해당 기능을 사용할 수 있도록 API 노출

사양은 워크로드가 자신의 ID를 정의하는 비밀이나 기타 정보를 보유해서는 안 된다는 제한을 둔다. 그렇지 않으면, 해당 비밀에 접근할 수 있는 악의적인 사용자가 시스템을 쉽게 악용할 수 있기 때문이다. 이 제한 때문에 워크로드에는 인증 수단이 없어 워크로드 API로 보안 통신을 시작할 수 없다. 이 상황을 해결하기 위해 SPIFFE는 워크로드 엔드포인트 사양을 정의한다. 이 사양은 데이터 플레인 구성 요소를 나타내고, 워크로드의 ID를 부트스트랩하는 데 필요한 모든 작업을 수행한다. 예를 들어, 워크로드 API와 보안 통신을 시작하거나 도청 또는 중간자 공격에 취약하지 않게 SVID를 가져오는 등의 활동을 수행한다.

C.2.3 워크로드 엔드포인트

워크로드 엔드포인트는 SPIFFE 사양의 데이터 플레인 구성 요소를 나타낸다. 이는 모든 워크로드와 함께 배포돼 다음 기능을 제공한다.

- **워크로드 증명**: 커널 검사kernel introspection 또는 오케스트레이터 쿼리 같은 방법을 사용해 워크로드의 ID를 확인한다.
- **워크로드 API 노출**: 워크로드 API와 보안 통신을 시작하고 유지한다. 이 보안 통신은 SVID를 가져오고 로테이션하는 데 사용한다.

그림 C.2는 워크로드에 ID를 발급하는 단계의 개요를 보여준다.

1. 워크로드 엔드포인트는 워크로드의 무결성을 확인하고(즉, 워크로드 증명을 수행하고) SPIFFE ID가 인코딩된 CSR을 생성한다.
2. 워크로드 엔드포인트는 서명을 위해 워크로드 API에 CSR을 제출한다.
3. 워크로드 API는 CSR에 서명하고 디지털 서명된 인증서로 응답한다. 이 인증서의 SAN의 URI 확장에는 SPIFFE ID가 있다. 이 인증서는 워크로드 ID를 나타내는 SVID이다.

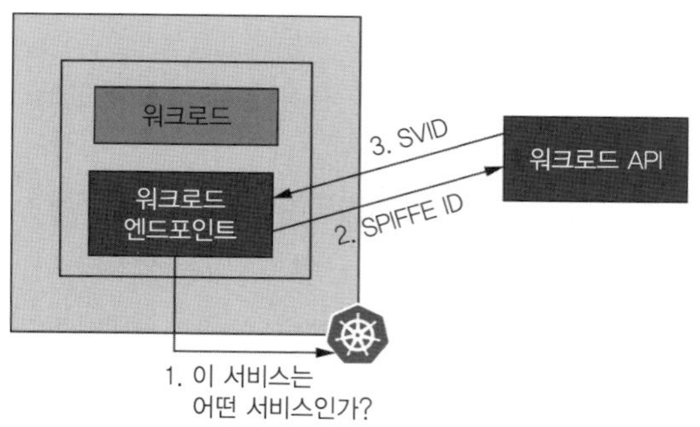

▲ **그림 C.2** 워크로드용 ID 발급하기

C.2.4 SPIFFE 검증할 수 있는 ID 문서

SVID^SPIFFE Verifiable Identity Document, SPIFFE 검증할 수 있는 ID 문서^는 워크로드의 정체를 나타내는 검증할 수 있는 문서다. 검증할 수 있다는 것이 가장 중요한 속성인데, 그렇지 않으면 수신자가 워크로드의 정체를 신뢰할 수 없기 때문이다. 사양은 SVID 표현 기준을 충족하는 문서로 두 가지 유형인 X.509 인증서와 JWT를 정의한다. 둘 다 다음과 같은 요소로 구성된다.

- SPIFFE ID. 워크로드 ID를 나타낸다.
- 유효한 서명. SPIFFE ID가 변조되지 않았음을 확인한다.
- (선택 사항) 워크로드 간에 보안 통신 채널을 구축하기 위한 공개 키

이스티오는 SVID를 X.509 인증서로 구현한다. 그 방법은 SAN^Subject Alternative Name^ 확장에 SPIFFE ID를 URI로 인코딩하는 것이다. X.509 인증서를 사용하면 추가적인 이점이 있는데, 워크로드가 서로 간의 트래픽을 상호 인증하고 암호화할 수 있다는 것이다(그림 C.3 참조).

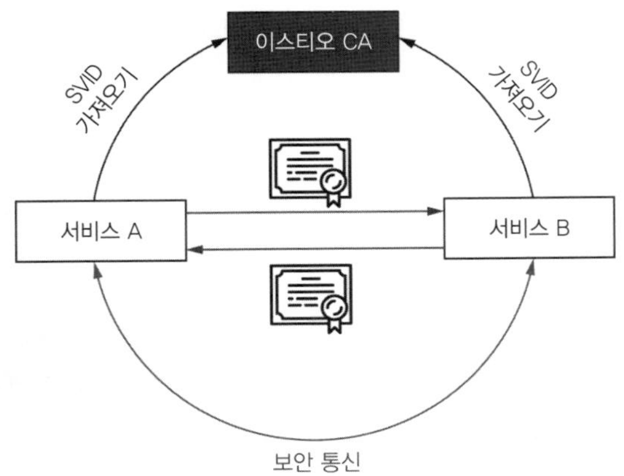

▲ **그림 C.3** 자신의 SVID를 가져오고 보안 통신을 시작하는 워크로드

이스티오가 SPIFFE 사양을 구현함으로써, 모든 워크로드가 각자의 ID를 공급받고 그 ID의 증거로 인증서를 받는다는 것이 자동으로 보장된다. 이런 인증서는 상호 인증과 모든 서비스 간 통신을 암호화하는 데 사용한다. 그러므로 이 기능을 자동 상호 TLS라고 한다.

C.2.5 이스티오가 SPIFFE를 구현하는 방법

SPIFFE를 사용하면 다음 두 구성 요소가 협업해 워크로드에 ID를 제공한다.

- ID를 부트스트랩하는 워크로드 엔드포인트
- 인증서를 발급하는 워크로드 API

이스티오에서 워크로드 엔드포인트 사양은 워크로드와 함께 배포되는 이스티오 프록시가 구현한다. 이스티오 프록시는 ID를 부트스트랩하고 이스티오 CA에서 인증서를 가져오는데, 이스티오 CA는 `istiod`의 구성 요소로 워크로드 API 사양을 구현한다.

그림 C.4는 이스티오가 SPIFFE 구성 요소를 구현하는 방법을 보여준다.

- 워크로드 엔드포인트는 ID 부트스트랩을 수행하는 이스티오 파일럿 에이전트로 구현한다.
- 워크로드 API는 인증서를 발급하는 이스티오 CA로 구현한다.

■ 이스티오에서 ID를 발급받는 워크로드는 서비스 프록시다.

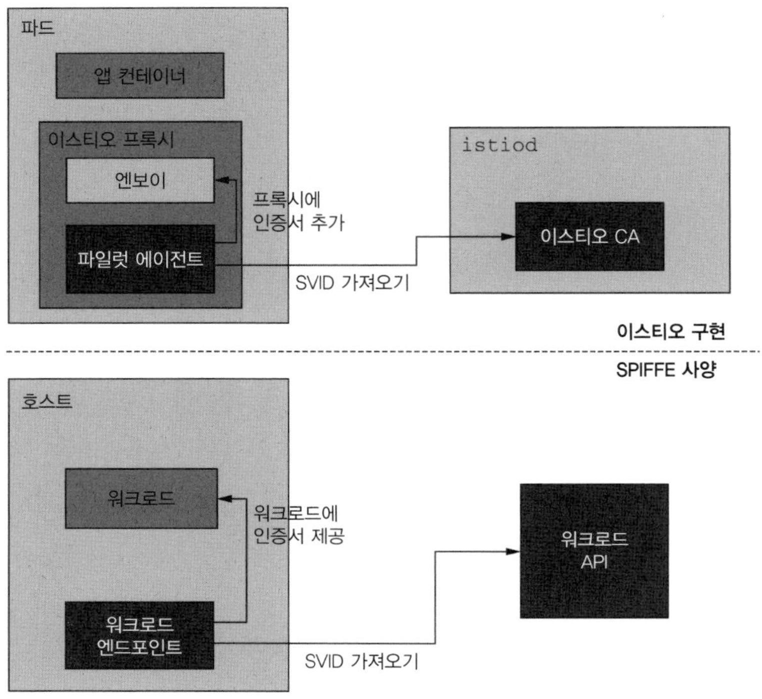

▲ **그림 C.4** 이스티오 구성 요소를 SPIFFE 사양에 매핑하기

이는 이스티오가 SPIFFE를 구현하는 방법을 고수준으로 살펴본 것이다. 해당 내용을 이해하고 기억하기 위해 이 과정을 단계별로 살펴보자.

C.2.6 워크로드 ID의 단계별 부트스트랩

기본적으로 쿠버네티스에서 초기화된 모든 파드에는 /var/run/secrets/kubernetes.io/serviceaccount/ 경로에 시크릿이 마운트돼 있다. 이 시크릿에는 쿠버네티스 API 서버와 안전하게 통신하는 데 필요한 모든 데이터가 포함돼 있다.

■ ca.crt는 쿠버네티스 API 서버가 발급한 인증서의 유효성을 검증한다.

- 네임스페이스는 파드가 위치한 곳을 나타낸다.
- 서비스 어카운트 토큰에는 파드를 나타내는 서비스 어카운트에 대한 클레임들이 포함된다.

ID 부트스트랩 과정에서 가장 중요한 요소는 쿠버네티스 API가 발급한 토큰이다. 토큰의 페이로드는 수정할 수 없는데, 수정하면 서명 유효성 검사를 통과하지 못하기 때문이다. 페이로드에는 애플리케이션을 식별하는 데이터가 포함된다.

```
{
  "iss": "kubernetes/serviceaccount",
  "kubernetes.io/serviceaccount/namespace": "istioinaction",
  "kubernetes.io/serviceaccount/secret.name": "default-token-jl68q",
  "kubernetes.io/serviceaccount/service-account.name": "default",
  "kubernetes.io/serviceaccount/service-account.uid":
    "074055d3-05ca-4968-943a-598b90d1072c",
  "sub": "system:serviceaccount:istioinaction:default"
}
```

파일럿 에이전트는 토큰을 디코딩하고 이 페이로드 데이터를 사용해 SPIFFE ID(예: spiffe://cluster.local/ns/istioinaction/sa/default)를 생성한다. 이 SPIFFE ID는 CSR 안에서 URI 유형의 SAN 확장으로 사용한다. 이스티오 CA로 보낸 요청에 토큰과 CSR이 모두 전송되며, CSR에 대한 응답으로 발급된 인증서가 반환된다.

CSR에 서명하기 전에 이스티오 CA는 `TokenReview` API를 사용해 토큰이 쿠버네티스 API가 발급한 것이 맞는지 확인한다(이는 SPIFFE 사양에서 약간 벗어난 것인데, SPIFFE 사양에서는 워크로드 엔드포인트(이스티오 에이전트)가 워크로드 증명을 수행해야 하기 때문이다). 검증을 통과하면 CSR에 서명하고, 결과 인증서가 파일럿 에이전트에 반환된다.

파일럿 에이전트는 SDS[Secrets Discovery Service]를 통해 인증서와 키를 엔보이 프록시로 전달하고, 이로써 ID 부트스트랩 과정이 마무리된다. 이제 프록시는 클라이언트에게 자신의 정체를 증명할 수 있으며 상호 인증 커넥션을 시작할 수 있다.

그림 C.5는 이 과정을 간략하게 요약한 것이다.

1. 이스티오 프록시 컨테이너에 서비스 어카운트 토큰이 할당된다.
2. 토큰과 CSR이 `istiod`로 전송된다.
3. `istiod`는 쿠버네티스 `TokenReview` API로 토큰의 유효성을 검사한다.
4. 성공하면, 인증서에 서명하고 응답으로 제공한다.
5. 파일럿 에이전트는 엔보이 SDS를 통해 엔보이가 ID를 포함한 인증서를 사용하도록 설정한다.

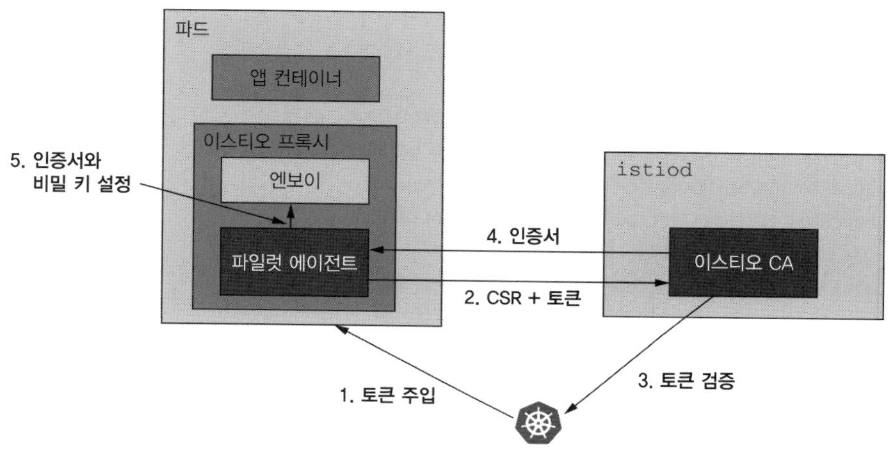

▲ **그림 C.5** 쿠버네티스에서 이스티오로 SVID 발급하기

그리고 이것이 이스티오가 워크로드 ID를 프로비저닝하기 위해 SPIFFE 사양을 구현하는 전체 과정이다. 이 과정은 이스티오 프록시 사이드카가 주입되는 모든 워크로드에서 자동으로 수행된다.

C.3 요청 ID 이해하기

요청 ID는 요청의 필터 메타데이터에 저장된 값으로 표현된다. 이 필터 메타데이터에는 JWT나 피어 인증서에서 추출한 사실 또는 클레임이 포함돼 있으므로 신뢰할 수 있다. 9장에서는 JWT의 정보를 검증하기 위해 필요한 `RequestAuthentication` 리소스를 살펴봤다. 마찬가지로 클라이언트 워크로드 정보(워크로드의 네임스페이스 등)를 인증하려면 워크로드들이 상호 인증해야 한다. PeerAuthentication 리소스는 워크로드가 상호 인증만 사용하도록 강제할 수 있다.

JWT를 검증하거나 워크로드가 상호 인증을 마치면, 여기에 포함된 정보가 필터 메타데이터로 저장된다. 필터 메타데이터에 저장되는 정보 중 일부는 다음과 같다.

- **주체**principal: PeerAuthentication에서 정의한 워크로드 ID
- **네임스페이스**: PeerAuthentication에서 정의한 워크로드 네임스페이스
- **요청 주체**: RequestAuthentication에서 정의한 최종 사용자 요청 주체
- **요청 인증 클레임**: 최종 사용자 토큰에서 추출한 최종 사용자 클레임

수집된 메타데이터를 관찰하고자 서비스 프록시가 이를 표준 출력에 기록하도록 설정할 수 있다.

C.3.1 RequestAuthentication 리소스로 수집한 메타데이터

기본적으로 엔보이 rbac 로거는 메타데이터를 로그에 출력하지 않는다. 따라서 출력하려면 로깅 수준을 debug로 설정해야 한다.

```
$ istioctl proxy-config log deploy/istio-ingressgateway \
  -n istio-system --level rbac:debug
```

다음으로, 사용할 서비스가 몇 가지 필요하다. 이스티오가 설치된 깨끗한 환경부터 시작하려는 경우, istioinaction 네임스페이스를 만들고 워크로드를 배포한 후 워크로드로 트래픽을 라우팅하도록 인그레스 게이트웨이를 설정하기만 하면 된다. 이 모든 작업은 다음 명령어들로 수행된다.

```
$ kubectl create namespace istioinaction
$ kubectl label namespace istioinaction istio-injection=enabled
$ kubectl config set-context $(kubectl config current-context) \
 --namespace=istioinaction
```

```
$ kubectl apply -f services/catalog/kubernetes/catalog.yaml
$ kubectl apply -f services/webapp/kubernetes/webapp.yaml
$ kubectl apply -f services/webapp/istio/webapp-catalog-gw-vs.yaml
$ kubectl apply -f ch9/enduser/ingress-gw-for-webapp.yaml
```

이어서 필터 메타데이터를 사용하는 RequestAuthentication 리소스와 AuthorizationPolicy를 만든다.

```
$ kubectl apply -f ch9/enduser/jwt-token-request-authn.yaml
$ kubectl apply -f \
    ch9/enduser/allow-all-with-jwt-to-webapp.yaml
```

admin 토큰을 사용하는 요청을 해보자. 이는 인그레스 게이트웨이에 로그를 남길 것이다.

```
$ ADMIN_TOKEN=$(< ch9/enduser/admin.jwt);
  curl -H "Host: webapp.istioinaction.io" \
    -H "Authorization: Bearer $ADMIN_TOKEN" \
    -s -o /dev/null -w "%{http_code}" localhost/api/catalog

200
```

이제 인그레스 게이트웨이 로그를 쿼리해 필터 메타데이터를 확인하자.

```
$ kubectl -n istio-system logs \
    deploy/istio-ingressgateway -c istio-proxy

# 로그 생략
, dynamicMetadata: filter_metadata {
  key: "envoy.filters.http.jwt_authn"
  value {
    fields {
      key: "auth@istioinaction.io"
      value {
        struct_value {
          fields {
            key: "exp"
            value {
              number_value: 4745145071
```

```
      }
    }
    fields {
      key: "group"
      value {
        string_value: "admin"
      }
    }
    fields {
      key: "iat"
      value {
        number_value: 1591545071
      }
    }
    fields {
      key: "iss"
      value {
        string_value: "auth@istioinaction.io"
      }
    }
    fields {
      key: "sub"
      value {
        string_value: "218d3fb9-4628-4d20-943c-124281c80e7b"
      }
    }
# 로그 추가 생략
```

출력은 RequestAuthentication 필터가 최종 사용자 토큰의 클레임을 검증했고, 클레임을 필터 메타데이터로 저장했다는 것을 보여준다. 이제 정책들은 이 필터 메타데이터를 기반으로 작동할 수 있다.

C.3.2 한 요청의 대략적인 흐름

워크로드가 목적지인 요청은 모두 다음 필터를 거친다(그림 C.6 참조).

- **JWT 인증 필터**: 인증 정책의 JWT 사양에 따라 JWT의 유효성을 검사하고 인증 클레

임과 커스텀 클레임 같은 클레임을 추출해 필터 메타데이터로 저장하는 엔보이 필터

- **PeerAuthentication 필터**: 서비스 인증 요구 사항을 강제하고 인증된 속성(소스 네임스페이스나 주체 같은 피어 ID)을 추출하는 엔보이 필터
- **인가 필터**: 앞선 필터들이 수집한 필터 메타데이터를 확인하고 워크로드에 적용된 정책에 따라 요청에 권한을 부여하는 인가 엔진

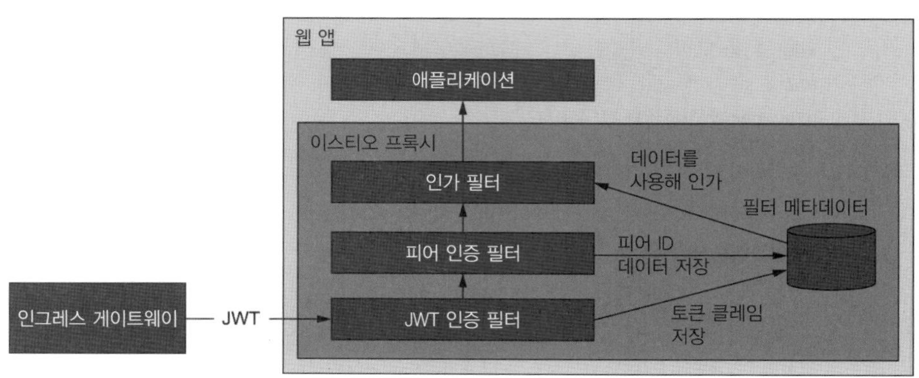

▲ **그림 C.6** 필터 메타데이터에서 검증된 데이터 수집

webapp 서비스에 도달해야 하는 요청의 시나리오를 살펴보자.

1. 요청이 JWT 인증 필터를 통과한다. 이 필터는 토큰에서 클레임을 추출해 필터 메타데이터에 저장한다. 이로써 요청에 ID가 주어진다.
2. 인그레스 게이트웨이와 webapp 간에 피어 간 인증이 수행된다. 피어 간 인증 필터는 클라이언트의 ID 데이터를 추출해 필터 메타데이터에 저장한다.
3. 인가 필터는 다음 순서대로 실행된다.
   - **커스텀 인가 필터들**: 요청을 허용하거나 거부할지 추가로 평가한다.
   - **거부 인가 필터들**: 요청을 허용하거나 거부할지 추가로 평가한다.
   - **허용 인가 필터들**: 필터 조건에 맞으면 요청을 허용한다.
   - **마지막 (포괄적) 인가 필터**: 앞서 요청을 처리한 필터가 없는 경우에만 실행된다.

이것이 webapp 서비스로 향하는 요청이 인증되고 인가되는 방식이다.

부록 D

이스티오 구성 요소 트러블슈팅하기

이 책에서는 프록시의 설정, 프록시가 노출하는 메트릭 같은 정보를 얻고자 이스티오 에이전트와 파일럿을 곧잘 쿼리했다. 이 쿼리들은 사례별로 표시되고 이 책 전체에 흩어져 있어 포트 15000, 15020이나 그 외 어떤 포트가 무엇인지를 기억하기가 어렵다. 이 부록에서는 열린 포트와 엔드포인트를 모두 나타내며 독자는 디버그, 트러블슈팅, 또는 메시의 작동을 이해하고자 컨트롤 플레인이나 서비스 프록시에서 정보를 얻을 목적으로 해당 포트들과 엔드포인트들에 요청을 전송할 수 있다.

D.1 이스티오 에이전트가 노출하는 정보

이스티오 사이드카는 많은 기능을 제공한다.

- **헬스 체크**: 프록시로서의 엔보이는 트래픽을 처리할 수 있는 즉시 준비 상태다. 그러나 서비스 메시의 관점에서 보면 이 정도로는 충분하지 않다. 프록시가 트래픽을 처리하기 전에 설정을 받았는지, ID를 할당받았는지 등의 더 많은 확인이 필요하다.
- **메트릭 수집 및 노출**: 서비스 내에서 메트릭을 생성하는 세 가지 구성 요소는 애플리

케이션, 에이전트, 엔보이 프록시다. 에이전트는 다른 구성 요소의 메트릭을 집계해 노출한다.

- DNS 해석, 인바운드 및 아웃바운드 트래픽 라우팅 등

서비스는 수많은 포트에서 노출되는데, 모든 포트를 나열하면 너무 많을 수 있다.

```
$ kubectl -n istioinaction exec -it deploy/webapp \
    -c istio-proxy -- netstat -tnl

Active Internet connections (only servers)

Proto Recv-Q Send-Q Local Address           Foreign Address         State
tcp        0      0 0.0.0.0:15021           0.0.0.0:*               LISTEN
tcp        0      0 0.0.0.0:15021           0.0.0.0:*               LISTEN
tcp        0      0 0.0.0.0:15090           0.0.0.0:*               LISTEN
tcp        0      0 0.0.0.0:15090           0.0.0.0:*               LISTEN
tcp        0      0 127.0.0.1:15000         0.0.0.0:*               LISTEN
tcp        0      0 0.0.0.0:15001           0.0.0.0:*               LISTEN
tcp        0      0 0.0.0.0:15001           0.0.0.0:*               LISTEN
tcp        0      0 127.0.0.1:15004         0.0.0.0:*               LISTEN
tcp        0      0 0.0.0.0:15006           0.0.0.0:*               LISTEN
tcp        0      0 0.0.0.0:15006           0.0.0.0:*               LISTEN
tcp6       0      0 :::8080                 :::*                    LISTEN
tcp6       0      0 :::15020                :::*                    LISTEN
```

그림 D.1은 에이전트와 프록시가 리스닝하는 포트와 각 포트가 제공하는 기능을 그림으로 나타낸 것이다.

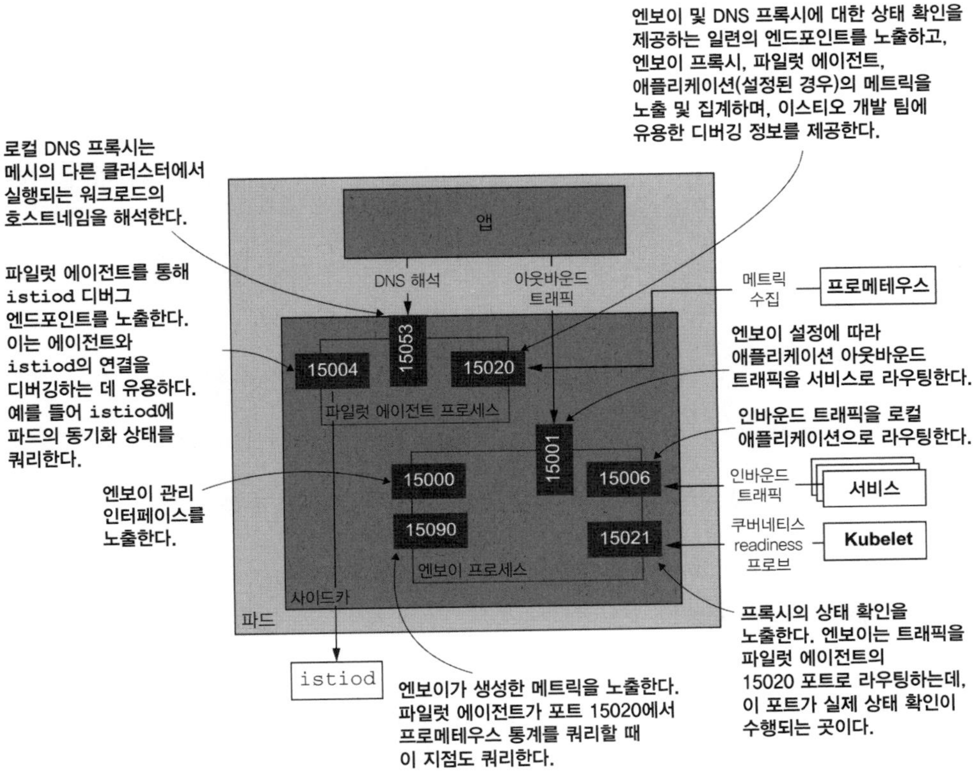

엔보이 및 DNS 프록시에 대한 상태 확인을 제공하는 일련의 엔드포인트를 노출하고, 엔보이 프록시, 파일럿 에이전트, 애플리케이션(설정된 경우)의 메트릭을 노출 및 집계하며, 이스티오 개발 팀에 유용한 디버깅 정보를 제공한다.

로컬 DNS 프록시는 메시의 다른 클러스터에서 실행되는 워크로드의 호스트네임을 해석한다.

파일럿 에이전트를 통해 istiod 디버그 엔드포인트를 노출한다. 이는 에이전트와 istiod의 연결을 디버깅하는 데 유용하다. 예를 들어 istiod에 파드의 동기화 상태를 쿼리한다.

엔보이 관리 인터페이스를 노출한다.

앱
DNS 해석
아웃바운드 트래픽
15053
15004
15020
파일럿 에이전트 프로세스
15001
15000
15006
15090
15021
엔보이 프로세스
사이드카
파드
istiod
메트릭 수집
프로메테우스
인바운드 트래픽
서비스
쿠버네티스 readiness 프로브
Kubelet

엔보이 설정에 따라 애플리케이션 아웃바운드 트래픽을 서비스로 라우팅한다.

인바운드 트래픽을 로컬 애플리케이션으로 라우팅한다.

프록시의 상태 확인을 노출한다. 엔보이는 트래픽을 파일럿 에이전트의 15020 포트로 라우팅하는데, 이 포트가 실제 상태 확인이 수행되는 곳이다.

엔보이가 생성한 메트릭을 노출한다. 파일럿 에이전트가 포트 15020에서 프로메테우스 통계를 쿼리할 때 이 지점도 쿼리한다.

▲ **그림 D.1** 에이전트 및 엔보이 프록시의 포트와 각 포트의 기능

다른 서비스용 포트는 다음과 같다.

- 15020: 기능이 다양한데, 주요 기능은 다음과 같다.
  - 메트릭을 집계하고 노출하며, 이때 메트릭에는 엔보이 프록시의 15090 포트에 쿼리한 메트릭, 애플리케이션 메트릭(설정한 경우), 자체 메트릭이 있다.
  - 엔보이 및 DNS 프록시를 헬스 체크한다. 이 엔드포인트에서 애플리케이션도 헬스 체크하도록 프록시를 설정할 수 있지만, 보통은 가상머신과 같이 쿠버네티스가 아닌 워크로드에만 사용한다.
  - 이스티오 개발 팀에 유용한 파일럿 에이전트 디버깅용 엔드포인트로, 메모리 정보, CPU 프로파일링 등과 같은 정보를 노출한다.

- 15021: 사이드카가 주입된 파드는 이 포트에서 트래픽을 받을 준비가 됐는지 확인하도록 설정된다. 앞서 설명한 것처럼 엔보이 프록시는 헬스 체크를 15020 포트의 파일럿 에이전트로 라우팅하며, 실제 헬스 체크는 여기서 일어난다.
- 15053: 쿠버네티스 DNS 해석이 충분하지 않은 에지 케이스를 해결하기 위해 istiod가 구성한 로컬 DNS 프록시
- 15001: 애플리케이션에서 나가는 트래픽은 Iptable 규칙에 의해 일단 이 포트로 리다이렉트되며, 이후 프록시가 트래픽을 서비스로 라우팅한다.
- 15006: 애플리케이션으로 들어오는 트래픽은 Iptable 규칙에 의해 이 포트로 리다이렉트되며, 여기서 로컬 애플리케이션으로 라우팅된다.

에이전트 디버깅 및 내부 상태 조사에 유용한 포트들은 다음과 같다.

- 15000: 엔보이 프록시 관리 인터페이스(10장, 특히 10.3.1절 참고)
- 15090: 엔보이 프록시 메트릭을 노출한다(xDS 통계, 커넥션 통계, HTTP 통계, 이상값outlier 통계, 헬스 체크 통계, 서킷 브레이커 통계 등).
- 15004: 에이전트를 통해 이스티오 파일럿 디버그 엔드포인트들을 노출한다(이 부록에서 자세히 설명한다). 파일럿과의 연결 문제를 디버깅하는 데 유용하다.
- 15020: 파일럿 에이전트 디버깅용 엔드포인트들을 노출한다(앞서 다른 서비스용 포트를 소개하면서 언급한 대로).

15020 포트에 여러 기능이 있다는 사실을 눈치챘을 것이다. 그럼 좀 더 자세히 살펴보자.

D.1.1 이스티오 에이전트를 조사하고 트러블슈팅하기 위한 엔드포인트들

에이전트는 15020 포트에서 에이전트와 프록시를 조사하고 트러블슈팅하는 데 도움이 되는 엔드포인트들을 노출한다. 그 목록은 다음과 같다.

- /healthz/ready: 엔보이 및 DNS 프록시에서 일련의 검사를 수행한다. 이는 워크로드가 클라이언트 요청을 처리할 준비가 됐는지 확인하기 위한 것이다.

- **/stats/prometheus**: 엔보이 프록시와 애플리케이션의 메트릭을 자체 메트릭과 병합하고 긁어갈 수 있도록 노출한다.
- **/quitquitquit**: 파일럿 에이전트의 프로세스를 종료시킨다.
- **/app-health/**: 이스티오 프록시 사이드카의 환경 변수 `ISTIO_KUBE_APP_PROBERS`로 정의한 애플리케이션 프로브를 실행한다. 애플리케이션이 쿠버네티스 프로브를 정의하면 `istiod` mutating 웹훅이 정보를 추출해 이 환경 변수로 프로브를 설정한다(자세한 내용은 http://mng.bz/mxxP를 참조하자). 그러므로 에이전트는 이 경로로의 쿼리를 애플리케이션으로 리다이렉트한다.
- **/debug/ndsz**: `istiod`가 NDS API로 DNS 프록시에 설정한 호스트네임들을 나열한다.
- **/debug/pprof/***: 성능 문제, 메모리 누수 등을 디버깅하는 데 도움이 되는 Go 언어 프로파일링 엔드포인트(https://golang.org/doc/diagnostics#profiling 참조). 기본 경로 localhost:15020/debug/pprof에 쿼리해 디버그 엔드포인트의 전체 목록을 확인할 수 있다. 출력은 HTML이며 브라우저에서 보는 것이 가장 좋다(포트를 로컬호스트로 포트포워딩할 수 있음을 기억하자). 프로파일링 엔드포인트는 이스티오 개발자와 관련 있으며 이스티오 사용자는 신경 쓸 필요가 없다.

이런 엔드포인트에 접근하는 가장 쉬운 방법은 `kubectl exec`를 사용해 관심 있는 워크로드에서 HTTP 요청을 하는 것이다. 예를 들어, `webapp` 워크로드의 병합된 통계를 확인하려면 다음과 같이 한다.

```
kubectl exec deploy/webapp -c istio-proxy -- \
    curl localhost:15020/stats/prometheus
```

응답에서는 `istio_agent`로 시작하는 메트릭(에이전트에서 온 것)과 `envoy`로 시작하는 메트릭(프록시에서 온 것)을 볼 수 있는데, 이는 이 둘이 병합됐음을 보여준다. 다음 절로 넘어가기 전에 시간을 갖고 앞서 나열했던 다른 엔드포인트들을 확인해보자.

D.1.2 이스티오 에이전트를 통해 이스티오 파일럿 디버그 엔드포인트들 쿼리하기

에이전트는 기본적으로 15004 포트에서 몇 가지 `istiod` 디버그 엔드포인트들을 노출한다. 이런 엔드포인트들에 대한 자세한 내용은 이 부록 뒷부분에서 확인할 것이다. 이 엔드포인트들에 한 요청은 xDS 이벤트 형태로 안전하게 `istiod`로 전달되는데, 이는 에이전트에서 컨트롤 플레인으로의 연결 상태를 확인할 수 있는 좋은 방법이다.

예를 들어 노출된 엔드포인트들 중 하나로 워크로드의 동기화 상태를 쿼리할 수 있다. 이를 보려면, 프록시 중 하나의 셸 커넥션을 가져와서 파일럿 에이전트의 15004 포트에 /debug/syncz 엔드포인트로 요청해보자.

```
curl -v localhost:15004/debug/syncz
[
# 다른 항목들은 접혀 있다
  {
    "@type": "type.googleapis.com/
     ➥envoy.service.status.v3.ClientConfig",
    "node": {
      "id": "catalog-68666d4988-zjsmn.istioinaction"          ❶
    },
    "genericXdsConfigs": [
      {
          "typeUrl": "type.googleapis.com/
           ➥envoy.config.listener.v3.Listener",
          "configStatus": "SYNCED"                            ❷
      },
      {
          "typeUrl": "type.googleapis.com/
           ➥envoy.config.route.v3.RouteConfiguration",
          "configStatus": "SYNCED"                            ❷
      },
      {
          "typeUrl": "type.googleapis.com/
           ➥envoy.config.endpoint.v3.ClusterLoadAssignment",
          "configStatus": "SYNCED"                            ❷
      },
      {
          "typeUrl": "type.googleapis.com/
```

```
        ➥envoy.config.cluster.v3.Cluster",
        "configStatus": "SYNCED"                        ❷
      }
    ]
}]
```

❶ 워크로드 ID
❷ xDS API는 최신 상태로 동기화된다.

노출된 정보는 이스티오 파일럿 디버그 엔드포인트들이 노출하는 정보의 부분집합이다. 또한 istioctl에 새로 추가된 istioctl x internal-debug 명령어가 동일한 엔드포인트를 노출한다.

이들이 노출하는 이런 포트와 서비스에 대한 지식은 트러블슈팅을 더 쉽게 만든다. 따라서 최신 엔보이 설정을 쿼리할 수도 있고, DNS 해석을 직접 시험해볼 수도 있으며, 구성 요소의 동작을 알아보고자 메트릭을 쿼리할 수도 있다. 다음으로는 이스티오 파일럿이 노출하는 것들을 살펴보자.

D.2 이스티오 파일럿이 노출하는 정보

파일럿은 서비스 메시를 검사하고 디버깅하기 위한 정보들도 노출한다. 이 정보는 서비스 메시 운영자는 물론이고 외부 서비스들에도 유용하다.

이스티오 파일럿이 열어둔 포트는 다음과 같이 나열할 수 있다.

```
$ kubectl -n istio-system exec -it deploy/istiod -- netstat -tnl

Active Internet connections (only servers)

Proto Recv-Q Send-Q Local Address           Foreign Address         State
tcp        0      0 127.0.0.1:9876          0.0.0.0:*               LISTEN
tcp6       0      0 :::15017                :::*                    LISTEN
tcp6       0      0 :::8080                 :::*                    LISTEN
tcp6       0      0 :::15010                :::*                    LISTEN
tcp6       0      0 :::15012                :::*                    LISTEN
tcp6       0      0 :::15014                :::*                    LISTEN
```

워크로드가 자신의 설정과 인증서를 가져올 수 있도록 노출한 포트 외에도, 컨트롤 플레인을 검사하고 디버깅하는 데 유용한 포트가 꽤 많다. 그림 D.2는 여러 포트와 해당 기능을 보여준다.

- 서비스용 포트는 다음과 같다.
  - **15010**: xDS API 및 인증서 발급을 평문으로 노출한다. 트래픽을 스니핑할 수 있으므로 이 포트는 사용하지 않는 것이 좋다.
  - **15012**: 15010 포트와 노출하는 정보는 같지만 보안을 적용한다. 이 포트는 TLS를 사용해 ID를 발급하며, 후속 요청은 상호 인증된다.
  - **15014**: 11장에서 다룬 것과 같은 컨트롤 플레인 메트릭을 노출한다.
  - **15017**: 쿠버네티스 API 서버가 호출하는 웹훅 서버를 노출한다. 쿠버네티스 API 서버는 새로 만들어진 파드에 사이드카를 주입하고, `Gateway`나 `VirtualService` 같은 이스티오 리소스를 검증하기 위해 호출한다.
- 디버깅 및 검사 포트는 다음과 같다.
  - **8080**: 이스티오 파일럿 디버그 엔드포인트를 노출한다(다음 절에서 설명한다).
  - **9876**: `istiod` 프로세스에 대한 검사 정보를 노출한다.

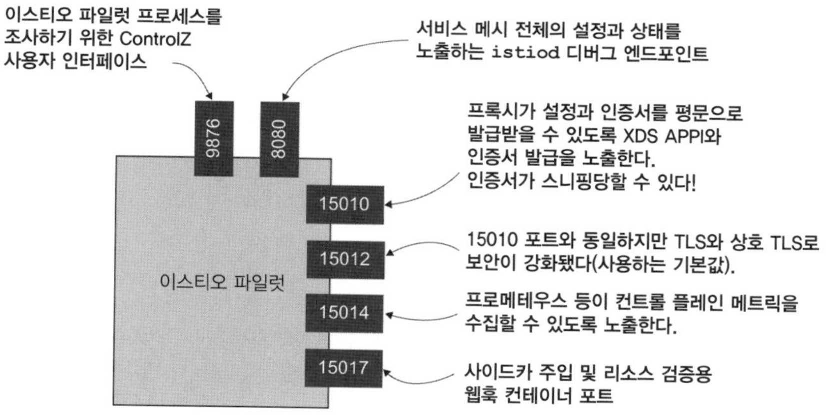

▲ **그림 D.2** 노출된 이스티오 파일럿 포트와 그 기능

D.2.1 이스티오 파일럿 디버그 엔드포인트

이스티오 파일럿 디버그 엔드포인트는 파일럿이 알고 있는 전체 서비스 메시의 설정과 상태를 노출한다. 엔드포인트는 다음과 같은 질문들에 답한다. 프록시가 동기화됐는가? 프록시에 대한 마지막 푸시는 언제 수행됐는가? xDS API의 상태는 어떤가? 까다로운 문제를 해결하고 프록시 설정 방식을 이해하는 데 이것들 모두 중요하다.

디버그 엔드포인트에 접근하기 위해 `istiod` 인스턴스 중 하나를 로컬 환경으로 포트포워딩하자.

```
$ kubectl -n istio-system port-forward deploy/istiod 8080

Forwarding from 127.0.0.1:8080 -> 8080
Forwarding from [::1]:8080 -> 8080
```

그런 다음, 그림 D.3과 같이 http://localhost:8080/debug로 이동해 모든 디버그 엔드포인트 목록을 확인하자.

> **|노트|** 디버그 엔드포인트에는 노출될 경우 오용될 수 있는 민감 정보가 포함돼 있다. 운영 환경에서는 이스티오를 설치할 때 환경 변수 ENABLE_DEBUG_ON_HTTP를 false로 설정해 디버그 엔드포인트를 비활성화하는 것을 권장한다. 이렇게 하면 해당 엔드포인트에 의존하는 도구가 제 역할을 할 수 없지만, 향후 릴리스에서는 이러한 엔드포인트가 xDS를 통해 안전하게 노출될 것이다.

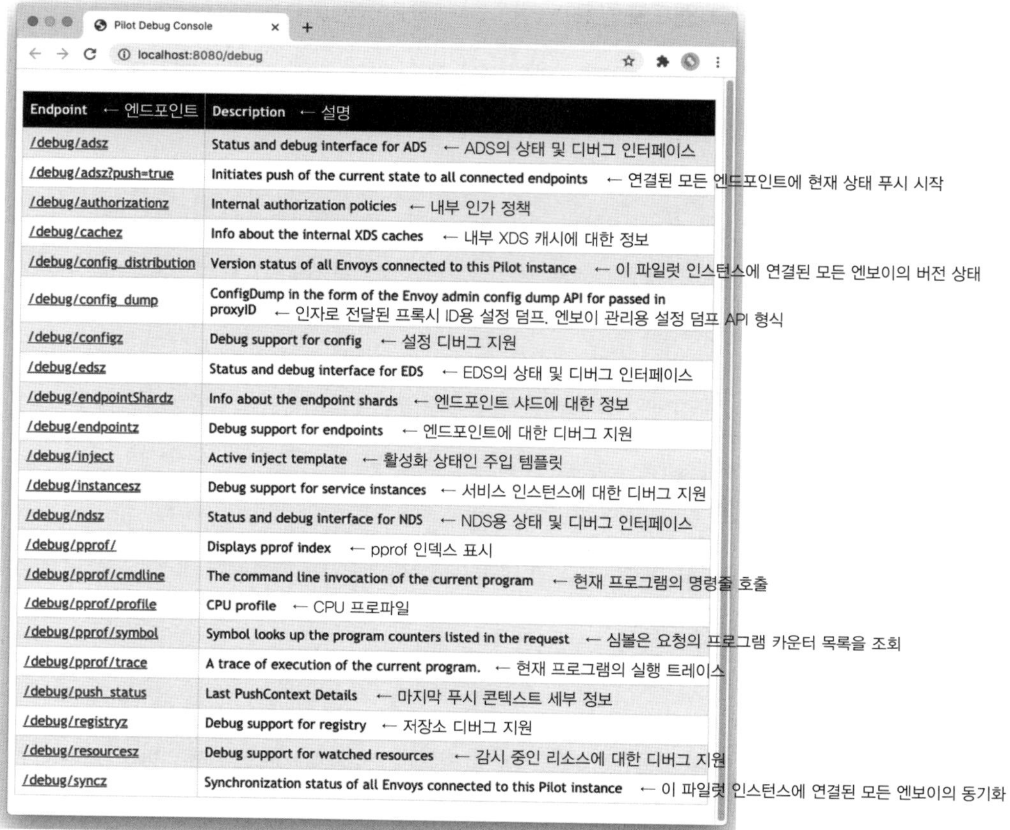

Endpoint ← 엔드포인트	Description ← 설명
/debug/adsz	Status and debug interface for ADS ← ADS의 상태 및 디버그 인터페이스
/debug/adsz?push=true	Initiates push of the current state to all connected endpoints ← 연결된 모든 엔드포인트에 현재 상태 푸시 시작
/debug/authorizationz	Internal authorization policies ← 내부 인가 정책
/debug/cachez	Info about the internal XDS caches ← 내부 XDS 캐시에 대한 정보
/debug/config_distribution	Version status of all Envoys connected to this Pilot instance ← 이 파일럿 인스턴스에 연결된 모든 엔보이의 버전 상태
/debug/config_dump	ConfigDump in the form of the Envoy admin config dump API for passed in proxyID ← 인자로 전달된 프록시 ID용 설정 덤프. 엔보이 관리용 설정 덤프 API 형식
/debug/configz	Debug support for config ← 설정 디버그 지원
/debug/edsz	Status and debug interface for EDS ← EDS의 상태 및 디버그 인터페이스
/debug/endpointShardz	Info about the endpoint shards ← 엔드포인트 샤드에 대한 정보
/debug/endpointz	Debug support for endpoints ← 엔드포인트에 대한 디버그 지원
/debug/inject	Active inject template ← 활성화 상태인 주입 템플릿
/debug/instancesz	Debug support for service instances ← 서비스 인스턴스에 대한 디버그 지원
/debug/ndsz	Status and debug interface for NDS ← NDS용 상태 및 디버그 인터페이스
/debug/pprof/	Displays pprof index ← pprof 인덱스 표시
/debug/pprof/cmdline	The command line invocation of the current program ← 현재 프로그램의 명령줄 호출
/debug/pprof/profile	CPU profile ← CPU 프로파일
/debug/pprof/symbol	Symbol looks up the program counters listed in the request ← 심볼은 요청의 프로그램 카운터 목록을 조회
/debug/pprof/trace	A trace of execution of the current program. ← 현재 프로그램의 실행 트레이스
/debug/push_status	Last PushContext Details ← 마지막 푸시 콘텍스트 세부 정보
/debug/registryz	Debug support for registry ← 저장소 디버그 지원
/debug/resourcesz	Debug support for watched resources ← 감시 중인 리소스에 대한 디버그 지원
/debug/syncz	Synchronization status of all Envoys connected to this Pilot instance ← 이 파일럿 인스턴스에 연결된 모든 엔보이의 동기화

▲ **그림 D.3** 이스티오 파일럿 디버그 엔드포인트

이런 엔드포인트는 다음과 같이 논리적으로 묶을 수 있다.

- 파일럿이 알고 있는 서비스 메시 상태를 나타내는 엔드포인트
  - /debug/adsz: 클러스터, 루트, 리스너 설정
  - /debug/adsz?push=true: 이 파일럿이 관리하는 모든 프록시에 대한 푸시를 트리거한다.

  - /debug/edsz=proxyID=〈pod〉.〈namespace〉: 프록시가 알고 있는 엔드포인트들
  - /debug/authorizationz: 네임스페이스에 적용되는 인가 정책 목록
- 파일럿이 알고 있는 데이터 플레인 설정을 나타내는 엔드포인트
  - /debug/config_distribution: 이 파일럿 인스턴스에 연결된 모든 엔보이의 버전 상태
  - /debug/config_dump?proxyID=〈pod〉.〈namespace〉: 이스티오 파일럿의 현재 알려진 상태에 따라 엔보이 설정을 생성한다.
  - /debug/syncz: 이 파일럿이 관리하는 프록시들을 표시한다. 또한 프록시로 보낸 최신 논스nonce와 응답받은 최신 논스도 보여준다. 이 둘이 동일하면 프록시의 설정이 최신인 것이다.

서비스 메시 운영자는 보통 키알리, `istioctl` 등 다른 도구를 통해 엔드포인트를 간접적으로 사용할 것이다. 예를 들어 `istioctl proxy-status` 명령어는 프록시가 동기화됐는지 확인하기 위해 /debug/syncz 엔드포인트를 사용한다. 그러나 이런 도구가 제공하는 정보로 충분하지 않을 때는 직접 디버그 엔드포인트를 사용해 더 깊이 파고들 수 있다.

D.2.2 ControlZ 인터페이스

이스티오 파일럿에는 파일럿 프로세스의 현재 상태와 몇 가지 사소한 설정 가능성을 확인할 수 있는 관리자 인터페이스가 함께 제공된다. 이 인터페이스에서는 표 D.1에서 다룬 것처럼 파일럿 인스턴스와 관련된 정보를 빠르게 조회할 수 있다.

▼ **표 D.1** ControlZ 인터페이스의 내용

페이지	설명
로깅 범위	이 프로세스에 대한 로깅은 범위별로 구성돼 있어 범위별로 로깅 단계를 별도로 설정할 수 있다.
메모리 사용량	이 정보는 Go 런타임에서 수집되며 이 프로세스의 메모리 소비량을 나타낸다.
환경 변수	이 프로세스에 정의된 환경 변수 집합이다.
프로세스 정보	이 프로세스에 대한 정보다.
명령줄 인수	이 프로세스를 시작할 때 사용한 명령줄 인수 집합이다.

(이어짐)

페이지	설명
버전 정보	바이너리(예: 이스티오 파일럿 1.7.3)와 Go 런타임(go 1.14.7)에 대한 버전 정보다.
메트릭	파일럿에서 노출하는 메트릭을 가져오는 방법 중 하나다.
시그널	실행 중인 프로세스에 SIGUSR1 시그널을 보낼 수 있다.

대시보드에 접근하려면, `istioctl`을 사용해 로컬 환경으로 포트포워딩하고 브라우저에서 대시보드를 열자.

```
$  istioctl dashboard controlz deploy/istiod.istio-system

http://localhost:9876
```

간단한 웹 인터페이스에서 이스티오 파일럿에 관련된 정보를 찾아보는 것 외에도, ControlZ 대시보드의 가장 일반적인 용례는 이스티오 파일럿을 디버깅해야 할 때 로깅 범위를 변경하는 것이다.

부록 E 가상머신이 메시에 참여하도록 구성하는 방법

이 부록에서는 가상머신을 메시에 등록하려 할 때 istioctl이 생성하는 설정을 자세히 살펴본다. 구체적으로는 13장에서 다음 명령을 실행했을 때 생성된 파일들이다.

```
$  tree ch13/workload-files

istioctl x workload entry configure \
    --name forum \
    --namespace forum-services \
    --clusterID "west-cluster" \
    --externalIP $VM_IP \
    --autoregister \
    -o ./ch13/workload-files/
```

상당히 많은 파일이 생성됐으며 구조적인 설정도 많다. 사용자가 이를 직접 만들어내야 했다면 많은 시행착오가 필요했을 것이다. 그 때문에 이 과정이 istioctl로 자동화돼 있는 것이다.

생성된 설정에 대해 더 자세히 알아보기 위해 먼저 모든 파일을 나열해보자.

```
$ tree ch13/workload-files

ch13/workload-files
├── cluster.env
├── hosts
├── istio-token
├── mesh.yaml
├── root-cert.pem
```

파일들은 다음과 같다.

- hosts 파일은 `istiod.istio-system.svc`라는 호스트 항목으로 설정되는데, 이 항목은 east-west 게이트웨이의 IP로 해석된다. 이 항목은 기본적으로 `istio-eastwestgateway`라는 게이트웨이의 IP를 사용한다. 하지만 `--ingressService` 플래그로 이름을 지정하거나 `--ingressIP`로 IP를 직접 지정해 변경할 수 있다.
- istio-token 파일은 수명이 짧은 토큰(기본값은 1시간)을 포함하고 있는데, 이 토큰은 워크로드가 `istiod`에 자신을 식별시키는 데 사용한다. `--tokenDuration` 플래그로 만료 시간을 지정할 수 있다.
- root-cert.pem 파일은 루트 인증 기관[CA]의 공개 인증서로, 워크로드는 이 파일을 이용해 컨트롤 플레인 인증서를 검증한다.
- cluster.env 파일은 네임스페이스, 서비스 계정, 네트워크, 속한 워크로드 그룹 등 워크로드의 메타데이터를 포함하고 있다. 더 잘 이해하기 위해 설정된 값을 출력해 보자.

```
$ cat ch13/workload-files/cluster.env

ISTIO_META_AUTO_REGISTER_GROUP='forum'      ❶
ISTIO_META_CLUSTER_ID='west-cluster'        ❷
ISTIO_META_DNS_CAPTURE='true'               ❸
ISTIO_META_MESH_ID='usmesh'
ISTIO_META_NETWORK='vm-network'             ❹
ISTIO_META_WORKLOAD_NAME='forum'
ISTIO_NAMESPACE='forum-services'
ISTIO_SERVICE='forum.forum-services'
```

```
ISTIO_SERVICE_CIDR='*'
ISTIO_SVC_IP='138.91.249.118'
POD_NAMESPACE='forum-services'
SERVICE_ACCOUNT='forum-sa'
TRUST_DOMAIN='cluster.local'
```

❶ 워크로드는 자동으로 forum 그룹에 등록한다.
❷ 워크로드는 west-cluster에 인증한다.
❸ DNS 캡처가 활성화돼 있고, 트래픽은 메시 내 서비스로 올바르게 라우팅된다.
❹ 워크로드는 vm-network 내에 있다.

- mesh.yaml 파일은 디스커버리 주소와 프로브를 설정한다. 사이드카는 이 프로브로 애플리케이션의 트래픽 수신 준비 상태를 테스트한다.

이것이 서비스 메시에 하나의 가상머신을 통합하는 데 필요한 모든 설정이다. 설정은 항상 `istioctl`로 생성하는 것이 바람직하지만, 워크로드가 메시에 연결되지 않는 이유를 트러블슈팅할 때는 파일을 직접 변경하고 서비스 프록시를 재시작해 변경 사항을 반영함으로써 더 빠르게 반복할 수 있다.

찾아보기

ㅇ

ㅈ

ㅊ

ㅋ

ㅌ

ㅍ

ㅎ

A

B

C

I

J

K

L

Q

R

S

T

U

V

W

X

Z

기호

숫자

Istio IN ACTION

서비스 메시 표준, 이스티오 완벽 해부

발 행 | 2024년 9월 10일

지은이 | 크리스티안 포스타 · 라이너 말로쿠
옮긴이 | 연 주 영

펴낸이 | 옥 경 석
편집장 | 황 영 주
편 집 | 김 진 아
임 지 원
김 은 비
디자인 | 윤 서 빈

에이콘출판주식회사
서울특별시 양천구 국회대로 287 (목동)
전화 02-2653-7600, 팩스 02-2653-0433
www.acornpub.co.kr / editor@acornpub.co.kr

ISBN 979-11-6175-833-6
http://www.acornpub.co.kr/book/istio-in-action

책값은 뒤표지에 있습니다.